KB190816

헤겔의 역사철학

헤겔의 역사철학

삼위일체론과 메시아니즘의 지평에서 본 헤겔 철학 이해

김균진 지음

Holy
WavePlus

발행인의 글

존경하는 은사이신 김균진 교수님의 저작전집을 발행할 수 있는 책무를 맡겨주신 하나님께 감사와 영광을 돌립니다.

이 저작전집은 한국이 배출한 걸출한 조직신학자인 김균진 교수님의 50년간에 걸친 신학 연구의 열매들을 하나로 집대성하는 작업입니다.

김균진 교수님께서는 신학 교수 세계에 발을 들여놓은 이래 헤겔과 칼 바르트 연구에서 시작하여 몰트만과 본회퍼와 틸리히의 신학을 비롯한 세계의 다양한 현대신학 사조들을 적극적으로 이 땅에 소개하는 한편, 역사적 예수와 하나님 나라, 죽음의 신학, 생명의 신학, 과학과 신학과의 대화 분야에 있어서 자기만의 고유한 신학의 세계를 개척하셨고, 무엇보다 방대하기 이를 데 없는 조직신학 분야의 전 주제에 대해서 두 번에 걸친 조직신학 시리즈를 집필함으로써 대단한 학문적 성취를 이루셨다고 해도 과언이 아닙니다. 그러나 이러한 연구 결과물들이 아쉽게도 여기저기 흩어져 있었고, 일부 도서는 이미 절판되어 더 이상 구할 길이 없으며, 또 일부는 오래전의 개념과 표현으로 쓰인 까닭에 현대의 독자들에게 생소한 느낌을 주는 면이 없지 않아서, 이 모든 자료를 한데 모아 새로운 시대의 연구성과들을 추가하는 동시에 문장과 단어들을 현대적으로 개선하는 작업을 하기로 하

헤겔의 역사철학

였고 그러한 바탕 위에서 이 저작전집이 탄생하게 되었습니다.

특별히 『기독교 신학』 1-5권은 교수님의 일생의 신학적 작업들을 집대성하고 총정리하는 차원에서 근자에 새로이 집필하신 것이어서 그 의미가 남다르다 하겠습니다.

김균진 교수님의 제자이자 이 저작전집의 발행인으로서 제가 감히 교수님의 신학을 평가한다면 크게 다섯 가지로 요약을 하고 싶습니다.

첫째, 지난 100년간 서구 신학계를 관통했던 신학적 사조와 개념과의 부단한 대화와 함께 그것의 적용에 있어서 철저히 지금-여기서의 정황을 지향함으로써 한국적인 바탕 위에서 국제적인 신학적 토론에 참여하는 것의 가능성을 제시한 점. 둘째, 기존의 추상적이고 철학적인 조직신학적 진술이 아닌 성서내러티브적이고 메시아적 종말론에 입각한 독창적인 조직신학의 세계를 제시한 점. 셋째, 과학과의 대화, 신무신론과의 대화 등에 적극적으로 참여함으로써 조직신학의 과제와 외연을 지속적으로 확장한 점. 넷째, 급진적인 신학 이론의 소개뿐 아니라 칼뱅과 루터 등의 저작에서도 상당히 많은 부분들을 인용함으로써 소위 보수와 진보 신학 어느 한쪽에도 치우치지 않는 균형 감각을 견지하는 점. 다섯째, 특별히 인생의 후반기에 저술하신 책들의 경우 단순히 신학이론에 대한 비판적 소개나 분석에 머물지 않고 교회의 현실을 염두에 둔 목회적이고 경건주의적인 따스한 시선이 두드러지게 제시되는 점을 꼽을 수 있겠습니다.

다시 한번 이 저작전집을 낼 수 있는 사명을 맡겨주신 삼위일체 하나님과 교수님께 감사를 드리며, 모쪼록 이 귀한 책들이 한국의 많은 목회자들과 신학도들의 서재에서 오랫동안 신학 연구와 설교 준비의 벗으로 자리매김할 수 있기를 소망합니다.

김요한 목사

헤겔 탄생 250주년을 기념하여 이 책을 출간하게 된 것을 참으로 기쁘게 생각한다. 약 50년 전 박사학위 과정에서 연구했던 것을 사장시킬 수 없다고 생각하여 이 책을 집필하게 되었다. 박사학위 논문이 기초가 되었지만, "칸트와 헤겔"에 관한 부록을 제외하고 거의 모든 내용을 새로 집필했다. 박사학위 논문에 반영되지 못한 많은 자료가 이 책에 반영되었다.

필자는 이 책에서 가능한 한 쉽게 이해할 수 있는 동시에 문헌 근거에 충실한 책을 쓰려고 노력했다. 이로 인해, 오늘날 우리에게 낯선 250년 전의 철학적 개념들과 헤겔 자신의 이상한 표현들 및 이해하기 어려운 문장들이 인용될 때도 있었다. 독서에 걸림돌이 될 수 있는 수많은 문헌 근거와 독일어 원문 표기에 대해서도 독자님들의 양해를 바랄 뿐이다.

한국의 어느 교수님이 말했듯이 헤겔 철학은 "캄캄한 심연 속에 파놓은, 꼬인 실타래 같은 미로"처럼 보인다. 도대체 "정신"이란 개념이 어디에서 오는 것인지, 왜 정신이 자기를 대상화하는지, 대상과 하나이면서 구별되고 구별되면서 하나이며, 대상 속에서 자기를 알고, 자기 자신으로 돌아간다는 말이 무슨 말인지, 상식적으로 납득하기 어려운 얘기들이 수없이 반복된다.

이 어려움을 풀 수 있는 쉬운 길이 있다. 그것은 헤겔의 종교적·신학적 전제에서 그의 진술들을 파악하는 것이다. 헤겔 철학의 중심 개념이라 말할 수 있는 "정신"은 삼위일체 하나님을 가리킨다. 따라서 정신에 관한 헤겔의 수많은 진술은 삼위일체론을 연상할 때 쉽게 이해될 수 있다. 이것은 나 자신의 경험이다. 삼위일체론이란 신학적 전제를 배제할 때, 정신에 관한 헤겔의 얘기들은 "꼬인 실타래 같은 미로"처럼 보일 것이다.

많은 학자가 헤겔 철학의 종교적·신학적 전제와 내용들을 배제하고, 그것을 하나의 세속적 철학으로 기술한다. 그러나 이것은 신학적 전제에서 자기의 학문 체계를 세운 헤겔의 의도를 벗어난다. 무신론자로 알려진 포이어바흐, 마르크스, 니체, 블로흐, 프랑크푸르트 학파의 아도르노마저 헤겔 철학은 종교적·신학적 전제 위에 서 있다고 말했다. 최신한 교수를 위시한 한국의 여러 학자도 일찍 동일한 생각을 발표했다.

이에 필자는 헤겔의 종교적·신학적 배경에서 그의 역사철학을 설명하는 방식을 취했다. 따라서 하나님의 섭리, 삼위일체, 성육신, 그리스도의 죽음과 부활, 화해론, 신정론, 종말론, 범신론 등 많은 신학적 내용들을 다루지 않을 수 없었다. 이 내용들은 내가 억지로 삽입한 것이 아니라 헤겔 자신이 그의 문헌에서 다루는 것들이다. 이 책에 인용된 성서 구절도 거의 모두 헤겔 자신이 인용한 것이다.

약 50년간 철학을 거의 접어둔 상태에 있었기 때문에 미흡한 점이 많음을 인정하지 않을 수 없다. 무엇보다 시력의 제한도 있고, 또 헤겔 탄생 250주년을 맞이하여 서둘러 이 책이 출간되기를 바라는 마음에서 좀 더 좋은 책을 쓰고 싶은 마음을 접었다. 헤겔의 역사철학에 대한 하나의 안내서가 되길 바랄 뿐이다. 우리 민족의 학문적 발전을 위해 후배 교수님들이 보다 더 전문성 있는 헤겔 연구서를 계속 출간하길 기대한다. 독일에서는 지금도 헤겔 연구서들이 꾸준히 출간되고 있다.

코로나바이러스19로 인해 온 세계의 경제가 급격히 쇠퇴한 상황에서 이 책을 출간하는 김요한 대표님께 진심으로 감사드린다. 많은 분들이 책이 없는 민족, 책을 읽지 않는 민족에게는 미래가 없다. 정말 공부하는 사람에게는 책이 있어야 한다고 얘기한다. 민족의 미래를 위한 사명감에서 귀중한 책들을 출판하는 새물결플러스 출판사에 하나님의 축복과 도우심을 빈다.

책이 출간되기까지 수고해주신 출판사 선생님들께 깊이 감사드린다. 나의 전집 제9권 『루터의 종교개혁』을 2019년도 출판문화대상 저서로 시상하신 한국기독교출판협회와 이 책을 규모 있게 제작, 출간한 새물결플러스 출판사에 깊은 감사의 뜻을 표한다. 약 50년 전 헤겔에 관한 학위 논문을 끝내도록 독려해주신 스승 몰트만 교수님과 그의 조교였던 벨커(M. Welker) 교수님께도 깊이 감사드린다.

2020년 6월
김균진
경기도 일산 정발산 아래에서

*

일러두기

1. 문헌 근거 표기는 ( ) 안에 저자의 이름-출간 년도-문헌 쪽수를 기록하는 방식을 취함. 예를 들어 (Löwith 1953, 77). 인용된 문헌 자료를 참고 문헌 목록에 기록하였음.

2. 헤겔의 문헌 근거 표기에서 "Hegel"을 생략하고, 출간 년도와 쪽수만 기록함.

3. 강조 표시는 헤겔 문헌의 강조 표시일 때도 있고, 나 자신의 강조 표시일 때도 있음. 헤겔 문헌의 강조 표시를 생략할 때도 있음.

4. 헤겔의 인용문 가운데 나 자신의 간단한 설명을 ( ) 안에 첨가할 때도 있음. 이 경우에 "필자" 표기를 생략함. 헤겔 자신은 ( ) 안에 설명문을 첨가한 적이 없음.

5. 번역하기에 매우 어렵거나 강조하고 싶을 때 ( ) 안에 독일어 원문을 기재함. 매우 중요하다고 생각되는 긴 원문은 각주에 기재함.

| 차례 |

제1부

헤겔의 생애, 학문적 출발점과 전제들

1. 인류의 정신사에서 관념주의 철학의 완성자로 알려진 헤겔의 역사적 의미는 매우 크다. 학문적 체계의 방대함에 있어서는 물론, 후대에 대한 영향에 있어서도 헤겔을 능가하는 학자를 발견하기 어렵다. 그의 변증법적 사고는 학문의 영역에서는 물론, 정치, 사회, 문화의 영역에도 큰 영향을 주었다.

물론 칸트, 마르크스, 니체가 후대에 남긴 영향도 매우 크다. 특히 마르크스의 사상은 철학, 사회학, 경제학, 정치학 등 학문적 영역에서는 물론, 세계의 정치와 경제 영역에 거대한 혁명을 일으킬 만큼 큰 영향을 주었다. 그러나 마르크스의 영향력도 헤겔의 그것을 넘어서지 못한다. 마르크스의 사상 자체가 헤겔 없이는 생각될 수 없기 때문이다. 마르크스는 청년기에 철저한 헤겔 연구자로서 헤겔 철학의 깊이를 꿰뚫어 보았다. 그의 유물론적(물질론적) 변증법은 사실상 헤겔의 정신의 변증법을 뒤바꾸어놓은 것에 불과하다.

니체가 말했듯이, 헤겔이 없었다면 다윈의 진화론도 없었을 것이다. 다윈의 진화론은 헤겔의 진보 사관을 자연의 영역에 적용한 것이기 때문이다(Riedel 1973, 388). 그러나 니체 자신도 헤겔을 떠나서는 생각되기 어렵다. 키에르케고르의 실존철학, 포이어바흐의 유명한 투사론과 기독교 비판, 신학의 인간학적 전향도 헤겔을 떠나서 생각되기 어렵다. 이 모든 근대 사상들은 헤겔에 대한 비판과 도전으로서 생성되었다(Küng 1970, 13). 근대에 일어난 인권운동 및 해방운동 역시 헤겔의 변증법적 사고의 여파로 파악될 수 있다. 헤겔의 "진보 개념은 사회주의 이론에 의해 수용되었다"(Riedel 1973, 389)는 문장은 하나의 주문처럼 되어버렸다.

또한 20세기 중엽의 유명한 프랑크푸르트 학파도 헤겔 철학에 의존한다. 이 학파의 대표자인 마르쿠제(H. Marcuse, 1989-1979), 아도르노(Th. W. Adorno, 1903-1969), 하버마스(J. Habermas, 1929-) 등은 탁월한 헤겔 연구자들이었다. 20세기 사상계에서 혜성과 같았던 좌파 마르크스주의자 블로흐(E. Bloch, 1885-1977)의 "희망의 철학"은 마르크스의 물질주의적·사회철학적 영향 속에서 헤겔의 변증법적 방법을 재현한 것이라 말할 수 있다. 기존의 거짓된 권위와 질서의 해체를 주장하는 프랑스 철학자 푸코(M. Foucault, 1926-1984)와 데리다(J. Derrida, 1930-2004)의 해체주의도 헤겔의 그늘 속에 있다고 볼 수 있다. "해체"라는 개념 자체는 바로 헤겔의 변증법적 개념이기 때문이다. 따라서 아도르노는 헤겔의 철학을 저장하지 않은 사상은 오늘의 시대 의식과 인간의 현실적 경험들을 바르게 파악하고 이를 다룰 수 없다고 말한다(Adorno 1970a, 14).

2. 신학의 영역에 대한 헤겔의 영향도 매우 크다. 이 땅 위에서 하나님 나라의 완성을 역사의 목적으로 보는 헤겔의 역사철학은 20세기 초 종교사회주의 운동과 하나님 나라 신학 운동에 큰 영향을 준다. 칼 바르트는 헤겔을

날카롭게 비판했지만, 그의 내재적 삼위일체론과 경륜적 삼위일체론은 헤겔에게서 나온 것이다(Pannenberg 1970, 105).

20세기 후반기의 대표적 신학자 판넨베르크의 "보편사 신학"과 몰트만(J. Moltmann)의 "희망의 신학"도 헤겔의 역사철학에 크게 의존한다. 1970년 여름, "헤겔 탄생 200주년 기념 학술대회"가 헤겔이 숙식하며 공부했던 튀빙겐 슈티프트(Ev. Stift zu Tübingen, 신학생 양성기관)에서 열렸다. 철학자 블로흐는 이 대회에서 발표된 판넨베르크의 강연에 대해 다음과 같이 논평했다. "당신의 신학은 200년 전에 헤겔이 이미 다 말한 것이다." 판넨베르크는 이에 대해 "헤겔이 이미 말한 것을 내가 다시 얘기할 수 있는 것만 해도 큰 영광입니다"라고 대답했다. 판넨베르크에 대한 블로흐의 논평은 판넨베르크의 신학에 대한 헤겔의 결정적 영향을 시사한다.

그러나 판넨베르크는 세계사 전체를 하나님의 계시라고 보는 헤겔의 보편사적 구도는 수용하지만 그의 변증법적 사고를 수용하지는 않는다. 헤겔의 변증법의 핵심을 요약하는 "부정의 부정"을 판넨베르크의 저서 어디에서도 발견할 수 없다. 이에 반해 몰트만은 헤겔의 변증법적 사고를 적극 수용한다. 판넨베르크는 하나님을 세계의 "모든 것을 결정하는 현실"로 파악하고, 세계사를 하나님의 계시로 정당화하는 반면, 몰트만은 세계를 부정되어야 할 "부정적인 것"으로 파악한다. 부정적인 것의 부정을 통해 긍정적인 것이 도래할 수 있다는 변증법적 사고가 몰트만의 신학 전체를 지배한다. 이런 점에서 몰트만은 헤겔의 변증법의 제자라고 평가될 수 있다.

가톨릭 신학자 한스 큉(H. Küng)은 현대 신학계에 대한 헤겔의 영향을 다음과 같이 요약한다. 헤겔이 없다면, "키에르케고르와 바우어(F. C. Baur), 칼 바르트와 폴 틸리히의 신학, 나아가 칼 라너, 위르겐 몰트만, 일련의 프랑스와 아메리카와 독일의 하나님 죽음의 신학자들이 어떻게 있을 수 있겠는가!"(Küng 1970, 13) 사실 "하나님의 죽음"은 헤겔이 자신의 『정신현상학』

과 『종교철학』에서 이미 말했던 것이다. 따라서 어떤 학자는, 지난 200년 동안 학문의 세계에서 헤겔 없이는 그 어떤 결정적 새로움이 일어나지 않았다고 말한다.

3. 이렇게 헤겔의 영향이 막대함에 비례하여 그에 대한 평가도 매우 다양하다. 문학자이자 철학자인 실러(F. Schiller, 1759-1805)와 예나 시대의 셸링(Schelling)은 헤겔을 뛰어난 학자로 평가했고, 괴테(Goethe)는 헤겔을 자기 시대의 가장 중요한 철학자로 인정했다. 헤겔의 『정신현상학』은 "자유의 교과서"라 불리었다. 프로이센 국가의 장관 카를 프라이헤르(Karl Freiherr)는 헤겔을 "가장 큰 별"이라 칭송했다. 헤겔의 강의를 들은 한 제자에게 헤겔은 "새로운 시대의 가장 심오한 사상가"였다. 그는 "독일의 아리스토텔레스"이며, "철학의 역사에서 새로운 시대"를 연 인물로 평가받았다. 1839년 베를린-포츠담의 철도 회사는 새로 도입한 기관차에 "헤겔"이란 이름을 부여했다.

그 반면 어떤 학자는 헤겔에게서 "무신성의 광신주의"(Fanatismus der Gottlosigkeit)와 범신론과 무신론이 활동한다고 보고, 경찰 수사와 종교 재판을 요구했다. 쇼펜하우어(Schopenhauer)는 헤겔을 너무도 무의미한 생각과 거짓말을 퍼뜨리는 사기꾼으로 보았다.

프로이센 왕국의 보수적 복고주의자들은 헤겔을 프랑스 혁명의 지지자, "불행스러운 신비주의자"라고 의심했다. 프로이센의 왕은 그를 위험스러운 공화정의 지지자로 보았다. 그의 후계자 프리드리히 빌헬름 4세(Friedrich Wilhelm IV)는 "헤겔적 범신론의 씨앗"을 완전히 제거하기 위해 헤겔 사망 후에 셸링을 베를린 대학교 교수로 초빙했다. 황제 빌헬름 2세(Wilhelm II)는 피히테와 헤겔과 같은 녀석들을 위한 자리는 자기 왕국에 전혀 없다고 선언했다. 나치주의자인 로젠베르크(Alfred Rosenberg)는 헤겔을 "비독일적이며, 비민족적인 세계인"으로서 프랑스 혁명의 매우 위험스러운 이념을 신봉하는 "자유의 광신자"(Freiheitsschwärmer)로 간주했다. 이에 반해 칼 포퍼(Karl Raimund Popper)는 헤겔을 전체주의의 선구자로, 에른스트 카시러(Ernst Cassirer)는 "파시즘의 철학적 예비자"로 간주했다.

헤겔에 대한 이와 같은 다양한 평가에도 불구하고, 그는 세계사에서 가장 위대한 철학자 중 한 사람으로 알려졌다. 그를 비판하는 학자들조차도 그의 위대함을 부인하지 않는 경우가 대부분이다. 이에 반해 한국의 어떤 지식인은, 헤겔은 유럽 중심주의, 제국주의, 식민주의를 조장한 자고, 노예제도에 대한 문제의식이 없었으며, 아프리카와 아시아에 대한 근대 유럽인의 침공에 대한 문제의식이 없었고, 자유에 대한 그의 사상은 유럽의 제국주의적 침공을 통한 자유의 확장을 말하며, 그는 중국과 한국의 역사를 잘 모르고 이 지역의 역사를 우습게 평가했으며, 아프리카인을 완전히 미개인으로 평가한 인종주의자였고, 그러므로 헤겔의 역사철학은 "불량한 책"이다, 절대정신이 무엇인지 헤겔 자신도 잘 몰랐다고 평가한다. 심지어 그는 헤겔의 책들이 한국어로 번역된 것을 부끄러워한다고 말했다. 이름을 대면 우리가 잘 아는 한국의 어떤 지식인은 대중 강연에서 헤겔을 "개xx"라고 불렀다. 헤겔에 대한 이와 같은 평가와 비난을 고려하면서 이제 우리는 헤겔의 역사철학을 고찰하고자 한다. 먼저 그의 생애와 학문적 체계, 출발점 내지 전제와 배경을 고찰하자.

I
생애와 학문 체계, 학문적 출발점

1. 생애와 학문 체계

1. 헤겔(Georg Wilhelm Friedrich Hegel)은 1770년 8월 27일 독일 남부 뷔르템베르크(Württemberg)주의 수도 슈투트가르트(Stuttgart)에서 태어났다.[1] 1733년 튀빙겐에서 태어난 아버지 루트비히 헤겔(Ludwig Hegel)은 주(州) 정부의 고위직 재무관리였다. 공무원이었던 아버지의 영향으로 헤겔은 과묵한 성격이었다고 한다. 어머니 마리아 프롬(Maria Magdalena Louisa Fromm, 1741년 Stuttgart 출생)은 법조계 가정 출신으로 라틴어와 프랑스어에 능숙한 지성인이었다. 그녀는 헤겔의 지적 발전에 큰 영향을 주었다. 헤겔이 아주 어릴 때 라틴어 기본 문법에 꽤 익숙했던 것은 어머니의 도움으로 가능했다. 1773년에 여동생 크리스티안네 루이제(Christiane Louise)가 태어났고, 1776년에 남동생 게오르크 루트비히(Georg Ludwig)가 태어났다. 그 당시 22,000명의

---

1) Hegel의 생애에 관한 아래 내용의 대부분은 Vieweg, 2019에 근거함. 꼭 필요한 경우 외의 문헌 근거 표기를 생략함.

주민을 가지고 있었던 슈투트가르트시의 주산업은 농업, 섬유 산업 그리고 상업이었고, 개신교가 그 주(州)의 종교였다. 헤겔이 열세 살이었던 1783년, 급성 감염 질환인 장티푸스로 인한 어머니의 죽음은 헤겔이 한평생 기억할 정도의 깊은 정신적 충격을 주었다.

1776년 만 6세에 집에서 가까운 김나지움(Gymnasium, 대학예비학교)에 입학한 헤겔은 1788년까지 12년 동안 학교 교사들에게 매우 우수한 학생으로 인정받는다. 그는 만 10세 이후로는 자기 반에서 가장 우수한 학생의 자리를 유지한다. 그는 이 학교에서 라틴어, 그리스어, 히브리어를 배우면서 고대 그리스 철학과 근대 철학 그리고 종교와 신학에 관심이 생긴다. 그를 가르친 교사들은 그의 뛰어난 재능을 높이 평가했다. 그는 이 학교에서 함께 지낸 니트함머(J. von Niethammer)와 횔덜린(F. Hölderlin)과 한평생 우정을 나눈다.

헤겔은 1784년 11월 21일에 견신례(Konfirmation)를 받는다. 그는 당시 합리주의적 계몽주의 신학의 한 대변인인 그리징어(G. F. Griesinger) 목사에게서 견신례 예비교육을 받았다. 헤겔은 그를 통해 기독교를 자유롭고 합리적으로 이해한다. 그는 처음 태어난 것(장자)을 하나님께 바쳐야 한다는 성서 말씀에 따라 대학에서 신학을 전공과목으로 공부한다. 헤겔은 칸트의 『실천이성비판』이 출간된 지 몇 달 후 그리고 프랑스 혁명이 일어나기 몇 달 전인 1788년 10월 22일에 튀빙겐 대학교 신학부에 등록한다(독일 대학교는 매년 10월에 겨울학기이자 새 학년이 시작한다).

2. 헤겔은 튀빙겐 대학교에서 공부할 때 넥카(Neckar) 강가에 위치한 개신교회 슈티프트(Ev. Stift)에서 기숙한다. 본래 튀빙겐 슈티프트는 중세기의 아우구스티누스 은둔자 수도원(Kloster der Augustiner-Eremiten)에 자리 잡은 종교 기관으로, 뷔르템베르크주의 목회자 양성을 위해 세워진 "신학생 양성

기관"이다(필자는 1971-1974년에 이 기관에서 공부했음). 뷔르템부르크주의 목사와 학자들의 "식물원"(Pflanzschule)으로 알려진 슈티프트는 가정 형편이 어려운 학생들이 성직자와 학자로 출세할 수 있는 관문이었다. 지금도 100명 이상의 학생들이 주 정부와 교회의 장학금으로 숙식과 교육 그리고 공부에 필요한 기본 자료를 무료로 제공받는다. 관장 외에 여러 명의 학생 지도관 (Repetent)이 학생들의 공부와 영적 훈련을 지도한다. 자체 예배실과 도서관이 있고, 학생 지도관이 인도하는 세미나, 강좌, 토론회, 공개 학술 대회가 지금도 열리고 있다.

튀빙겐의 개신교회 슈티프트 건물 사진

여학생들의 입학은 물론 방문조차 금지했던 규정은 현재 철폐되었고, 여학생들과 타 학문을 전공하는 학생들도 이 기관에서 공부할 수 있다. 무료 숙식은 물론 방 청소까지 해주고, 3학기 동안 다른 대학에 가서 공부할 수 있는 경비도 담당하는 "슈티프트 장학금"은 장래의 우수한 목회자와 사회 지도자를 확보하기 위해 부여되는 특권이라 하겠다. 그 대신 졸업 후 10년 동안 뷔르템베르크주의 교회나 공공기관에서 일해야 한다는 의무가 부여된다. "자유의 정신"의 전통을 가진 슈티프트와 개인의 영성과 경건을 중요시하는 "벵엘 하우스"(Bengelhaus)가 대칭을 이룬다. 양자가 때로 대립하는 경우도 있지만, 서로의 타당성을 인정하며 교류한다. 1791년 튀빙겐 대학교 재학생 188명 중 148명이 슈티프트 학생일 정도로 헤겔 당시의 슈티프트는 중요한 위치에 있었다.

헤겔은 1788년부터 1793년까지 슈티프트에 기거하면서 공부한다. 그는 나중에 관념주의 철학의 대가가 된 셸링, 시인이 된 횔덜린과 함께 공부했다. 이 기간은 철학적 격동기인 동시에 정치적 격동기였다. 1789년 7월 14일 프랑스 혁명이 시작되었다. 칸트의 『실천이성비판』(1788), 『판단력비판』(1790), 『이성의 한계 안에서의 종교』(1793)가 이 기간에 출간된다. 이 책들은 『순수이성비판』(1781, 1787)과 함께 독일 관념론의 혁명을 일으킨다. "인간은 출생하면서부터 자유롭고 동등한 권리를 가진다"라는 인권선언이 실러의 저서를 통해 발표된다. 인간의 "자율성"(Autonomie)에 대한 루소와 칸트의 주장이 헤겔에게 깊은 감명을 준다. 프랑스 혁명에 대한 지지자와 반대자 사이의 대립, 보수적인 신학 교수들과 진보적인 학생 지도관과 학생들 사이의 대립이 슈티프트 내의 분위기를 지배한다. 이성의 자율성과 하나님의 말씀의 권위가 대립한다.

슈티프트의 생활에 대한 헤겔의 기억은 상당히 부정적이다. 건물은 노후했고, 쥐들이 들락거렸다. 통풍이 잘 되지 않아 공기가 나빴고 음식도 좋지 않았다. 어떤 방에는 10명의 학생이 기거했다. 겨울에는 난방이 제대로 되지 않았다. 학생들의 생활은 수도원과 비슷한 질서에 따라 엄격히 통제되었다. 흡연, 썰매타기, 유행하는 의복 착용, 차와 커피를 마시는 것이 금지되었다. 매일 아침 5시에 경건회가 있었고, 감독관이 출결석을 체크했다.

개신교회 슈티프트

슈티프트가 나오는 17세기의 튀빙겐 모습

오전 11시에 점심 식사가 있었다. 학생들은 식사를 시작하기 전에 성서와 신조일치서 낭독을 매일 들어야 했다. 정오 12시부터 오후 3시까지 외출이 허락되었다. 오후 7시 저녁 식사 후에 다시 외출이 허락되었다. 저녁 10시에 학생 지도관이 학생들 모두가 취침했는지를 체크했다. 취침 시간까지 돌아오지 않은 학생은 경미한 체벌을 위해 학생용 감방(Karzer)에 몇 시간 혹은 며칠 동안 구금되는 벌을 받았다(맨 바닥에 한 사람만이 들어가 앉을 수 있는 좁고 어둠침침한 Karzer는 20세기 초에 폐지되었지만, 그 시설은 지금도 독일의 교육 기관이나 수도원에 보존되고 있다. 튀빙겐 대학교와 Stift에도 보존되어 있음).

생활 전반에 대한 통제, 절대적 복종, 수도사적인 몸가짐, 지역 목사 자제들의 족벌주의, 정신적·사상적 자유와 이성의 억압은 많은 학생에게 반감을 불러일으켰다. 슈투트가르트 부근에 있는 마울브론(Maulbronn) 기숙사 학교(Internat)에서 미리 훈련을 받고 슈티프트에 들어온 학생들은 이런 규율에 이미 익숙해 있었다. 그러나 헤겔과 횔덜린처럼 일반 김나지움의 자유로운 분위기 속에서 공부하다가 슈티프트에 들어온 학생들에게 이런 규율은 견디기 어려운 일이었다. 헤겔이 보낸 한 편지에 의하면, 당시 슈티프트는 "학식을 갖춘 신학자나 철학자 대신에 비이성적인 것을 이성적으로 만드는 도덕적이고 신앙심 있는 신학자와 철학자만을 원했다"(Vieweg 2019, 63).

학생들의 경건과 도덕성에 대한 평가에 따라 목회 자리가 결정되었다. 도덕성 평가에서는 슈티프트 내의 질서, 교리와 학생 지도관에 대한 무조건적 복종, 금욕적 생활 태도가 중요했다. 잘 순종하는 학생은 졸업 후에 도시의 큰 교회로 파송되는 반면, "삐딱한" 학생은 변방의 작은 시골 교회로 파송되었다. 목사의 아들들은 "슈바벤 목사 계급"의 친족주의를 통해 좋은 목회 자리를 얻었다. 이것 역시 "삐딱한" 학생들에게 반감을 불러일으켰다. 이와 같은 분위기에도 불구하고 독일의 많은 우수한 인물들이 슈티프트에서 배출되었다. 케플러, 쉴러, 횔덜린, 셸링, 헤겔 등이 대표적 인물들이다.

헤겔은 교과목 규정에 따라 처음 4학기 동안 언어학, 철학, 수학, 자연과학을 배운다. 그는 1790년 가을부터 6학기 동안 전공과목인 신학을 공부한다. 그는 신학과 병행하여 철학에 깊은 관심을 보인다. 무조건 받아들여야 하는 경직된 교리와 신앙고백, 기계적으로 외워야 하는 기도문, 제도화된 교회와 형식화된 예배 의식, 성직자들의 위선과 위압적 고자세, 교회와 세속 통치자의 결탁, 인간의 존엄성과 기본 권리에 대한 새 시대의 새로운 사상을 반대하는 교회에 대한 거부감 속에서, 헤겔은 칸트와 플라톤 외에 사회계약설과 국민 주권론을 외친 루소의 사상에 심취한다.

1789년 7월에 일어난 프랑스 혁명은 슈티프트 학생들에게 큰 충격을 주었다. "프랑스 혁명에 대한 열광주의"가 학생들의 마음을 사로잡았다. 셸링, 횔덜린을 위시한 헤겔의 친구들을 중심으로 정치적 성격을 가진 클럽이 슈티프트 안에 형성되었다. 프랑스 혁명은 헤겔에게 "자유의 여명"(Morgenröte der Freiheit)이었다. 헤겔은 프랑스 혁명을 중심 문제로 다루는 정치적 대학생 단체의 대변자 중 한 사람이었던 것으로 보인다. 프랑스와 독일의 각종 언론 매체들을 통해 혁명에 관한 정보들이 이들에게 전달되었다. 1792년부터 발행된 소식지 "미네르바"(Minerva, 로마 제국의 지혜의 여신)는 이 매체 중 하나였다. 이 매체는 황혼녘의 여명 속에서 비상을 시작하려는 부엉이 그림을 표지에 인쇄한 적이 있었다. 나중에 헤겔의 가장 유명한 은어(Metapher)가 된 "미네르바의 부엉이"(Eule der Minerva)는 이 매체의 부엉이 표지 그림에서 유래한다. 헤겔은 프랑스 혁명의 영향으로 나중에 모든 인간의 평등과 자유를 자신의 철학의 중요한 문제로 다루게 된다.

1790년에 헤겔은 철학 석사 학위를, 1793년에 신학 예비 석사학위(Lizenziat)를 받으면서 튀빙겐 대학교 교육을 끝낸다. 셸링은 헤겔보다 나이가 다섯 살 아래였지만, 매우 조숙한 천재적 인물로 일찍 대학 교수가 되었다. 이에 반해 학자로서 헤겔의 진출은 오랜 시간을 필요로 했다. 헤겔은 좀 느리지만, 끈기 있고 깊이 사고하는 성격이었다. 그래서 그는 슈티프트에서 "늙은이"(der Alte)라는 별명을 얻었다. 어떤 학자는 천천히, 그러나 쉬지 않고 땅을 파는 "두더지"라는 별명을 그에게 부여했다. 그러나 헤겔은 출발은 늦지만 늙은이 혹은 두더지처럼 쉬지 않고 땅을 파듯이 끈기 있게 깊이 사색하는 성격을 통해 셸링을 능가하는 대학자로 부상한 반면, 셸링은 헤겔의 그늘 아래 있게 된다. 앞선 자가 뒤서고, 뒤선 자가 앞서게 된다.

3. 헤겔은 1793년에 대학 공부를 끝낸 후 교회 목회자나 신학자가 되는 길을 포기하고, 1793년부터 1796년까지 스위스 **베른**에서, 1797년에서 1800년까지 독일 **프랑크푸르트**에서 가정 교사로 일하며 자신의 연구를 계속한다. 이 기간을 가리켜 헤겔의 "초기" 혹은 "베른-프랑크푸르트 시대"라 부른다. 그 당시 귀족계급이나 도시 부유층이 자녀교육을 위해 가정 교

사를 두는 것은 일반적인 관례였다. 이들은 독일 대학 졸업생들을 매우 선호했다. 헤겔은 베른의 귀족계급에 속한 시의회 의원인 폰 슈타이거(Karl Friedrich von Steiger)의 가정 교사직을 택한다. 1793년에 여덟 살이었던 딸 마리아 카타리나(Maria Katharina)와 여섯 살이었던 아들 프리드리히 루돌프(Friedrich Rudolf)에게 자연과학의 과목들과 역사, 프랑스 문학을 가르치는 것이 헤겔의 과제였다. 베른의 주변 경관이 아름답기도 하지만, 그가 흠모하는 루소의 고향 겐프(Genf, 제네바)가 멀지 않은 것이 베른을 선택한 동기로 추측된다. 루소가 겐프에서 태어났음에도 불구하고, 겐프시 통치자는 루소의 저서 『에밀』과 『사회계약론』을 불온서적으로 규정하고, 그를 종교와 국가 헌법의 적대자로 정죄했다. 그리고 시청 건물 앞에 장작더미를 쌓아놓고 루소의 책들을 불에 태워버렸다.

헤겔을 가정 교사로 고용한 폰 슈타이거는 헤겔에게 인색했다. 그는 약속한 보수를 제때에 지불하지 않았고, 기분에 따라 많이 줄 때도 있고 적게 줄 때도 있었다. 프랑스 혁명을 거부하고 구체제의 유지를 주장하는 슈타이거의 입장과 프랑스 혁명을 지지하는 헤겔의 입장 차이가 두 사람의 관계를 더욱 어렵게 만들었다.

베른에 체류하는 동안 헤겔의 중요한 관심은 기독교 종교의 문제에 있었다. 이 기간에 집필한 『예수의 생애』(Das Leben Jesu)는 그 당시 위험한 내용의 것이었다. 그래서 헤겔은 이 책을 생애 마지막까지 출간하지 않고 묻어두었다. 그가 사망한 지 76년 후인 1907년에야 이 책이 출간되었다. 헤겔은 이 책에서 기독교의 참 진리를 찾기보다는 교회 질서와 교리의 외적인 권위와 무조건적 복종을 요구하는, 이른바 "실증 종교"(positive Religion)를 거부하고 이성으로 그 타당성을 인정할 수 있는 이성적인 종교를 찾는다.

헤겔은 이성적 종교의 모범을 예수의 삶과 가르침에서 발견한다. 복음서에 기록된 예수의 삶과 가르침에 비추어볼 때, 현존의 기독교는 타락한 종교로 드러난다. 헤겔은 태어나기도 전에 모든 인간을 죄인으로 규정하고, 이를 통해 인간의 생명에 대한 멸시를 조장하는 기독교의 전통적 원죄론에 대해 의문을 제기하면서 기독교와 국가의 분리를 주장한다. 기독교와 국가의 분리를 주장하는 것은 국가교회 제도의 철폐를 주장하는 것을 뜻한다. 이것은 기독교 성직자들의 사회적 특권의 철폐를 의미한다. 국가와 결합한 국가교회로서의 기독교는 인간의 자유를 억압하고, 형제자매들의 평등한 공동체 대신에 성직자계급과 평민, 귀족계급과 백성의 계급사회를 조성하기 때문이다. 헤겔은 『예수의 생애』 외에 『민중종교와 기독교에 대한 단편』, 『기독교의 실증성』 등의 귀중한 신학적 문헌들을 남긴다.

헤겔은 기독교 종교의 문제와 더불어 철학의 문제에도 관심을 보인다. 그는 인간의 절대적 "자아"(Ich)를 세계 모든 것의 "유일한 실체"로 보고, "존재하는 모든 것은 자아 속에 있다. 자아 밖에는 아무것도 없다"는 셸링의 입장은 물론, 절대자에 대한 피히테의 생각에도 동의하지 않는 뜻을 조심스럽게 내비친다. 피히테와 셸링이 말하는 "절대적인 것"(das Unbedingte, 제약이 없는 것)은 "제약된 것"(das Bedingte)으로 발전하지 못하는 "공허한 총괄개념"이다. 두 철학자가 말하는 "절대자"는 그것에 대칭하는 모든 것을 배제하고, 추상적인 무규정성(Unbestimmtheit)의 상태에 있다. 이로 말미암아 자아와 대상 세계, 주체와 객체가 분리된다. 분리된 것의 참된 통일성(Einheit, 이 책에서는 한 몸 됨, 일치로 번역하기도 함)을 찾는 것이 헤겔의 주요 관심사가 된다. 헤겔은 "주체와 객체가 분리될 수 없는 거기에 신적인 것(das Göttliche)이 있다"고 한 서신에서 말한다(Vieweg 2019, 129).

그러나 헤겔은 자유로운 학문적 토론의 장에서 분리된 베른의 분위기로 말미암아 우울증에 시달린다. 고용주 슈타이거의 불친절과 냉대, 자기보다 어린 나이에 이미 활발한 저술과 출간 활동을 하는 셸링에 비해 뚜렷한 학문적 업적을 남기지 못한 자기의 신세가 **헤겔**의 마음을 무겁게 한다.

결국 헤겔은 친구 횔덜린의 소개로 프랑크푸르트의 은행가요 포도주 사업가인 고겔(Johann Gogel)의 가정 교사 일자리를 얻는다. 그는 1797년 1월 초에 스위스 베른의 신분적 귀족사회를 떠나 새로운 "돈의 귀족사회"인 프랑크푸르트로 떠난다.

4. 헤겔의 새로운 고용인 고겔은 사업가인 동시에 문화에 관심이 많았다. 그는 교육을 중요시했고, 미술품과 서적 수집에 관심을 많이 보였다. 그는 은행가요 사업가인 동시에 시의회 의원이었고, 나중에 스웨덴 대사가 된다. 그는 일찍 세상을 떠난 자신의 형이 남긴 두 아들, 곧 조카 요한 마티아스(Johann Matthias, 당시 11세)와 요한 노에 고겔 4세(Johann Noe Gogel IV, 당시 9세)를 자신의 집에서 양육했다. 그의 집은 프랑크푸르트 북쪽의 홈부르크(Homburg)에 있었다. 1800년까지 헤겔은 고겔의 두 조카의 가정 교사로 일하면서 자신의 학문적 연구를 계속한다. 고겔은 프랑스어에 능통한 헤겔을 "매우 드물고 귀중한 선물"로 여긴다. 헤겔은 고겔의 소개로 프랑크푸르트의 상류층에 속한 많은 지식인과 교류하게 된다.

헤겔은 프랑크푸르트에 체류하는 동안 "종교와 사랑에 관한 기획들", 『기독교 정신과 그 운명』 등의 귀중한 신학적 문헌들을 남긴다. 그러나 헤겔은 신학적 문제를 철학적으로 풀이하면서 자신의 학문 체계를 세우기 시작한다. 여기서 그에게 결정적 영향을 준 것은 피히테의 『학문론』(Wissenschaftslehre)이었다. 또 스피노자와 피히테의 논리적 방법에 따라 학문 체계를 세우고자 했던 셸링도 그에게 큰 자극이 되었다. 헤겔은 자기보다 나이가 어린 셸링이 자기보다 빨리 학문의 세계로 출세하는 것을 보면서 자신의 독자적 학문 체계를 세우는 데 더욱 박차를 가하게 된다.

이 체계의 중심 과제는 철학적 일원론(Monismus)을 세우는 데 있었다. 곧 일자로부터 세계의 모든 것을 설명하는 것이었다. 물론 피히테와 셸링도 이를 시도했다. 특히 피히테의 일원론적 관념론이 헤겔에게 큰 영향을 주었다. 그러나 피히테는 이원론을 철저히 극복하지 못했다고 본 헤겔은 주체와 객체의 분리를 극복하고, 양자의 완전한 결합과 통일성을 회복하는 것을 자신의 철학적 일원론의 중심 과제로 삼게 된다. "주체와 객체—혹은 자유와 본성(Natur)이 결합된 것으로 생각되어 본성이 자유이고, 주체와 객체가 분리되지 않는 거기에 신적인 것이 있다"(Vieweg 2019, 158). 그러나 헤겔이 생각하는 주체와 객체의 결합과 통일성은 구체적 삶을 결여한 정적인 것, 고정되어 있는 것이 아니라 통일성과 분리를 포괄하는 통일성, 삶의 다양성을 가진 변증법적 통일성이었다. 바로 여기에 헤겔 자신의 독특한 사고의 원리가 있다.

헤겔은 이 원리를 기독교가 신앙하는 삼위일체 하나님에게서 발견한다. 하나님의 삼위일체가 헤겔 자신의 독특한 변증법적 사고에 대한 근거가 된다. 삼위일체 하나님을 가리켜 성서는 "사랑"이라고 말한다(요일 4:8, 16). 사랑 안에서 이루어지는 주체와 객체의 결합과 통일성은 머물러 있는 정적인 것이 아니라 통일성과 분리를 포괄하는 변증법적 활동성이다. 하나님의 삼위일체가 보여주는 사랑 안에서 주체와 객체의 참된 통일이 이루어질 수 있고, 지배와 노예 신분(Herrschaft und Knechtschaft)의 구조가 극복될 수 있다. 하나님의 삼위일체는 신적인 것과 인간적인 것의 동일성과 차이의 변증법적 통일성을 계시한다. 신적인 것과 인간적인 것, 무한한 것과 유한한 것이 변증법적 통일성 속에서 결합하지 못할 때, 양자는 서로에 대해 절대적인 것(absoluta)이 되어버린다.

여기서 헤겔은 기독교 종교의 문제성을 지적한다. 기독교는 신적인 것과 인간적인 것, 하나님과 세계를 분리시키고, 세계와 인간의 삶을 무가치한 것, 추한 것으로 멸시한다. 하나님과 세계, 인간의 삶은 무관계성에 빠져버리고, 하나님은 세계와 인간의 삶에 대해 구체적 의미를 갖지 못한 추상적인 것이 되어버린다. 인간의 자연적 성향은 하나님이 부여하는 의무에 대립하는 죄악된 것으로 간주된다. 이리하여 칸트의 도덕철학이 보여주는 것처럼 인간의 자연적 성향과 도덕적 의무가 분리된다. 자연적인 것, 감성적인 것은 도덕적 의무를 방해하는 요소로 생각되고, 이른바 인간의 "본성의 억압", "의무 개념의 절대주의"가 지배하게 된다.

1799년에 헤겔은 이러한 종교적 경향에 반해 신적인 것을 "가장 높은 자유, 곧 오직 아름다움으로부터 그 현상의 형태와 세계에 대한 관계를 얻게 되는 자유"라고 말한다. 인간은 자연 속에서 손님과 같은 존재가 아니다. 그는 행복하게 살 수 있고, 본성적 성향에 따라 행동할 수 있는 권리를 가진다. 그는 도덕적 의무를 가진 존재인 동시에 사랑하고 기뻐하며 웃을 수 있는 존재다.

이로써 자신의 학문적 체계에 대한 헤겔 자신의 기본 입장이 확정된다. 그것은 신적인 것과 인간적인 것, 무한한 것과 유한한 것의 결합과 분리의 변증법적 과정, "결합과 비결합의 결합"(Verbindung der Verbindung und Nichtverbindung)의 변증법적 활동성이라 말할 수 있다.

1799년 1월 14일 슈투트가르트에 살고 있던 헤겔의 아버지가 세상을 떠난다. 장례식을 끝낸 헤겔은 아버지의 유언에 따라 3,150굴덴(Gulden)을 유산으로 물려받는다. 그는 이 유산을 통해 자기가 하고 싶은 일을 하게 된다. 친구 셸링의 권유로 1801년부터 예나에서 대학 사강사(Privatdozent)로 일하면서 학문의 길을 걷게 된다(지금도 독일에서는 사강사에게 보수를 주지 않음). 이제 헤겔은 자신의 기본 입장을 가지고 철학의 메카라 불리는 예나로 가게 된다. 이로써 **"예나 시대"**가 시작된다. 헤겔은 예나에서 철학자로 등장한다.

5. 그 당시 예나 대학교는 독일의 정신적 중심이었다. 유명한 프리드리히

실러가 이 대학의 철학 교수였고, 피히테의 뒤를 이어 셸링도 여기서 철학을 가르치고 있었다. 노발리스(Novalis), 슐레겔(Schlegel) 등의 인물들이 이 대학에서 독일 낭만주의의 꽃을 피우고 있었다. 1801년 1월 중순에 예나로 거처를 옮긴 헤겔은 친구 셸링의 소개로 어느 부유한 가정의 야외 정원주택(Gartenhaus)에 머물게 된다. 그 당시 헤겔은 아무런 저술도 없고, 학문의 세계에 전혀 알려지지 않은 무명의 인사에 불과했다. 기껏해야 셸링의 친구로 알려져 있을 뿐이었다. 그는 셸링의 배려로 급여가 없는 사강사로서 강의를 하게 된다. 1801/02년 겨울학기에 개설한 "논리학과 형이상학" 강의에 11명의 학생들이 참여한다.

예나로 이사온 지 10개월 만에 헤겔은 프랑크푸르트에서 이미 집필을 시작한 것으로 보이는 문헌인 『피히테와 셸링의 철학 체계의 차이』(줄여서 "Differenzschriften"[차이론]이라 부르기도 함)를 1801년 10월 3일에 출간한다. 그는 이를 통해 철학계에 파문을 일으키며 두 철학자의 반열에 서게 된다. 이 책은 "학문성의 참 정신을 개발하는 철학의 아주 드문 출판물"이며, "가장 큰 중요성"을 가진 책이란 긍정적 평가를 받는 동시에(한때 Fichte의 제자였던 J. B. Schad의 평가), 철학적 유행성 전염병을 독일에 퍼뜨리는 원인자요, 생명에 위험한 치명적 바이러스라는 부정적 평가를 받기도 한다.

헤겔은 이 책에서 먼저 친구 셸링을 변호하면서 피히테의 문제점을 지적한다. 절대적인 것과 제한된 것, 규정되지 않은 것과 규정된 것이 피히테에게서는 대립 관계에 있다. 이리하여 전자로부터 후자로 넘어가는 것이 불가능하다. 자연은 인간으로 말미암아 있게 된 것으로 생각되기 때문에, 자연과 인간의 관계는 인간이 자연을 지배하는 것으로 생각된다. 자연의 원인성(Kausalität)이 인간에게 있기 때문이다. 이로써 자연의 독자성이 폐기되고, 자연은 인간에게 의존한다. "자아는 비자아(Nicht-Ich)에 대한 원인성을 가져야 한다." 자유는 자유의 제한으로 생각된다. 헤겔은 피히테에 대한 이러한 비판과 함께 셸링의 동일성의 철학을 변호한다. 하지만 그는 셸링의 결함을 조심스럽게 내비치면서 자신의 입장을 제시한다. 그는 셸링을 통해 독일 낭만주의에 친숙하게 되지만, 낭만주의와 거리를 유지한다.

『차이론』이 출간된 지 2주일 후인 1801년 10월 18일에 헤겔은 그동안 준비했던 교수자격 취득 논문을 철학과에 제출한다. 이 논문의 제목은 의외로 자연과학적 제목, 곧 "행성들의 궤도에 관한 철학적 논문"이었다 (Dissertatio Philosophica de orbitis Planetarum). 헤겔은 평소에 수학, 기하학, 광학, 화학, 물리학 등 자연과학에 많은 관심을 보였다. 1805/06년 겨울학기에 열었던 그의 자연철학(philosophia realis) 강의록은 자연과학에 대한 그의 폭넓은 지식을 보여준다(1969c).

헤겔은 이를 배경으로 교수자격 취득 논문에서 케플러의 행성 운동 법칙과 뉴턴의 천체 역학을 다룬다. 그는 그 내용에 있어 수학과 철학적 자연관의 엄격한 분리와 대립을 반대하고, 자연의 사실들과 인간의 오성에 기초한 자연과학의 경험적 방법과, 관념과 이성에 기초한 철학적 방법의 보완적 관계를 제의한다. 오성이 없는 이성은 공허하며, 이성이 없는 오성은 맹목적이다. 따라서 오성은 이성으로 지양되어야 한다는 자연철학적 원리가 그 배경을 이룬다. 철학과 학과장은 아무 이의 없이 헤겔의 논문을 통과시키고, "깊은 통찰력을 지닌 철학자"라고 헤겔을 평가한다.

헤겔은 1802년부터 셸링과 함께 「비판적 철학 저널」(Kritische Journals der Philosophie)을 발행한다. 이 저널에는 두 사람의 기고문만 게재되는데, 그 가운데 75%는 헤겔이 쓴 것으로 학문적 가치를 인정받는다. 나머지 25%는 셸링의 글인데, 이미 발표한 것이 반복되어 실린 것이 많았고 이로 이해 학문적 가치가 없는 것으로 평가된다. 헤겔은 자신의 기고문 "믿음과 지식"에서 칸트, 야코비, 피히테를 비판하면서 자기 입장을 개진한다. 참된 무한자는 유한자에서 분리된 것이 아니라 자기를 유한자로 세우고 그것을 부정하는 부정성이다. 그것은 부정적인 것의 부정의 변증법적 운동 속에 있다. 모든 유한자 속에는 모순, 곧 자기 아닌 것이 있다. "모순은 참된 것의 규칙이고, 무모순은 거짓된 것의 규칙이다"(contradictio est regula veri, non contradictio, falsi).

셸링은 헤겔의 입장에 등을 돌린다. 그는 인간이 인식할 수 없는, 따라서 유한한 것에서 분리된 신적 절대자를 포기하지 않는다. 이로 인해 두 슈바벤 사람은 결국 헤어지게 된다. 셸링은 1803년에 뷔르츠부르크(Würzburg) 교수로 초빙을 받아 예나를 떠난다. 셸링과 함께 헤겔의 김나지움 친구였던 니트함머 등 여러 저명한 교수들이 예나를 떠나면서 예나 대학교는 학문적으로 쇠퇴하게 된다. 통치자의 비생산적 재정 지출로 인한 대학 지원의 대폭 감소, 대학 당국자들의 방만한 재정 관리가 내적 원인이었다. 그러나 헤겔은 학생들 사이에서 차츰 명성을 얻게 된다. 이때 베를린 대학교가 학문의 중심지로 등장하기 시작한다.

1805년과 1806년은 헤겔의 생애에서 격동이 심한 기간이었다. 그는 이 기간에 자신의 대표작 『정신현상학』을 집필하면서 막심한 경제적 어려움을 당한다. 그는 대학의 교수직을 얻고자 했지만 실패하고, 과부로서 가정부로 일하던 크리스티안네 부르크하르트(Christiane Burkhardt)와의 내연 관계로 인해 어려움을 당한다. 1806년 5월에 그녀는 임신을 하여, 1807년 2월에 아들 루트비히(Ludwig)를 낳는다. 그동안 헤겔은 괴테와 교류한다. 그는 1805년 2월에 비정규 교수직(außerordentliche Professur)을 얻지만, 연봉 100탈라에 불과한 부끄러울 정도의 대우를 받게 된다. 이에 비해 카를 아우구스트 공작(Herzog Karl August)은 그의 관저 건축에 매주 4,000탈라를 지출한다. 1806년 10월에 나폴레옹의 군대가 점점 더 가까이 예나로 진군한다.

1806년 10월 13일은 운명의 날이었다. 이날에 나폴레옹의 프랑스 군대가 예나를 점령한다. 헤겔은 백마를 타고 예나에 입성하는 나폴레옹을 만나게 된다. 그는 말 위에 앉아 세계를 정복하고 다스리는 "황제―이 세계영혼"을 보게 되는 것은 놀라운 경험이었다고 회고한다. 마침 이날에 헤겔은 『정신현상학』을 탈고하여 그 원고를 밤베르크(Bamberg)에 있는 출판사에 보내기로 약속되어 있었다. 그러나 전쟁 때 원고를 우편으로 보내는 것은 매우 위험한 일이었다. 원고가 없어질 것을 대비한 복사본도 없었다. 헤겔은 그다음 날인 10월 14일에 마지막 부분의 원고를 밤베르크로 보낸 것으로 보인다. 도시 곳곳에서 대화재와 약탈이 일어난다. 대학 건물도 약탈을 당한다. 수천 명의 부상자와 사망자들이 예나 도시로 운반되고, 교회, 대학 건물, 정부 청사, 빈민 구제소를 위시한 공공건물들이 임시 병원으로 사용된다. 약 한 달 뒤에 헤겔은 『정신현상학』 인쇄를 지켜보기 위해 밤베르크로 떠난다. 그는 1807년 1월 초까지 예나 대학교의 교수직 초빙을 기대했다. 그는 2월 중순에 친구 니트함머로부터 「밤베르크 신문」(Bamberger Zeitung) 편집자로 오라는 소식을 받고, 옛 프랑크족의 후손들(Franken)이 살고 있는 바이에른(Beyern)주 밤베르크로 거처를 옮긴다. 세계 철학사에서 다이아몬드와 같은 『정신현상학』은 1807년 3월 말 부활절에 출간된다.

6. 「밤베르크 신문」은 밤베르크는 물론 뷔르츠부르크, 바이로이트(Bayreuth), 에를랑겐(Erlangen) 지역까지 포괄하는 매우 큰 일간 신문으로서 매일 4쪽의 기사를 보도했다. 헤겔은 신문사 소유자와 신문 수입금의 절반에 달하는 1,350굴덴의 연봉을 받기로 계약한다. 헤겔 자신은 이 신문에 자기의 글을 많이 발표하지 않았다. 출간될 기사의 선별과 최종 편집이 헤겔의 주업무였다. 헤겔은 신문 편집과 관련해 아래 네 가지 사항에 중점을 둔다. 1) 이성적 국가체제의 문제, 2) 나폴레옹 전쟁의 발전 과정, 3) 시대정신에 부합하는 정치와 학문의 관계, 4) 국민의 공적 교육의 타당성과 그 이론적 기초.

헤겔이 편집 책임자로 일하는 동안 「밤베르크 신문」은 독일에서 가장 중요한 신문 중 하나로 발전한다. 그러나 검열이 점점 더 심해지고, 신문사 폐간의 위협을 당하자 헤겔은 신문사를 떠나기로 결심한다. 1808년 가을에 헤겔은 "신문 종교재판"(Zeitungsinquisition)을 벗어난다. 그는 또다시 옛 친구 니트함머의 도움으로 1808년 11월에 철학 예비과정 교수와 뉘른베르크 에기디언 김나지움(Ägidiengymnasium)의 교장으로 초빙된다(그 당시 김나지움 교사도 교수라 불리었음).

7. 본래 뉘른베르크는 자유 제국도시였지만, 나중에 바이에른주에 흡수된 부유한 상업도시였다. 루터의 종교개혁 당시에 이 도시는 개혁파 측의 중요 거점이었다. 헤겔이 이 도시로 이사할 때, 26,569명의 주민 중 25,313명은 개신교회(루터교회) 신자였고, 1,158명은 가톨릭교회 신자였다. 따라서 개신교회 측이 압도적이었다. 그러나 뉘른베르크가 속한 바이에른주에서는 가톨릭 측이 압도했기 때문에, 뉘른베르크의 중요한 정책에서 두 세력이 언제나 다시금 대립하게 된다.

헤겔을 뉘른베르크로 초빙한 친구 니트함머는 뉘른베르크 교육청장이었다. 그는 개신교회의 정신에 따라 뉘른베르크시의 학교 교육을 개혁하고자 했다. 그는 그 일환으로 에기디언 김나지움을 종교적 간섭에서 자유로운 인문주의 김나지움(humanistisches Gymnasium)으로 개혁하고자 했다. 그리고 이를 위해 헤겔을 교장 겸 철학 예비과정 교수로 초빙했다. 이 김나지움은 아우구스티누스 수도원 건물을 개조한 것으로서 1521년 종교개혁가 멜란히톤의 주재 아래 세워진 것이었다. 그러나 가톨릭교회 측은 니트함머의 교육개혁을 거부하고, 엄격한 종교적·권위주의적 교육을 유지하고자 했다(독일의 학교 교실 칠판 위에 십자가가 달려 있는 것은 250년 전 독일 학교 교육의 엄격한 종교적 분위기를 보여준다).

헤겔은 니트함머의 교육 정책에 따라 에기디언 김나지움의 교육을 개혁하고자 한다. 그는 학생들의 이성과 창의성을 억압하는 교리주의적 교육 대신에 자유로운 사고와 자기의식을 장려하는 인문주의 교육을 실시한다. 이와 동시에 그는 학교를 직업 예비학교로 만들려는 실용주의적 교육 정책을 거부하고, 학생들의 품위 있는 인격과 이성, 자유롭고 합리적인 사고 능력을 장려하는 교육을 실시하고자 한다.

헤겔은 이를 위해 고전어와 고전 문학을 통해 학생들의 지적 소양을 넓히고, 자신의 가치관에 기초한 자기의식을 갖게 하며, 독립성과 자기활동을 장려하고자 한다. 그는 학교가 교사와 학생, 명령과 복종의 지배체제가 아니라 올바른 인격과 지적 소양을 함께 계발해나가는 공동체가 되어야 함을 강조한다. 도시의 많은 유지들이 자신들의 자녀를 헤겔의 김나지움으로 보낸다. 헤겔은 교장직을 수행하는 동시에 이 도시의 지식인 단체와 교류한다. 이 단체는 신학자, 철학자, 물리학자, 화학자, 의학자 등 다양한 인물로 구성되어 있었다.

1811년 9월 15일에 헤겔은 뉘른베르크 성령교회에서 결혼한다. 신부

헤겔의 부인 마리에 폰 투허

는 폰 투허(von Tucher) 귀족 가문 출신의 마리에 폰 투허(Marie von Tucher)였다. 만 마흔 살의 노총각이 스물한 살이나 젊은 열아홉 살의 아름답고 생기발랄한 소녀와 결혼한 것이다. 1812년 6월 말에 태어난 첫 딸은 2주 후 사망한다. 1813년과 1814년에 두 아들 카를(Karl)과 임마누엘(Immanuel)이 태어난다. 첫째 아들 카를 헤겔은 나중에 법학자가 되어 아버지 헤겔의 강의록을 출간하기도 한다. 부인 마

리에는 매우 경건한 여성으로, 한때 가톨릭교회로 개종을 생각했지만, 헤겔이 이를 승낙할 리 없었다. 예나에서 태어난 헤겔의 혼외 아들 루트비히는 어머니 밑에서 자라다가 만 세 살이 되던 1810년에 예나의 출판 사업가이며 헤겔의 친구인 프롬만의 여동생과 형수 집에서 성장하게 된다.

뉘른베르크에서 남긴 헤겔의 가장 중요한 책은 『논리학』이었다. 예나에서 헤겔은 이 책의 기초를 세웠고, 밤베르크에서는 이 책의 내용을 집중적으로 기술한 다음, 뉘른베르크에서 그 내용을 완성하고 출간한다. 이 책은 세 단계로 출간되는데, 1812년에 제1편 "존재론", 1813년에 제2편 "본질론", 1816년에 제3편 "주관적 논리학 혹은 개념론"으로 출간된다. 헤겔은 이 책에서 전통적인 형식논리학을 거부하고, 자신의 변증법적 논리학을 전개한다. 이 책은 『정신현상학』과 함께 철학계의 기념비적 작품으로 평가된다. 이로써 논리적 사고의 새로운 시대, 새로운 형이상학으로서의 논리학이 시작된다.

8. 뉘른베르크에서 헤겔은 교육자로서, 또 철학 예비과정 교수로서 자기의 소임을 충실히 이행한다. 그러나 과중한 업무로 인해 점점 더 심리적 고통을 당하게 된다. 한때 그는 자기의 처지를 세인트헬레나섬에 유배된 나폴레옹의 처지에 비유한다. 큰 학자가 되기를 원하는 그의 꿈이 더 커진다. 그러던 중 헤겔은 1816년 8월 6일 하이델베르크 대학교의 교수 초빙을 받는다. 8월 16일에는 베를린 대학교에서, 9월 6일에는 에를랑겐 대학교에서 교수 초빙을 받는다. 갑자기 세 대학교의 교수 초빙을 받은 것은 그의 『논리학』과 교육자로서의 업적이 크게 인정을 받았기 때문이다. 헤겔은 하이델베르크 대학교를 선택한다. 이로써 헤겔의 학문적 능력이 인정을 받게 된다. 이제 그는 그 시대의 가장 중요한 철학적 사상가에 속하게 된다.

1816년 10월 19일에 헤겔은 하이델베르크에 도착한다. 11월에는 그의 부인과 두 아들 그리고 장모와 처제가 뒤따라 온다. 그때 헤겔은 만 열 살이 된 혼외 아들 루트비히를 자기 가정에 데려온다. 이리하여 루트비히는 아버지 집에 살면서 하이델베르크에 있는 김나지움에 다니게 된다. 헤겔은 그동안 루트비히를 양육해온 출판업자 친구 프롬만의 여동생과 형수에게 진심으로 감사드리는 편지를 보낸다. 헤겔의 장모는 루트비히를 자신의 손자처럼 여기고 그를 돌보아준다. 헤겔은 그가 명철하고 라틴어를 매우 잘 한다고 한 편지에서 언급한다. 마리에에게서 태어난 두 아들도 루트비히를 형제처럼 대한다. 그러나 헤겔 가족의 어른들은 루트비히가 수양아들이라고 두 아들에게 소개한다. 두 아들은 헤겔 사망 후에 그 사실을 알게 된다.

하이델베르크 대학교에서 헤겔의 학문적 전성기가 시작된다. 1817년 2월에 그는 자기의 학문 체계를 요약한 『철학적 학문의 백과전서』(Enzyklopädie der philosophischen Wissenschaften)를 출간한다. 헤겔은 이 책에서 자기의 철학 체계를 기술하지만 완전하게 기술하지는 못한다. 그 책은 강의에 사용할 목적으로 너무 짧은 기간에 집필되었기 때문이다.

헤겔은 1816/17년 겨울학기에 백과전서와 철학사를 강의하고, 1817년 여름학기에는 인간학과 심리학을, 1817/18년 겨울학기에는 철학사, 자연법과 국가학을 강의한다. 1817년 가을에 헤겔의 장모는 자신의 딸에게 남편으로 말미암아 "너는 세계적으로 유명한 부인이 될 것이다"라고 헤겔의 역량을 높이 평가한다.

헤겔은 하이델베르크에서도 다양한 영역의 학자들과 교류하며, 특히 괴테의 색채 이론(Farbenlehre)을 높이 평가한다. 괴테는 헤겔의 백과전서를 높이 평가하고, 헤겔을 그 시대의 가장 탁월한 철학자로 인정한다. 헤겔은 진보적 성향의 신학자 다웁(Daub)과 친밀한 관계를 맺으면서 철학과 신학의 관계에 대해 토론하기도 한다. 다웁은 헤겔의 『논리학』을 현대 철학의 "마그나 카르타"(Magna Carta)로 평가한다.

1817년 초에 헤겔은 오랫동안 우정을 쌓아온 슈바벤 신학자 파울루스(Paulus)와 결별한다. 결별의 동기는 두 사람의 옛 고향 뷔르템베르크주의 새로운 헌법 초안에 대한 의견 차이에 있었다. 파울루스는 시민의 권리를 옹호하면서도 신성 로마 제국에서 유래하는 법질서와 지주 계층의 특권을 지키고, 여성과 유대인 및 무산자들을 배제하길 바랐다. 헤겔은 이를 반대하고 국가의 법은 시민들의 참여를 통해 제정되어야 하며, 국가의 재정은 공적으로 명료하게 집행되어야 하고, 기독교 교파들의 평등이 보장되어야 하며, 재산 상태를 기준으로 국민을 두 계층으로 나누지 말아야 한다고 주장한다. 국민의 빈곤과 이민을 초래하는 국가 재정의 방만한 운용을 중단해야 한다. 특권층에 이로운 옛 시대의 법은 이성의 법으로 대체되어야 한다. 헤겔은 이와 연관하여 프랑스 혁명을 "동터오는 아침의 여명"으로 간주한다. 이에 반해 파울루스가 대변하는 옛 헌정 질서의 지지자들은 프랑스 혁명의 기본 이념을 독소와 같은 것으로 간주한다. 헤겔은 자신의 입장을 법철학 강의에서 천명한다.

9. 1818년에 헤겔은 1814년 초에 사망한 피히테의 후계자로서 **베를린 대학교**의 철학교수로 초빙받는다. 베를린 대학교의 위원회는 새로운 학문적 사고의 발전을 위한 가장 적절한 인물로 헤겔을 택했다. 당시 베를린 대학교는 유럽의 예술과 학문의 중심지로 부상하고 있었다. 예나 대학교가 쇠퇴하면서 이 대학의 여러 저명한 교수들이 베를린 대학교로 옮겼다. 근대 신학의 대부로 알려진 슐라이어마허(F. D. E. Schleiermacher, 1768-1834)가 이 대학교의 신학부 교수로 있었다.

서른한 살 때 자신의 첫 학문적 업적을 출간했고, 마흔여섯 살 때 처음으로 교수직을 얻은 헤겔은 1818년에 학문의 왕좌에 앉게 된다. 1829년에 그는 베를린 대학교의 총장이 된다. 헤겔 가족은 1818년 9월 17일 혹은

베를린 시대의 헤겔

18일에 하이델베르크를 떠나 10월 5일에 베를린에 도착한다. 헤겔은 10월 22일에 교수 취임 기념 강연을 하면서 겨울학기 강의를 시작한다. 그는 이 대학에서 법철학, 철학적 학문의 백과전서, 철학사, 미학, 종교철학, 역사철학, 하나님 존재 증명을 강의한다. 헤겔이 사망한 후, 그의 제자들과 지지자들이 유고와 강의록을 정리하여 출간한다. 이리하여 헤겔 철학의 거대한 체계가 완성된다.

헤겔은 말을 잘하는 교수가 아니었다. 그는 말을 약간 더듬기도 하고, 약간 쉰 소리로 불분명하게 말하기도 하며, 독백을 하듯이 말하기도 하고, 강의 원고를 뒤적이기도 하며, 콜록거리기도 했다. 그러나 강의실은 모기 소리 하나도 들리지 않을 정도로 조용했다. 연필이나 만년필로 강의 내용을 받아쓰는 소리만 들릴 뿐이었다. 중요한 것은 화술이 아니라 내용이었다.

강의 수강자와 청강자는 철학과 및 타 학과 학생과 조교들은 물론 헤겔 철학의 지지자들, 프로이센 왕국의 관리와 군인들, 신학자와 역사학자들과 예술가와 의학자들, 일반 시민들로 매우 다양했다. 그중에는 포이어바흐, 로젠크란츠, 브루노 바우어, 다비드 프리드리히 슈트라우스, 하이네, 포이어바흐, 낭만주의 작곡가 펠릭스 멘델스존 바르톨디, 역사학자 요한 구스타프 드로이젠 등 유명한 인물들이 있었다. 프랑스, 벨기에, 폴란드, 미국 등 외국에서 온 인물들도 있었다. 포이어바흐는 깊은 관심과 열정을 가지고 헤겔의 여러 강의를 1824-1825년에 들었다는 사실에 대해 헤겔의 친필 확인서를 1826년 3월 18일자로 받는다.

헤겔이 계속되는 연구를 통해 강의 자료를 거듭 보완함으로써 그의 강의는 점점 더 깊고 폭 넓어진다. 헤겔은 젊었을 때 가지고 있었던 깊은 통찰들을 쉽게 풀어서 강의하기도 한다. 예술사, 철학사, 종교사, 세계사에 대한 그의 강의는 실로 방대하며, 자신의 방법에 따라 이 역사들을 해석하고 체계화한다. 이로 인해 헤겔은 유럽 전역에서 큰 명성을 얻는다. 그리고 독일은 물론 유럽 전역에서 많은 학생이 헤겔의 강의를 듣기 위해 베를린으로 모여든다. 헤겔 학파가 형성되고 이 학파는 "이미 헤겔의 생존 시에 지식과 문화의 거의 모든 영역에 영향을 주었다"(Simon 1985, 530).

헤겔이 베를린 대학교에 초빙된 1년 후인 1819년에 정치적 먹구름이 독일 전역에 드리우기 시작한다. 동년 8월 6일에서 31일 사이에 독일연맹에 속한 국가들이 뵈메(보헤미아)에 위치한 카를스바트(Karlsbad)에서 비밀회의를 열고, 나폴레옹 이후의 모든 자유로운 사상들을 통제하기로 결정한다. 이를 위해 대학 감시, 언론과 사상의 자유 통제, 학생단체 금지, 간행물 검열, 위험스러운 교수들의 파면과 직업 금지, 체육관 폐쇄를 결정한다. 이를 통해 엄격한 감시 체제를 가진 경찰국가를 세우고자 한다. 이 결정을 가리켜 카를스바트 결의(Karlsbader Beschüsse)라 부른다. 이 결의에 따라 여러 저명한 지식인들이 구금되거나 해직을 당한다. 헤겔 역시 비밀경찰의 감시 대상이 된다. 이에 그는 크게 실망한다. 그는 수구 세력과 대립하면서 진보적 인물들을 돕는다. 그의 첫

괴테의 책상 위에 놓여 있던 헤겔의 흉상

제자 카로베(Carové)는 학자로서의 진출을 금지당한다.

1819년에 헤겔은 자신의 『법철학 개요』를 출간할 예정이었다. 원고는 1819년 가을에 완성되었다. 하지만 그는 검열에 걸리지 않기 위해 원고를 수정하지 않을 수 없었다. 약 1년의 수정 작업을 거쳐 1820년 10월에 책이 출간된다. 이 책은 헤겔이 베를린 대학교에서 가르치는 동안에 출간한 유일한 책이었다. 법철학 외에 그가 이 대학에서 행한 다른 강의들은 그의 사후에 제자들에 의해 출간되었다. 헤겔은 수정 과정에서 자기의 입장을 교묘하게 굴절하지 않을 수 없었다. 이리하여 이 책은 수구적으로 해석될 수도 있고, 진보적으로 해석될 수도 있는 양면성을 보이게 된다. 정치 권력층을 만족시킬 수 있는 수구적 생각들과 그들을 불안케 만들 수 있는 진보적 생각들이 교차한다. "더 힘 있는 자가 다스리며, 다스릴 수밖에 없고 또 항상 다스릴 것이라는 하나님의 영원불변의 질서"라는 헤겔의 진술은 국가 권력층 입장에서는 참으로 감사한 것으로 보였고, 진보적 사상가들에게는 야비한 것으로 보였다. "이성적인 것은 현실적이요, 현실적인 것은 이성적이다"라는 그의 유명한 명제도 이에 속한다.

10. 헤겔은 베를린에서 괴테와 매우 친밀한 교류를 가진다. 두 사람의 교류는 베를린 시대 이전부터 시작되었다. 프랑크푸르트 시대인 1801년에 그는 바이마르(Weimar)에 있는 괴테를 방문하고, 그의 첫 저서 『차이론』을 그에게 헌정한다. 헤겔은 1827년과 1829년 두 번이나 괴테를 방문할 정도로 두 사람 간의 친밀한 관계를 보여준다.

물질과 정신, 육체와 영혼, 물질적 확장과 사유는 이원론적으로 나뉜 별개의 것이 아니라 자연 속에 있는 절대자의 두 가지 측면들에 불과하다는 괴테의 낭만주의적 세계관 및 자연관이 헤겔에게 큰 영향을 준다. 그러나 괴테는 신적 본성이 그 속에 내재하는 "자연"으로부터 모든 사물의 통일성을 파악하는 반면, 헤겔은 신적 "정신", 곧 하나님의 존재로부터 그 통일성을 파악한다. 괴테는 "모든 살아 있는 것의 이성"을 뜻하는 "자연에 대해 이야기한다면", 헤겔은 "정신에 대해 이야기하고…자연을 관념의 타재(Anderssein)로 파악한다(Löwith 1953a, 23). 괴테는 절대자를 자연 속에 있는 범신론적 이성으로 생각하는 반면, 헤겔은 그것을 예수 그리스도 안에서 계시되는 "정신으로서의 하나님"으로 생각한다.

헤겔은 낭만주의의 영향을 받는 동시에, 낭만주의는 "자기의 주체성을 생산적으로 외화할 수 없으며, 대상 세계와 관계할 능력이 없다"고 비판한다(Löwith 1953a, 20. 여기서 "외화" 곧 Entäußerung은 "소외", "대상화"로 번역되기도 함). 헤겔에게 낭만주의의 절대자는 자기를 외화할 수 없는 "추상적인 것"(Abstrakion)이었다. 낭만주의에 대한 헤겔의 비판은 괴테의 범신론적 경향에 대한 비판이기도 하다. 따라서 괴테는 헤겔의 절대적 관념론의 지지자가 될 수 없었다.

하지만 괴테는 헤겔의 학문적 능력을 높이 평가한다. 이에 관한 일화를 들어보자. 헤겔이 바이마르에 살고 있는 괴테를 방문한 뒤에, 괴테는 자신의 며느리 오틸리(Ottilie)에게 헤겔을 어떻게 생각하느냐고 질문한다. 오틸리는 "그는 상상력이 풍부하든지 아니면 정신이 약간 돈 것 같다"라고 대답한다. 괴테는 이에 대해 다음과 같이 답변한다. "무슨 말을! 우리는 방금 현대의 가장 유명한 철학자 게오르크 빌헬름 프리드리히 헤겔과 함께 식사를 했는데!"(Vieweg 2019, 544)

헤겔의 명성이 높아질수록 그를 시기하고 반대하는 자들도 생긴다. 보수적 국왕파의 인물들과 신학교수 슐라이어마허는 헤겔이 베를린 아카데미 회원이 되는 것을 결사반대한다. 이들은 헤겔을 공화정을 지지하는 정치적 위험인물로 선전한다. 1827년에 셸링은 "헤겔주의의 히드라(Hydra, 그리스 신화에서 여러 개의 머리를 가진 뱀)"와 그의 범신론을 파괴하기 위해 최근의 철학사를 뮌헨에서 강의하겠다고 예고한다. 이에 대한 답례로 국왕파는 1840년에 셸링을 헤겔의 후임으로 베를린 대학교의 교수로 초빙한다. 그러나 베를린에서 셸링은 학자로서의 명성을 얻는 데 실패한다.

슐라이어마허를 선두로 한 개신교회 당국자들도 헤겔을 끊임없이 비난했다. 헤겔의 강의를 청강한 가톨릭교회 측 인물들은 헤겔을 문화교육부에 고발했다. 교회의 쥐들이 성만찬에 쓰일 빵을 먹고 포도주를 한 모금 마시면 성자의 반열에 들어갈 수 있다고 헤겔이 가톨릭교회의 명예를 훼손했다는 것이다. 헤겔은 베를린의 적그리스도요, 하나님과 사탄을 혼동했다는 비난을 받기도 한다. 그러나 헤겔의 세계적 명성 때문에, 그 누구도 헤겔에게 해를 가하지 못한다. 문화교육부 장관 알텐슈타인(Altenstein)이 헤겔을 지지한 것도 헤겔에게 큰 힘이 된다.

헤겔은 대학에서 큰 학자로서 영광을 얻지만 가정 문제로 정신적 고통을 당한다. 혼외 아들인 루트비히는 어릴 때 받은 정신적 상처로 인해 성장하면서 점점 더 심한 성격적 어려움을 갖게 된다. 그는 매우 내성적이고 사람을 기피하는 성격을 형성한다. 루트비히는 의학을 공부하길 원했지만, 아버지 헤겔은 그를 슈투트가르트 상인학교로 보내어 자신의 생계 문제를 해결하길 기대한다. 그러나 루트비히는 학교 교육에 실패한다. 루트비히를 무가치한 자라고 판단한 헤겔은 루트비히의 이름에서 자기의 성을 말소하고, 루트비히의 생모의 성을 갖게 한다. 이것은 헤겔 가문에서 루트비히를 추방하는 것을 뜻한다. 루트비히는 이에 강력히 항의한다. 1825년 18세 때 루트비히는 네덜란드 군대에 6년의 복무를 지원하고 인도네시아로 파견된다. 1831년 여름에 그는 바타비아(Batavia, 지금의 자카르타 지역)에서 뎅기열(모기를 통한 뎅기[dengue] 바이러스 감염으로 인한 급성 고열과 강한 통증)로 사망한다.

지적이고 정치적으로 진보적 성향의 단체에 속하기도 했던 헤겔의 여동생 크리스티안네는 결혼을 하지 못하고 가정 교사 생활을 하는 등 힘든 삶을 살아간다. 말년에는 우울증 증세로 정신과 요양기관에서 15개월을 지내기도 한다. 헤겔은 1521년 슈투트가르트로 돌아온 그녀에게 정기적으로 경제적 도움을 준다. 여동생의 어려운 삶이 헤겔의 마음을 늘 무겁게 했다. 헤겔의 여동생은 헤겔이 사망한 지 2개월 반 후인 1832년 2월 2일에 59세의 나이로 사망한다. 사망하기 이전에 그녀는 루트비히를 자기의 법적 상속인으로 지명했다. 이것은 루트비히가 헤겔의 친자임을 간접적으로 확인해주는 의미를 갖기 때문에 헤겔의 가정에 파문을 일으킨다.

11. 1829년에 이르러 헤겔은 최고의 명예로운 자리에 이르게 된다. 그는 베를린 대학교의 총장으로 선출되는 동시에 정부의 대학 전권 위임자의 책임을 맡는다. 총장으로 선출된 후 헤겔은 휴가차 뵈메 지역으로 떠나, 프라하를 거쳐 카를스바트에서 옛 친구 셸링을 만난다. 그 당시 셸링은 바이에른주 왕실 협의회 회원이자 왕립 아카데미 이사회 임원이었다. 두 사람은 그동안 아무 일도 없었던 것처럼 친밀한 시간을 보낸다. 이것이 두 사람의 마지막 만남이었다. 나중에 셸링은 언제 보았느냐는 듯이 헤겔의 철학을 신랄하게 비판하지만 큰 학문적 명성을 얻지 못한다.

헤겔은 사망하기까지 마지막 2년 동안 계속되는 강의 준비, 백과전서 제3판의 출간 준비, 베를린 대학교 총장직의 격무, 국가체제 문제와 연결된 정치적 사건들에 대한 입장 표명 등으로 인해 건강을 많이 해치게 된다. 그는 또다시 학술원 회원으로 추천을 받았지만, 반대자들의 훼방으로 좌절된다. 1830년 10월 23일 괴테가 사망한 후, 1831년에 헤겔은 총장직을 사임하고 본연의 연구 활동으로 돌아간다.

1830년에 헤겔은 학자로서 명예의 정점에 서게 된다. 이와 동시에 그는 자신의 생애 마지막까지 반대자들의 비판을 받는다. 당시의 철학적 문필가 슈바르트(K. E. Schubarth)는 헤겔을 가리켜 무신론적 혁명가요, 프로이센의 적대자라고 비난한다. 1829년에 다시 만나 우정을 되새겼던 셸링이 헤겔의 논리학에 가한 부적절한 비판도 그의 마음을 아프게 한다. 전언에 따르면, 셸링은 뮌헨 강의에서 헤겔을 가리켜 "자기의 둥지를 빼앗은 뻐꾸기"라 폄하하고, "헤겔의 범신론의 악한 씨를 뿌리째 뽑아내야" 한다고 주장했다.

그러나 프로이센의 황태자는 헤겔의 철학을 가리켜 "프로이센의 보물"(Kronschmuck Preußens)이라 부른다. 문화교육부 장관 알텐슈타인은 헤겔의 철학에서 계몽되고 기독교적이며 경건한 세계 이해를 볼 수 있다고 그의 철학을 높이 평가한다. 어떤 사람은 헤겔을 가리켜 우리 시대의 가장 높은 사상가, 새로운 아리스토텔레스, 정신적 세계의 왕, 가장 큰 별, 세계적 철학자, 현대의 가장 중요한 자유의 사상가라고 부르기도 한다. 그러나 총장 임기 동안의 격무와 과중한 연구로 인해 헤겔의 건강은 매우 좋지 못한 상태에 있었다.

1831년 겨울학기가 시작되자 헤겔은 법철학과 철학사 강의를 하겠다고 공고한다. 그러나 11월 14일 오후 5시에 헤겔은 갑자기 사망한다. 그의 나이 만 예순한 살 때였다. 그의 혼외 아들 루트비히가 사망한 지 약 3개월 후였다. 사망의 원인은 분명하지 않다. 베를린에 퍼진 유행성 질병으로 사망했다는 설도 있고, 평소에 앓고 있던 위장 질환 때문에 사망했다는 설도 있다. 동년 여름 인도네시아에서 일어난 혼외 아들 루트비히의 갑작스러운 죽음으로 인한 정신적 고통이 크게 작용했으리라 추측된다.

사망하기 2년 전인 1819년에 헤겔은 자기가 죽으면 피히테의 무덤 옆에 묻어달라고 측근에게 희망했다. 그의 희망에 따라, 헤겔의 시신은 베를린 공원묘지(Dorotheenstädtischer Friedhof)에 있는 피히테의 무덤 옆에 안장된다. 그의 지지자 프리드리히 슈트라우스(F. Strauß)에 의하면, 헤겔은 자신의 마지막 강의, 마지막 문장에서 다음과 같이 말했다. "자유는 가장 귀중

베를린에 있는 헤겔의 무덤

한 것이다. 정신세계의 건축물 전체가 거기서 나온다."[2]

12. 헤겔 철학은 아래와 같은 과정을 통해 발전한다.
 1) 1790-1800년의 시대로서 헤겔이 자신의 철학에 대한 종교적·신학적 기초를 형성하는 단계. 그 대표적 문헌들은 그의 청년기의 "신학적 문헌들"(Theologische Jugendschriften)이다.
 2) 1800-1801년의 시대로서 헤겔은 당시의 대표적 철학자들, 특히 칸트, 피히테, 셸링의 철학과의 비판적 대화 속에서 자신의 철학적 입장과 관심을 표명한다. 그 대표적 문헌은 『차이론』, 『믿음과 지식』 등이다.

---

2) 원문. "Freyheit ist das Innerste, und aus ihr ist es, daß der ganze Bau der geistigen Welt hervorsteigt", Vieweg 2019, 672에서 인용.

3) 1801-1806년의 시대로서 헤겔 자신의 가장 초기의 체계가 형성
   된다. 그 대표적 문헌은『예나 시대의 논리학과 형이상학』,『예나 시
   대의 실재철학』,『인륜성의 체계』다.
4) 1807년에『정신현상학』이 출간된다.
5) 1808-1830년의 시대로서 대표적 문헌은『철학서설』,『논리학』,『철
   학적 학문의 백과전서』,『법철학』그리고『역사철학』, 철학의 역
   사, 미학, 종교, 하나님 존재 증명에 관한 그의 강의록이다(이에 관해
   Marcuse 1972, 36).

13. 실로 방대한 헤겔의 철학 체계는 "정신"의 세 단계에 따라 구성된다.
   첫째 단계: 정신이 자기 자신 안에 있는 상태, 곧 즉자(An-sich-Sein)의 상
태를 말한다. 이 단계를 다루는 헤겔 철학의 영역은 **논리학**이다. 논리학은
세계의 창조 이전에 있는 정신의 내적 자기활동을 기술한다.
   둘째 단계: 정신이 자신의 즉자를 자기 앞에 서 있는 대상적 존재, 곧 시
간과 공간 속에 있는 대자(Für-sich-Sein)로 외화한 단계 혹은 공간과 시간에
묶여 있는 자연의 형식으로 대상화시킨 단계를 말한다. 이 단계를 다루는
헤겔 철학의 영역은 **자연철학**이다.
   셋째 단계: 정신이 자기 외화로부터 자기 자신으로 돌아온 단계, 곧 즉
대자(An-und-für-sich-Sein)의 단계를 말한다. 이 단계를 다루는 헤겔 철학의
영역은 **정신철학**이다. 그 대표적 저서는『**정신현상학**』이다. 정신철학은 아
래 세 가지 영역으로 구별된다.

① **주관정신**: 헤겔은 주관적 정신에서 인간의 삶을 다룬다. 인간에게서
   정신은 "자기 바깥에 있는 존재"(Außer-sein-Sein)의 상태에서 "대자"
   의 상태로 넘어가기 시작한다. 그는 현실적으로 "그 자신에 대해" 존

재한다.

② **객관정신**: 헤겔은 객관적 정신에서 법과 도덕, 가족, 사회, 민족, 국가, 역사를 다룬다. 이 단계를 다루는 헤겔 철학의 영역은 **법철학, 역사철학**이다. 여기서 우리는 헤겔의 철학 체계에서 역사철학의 위치를 볼 수 있다. 그의 역사철학은 법철학이 마지막으로 다루는 국가론에서 철학적 주제로 등장한다. 여기서 우리는 헤겔의 역사철학이 국가와 긴밀하게 결합되어 있음을 볼 수 있다.

③ **절대정신**: 절대정신은 정신이 역사의 과정을 모두 끝내고, 완전히 자기 자신으로 다시 돌아온 상태, 곧 즉대자의 상태를 말한다. 이 단계는 **예술, 종교, 철학**으로 구성된다. 이들을 개별적으로 다루는 헤겔 철학의 영역은 **미학, 종교철학, 철학적 학문의 백과전서, 철학사 서설**이다(이에 관해 Störig 1974, 321-324).

2. 학문적 배경과 출발점
   - 헤겔의 정신 개념의 출처는 무엇인가?

헤겔의 학문적 출발점 내지 뿌리는 무엇인가? 우선 우리는 이 질문에 대한 대답을 헤겔 당시의 철학적 배경에서 찾을 수 있다. 헤겔은 당시 독일 철학계를 대표하는 두 사람, 곧 피히테의 주관적 관념론과 셸링의 객관적 관념론과의 연관 속에서 절대적 관념론이라는 자신의 학문 체계를 세운다. 먼저 피히테와 셸링의 중심 사상을 간단히 살펴본다면 다음과 같다.

1. 피히테는 대상 세계의 현실과 인간 주체의 "근원적 통일을 '자아'를 절대화시켜서" 만들어냈다(이진경 2008, 174). 그는 사유하는 인간 주체, 곧 인

간의 자유로운 "자아"(Ich)로부터 출발하여 자연의 세계를 파악한다. "절대적 자아는 오직 무조건적으로 그 어떤 더 높은 것을 통해서도 규정될 수 없이 세워진다는 데 철학의 본질이 있다"(Weischedel 1971, 230에서 인용). 절대적 자아는 자기 자신을 자기에게 모순되는 것, 곧 비자아(Nicht-Ich)로 세우고, 이를 극복해나가는 순수하고 무한한 활동성이다. 그것은 절대적 자유다. 자아가 자기 자신을 자기의 비자아로 자기에게 세운다. 이로써 자아와 비자아의 정과 반(These-Antithese)이 대립하게 된다. 그러나 자아와 비자아, 곧 정과 반은 서로를 배제하는 대립 속에 머물 수 없다. 그것들은 대립을 극복하고자 한다.

이를 위해 자아와 비자아는 자기 자신을 제한함으로써 더 이상 서로를 배제하지 않는 합(Synthese)에 이르고자 한다. 자연의 세계는 자아의 이와 같은 자기활동의 산물이다. 본래 자아 밖에는 아무것도 없고, 대상 세계의 현실은 자아에서 나온 것이다. 따라서 자아 바깥에 독립적으로 존재하는 "사물 자체"(Ding an sich)는 거부된다. 칸트가 말하는 "사물 자체"는 인간의 주체적 "의식, 오직 자기 자신을 통해 결정된 자유로운 기능의 산물"에 불과하다. 인간의 주체적 의식을 모든 경험과 인식의 근거와 출발점으로 보는 관념론은 "자유와 행동의 체계"다(Windelband 1957, 499).

2. 자아에서 출발하는 피히테에 반해, **셸링**은 자연에서 출발한다. "피히테와 달리 자연과학에 관심이 많았던 그는 자아를 근거로 자연을 도출할 수는 없는 일"이고, "오히려 객체-주체의 동일성을 확보하기 위해서는 자연을 주체화하는 데서 출발해야 한다"고 주장한다(이진경 2008, 175). 그래서 셸링은 자기의 철학을 자연철학이라 부른다. 여기서 우리는 자연을 신적인 것으로 보는 스피노자의 철학과 낭만주의적 자연관의 영향을 볼 수 있다. 스피노자는 원인과 결과의 법칙(인과론)에 기초한 기계론적인 자연과학의

자연관에 반대하여 자연을 "신적 본질이 그 속에 충만히 나타나는 하나의 통일된 유기체" 내지 유기체적 생명으로 본다. 괴테를 위시한 독일의 낭만주의자들은 스피노자의 자연관을 수용한다. 낭만주의자들의 자연관이 셸링의 철학에 결정적 영향을 준다. 셸링은 당시 낭만주의 대표자 슐레겔(A. W. Schlegel)의 딸로서 자기보다 나이가 12살 더 많고, 결혼했다가 이혼한 카롤리네(Caroline)와 결혼했다. 이것은 그가 낭만주의의 자연관에 심취했음을 보여준다. 이리하여 그는 "독일 낭만주의의 철학자"라 불리게 된다.

셸링은 낭만주의의 자연관에 근거하여 피히테의 자아와 자연의 관계를 정반대로 되돌려버린다. 자연이 정신의 산물이 아니라 정신이 자연의 산물이다. 자연 그 자체는 본래 살아 있는 정신이며 "형성 과정 속에 있는 자아"다(das werdende Ich, Windelband 1957, 514). 자연과 정신, 현실적인 것과 관념적인 것은 그 깊은 데에 있어 동일하다. 그래서 셸링의 철학은 "동일성의 철학"(Identitätsphilosophie)이라 불린다.

3. 헤겔은 피히테의 철학을 가리켜 "주관적 관념론"이라 부른다. 피히테는 인간의 주체, 곧 자아로부터 출발하여 세계를 설명하기 때문이다. 이에 반해 자아 속에서 자연을 인식하고, 자연 속에서 정신을 인식하는 셸링의 철학을 "객관적 관념론"이라 부른다.

헤겔은 피히테와 셸링의 두 가지 관념론을 넘어서는 관념론을 세우게 된다. 그는 피히테의 주관적 자아와 셸링의 객관적 자연을 넘어서는 절대자, 곧 절대정신에서 출발한다. 이리하여 그는 자기의 관념론을 "절대적 관념론"이라 부른다. 절대자, 곧 신적 정신이 헤겔의 절대적 관념론의 출발점이 된다. 세계의 모든 것이 절대자, 곧 신적 정신으로 설명된다. 여기서 우리는 헤겔이 셸링보다 피히테의 편으로 기울어짐을 볼 수 있다. 그는 자연으로부터 정신을 설명하지 않고 정신으로부터 자연을 설명하기 때문이다. 따라서 어떤 학자는 헤겔 철학에 결정적 영향을 준 것은 피히테라고 말한다. 특히 그는 피히테의 정-반-합의 공식을 헤겔의 변증법의 모체라고 말한다.

여기서 우리는 헤겔 철학의 출발점이 정신의 개념에 있다는 사실을 볼 수 있다. 그럼 헤겔이 말하는 정신이란 도대체 무엇인가? 헤겔의 정신 개념은 어디서 오는 것인가?

4. 헤겔의 청년기부터 시작하여 그의 모든 문헌을 읽어볼 때, 헤겔이 말하는 "정신"은 하나님을 가리키는 것으로 볼 수 있다. "**하나님은 정신이다**"(Gott ist Geist)라는 헤겔의 말이 이를 명백하게 증명한다(1966b, 51, 1966d, 69, 95 등). "**정신으로서의 하나님**"(Gott als Geist)이란 개념이 그의 문헌 도처에 나타난다. 이에 대한 몇 가지 근거를 제시한다면 다음과 같다.

- 헤겔은 20대의 청년 시대(1793-1800)부터 하나님을 "정신"으로 이해한다. "신적인 것의 작용은 정신들의 결합일 뿐이다. **정신만이 정신을 파악하며**, 정신을 그 자신 속에 포괄한다"(1971, 372). 곧 신적인 것이 작용할 때, 하나님의 정신과 인간의 정신이 결합된다. 정신적 존재인 인간만이 하나님의 정신을 자신 속에 포괄하며, 하나님의 정신을 파악한다는 것이다. 여기서 하나님은 인간의 정신과 결합되는 신적 정신으로 파악된다.

- 예나 시대의 『정신현상학』에서: "신적 존재" 혹은 "절대적 존재"는 "**정신으로서** 알려진다."(1952, 528). 헤겔은 이 책에서 정신의 자기활동을 "하나님의 삶"(Das Leben Gottes)과 동일시한다(20). 그는 "자연과 정신의 철학"에 관한 이 시대의 강의 원고인 「예나 시대의 실재 철

학」(Jenaer Realphilosophie)에서도 "하나님은 정신이다. 이것이 이 종교
(기독교)의 내용이요 의식의 대상이다"라고 말한다(1969c, 268).

- 뉘른베르크 시대의 "종교론" 강의록에서: 신적 본질의 "현실적 형
  태"는 "정신으로서의 하나님이다"(1970b, 283, §13).

- 야코비의 철학에 대한 하이델베르크 시대의 소 문헌에서: "하나님
  은 정신이다.…하나님은 죽은 하나님이 아니라 살아 있는 하나님
  이다.…그는 정신이요 영원한 사랑이다.…그의 존재는 추상적 존재
  가 아니라 자기를 자기 안에서 움직이는 구별(Unterscheiden)이며, 자
  기에게서 구별되는 인격(그리스도의 인격) 안에 있는 자기 자신의 인식
  이기 때문이다"(1970b, 435).

- 하이델베르크 시대의 『철학적 학문의 백과전서』에서: "하나님은 절
  대정신으로 규정되어야 한다"(1969d, §50 주해). "그 자신으로서 자기
  자신 속에서(als sich in sich selbst) 그 자신과 중재하는 것으로 알려지는
  점에서, 정신은 하나님이라 불릴 수 있다.…이로써 정신으로서의 하
  나님에 대한 지식은 그 자신과의 중재를 포괄한다"(§74). "정신이란
  말과 표상은 일찍 발견되었다. 기독교 종교의 내용은 하나님을 정신
  으로 인식하는 데 있다"(§394). "정신으로서의 하나님이 무엇인가를
  사유로써 파악하기 위해…"(§564 주해).

- 베를린 시대의 『철학사 서설』에서: "하나님이 무엇인가를 질문한다
  면, 우리는 이렇게 대답할 수밖에 없다. 하나님은 보편적·절대적·본
  질적 정신이다", "종교의 내용은 정신으로서의 하나님이다"(1966a,

175), "**하나님은 보편적 정신이다**. 우리는 하나님이라 부르는 대신에 보편적인 신적 정신이라 말할 수 있다"(176).

• 『법철학』에서: "기독교의 내용은 **하나님을 정신으로** 인식하는 것이다"(1955, §384 주해).

• 『세계사 철학 강의』에서: 기독교는 **하나님**을 "**정신으로** 인식한다"(1968a, 47), "**정신으로서의 하나님**이 기독교에서 계시된다"(58), "**하나님은 오직 정신으로** 인식된다"(1968c, 722).

• 『종교철학 강의』에서: "**하나님은 오직 정신으로** 파악되어야 한다"(1966b, 41), "**하나님은** 진리다. 실로 **정신으로서의 하나님** 이다"(42). "철학적 개념에 따르면, **하나님은 정신이다**"(51). 종교의 내용은 "**오직 정신으로서의 하나님이다**"(1966d, 34). "**정신으로서의 하나님**은 타자를 위해 존재하는 것, 자기를 계시하는 이것이다"(35).

• 『하나님 존재 증명 강의』에서: "**하나님은 정신이다**"(1966e, 28), 하나님은 돌이나 식물이나 짐승에게 자기를 계시할 수 없다. "**하나님은 정신이기 때문에** 사유하는 정신인 인간에게만 자기를 계시할 수 있다"(48-49)

5. 여기서 우리는 헤겔의 정신 개념이 하나님을 가리킨다는 것을 분명히 볼 수 있다. 한국의 일부 철학자들은 헤겔이 말하는 "Gott"를 "신"(神)으로 번역한다. 그러나 헤겔은 루터교회에서 유아세례를 받았고 견신례까지 받은 기독교 신자였다. 세례와 견신례까지 받았기 때문에, 그는 튀빙겐 슈티프트

에 들어가서 학비와 생활비 전액을 장학금으로 받을 수 있었고, 신학을 주 전공과목으로 공부했다. 생애 마지막인 베를린 시대에도 헤겔은 자기는 루터교회 신자라고 말했다.

따라서 헤겔이 말하는 "Gott"는 종교학적 의미의 "신"이 아니라 기독교의 하나님을 말한다. 그러므로 헤겔이 말하는 "Gott"는 "신"이 아니라 "하나님"으로 번역되어야 한다. 물론 종교사적 맥락에서는 "신"으로 번역되어야 하지만, 거의 모든 경우에 "하나님"으로 번역되는 것이 타당하다. 따라서 "Gott als Geist"는 "정신으로서의 신"이 아니라 "정신으로서의 하나님"으로 번역되어야 한다. 헤겔은 청년 시대에서 시작하여 자신의 생애 마지막에 이르기까지 "정신으로서의 하나님"이란 개념을 사용한다.

일반적으로 무신론 계열의 철학자들, 특히 마르크스주의 철학자들은 헤겔의 정신 개념이 하나님을 가리킨다는 것을 무시하고 그것을 단지 세속적인 정신, 세속적인 민족정신이나 세계정신으로 소개한다. 그러나 이것은 헤겔 자신의 생각을 훼손하는 행동이다. 수많은 권위 있는 학자들이 헤겔의 정신 개념은 하나님을 가리킨다는 것을 인정한다. 빌헬름 바이셰델에 의하면, "정신으로서의 하나님"은 "하나님에 대한 본질적 표현이며, 헤겔의 철학적 신학 일반의 중심 개념"이다(Weischedel 1971, 302). 헤겔 문헌 편집자 라손에 의하면, "정신으로서의 하나님"은 헤겔 철학의 "가장 높은 원리"다(Lasson 1920, 23). 그것은 "성서의 고백에 대한 적절한 개념적 파악"이다(Schmidt 1974, 20).

6. 하나님을 정신이라 말할 수 있는 근거는 어디에 있는가? 그 근거는 "하나님은 영이시다"(*pneuma ho theos*)라는 성서 말씀에 있다(요 4:24). 이 구절에서 *pneuma*는 "영"(靈)으로 번역될 수도 있고, "정신"으로 번역될 수도 있다. 헤겔은 *pneuma*를 "Geist"라 번역하는데, 한국의 철학자들은 헤겔의

"Geist"를 정신으로 번역한다. 그러나 헤겔이 말하는 "Geist"는 요한복음에 기록된 *pneuma*, 곧 "**영**"을 가리킨다.

우리는 이것을 "성령"의 개념에서 볼 수 있다. 성서가 말하는 성령 곧 "*to pneuma to hagion*"(눅 3:11)은 독일어로 "*der Heilige Geist*"로 번역된다. 신학에서 이 개념은 "거룩한 정신"으로 번역되지 않고, "거룩한 **영**" 곧 "성령"으로 번역된다. 헤겔 철학의 중심 개념인 "정신"은 영이신 하나님을 가리킨다는 사실이 여기에 나타난다.

일반적으로 인간을 구성하는 요소는 혼과 영과 육(*psyche, pneuma, sarx*)으로 알려져 있다. 철학계에서 "정신"으로 번역되는 *pneuma*는 성서와 신학에서 영으로 번역된다. 따라서 "정신으로서의 하나님"은 "영이신 하나님"을 말한다.

그러나 일반적으로 한국에서 헤겔의 "Geist"는 "정신"으로 통용되기 때문에, 이 책에서 필자는 "정신" 혹은 "신적 정신"이란 개념을 따르고자 한다. 하나님, 영, 정신, 신적 정신, 절대정신, 보편정신 등의 개념을 혼용할 때도 있을 것이다. 헤겔도 자신의 문헌에서 이 개념들을 혼용한다(예를 들어 1966a, 176, "하나님 대신에 우리는 **보편적인 신적 정신**이라 말할 수 있다"). 그러나 헤겔이 말하는 "정신" 혹은 "신적 정신"은 영(정신)이신 하나님을 가리킨다는 사실을 늘 염두에 두고자 한다. 이때 우리는 헤겔의 많은 문장을 쉽게 이해할 수 있을 것이다.

7. 그럼 헤겔이 말하는 정신이란 구체적으로 무엇인가? 헤겔이 말하는 정신은 한마디로 "활동성" 내지 "운동"을 말한다. "활동성이 그의 본질이다"(1968a, 55). "정신은 결코 쉬지 않는 무한한 운동, *energeia, entelexeia*(에너지, 활동성)이다"(161). 정신 곧 "하나님은 자기 자신 안에서 절대적 운동이다. 이 운동이 정신이다"(1966d, 166). 그럼 헤겔이 말하는 정신의 활동성

은 구체적으로 어떤 활동성인가? 앞으로 자세히 논술하겠지만, 우리는 정신의 활동성을 다음과 같이 요약할 수 있다.

1) 정신의 활동성은 자기 자신 혹은 자기의 즉자(卽者, Ansich)를 자기에게 대칭하는 대자(대상적 존재, Füsich) 혹은 "타자"(das Andere)로 **대상화하는**(혹은 외화, 소외하는) **활동성**이다. 『정신현상학』에 의하면, "그는 그 자체에 있어 운동이다.…즉자가 대자로 변하는 변화이며, 실체가 주체로 변하는 변화다"(1952, 558).

2) 그러나 대자 속에는 즉자와 일치하지 않는 다른 것, "부정적인 것"이 내재한다. 대자는 즉자에게 "다른 것"이기 때문이다. 따라서 정신의 활동은 대자의 부정적인 것을 부정하고, 대자를 더 높은 진리로 지양 내지 고양하는 활동성이다. 정신은 이를 통해 자기 자신을 전개하고 자기를 실현한다. 정신은 대자의 **부정적인 것의 부정**을 통해 자기 자신을 전개하고 실현하는 활동성을 말한다.

3) 정신은 이 활동성을 통해 자신의 즉자와 대자가 완전히 일치하는 세계 곧 즉대자(卽對自, An und Für sich)의 세계에 도달함으로써 자기 자신과 일치하는 세계를 실현하고, 자기 자신으로 돌아가는 **활동성**이다.

헤겔은 위의 내용을 『정신현상학』에서 다음과 같이 요약한다. "살아 생동하는 실체", 곧 주체로서의 정신은 자기 자신을 "대상"으로 세우는 운동이며, 대상의 부정적인 것의 부정을 통해 대상과 자기를 중재하는 운동이다. 정신은 "주체로서 순수하고 단순한 부정성"이다. 그것은 출발점 곧 "시작"이 되는 그 자신으로 돌아가는 하나의 "원운동"(Kreis)이다(1952, 20. 이 책에서 Kreis는 "원" 또는 Keislauf과 마찬가지로 "원운동"으로 번역됨).

헤겔은 정신의 삼중의 활동을 하나님의 계속적 창조(*creatio continua*)로 이해한다. 하나님의 창조는 태초에 단 한 번 일어난 것이 아니라 정신의 삼중의 활동을 통해 계속 이루어지는 과정으로 파악되어야 한다. "정신으로서의 하나님은 본질적으로 타자에 대해(*für ein anderes*) 존재하며, 자기를 계시하는 이것이다. 그는 세계를 한 번만 창조한 것이 아니라 영원한 창조자, 자기를 영원히 계시함이다. 이것이 정신 곧 **행동**(*actus*)이다. 이것이 그의 개념이며 그의 규정이다"(1966d, 35).

8. 여기서 질문이 제기된다. 왜 정신은 자기 자신을 구별하고, 자기의 즉자를 대자로 외화하는가? 왜 그는 대자의 다름을 부정해야 하는가? 왜 그는 자기 자신으로 돌아가고자 하는가? 이 모든 활동에서 정신이 "자기 자신 가운데" 머문다는 것은 도대체 무슨 이야기인가? 상식적으로 이해할 수 없는 헤겔의 이 모든 생각은 도대체 어디에서 오는 것인가?

일군의 학자들은 정신의 활동에 대한 헤겔의 생각이 아리스토텔레스의 철학에서 온다고 해석한다. 하지만 우리는 헤겔 철학 체계의 기초가 되는 『정신현상학』에서 아리스토텔레스에 대한 언급을 발견할 수 없다. 오히려 헤겔은 『정신현상학』에서 정신의 활동에 관한 자신의 생각이 하나님 개념에서 오는 것이라고 말한다. 그에 따르면, 기독교 종교에서 "하나님은 그가 있는 그대로 계시되어 있다.…그는 **정신으로서** 여기에 있다"(1952, 530).[3] 헤겔이 말하는 "정신으로서의 하나님"은 정신의 모든 활동성이 하나님 개념에서 오는 것임을 보여준다.

헤겔은 "정신으로서의 하나님"을 **삼위일체 하나님**으로 이해한다. 그는 삼위일체 하나님을 모르는 사람은 기독교에 대해 아무것도 알지 못한다

---

3) 원문. "Gott ist also hier **offenbar, wie er ist**:…er ist da, als Geist."

고 말할 정도로 하나님을 삼위일체 하나님으로 이해한다. "정신으로서의 하나님은 오직 삼위일체라 불리는 것이다"(1966d, 184). "하나님은 오직 삼위일체 되신 분으로 알려짐으로써, 그는 정신으로 인식된다.…그리스도인들은 그가 삼위일체라는 것을 안다는 점에서 하나님이 무엇인가에 대해 안다"(1968c, 722). 삼위일체 하나님은 "아버지와 아들 그리고 그의 통일성 안에 있는 이 구별인 영(정신)"을 말한다(734).[4] 기독교 종교에서 "신적 존재", 곧 삼위일체 하나님은 "정신"으로 인식된다(1952, 528).

9. 삼위일체 하나님이란 무엇인가? 삼위일체 하나님은 1) 영원 전부터 계시는 아버지 하나님이 2) 자기 자신을 "비워서"(빌 2:7) "아들"로 대상화하고, 3) 무한한 사랑의 영, 곧 성령 안에서 아들과 하나가 되는 동시에 구별되고, 구별되면서 하나를 이루는 하나님의 삼위일체적 존재를 가리킨다. 헤겔은 삼위일체 하나님을 "정신"이라 부르며, 삼위일체 하나님의 신적 활동을 정신의 활동으로 나타낸다. 헤겔은 이것을 다음과 같이 말한다.

> 하나님은 **오직 정신으로** 파악되어야 한다.…그러나 그가 정신으로서 우리에게 공허한 말이 되지 않으려면, **삼위일체 하나님으로** 파악되어야 한다.…그는 자기를 그 자신의 대상으로, 성자로 만들고, 이 대상 안에 머물며, 자기 자신으로부터의 구별성 속에서 이 구별(Unterschied)을 지양하고, 그 안에서 자기 자신을 사랑하며…이 사랑 안에서 그 자신과 함께한다는 점에서, 하나님은 이렇게 파악될 수 있다. 바로 이것이 정신으로서의 하나님(Gott als Geist)이다.…**삼위일체만이 정신으로서 하나님의 규정이다**(1966b, 41-42).

---

4) 원문. "der Vater und der Sohn und dieser Unterschied in seiner Einheit als Geist."

이 본문에 따르면, 정신은 "자기를 그 자신의 대상" 곧 성자로 대상화시키고, "이 대상" 곧 성자 "안에 머물며", 성자와 하나가 되는 동시에 구별되고, 구별 속에서 일치를 이루어나가는 **삼위일체 하나님**을 가리킨다. 삼위일체는 "정신으로서 하나님의 규정이다." 여기서 우리는 헤겔 철학의 중심 개념인 "정신"은 삼위일체 하나님을 가리킨다는 사실을 분명히 볼 수 있다. 그의 "정신" 개념은 삼위일체 하나님을 철학적 형식으로 나타낸 것이요, 정신의 활동성은 성부-성자-성령의 삼위일체적 활동을 철학적으로 나타낸 것이다.

따라서 헤겔의 "정신" 개념의 출처는 삼위일체 하나님이다. **"정신은 삼위성이다"**(Der Geist ist Dreiheit)라는 헤겔의 말이 이를 증명한다(1966a, 214). "하나님은 정신이다.…자기 자신 가운데 있는 활동, 이 진리, 이 관념이 **삼위일체의 교리라 불린다**.…삼위일체의 교리, 이 조용한 신비, 영원한 진리…나의 철학 전체에서 문제되는 것은 바로 이것이다"(1966d, 69-70, 각주 1).

10. 여기서 질문이 제기된다. 헤겔은 왜 삼위일체 하나님을 정신의 개념으로 나타내는가? 하나님의 삼위일체를 즉자-대자-즉대자의 철학적 형식으로 나타내는 원인은 무엇인가? 그 원인은 "아버지-아들-영(정신)"이라는 종교적·감각적 표상의 제한성을 극복하고, 삼위일체의 보편적·세계사적 의미를 회복하고자 함에 있다.

헤겔에 따르면, "아버지-아들-영"이란 종교적 표상은 진리 자체가 아니라 진리를 나타내기 위한 "표상"(Vorstellung)일 뿐이다. 곧 인간이 아닌 하나님을 마치 인간인 것처럼 자기 "앞에(vor) 세우는 것(stellen)"일 뿐이다. 이 표상은 자연적 인간의 관계에서 나온 감각적인 것으로 진리 자체를 나타내지 못한다. 헤겔은 이 문제를 해결하기 위해 삼위일체 하나님을 정신의 개념으로 나타내고, 삼위일체의 신적 활동을 정신의 활동으로 나타낸다. 우리는 이에 대해 나중에 자세히 고찰하고자 한다.

그런데 하나님의 삼위일체는 예수 그리스도의 **성육신**에 나타난다. 달리 말해, "참 하나님"인 동시에 "참 인간" 곧 "하나님-인간"(Gottmensch)이신 그리스도 안에서 1) 아버지 하나님, 2) 그의 아들 그리스도, 3) 양자를 하나로 결합하는 사랑의 영의 삼위일체적 관계가 성육신에서 계시된다. 하나님은 단일자가 아니라, 성부-성자-성령의 이른바 삼위일체적 존재라는 사실이 나타난다. 이런 점에서 기독교 종교는 "계시의 종교"다(1966d, 32). "신적 존재의 이 성육신은…절대 종교의 기본 내용이다.…이 종교 안에서 신적 존재가 **계시되었다**"(1952, 528).

따라서 그리스도의 성육신이 헤겔 철학의 전제가 된다고 말할 수 있다. 그의 철학의 중심 개념인 정신은 그리스도의 성육신에 나타나는 삼위일체 하나님에게서 유래하기 때문이다. 헤겔에 따르면, 그리스도의 성육신은 신적 본성과 인간적 본성, 무한한 것과 유한한 것, 보편적인 것과 개별적인 것, 하나님과 세계의 통일성을 보여준다. 기독교 "종교의 참된 관념"이 이 통일성에 있다(1968a, 126-127). "성육신의 관념"(Idee der Menschwerdung)이 그 안에 계시되는 기독교 종교의 등장은, 곧 "세계사의 결정적인 일" 혹은 "혁명적인 일"이라는 헤겔의 말은(1968c, 720, 740) 성육신이 그의 철학의 전제임을 암시한다.

3. 헤겔, "가장 철저한 그리스인"이었던가?

1. 일부 학자들은 헤겔 철학의 뿌리를 고대 그리스 철학에서 찾는다. 헤겔 철학의 뿌리가 고대 그리스 철학에 있다는 것이다. 그래서 20세기의 실존철학자 하이데거는 헤겔을 가리켜 "가장 극단적 그리스인"이라고 평가

한다(Gadamer 1971, 89에서 인용).

가다머(H. G. Gadamer, 1900-2002, 하이델베르크 대학교 교수, 철학적 해석학의 대표)는 이 평가에 동의한다. 그에 따르면, 헤겔 논리학의 세 단계, 곧 존재-본질-개념(Sein, Wesen, Begriff)의 단계는 헤겔에 대한 하이데거의 평가가 타당하다는 것을 보여준다. 헤겔의 『논리학』은 "엘레아 학파적·플라톤적 변증법의 유산"을 보여주기 때문이다(89). 헤겔 철학의 원리인 변증법은 고대 그리스 철학의 엘레아 학파와 플라톤의 변증법에 그 뿌리를 가진다. "헤겔은 처음으로 플라톤의 변증법의 깊이를 파악했다. 그는 본래 사변적인 플라톤의 대화들의 발견자다"(8). 헤겔은 "플라톤에게서 사변적 변증법의 최초의 형성을 인식한다"(10). 그의 변증법은 "근대 철학의 진리에 그의 근거를 갖는" 동시에 "고대 변증법의 재수용을 보여준다"(13). "그는… 고대의 변증법을 발전시키고 변형함으로써 자신의 변증법적 방법을 완성했다"(28).

또 어떤 학자는 불 곧 운동을 만물의 근원자로 본 고대 헤라클레이토스에게서 헤겔 철학의 뿌리를 찾는다. 존재를 운동 혹은 "되어감"으로 보는 헤겔의 변증법적 통찰은 헤라클레이토스에게서 유래한다는 것이다. 또 일단의 학자들은 아리스토텔레스의 철학에서 헤겔 철학의 뿌리를 찾는다.

물론 헤겔은 고대 그리스 철학에 조예가 깊었다. 이 사실이 그의 저서 도처에 나타난다. 그는 자신의 철학적 통찰과 고대 그리스 철학 간의 연속성을 제시하기도 한다. 그는 『정신현상학』에서 "신적인 삶의 긍정적 표현"으로서의 "변증법"을 "플라톤의 『파르메니데스』"의 "가장 위대한 예술품"에서 발견하기도 한다(1952, 57). 또 "이성이 세계를 다스린다"는 자신의 생각에 대한 원형을 아낙사고라스의 철학에서 발견하기도 한다. 그는 아리스토텔레스의 *dynamis* 개념과, 모든 것이 그 속에 포괄되어 있는 즉자의 사상을 수용하기도 한다(1966a, 101-102). 그는 『철학적 학문의 백과전서』 마지막에서 아리스토텔레스의 『형이상학』 제12권의 내용 일부를 그리스어 원어로 인용하기도 한다.

2. 그러나 헤겔이 "가장 극단적 그리스인"이었다는 하이데거의 평가는 적절하지 않다. 필자는 헤겔 철학의 궁극적 뿌리가 고대 그리스 철학에 있다는 가다머의 생각에 동의할 수 없다. 세계사에 대한 헤겔의 해석에서 고대 그리스 시대는 기독교 세계를 통해 지양되어버린 세계사의 "청년기"로 평가된다. 이미 청년 시대부터 헤겔은 고대 그리스인들의 종교가 기독교를 통해 배제되어버린 것을 긍정적으로 평가한다. 베른 시대의 한 문헌에 의하면, 고대 그리스인들의 토속종교가 기독교를 통해 배제되어버린 것은 "정신의 왕국에서 일어난 혁명"이요, 그 결과는 "경탄스러운" 것이었다고 헤겔은 말한다(1971, 203).

고대 그리스 시대에 대한 헤겔의 평가는 그의 생애 마지막까지 일관된다. 나중에 상론하겠지만, 헤겔은 세계사를 세 단계로 구별한다. 그는 세계사를 1) 단 한 사람만이 자유로운 고대 동양의 시대, 2) 여러 사람, 곧 그리스와 로마 제국의 시민들만이 자유로운 그리스-로마 시대, 3) 모든 사람이 하나님 앞에서 자유로운 근대 게르만의 기독교 시대로 나눈다. 그런데 "인간은 그 자체로서 무한한 가치를 가진다"(후에 Marx가 이와 똑같이 말함), 출생과 사회적 신분을 떠나 "인간은 인간으로서 자유롭다" 곧 "모든 사람이 신적인 은혜와 자비의 대상이다"라는 관념은 고대 그리스 철학이 아니라 "그리스도를 통하여" 계시되었다고 헤겔은 말한다. "신적 본성과 인간적 본성의 통일성"이 "그리스도를 통해 사람들에게 계시되었다"(1966a, 242, 245). 여기서 헤겔 철학의 뿌리는 그리스 철학이 아니라 그리스도에게 있다는 사실이 나타난다.

다음과 같은 헤겔의 진술은 그의 학문적 뿌리가 플라톤과 아리스토텔레스 철학에 있지 않음을 증명한다. 곧 "플라톤과 아리스토텔레스, 키케로와 로마의 법학자들은, **인간은 인간으로서** 자유롭게 태어났고, 인간은 자유롭다는 개념을 알지 못했다.…**하나님** 앞에서 모든 인간이 자유롭다는 것, 그리스도께서 인간을 해방했다는 이론은 기독교 종교에서 나타났다"(1966a, 63).

"예를 들어 우리는 플라톤에게서 자유의 본성에 대한 질문의 답을 발견할 수 없고, 악의 근원에 대한 질문의 답도 발견할 수 없다. 그들은 다른 문제에 관심을 가지고 있었기 때문이다. 그래서 인식의 능력에 관한 질문, 객체성과 주체성 등의 대립에 관한 질문도 마찬가지다. 정신 자체의 주체성, 독립성에 대한 무한한 요구는 아테네 사람들에게 낯선 것이었다.…플라톤도 아리스토텔레스도 인간은 그 자체에 있어 자유롭다, 그의 실체에 있어 자유롭다는 것을 알지 못했다"(144). 곧 플라톤과 아리스토텔레스는 "인간은 인간으로서 자유롭다"는 "자유의 원리"를 알지 못했다. 그것은 "그리스도를 통해 계시되었다." 이런 점에서 기독교 종교는 "자유의 종교"다(1966d, 35).

3. 따라서 헤겔은 고대 그리스 철학의 한계를 지적한다. 예를 들어, 아낙사고라스는 "이성이 세계를 다스린다"고 말했지만, 그는 이 명제를 자연 세계에 적용하지 않았다. 그래서 자연은 이성의 발전으로 파악되지 못했다. 헤겔은 아낙사고라스가 이성의 원리로부터 구체적인 것을 인식하지 못하고 이성 대신에 공기, 에테르, 물 등과 같은 외적인 원인들을 기술했다고 그의 한계를 지적한다(1968a, 39 이하).

헤겔에 따르면, 고대 그리스 철학의 결정적 문제점은 사유와 존재, 주체와 객체, 자연과 정신의 대립, "주관적 인식과 객체의 대립"을 알지 못한 데 있다. 고대 그리스 철학자들은 사유하고 성찰했지만, "사유된 것(das Gedachte)이 또한 **존재하며**, 사유되는 대로 존재한다는(das Gedachte auch Ist und so ist, wie es gedacht wird), 곧 사유와 존재가 분리되지 않는다는 무의식적 전제"를 가지고 있었다(1966a, 247). 그들은 "주관적인 것, 현상적인 것 뒤에 사유의 방법이 아닌 다른 방법으로 알 수 있는 참된 것(das Wahre)이 있다"는 것을 알지 못했다. 곧 "피안"이 있다는 것을 알지 못했다. 따라서 궤변론과 회의주의 철학은 "참된 것은 인식될 수 없다", "우리는 현상하는 것을 알 뿐이다"라는 결론으로 끝났다.

그러므로 고대 그리스 철학에는 인간이 추구해야 할 "피안의 것, 알아야 할 존재, 사물 자체(Ding an sich)가 그 배면에 없었다.…오히려 가상의 것 (Schein) 안에서의 완전한 안식과 만족이 있었다.…현상하는 것이 전부였기 때문에, 대상의 것에 대한 사유의 회의가 아직 나타나지 않았다"(248-249). 사유와 존재, 주체와 객체의 분리와 대립 그리고 이 분리와 대립의 통일성에 대한 의식은 기독교 종교를 통해 주어졌고, 근대 게르만 시대에 등장했다.

헤겔의 이와 같은 생각들은 고대 그리스 철학이 헤겔 철학의 궁극적 뿌리가 아니란 사실을 보여준다. 그의 뿌리는 기독교 신학에 있다. 좀 더 정확히 말한다면, 하나님의 성육신에서 계시되는 진리, 곧 사랑이신 하나님의 삼위일체에 있다.

상당수의 학자들이 이렇게 해석한다. 심지어 마르크스 계열의 무신론자로 알려진 블로흐도 이를 인정한다. 권위 있는 헤겔 연구자 토이니센 (M. Theunissen, 1932-2015, 하이델베르크 대학교 철학교수)에 의하면, 헤겔 철학의 전체 주제는 "그리스적 형이상학이 아니라 기독교 신학이다. 그리스인들의 '신적인 것'은 비역사적이다." 인간의 형태를 가진 고대 그리스인들의 신은 인간의 연장(延長)으로서 역사의 새로움을 알지 못한다(인간의 형태를 가진 고대 그리스 신화의 신들의 형태와 삶의 모습을 참조). 이에 반해 기독교의 하나님은 역사 속에서 새로운 역사를 일으키는 역사적 존재다. 따라서 "기독교 신앙이 증언하는 하나님의 계시는…(무역사적인 것이 아니라) 역사성을 가진다"(Theunissen 1970, 11). 틸리히에 따르면, 헤겔의 형이상학적 사유의 "논리적 원형(Prototyp)"은 "성육신의 역설"에 있다(Tillich 1971, 143).

4. 모든 위대한 인물과 마찬가지로 헤겔 자신도 "그 시대의 아들"이었다. 그의 철학은 특히 **피히테의 관념론과의** 대화 속에서 형성되었다. 따라서 우리는 피히테의 철학과 헤겔의 철학 사이에서 많은 유사성을 발견할 수 있다. 피히테는 세계를 인간의 "자아"(Ich)로부터 설명한다. 최고의 원리인 자아는 자기 자신을 정립한다. 이 정립에는 그것을 가능케 하는 조건, 곧 자아에 대립하는 "모순"이 필요하다. 이 모순으로 말미암아 자아는 비자아를 자기 자신에게 대칭하여 세운다. 이리하여 자아 곧 정(These)과 이 자아에 대립하는 반(Antithese)의 대립 구도가 생성된다. 그러나 자아와 비자아는 서로를 배제하는 대립 속에 머물 수 없다. 양자의 타당성이 제한되어 서로를 배제하지 않는 제3의 명제 곧 합(Synthese)이 필요하다고 피히테는 말한다. 여기서 우리는 헤겔의 변증법적 통찰이 피히테에게서 준비되어 있었음을 볼 수 있다.

20세기 신칸트학파의 대표 빈델반트는 피히테의 관념론과 헤겔 철학의 연속성을 다음과 같이 설명한다. "이성은 단순한 이상적 현실로서 '즉자적으로'(an sich) 존재할 뿐만 아니라 '대자적으로'(für sich) 존재하기도 한다. 이성은 자기 자신에게 어떤 다른 것, 낯선 것으로 나타난다. 그것은 자기 자신에게 주체와 다른 객체가 된다. 이 다름(Anderssein)이…**부정**의 원리다. 이 차이(Verschiedenheit)의 지양, 부정의 부정은 위 두 가지 계기들의 합(Synthesis)이다. 이것들은 세 가지 면에서 합 속에 '지양되어' 있다. 곧 그것들의 일면적 타당성이 극복되고, 그것들의 상대적 의미가 보존되며, 그것들의 근원적 의미가 보다 더 높은 진리로 변화된다(negare, conservare, elevare)는 점에서 합 속에 지양되어 있다. 헤겔은 '즉자'(An-sich), '대자'(Für-sich), '즉대자'(an-und-für-sich)의 이 구조에 따라…변증법적 방법을 형성했다"(Windelband 1957, 509-510).

빈델반트의 말대로, 헤겔 철학이 피히테의 관념론과 연속성을 가진다는 것은 사실이다. 피히테의 논리가 헤겔의 논리 속에 상당 부분 수용된다. 그러나 헤겔은 피히테의 출발점인 "자아"에 대해 피히테와 생각을 달리한다. 그는 예나 시대의 『비판적 철학 저널』에 발표한 논문 "믿음과 지식"(Glauben und Wissen)에서 피히테의 철학을 상세히 비판한다. 피히테의 "자아"는 그 속에 구체적 규정을 갖지 못한 절대적인 것, 고정되어 있는 것, 자기 동일성 안에 머물러 있는 것으로 파악된다. 그가 말하는 "자아", 곧 절대자는 구체적 규정이 없는, 추상적 자기 동일성 안에 있는 "일자", "원자"(Atom)로 머문다. "자아"와 "비자아"를 연결하는 변증법적 중재의 과정이 없다. 피히테의 절대자, 곧 절대적 자아는 아무 규정이 없는 "공허한 동일성"이요, 인간의 이성적 인식이 도달할 수 없는 "절대적 피안"이다(1970a, 397, 430). 중재가 없는 총알과 같은 피히테의 절대자는 "인식 안에는 없고, 오직 믿음 안에만 있는" 것으로 생각된다. 헤겔은 이 점에서 피히테와 야코비가 일치한다고 피히테를 비판한다(409).

따라서 헤겔은 "자아" 대신에 신적 정신을 자신의 출발점으로 삼고, 정신을 변증법적 활동성으로 파악한다. 그의 철학의 궁극적 뿌리는 피히테의 "자아"에 있는 것이 아니라 변증법적 활동성으로서의 정신, 곧 **삼위일체 하나님**에게 있다. 헤겔이 자기의 유해를 피히테의 무덤 곁에 안장해달라고 유언할 정도로 피히테를 흠모했지만, 그는 한 번도 피히테의 정-반-합의 공식을 가지고 자기의 변증법을 설명한 적이 없다.

베른 시대의 문헌 『민중종교와 기독교에 대한 단편』(1793-1794)에서 헤겔은 "예수는 하나님이었다"고 말한다. "우리의 행복에 대한 모든 희망이 그 주위를 맴도는 낚싯바늘은 세계와 하나님의 화해자 그리스도", 우리 자신이 짊어져야 할 죄에 대한 "벌을 우리 대신에 짊어지신 그분에 대한 믿음에 있다"(1971, 98). 헤겔의 이 말은 그의 학문적 사고의 뿌리가, 하나님의 삼위일체가 그 안에 계시되는 "세계와 하나님의 화해자 그리스도"에게 있음을 시사한다. "우리의 행복에 대한 모든 희망"은 화해자 그리스도에게 달려 있기 때문이다. 헤겔은 23-24살 때 갖고 있었던 이 생각에 기초하여 자신의 학문 체계를 세웠다.

5. 우리가 헤겔 철학의 삼위일체론적 뿌리를 인정하고, 그 빛에서 헤겔의 책을 읽을 때 많은 내용을 쉽게 이해할 수 있다. 우리는 정신이 왜 자기의 즉자를 대자로 외화하는지, 왜 대자 속에 머물면서 자기를 아는지, 대자의 부정적인 것을 부정하고 자기 자신으로 돌아간다는 말이 무슨 뜻인지 그 배경을 쉽게 파악할 수 있다. 『정신현상학』에서 몇 가지 예를 든다면 다음과 같다.

- "대자의 존재(Fürsichsein)는 자기 자신의 상실이요, 자기 소외(Entfremdung)는 자기유지(Selbsterhaltung)다", "그의 타재(다르게 존재함, Anderssein) 속에서 자기 자신과의 동일성을 보존한다"는(1952, 371, 528) 말은 도대체 무엇을 뜻하는가? 자기소외가 어떻게 자기유지를 뜻하는가? 상식적으로 납득하기 어려운 헤겔의 이 말은 삼위일체 하나님으로부터 쉽게 이해될 수 있다. 그의 이 말은 하나님의 삼위일체를 철학적으로 표현한 것이다. 곧 아버지 하나님이 자기 자신을 자기의 아들로 대상화시키는 것, 곧 성육신은 아버지 하나님의 자기 부정, 자기상실이다. 그러나 무한한 사랑의 영 안에서 아버지 하나님은 자기의 대자인 아들 예수 안에서 자기 자신을 유지하며, 자신의 동일성을 보존한다는 것이다.

- "정신은…한 현실적 인간으로서 거기에 있다", "신앙하는 의식은 이 신성을 보고 느끼며 듣는다"(1952, 527), "이 하나님은 직접적으로 자아로서, 한 현실적인 개별의 인간으로서 직관된다"는(528) 문장에서 "한 현실적인 개별의 인간", "이 신성"은 하나님의 아들 예수를 가리킨다. "영원한 존재가 자기에게 하나의 다른 것을 **낳는다**(ein Anderes erzeugt)"는 문장은(534) "하나님이 그의 아들을 낳았다"는 성서의 말씀의 빛에서 쉽게 이해될 수 있다. 이 문장에는 요한복음 서론이 말하는 하나님의 성육신(요 1:4, *ho logos sarx egeneto*)이 전제되어 있다. 헤겔이 말하는 "인간 됨"(Menshwerdung)은 인간 예수 안에서 일어난 하나님의 성육신을 가리킨다.

- 정신의 활동은 자기 자신으로부터 시작하여 자기 자신으로 돌아가는 하나의 원운동이다. 이 원운동은 "그의 끝(Ende)을 목적으로 전제하며, 시작(Anfang)으로 가진다"(1952, 20). 헤겔의 이 말은 상식적으로 이해하기 어렵다. 일반적으로 출발점과 도착점은 다르다. 그렇지만 시작과 마지막, 출발점과 도착점이 동일하다는 헤겔의 생각은 삼위일체 하나님을 역사의 "시작과 끝" 곧 "알파와 오메가"로 보는 성서의 말씀을 생각할 때 쉽게 이해될 수 있다(사 48:12, 계 1:8, 2:8, 21:6, 22:13). 이 말은 하나님이 역사의 주관자이며, 역사의 모든 것은 결국 하나님 안에 있다는 것을 가리킨다.

6. 삼위일체론을 간과할 때, 『정신현상학』의 많은 문장이 오해될 수 있다. "신적 본성은 인간적 본성과 같은 것이며, 이 통일성은 직관되는 그것이다"라는 문장은(1952, 529) 먼저 예수 안에서 눈으로 볼 수 있는(직관할 수 있는) 하나님의 신적 본성과 하나님의 아들 예수의 인간적 본성의 통일성을 말한다. "절대적 존재가 계시되는 이 개별의 인간은 개별의 존재로서의 자기

에게서 **감성적 존재**의 운동을 완성한다. 그는 직접적으로 현존하는 하나님이다(Er ist der unmittelbar gegenwärtige Gott)"라는 문장에서(531), "개별의 인간"은 인간 일반이 아니라 인간이 되신 하나님의 아들, 눈으로 직관할 수 있는 예수를 가리킨다. 모든 개별의 인간이 아니라 한 구체적 인물인 예수가 "직접적으로 현존하는 하나님"이라는 것이다.

혜겔의 문헌 중 가장 중요한 문헌은 『정신현상학』과 『논리학』이다. 『정신현상학』은 정신, 곧 "정신으로서의 하나님"의 현상(나타남)을 기술한 책이다. 그것은 세계와 관계된 **경륜적 삼위일체 하나님**의 외적 자기활동을 기술한 책이요, 그의 『논리학』은 내재적 **삼위일체 하나님**의 내적 자기활동을 논리적 개념으로 기술한 책이다. "순수 사유의 왕국"인 논리학은 "자연과 유한한 정신의 창조 이전에 그의 영원한 본질 속에 있는 **하나님의 나타남**(Darstellung Gottes)"이라는 『논리학』 서론의 말은 내재적 삼위일체를 가리킨다(1969a, 44). 경륜적 삼위일체와 내재적 삼위일체를 알지 못할 때, 이 문장의 뜻을 쉽게 파악하기 어려울 것이다.

이와 같은 혜겔의 신학적 뿌리를 덮어버리고, 그의 철학을 단지 고대 그리스 철학에 뿌리를 가진 세속적 철학으로 소개하는 것은 적절하지 않다. 그것은 혜겔의 문헌에 기록되어 있는 수많은 신학적 내용들을 무시하는 정직하지 못한 일이라 생각된다. 그것은 하나님을 세계사의 통치자 및 섭리자로 파악하고, 세계사의 모든 것이 "하나님으로부터 오는" 것으로 파악하고자 했던 혜겔 자신의 의도에도 어긋난다.

마르크스주의 계열 학자들의 중요한 결점이 여기에 있다. 그들은 혜겔 철학의 신학적 뿌리 내지 전제를 덮어버리고 사회 변혁과 혁명에 대한 정치철학적 관심에서 혜겔 철학을 해석한다. 그러나 하나님 없는 인간의 사회 변혁과 혁명이 어떤 결과를 초래하는지, 지금 우리는 눈으로 보고 있다. 그러나 블로흐는 예외적이다. 그는 좌파 마르크스주의자이지만, 혜겔 철학

의 신학적 뿌리 및 전제를 정직하게 인정한다. 그는 헤겔의 변증법은 삼위
일체론에서 유래하며, 헤겔은 하나님의 대상적 존재를 끝까지 포기하지 않
았다는 점을 자신의 헤겔 연구서에서 인정한다(Bloch 1962, 328-338).

II

종교철학, 역사철학으로서의 헤겔 철학

1. 그리스도 영성에 기초한 종교철학
– 그리스도의 성육신과 죽음에 대한 헤겔의 명상

1. 헤겔 철학은 그 전체에 있어 일종의 기독교 종교철학이라 말할 수 있다. 헤겔의 종교철학은 그의 체계의 한 부분인 동시에, 그의 **체계 전체**이기도 하다. 곧 그의 철학 전체가 일종의 종교철학이다. 우리는 이에 대한 직접적 근거를 철학의 연구 대상에 대한 헤겔의 진술에서 발견할 수 있다.

그의 『철학사 서문』에 의하면, "본래 철학의 대상은 하나님일 뿐이다. 혹은 철학의 목적은 하나님을 인식하는 데 있다. 철학은 이 대상을 종교와 공동으로 가진다." 차이가 있다면, 철학은 하나님을 "사유하면서, 파악하면서 관찰한다면, 종교는 표상하면서 관찰하는 데 있다"(1966a, 91). 철학과 종교의 관찰 방법은 다르지만, 그 대상이 동일하다면, 헤겔의 철학은 하나님을 중심 대상으로 가진 종교철학이라 말할 수 있다.

보다 더 깊은 근거를 찾는다면, 헤겔 철학 전체의 중심 개념인 정신의 개념에서 찾을 수 있다. 앞서 기술한 바와 같이, 헤겔이 말하는 정신은 하나님을 가리킨다. 따라서 헤겔 철학 전체의 중심 개념은 "정신으로서의 하나님"(Gott als Geist)이다.

기독교가 믿는 하나님은 삼위일체 하나님이다. 앞서 기술한 바와 같이, 헤겔 자신도 하나님을 삼위일체 하나님으로 이해한다. 따라서 하나님을 가리키는 정신은 삼위일체 하나님을 말한다. **삼위일체 하나님을 가리키는 정신이 헤겔 철학 전체의 중심 개념이라면, 그의 철학 전체는 삼위일체 하나님을 그 출발점 내지 중심점으로 가진 종교철학일 수밖에 없다.**

2. 헤겔의 『종교철학 강의』에 의하면, "하나님 안에서 모든 것을 인식하고, 모든 것을 그에게 환원시키며, 또한 모든 특수한 것을 그로부터 연역하고, 모든 것이 그로부터 생성되고 그와의 관계에서 유지되며, 그의 빛으로부터 살고, 그의 영(정신)을 가지고 있는 한에서만이 그 모든 것을 정당화하는 것이다"(1966b, 30). 우리는 이 문장에서 역사철학의 관심과 종교철학의 관심이 동일하다는 사실을 볼 수 있다.

아래에서 상론하겠지만, 많은 학자가 헤겔의 역사철학은 국가 철학 다음에 오는 한 부분에 불과한 것이 아니라 그의 체계 전체가 하나의 역사철학이라고 말한다. 그런데 역사철학과 종교철학의 관심이 일치한다면, 역사철학으로서의 헤겔 철학 전체가 종교철학이라 말할 수 있다. 그것은 일종의 종교철학적 역사철학이요, 역사철학적 종교철학이라 하겠다.

3. 헤겔은 『세계사 철학 강의』 서두에서 역사 속에 숨어 활동하는 이성과 하나님의 섭리의 계획을 파악하는 데 역사철학의 목적이 있다고 말한다 (1968a, 32). 이 목적은 사실상 종교적·신학적 문제다. 그런데 헤겔 철학 전체가 하나의 역사철학이요, 역사철학의 관심과 종교철학의 관심이 일치한다면, 헤겔 철학 전체는 종교철학의 성격을 갖지 않을 수 없다.

그러므로 포이어바흐는 다음과 같이 말한다. 헤겔 철학의 본질은 "합리화되었고 실현되었으며 현재화된 하나님의 본질에 불과하다." 이 "사변철학은 **참된 신학**이고 철저한 신학이며, 이성적인 신학이다"(Feuerbach 1959, 246). 마르크스에 따르면, 헤겔의 철학은 "사유(Gedanken) 속에서 이루어졌고, 사유하면서 논구되는 **종교**"다. 헤겔은 종교와 신학을 부정하는 것처럼 보이지만, 사실은 종교와 신학을 회복한다(Marx 2004, 323, 337. "경제-철학적 논고"에서).

러시아 철학자 일린(I. Ilyin, 1883-1954)을 위시한 일군의 학자들은 헤겔 철학 전체를 가리켜 "정신으로서의 하나님"을 중심 개념으로 다루는 "신론"이라 정의하기도 한다(Ilyin 1946, 301). 역사철학적으로 구성되어 있는 헤겔의 절대정신의 철학은 "동시에 철저히 종교철학적으로 형성된 체계에 근거한다.···역사철학은···헤겔의 체계 일반이요 전체다. 이와 동시에···그것은 종교철학이다"(Theunissen 1970, 60).

4. 헤겔의 문헌을 읽을 때, 우리는 그리스도 중심의 깊은 영성이 그의 사상 밑바닥에 깔려 있음을 볼 수 있다. 헤겔은 경직된 교리신학과 성서의 문자주의적 해석에 동의하지 않았지만, 그리스도의 성육신, 십자가의 죽음에 대해 자기 나름대로 깊이 사색했고, 이를 통해 자신의 독특한 변증법적 사고의 방법을 발견했음을 볼 수 있다. 사실 그는 그리스도 안에서 일어난 하나님의 성육신에서 삼위일체 하나님을 발견하고, 삼위일체 하나님을 정신의 개념으로 표현함으로써 자신의 체계를 세운다.

물론 헤겔은 글자로 경직되어버린 기독교의 전통적 교리와 신앙고백, 제도화, 형식화된 교회, 믿음과 경건의 모습은 있지만 예수의 "마음"이 없는 신앙 양태에 대해 거부감을 느끼고 있었다. 청년기의 헤겔은 이와 같은 기독교를 가리켜 "실증 종교"(positive Religion)라고 비판했다.

그렇다 하여 헤겔이 기독교의 기본적인 진리 자체를 부인했다고 말할 수는 없다. 그가 태어난 독일 남부 슈바벤 지역 사람들은 사물을 깊이 생각하는 성격이 강하다. 따라서 우리는 헤겔이 그리스도 안에서 일어난 하나님의 성육신, "하나님-사람"(Gottmensch)이신 그리스도의 죽음과 부활에 대해 깊이 사색했음을 그의 문헌에서 읽을 수 있다. 그는 이 사색을 통해 얻게 된 "그리스도 영성"에 기초하여 자신의 학문을 형성했다고 말할 수 있다.

5. 헤겔에 따르면, 하늘에 계신 하나님이 인간의 육(carnis → In-karnation)을 취하고 육적·감성적 인간이 되었다는 것은 인류 역사에서 유례를 발견할 수 없는 하나의 혁명이다. 그것은 영원하고 무한한 하나님이 인간의 유한함과 연약함과 허무함과 제한성, 곧 인간의 모든 부정적인 것을 자신의 것으로 수용했음을 말한다. 그것은 자기 자신에 대한 하나님의 자기 부정을 말한다. 영원하고 무한한 무한자가 유한자로, 상처를 받을 수 없는 자가 상처를 받을 수 있는 존재로 이 세상에 오셨다. 그의 신적인 본성과 인간적 본성이 하나가 되었다.

　　이것은 인간의 이성으로 설명할 수 없는 하나님의 깊은 신비(Mysterium)다. "하나님-인간" 곧 "하나님이 인간의 형태로 나타난다"는 것은 인간의 논리적 사고와 수학 공식으로 설명될 수 없는 기적이요, "참으로 무서운 것"(das Ungeheure)이다(1966d, 137). 그것은 하나님 자신의 고난이다. 헤겔은 이를 가리켜 "하나님은 정신 혹은 사랑이다"라고 요약한다(1966a, 179). 사랑은 곧 이것을 말한다. "하나님은 자기를 자기에게 외화하며, 자기를 나누며, 타자로 넘어간다"(Gott entäußert sich seiner, teilt sich mit, geht zum Anderen über, 179).

　　헤겔은 『정신현상학』에서 하나님의 성육신을 다음과 같이 해석한다. "절대적 본질"인 하나님이 "그의 영원한 단순함으로부터 내려온 것처럼 보인다. 그러나 사실에 있어 그는 이로써 자신의 가장 높은 본질(존재)에 이르렀다.…가장 낮은 것은 가장 높은 것이기도 하다. 완전히 **바깥 표면**(Oberfläche)으로 나와서 계시된 것은 바로 그 점에서 **가장 깊은 것이다**.…이것은 사실상 그의 개념의 완성이다. 본질은 이 완성을 통해 직접적으로 거기에 있다"(1952, 529).

그리스도의 성육신은 하나님이 천하다고 하는 인간의 육을 취하시고, 이 세상의 가장 낮은 곳으로 오셨다는 것을 말한다. 이 세상의 가장 낮은 곳에 오신 하나님의 "자기 낮추심"이야말로, 그분의 존재, 그분의 개념의 가장 높은 완성이다. 인간 육의 가장 낮은 것이 사실상 그분의 가장 높음이다. 하나님은 이 세계의 가장 낮은 것으로 자기를 낮춤으로써 이 세계의 가장 높은 영광스러운 자가 되신다. "피안에 있는 절대적 존재인 하나님이 인간이 되었다는 것", 바로 여기에 절대 종교, 곧 기독교의 내적 관념이 있다(1969c, 208).

6. 왜 하나님은 인간이 되셨는가?(Cur deus homo?) 그는 인간이 아닌 어떤 다른 생명체의 형태로 이 세상에 나타날 수도 있지 않은가? 헤겔은 중세 캔터베리의 주교 안셀무스(Anselm)가 물었던 이 질문에 대해 다음과 같이 대답한다. 하나님이 인간이 되신 것은, 인간은 자연의 어떤 생물체와 비교될 수 없는 영적·정신적 존재이기 때문이다. 인간만이 영 곧 정신이신 "하나님의 형상"이기 때문이다. "정신은 정신에 대해 존재한다"(1966d, 36). **정신이 정신을 인식할 수 있다.** 따라서 하나님은 어떤 짐승의 형태로 나타나지 않고, 인간의 형태로 나타난다.

하나님은 어떤 짐승의 형태로 자기를 계시하지 않고, 자기의 형상에 따라 창조된 인간의 형태로 자기를 인간에게 계시한다. 그는 자기를 자연 속에서 계시할 수도 있을 것이다. "그러나 하나님은 자연에게, 돌에게, 식물에게, 동물에게 자기를 계시할 수 없다. 그는 정신이기 때문에 사유하는 정신인 인간에게만 자기를 계시할 수 있다"(1966e, 48-49).

그리스도의 성육신은 하나님이 "한 인간의 감성적 현존 속에서 나타남을 말한다. 감성적 현존 속에 있는 하나님은 인간의 형태 외에 어떤 다른 형태도 가질 수 없다. 감성적인 것, 세상적인 것 속에서 오직 인간만이 정신적 존재다. 정신적인 것이 감성적 형태로 있어야 한다면, 그것은 인간의 형태로 있을 수밖에 없다"(1966d, 142). "하나님이 감성적 현존 속에서 나타난다. 그는 정신의 감성적 방법의 형태 외에 어떤 다른 형태도 갖지 않는다. 이것이 그 **개별적 인간**의 형태다. 이것이 정신의 유일한 감성적 형태다." 이것이 곧 그리스도다. "하나님이 인간의 형태로 나타난다." "하나님이 인간이 되신다." 이리하여 인간의 "유한한 정신이 유한한 것 안에 있는 하나님을 의식하게" 되었다는 이것이 기독교 "종교의 가장 심오한 요소다"(137).

그런데 성서는 하나님이 한 개체 인간의 "육(sarx)이 되었다"고 말한다. 왜 하나님은 인간의 "육"이 되었는가? 헤겔에 따르면, 그것은 "인간에게 확실하게 되기" 위함이다(1966d, 141). 달리 말해 인간에게 확실성을 주기 위함이다. 인간에게 가장 확실한 것, 직접적인 것은 육이라는 감성적 요소이기 때문이다.

헤겔에 따르면, "하나님이 그의 아들을 낳았다"는 말은 진리 자체가 아니라 진리를 나타내기 위한 감각적 표상일 따름이다(사실 인간이 아닌 하나님 "아버지"가 아들을 "낳는다"는 것은 불가능한 일이다). 이 표상이 나타내고자 하는 진리는 하나님의 신적 본성과 인간의 본성, 무한한 것과 유한한 것이 하나로 통일된다는 것이다. 하나님은 인간이 이 통일을 확실히 알도록 하기 위해 인간의 육이 되었다. "**하나님은 인간이 확실하게 알도록 하기 위해 세상의 육 속에서 나타나야만 했다.**" "그는 모든 점에서 형제자매들과 같아야만 했다"(히 2:17). 신적 본성과 인간적 본성의 통일성은 "**한 인간 안에서 나타**

제1부 | 헤겔의 생애, 학문적 출발점과 전제들

나야 했다"(141).

그러나 "하나님이 육이 되었다"는 것은 하나님의 철저한 자기 비움, 자기 낮춤, 세상에서 가장 낮은 것과 결합하는 그분의 깊은 사랑을 나타낸다. 헤겔은 거룩하고 고귀한 하나님이 인간의 천한 육이 되었다는 것, 바로 여기에 기독교 종교의 "혁명적인 것"이 있다고 말한다(137).

7. 앞서 언급한 대로, 헤겔은 하나님의 아들 그리스도 안에서 **삼위일체 하나님**을 발견한다. 하나님은 자기 동일성 안에 머물러 있는 일자(Eins)가 아니라 아버지 하나님과 그의 아들과, 그들 사이에 있는 깊은 사랑의 영 곧 성령이 하나를 이루면서 구별되고, 구별되는 동시에 하나를 이루는 삼위일체 하나님이다. "정신으로서의 하나님"은 삼위일체 하나님이다. "정신은 **삼위성(Dreiheit)이다**"(214). "**하나님은 정신이다. 다시 말해, 우리가 삼위일체 하나님이라 부르는 그것이다**"(1966d, 57). 하나가 셋이요, 셋이 하나라는 것은 수학 공식으로 나타낼 수 없는 하나님의 "신비" 혹은 "비밀"이다(57). 이 비밀이 그리스도의 성육신에서 계시된다.

물론 헤겔은 신적 삼위성에 대한 흔적을 고대 그리스 철학과 칸트 철학에서도 발견한다(1966a, 59). 그러나 인격적 현실로서의 삼위일체는 성육신 한 그리스도, 십자가에 달린 그리스도 안에서 나타난다. 예수 그리스도가 하나님의 삼위일체의 거울이다. 그리스도 안에 삼위일체의 비밀이 계시된다. 우리가 하나님의 삼위일체의 비밀을 알고자 한다면, 자연이나 자연의 어떤 짐승을 볼 것이 아니라 인간의 형태를 입고 세상에 오신 그리스도를 보아야 한다(K. Barth의 생각이 이미 여기에 나타남).

앞서 언급한 대로, 헤겔은 그리스도 안에 계시되는 하나님의 삼위일체에서 자신의 철학의 원리인 변증법적 사고를 발견한다. 아버지 하나님은 자기 자신을 자기의 아들로 대상화시킨다. 그는 아들을 인간의 육을 입은 인간으로 이 세상에 보낸다. 인간으로 이 세상에 오신 아들은 아버지의 타재다. 아들과 아버지는 깊은 사랑의 영 곧 성령 안에서 하나인 동시에 둘로 구별되고, 둘로 구별되면서 하나가 되는 변증법적 활동 속에 있다.

삼위일체에 대한 이 통찰이 헤겔의 **세계사 철학의 원리**를 구성한다. 세계사는 "정신으로서의 하나님", 곧 삼위일체 하나님이 자기를 대상 세계로 대상화하고, 대상 세계 속에서 신으로 돌아가는 변증법적 활동이다. 이로써 삼위일체 하나님은 아버지-아들-성령이라는 종교적 표상에 머물지 않고, 세계사를 이끌어나가는 구체성을 갖게 된다.

"만왕의 왕, 만주의 주"이신 하나님은 "공허한 추상물"(ein leeres Abstraktum)일 수 없다(1966e, 28 주해). 추상적인 존재가 만왕의 왕, 만주의 주가 될 수 없다. 만왕의 왕, 만주의 주이신 하나님은 세계사를 다스리는 구체적 존재일 수밖에 없다. "참된 것은 추상적이지 않다." 하나님이 참 하나님이라면, 그는 구체적일 수밖에 없다. "추상적인 것은 참된 것이 아니다.…철학은 추상적인 것에 가장 철저히 대립한다. 그것은 추상적인 것에 대항하는 싸움이다"(1966a, 113).

헤겔은 하나님의 구체성을 하나님의 삼위일체에서 발견한다. 삼위일체 하나님은 추상적 일자(一者), 절대자, 보편자가 아니라 자기 자신을 자기의 타자로 대상화시키며, 이 대상 안에서 자기를 보고, 대상의 부정적인 것을 부정함으로써 자기 자신으로 돌아가는 구체적 활동성이다. 따라서 헤겔은 삼위일체를 가리켜 "세계사가 그 주위를 맴도는 낚싯바늘"이라고 말한다.

이와 같은 세계사적 의미를 가진 삼위일체가 그리스도의 성육신에서 계시된다면, 성육신한 그리스도가 역사의 중심이요, 헤겔 철학의 밑바닥에 놓여 있다고 말할 수 있다. 헤겔의 철학은 **성육신한 하나님의 아들 그리스도에 대한 깊은 사색과 영성**에 기초한다. 따라서 헤겔은 자신의 철학 체계 도처에서 그리스도의 성육신을 언급한다. 그는 성육신한 그리스도 안에서

"절대적 화해의 원리"를 발견한다. 헤겔은 하나님의 성육신에서 자신의 변증법적 사고에 대한 중요한 근거를 발견했다(Metzke 1956/57, 232). 헤겔의 변증법적 사유의 근거는 "성육신의 현실"에 있다(Bockmühl 1960/62, 196).

8. 그리스도에 대한 헤겔의 사색은 그리스도의 죽음에서 정점에 도달한다. 우리는 이것을 『종교철학 강의』제3부에서 볼 수 있다(1966d, 155-174). 이 문헌에 따르면, 죽음은 유한한 인간이 피할 수 없는 최후의 한계요, "인간성의 가장 높은 증명"이다(165). 죽음은 "유한성의 가장 높은 정점"이요, "가장 높은 부정"이다. "죽음의 고통"은 살아 있는 모든 생명의 "가장 높은 유한성", "가장 극단적 유한성"을 나타낸다(157). 인간은 죽음을 통해 유한한 존재로 확정된다. 죽음은 "가장 높은 유한화"다(die höchste Verendlichung, 158). 그것은 유한한 인간이 당할 수밖에 없는 자연적인 것이다. "하나님-인간" 예수는 모든 인간이 당하는 "자연적 죽음"을 당했다. 그의 죽음은 한 인간의 죽음, 한 친구의 죽음이었다. 그러나 그는 단지 자연적 죽음을 당한 것이 아니라 "십자가의 부끄러움과 치욕의 죽음", "십자가의 가장 불명예스러운 죽음"을 당했다(165, 161). 그의 죽음은 영광스러운 죽음이 아니라 자기 존재의 포기, 소유의 포기였다(161).

헤겔은 예수를 인간인 동시에 하나님으로 이해한다. 그래서 그는 예수를 "하나님-인간"이라 부른다. 예수는 "하나님-인간"이기 때문에, 그의 죽음은 단지 한 인간 예수의 죽음이 아니라 깊은 사랑의 영 안에서 그와 한 몸을 이룬 **아버지 하나님의 죽음**이기도 했다. "하나님이 사망했다, **하나님이 죽었다**(Gott ist gestorben, Gott ist tot)―모든 영원한 것, 모든 참된 것이 존재하지 않는다는 것, 부정 그 자체가 하나님 안에 있다는 것은 가장 경악스러운 생각이다. 가장 깊은 고통, 구원의 완전한 상실(Rettungslosigkeit), 모든 더 높은 것의 포기가 이와 결합되어 있다"(1966d, 167).

그러나 헤겔이 말하는 "하나님의 죽음"은 하나님이 죽어서 없어져버렸다는 것을 뜻하지 않는다. 바로 여기에 하나님의 **삼위일체의 비밀**이 있다. 아버지 하나님은 성령을 통해 자기 아들이 겪은 죽음의 고통을 함께 당한다. 아들의 죽음은 아버지 하나님 자신의 죽음으로 경험된다. 아들의 죽음을 자신의 죽음으로 경험하는 아버지는 성령을 통해 아들로부터 구별되며, 구별되는 동시에 죽어가는 아들과 하나로 결합된다. 아들의 죽음은 아버지 자신의 죽음으로 경험된다. 이런 뜻에서 예수의 죽음은 성부-성자-성령이 함께 당한 삼위일체적 사건이다.

9. 하나님은 아들 예수의 죽음 속에서 **최고의 유한성**에 참여하며, 이 유한성을 자신의 것으로 수용한다. 신적인 것과 인간적인 것이 예수의 죽음 속에서 하나로 결합된다. "신적인 것과 인간적인 것의 동일성, 하나님이 인간적인 것, 유한한 것 안에서 자기 자신 가운데 있고, 이 유한한 것이 죽음 자체 속에서 하나님의 규정이" 된다(166). 루터교회의 찬송가에 의하면 "하나님 자신이 죽었다." 이것은 "인간적인 것, 유한한 것, 천한 것, 약한 것, 부정적인 것이 신적인 계기(Moment) 자체"로서 "하나님 바깥에 있지 않고…하나님과의 하나 됨을 방해하지 못한다는 것을 뜻한다"(1966d, 172).

하나님 자신이 죽음의 한계 밑바닥까지 내려가서 **죽어가는 유한한 것과 자기를 일치시키는** 바로 여기에 깊은 사랑이 있다. 이런 점에서 "가장 높은 유한성은 시간적인 것 속에 있는 현실의 삶이 아니라 죽음, 죽음의 고통이다. 그것은 최고의 부정…그의 가장 높은 극단 속에 있는 유한성이다.…'하나님이 죽었다, 하나님 자신이 죽었다'는 신적 관념의 가장 높은 외화는 둘로 나누어짐(Entzweiung)의 가장 깊은 심연을 보여주는 두렵고 무서운 표상이다"(157-158). 그의 죽음 속에서 하나님의 "신적 본성"이 가장 깊이 계시되었다.

그러나 그리스도의 "이 죽음은 가장 깊은 사랑이기도 하다. 신적인 것과 인간적인 것의 이 동일성이 바로 사랑이다. 의식의 이 유한화 (Verendlichung)가 그의 극단에 이르기까지, 곧 죽음에 이르기까지 일어났다. 여기서…가장 높은 사랑을 눈으로 볼 수 있다. 사랑은 자기의 인격성, 소유 등의 포기에 있기 때문이다.…그리스도의 죽음은 이 절대적 사랑 자체의 직관이다." 성서는 이 사랑을 가리켜 "그리스도는 우리를 위해 희생되었다고 표현하며, 희생제물로서 그의 죽음은 절대적 보상(Genugtuung)의 행위로 표상된다"(166). 그러나 어떤 사람은 이 표상을 반대한다. 각자는 자기의 행위에 대해 스스로 책임을 질 뿐이며, 어떤 다른 사람이 책임을 질 수 없다는 것이다.

이러한 생각은 세속의 형식적·법적 관점이다. 하나님의 깊은 사랑의 영 안에서 일어난 그리스도의 죽음은 "최고의 유한화로서 자연적 유한성, 직접적 현존의 지양이고, 외화의 지양이며, 제한(Schranke)의 해체이고, 자기를 자기 안에서 파악하는 정신의 계기다"(157-158). "**죽음은 사랑 자체다.** 절대적 사랑이 여기에 나타난다"(166). 죽음은 하나님의 자기 외화의 가장 깊은 심연이다. 이와 동시에 그것은 하나님의 "가장 높은 사랑"이다. 그것은 죽음의 고통을 당하기까지 자기를 유한한 존재로 외화하며, 자기를 유한한 것과 결합시키는 하나님의 "**사랑의 가장 깊은 직관**(바라봄, Anschauung)"이다 (1966d, 158).

그리스도 안에서 일어난 하나님의 죽음을 통해, 인간이 당해야 할 치욕과 고통과 죽음이 하나님의 것이 되고, 하나님에게 속한 영광과 생명이 인간의 것이 된다. 하나님의 것과 인간의 것의 교환이 일어난다. 모든 인간의 한계 상황인 죽음, 세계사의 "해골 골짜기"가 하나님 자신의 것이 된다. 이로써 하나님과 인간, 하나님과 세계의 화해가 이루어진다. "죽음은 화해하는 것(das Versöhnende)이다. 죽음은 사랑 자체다.…하나님은 죽음을 통해 세계와 화해했고, 자기를 영원히 자기 자신과 화해했다"(1966d, 166).

인간적으로 볼 때, "그리스도의 죽음은 한 인간의 죽음, 폭력을 통해 죽임을 당한 한 친구의 죽음이다. 그러나 정신적으로 파악할 때, 그것은 구원이 되며, 화해의 중심점이 된다"(171). 치욕스럽고, 두렵고 떨리는 그리스도의 죽음을 통해 하나님과 인간, 하나님과 세계의 화해, 하나님의 구원이 이루어진다.

그러므로 "정신의 삶은 죽음을 두려워하거나 황폐함에서 자기를 깨끗하게 보존하는 삶이 아니라 죽음을 견디며, 죽음 속에서 자기를 지키는 삶이다. 그리스도는 절대적 찢긴 상태(Zerrissenheit) 속에서 자기 자신을 발견한다. 그가 가진 이 힘은 부정적인 것에서 눈을 돌리는 긍정적인 것이기 때문이 아니다.…오히려 그가 이 힘인 것은 부정적인 것을 직시하고 그 가운데 머물기 때문이다. 이 머무름이 부정적인 것을 존재로 바꾸는 마술적 힘이다. 우리는 앞서 이 마술적 힘을 주체라고 불렀다"(1952, 29). 『정신현상학』 서론에 나오는 헤겔의 이 말은 십자가의 죽음이라는 가장 "부정적인 것"을 당하는 그리스도를 가리킨다.

"그리스도는 모든 사람을 위해 죽었다. 이것은 개별적인 것이 아니라 영원한 신적 역사다. 이 계기는 하나님 자신의 본성 안에 있다. 이것은 하나님 자신 안에 미리 주어져 있다(vorgegangen). 달리 말해, 그리스도 안에서 모든 사람이 죽었다. 모든 사람을 위한 이 화해가 그리스도에게서 표상되었다"(1966d, 174). 그가 가르친 "하나님 나라와 마음의 깨끗함은 소크라테스의 내면성보다 무한히 더 위대한 깊이를 내포한다"(169). 그의 죽음과 함께 "의식의 전환이 시작한다. 그의 죽음이 문제의 중심점이다"(170).

10. 그리스도의 부활은 "죽음의 죽음, 스올 곧 무덤의 극복, 부정적인 것에 대한 승리"다(1966d, 163). 그것은 그리스도를 죽인 죽음의 세력의 죽음을 뜻

한다. 그리스도 안에서 죽음을 당한 하나님은 "죽임을 죽인 자"다(167). 하나님-인간 그리스도는 인간의 유한성을 자기의 것으로 수용했다. 이 유한성의 정점은 악이다. 그것은 "낯선 것, 하나님에게 속하지 않은 것"이다. 그리스도는 자기에게 속하지 않은 유한성, 곧 악을 수용했다. 그것은 "자기의 죽음을 통해 악을 죽이기 위함이었다"(167-168). 그의 죽음은 "**죽음의 죽음이며 부정의 부정이다.**" 그의 죽음 속에서 "하나님이 죽음을 죽였다"(167). "유한한 것, 악 일반이 폐기되었다. 이리하여 세계는 화해되었다. 이 죽음을 통해 세계의 악이 부정되었다(abgenommen)"(173).

헤겔에 따르면, 그리스도의 죽음은 하나님의 본성을 계시한다. 하나님은 죽음의 한계에 이르기까지 자기 자신을 유한한 존재로 외화하며, 유한한 존재와 하나가 된다. 그는 유한한 존재의 모든 부정적인 것을 자신의 것으로 수용한다. 곧 유한한 존재의 유한성과 제한성과 천함을 자기의 것으로 삼는다. 무한한 것과 유한한 것, 신적 본성과 인간적 본성, 객체와 주체, 하나님과 세계의 변증법적 통일성이 이루어진다. 하나님의 성육신, 곧 "인간의 형태 안에 있는 하나님"은 이를 나타낸다.

11. 그러나 하나님은 유한한 것, 제한된 것 속에 머물 수 없다. 그는 유한한 것의 부정적인 것을 부정함으로써 자기 자신으로 돌아가고자 한다. 헤겔은 이 하나님의 활동을 그리스도의 죽음 속에서 인지한다. 그리스도의 죽음은 부정적인 것, 곧 "자연적 유한성과 직접적 현존의 지양, 외화의 지양, 차단기(Schranke)의 폐기"다(1966d, 159). 한마디로 그것은 "이 부정적인 것의 부정적인 것"이요, 이것이 곧 정신이다(163). 그리스도의 부활을 통해 일어난 부정의 극복, 곧 "부정의 부정은 신적 본성의 계기다"(166). 여기서 우리는 헤겔이 정-반-합을 말하지 않고, 부정적인 것의 부정을 말한다는 사실에 유의할 필요가 있다.

그리스도는 십자가의 죽음을 당하기 이전에 "한 사람의 감성적 개체"(ein sinnliches Individuum)였다. 그는 유한한 인간이었다. 그러나 그는 죽음을 통해 감성적 개체성과 "인간의 유한성"을 벗어버리고 하나님의 영광으로 넘어간다. 죽음은 "영광, 영화롭게 됨으로 넘어감"이다(171). "인간적인 것이 벗어지고, 신적인 영광이 다시 나타난다―죽음은 인간적인 것, 부정적인 것을 벗어버림이다. 그러나 이와 동시에 죽음 자체는 부정적인 것이다. 자연적 현존으로서 인간이 내맡겨져 있는 것의 가장 높은 정점이다"(1966d, 172).

"그리스도는 모든 사람을 위해 죽었다.…모든 사람이 그리스도 안에서 죽었다. 그리스도에게서 모든 사람을 위한 이 화해가 계시되었다." 그러나 이것은 과거에 있었던 "개별적인 것이 아니라 영원한 신적 역사다." 세계사는 그리스도 안에서 일어난 하나님과 세계의 화해가 하나님 자신의 활동을 통해 실현되는 "하나님의 역사이며, 하나님 자신인 삶(Leben)이다"(174). "하나님은 자기 자신 속에서의 이 활동이다"(166). 헤겔은 세계사를 구성하는 하나님의 이 활동의 정점을 그리스도의 죽음 속에서 인지한다.

12. 인간적인 눈으로 볼 때, 십자가 상의 그리스도의 죽음은 치욕스러운 것이었다. 로마 제국 시대에 그것은 주인을 버리고 도주하다가 붙들린 노예들, 정치적 반란자가 당하는 가장 잔인하고 "가장 천한 것"이었다(스파르타쿠스의 노예혁명 참조). 로마 군인들은 잡혀온 노예나 정치적 반란자들을 십자가에 못 박기 전에 엉덩이뼈가 드러나기까지 태형을 먼저 가했다.

헤겔에 따르면, 그리스도의 죽음은 "유한성의 가장 높은 꼭대기"다. 그의 죽음은 자연적 죽음이 아니라 "범죄자의 죽음, 가장 비참한 십자가의 죽음"이었다. 그러나 가장 천한 것, 비참한 것이 "가장 높은 것이 되었다"(1966d, 161). 세속의 통치자는 "가장 높은 것을 가장 천한 것, 가장 낮은 것"으로 만들었지만, 우리는 "가장 천하다고 여기는 것이 가장 높은 것으로, 영광스러운 깃발로 고양되었음을 본다"(162). 이 깃발의 "긍정적 내용이 하나님 나라다"(161).

헤겔은 "가장 천하다고 여기는 것" 곧 "십자가의 죽음"이 "가장 높은 것"이 되었다는 것에서 "기존하는 것에 대한 완전한 혁명의 표현"을 발견한다. 세속의 권력자들에게 "가장 치욕스러운 것"이 "가장 고귀한 것"이 되었다면, 그들이 다스리는 세속의 질서, 곧 "인간의 공동생활의 모든 끈이 사실상 공격을 당하고, 동요되며, 해체되었다"(1966d, 161). "제왕들을 왕좌에서" 끌어내릴 수 있는 기초가 주어졌다. "세상의 모든 위대함과 모든 타당한 것이 이로써 정신의 무덤 속으로 가라앉아버렸다. 여기에 **혁명적 요소**가 있다. 이 요소를 통해 전혀 다른 형태가 세계에 주어졌다"(166).

예수의 십자가가 서 있었던 "골고다" 곧 "해골 골짜기"는 "절대정신의 해골 골짜기"다. 그러나 그것은 "그의 왕관의 현실이고 진리이며 확실성이다." 이 왕관이 없다면, "절대정신은 생명이 없는 고독한 것일 것이다. 오직 이 정신의 왕국의 잔으로부터 그의 무한성이 그에게 거품처럼 생성된다(schäumt)"(1952, 564. 『정신현상학』 마지막 문장).

13. 우리는 앞에서 고찰한 헤겔의 통찰에서 그리스도에 대한 그의 깊은 영성을 볼 수 있다. 필자는 그리스도의 성육신, 그의 죽음과 부활에 대한 헤겔의 사색보다 더 깊은 사색을 아직 읽어보지 못했다. 철학자들은 필자의 생각을 너무 주관적인 신학적 해석이라고 비판할지 모른다. 그러나 위의 내용은 필자의 주관적 해석이 아니라 약간의 연결 부분을 제외하고, 헤겔 자신의 문장을 결합시킨 것이다. 물론 헤겔이 튀빙겐 슈티프트에서 신학을 공부할 때, 철학에 심취했음은 사실이다. 그는 그리스어와 라틴어 외에 고대 그리스 철학, 칸트와 스피노자의 철학, 루소의 사회사상을 깊이 연구했다.

그러나 여전히 신학이 헤겔의 주 전공 과목이었다. 원했든지 원하지 않았든지 간에, 그는 신학과 성서를 공부했다. 그의 문헌 곳곳에서 적절하게 인용된 성서 구절, 신학적 내용들에 대한 언급은 성서와 신학에 대한 그의 깊은 지식을 보여준다. 그는 튀빙겐 슈티프트에서 경직된 신학 이론과 형식화된 교리에 대해 비판적이었지만, "늙은이"(der Alte) 혹은 "두더지"라는 별명을 얻을 정도로 기독교의 핵심 진리에 대해 깊이 사색했던 것으로 보인다.

　　『정신현상학』 서론에 나오는 다음과 같은 헤겔의 말은 그리스도의 죽음에 대한 그의 깊은 사색을 보여준다. "죽음은 가장 공포스러운 것이다. 죽은 것을 붙들고 있는 것이야말로 가장 큰 힘을 요구한다. 죽음을 두려워하고 황폐시킴으로부터 자기를 깨끗하게 보존하는 삶이 아니라 죽음을 견디고 그 속에서 자기를 지키는 삶이 정신의 삶이다. 정신은 절대적 갈가리 찢어짐 속에서 오직 자기 자신을 발견함으로써 자기의 진리를 획득한다." 정신은 부정적인 것에서 눈을 돌려버리지 않고 오히려 "부정적인 것을 직시하며, 그 가운데 머물러 있음으로써" 자기의 힘을 나타낸다. "이 머물러 있음은 그것을 존재로 전환시킬 수 있는 마술적 힘(Zauberkraft)이다"(1952, 29-30).

　　여기서 우리는 그리스도의 죽음에 관한 깊은 사색과 영성이 헤겔의 철학 밑바닥에 깔려 있음을 볼 수 있다. 그의 철학은 하나님의 성육신, 참 인간(vere homo)인 동시에 참 하나님(vere Deus), 곧 "하나님-인간"이신 그리스도, 그리스도의 죽음과 부활, 그 속에서 계시되는 하나님의 삼위일체 등 기독교의 기본 진리에 기초한 기독교 종교철학이라 말할 수 있다.

2. 헤겔 철학 전체로서의 역사철학

1. "헤겔을 통해 처음으로 제기되었고, 이전과 마찬가지로 지금도 뜨겁게 다루어지는 문제는 "철학과 세계의 역사가 어떤 관계에 있는가의 문제다"(Löwith 1962, 7). 20세기의 권위 있는 헤겔 연구자 뢰비트의 이 말은, 헤겔 철학은 그 전체에 있어 역사를 중심 문제로 가진 역사철학임을 시사한다.

많은 학자들이 말하듯이, 헤겔은 "역사철학자"였다(예를 들어 G. Lasson 1920, *Hegel als Geschichtsphilosoph*). 물론 헤겔의 역사철학 강의는 그의 생애 후기인 베를린 시대에 속한다. 헤겔은 이 강의를 1822-1823년 겨울학기에 시작했고, 그 이후 2년마다 한 번씩 그것을 강의했다. 그는 사망한 1831년 (1830-1831년 겨울학기)까지 5번의 역사철학을 강의했다. 따라서 헤겔의 역사철학은 그의 철학 체계 전체의 정점을 이룬다고 말할 수 있다. "세계 없는 하나님은 하나님이 아니다"(Ohne Welt ist Gott nicht Gott)라고 말할 만큼, 헤겔에게 중요한 것은 세계의 현실과 역사였다(1966b, 148).

헤겔은 청년 시대부터 역사적 현실에 주목했고, 역사 전체에 대한 관심을 갖기 시작했다. 그가 자신의 청년기인 튀빙겐, 베른, 프랑크푸르트 시대에 가졌던 중요한 관심 대상은 친구 셸링이나 낭만주의자들이 주요 대상으로 다루는 자연이 아니라 역사에 있었다. 청년 시대 초기에 발표된 한 논문에서 헤겔은 세계사를 가리켜 "일련의 세계정신의 나타남"이라 말한다 (1970a, 196). 이리하여 역사가 "헤겔 철학 일반의 거대한 테마"가 된다. 그것은 청년기의 신학적 저술들에서 시작하여 예나 시대에 결정적으로 발로되었다. 그것은 『정신현상학』에서 빈틈없는 체계로 전개되었고, 『논리학』에서 순수 사유의 형식으로 정교하게 근거되었다. 그것은 『백과전서』에서 보편적 체계로 제시되었고, 『법철학』에서는 국가의 현실에 적용되었다. 그리고 세계사, 예술, 종교, 철학사에 관한 역사철학적 강의에서 구체화되었다. 헤겔은 예나 시대부터 자신의 학문적 체계 형성에 관심을 갖지만, 이 체계는 역사로부터 분리된 추상적인 것이 아니라 "본질적으로 역사적 체계"였다(Küng 1970, 390). 따라서 기독교 종교철학으로서의 헤겔 철학은 기독교 역사철학이라 말할 수 있다. 그의 역사철학은 그의 철학 체계의 한 부분인 동시에 그의 철학 체계 전체다.

여기서 주목할 점은 헤겔은 세계의 현실과 역사의 문제를 하나님으로부터, 곧 정신으로부터 파악한다는 사실이다. 그에게 역사는 절대자 하나님, 곧 절대정신의 자기활동, 자기 전개, 자기계시의 변증법적 과정이었다. 역사의 알파와 오메가는 하나님이었다. 그는 절대자 하나님의 존재를 역사의 변증법적 과정으로 파악함으로써 절대자 하나님을 역사 안에서, 역사를 절대자 하나님 안에서 다루었다. 한스 큉의 표현에 의하면, "하나님이 세계 안에 계시며, 세계가 하나님 안에 있다.…그는 유한한 것 속에 있는 무한자이고, 내재 속에 있는 초월이며, 상대적인 것 속에 있는 절대자다"(Küng 1978, 216).

따라서 세계와 역사 없는 하나님도 있을 수 없지만, 하나님 없는 세계와 역사도 있을 수 없다. 세계와 역사를 결여한 하나님은 **공허한 것**이 되는 반면, 하나님 없는 세계와 역사는 자신의 근거와 목적을 상실한 **맹목적인 것**이 되어버린다. 헤겔 철학의 목적은 둘로 나뉜 하나님과 세계 및 역사를 화해시키는 데 있었다. 헤겔은 이 화해의 출발점을 정신 곧 삼위일체 하나님에게서 발견했다. 그는 성부-성자-성령의 내적·변증법적 활동을 정신의 변증법적 활동으로 파악하고, 하나님과 세계 및 역사의 화해를 시도했다.

2. 헤겔 철학 전체의 역사철학적 성격은 그 중심 개념인 정신 곧 "영(정신) 으로서의 하나님" 혹은 "사랑으로서의 하나님"에 있다. 영 혹은 사랑으로

서의 하나님 곧 정신은 인간 "아버지"나 인간 "아들"처럼 결정되어 있는 물체와 같은 것이 아니다. 영 곧 정신은 끊임없는 활동 속에 있다. 그것은 활동 자체다. 사랑도 마찬가지다. 언제나 새롭게 나를 너 안에서, 너를 내 안에서 인식하는 상호 교차적 활동이다. 따라서 헤겔은 영 곧 정신이신 하나님을 사랑이라 부른다.

앞으로 논구하겠지만, 하나님, 곧 정신의 자기활동이 역사를 구성한다. 하나님, 곧 정신은 역사의 형태로 현존한다. 헤겔 철학은 역사의 형태로 현존하는 정신을 그의 출발점과 기초로 삼는다. 이 정신이 헤겔 철학 전체의 중심 개념이라면, 그의 철학 전체는 하나의 역사철학이라 말할 수 있다. "그의 모든 체계는 철저히 역사적으로" 구상되어 있다(Löwith 1953a, 44).

토이니센은 이것을 다음과 같이 명료하게 설명한다. "헤겔에게 정신과 역사는 사실상 일치한다." "철저히 그리고 모든 부분에 있어서 정신에 관한 이론의 성격을 가진 헤겔의 체계는 동일한 철저성과 함께 역사철학일 수 있다. 왜냐하면 헤겔은 정신을 역사로 해석하기 때문이다. '정신은 신적 역사다. 그것은 자기 구별과 분화와…자기를 다시 거두어들임의 과정이다'"(Theunissen 1970, 61). 헤겔의 체계 전체가 역사철학이기 때문에, 헤겔 철학의 한 영역으로서의 "역사철학"은 "헤겔 철학의 '정점'인 동시에 '시금석'(Probe)"이라 말할 수 있다(K. L. Michelet, Löwith 1953a, 77에서).

3. 헤겔 철학이 철학적 신학 내지 기독교 종교철학이라면, 그의 역사철학은 **신학적 역사철학 혹은 종교철학적 역사철학**이라 말할 수 있다. 그것은 세속의 역사철학에서 구별되는 신학적·종교적 역사철학이다. 역사의 주체가 되는 정신이 하나님을 가리킨다면, 정신으로부터 출발하는 헤겔의 역사철학은 신학적·종교적 성격을 가질 수밖에 없다.

토이니센에 따르면, 헤겔의 절대정신의 철학은 처음부터 끝까지 역사

철학적으로 구성되어 있는 동시에 종교철학적으로 구성되어 있다. "'역사철학'은 특수한 영역이 아니라 헤겔 철학 일반이며 전체다. 이와 동시에 이 것은…종교철학이기도 하다"(Theunissen 1970, 60). "헤겔은 정신을 역사로 옮기는 것처럼, 역사를 정신이 자기를 전개하는 과정(Prozeß, als der sich Geist vollzieht)으로 옮긴다. 역사는…오직 정신의 역사로서 있다. 헤겔이 자신의 『철학적 학문의 백과전서』에서 '정신과 역사'를 병행하여 다룰 때, 역사는 오직 정신의 역사일 뿐이라고 첨언함으로써, 그는 (정신과 역사의) 분리의 그 릇된 생각을 거부한다"(65).

여기서 우리는 다음의 사실을 볼 수 있다. 헤겔의 철학에서 기독교 종교와 역사는 분리될 수 없다. 기독교 없는 역사, 역사 없는 기독교는 있을 수 없다. 기독교는 역사의 근거와 내적 법칙과 목적을 제시하고, 역사는 기독교가 제시하는 종교적·신학적 통찰 속에서 파악된다. 기독교는 역사의 빛속에서, 역사는 기독교의 빛 속에서 파악되어야 한다.

그 원인은 성서가 증언하는 하나님에게 있다. 성서의 하나님은 고대 그리스 철학이나 범신론에서 볼 수 있는 무역사적인 신이 아니라 역사적인 신이다. 그는 역사의 알파와 오메가, 곧 시작과 마지막으로 생각되며, 세계사의 주관자, 섭리자로 고백된다. 그는 자신이 창조한 만물을 새롭게 변화시키는 새 창조의 영(정신)이다. "내가 만물을 새롭게 하노라"(계 21:5). 그는 "엑소도스의 하나님", "부활의 하나님", 곧 새 **역사의 하나님**이다. 그는 "더이상 죽음과 슬픔과 울부짖음과 고통이 없는" "새 하늘과 새 땅"을 역사의 목적으로 제시한다. 헤겔 철학은 이 하나님, 곧 정신을 중심 개념으로 삼는다. 따라서 헤겔 철학은 그 전체에 있어 "정신으로서의 하나님"을 출발점으로 가진 신학적 철학 내지 종교철학인 동시에 역사철학의 성격을 띤다.

3. 『정신현상학』과 『논리학』의 역사철학적 성격

1. 일반적으로 헤겔의 많은 문헌 중 『정신현상학』과 『논리학』이 가장 중요한 문헌으로 알려져 있다. 이 두 가지 문헌은 참으로 난해하여 전체를 읽기에는 많은 인내심이 필요하다. 『정신현상학』이 『논리학』보다 더 어렵다 (1972년 필자가 튀빙겐 슈티프트에서 이 책을 독파하는 데 2-3 개월이 걸린 것으로 기억한다. 한 번 더 읽을 계획을 가졌지만 아직까지 실행하지 못했다).

그런데 『정신현상학』과 『논리학』은 역사철학적 성격을 띤다. 우리는 헤겔의 철학 전체가 역사철학이란 사실을 『정신현상학』에서 분명히 볼 수 있다. 헤겔은 이 책에서 역사 속에서 일어나는 지속적 "활동" 내지 "운동"(Bewegung)으로서 정신의 현상(나타남)을 기술한다. 정신의 현상이 역사를 구성한다면, 정신의 현상 곧 나타남(Erscheinung)을 기술하는 『정신현상학』은 역사철학서라고 말할 수 있다. 생애 후기에 행한 그의 『세계사 철학 강의』는 『정신현상학』의 핵심을 세계의 역사에 적용하여 세계사를 해석한 것이다.

헤겔에 따르면, 자기를 외화하는 정신의 활동은 공간과 시간, 자연과 역사의 두 가지 면에서 일어난다. 정신은 1) 그의 "순수한 자아"(Selbst)를 "자기 바깥에 있는 시간으로" 외화하는 동시에, 2) "그의 존재를 공간으로서" 외화한다. 공간으로 외화된 정신은 "자연"이요, 시간으로 외화된 정신은 "역사"다. 자연이 "그의 생동적이고 직접적인 되어감"(sein lebendiges unmittelbares Werden)이라면, 역사는 자기를 "아는, 자기를 중재하는 되어감"(das wissende, sich vermittelnde Werden)이다(563).

우리는 헤겔의 이 말에서 역사는 영 혹은 "정신으로서 하나님"의 자기 외화의 과정임을 볼 수 있다. 역사는 정신으로서의 하나님이 자기를 대상 세계로 외화하고, 이 세계의 부정적인 것을 부정함으로써 자기 자신으로 돌아오는 **변증법적 자기활동**이다. 바로 정신의 변증법적 활동이 역사의 과정을 구성한다. 유명한 헤겔 편집자 라손에 의하면, 헤겔이 말하는 역사는 변증법적으로 활동하는 "정신의 역사"일 뿐이다(Lasson 1920, 17). 헤겔의 『정신현상학』은 역사를 구성하는 하나님의 정신의 변증법적 활동을 기술한다. 그것은 "역사의 형이상학"이며, 역사철학의 다른 이름에 불과하다. 역사철학은 정신의 나타남, 곧 현상에 관한 학으로서 형이상학적 역사철학이라 말할 수 있다(Maurer 1955, 157).

한스 큉은 이것을 다음과 같이 설명한다. 그의 궁극적 형식에서 볼 때, 헤겔의 『정신현상학』은 "다양한 형태로 나타나는 정신의 현상에 관한 학" 혹은 "정신의 현상의 역사"에 관한 학이다. 따라서 이 "정신의 길은 심리학적으로 혹은 교육학적으로만 해석될 수 없다. 이와 동시에 그것은 철학적으로 그리고 역사적으로 이해될 수밖에 없다." 절대 지식(절대적 앎)을 향한 "개인적 의식의 이 교육의 길(Erziehungsweg)은…절대정신이 세계사적으로 그의 다양한 형태 속에서 나타나는 길(Erscheinungsweg)이기도 하다." 『정신현상학』의 핵심 문제는 신적인 정신의 "의식의 심리학적 활동에 있을 뿐 아니라 논리적·우주적·사회정치적·세계사적·종교적 활동에 있다. 궁극적으로 철학적 활동에 있다"(Küng 1976, 174-175).

2. 우리는 헤겔의 철학 체계 전체가 하나의 역사철학이란 사실을 그의 『논리학』에서도 볼 수 있다. 먼저 헤겔의 『정신현상학』과 『논리학』의 관계를 파악해보자. 서유석 교수는 이 관계를 다음과 같이 적절히 설명한다. 『논리학』은 『정신현상학』이 끝나는 거기서 시작한다. 『정신현상학』은 "감각적 확신'으로부터 출발하여 지각·오성·자기의식·이성·정신으로 점점 보다 높은 의식 형태로 나아가 최후로 의식과 대상의 완전한 일치, 즉 대상의식과 자기의식의 일치라고 하는 절대지(絶對知)에 도달하는 과정"을 기술한다

면, 『논리학』은 진리 자체로서의 절대 지식(앎)의 활동을 기술한다.

『정신현상학』은 의식과 대상, 사유와 사유된 것, 확실성과 진리의 대립과 분리를 변증법적으로 극복해나가는 반면, 『논리학』은 이 과정을 거친 순수한 개념 자체의 변증법적 전개를 기술한다. 『정신현상학』은 "'시간 속에서의…정신의 자기 전개'이며, 『논리학』은 존재의 무시간적 지평에서 그 진리로서의 이념을 밝히고" 있다(서유석 1985, 185). 한스 큉에 따르면, 『정신현상학』은 사유의 규정들을 개개의 주체나 보편적 정신을 통해 현상되는 질서에 따라 고찰하는 반면, 『논리학』은 이 규정들을 순수한 지식의 면에서 순수한 본질자로 고찰한다(Küng 1970, 314).

여기서 헤겔은 내재적 삼위일체와 경륜적 삼위일체를 생각하는 것으로 보인다. 내재적 삼위일체가 세계를 창조하기 이전, 하나님의 내적 존재 안에서 일어나는 성부-성자-성령의 내적 활동을 가리킨다면, 경륜적 삼위일체는 피조된 세계와의 관계에서 일어나는 성부-성자-성령의 외적 활동을 가리킨다. 『정신현상학』이 경륜적 삼위일체의 차원에서 정신의 외적 현상 활동을 묘사한다면, 『논리학』은 내재적 삼위일체의 차원에서 정신의 내적 자기활동을 묘사한다고 말할 수 있다.

3. 헤겔은 삼위일체의 내재적 활동에 해당하는 『논리학』을 다음과 같이 정의한다. "논리학은 순수한 이성의 세계로, 순수한 사유의 왕국으로 이해되어야 한다. 이 왕국은 껍질 없이 즉자 및 대자적으로(an und für sich selbst) 존재하는 바의 진리다. 따라서 우리는 다음과 같이 말할 수 있다. 곧 이 내용은 자연과…유한한 정신을 **창조하기 이전**에 그의 영원한 본질 가운데 계신 하나님에 대한 기술이다"(1969a, 44).

이 문장에서 "하나님"은 "모든 존재의 순수한 형식들의 전체성 혹은 논리학에서 전개되는 존재의 참된 본질을 뜻한다". 여기서 헤겔은 아리스토텔레스의 형이상학에 머물지 않고, "자신의 철학 속에 깊이 뿌리 내리고 있는 기독교의 전통"으로 돌아선다. 이리하여 "순수하게 존재론적 하나님 개념"을 극복하고자 한다(Marcuse 1972, 152).

여기서 우리는 헤겔의 **선험론적** 입장을 볼 수 있다. 경험론자인 존 로크(J. Locke)에 의하면, 오성은 아무 내용도 갖지 않은 백지와 같다. 이 백지는 감각적 경험에 의해 내용을 얻게 된다. 따라서 "감각 속에 없었던 것은 이성 안에도 없다"(*Nihil est in intellectu, quod non fuerit in sensu*). 라이프니츠(Leibniz)는 로크의 이 생각에 반대하여 오성 자체만은 예외라고(*nisi intellectus ipse*) 주장하고 칸트는 범주를 통한 인식 구성을 주장함으로써 선험적 인식론을 확립했다. 그리하여 칸트는 오성이 대상 세계에 대해 법칙을 부여한다고 보았다.

4. 피히테는 이와 같은 관념주의 전통에 입각하여 "대상의 형이상학"을 "지식의 형이상학"으로 발전시켜 인식이란 감각적 직관으로부터 출발하는 이성의 자기인식의 과정이라 생각했다. 셸링은 관념주의의 선험론을 더욱 철저하게 유지하며 "자연에 대해 철학한다는 것은 자연을 창조하는 것"이라고 보았다(Über die Natur philosophieren, heißt die Natur schaffen, 이에 관해 Bloch 1962, 158).

헤겔은 이런 관념주의 전통에 입각하여 자신의 논리학을 전개한다. 그래서 그는 로크에게 반대하여 다음과 같이 말한다. "오성 안에 없었던 것은 감각 속에도 없다"(*Nihil est in sensu, quod non fuerit in intellectu*, 1969d, § 8. Locke에 대한 Hegel 비판에 관해 1969d, § 8). 헤겔에 의하면, "논리학의 체계는 모든 감각적 구체화로부터 해방된…단순한 본질자들의 세계다. 이 점에서 그것은 감각적 직관과 목적, 감성과…표상의 세계와는 동떨어진 일을 추구한다"(1969a, 55). 감성과 표상의 세계에서 동떨어진 유한한 세계 이전에 있는 선험적 범주의 변증법은 **논리에 있어** 대상 세계의 변증법보다 선행한다. 그러나 **현실에 있어** 선험적 범주의 변증법과 대상 세계의 변증법은 상응 관계에 있다.

따라서 대상 세계와 논리학, 대상과 인식, 대상과 지식은 분리되지 않는다. 내용적으로 양자는 일치 관계에 있다. 대상이 변할 때 지식도 변한다. 거꾸로 지식이 변할 때 대상도 변한다. 헤겔은 이것을 다음과 같이 말한다. "지식의 변화 속에서 사실상 대상 자신도 변한다.…대상은 본질적으로 이 지식에 속하기 때문이다"(1952, 74). 이에 상응하여 인식과 인식 능력도 상응 관계에 있다. 인식 능력은 인식과 관계없이 그 자체로서 영원히 머물러 있는 것이 아니다. 그것은 인식과 함께 변하는 것이다. 그러므로 헤겔은 인식 이전에 영원히 머물러 있는 인식 능력에 대한 칸트의 『순수이성비판』을 반대한다.

5. 헤겔의 『논리학』이 다루는 "선험적 범주"의 세계란 무엇인가? 그것은 자기 자신을 외화하기 이전에 있는 **하나님의 즉자의 세계**를 가리킨다. 곧 하나님의 세계 창조 이전의 진리 자체의 세계를 말한다. 이 세계는 순수한 사상의 규정(Gedankenbestimmung)으로 구성되어 있다. 이 세계의 마지막 단계인 "개념"은 "이미 그 자신 안에서 완성되어 있다. "그것은 사물들이 있기 이전에(*ante rem*) 세계계획(Weltplan)으로서 완성되어 있다.…『논리학』은 사물 이전에 있었던 진리, 곧 우주적 질료의 모든 옷을 입기 이전의 진리를 기술한다. 그것은 '아무런 껍데기도 없는 그대로의 진리'를 기술한다"(Bloch 1962, 160). 헤겔은 이를 가리켜 "자연과…유한한 정신을 창조하기 이전, 그의 영원한 본질 가운데 계신 하나님에 대한 기술"이라고 말한다.

여기서 다음과 같은 문제가 제기된다. 헤겔의 『논리학』이 선험적 범주의 영역, 곧 하나님의 세계 창조 이전의 진리 자체의 세계를 전제하고, 이 전제로부터 시작하는 것은 비역사적 태도가 아닌가? 그것은 칸트의 범주에 대한 헤겔 자신의 비판에 모순되며, 헤겔 자신이 극복하고자 했던 이원론으로 되돌아가는 것이 아닌가?

이 질문은 헤겔의『논리학』에 대한 오해라고 볼 수 있다. 왜냐하면 헤겔의『논리학』은 변증법적 활동 가운데 있는 대상 세계의 존재에 대한 이론, 곧 존재론이 되고자 하기 때문이다. 그의『논리학』이 다루는 선험적 범주들은 **대상 세계 속에서 일어나는 변증법적 활동의 형태들**(Gestalten)이다. 이 범주들은 역사의 현실과 동떨어진 것이 아니라 이 "현실의 활동을 표현한다"(Marcuse 1972, 114). 블로흐에 의하면, "역사적으로 등장한 모든 사회는 그의 고유한…범주의 체계를 소유하고 있다." 헤겔의『논리학』이 다루는 범주들은 그 당시 사회를 지배하는 "범주들의 수집"일 뿐이다(Bloch 1962, 162).

따라서 헤겔의『논리학』은 현실 세계로부터 동떨어진 것이 아니라 **현실 세계의 변증법적 활동을 순수하게 개념적으로 기술하는 것**이다. 이런 점에서 그의『논리학』은 논리학인 동시에 존재론이다. 존재론으로서 그것은 "Onto-theo-logik" 곧 "존재-신-논리학"이다(Löwith 1964, 194). 그것은 존재하는 세계의 변증법적 법칙을 유한한 세계를 창조하기 이전부터 계신 하나님 자신의 법칙으로 파악하고, 이를 순수한 개념의 형태로 기술하고자 한다.

6. 헤겔의 변증법적 논리에 의하면, 개념의 본질은 "부정성"(Negativität)에 있다. 개념은 그 자신에게 대립되는 부정적인 것을 자신 안에 담지하고 있다. 그것은 "그 자신과 그의 특수한 대립자의 통일성"이다(1969d, § 359). 개념은 자신 안에 있는 부정적인 것을 극복하고 참된 자기 자신에 이르기 위해 끊임없이 변증법적으로 발전할 수밖에 없다. 그것은 고정되어 있지 않고 언제나 다시금 부정적인 것의 부정을 통해 변증법적으로 발전하는 과

정 속에 있다. "개념이 그것을 통해 자기 자신을 발전시키는 것은 그 이전에 주어진 부정적인 것이다. 개념은 이 부정적인 것을 자기 자신 안에 갖고 있다. 이것이 참으로 변증법적인 것이다"(1968a, 51). 개념 자체 안에 있는 이 부정성 때문에, 모든 판단에서 고정된 주어는 거부된다.

여기서 헤겔의 『논리학』은 주어를 고정된 것으로 보는 형식 논리학을 거부한다. 형식 논리학이 고수하는 동일률(A는 오직 A이다), 모순율(A는 A가 아닌 것이 아니다), 배중률(A와 A가 아닌 것, 둘 중 하나는 참이다)에서, 주체는 자기 아닌 모든 것에 대립하는 고정된 것으로 전제된다. 그것은 자기 아닌 것으로의 자기 외화와 발전을 알지 못한다. 그러므로 A는 A가 아닌 모든 것에 대립한다. A가 A인 것은 A가 A가 아닌 것, 곧 비(非)A에 대립하는 한에서다.

헤겔은 이에 대해 다음과 같이 말한다. A는 단순히 그의 외부에 있는 비A에 모순되는 것이 아니라 A 자신 안에 있는 비A에 모순된 것이다. 달리 말해 A는 이미 자기 자신에 있어서 자기에게 모순된다. A는 자기 자신 안에 "모순"을 담지한다. 따라서 모든 주어는 그 자신 안에 부정되어야 할 부정적인 것을 내포한다.

그러므로 모든 판단에서 주어는 고정된 실체가 아니라 자기가 아닌 것, 자기에게 모순되는 것으로 되어가는 활동 내지 과정이다. "~이다"는 고정되어 있는 상태를 가리키는 것이 아니라 주어가 술어로, 곧 A가 A 아닌 것, "다른 것"(das Andere)으로 되어가는 과정을 가리킨다. 간단히 말해, *esse*(있음, 존재함)는 *fieri*(되어감)를 가리킨다. 술어는 주어의 규정을 뜻한다. 술어를 향한 주어의 되어감의 과정 전체, 곧 존재의 전체만이 진리다(§ 167. 이에 관해 김계숙 1975, 73).

헤겔의 『논리학』은 존재의 변증법적 활동 과정, 곧 **역사의 과정의 내적 법칙**을 순수한 개념의 형태로 기술하고자 한다. 존재-본질-개념으로 구성된 논리학의 세 발전 단계는 세계사의 변증법적 발전 과정의 법칙을 나타낸다. 여기서 우리는 헤겔『논리학』의 역사철학적 성격을 볼 수 있다. 헤겔의 『논리학』은 역사의 내적 법칙을 순수한 사유의 형태로 기술하는 역사철학이라고 말할 수 있다.

제1부 │ 헤겔의 생애, 학문적 출발점과 전제들

III
헤겔 철학의 양면성과 상반된 해석들

I. "프로이센의 푸들"인가 "자유의 사상가"인가?

1. 우리는 헤겔의 문헌에서 여러 가지 상반되는 것처럼 보이는 생각과 개념들이 병행하는 것을 볼 수 있다. 예를 들어 헤겔은 철학을 가리켜 "사상으로 파악된 그 시대"라고 정의한다. 곧 철학은 그 시대의 상황을 철학적 사상들로 표현한 것에 불과하다는 것이다. 그것은 철학이 그 시대를 넘어서서 "새로운 것"을 말하는 학문이 아니라 철학적 사상들을 통해 그 시대를 나타내는 앵무새와 같은 학문이라는 것이다. 이것을 대표적으로 나타내는 말은 『법철학』 서문에 나오는 말, 곧 "회색에 회색을 칠한다"(Grau in Grau malt)는 말이다. 철학은 회색으로 칠해져 있는 그 시대에 대해 새로운 색을 도입하는 하는 것이 아니라 회색으로 칠해져 있는 그 시대를 다시 한번 회색으로 칠하는 것이다(1955, 17).

이와 동시에 헤겔은 철학을 가리켜 그 시대를 넘어서는 "자유의 학문"이라고 자신의 문헌 도처에서 말한다. 그는 이것을 철학적 사유의 본질에서 발견한다. 사유한다는 것은 지금 주어져 있는 것, 감각적으로 경험되는 것에 머물지 않고, **이를 넘어 본질적인 것**, 보편적이며 진실된 것을 찾는다는 것을 뜻한다. 따라서 사유는 본질적으로 주어진 현실을 "넘어가는 것"(Übergehen)을 뜻한다. 만일 주어진 현실을 "넘어감"이 없다면, 헤겔은 사유하지 말아야 한다고 말한다.

헤겔은 "넘어감"의 활동인 사유에서 인간과 짐승의 차이를 발견한다. 자연의 짐승들은 감각적 지각과 충동에 따라 행동한다. 그들은 감각적 지각과 충동을 넘어 본질적인 것, 보편적인 것을 찾지 못한다. 그들에게는 사유의 기능이 없기 때문이다. 따라서 자연의 짐승들은 주어진 자연법칙에 묶여 살아간다. 그들은 자연에 예속되어 있다. 그들은 자유를 알지 못한다. 자유를 알지 못하기 때문에 짐승들에게는 죄와 죄책이란 것도 존재하지 않는다. 그들에게는 죄의식이 없다. 이에 반해 인간은 사유하는 존재다. 그는 신적 정신이 그 안에 있는 "정신적 존재"이기 때문이다.

철학은 사유하는 학문이다. 그렇다면 철학은 주어진 시대의 상황을 사상의 형식을 빌려 나타내기만 하는 학문이 아니라 그 시대의 상황을 넘어 본질적인 것, 보편적이고 참된 것을 찾는 학문이다. 그것은 "회색에 회색을 칠하는" 학문이 아니라 회색으로 가득한 시대 상황에 대해 새로운 색깔, 곧 역사의 "새로움"을 앞당겨오는 학문이라 말할 수밖에 없다. 사유한다는 것은 자유롭다는 것을 뜻한다. 자유가 없으면 새로운 것을 사유할 수 없기 때문이다. 따라서 사유를 본질로 가진 철학은 "자유의 학문"이라 말할 수 있다. 헤겔의 표현을 따르면, **"철학은 자유로운 행위다"**(ein freies Tun, 1966a, 152).

2. 헤겔 철학의 이와 같은 양면성은 역사에 대한 해석에도 나타난다. 한편으로 헤겔은 역사를 미래를 향한 **"발전"** 혹은 **"진보"**로 이해한다. 역사는 고대 그리스 철학과 신화에 나타나는 것처럼, 동일한 법칙에 따라 돌고 도

는 "원운동"(Kreislauf)이 아니라 정신의 변증법적 활동을 통해 보다 더 높은 진리의 세계로 지양 내지 고양되는 발전의 과정으로 이해된다. 여기서 역사는 새로운 미래를 향해 전진하는 것으로 생각된다. 여기서 역사의 새로움(Novum)이 전제된다. 그래서 헤겔은 "이 새로운 것이 어디에서 오는가?"라고 질문한다.

이와 동시에 헤겔은 역사를 가리켜 과거에 있었던 정신의 즉자로 **돌아감**(혹은 회귀, Rückkehr)이라고 말한다. 정신의 자기활동을 통해 역사 속에서 전개되는 모든 것은 즉자 속에 포괄되어 있던 것에 불과하다. 그래서 헤겔은 정신의 자기활동을 가리켜 자기 자신으로 돌아가는 "**원운동**"이라고 말한다. 여기서 역사는 미래의 새로움을 향한 발전의 과정이 아니라 과거에 있었던 것으로 돌아가는 것을 뜻한다. 그것은 역사 속에서 전개되는 정신의 즉자 속에 잠재해 있던 것에 불과하다.

여기서 역사의 새로움이 배제된다. 새로운 것처럼 보이는 것은 결국 정신의 즉자 속에 포괄되어 있었던 것에 불과하기 때문이다. 그래서 헤겔은 "해 아래 새로운 것이 없다"고 말한다(1968a, 70). 그는 정신의 활동에 있어 "이 새로운 것은 어디에서 오는가?"라고 질문하다가(1968a, 180), "해 아래에 새로운 것이 없다"고 말한다. 그는 정신을 가리켜 "완결된 것"(Fertiges)이라고 말하다가, "활동적인 것"(Tätiges)이라고 말한다(1968a, 55). "활동적인 것"이 새로운 미래를 전제한다면, "완결된 것"은 새로운 미래를 차단한다. 이리하여 헤겔은 새로움을 향한 미래 지향적 "종말론자"라는 평가를 받는가 하면, 과거 지향적 "골동품 수집가"라는 평가를 받는다. 그는 역사의 "질적 변화"와 "질적 비약"(ein qualitativer Sprung, 1952, 15)을 인정하는 혁명적 인물로 보이는가 하면, 역사의 모든 단계를 그 이전의 단계에서의 점진적 발전으로 보는 반혁명적 인물로도 보인다.

3. 역사를 과거에 있었던 정신의 즉자로 돌아가는 것이요, 따라서 역사는 하나의 원운동이라는 헤겔의 생각은 심각한 문제를 일으킬 수 있다. 무엇보다 먼저 그것은 그의 **변증법적 원리**에 모순되는 것처럼 보인다. 헤겔의 변증법은 모든 사물의 "**부정의 부정**"을 전제한다. 부정의 부정을 통해 역사는 "정신의 개념과 일치하는" 새로운 세계를 향한 발전과 진보로 이해된다. 헤겔에 따르면, 이 발전과 진보는 자동적으로 이루어지는 것이 아니라 힘든 노력과 투쟁을 통해 이루어지는 것이다. 역사는 부정의 부정을 통해 더 높은 진리의 세계로 발전하는 힘든 노력과 투쟁의 과정이다. 그러나 역사가 과거에 있었던 것, 곧 태초의 "시작"으로 돌아가는 것에 불과하다면, 부정적인 것을 부정하기 위한 노력과 투쟁은 불필요한 것, 쓸데없는 것이 될 수 있다. 따라서 일군의 학자들은 역사를 회귀와 원운동으로 보는 헤겔의 역사관이 그의 변증법을 마비시킨다고 비판한다.

4. 헤겔의 변증법 역시 양면성을 보인다. 변증법을 가리키는 "지양"(Aufhebung)의 개념은 상반되는 의미를 갖기 때문이다. 독일어 Aufhebung은 "폐기하다"(vernichten)를 뜻하기도 하고, "들어올리다"(erheben), "보존하다"(bewahren)를 뜻하기도 한다. "폐기한다"는 것이 "없애버린다"는 것을 의미한다면, "들어올리다", "보존하다"는 없애버리는 것이 아니라 더 높이 "고양하다", 고양된 상태에서 "보존하다"는 것을 의미한다. 따라서 헤겔은 역사에서 일어난 모든 것은 폐기되지 않고 정신의 영원 속에서 보존된다고 말한다. "폐기"가 진보주의적 혁명가들이 선호하는 개념이라면, "고양"과 "보존"은 혁명을 거부하는 보수주의자들이 선호하는 개념이다. 뢰비트가 지적하듯이, 헤겔의 "변증법적 지양"은 "보수적으로 해석될 수도 있고, 혁명적으로 해석될 수 있다." 이와 같은 양면성 때문에 헤겔 학파는 좌파와 우파로 나뉜다(Löwith 1962, 14).

이 문제는 혁명에 관한 사회-정치적 토론의 도화선이 된다. 진보적 성향의 학자들은 "폐기" 개념에 근거하여 헤겔 철학을 "혁명의 철학"으로 해석한다. 이에 반해 보수적 성향의 학자들은 "고양"과 "보존" 개념에 근거하여 헤겔 철학을 "프로이센의 국가 철학"으로 해석한다. 헤겔이 말하는 부정의 원리, 변증법의 원리, 자유의 원리는 헤겔 철학을 혁명의 철학으로 해석하는 근거가 된다. 이에 반해 예수 그리스도 안에서만 일회적으로 일어난 "화해의 원리", 세계사의 "노년기" 내지 "성숙기"인 게르만 세계, 이성적인 것과 현실적인 것의 동일화, 정신의 즉자 안에서 이미 완성된 것으로 전제되는 역사는 헤겔 철학을 반혁명적 수구 철학으로 해석하는 근거가 된다.

이 문제에 대한 대표적 토론은 20세기에 있었던 요아힘 리터(Joachim Ritter, 1903-1974)와 위르겐 하버마스의 토론이다. 리터에 의하면, 헤겔 철학은 철저히 혁명의 철학이다. 그의 철학만큼 "그 내면적 동기에 이르기까지 혁명의 철학인 철학은 다시 존재하지 않는다"(Ritter 1965, 18). 하버마스에 의하면, 헤겔 철학은 혁명의 실천을 불필요한 것으로 선언한다. 그의 철학 체계에서 혁명은 절대정신을 통해 이미 완성된 것으로 전제되기 때문이다. "헤겔은 혁명을 통한 요구에 철학 그 자체를 희생시키지 않기 위해 혁명을 그의 철학의 원리로 고양했다.…헤겔은 그 자체로서 혁명을 극복하는 철학을 위해 혁명을 철학의 원리로 고양했다"(Habermas 1971, 128), "헤겔은 혁명적인 것 없이 현실의 혁명을 원한다. 세계정신은 혁명을 완성했다"(144).

5. 헤겔 철학의 양면성은 게르만 세계에 대한 그의 해석에도 나타난다. 헤겔에 따르면, 그가 살고 있던 당시의 게르만 세계는 역사의 완성 단계다. 그리스도의 성육신에서 나타나는 자유의 역사가 게르만 세계에서 완성된다. 개인의 주체적 의지와 국가의 보편적 의지가 일치하는 인륜성(Sittlichkeit)이 게르만 세계에서 이루어지기 때문이다. 게르만 세계에 대한 헤겔의 이 해

석은 당시 독일 국가 프로이센을 역사의 완성으로 보는 **게르만 민족주의적 해석**이라 말할 수 있다. 그래서 일군의 학자들은 헤겔을 가리켜 "프로이센의 종", "프로이센의 푸들"이라고 비난한다.

　그러나 부정적인 것의 부정에 기초한 헤겔의 변증법은 게르만 민족주의를 깨뜨린다. 그것은 헤겔이 살았던 프로이센 왕국도 상대화시킨다. 변증법의 원리에 따르면, 인간 세계의 모든 것 속에는 "부정적인 것"이 있다. 부정적인 것은 부정될 수밖에 없다. 따라서 당시의 독일 국가 프로이센에도 부정적인 것이 있다. 프로이센도 그의 부정적인 것이 부정되어야 할 변증법의 법칙 아래 있다. 그렇다면 당시의 게르만 세계 프로이센이 역사의 완성이라 볼 수 없게 된다. 한편으로 헤겔은 프로이센의 게르만 세계에 역사의 완성이 있다고 말하는 동시에, 다른 한편으로 게르만 세계도 "부정의 부정"의 법칙, 곧 변증법적 법칙 아래 세운다. 우리는 이와 같은 양면성을 어떻게 해석해야 할까?

6. 헤겔 철학의 양면성을 가장 분명히 나타내는 것은 헤겔의 『법철학』이다. 앞으로 상론하겠지만, 헤겔은 이 책에서 "이성적인 것은 **현실적이요, 현실적인 것은 이성적이다**"라고 말한다. 그의 이 말은 현실 아부적인 말의 극치로 들릴 수 있다. 이 말은 당시 프로이센을 "이성적인 것"으로 선언하는 것처럼 보이기 때문이다. 최고 통치자가 이 말을 들을 때, 헤겔에게 최대의 상을 주고 싶을 것이다. 이리하여 헤겔은 당시 독일을 대변하는 베를린 대학교의 총장이 될 수 있었고, 최고 통치자의 신임을 얻을 수 있었다. 그는 독일을 대변하는 "국가 철학자"로 명명되었다.

　그러나 헤겔의 변증법은 모든 "현실적인 것"은 그 속에 "부정적인 것"을 내포하고 있는, 따라서 그 부정적인 것이 부정되어야 할 것으로 드러낸다. 그것은 모든 "현실적인 것" 속에 "비이성적인 것"이 숨어 있음을 전제한다.

헤겔 철학에 대한 해석에서 양면성을 보이는 가장 힘든 문제는 헤겔의 국가론이다. 한편으로 개인에 대해 국가를 절대시하는 많은 진술이 그의 문헌에 나타난다. 국가는 개인들의 종합이 아니라 개인들이 있기 이전에, 개인 위에 있는 것이다. 그것은 그 시대의 절대정신의 보편적 의지를 반영한다. 국가는 땅 위에 있는 절대정신, 곧 "하나님의 현상"이다. 따라서 개인은 국가의 법이 반영하는 국가의 보편적 의지에 복종해야 한다. 국가의 법에 복종하는 한에서 개인은 자유를 누릴 수 있다는 헤겔의 말은 국가 절대주의를 말하는 것처럼 들린다. 이리하여 헤겔은 "프로이센의 푸들", "프로이센의 국가 철학자"라는 평가를 받는다. 많은 비판적 지식인들에게 헤겔은 국가 권력에 아부하는 비겁한 현실주의자로 보였다.

이와 동시에 헤겔의 문헌 속에는 국가의 권위를 위험스럽게 만드는 수많은 진술이 발견된다. 국가 역시 세속적 관심과 욕망에 묶여 있는 세속적인 영역, 제한성을 가진 것으로 생각된다. 헤겔은 국가를 개인 위에 있는 것이 아니라 개인들의 유기체로 설명한다. 국가의 존재 목적은 개인의 자유를 실현하는 "인륜성"으로 규정된다. 헤겔은 가장 좋은 국가를 개인에게 최대한의 자유를 허락하는 국가라고 말하기도 한다. 국가와 종교의 내적 일치 내지 유기적 관계성을 이야기하다가 양자의 분리와 대립을 이야기할 때도 있다.

이와 같은 양면성으로 인해 헤겔의『법철학』은 양편으로부터 비판과 지지를 동시에 받는다. 체제 옹호자인 자비니(F. K. von Savigny), 슈탈(E. J. Stahl)에게서 그는 프로이센 국가체제를 무너뜨리고 민주적 공화정을 세우고자 하는 불온한 인물이란 혐의를 받는 반면, 진보적 사상가들에게서는 국가 절대주의와 왕정복고를 지지하는 "프로이센의 종", "프로이센의 국가 철학자"란 비난을 받는다. 그는 현실에 아부하는 어용 철학자란 비난을 받는 동시에 위험스러운 "자유의 사상가"라는 혐의를 받는다. "가장 좋은 국가"

는 "가장 많은 자유를 허락하는" 국가라는 헤겔의 국가관, 모든 인간은 인간으로서 동등한 가치와 자유를 가진다는 헤겔의 "자유의 원리"는 헤겔을 비밀경찰의 감시 대상으로 만들기에 충분했다.

일군의 학자들은 헤겔의 절대주의적 국가관이 히틀러의 독재체제에 대한 이론적 근거가 되었다고 그를 비난한다. 그러나 헤겔은 히틀러 체제에서 거부되었다. 히틀러의 사상적 협조자 로젠베르크는 헤겔을 히틀러 체제를 반대하는 "비독일인"으로 규정했다. 그는 인간은 인종, 출생, 교육, 사회계급을 초월하여 인간으로서 동등한 가치를 가지며 자유롭다는 헤겔의 "자유의 원리"가 히틀러의 민족주의와 인종주의, 반유대인주의, 그의 독재체제에 모순되는 것임을 간파했기 때문이다.

여하튼 헤겔 철학 속에 내포되어 있는 양면성들은 그의 입장에 대한 확실한 결론을 내리는 것을 매우 어렵게 한다. 두 가지 상반되는 생각들이 언제나 다시금 양립하기 때문이다. 블로흐는 이 어려움을 자신의 저서 『유토피아의 정신』에서 다음과 같이 말한다. "그의 참된 내적인 입장은 경우에 따라 다르다. 따라서 전체적인 결론을 내리는 것이 어렵다"(Bloch 1964, 226-227).

2. "위장된 언어"의 장인 헤겔

1. 헤겔은 왜 이렇게 상반되는 것처럼 보이는 생각을 보이는가? 필자의 입장에서 볼 때, 그 한 가지 원인은 헤겔의 "정신" 개념에 기인한다. 앞서 볼 수 있었던 것처럼, 헤겔이 말하는 "정신"은 세속적 개념이 아니다. 그것은 단순히 인간의 정신이나 세계의 정신을 뜻하지 않는다. 본래 그것은 삼위일체 하나님을 가리키는 개념으로서 종교적·신학적 의미를 내포하고

제1부 | 헤겔의 생애, 학문적 출발점과 전제들

있다. 이 사실을 놓치면, 정신의 활동에 관한 헤겔의 진술들은 상식적으로 납득할 수 없는 모순으로 가득한 것처럼 보인다. 예를 들어, 정신의 즉자에 대한 대자의 "다름"(Anderssein)에 대한 진술과, 즉자와 대자의 "하나됨"(Einheit, Einigkeit)에 대한 진술은 완전한 모순으로 보인다.

이 모순은 삼위일체의 빛에서 볼 때 쉽게 이해될 수 있다. 그것은 자기 자신을 "아들"로 대상화시킨 "아버지 하나님"에 대해 그의 아들 예수가 "다른 존재"임을 가리키는 동시에, 무한한 사랑 안에서 양자가 "하나임"을 철학의 형식으로 나타낸 것에 불과하다. "통일성 안에서의 구별"(Unterschied in Einheit)과 "구별 안에서의 통일성"(Einheit im Unterschied)이 이것을 요약한다.

정신의 활동에서 "발전"과 "회귀"의 양면성도 사실은 모순이 아니라 정신의 활동의 양면성을 나타낸 것에 불과하다. 역사의 "시작과 끝", "알파와 오메가"이며, 역사의 모든 것이 그 안에 담겨 있는 영원한 하나님(정신)에게 역사는 하나님으로부터 출발하여 하나님으로 돌아가는 것으로 표상될 수 있다. 그에게는 온 역사가 현재적이다. 그는 이른바 시간과 공간의 제약성을 벗어난 존재이기 때문이다. 그러나 시간적·공간적 제약성 속에 있는(곧 지금 이 순간에만, 또 특정한 공간인 여기에만 있을 수 있는) 우리 인간에게 정신의 활동은 미래를 향한 발전으로 경험된다. 과거는 뒤에 있고, 미래는 앞에 있는 것으로 생각된다. 우리는 이에 대해 이 책의 마지막 장에서 상론할 것이다.

2. 우리는 이 문제와 연관하여 헤겔 당시의 정치적 상황을 유의할 필요가 있다. 계몽주의 사상의 영향 속에서 1789년에 일어난 프랑스 혁명은 봉건적 절대주의를 철폐하고, 시민사회의 정치적·경제적 체제를 구축했다. 그것은 개인을 자신의 삶에 대한 주인으로 해방함으로써 루터의 종교개혁이 시작했던 것을 완성했다. 개인은 외적인 힘과 권위에서 해방되어 자신의

발전에 대한 자율적 주체의 위치를 확인하게 되었다. 프랑스 혁명이 내건 자유와 평등의 기치는 유럽 각지에 해방과 자유에 대한 열망을 불러일으켰다. 독일에서는 프랑스 혁명의 이와 같은 여파를 막기 위해 엄격한 언론 검열과 비밀경찰의 감시가 시행되었다. 이로 인해 헤겔은 튀빙겐에서 대학 공부를 시작하자마자 비밀경찰의 감시를 의식하며 살아야 했다. 체제 유지에 매우 위험하다고 판단되는 인물들은 공직에서 추방되었다.

헤겔은 뷔르템베르크의 공작 오이겐(Herzog Carl Eugen)의 비밀경찰이 그 지역의 시인 슈바르트(Ch. F. D. Schwart)를 고문하고 모든 공적 활동을 금지했다는 것을 잘 알고 있었다. 또한 그는 문학자요 철학자로서 독일 귀족계급의 횡포에 저항한 프리드리히 실러(Schiller)가 1782년 9월 22일 밤에 만하임(Mannheim)으로 도주하여 도피생활을 하다가 1805년 폐렴으로 바이마르에서 사망한 사실도 잘 알고 있었다. 체제 비판적 학자들이 대학 교수직을 얻지 못하는 일들이 자주 일어났다. 따라서 헤겔은 항상 조심해야 했다. 더구나 그는 뷔르템베르크주 정부의 고위 공무원이었던 아버지가 피해를 당하지 않도록 하기 위해 매사에 신경을 쓰지 않을 수 없었다. 그의 사상에 여러 가지 양면성이 나타나는 원인은 이와 같은 정치적 상황에서 기인한다고 말할 수 있다.

3. 이미 튀빙겐 슈티프트에서 헤겔을 위시한 대학생들은 암시적 문체(*stilo relativo*), 곧 **"위장된 언어"**(Tarnsprache)를 사용했다. 자기가 쓴 글에 대한 책임을 피하기 위해 당시의 지식인들은 자기의 생각을 제3자가 말하는 식으로 기술했다. 예를 들어 "성서 말씀에 따르면", "그리스도의 말씀에 따르면", "들리는 바에 의하면" 하는 방식이었다. 헤겔 역시 검열관의 눈을 피하기 위해 교묘하게 위장된 철학적 개념과 논리를 사용했다. 우리는 위장된 언어의 사용을 신약성서의 요한계시록에서도 발견할 수 있다. 로마 제국의

박해가 극심할 때, 요한계시록의 저자는 로마 제국의 황제 네로를 666이란 숫자로, 수도 로마를 "바빌론" 혹은 "음녀"라는 위장된 언어로 표현한다.

청년 헤겔은 비밀경찰과 교회 지도자들의 심기를 건드리지 않기 위해 예수의 삶에 대한 그의 첫 연구서를 출간하지 않았다. 이것이 출간될 경우 학계로의 진출이 어려웠기 때문이다. 그의 『법철학』에서 현실의 기존 정치체제를 정당화하는 것으로 보이는 많은 생각은 비밀경찰의 검열에 걸리지 않기 위함이었다. "이성적인 것은 현실적이요, 현실적인 것은 이성적이다"라는 말은 "철학의 가장 성공적이고 가장 영향력 있는 기만행위"였다. 헤겔은 이 문장으로 인해 "종의 철학자"(Knechtphilosoph), "복고의 변증가"(Restaurationsapologet)라는 별명을 얻게 된다. 그러나 헤겔은 보수적이며 복고적인 사고를 거부하고 항상 자유로운 공화정을 지지했다. 『법철학』에서 왕정 제도에 대한 헤겔의 진술은 프로이센 왕국의 "종교 재판적 검열에 대비한 '엉큼한 변장'의 예술"(Kunst der "schelmischen Verstellung")로 일컬어진다.

특히 베를린에서 헤겔은 지속적으로 국가 비밀경찰의 감시를 받은 것으로 알려져 있다. 헤겔의 적대자들은 국왕을 멸시했다는 이유로 헤겔을 집요하게 비난했다. 교회 지도자와 신학자들은 그를 범신론자요 무신론자라고 비난했다. 그 당시 독일교회는 국가교회였기 때문에 교회 지도자들의 힘은 막강했다. 교회 지도자들은 눈에 보이지 않는 비밀경찰의 지원 속에서 헤겔을 제거하고자 했다. 신학 교수인 슐라이어마허는 헤겔의 학술원 회원 가입을 끝까지 저지했다. 그래서 헤겔은 "베를린의 목사들이 쿱퍼그라벤(Kupfergraben, Hegel의 베를린 거주지)에서 나를 완전히 몰아내고자 한다"고 말했다.

헤겔 철학에 나타나는 양면성들은 비밀경찰의 검열에 걸리지 않기 위한 기만전술로 보인다. 그는 이렇게 치면 저렇게 빠져나가고, 저렇게 치면 이렇게 빠져나가기 위한 "위장된 언어"를 사용한 것으로 보인다. 실로 그는 위장된 언어의 장인(Meister)이었다고 볼 수 있다. 위장된 언어를 통한 그의 기만전술은 상당한 성공을 거두었다. 그래서 헤겔은 베를린 대학교의 총장이 되는 명예를 얻기도 했다.

그러나 영리한 사람들은 위장된 언어 뒤에 숨어 있는 헤겔의 기만전술을 간파하고, 회심의 미소를 지을 수 있었다. 그들은 헤겔의 글자에 머물지 않고 글자들의 행간 속에 숨어 있는 의미를 간파했다. "발신자를 잘 아는 수신자는 행간을 읽었다. 냄새를 맡으려고 코를 벌름거리는 정보원들에게 헤겔이 내보인 글귀에 대해 그들은 미소를 지었다. '우리는 그들보다 더 바보스러운 존재가 되지 않도록 하자!'"(D'Hondt. 위의 내용에 관해 Vieweg 2019, 31-32).

4. 헤겔의 책을 읽다 보면, 도대체 무슨 말을 하려는지 감을 잡기 어려울 때가 많다. 논리적으로 전혀 연결되지 않는 다른 생각으로 갑자기 비약하기도 하고(논리적 비약), 일상생활에서 전혀 사용되지 않는 난해한 철학적 개념과 은어와 논리를 사용하기도 한다. 매우 복합적인 내용들을 충분히 설명하지 않고 간략하게 언급하고, 다음 문장으로 넘어가는 경우도 있다. 발음은 같지만 의미가 다른 단어를 사용하기도 하고, 동일한 사안에 대해 이렇게 이야기하다가, 슬그머니 반대되는 생각을 개진하는 때도 있다. 수없이 반복되는 동일한 생각이 수를 헤아릴 수 없을 정도로 반복되고, 문장이 너무 길어서 지쳐버릴 때도 있다.

그래서 이미 헤겔 생존 당시의 많은 학자가 헤겔의 문헌들은 의미가 분명치 않은 난해한 내용으로 가득하다고 지적했다(Wieland 1959, 116). 필자의 스승 몰트만이 사석에서 말한 것처럼 독일인들도 헤겔의 책은 읽기 어렵다고 할 정도다. 최신한, 권대중 교수에 따르면, 헤겔 철학은 "두껍고도 단단

한 '용어의 장갑' 속에 엄폐되어 있어서 처음 접하는 이들에게는 거의 난공불락의 철옹성처럼" 보인다. 그것은 "캄캄한 심연 속에 파놓은 꼬인 실타래 같은 미로"와 같다(최신한·권대중 2016, 서두에서). 그 대표적 저서가 『정신현상학』이다.

헤겔은 왜 "꼬인 실타래 같은" 글들을 썼을까? 처음에 필자는 철학 자체가 추상적 언어를 사용하는 어려운 영역이고, 헤겔의 사상이 너무도 심오하기 때문이라 생각했다. 그러나 헤겔 당시의 정치적·사회적 상황을 고려할 때, 헤겔은 검열관들에게 꼬리를 붙들리지 않기 위해 의도적으로 "꼬인 실타래" 같은 글을 썼다는 인상이 짙다. 끊임없이 논리적 비약이 일어나고, 무슨 말을 하려는지 파악하기 어려운 글을 읽기에 지쳐서 검열관들이 판단을 포기하도록 만들기 위한 위장술이라 해도 과언은 아닐 것이다. 이런 관점에서 볼 때, 헤겔은 "위장된 언어"의 도사처럼 보인다.

헤겔이 20대에 쓴 초기 문헌들, 곧 베른 시대와 프랑크푸르트 시대의 문헌들은 읽기가 별로 어렵지 않다. 이 시대의 문헌들은 평이한 문체로 기록되어 있다. 하지만 그가 예나 대학교에서 공적 인물로 등장하면서부터 그의 문체가 어려워진다. 예나 시대에 집필한 『정신현상학』은 참으로 난해하다. 그 이후 헤겔의 문헌들은 이렇게 해석될 수도 있고 저렇게 해석될 수도 있는 양면성과 위장술을 보이기 시작한다. 이는 헤겔이 예나 대학교에서 공적 인물로 등장하기 시작하면서 비밀경찰의 주목 대상이 되었기 때문으로 보인다. 그의 글에는 민주적 공화정을 지지하는 발언과, 현존하는 프로이센 왕국을 정당화하는 듯한 발언이 교차한다. 보수와 진보, 체제 지지와 체제 비판의 양면성이 나타나기 시작한다. 헤겔은 "화해의 원리"를 이야기하다가 부정적인 것의 부정을 이야기한다. 그는 개체의 주체성과 독립성을 설명하다가 개체를 전체에 통합되어야 할 전체의 일부로 설명한다. 이것은 하나의 위장 전술로 보인다. 헤겔은 문장마다 신경을 쓴 것으로 보인다. 위장 전술의 최고의 작품은 헤겔의 『법철학』이었다.

5. 따라서 우리는 헤겔의 글자를 읽기보다는 글자 뒤에 숨어 있는 **헤겔의 진의**가 무엇인지를 파악해야 할 것이다. 특정한 문장에 근거하여 "헤겔은 이렇다"고 결론을 내리기보다는 그의 철학 전체의 기본 원리로부터 결론을 도출해야 할 것이다. 개별 나무만 볼 것이 아니라 숲 전체를 보면서 헤겔의 진의가 무엇인가를 파악해야 할 것이다.

최근에 출간된 남기호 교수의 『헤겔과 그 적들』은 헤겔의 진의를 적절하게 파악한다. 이 책을 출간한 출판사 서평을 보면, "헤겔은 결코 프로이센 국가의 철학자가 아니었다. 오히려 그는 왕정복고 시기에 벌어졌던 '언론 탄압의 시대'를 살았다. 프랑스 혁명을 옹호하고 자유와 평등을 사랑했던 청년이 노년에 가서 베를린 대학교의 교수가 되고 보수화되었다는 세간의 잘못된 인식과는 달리, 노년의 헤겔은 결코 편치 않은 세월을 보냈다. 불행히도 헤겔은 프로이센이 왕정복고를 추진하던 시기에 베를린 대학교의 교수가 되었고, 왕정 복고주의자들이 '선동자'를 축출하는 정책을 추진하면서 그의 주위에 있던 '제자와 친구들이 줄줄이 체포'되기까지 했다"(남기호 2019, 33). 헤겔은 이와 같은 정치적 상황에서 비밀경찰의 감시를 의식하지 않을 수 없었다. 그러나 그는 "봉건질서를 넘어 근대 민주국가의 본질을 제시하고, 이를 실현하려 했던 눈 밝은 개혁적 철학자"였다고 남기호 교수는 적절히 해석한다.

3. "무신론자요 적그리스도"인가?

헤겔의 국가론에 버금가는 또 한 가지 양면성의 문제는 헤겔이 기독교 종교와 신학을 폐기하고자 했던 무신론자인가 아니면 기독교 종교와 신학을 옹호하고자 했던 "엉큼한 신학자"인가다. 무신론자로 비판받을 수 있는 생각들과 끝까지 기독교와 신학을 보호하고자 했던 "엉큼한 신학자"로 비판받을 수 있는 생각들이 그의 문헌에서 병행한다. 그는 하나님과 인간, 신적 본질과 인간 본질의 "하나 됨"(Einheit)을 얘기하는가 하면, 양자의 구별을 말하기도 한다. 철학과 신학은 그 내용에 있어 일치한다고 말하는가 하면, 신학적 내용은 철학으로 넘어가야 한다고 말하기도 한다.

따라서 뢰비트는 다음과 같이 말한다. "기독교 종교와 신학에 대한 헤겔의 관계는 애초부터 본질적으로 양면적이다. 그것은 기독교의 종교적 표상들에 대한 **비판**을 통해 종교를 철학적으로 **정당화하는** 점에 있다." "비판"과 "정당화"의 이 양면성은 헤겔 철학이 말하는 "양면적 기본 개념", 곧 종교의 철학적 "지양"이라는 말에 나타난다. 여기서 지양은 "보존"(Bewahrung)을 뜻할 수도 있고, "폐기"(Vernichtung)를 뜻할 수도 있기 때문이다(Löwith 1964, 194 이하).

헤겔은 이와 같은 양면성으로 인해 완전히 상반되는 평가를 받는다. 많은 신학자들에게서 그는 기독교 종교와 신학을 폐기하고자 한 "무신론자" 혹은 "적그리스도"라는 평가를 받는가 하면, 철학자 혹은 무신론자들에게서 그는 기독교 종교와 신학을 지킬 뿐 아니라 철학의 형식으로 신학을 한 "엉큼한 신학자", "근대의 대표적 스콜라 신학자"라는 평가를 받는다. 먼저 전자의 주장을 고찰하자.

1. 헤겔 좌파의 대표자 브루노 바우어(Bruno Bauer, 1809-1882.『예수의 생애』를

쓴 David Strauss와 함께 예수의 복음 내용을 공관복음서 저자들의 "창작"으로 간주하고, 결국 대학에서 면직됨)에 의하면, 헤겔은 자신의 철학을 통해 기독교를 "견고히 확보하고 지지하는 듯한" 인상을 준다(Bauer 1841, 135). 그러나 그는 근본적으로 **무신론자의 입장**을 대변한다. 헤겔이 말하는 하나님이란 "사유에 불과하다." 보편자 하나님은 인간의 "사유 바깥에 주어진 그 자체로서 존속하는 대상이 아니라 오직 이 보편자로서 사유의 활동 안에 존재할 뿐이다"(135). 헤겔이 말하는 하나님은 인간의 "나(Ich) 자신의 행위와 본질"에 불과하다. "그것은 곧 나다"(138). "나, 사고하는 자, 나를 고양시키는 자, 활동하는 보편자와 나, 직접적인 주체는 단 하나의 나에 불과하다"(147). 사유하는 존재인 인간 주체가 곧 하나님이라면, 종교는 사고하는 나 자신에 불과하다. 따라서 종교는 인간의 "자기의식의 활동과 현상 형식"(Werk und Erscheinungsform)이요(65), "인간 정신의 산물"에 불과하다(105). 바우어의 이 비판은 하나님이란 인간 본질을 초월적 대상으로 투사시킨 것에 불과하다는 포이어바흐의 투사설로 발전한다.

바우어에 의하면, 헤겔이 시도하는 종교와 철학, 신학과 철학의 종합은 "종교의 전복, 부인, 폐지"를 초래할 뿐이다. 궁극적으로 이 종합은 다음과 같은 결론에 도달한다. "하나님은 존재하지 않는다. 종교에서 내(Ich)가 관여하는 것은 단지 나일 뿐인데 이를 종교적으로 표현해 살아 계시고 인격적인 하나님과 관계되어 있다고 (헤겔은) 말한다"(148). 헤겔의 철학은 기독교 신학도 아니고 철학적 신학도 아니다. 그것은 하나의 "오류"(Irrtum)에 불과하다. 이 오류로 인해 모든 신적인 권위가 부정된다. "헤겔에게서 적그리스도가 왔고, 또 적그리스도가 계시되어 있다"(148). 바우어는 헤겔을 비판하는 이 책의 제목을 "무신론자요 적그리스도 헤겔에 대한 최후심판의 나팔소리"라고 부른다.

2. 19세기 예나 대학교의 도덕철학 교수였던 바흐만(K. F. Bachmann, 1785-1855)에 의하면, 신학과 철학을 종합하고자 했던 헤겔의 노력은 "그 자체로서 분명히 높게 평가될 가치가 있다. 그것은 적어도 옛 초기 교부들과 스콜라 학자들만큼 인정받을 가치가 있다"(Bachmann 1833, 282). 그러나 헤겔의 이 종합은 기독교 종교와 신학을 파멸시키는 결과에 이를 수밖에 없다. 왜냐하면 종교와 철학, 신학과 철학의 이 종합을 통해 종교와 신학의 진리가 "유한성 전체의 규정과 상태로" 변질되기 때문이다. 그것은 종교의 진리가 "일반적인 인간의 의식"으로 변모하며, 이 의식을 통해 해석되기 때문이다 (278). 이로 인해 종교의 본질은 인간 의식의 형성(Bildung)으로 지양되며 인간 의식의 형성이 종교의 위치를 차지한다. 이리하여 종교는 "하나의 인간적인 일"에 불과하게 된다(275). "종교를 내버린 그러면서도 종교를 하나의 진부한 형태로서, 그리고 유년 시절의 장난감처럼 단지 기억 속에 간직하는 이 철학자는 매우 유감스럽고, 또 그것은 좋지 못한 일이다"(134). 바흐만은 기독교 종교와 철학, 신학과 철학의 종합을 반대한다. 양자는 별개의 영역에 속하기 때문이다. 따라서 그는 "동일한 대상을 다루는 두 가지 신적 활동(종교 및 신학과 철학)은 결단코 이를 통해 하나로 통합되지 않는다"고 말한다(133).

3. 실존철학자 키에르케고르(Kierkegaard, 1813-1855)는 종교와 철학, 신학과 철학, 신앙과 이성을 대립하는 것으로 생각한다. 신앙은 인간의 이성에 대해 도저히 이해될 수 없는 역설 곧 "패러독스"다. 신앙은 이성이 이해할 수 없는 역설적인 것을 믿는다. 따라서 신앙과 이성, 종교와 철학, 신학과 철학은 종합될 수 없다. 헤겔은 양자의 종합을 시도했는데 이 시도는 기독교 신앙의 지양, 종교와 신학의 폐지를 뜻할 뿐이다.

키에르케고르는 헤겔에 반대해 다음과 같이 주장한다. 그의 이 주장이

키에르케고르의 실존철학의 기본 입장이 된다. 이성적·철학적 사유에 대해 종교적 신앙은 "사유가 미칠 수 없는 하나의 패러독스"다. 그것은 영원히 패러독스로 존속할 것이다(Kierkegaard 1950, 50, 59). 한마디로 인간의 이성적 **사유와 신앙은 대립한다**(56). 따라서 "사유가 중지되는 거기서" 신앙이 시작된다.

키에르케고르는 신앙과 이성, 종교와 철학의 대립을 "아브라함에 대한 찬양"에서 다음과 같이 설명한다. 아브라함은 믿음으로 하나님의 약속을 받아 자기 조상들의 본토를 떠났다. 그는 약속받은 땅에서 나그네가 되었다. 여기서 아브라함은 "하나를 내버리고" 다른 하나를 택했다. 곧 인간적인 이성을 내버리고 신앙을 취했다(14). 인간의 이성적 사고에 비추어볼 때, 아브라함의 전 생애는 "어처구니없는 것"(das Unsinnige), 곧 "패러독스"였다. 그는 어처구니없는 것을 믿었다.

예수 그리스도 안에서 일어난 하나님의 성육신도 정상적인 인간의 이성에 대해 "가장 엄격한 의미의 패러독스요, 절대적인 패러독스"다. 이 패러독스는 "하나님과 인간을 구분하는" 절대적 차이를 전제한다(1957, 209). "하나님-인간" 그리스도는 "모든 인간으로부터 질적으로 다르다." 그는 사유의 대상이 아니라 "신앙의 대상"이기를 요구한다(1951, 138). 그리스도 안에서 종의 모습을 취하신 하나님은 철학적·이성적 사유의 대상이 아니다. 이 하나님은 인간의 "사유를 벗어나며, 자기를 파악하지 못하게 하는 다른 자(das Verschiedene), 절대적으로 다른 자"다(1952, 42). 헤겔이 말하듯이 하나님은 인간의 사유 활동이 아니다. 그는 "인간이 언제나 다시금 부딪치게 되는 한계"이며, "인간이 어떤 표식도 부여할 수 없는 절대적으로 다른 자"다 (42. K. Barth가 말하는 "절대 타자"의 개념이 여기에 나타남). 그는 인간의 이성에 대해 "미지의 존재"다.

"미지의 존재" 앞에서 인간의 이성은 무력하게 좌절하며, 인간의 자기

　　　제1부 | 헤겔의 생애, 학문적 출발점과 전제들

인식은 부정된다(29). 하나님은 "인간과는 절대적으로 다르며, 또한 인간의 하나님과 절대적으로 다르다"(45). 헤르만 디임(H. Diem)의 해석에 의하면, "인간은 하나님과 인간이 절대적으로 다르다는 것을 하나님 자신으로 말미암아 알게 될 때에만 알 수 있다. 그렇지 않을 경우, 그는 하나님을 언제나 자기 자신의 사유에 따라 생각한다. 이리하여 그는 사실상 그 자신의 하나님을 만들어낸다"(Diem 1964, 73). "이 절대적으로 다른 자, 이 패러독스와 인간의 이성이 부딪쳐서 **인간의 이성이 굴복할 때**, 신앙이라는 저 행복한 고뇌가 시작된다"(Kierkegaard 1952, 56).

신앙 가운데서도 하나님은 인간의 이성에게 패러독스로 존속한다. 인간의 이성이 이 패러독스를 완전하게 이해할 수 있다고 생각하는 것은 하나의 오해다. 인간의 이성은 이 오해로 인해 불신앙으로 전락한다. 왜냐하면 이 패러독스는 신앙의 영역 내에서도 패러독스로 존속하며, 인간의 이성은 이 패러독스를 이해하고자 하지만 이해하면서도 이해하지 못하기 때문이다. 따라서 인간의 이성에 대해 신앙은 하나의 "거리끼는 것"이 될 가능성을 항상 지닌다.

신앙은 인간의 이성에 대해 언제나 "비이성적인" 것으로 보일 것이다. 신앙은 논리적·철학적 "인식"이 아니기 때문이다(58). 따라서 신앙과 이성, 종교와 철학, 신학과 철학은 화해되거나 종합될 수 없다. 그것들은 대립과 모순 관계에 있다. 헤겔은 인간의 이성에 의해 도저히 이해될 수 없는 패러독스, 이 결정적 기독교의 요소를 인간의 이성적·보편적 사유로 해소시켜버렸다. 키에르케고르는 이에 대항하여 인간의 보편적 사유에 대한 신앙의 고유성을 지키고자 한다. 신앙은 "전적으로 자기의 고유 영역"에 속한다(1958, 293). 키에르케고르에 따르면, 헤겔은 신앙에 대해 말할 권리가 없다. "그가 신앙에 대해 논하는 것"은 옳지 못한 일이다. 헤겔의 철학에서 신앙의 패러독스는 인간 이성의 보편적 사유로 폐기되어버렸기 때문이다(Kierkegaard 1950, 75).

4. 신학과 철학을 공부한 후 할레(Halle) 대학교의 독일문학 교수가 된 하임 (R. Haym, 1821-1901)에 의하면, 헤겔 철학의 중추를 이루는 것은 신학이다. 신학의 내용이 헤겔 철학의 내용을 이룬다(Haym 1922, 397). 헤겔은 인간의 내적 주관성 속에 갇혀 있는 기독교의 종교성을 부족한 것으로 판단하고, 이성적 인식을 결여한 기독교 종교를 인간의 이성과 화해시키고자 했다. 그러나 그가 시도한 신학과 철학, 종교와 이성의 화해는 **신학과 종교를 철학으로 지양시키며** 종교의 내용을 철학적 사변으로 지양시키는 결과를 초래했다. 헤겔에게 "종교적 내용은 그 자체로서 그리고 그의 핵심에 있어 사유다. 변증법적 깊이와 활동성을 가진 사유는 그 자체로서 종교적 내용과 동질적이다"(407).

헤겔에 따르면 종교적 삶의 참된 형식은 철학적 사유에 있다. 철학적 사유는 완성된 형태의 종교다. 감성적 표상의 요소와 결합되어 있는 종교의 내용은 철학적 개념을 통해 자신의 참된 진리에 이르게 된다. 이를 위해 종교적 요소는 철학을 통해 제거되어야 하며, 철학적 개념의 형식으로 바뀌어야 한다. 바로 여기에 "철학이 지닌 단 하나의 과제"가 있다(409). 헤겔 철학의 모든 내용은 "하나님은 사랑이요 영(정신)이며, 실체-주체요, 영원히 그 자신으로 돌아가는 과정이라는 진리를 증명하고 해석하는 것에 불과하다"(401).

겉으로 보기에 헤겔의 철학 속에는 "특수한 종교적 요소가 포함되어 있는 것"처럼 보인다. 그러나 이 종교적 요소는 사실상 "그늘 속으로 쫓겨나 버린 상태에 있다"(411). 하임은 종교와 철학, 신앙과 지식의 헤겔적 화해와 종합이 결국 종교의 "고유한 내용"을 "기만하는 것"이며, 철학적 "사변을 통해 (신앙의) 경건을 철저히 파괴하고 분쇄하는 것"에 불과하다고 비판한다(413).

5. 괴팅겐 대학교의 교회사 및 조직신학 교수이자 키에르케고르 문헌의 번역자로 유명한 엠마누엘 히르쉬(E. Hirsch, 1988-1972)에 의하면, 헤겔의 철학은 기독교 신앙을 정신적으로 정당화하는 것인가 아니면 그것을 지양하는 것인가에 대해 확실한 대답을 허락하지 않는다. 헤겔은 "기독교적인 세계관과 인생관의 시대적 대변자"로 간주될 수도 있고(Hirsch 1954, 265), "사실상 비종교적이거나 적그리스도적인 회의주의를 지지하는 자"로(266) 간주될 수 있기 때문이다. 한편으로 헤겔은 "순수히 논리적·학문적 재료를 가지고" 자신의 철학 체계를 형성한다. 다른 한편 그의 철학 체계는 "사실상 옛날의 기독교적·종교적 사유의 동기에 의해" 결정되는 이중성을 가진다(265).

히르쉬는 헤겔의 철학이 정반대로 해석될 수 있는 원인은 헤겔이 너무 기독교적이었다는 사실에 있다고 해석한다. 헤겔은 "철학적으로 근거되어 있는 세계상과 인간상"에 대한 기독교 진리의 타당성을 단호하게 변호하고자 했다. 그는 기독교 신앙과 현대의 진리에 대한 의식, 신앙의 진리와 이성의 진리의 차이를 전제한 "제한된 통일성" 대신에 양자의 절대적 통일성, 곧 신앙과 이성, 신학과 철학의 절대적 조화와 통일을 이루고자 했다(267).

히르쉬에 의하면 바로 여기에 헤겔의 실수가 있다. 기독교 신앙과 현대의 진리 의식, 신앙과 이성 사이에 "친화성"이 있음은 사실이다. 하지만 이 친화성은 모순적 긴장관계 속에서 유지되는 통일성, 곧 제한된 통일성을 의미한다. 헤겔은 제한된 통일성 대신에 **절대적 통일성**을 이루고자 했다. 이로 말미암아 그는 "자기와 같은 철학적 천재요 내적으로 경건한 심성도 결코 실현할 수 없었던" 과제를 해결하고자 했다.

6. 역사철학자 뢰비트(K. Löwith, 1897-1973, 유대인 혈통이란 이유로 공직을 박탈당하고 1935년 일본으로 이주했으나, 독일 동맹국인 일본의 억압으로 결국 일본을 떠나, 미국을 거쳐 하이델베르크 대학교에서 교수 생활을 끝냄)에 따르면, 헤겔의 청년시대

의 신학적 저서들은 "실증적·종교적 형식을 철학적 형식으로 바꾸는 것"을 주요 내용으로 가진다(Löwith 1953a, 351). 헤겔은 중요한 초기 저서 『믿음과 지식』에서 "믿음과 지식의 '실증적' 대립을…지양하고자" 한다(353). 그러나 그는 종교의 실증적 형식을 철학의 형식으로 변형시킴으로써 이를 수행코자 한다. "'실증적'-기독교 종교의 철학적 변형을 통한 실증적 형식의 철저한 지양"(354), 그 결과로서 나타난 것이 헤겔의 종교철학이며, 그의 종교철학은 하나의 종교 비판이었다. 헤겔에 따르면 종교적 표상은 그것이 말하고자 하는 진리를 순수하고 완전하게 나타내지 못한다. 그것은 진리를 감각적 형식으로 나타내기 때문이다.

따라서 헤겔은 종교적 감성과 표상의 형식을 철학적 개념의 형식으로 바꾼다. 이것은 기독교 종교와 신학의 "파괴가 아니라 오히려 더 나아진다는 의미에서의 다르게 됨(Anderswerden)"을 뜻한다(356). 그러나 뢰비트는 이 "다르게 됨"을 1962년 하이델베르크 헤겔 학술대회에서 "더 나아짐"으로 파악하지 않는다. 오히려 "보존의 의미로 해석될 수도 있고, 파괴의 의미로 해석될 수도 있는 종교의 철학적 지양"으로 파악한다(Löwith 1964, 195). 이 같은 양면성을 가진 종교의 철학적 지양은 종교적 표상들을 **"불필요한 것"**으로 만들어버린다(196). 뢰비트는 종교와 철학, 신학과 철학, 신앙과 지식의 화해와 종합을 시도한 헤겔의 철학이 표상의 형식을 가진 종교가 불필요하게 되는 결과를 가져올 뿐이라고 판단한다. 한마디로 헤겔은 "기독교 종교의 지양"을 추구한 반신학적·반기독교적 학자라는 것이다.

7. 튀빙겐 대학교 철학 교수 슐츠(W. Schultz, 1912-2000)에 의하면, 청년 시대의 헤겔은 철학과 종교를 대립 관계에 있는 것으로 파악했다(Schultz 1957, 87). 철학은 표상을 개념에서 분리시킴으로써 참된 전체를 파악할 수 없는 반면, 종교는 "대립 가운데 있는 사유가 아니며 오히려 분리된 부분적인 것

을 지양시키고" 이들을 화해시킨다(Rohrmoser 1961, 54, 각주). 유한한 것과 무한한 것을 분리하고 고정시켜버리는 철학에 반해, 종교는 양자를 참된 삶의 과정 속에서 화해시키고 통일시켜나간다. 여기서 헤겔은 종교가 철학의 상위에 있는 것으로 본다.

그러나 중년 시대의 헤겔은 청년 시대에 주장했던 종교와 철학의 대립 관계를 버리고, 양자를 종합시키고자 한다. 여기서 헤겔은 **"철학으로부터"** 출발하며, 철학의 "반성하는 사유를 부정적으로만 생각하지 않는다"(89). 그는 참된 전체에 이를 수 있는 길이 종교에 있지 않고 철학에 있다고 생각한다. 그리하여 헤겔은 "단순한 표상의 직접적인 방법으로서의 종교"를 철학의 하위에 둔다. 철학적 사유는 이제 종교와 모순되고 대립된 것이 아니라 청년 헤겔이 "종교에서만 포착될 수 있는 생동적인 전체"라고 간주했던 것에 속한다(93). 철학적 사유는 본질적으로 정신의 삶이다. 정신의 "이 삶으로부터 둘 다 정신(영)인 하나님과 인간이 결합되고", 이 삶을 통해 "하나님과 인간의 동일화"가 이루어진다(93). 그는 "하나님을 자신의 고유한 사유의…현실로서 사유함으로써(denkend) 파악하고자 한다." 결과적으로 "'하나님' 개념을 송두리째" 탈락시키는 근대 형이상학의 모형이 바로 여기에 나타난다. 슐츠에 의하면, 이 사실은 기독교 신앙에 위배된다(41).

8. 20세기 가톨릭 신학자 한스 큉에 의하면, "헤겔의 철학은 기독교적인가 아니면 기독교적이지 않은가?"의 질문은 헤겔 철학에 대한 본질적 질문에 속한다. 이 질문은 헤겔이 "관념과 역사, 믿음과 지식, 기독교와 근대 의식을 중재 및 화해"시키고자 한 데서 유래하며, "이 중재와 화해는 신학과 철학에 대해 언제나 다시금 불편한 것"이었다(Küng 1970, 57). 큉은 헤겔이 자신의 철학에 대한 위의 질문에 대해 끝까지 명백한 대답을 피했다고 생각한다. 헤겔은 종교와 철학, 믿음과 지식, 복음과 사변적 이성, 이 모두에 대

해 공평할 수 있다고 믿었기 때문이다. 따라서 그는 "기독교적 경건과 가장 근본적인 사변적 사유의…통일"을 자신의 철학의 이상으로 삼았다. 하지만 헤겔은 이 통일에서 철학이 상위에 있고, **종교는 불완전한 하위에 있다**고 생각했다. 헤겔의 이 생각은 성서에 위배된다(517). 신앙을 시작 단계로, 지식 혹은 인식을 완성 단계로 구별하고 이에 따라 "철학적인 신앙인"과 "단순한 신앙인"을 구별하는 것은 성서에 없는 일이다(300).

신약성서에 따르면, 신앙이 인식의 전제가 되는가 하면, 인식이 신앙의 전제가 되기도 한다. 예수 그리스도에게로 전향하는 첫 행위로서의 신앙에서 인식이 생성되는가 하면, 신앙의 내용에 대한 인식에서 신앙이 생성된다. 신앙과 인식은 상호 보완 관계에 있다. 따라서 인식은 신앙을 경시할 수 없고, "신앙을 변증법적으로 지양시킬 수 없다"(300). 신앙은 "인식에서" 자기 자신의 참 내용을 발견하고, 인식은 신앙 속에서도 인식으로 존속한다(301). 큉은 이와 같은 보완 관계에 근거하여 신앙과 인식, 종교와 철학의 헤겔적인 화해 및 종합을 비성서적인 것으로 판단한다. 비성서적 화해 및 종합으로 인해 "하나님의 '말씀'이 소홀히 다루어지며, 위의 질서와 아래의 질서, 하나님의 말씀하심과 종(從)의 들음이 상대화된다"(518).

결론적으로 헤겔의 변증법의 중심적 관심사는 "신앙과 은혜의 지양"에 있다(518). 아마 헤겔은 자신의 변증법을 가지고 모든 비판에 대해 잘 대응할 수 있을 것이다. 그러나 바로 여기서 우리는 변증법을 통해 중재될 수 없는 성서의 메시지와 헤겔 철학 사이의 근본적인 "거리"를 유의해야 한다. 헤겔에 대한 이러한 비판적 평가에도 불구하고, 큉은 헤겔 철학의 신학적 타당성에 대한 마지막 판단을 보류한다(500, 521).

4. "근대 스콜라 신학의 우두머리"인가?

헤겔을 가리켜 "무신론자" 혹은 "적그리스도"라는 부정적 평가에 반해, 아래의 학자들은 헤겔을 가리켜 철학을 하는 척하면서 사실상 엉큼하게 신학을 했고, 끝까지 신학을 보호하고 이를 관철하고자 한 "엉큼한 신학자" 혹은 "근대 스콜라 신학의 우두머리"라고 해석한다.

1. 무신론자로 알려진 포이어바흐에 의하면, 헤겔 철학의 동기는 기독교 신학에 있다. 헤겔 철학의 비밀은 신학에 있다(Feuerbach 1959, 222). 그의 철학은 신학에서 시작했고, 그 자신의 철학으로 해소되고 변화된 신학에 불과하다. 따라서 "헤겔의 철학을 포기하는 것은 곧 신학을 포기하는 것이다. 자연은 관념에 의해 정립되었다는 헤겔적인 이론은 자연이 하나님에 의해 창조되었다는 **신학적 이론의 합리적 표현**에 불과하다"(239). 신학은 헤겔의 철학에서 자신의 마지막 도피처를 발견한다.

여기서 포이어바흐는 자기 자신의 입장을 헤겔에 투사시켜 헤겔의 철학을 해석한다. 그에 따르면, "하나님의 본질은 자연, 감성적인 것 혹은 물질로부터 분리된 것, 이들로부터 해방된 본질"이라고 과거의 신학자와 철학자들은 생각했다. 이에 반해 헤겔은 하나님을 바로 "물질이라고, 하나님 아닌 것이라고" 인식한다(275/6). 그는 물질을 하나님 안에, 바로 "하나님으로서" 정립시킨다. 이것은 하나님의 존재를 물질과 동일시하며 하나님의 존재를 부정하고, 기독교 종교와 신학을 폐기해버림을 의미할 수 있을 것이다. 그러나 바로 여기에 기독교 "신학의 본질의 진리가 전제되어 있다." "종국에…우리는 우리가 처음 출발했던 거기에 다시 돌아와 있다. 곧 기독교 신학의 품안에 있다"(276).

포이어바흐에 의하면, 헤겔은 처음에 철학을 통해 신학을 부정했고,

그다음에는 신학을 통해 철학을 부정함으로써 신학을 다시 회복시켰다. "시작과 끝은 결국 신학이다. 중심점에 서 있는 것은 처음 위치(곧 신학)의 부정인 철학이다. 그러나 부정의 부정은 신학이다." 헤겔 철학의 마지막 뿌리는 기독교 종교와 신학에 있다. 종교와 철학, 신학과 철학의 헤겔적 화해와 종합은 결국 종교와 신학을 정당화하고자 하는 것이다. 헤겔 철학은 "몰락된 기독교를 철학의 힘으로, 실로…기독교의 부정을 기독교 자체와 동일시함으로써 다시 회복하고자 하는 최후의 위대한 시도"다(277). 포이어바흐는 헤겔을 "근대 철학의 둔스 스코투스, 근대 스콜라 철학의 우두머리"요, 근대의 "중세기적 아리스토텔레스"라고 평가한다(Feuerbach 1904, 30).

2. 헤겔의 제자요, 헤겔 좌우파의 논쟁에서 중도파에 속했던 로젠크란츠(K. Rosenkranz)에 따르면, 하나님이 헤겔 철학의 주요 내용이다. 따라서 "철학과 신학은 동일시될" 수 있다(Rosenkranz 1844, XXVII). 흔히 철학적 사유는 신앙에 대립하는 것으로 생각한다. 그러나 철학적 사유는 "그 자체에 있어 하나님께 속한다"(40). 하나님은 신앙의 대상인 동시에 철학의 대상이기도 하다. 그는 자신의 사유를 통해 세계를 창조하고 유지한다. "절대적 사유는 하나님의 내재가 그의 초월로서 파악되는 유일한 요소"다(40). 헤겔 철학은 바로 이 사실을 가르친다.

　　로젠크란츠에 의하면, 헤겔 철학의 내용은 "성서적"이요, 성서 자체는 헤겔 철학의 내용을 포함한다. 유한한 것과 무한한 것, 철학과 신학의 헤겔적 화해는 바로 "기독교의 기본 교리"에 해당한다(95). 인간의 정신과 신적인 정신을 이질적인 것으로 생각하는 것은 비기독교적이다. 기독교는 이 잘못된 생각을 파괴했다(95). 기독교의 특징은 "인간의 자기의식의 본질은 신적인 자기의식을 그의 내용으로…가지고 있다는 이 확실성을 통해 하나님과 인간의 화해가 이루어진다"는 사실에 있다(Rosenkranz 1840, 356).

3. 뮌스터(Münster) 대학교의 사회윤리학 교수 슈바이처(C. G. Schweitzer, 1889-1965. 유대인 혈통으로 인해 공직에서 파면되고, Barth의 고백교회에 참여했다가 제 2차 세계대전이 끝난 후 뮌스터 대학교 교수가 됨)는 뢰비트와는 반대로 헤겔 철학의 철저한 신학적 성격과 종교적 동인을 주장한다. 그는 종교와 철학, 신학과 철학의 헤겔적 화해와 종합에 근본적으로 찬동하면서, 자신은 루터교회 신자라는 헤겔의 자기주장을 인정한다. "헤겔의 사유와 그의 전 체계는 기독교의 **삼위일체 신앙에 의해 지배되며**", 헤겔은 어느 다른 신학자보다 더 분명하게 삼위일체론을 자신의 체계에 반영한다(Schweitzer 1964, 321). 그는 자신의 신학을 **성령론에 기초하여** 기술했다. 헤겔 철학의 알파와 오메가는 "삼위일체 하나님의 성령"이었다(328). 헤겔이 말하는 정신 곧 영의 개념은 기독교가 말하는 성령의 개념과 조금도 다를 바가 없다. 그것은 성령에 대한 신약성서의 믿음을 전제한다.

헤겔은 성령론을 통해 분리될 수 없는 두 가지 요소, 곧 1) 로마서 8:16, 8:38이 말하는 의미에서 "개체 신앙인의 확실성"과 2) "기독교 공동체의 소속성"을 결합시켰다. 그는 이를 통해 자기 자신이 "철저한 루터교회 사상가"임을 증명했다(321). 그는 성령의 현재성과 역사적 권능 및 개인적 신앙의 확실성에 대한 자신의 생각을 통해 "바울서신, 요한복음과 루터의 근본 경험"을 기술했다(324). 슈바이처는 헤겔의 종교철학과 역사철학은 물론 그의 논리학과 변증법도 삼위일체론의 전제가 분명히 인식될 때 비로소 바르게 이해될 수 있다고 주장한다.

4. 에른스트 블로흐에 따르면, 헤겔은 "교회 이론을 정당화하기 위해" 이성을 사용한다(Bloch 1962, 317). 중세기의 에리우게나(Eriugena)가 이미 요구한 것처럼 헤겔에게서도 "철학의 임무"는 "'종교의 진리를 증명하는 데' 있다. 곧 이성으로 기존의 종교를 설명하는 데" 있다(317). 그러나 헤겔에

게는 이성이 종교보다 더 높은 위치에 있다. 그는 종교가 이성을 통해 정당화되어야 할 것으로 생각하기 때문이다. 종교가 이성을 통해 정당화되어야 할 이유는 "종교의 계시될 수 있는 것"(das Offenbare)이 "계시된 것"(das Geoffenbarte)과 결합되어 있기 때문이다. 달리 말해, 계시되어야 할 순수한 진리가 감성적 요소들과 결합되어 있기 때문이다. "계시된 것"은 "위로부터 세워진 것", 이른바 "종교에 있어서 실증적인 것"이요, "비본질적인 것"이다(321).

헤겔에 의하면, 이 실증적 요소는 그대로 존속될 수 없다. 그것은 인간의 주관성(Subjektivität des Humanum)으로 변형되어야 한다. 종교의 실증적 요소는 인간의 주관성의 내적 깊이에서 그것의 참된 진리를 발견하기 때문이다. 하나님 개념의 모든 초월적 내용들은 바로 이 깊이로 해석되어야 한다. 곧 인간의 주관성의 내적 깊이로 "주관화"되어야 한다. 그러나 헤겔이 관철한 이 종교적 주관화(Subjektivierung)가 "주관주의적으로" 이해되어서는 안 된다. 신앙의 대상을 인간의 주관적 심성으로 지양시키는 주관주의와는 반대로, 헤겔은 "종교의 객체적인 면"을 언제나 되풀이해서 강조하기 때문이다(325).

물론 객체의 내용, 곧 "하나님 내용"(Gottinhalt)이 헤겔의 철학에서 인간의 의식으로 지양된다(326). 그러나 이 지양에서 **하나님의 객체성은 포기되지 않는다.** 헤겔은 하나님의 객관적 내용이 인간의 주관적 의식으로 폐기되는 것에 반대하여 언제나 다시금 하나님의 객체성을 강조하며, 하나님이 주가 되심을 강조한다(328).

"숨어 계신 하나님"의 심오한 깊이(Tiefe)는 "초월적 객체성으로부터" "숨어 있는 인간의 주체성"(Subjekthaftigkeit eines Humanum absconditum)으로 옮겨진다. 그러나 이 옮겨짐은 주관주의에 있어서와 같이 무(無)나 허(虛)로 폐기됨을 뜻하지 않는다. 그의 객체성이 인간의 주관성의 깊이로 옮겨지는

"숨어 계신 하나님"은 "이 깊이의 힘"(Mächtigkeit dieser Tiefe)으로 인식되며, "그 가능한 깊이를 세우는 자"로 남아 있기 때문이다(330).

헤겔이 객관주의를 반대하고 외화된 객체성에 대항하여 싸운 것은 사실이다. 그러나 그가 객체성 일반에 대항하여 싸웠고, 하나님의 객체성을 인간의 주체성으로 완전히 폐기했다는 해석은 "과장"(Übertreibung)이다(338). 숨어 계신 하나님의 객체성이 인간의 주체성으로 옮겨지는 바로 그 순간에 "완전히 다시 외적인, 신화적으로 왕좌에 오르는 객체"로서의 하나님이 헤겔의 철학에 나타난다(337). 블로흐의 입장에서 볼 때, 헤겔은 끝까지 하나님의 객체성을 포기하지 않는다. 이런 점에서 헤겔 철학은 기독교 종교의 기초를 끝까지 지키는 신학적 철학이라 말할 수 있다.

5. 철학자 에릭 슈미트(Erik Schmidt)는 헤겔 철학의 신학적 성격과 그 정당성을 인정한다. 그에 따르면, 헤겔의 철학은 본래 "신학의 체계"다. 그것은 "종교적 철학이요, 기독교적 철학이고자 하며, 그 핵심에 있어 신학이다." 헤겔 철학의 "기초"와 "정점"은 신학에 있으며, 철학자인 헤겔은 신학자이기도 하다. 그의 철학 체계는 "완전한 신학 체계이며, 상세한 '교의학'이다"(Schmidt 1952, 1). "그의 가장 큰 관심사는 살아 계신 하나님을 발견하고, 사유를 통해 하나님께 봉사하는 일이다"(256 각주).

"헤겔의 견해에 의하면, 철학은 '세상의 지혜'가 아니며 유한한 것과 세상적인 것에 대한 지식이 아니다. 오히려 그것은 하나님에 대한 지식"이다. 그것은 하나님을 유일한 대상으로 가지며, "개념적 사유의 영역에서 이루어지는 예배요 제의다"(2). 철학은 종교의 표상 내용을 사유를 가지고 파악하며, 표상의 형식을 논리적 개념의 형식으로 옮긴다. 여기서 "철학은 아무런 새로운 종교적 내용을 창조하지 않으며, 기존하는 기독교 종교의 내용을 자신의 근거로, 자신의 토대로 삼는다. 철학의 과제는 새로운 종교를 창조하는 것이 아니다. 헤겔의 철학에는 기독교가 전제되어 있다"(53).

슈미트에 따르면, 헤겔은 "신학은 하나님에 대한 지식이요 하나님의 인식이다"라고 정의한다. 그러나 이 지식과 인식이 어느 학과에서 다루어지든, 그것은 중요한 문제가 아니다. 그것은 철학에서 다루어질 수도 있고, 좁은 의미의 신학에서 다루어질 수도 있다. 모든 신학은 "엄밀한 의미에서 언제나 개념에서는 물론 내용에서도 철학에 의존해왔다"(53).

철학과 이러한 결합은, 그리고 철학에 대한 신학의 이 의존성은 신학이 학문이고자 하며, 사유의 논리적 형식을 필요로 한다는 사실에 기인한다. 신학이 필요로 하는 논리적 형식을 연구하는 것은 철학, 특히 형이상학적 논리학의 과제다. 논리적 사유 형식을 구하는 철학의 노력은 신앙의 진리를 찾기 위한 노력이기도 하다. 철학의 다른 한 가지 중요한 과제는 신학이 소홀히 다룬 교리를 다루고 해석하는 일이다. "헤겔은 자신의 철학이 동시대의 신학보다 더 많은 교의학을 포함한다고 믿었다"(2). 슈미트는 종교와 철학, 신학과 철학의 관계에 대한 헤겔의 견해를 수용하면서 다음과 같이 말한다. "헤겔에게서 그의 철학은 곧 신학이다. 그는 자신을 신학자, 아니 기독교의 근본 이론을 보존하는 자라고 생각한다. 철학과 신학의 분리는 형식적·내용적 여러 가지 이유들로 불가능하다"(3/4). 따라서 헤겔의 철학에서 "조직신학을 시작하고 기술하는 것은 정당한 일이다"(4).

6. 20세기의 "삶의 철학자"로 알려진 딜타이는 자신의 유명한 헤겔 연구서인 『헤겔의 청년기 역사』(Die Jugendgeschichten Hegels)에서 헤겔의 청년 시대의 모든 저작을 "신학적 저작"이라고 정의한다(Dilthey 1921, 61). 그 뒤를 이어 독일 남부 호엔하임(Hohenheim) 대학교의 사회철학 교수였던 로오모저(G. Rohrmoser, 1927-2008)는 자신의 대학교수 자격 취득 논문에서, 헤겔은 일찍 자신의 청년 시대부터 "기독교적 사상가"였고, 기독교적 존재와 사회정

치적 존재 간의 결합과 통일을 꾀했다고 말한다(Rohrmoser 1961).

로오모저에 따르면, 헤겔의 철학에는 신학보다 철학이 더 강하게 나타난다. 그 원인은 기독교 신앙이 인간 주관성의 내면으로 도피한 결과 "무신론을 인정하게 되고, 세계의 객관적 현실을 무신론의 지배에 넘겨준" 것에 대한 헤겔의 비판에 있다(Rohrmoser 1962, 108). 근대에 인간의 내적 주관성으로 도피하여 여기서 인간의 구원을 찾았던 기독교 신앙은 세계의 객관적 현실을 등한히 여기고 이 현실을 무신론에게 넘겨주고 말았다. 이에 반대한 헤겔은 "참으로 현실적인 구원", 인간의 내적 주관성이 "자신의 절대성을 포기할 때 참여할 수 있는 구원을" 참된 구원이라 생각했다(73).

그러나 헤겔은 참된 구원에 이를 수 있는 길을 철학에서 찾았다. 그리하여 헤겔의 철학에서 철학이 신학보다 우세하게 된다. 그러나 철학의 이 우세는 "신학으로부터의 떠남"이나 "신학적 내용의 부인"을 뜻하지 않는다(75). 오히려 헤겔은 신학의 내용을 역사적으로 주어진 것으로 인정하고 이를 자신의 철학의 기초로 삼는다. "하나님의 성육신에 나타난 구원은" 피조물의 세계가 하나님을 통해 구원을 받을 것임을 계시한다. "이 신학적 인식에서부터 외화된 세계의 화해에 대한 희망이 유래한다"(80). 헤겔은 신학의 독립성을 결코 의심하지 않았다. 그가 원한 것은 신학의 기본 내용을 명확한 사유로써 해명하고, 일면적인 잘못된 철학에서 해방하는 데 있었다.

딜타이와 로오모저에 반해, 헝가리의 마르크스주의자 루카치(G. Lukacs)는 청년 헤겔의 신학적 관심을 부인하고, 마르크스주의 입장에서 헤겔의 청년 시대의 저작들을 해석한다. 그는 다음과 같이 말한다. 선입관을 갖지 않은 사려 깊은 독자는 헤겔의 청년 시대 저작에서 "신학적인 것을 거의 발견할 수 없을 것이다. 오히려 그는 청년 헤겔에게서 전체적으로 명백한, 신학에 대해 적대적인 분위기에 부닥칠 것이다"(Lukacs 1973, 43).

7. 토이니센에 의하면, 대부분의 헤겔 연구자들은 헤겔이 종교의 표상을 철학적 개념의 형식으로 지양한 것을 부정적으로 생각한다. 이 지양을 그들은 "내용의 보존이요, 형식의 지양"으로 파악한다. 즉 종교적 표상이 말하려는 내용은 보존되지만, 종교적 표상 자체가 불필요하게 되는 것으로 이해한다. 이에 반해 토이니센은 이 지양을 긍정적으로 파악한다. 종교의 표상 형식이 철학적 개념을 통해 불필요하게 되었다는 헤겔 해석은 단지 부정적인 면을 나타낼 뿐이다.

이 지양은 긍정적 의미를 갖기도 하는데, 그것은 "이 형식 자체가 가진 필연성의 인식"에 있다(Theunissen 1970, 304). 곧 헤겔이 시도한 이 지양에서 기독교 종교의 표상 형식이 필연적인 것으로 존재할 수밖에 없다는 사실을 인식하게 된다는 점에 지양의 긍정적 의미가 있다. 종교적 표상 형식이 지닌 이 필연성은 1) 모든 인간을 위해 있을 수밖에 없다, 2) 표상 형식은 물론 그것이 말하고자 하는 내용은 역사적으로 이미 주어져 있다, 3) 종교의 진리를 보편적 개념으로 파악하고자 하는 철학적 사유는 종교의 "사유하면서 인식된 개념"(denkend erkannter Begriff)에 불과하다는 사실에 있다(306).

만약 종교의 표상이 아예 존재하지 않는다면, 철학의 보편적 개념은 생성될 수 없다. 종교의 표상이 철학적 개념으로 지양될 때, 종교의 표상은 철학적 개념을 가능케 하는 근거로 전제되고 인정된다. 따라서 이 지양은 종교의 표상에 대해 긍정적 의미를 갖기도 한다. 이 긍정적 의미는 세 가지 이유를 가진다. 1) 종교적 내용과 형식이 함께 "인정"되고, 2) 종교적 내용이 표상의 "일면성" 내지 제한성에서 "해방"되며, 3) 이 형식이 철학적 개념의 절대 형식으로 "고양"되기 때문이다. 그러므로 종교적 표상 형식의 지양은 긍정적으로 이해되어야 한다. "인정"으로서의 철학적 사유는 종교적 내용은 물론, 그 내용의 형식을 이미 주어진 것으로 수용한다.

여기서 철학적 사유는 그 속에 담긴 "공통된 내용뿐만 아니라 그 고유한 형식의 구성적 성격 때문에" 종교의 표상 형식을 인정한다(306). 표상 형식의 일면성으로부터 "해방"될 때, 이 형식은 불필요하게 되지 않는다. 오히려 "스스로 내용으로 결정되며, 그 내용과 동일한 절대적 형식으로 연합된다"(306-307). 철학적 개념의 보편적 형식과 연합되는 종교적 표상 형식들은 개념의 보편적 형식을 가능케 하는 필연적 요소가 된다. 그러므로 개념의 보편적 형식은 "내용이 가진 필연성의 인식"을 뜻할 뿐 아니라 종교적 표상 형식들이 가진 내적 연관성에 대한 통찰을 뜻한다. 따라서 헤겔은 결코 기독교 종교를 폐기하려고 한 "무신론자"나 "적그리스도"가 아니라 끝까지 기독교 종교의 기반 위에서 이 종교의 표상 형식에 숨어 있는 보편적 진리를 실현하고자 한 기독교 철학자, 신학적 철학자로 평가될 수 있다.

5. 신학의 내용을 가진 철학, 철학의 형식을 가진 신학

1. 앞서 우리는 헤겔 철학에 대해 정반대되는 해석을 볼 수 있었다. 요약한다면, 기독교 종교와 신학을 옹호하는 학자들은 헤겔 철학이 하나님과 인간을 동일시했고, 기독교 종교와 신학을 철학으로 폐기시킨 적그리스도 혹은 무신론자라고 헤겔을 비판한다. 헤겔은 무신론적인 자기의 입장을 기독교적 가면으로 숨겨버렸다는 것이다. 종교적 표상들의 진리 내용이 철학의 형식을 통해 적절하고 보편적으로 실현될 수 있다면, 그들은 종교적 표상들이 불필요하고, 기독교는 결국 폐기된다고 지적한다.

이에 반해 일군의 학자들은 헤겔을 가리켜 철학을 하는 척 하면서, 사실상 신학을 회복하고자 한 "엉큼한 신학자"(der hinterlistige Theologe)라고 규정한다. 헤겔은 기독교 종교와 신학을 거부하는 현대 세계 속에서 기독교 종교와 신학을 지키고 이를 회복하려고 한 기독교 철학자다. 그는 하나님이 세계로부터 배제되고, 세계가 "하나님의 현실에서 외화되는 것과 하나님 없는 세계와 세계 없는 하나님(gottlose Welt – weltloser Gott), 두 영역의 분리, 하나님-인간(Gottmensch)의 제거"를 반대하여 싸운 기독교 종교와 신학의 보호자라고 평가된다(Küng 1970, 497).

헤겔에 대한 평가의 이 양면성은 헤겔이 사망한 직후에 헤겔 우파와 좌파 사이의 논쟁으로 발전되었다. 헤겔 우파는 헤겔의 사유가 기독교 종교와 신학에 기초하며 이는 타당하다고 주장하는 반면, 헤겔 좌파는 우파의 해석을 가리켜 "이 세계를 철저히 신학화하는 것"(die völlige Theologisierung der Welt)이라 비판하고, 헤겔 철학에서 종교적·신학적 동기를 배제하고자 했다(Kimmerle 1968, 111). 마르크스는 헤겔 우파와 좌파의 양극성을 다음과 같이 묘사한다. "헤겔 좌파와 우파는 기존하는 세계에서 종교와 개념들과 보편자가 지배하고 있다는 소신에 있어 일치한다. 그런데 헤겔 좌파는 이 지배를 찬탈(Usurpation)이라 규정하고 이에 대해 투쟁하는 반면, 헤겔 우파는 이 지배를 올바른 것이라고 축하연을 벌인다"(Marx 1911, 14).

2. 그럼 헤겔 자신은 자기의 철학을 어떻게 생각했는가?

철학이 다루는 단 하나의 유일한 대상은 하나님이다. 하나님을 다루고, 하나님 안에서 모든 것을 인식하며, 하나님에게로 소급시키고, 모든 특수한 것을 하나님으로부터 파생시키고 또 정당화시키는 것이 "철학의 과제"다. 그것은 모든 것이 하나님에게서 오고, 하나님과의 관계에서 자기를 유지하며, 하나님에게서 오는 빛의 힘으로 살고, 또 자기의 영혼을 갖기 때문이다(이것이 철학의 과제다). 그러므로 철학은 신학이다. 철학을 다루는 것은 그 자체로서 예배다. 아니, 철학 안에 예배가 있다(Hegel 1966b, 30).

『종교철학 강의』에 나오는 헤겔의 이 말에 의하면, 철학과 신학은 서로 다른 대상을 다루는 것이 아니라 **동일한 하나의 대상, 곧 하나님을** 다룬다. 철학은 자신의 내용을 전개함으로써 신학의 내용을 전개한다. 철학은 신학과 마찬가지로 모든 것을 하나님으로부터 파악하고, 하나님 안에서 인식하며, 하나님에게로 소급시킨다. 철학을 연구하는 것은 그 자체로서 예배다. 철학과 신학은 적대 관계에 있지 않다. 그 내용에 있어서 양자는 일치한다. 따라서 헤겔은 철학이 곧 신학이라고 분명히 말한다.

헤겔은 철학과 신학 및 종교의 내용적 일치를 거듭 말한다. 『철학사 서설』에 의하면, "종교와 철학은 그 자체에 있어 참된 것, 곧 하나님을 공동의 대상으로 가진다"(1966a, 167). 철학과 종교 "두 영역은 내용과 목적에 있어 하나로 결합된다"(168). "철학은 진실된 것, 보다 더 정확히 말하면 하나님과 관계한다. 철학은 지속적인 예배다. 그것은 종교와 동일한 내용을 가진다"(169). "철학의 대상은 여러 가지로 열거할 수 있다. 즉 하나님, 세계, 정신, 영혼, 인간 등이다. 그러나 본래 철학의 대상은 하나님일 뿐이며 하나님을 인식하는 것이 철학의 목적이다"(91). 헤겔은 철학과 신학의 내용적 일치에 대한 확신 속에서 자신을 기독교 신자로 인식한다. 그는 이것을 당대의 신학자 톨룩(A. Tholuk)에게 보낸 편지에서 다음과 같이 말한다. "나는 루터교회 신자이며, 나는 철학을 통해 바로 루터교회에 전적으로 뿌리내리고 있습니다"(Hegel 1961, 29).

3. 철학과 신학 및 종교의 내용적 일치를 극단적으로 보여주는 것은 헤겔의 "정신" 개념이다. 앞서 기술한 바와 같이 헤겔의 정신 개념은 하나님을 가리킨다. 좀 더 구체적으로 말하면 삼위일체 하나님을 가리킨다. "정신은 삼위성이다"라는 헤겔의 말은 이를 요약한다. 그의 『정신현상학』은 글자 그대로 "정신으로서 하나님"의 시간적 나타남(현상)을 기술하는 책이며, 그의

『논리학』은 "하나님의 무시간적 구조"를 기술하는 책이다(Scheler 1966, 63). 헤겔 철학은 "기독교적 로고스의 입장에 서 있는 정신의 철학"이며, "신정론"(Theodizee)이 헤겔 철학 전체의 프로그램이다(Adorno 1970a, 43). 따라서 헤겔 철학은 "일종의 하나님의 정당화(Rechtfertigung)"다(Löwith 1953b, 57). 학자들의 이러한 평가는 헤겔 철학과 신학 및 종교의 내용적 일치성을 나타낸다. 뢰비트에 의하면, 헤겔 철학은 "신학적 전제"에 근거한다(44 이하).

　"삶의 철학자" 딜타이는 헤겔의 청년 시대의 모든 저작을 가리켜 "신학적 저작"이라고 정의했다. 이에 근거하여 그의 제자 노올(H. Nohl)은 헤겔의 청년 시대 저작들을 "청년 시대의 신학적 저작들"(Theologische Jugendschriften)이란 제목으로 출간했다(Hegel 1907). 사실 베른과 프랑크푸르트 시대(1793-1800)의 『초기 문헌』에서 헤겔은 "기독교의 실증성(Positivität)", "유대교의 정신"에 대비되는 "기독교의 정신", 국가와 교회의 관계, 성탄절과 성만찬의 의미, 하나님의 영(정신)에서 분리된 기독교의 제도화, 형식화 등 수많은 신학적·종교적 문제들을 다룬다(참조 1971, *Frühe Schriften*). 이 사실은 헤겔 철학이 신학적 전제에 근거한다는 것을 시사한다. 따라서 함부르크 대학교 신학교수 코흐는 헤겔 철학을 가리켜 기독교 신학이라 말한다(Koch 1967, 72 이하).

4. 헤겔은 다루는 대상과 목적은 동일한데 그것을 다루는 **방법** 내지 **형식**에 있어 종교와 철학, 신학과 철학이 구별된다고 말한다. 대상과 내용은 동일한데, 관찰 방법 내지 형식이 다를 뿐이다(1966a, 168-169). 그럼 철학과 종교의 관찰 방법과 형식은 어떻게 다른가?

　종교는 진리의 내용을 감각적 표상의 형식으로 나타낸다. 예를 들어 하나님을 "아버지"라고 표상한다. 그러나 하나님은 인간이 아니다. 따라서 "아버지"라는 표상 형식은 하나님에 관한 보편적 진리를 완전하게 드러내지 못하고, "아버지"라는 표상에 머무는 한계성을 가진다. 또한 하나님에 관한 믿음의 감정(느낌)은 하나님의 구체적 진리를 말하지 않는다. 감정은 사람에 따라 다른 주관적인 것으로서 객관성을 갖지 못한다. 따라서 감정의 형식을 사용하는 종교와 신학은 하나님에 관한 진리를 구체적으로 개진하지 못하는 제한성을 가진다.

물론 헤겔은 종교적 표상과 감정 속에 사유의 요소가 있음을 인정한다. "아버지"라는 하나님의 표상 속에는 하나님에 관한 인간의 사유와 인식이 포함되어 있다. 또 기독교 종교는 예배와 감정의 형식으로써 하나님과 관계를 맺는데 이 관계 속에도 사유의 요소가 내포되어 있다. "'예배'란 표현 속에는 이미 사유가 포함되어 있다"(1966a, 168, 171). 인간은 자신이 사유하고 인식하는 "아버지" 하나님을 예배하기 때문이다. 그러나 종교적 표상과 예배와 감정 속에 내포되어 있는 사유는 종교적 표상의 감각적 요소와 혼합되어 있다.

헤겔은 종교와 신학의 이와 같은 제한성을 극복하고 종교적 표상 속에 숨어 있는 진리 자체를 보편적으로 실현할 수 있는 것이 철학적 사유와 사상과 개념에 있다고 생각한다. 사유의 과정을 통해 사상(Gedanke)이 생성되고, 사상의 집약체로서 "개념"(Begriff)이 생성된다. "개념"이란 감성적 표상을 통해 나타내고자 하는 진리의 내용을 감성적 요소 없이 "순수하게" 파악하고 이를 하나의 단어나 명제로 집약하여 나타낸 것을 말한다. 한마디로 철학은 종교적 표상이 나타내고자 하는 진리의 내용을 순수한 사상과 개념으로 나타낸다. 철학은 개념적 사유(begriffliches Denken)를 통해 종교적 표상 속에 숨어 있는 진리의 내용을 파악하고, 이를 보편타당하게 실현하고자 한다. 이와 같이 철학과 신학 및 종교는 관찰 방법 내지 형식에 따라 구별되지만, "내용과 목적에 있어" 일치한다. 단지 형식과 관찰 방법에 차이가 있을 뿐이다. 따라서 헤겔은 차이보다도 "친화성"(Verwandtschaft)이 더 크다고 말한다(1966a, 168, 171).

5. 지금까지 기술한 것처럼 철학과 신학이 다루는 대상과 목적에 있어 일치하고 단지 그것을 다루는 형식에 있어 구별된다면, 헤겔 철학은 **신학적 내용을 가진 철학**이요, **철학적 형식을 가진 신학**이라 말할 수 있다. 달리 말하여 헤겔 철학은 **신학적 철학**인 동시에 **철학적 신학**이라 말할 수 있다. 토이니센의 표현에 따르면, 헤겔 철학은 신학적·종교적 내용을 다루는 "종교철학"이다. 그것은 신학적 진리 내용을 철학의 형식으로 다룸으로써 그것을 세계사의 차원에서 실현하고자 한다.

여기서 제기되는 중요한 문제는 1) 신학적·종교적 진리가 철학의 형식을 통해 실현될 수 있다면, 신학과 종교는 불필요하게 되지 않느냐, 2) 그것은 결국 기독교 종교의 폐기로 이어지지 않느냐, 3) 최소한 철학이 신학과 종교 위에 있다고 볼 수 있지 않느냐의 문제다. 이 문제에 대해 한 학자는 다음과 같이 대답한다. "철학은 단지 그 형식에 있어 종교와 상이할 뿐이며, **내용에 있어서 종교와 일치한다.** 철학의 임무는 종교의 내용을 다치게 하지 않으면서 종교의 완전한 정당성을 인정하는 데 있으며, 철학에게는 그러한 능력이 있다.…따라서 철학은 종교적 표상의 형식의 상위에 있지만, 종교적 내용의 상위에 있지 않다. 철학은 종교인이 표상의 형식으로 믿고 아는 것을 단지 개념적·범주적으로(begrifflich-kategorisch) 사유할 뿐이다"(Schmidt 1974, 54).

우리는 이 문제와 연관하여 헤겔이 종교적 표상의 형식을 부인하지 않는다는 사실을 유의할 필요가 있다. 오히려 그는 종교적 표상의 형식의 필요성을 인정한다. "철학은 종교와 대립하지 않는다. 그것은 종교를 **파악한다.** 그러나 절대적 관념을 위해, 절대정신을 위해 **종교의 형식은 존재해야 한다.** 왜냐하면 종교는 모든 사람을 위한 참된 것의 의식의 형식이기 때문이다.""종교의 특수한 형태는 필요하다. 왜냐하면 종교는 모든 사람을 위한 진리의 형식이기 때문이다"(1966a, 192-193. 자세한 내용에 관해 아래 제2부 IV. 4 참조).

키일(Kiel) 대학교의 철학교수 란트그레베(L. Landgrebe, 1902-1991)에 의하면, "헤겔의 철학은 그의 제자들은 물론 그의 반대자들에게 하나의 신학적 철학 혹은 철학적 신학으로 이해될 수 있었다. 이것은 정당한 일이다. 그러나 단순히 전통적인 기독교 신학의 회복이었다는 의미에서 신학적인 것은 아니었다.…그의 중심 주제는 서구 철학의 통일된 전통의 의미에서 최고의 존재, 세계와 존재자 전체의 근원자로서의 절대자였다는 의미에서 신학적인 것이다"(Landgrebe 1954, 41).

학자들 사이에서 논의되는 헤겔 철학의 보다 더 중요한 문제는 "동일성"의 문제다. 곧 헤겔은 "정신으로서의 하나님"을 인간 사유의 활동 및 세계사의 과정과 동일시함으로써 하나님의 존재를 그 속으로 폐기하지 않느냐의 문제다. 그러나 여기서 헤겔이 하나님의 존재를 사유의 활동 및 세계사의 과정으로 폐기했다고 보는 것은 성급한 결론이다. 블로흐가 시사하는 것처럼, 헤겔은 인간의 사유 및 세계사의 과정을 신적 정신의 현존으로 보는 동시에, 언제나 되풀이해서 양자를 구별하고 신적 정신의 "객체성"을 주장하기 때문이다. 그는 하나님의 객체성을 인간의 주체성으로 폐기하지 않았다. 우리는 이 문제에 대해 앞으로 상세히 논할 것이다.

칸트의 이원론과 헤겔

1. 모든 학문은 특정한 역사적 배경 속에서 생성되었다. 그것은 기존의 표상과 지식을 수용하는 동시에 그것의 결함이나 오류를 지적하고, 새로운 지식으로 발전하는 과정이다. 따라서 학문의 영역에서 기존의 지식에 대한 비판은 필연적이다. 기존의 지식에 대한 비판에서 새로운 지식이 발전한다.

　헤겔 철학도 마찬가지였다. 그것은 무에서 생성된 것이 아니라 그 시대의 학문적 배경 속에서 생성되었다. 곧 기존의 학문적 사상의 수용과 이에 대한 비판에서 생성되었다. 구체적으로 그것은 피히테의 주관적 관념론과 셸링의 객관적 관념론과의 비판적 대화 속에서 생성되었다.

　그러나 예나 시대에 출간된 『피히테와 셸링의 철학 체계의 차이』, 『신앙과 지식』을 제외한 다른 문헌에서 피히테와 셸링에 대한 헤겔의 언급은 별로 없는 편이다. 헤겔의 주요 저서 『정신현상학』과 『논리학』에서도 두 사람에 대한 언급은 별로 없다. 그 대신에 칸트에 대한 언급은 수를 헤아릴 수 없을 정도다. 헤겔은 『논리학』에서도 주로 칸트와 비판적 대화를 나누면서 자기의 논리를 전개한다.

　우리는 이것을 헤겔 문헌에 첨부된 인명 색인에서 쉽게 발견할 수 있다. 필자가 사용하는 헤겔의『철학적 학문의 백과전서』의 인명 색인에 의하면, 피히테에 대한 언급은 7군데, 셸링에 대한 언급은 9군데임에 비해, 칸트에 대한 언급은 30군데에 달한다. 또 두 사람에 대한 인명 색인의 언급은 간단히 끝남에 반해서 칸트에 대한 언급은 여러 페이지에 달하는 경우가 많다. 그만큼 헤겔은 칸트의 철학을 자신의 중요한 학문적 배경으로 가지고 있음을 엿볼 수 있다.

2. 특히 청년 시대의 헤겔은 칸트의 영향 속에서 예수의 순수한 사랑과 도덕성을 결여한 채 제도화되었고 형식화된 국가교회, 다르게 생각하는 것을 허락하지 않고 무조건 복종만 요구는 권위 종교로서의 기독교, 곧 "실증 종교"를 날카롭게 비판한다. 칸트가 주장했듯이, 종교와 도덕은 분리될 수 없다. 헤겔은 베른 시대에 쓴『기독교의 실증성』(Die Positivität der christlichen Religion, 1795/96)에서 "이성과 도덕"을 기독교 종교의 진위를 가릴 수 있는 "시금석"으로 간주한다(1971, 104). 그는 "모든 참된 종교와 우리 종교의 목적과 본질은 인간의 도덕성에 있다"고 말한다(105). 이 시대의 헤겔은 예수를 제도적 권위의 종교, 곧 "실증 종교"의 교사가 아니라 "순수히 도덕적 종교의 교사"로 생각한다(108). 여기서 도덕과 종교를 일치시킨 칸트의 도덕 종교의 영향이 나타난다.

　그러나 헤겔에게 칸트는 그 시대를 지배한 이원론적 사유의 대표자였다. 따라서 헤겔은 초기 문헌에서 시작하여 베를린 시대의 마지막 강의에 이르기까지 칸트의 이원론을 비판하면서 자신의 학문적 입장을 개진한다. 칸트를 알지 못하고서는 헤겔을 제대로 파악할 수 없을 정도로 헤겔은 칸트의 철학을 자세히 분석하고 비판하면서 자기의 학문 체계를 세운다. 따라서 "헤겔의 철학적 발전과 그 시작을 이해하기 위해서는 칸트, 종교와 칸트 철학의 관계를 파악해야 한다. 헤겔의 철학적 발전은 칸트 철학과의 철저한 논쟁 속에서 이루어졌다. 이 논쟁은 이미 튀빙겐 슈티프트에서 공부하는 동안에 시작되었다"(Simon 1985, 531). 이에 우리는 하나님 인식론과 존재 증명을 중심으로 두 사람의 기본 입장을 파악하고자 한다. 우리는 이를 통해 헤겔의 역사철학은 물론 그의 철학 전체의 주요 관심과 기본 입장이 무엇인가를 볼 수 있을 것이다.

I
칸트의 하나님 인식론과 헤겔

1. 하나님의 존재에 관한 문제는 일반적으로 신학의 문제이며, 철학과 무관한 문제라고 생각하기 쉽다. 그러나 철학의 역사를 살펴볼 때, 하나님의 존재 문제는 신학의 중심 문제인 동시에 철학의 중심 문제임을 볼 수 있다. 수많은 철학자가 하나님의 존재 문제를 다룬다. 예를 들어 데카르트의 유명한 『성찰』을 읽어보면, 데카르트는 사유하는 인간의 확실성을 보증하는 존재로서 하나님을 전제한다. 이 책의 제3성찰과 제5성찰은 하나님의 존재 증명을 중심 문제로 다룬다.

라이프니츠의 유명한 『모나드론』은 하나님이 근원적 모나드(Urmonade)이며, 모든 사물은 하나님이 태초에 지으신 질서에 따라 움직이는 하나의 신적 왕국으로서의 이 세계와 하나님의 존재 증명에 대해 설명한다. 그는 "하나님 나라, 참으로 우주적인 이 왕국은 자연 세계 안에 있는 하나의 도덕적 세계이며, 하나님의 작품 가운데서 가장 높고 가장 신적인 작품이다"라고 말한다(Leibniz 1956, 67).

2. 칸트의 철학, 특히 그의 주요 저서 『순수이성비판』과 『실천이성비판』도 하나님의 존재를 중요한 문제로 다룬다. 칸트는 하나님의 존재가 인간의 이성에 의해 인식될 수 없고, 증명될 수도 없으며 부인될 수도 없고, 단지 실천 이성에 의해 요청될 수밖에 없음을 두 저서에서 역설한다. 이것이 두 저서의 정점을 이룬다.

칸트의 이러한 입장에서 인간이 인식할 수 있는 세계와 인식할 수 없는 세계가 나뉜다. 곧 하나님과 유한한 사물들의 세계, 신적인 것과 인간적인 것, 이성과 신앙의 분리가 일어난다. 하나님은 **세계 없는 하나님**이 되고, 세계는 **하나님 없는 세계**가 되어버린다. 바로 여기서 헤겔은 자신의 입장을 세운다. 그는 칸트 철학에 의한 하나님과 세계의 분리를 극복하고, 하나님을 **세계사의 통치자와 섭리자**로 드러내고자 한다. 그는 세계사가 단순히 인간의 욕망에 내맡겨진 인간의 역사가 아니라 **하나님의 역사**, 곧 "**정신의 역사**"임을 나타내고자 한다. 우리는 헤겔의 역사철학의 이 기본 입장을 먼저 칸트의 인식론에 대한 헤겔의 비판과, 헤겔 자신의 하나님 인식론에서 발견할 수 있다. 먼저 칸트의 인식론을 검토하자.

1. 칸트의 인식론에서 하나님 인식의 문제

1. 칸트의 주저 『순수이성비판』에서 "순수이성"은 "이것은 희다", "이것은 검은색이다" 등 사물을 인식하는 이성의 인식 기능을 가리키며, "비판"은 이성의 이 기능에 대한 "분석"을 뜻한다. "인식"은 사물에 대한 판단을 뜻하며, "판단"은 하나의 주어와 하나의 술어가 결합됨으로써 형성된다("이것은"=주어, "희다"=술어). 칸트에 의하면, 판단에는 분석 판단과 종합 판단이 있다(아래 내용에 관해 Kant 1956, 45 이하). **분석 판단**이란 주어 안에 이미 포함

*부록 | 칸트의 이원론과 헤겔

되어 있는 것을 주어에서 분석하여 끌어냄으로써 형성되는 판단을 말한다. 예를 들어 "공은 둥글다"라는 판단에서, "둥글다"라는 술어는 "공"이라는 주어 속에 이미 포함되어 있다. 이 술어를 주어에서 이끌어냄으로써 형성된 것이 "공은 둥글다"라는 분석 판단이다.

종합 판단이란 주어 안에 포함되어 있지 않은 것을 주어와 결합시킴으로써 형성되는 판단을 말한다. 예를 들어, "공은 금빛이다"라는 판단에서 "금빛이다"란 술어는 "공"이라는 주어 안에 미리 포함되어 있지 않다. 공은 반드시 금빛일 필요가 없기 때문이다. 공은 금빛일 수도 있고 은빛일 수도 있다. "금빛이다", "은빛이다"란 술어는 "공"이라는 주어 안에 이미 포함되어 있는 것이 아니라 공에 대한 우리의 경험에서 나오는 것이다. 그렇다면 종합 판단은 오직 후천적으로(a posteriori), 즉 경험을 통해 형성된다고 말할 수 있을 것이다.

하지만 칸트에 의하면, 과학적인 판단은 후천적 종합 판단이어서는 안 된다. 인간의 경험이란 불확실한 것인데, 이 불확실한 경험으로부터 오는 후천적 종합 판단은 보편성과 필연성이 없기 때문이다. 이에 칸트는 경험으로부터 오지 않는 종합 판단, 곧 "선험적 종합 판단이 어떻게 가능한가"를 질문한다(51). 이 질문이 그의 『순수이성비판』의 출발점이다.

칸트에 의하면, 수학과 자연과학 그리고 형이상학은 선험적 종합 판단에 속한다. 예를 들어, 7 + 5 = 12라는 판단은 선험적 종합 판단이다(48). 왜냐하면 7과 5는 12안에 전혀 포함되어 있지 않으며, 우리가 구체적 사물을 경험하지 않아도 형성되는 판단이기 때문이다. 7개의 사과와 5개의 사과를 반드시 경험하지 않아도, 우리는 7과 5의 합이 12라는 사실을 인식한다. 이 종합 판단은 보편타당성과 필연성을 가진다. 이 종합 판단의 보편타당성과 필연성의 원천은 경험에 있는 것이 아니라 인식의 주체와 그의 오성(Verstand)에 있다. 경험은 보편타당성과 필연성을 증명할 수 없다. 어떤 동일한 사람일지라도 경험하는 사람에 따라 그 사람은 다르게 경험되기 때문이다.

2. 여기서 칸트는 "감성"과 "오성"을 구별한다. 시각, 청각, 후각, 미각, 촉각의 다섯 가지 **감성은 수동적이다.** 감성은 경험의 재료를 직관(Anschauung)을 통해 단지 받아들이기만 할 뿐 아무런 적극적이고 능동적인 기능을 갖지 못하기 때문이다. 예를 들어, 우리의 시각은 어떤 사물의 검은색 혹은 흰색을 있는 그대로 받아들일 뿐이다. 감성은 우리가 경험하기 이전부터 있는 시간과 공간의 선험적 형식을 통해 경험의 재료를 직관적으로 받아들이기만 한다. 여기서 시간과 공간은 감성이 경험의 자료들을 받아들이는 선험적 형식으로 규정된다.

수동적 감성에 반해, **오성은 능동적이다.** 오성은 감성이 수동적으로 받아들인 다양한 감각적 재료들을 자신이 미리 소유하고 있는 종합의 형식들, 곧 12개의 "범주"(Kategorien)에 따라 능동적으로 종합한다(118). 칸트에 의하면, 오성의 12가지 범주들은 경험에서 오는 것이 아니라 오성 안에 선험적으로 주어져 있으며, 그 자체에 있어 내용이 없는 빈 것이다. 내용으로

채워지기 위해, 범주들은 감성적 재료들을 필요로 한다. 이 감성적 재료들은 직관에 의해 주어지며, 오성은 이 재료들을 **12가지 범주에** 따라 통일성 있게 종합한다. 이리하여 하나의 인식이 형성된다. 인식의 재료들은 먼저 감성의 직관에 의해 오는 것이지만, 오성의 12가지 범주에 의해 종합되고 통일된다. 이리하여 인식은 보편타당성을 갖게 된다.

그러나 칸트에 의하면, 인간의 오성

칸트

*부록 | 칸트의 이원론과 헤겔

은 사물의 나타나는 현상(Erschei-nung)을 인식할 뿐이며, 대상 자체, 곧 "사물 자체"(Ding an sich)를 인식할 수 없다(323 이하, 참조 Hegel 1970a, 313). 왜냐하면 경험적 재료들을 지각하는 감성은 물론, 오성의 규정도 주관적인 것이기 때문이다. 또 선험적 종합 판단이 보편타당하고 객관적일 수 있는 것은 오성의 12가지 선험적 범주들이 경험적 재료들을 종합함으로써 가능케 되기 때문이다.

3. 여기서 헤겔은 칸트의 심각한 문제점을 발견한다. 칸트가 말하는 인식의 객관성은 하나의 **주관적인 것**에 불과하다. 12가지 범주는 오성의 선험적 형식으로서 "사물 자체"로부터 분리되어 있기 때문이다. 따라서 오성의 인식은 "사물 자체"를 인식하지 못하고, 주관성으로 전락한다. "경험의 모든 것이 주관성으로 전락하며…이 주관성에 대해 사물 자체는 대칭할 뿐이다"(1969d § 41). 만일 오성의 12가지 범주가 "사물 자체"를 인식할 수 있다면, 이 범주들은 완전히 객관적인 것일 것이다. 그러나 이 범주들은 아무 내용이 없는, 비어 있는 형식으로서 감성적 재료에 의존하며 이 형식을 통해 이루어지는 인식은 결국 주관적인 것에 불과하다. 그러므로 인간은 모든 인식에서 단지 사물들의 "현상"과 관계할 뿐이며, 사물 그 자체, 곧 절대자와는 관계할 수 없게 된다. 따라서 헤겔은 칸트 철학의 "과제와 내용"이 절대자의 인식이 아니라 오히려 이 주관성의 인식 혹은 인식 능력의 비판에 있다고 지적한다(1970a, 303).

또한 칸트는 오성과 이성을 구별한다. 오성은 감성적 소재들을 12가지 범주로 통일성 있게 종합하여 개념을 형성하고, 이 개념들을 판단으로 결합시키는 반면, **이성**은 이 개념들과 판단들을 추론(Schluß)으로 결합함으로써 사유의 더 높은 통일성에 이르고자 한다.

칸트는 이성의 이 기능에서 세 가지 **관념**을 전제한다. 곧 심리적인 관념인 영혼, 우주적 관념인 세계, 신학적 관념인 하나님을 전제한다. 이성은 이 세 가지 관념에 따라 가장 완전한 통일성, 곧 절대자에게 도달하고자 노력한다(Kant 1956, 365 이하). 심리적 현상들을 결합할 때, 이성은 그 속에 영혼의 관념이 있는 것처럼 이들을 통일성 있게 결합해야 한다. 모든 유한한 현상들을 결합할 때, 그 속에 하나의 절대적 통일성, 곧 세계의 관념이 있는 것처럼 결합하고자 한다. 그리고 존재하는 모든 사물 속에 하나의 필연적 원인, 곧 창조자 하나님이 있는 것처럼 결합해야 한다. 이성은 이 세 가지 방법으로 절대자에게 이르고자 한다.

4. 그러나 칸트에 의하면, 이성은 **절대자를 증명할 수도 없고, 부인할 수도 없다.** 절대자에 이를 수 있는 세 가지 관념은 감성적 경험 속에 주어져 있지 않기 때문이다. 또 오성의 12가지 범주는 감성적 재료들을 인식으로 구성할 뿐 세 가지 관념에 대해서는 적용할 수 없기 때문이다. 오성의 범주들이 이 세 가지 관념을 파악하고자 할 경우, 인간의 사유는 모순되는 두 가지 결론(Antinomien)에 빠진다. 곧 영혼이 있다고 말할 수도 있고, 없다고 말할 수도 있다. 모든 사물을 포괄하는 전체로서의 세계가 있다고 말할 수도 있고, 없다고 말할 수도 있다. 하나님이 있다고 말할 수도 있고, 없다고 말할 수도 있다. 이것은 칸트가 말하는 "모순"(Antinomie)이다.

한마디로 이 관념들은 세계의 사물들을 인식하는 이론적 이성의 영역 바깥에 있다. 이 관념들은 신앙될 수 있거나 아니면 불신앙될 수 있을 뿐이다. 초감각적인 이 관념들은 **신앙의 대상**이지, 인식의 대상이 아니다. 칸트가 말하는 이 관념들의 모순된 결론들은 그의 철학의 이원론을 잘 나타낸다. "하나님은 있다"는 결론과 "하나님은 없다"는 결론이 연결성을 갖지 못하고 분리된 채 절대화된다. 이 모순들의 해결은 "절대적으로 종류가 다른(ungleichartig) 것, 모든 교통(Gemeinschaft) 바깥에 있는 것으로" 생각된다.

"그것들의 완전하고 순수한 분리가 절대적인 것"이 되어버린다. 완전히 분리되어 있을 때, 다툼도 일어나지 않는다(1970a, 320).

5. 칸트는 이 문제를 자신의 『실천이성비판』 제2권 제2부 Ⅶ장에서 분명히 제시한다. 하나님의 존재는 **실천 이성의 요청**에 의해 전제되지만, 하나님에 대한 이성의 인식이 확대되지 않는다. 실천 이성에 의해 요청되는 하나님 개념은 참되고, 그의 현실적 대상을 가진다는 것이 밝혀질 뿐이며, 이 대상에 관한 아무런 직관도 우리는 얻지 못한다. "위에 열거한 사변적(이론적, 필자) 이성의 세 가지 관념은 그 자체에 있어 하등의 인식이 아니다"(Kant 1974, 155). 이 관념들이 객관적 현실을 가진다는 것은 실천 이성의 요청에 의해 밝혀질 뿐이며 "주어진 초감각적 대상들에 대한 인식의 확대는 존재하지 않는다." 물론 "이러한 초감각적인 대상들이 있다"고 인정하는 점에서 이론적 이성과 그의 인식이 확대된다고 말할 수 있다. 그러나 이 대상들은 더 이상 구체적으로 규정되지 않는다. 따라서 이들에 대한 인식도 더 이상 확대되지 않는다(155).

칸트에 의하면, 만일 하나님 인식이 가능하다면, 그것은 "**오직 실천적인 차원**"에서만 가능하다(157). 도덕법은 하나님을 "최고의 완전성"을 가진 세계의 원인자로 전제하는 한에서 하나님을 인정한다. 이 하나님은 나의 모든 행동을 "모두 알 수밖에 없다." 그는 나의 행동에 대해 적절히 보응하기 위해 전능할 수밖에 없다. 완전한 가능성, 전지, 전능. 하나님에 대한 이와 같은 인식은 도덕적 차원에서 성립되는 것이지 이론적 이성의 차원에서 성립되는 것은 아니다. "하나님의 개념은 본래 물리학에, 다시 말해 사변적(이론적) 이성에 속한 개념이 아니라 도덕에 속한 개념이다"(161).

결론적으로 칸트는 이 세계의 유한한 사물들을 인식하는 이론적 이성은 하나님을 인식할 수 없다고 주장한다. 하나님은 이론적 이성의 인식 대상이 아니다. 실천 이성은 하나님의 존재를 요청할 뿐 하나님의 존재를 구체적으로 인식할 수 없다. 하나님은 인간이 인식할 수 있는 사물들의 세계에 속하지 않는 초월적·초감각적 존재이기 때문에 구체적으로 인식될 수 없다. 칸트는 하나님이 실천 이성에 의해 단지 **존재한다고 요청되거나 전제될 뿐**이라고 말한다. 이로써 이론적 이성이 인식할 수 있는 영역과 인식할 수 없는 하나님의 영역이 분리된다.

이와 같은 문제점은 감성과 오성을 분리시킨 칸트를 비판했던 하만(J. G. Hamann, 1730-1788)에게서도 나타난다. 하만에 의하면, 신앙의 진리는 이성으로 판단할 수 있는 객관적인 것이 아니라 주관적인 것이다. 그것은 인간의 이성으로 증명될 수도 없고 부인될 수도 없다. 그것은 단지 신앙의 확신 속에서 경험되고 느껴질 수 있을 뿐이다(Störig 1974, 308). 여기서 인간의 이성에 의해 인식될 수 있는 영역과 이성에 의해 인식될 수 없는 신앙의 영역이 분리된다. 헤겔은 이 생각을 날카롭게 비판하고 이를 극복하는 것을 자신의 과제로 삼는다.

2. 칸트의 인식론에 대한 헤겔의 비판

1. 헤겔과 칸트의 관계는 긍정과 부정의 두 가지 측면을 가진다. 한편으로 헤겔은 칸트의 업적을 높이 평가한다. 그는 칸트의 철학이 "최근의 독일 철학의 기초와 출발점"이 되었으며, 논리학에 대한 칸트의 업적은 결코 과소평가될 수 없다고 자신의 『논리학』 서문에서 칸트의 업적을 긍정한다(1969a, 59, 주해). 헤겔에 따르면, 인식론의 영역에서 사유의 규정을 무비판적으로 사용했던 이전의 형이상학에 대한 칸트의 비판적 인식론은 타당하다. 칸트 이전의 형이상학은 사유의 전제와 절대자의 인식 가능성에 대해 비판

적으로 논구하지 않은 채 인식 대상을 다루었다. 헤겔은 이에 반해 절대자, 곧 하나님의 인식 가능성과 사유의 규정에 대해 비판적 질문을 제기한 것에 칸트의 공적이 있다고 칸트를 높이 평가한다. 헤겔은 이것을 예나 시대의 저서 『믿음과 지식』에서 다음과 같이 말한다. "칸트의 철학은 개념도, 직관도 그 자체만으로는 아무것도 아니며, 직관 자체는 맹목적이고, 개념 자체는 공허하다는 것을 증명한다. 이리하여 그의 철학은 관념론이 되는 공적을 가진다"(1970a, 303).

나아가 헤겔은 자기를 가리켜 칸트의 제자라고 고백한다. "나는 칸트의 철학으로 교육을 받았다." 그는 칸트와 가장 긴밀한 관계 속에서 "칸트의 비판적 기초와 결론을 긍정적으로 발전시키고자" 했다(K. Rosenkranz). "헤겔은 칸트가 자기 자신을 이해한 것보다 더 깊이 칸트를 이해했다"(R. Kröner. 이에 관해 Schmidt 1974, 15 이하).

2. 그러나 헤겔은 하나님과 인간, 하나님과 세계, 유한과 무한의 이원론을 칸트 철학의 가장 심각한 문제점으로 지적한다. 헤겔에 따르면, 오늘 우리 시대는 하나님을 인식할 수 없는 인간의 제한성과 무능력을 하나님에 대한 "겸손"으로 간주하지만, "하나님을 인식하는 것"이 "종교의 유일한 목적"이 아니냐고 반문한다. "우리가 종교를 가져야 한다면, 우리는 종교를 영(정신) 안에서 가질 수밖에 없다. 곧 하나님을 인식할 수밖에 없다. 인식하지 못하는 자연적 인간은 종교를 갖지 않는다. 그는 '하나님의 영(정신)에 관해 아무것도 인지하지 못하기' 때문이다"(1966a, 179).

헤겔에 따르면, 하나님에 대한 믿음 속에는 이미 하나님에 대한 인식이 전제되어 있다. 하나님에 대한 우리의 종교적 느낌, 곧 "감정" 속에는 하나님에 대한 지식이 전제되어 있다. 전혀 인식하지 못하고 알지 못하는 것을 믿고 그를 느낀다는 것은 있을 수 없다. 최소한 하나님이 "있다", "그는 절대자다"라는 인식이 있기 때문에 그를 느끼고, 그를 믿는다. 따라서 헤겔은 하나님에 대한 칸트의 하나님 인식 불가능성을 거부하고,『정신현상학』에서 다음과 같이 하나님에 대한 인식 가능성을 주장한다. 기독교 종교에 "신적 존재가 **계시되어** 있다. 그가 계시됨은 분명코 자기가 무엇인지 알도록 하기 위함에 있다"(1952, 528). 헤겔은 이러한 통찰에 근거하여 칸트의 인식론을 다음과 같이 비판한다(Kant 철학에 대한 Hegel의 비판은『믿음과 지식』,『정신현상학』,『논리학』등에 각각 수십 쪽에 걸쳐 기술되어 있다. 여기서는 그 일부만 고찰할 수밖에 없다).

3. 경험주의에 대한 칸트의 관점 비판

1) 먼저 헤겔은 경험주의에 대한 칸트의 판단에 동의한다. 헤겔에 따르면, 칸트는 인식에 대한 자신의 분석(=비판)에서 경험으로부터 출발하며, 학문적 경험을 초월적으로 확립시키고자 한 점에서 "경험의 철학자"라고 볼 수 있다. 그러나 칸트는 존 로크와 데이비드 흄의 경험주의를 넘어서고자 한다. 이들의 경험주의는 모든 인식을 대상에 대한 지각으로부터 끌어낸다. 이에 반해 칸트는 주장하기를, 우리의 경험은 단지 지각으로부터 오는 감성적 재료만으로 성립되는 것이 아니라 감성적 재료들이 오성의 12가지 범주에 의해 개념과 판단으로 종합됨으로써 성립된다. 범주는 경험적 지각에서 오는 것이 아니라 "사유의 자발성"에서 유래하며, 학문적 경험은 이 범주의 요소, 곧 선험적·합리적 요소를 통하여 비로소 가능해진다.

　　경험은 우리에게 무한히 많고 다양한 것을 제공한다. 또한 계속되는 변화와 상호 관련성 없이 병행하는 대상들을 제시한다. 그러나 경험은 아무런 보편타당성이나 필연성을 제시하지 못한다. 따라서 경험주의에 의하면, 확실한 경험, 보편타당한 경험이란 있을 수 없다. 단지 특별한 표상들을 결합시키는 습관이 있을 뿐이다.

헤겔에 의하면, 경험주의가 경험의 유일한 근거로 삼는 지각은 언제나 개별적인 것, 일시적인 것과 관계할 뿐이다. 따라서 보편타당성과 필연성을 제공하지 못한다. 보편타당성과 필연성은 지각으로부터 오는 것이 아니라 자발적인 사유로부터 온다(1969d, §67). 경험적이고 감성적인 것이 사유에 의해 보편적인 것으로 고양될 때, 비로소 학문적 인식이 형성된다. 물론 경험적 재료들이 반드시 있어야 하지만 오성의 범주도 있어야 한다. 사유만이 다양한 현상들 속에 있는 보편타당성과 필연적 연관성을 파악할 수 있다. 지각 자체는 경험이 아니며 단지 경험에 대한 기초가 될 뿐이다. 지각이 오성의 보편적 범주에 의해 종합될 때, 비로소 경험이 성립된다.

이와 같이 헤겔은 칸트가 말하는 감성의 수동성과 오성의 능동성 내지 자발성에 대해 동의한다. 즉 감성은 감각적 재료들을 수동적으로 직관하고 이를 받아들이기만 하는 반면, 오성은 이 재료들을 적극적으로 종합하고, 이 재료들에 대해 질서와 법칙을 부여한다. 그러므로 헤겔은 오성의 선험적 형식들인 범주에 의해 종합되지 않는 감성적 직관은 맹목적이며, 직관 없는 개념은 공허하다는 칸트의 견해에 동의한다(1970a, 303).

2) 헤겔에 의하면, 경험주의와 칸트는 경험을 너무 좁은 의미로 이해한다. 경험주의는 경험을 감각적인 대상으로 제한한다. 곧 감각적인 것만을 경험의 대상으로 인정하고, 영적인 것을 배제한다. 그것은 영적 세계의 독립성을 부인함으로써 결국 물질론(유물론)과 자연주의에 빠진다. 이에 비해 칸트는 경험을 이론 이성의 영역에 제한한다. 그는 하나님이 이 영역에 속하지 않기 때문에 이론 이성에 의해 인식될 수 없다고 주장한다.

헤겔에 의하면, 하나님은 세계의 많은 대상 중 하나의 대상이 아니다. 따라서 하나님은 세계의 사물들처럼 하나의 외적인 대상, 곧 하나의 객체로서 인식될 수 없다. 헤겔은 하나님이 세계의 사물들처럼 경험적으로 인식될 수 없지만, **사유를 통해 인식될 수 있다고** 주장한다. 헤겔에 의하면, 하나님에 대한 신앙도 경험이며, 그것은 신적인 내용의 확실성인 동시에 자기 확실성이다. 그러므로 경험의 개념은 감각적 지각으로 제한되어서는 안 된다. 경험은 아무런 제한을 갖지 않는다. 문제는 어떤 의미에서 대상의 현실에 접근하느냐에 있다. 위대한 정신은 위대한 경험을 한다. 인간의 사유도 하나의 경험이다. 인간이 사유를 통해 경험할 수 있는 가장 큰 경험은 하나님이다. 가장 높으신 하나님은 오직 사유를 통해 경험되고 인식될 수 있다. 신적인 보편자 하나님은 오직 사유하는 정신, 곧 영에 대해 존재한다.

그러나 칸트 철학은 세계의 대상 사물에 대한 "이 유한한 인식을 유일하게 가능한 것으로 선언하고, 이 부정적…측면을…긍정적인 것으로 만들거나, 저 공허한 개념을 절대적인 이론 이성은 물론 절대적 실천 이성으로 만들어버린다. 이리하여 칸트 철학은 절대적 유한성과 주관성으로 전락하며, 이 철학의 모든 과제와 내용은 절대자의 인식이 아니라 이 주관성의 인식 혹은 인식 능력의 비판에 있게 된다"고 헤겔은 말한다(1970a, 303).

4. 칸트의 "범주"에 대한 비판

1) 헤겔에 따르면, 칸트가 말하는 오성의 12가지 범주는 참되지 못하다. 왜냐하면 칸트가 말하는 오성의 형식들, 곧 12가지 범주는 인간의 추상적 자아 속에, 곧 "자기인식의 동일성 속에" 선험적으로 주어져 있는 "사유의 규정"(Denkbestimmung)으로서 **대상 세계에서 분리된** 것으로 생각되기 때문이다. 그것은 대상에서 분리된 주관적인 것이다. 오성의 주관적 범주들을 통해 이루어지는 인식은 "사실상 아무런 객관적인 것을 포함할 수 없으며, 그것들(범주들)에게 부여된 객관성 자체는 주관적인 것에 불과하다"(1969d, §

46).

오성의 범주는 주관적인 것이기 때문에 범주를 통해 "사물 자체"가 인식될 수 없음은 다시 말할 필요가 없다. "그러므로 범주는 절대자의 규정이 될 수 없다.…범주를 통한 오성의 인식은 사물 자체를 인식할 수 없다"(§ 44). 칸트는 범주를 공허한 것, 곧 내용이 없는 비어 있는 것이라고 말한다. 그것은 감성적 재료를 통해 비로소 내용을 갖게 된다는 것이다. 그러나 헤겔에 의하면, 범주는 결코 빈 것이 아니라 규정되어 있다(bestimmt). 이 규정은 경험적 직관에서 오는 것이 아니라 범주 자신이 가진 내적 본성에 기인하는 것이다.

2) 헤겔에 의하면, 범주는 단순히 사유의 규정이 아니라 **존재의 규정**이기도 하다. 그것은 대상 세계로부터 분리되어 있는 빈 형식으로서 고정되어 있는 것이 아니라 대상 세계 자체의 형식, 곧 **존재의 형식**이며 **내용**이다. 그것은 대상 세계와 마찬가지로 변증법적 과정 속에 있다. 따라서 범주는 단순히 주관적인 사유의 빈 형식에 불과한 것이 아니다.

물론 심리학적 측면에서 볼 때, 사유는 하나의 주관적인 것이다. 그것은 우리 안에서 이루어지는 정신적 활동이다. 그러나 아리스토텔레스 이후의 형식 논리학은 사유의 형식을 사유의 내용에서 분리된 것으로 생각함으로써 인식의 형식과 인식의 내용을 분리시켰다. 그 결과 사유는 인식의 내용 내지 인식 대상에 추가적으로 적용될 때 비로소 객관성을 얻는 것으로 생각되었다.

3) 헤겔은 형식 논리학을 통해 일어난 "인식의 내용과 형식의 분리"는 다음의 사실을 전제한다고 자신의 『논리학』에서 말한다(1969a, 36). 곧 인식의 내용 내지 재료는 그 자체로서 하나의 완성된 세계로 존재하며, 사유는 공

허한 형식으로서 인식의 재료와 관계함으로써 비로소 내용을 얻게 된다는 것이다. 여기서 인식의 재료, 곧 인식 대상은 그 자체로서 "완성된 것", 사유를 반드시 필요로 하지 않는 것으로 전제되는 반면, 사유는 인식의 재료를 통해서만 완전해질 수 있는 "결핍된 것"으로 전제된다. 이리하여 사유와 사유의 대상은 각자의 고유한 영역에서 이원론적으로 대립해 있기 때문에, 사유는 "그의 타자(das Andere)로 될 수 없다." "그것은…그 자신으로부터 대상으로 나오지 아니하며, 이것(대상)은 사물 자체로서 오직 사유의 피안으로 머물러 있게 된다"(37).

이에 반해 헤겔의 생각에 의하면, 사유는 인식의 대상과 분리되어 있다가 이 대상에게 추가로 적용되는 것이 아니라 대상과 일치하는 것이다. 사유의 변증법적 활동은 대상 자체의 변증법적 활동과 일치한다. 따라서 사유의 형식은 대상의 존재의 형식이며, 사유의 규정은 대상의 규정이다. 따라서 오성의 12가지 범주는 사유의 규정에 불과한 것이 아니라 존재의 규정이라 말할 수 있다. 이렇게 생각할 때, 헤겔은 범주는 인식에 대해 보편성과 필연성을 부여할 수 있다고 주장한다. 헤겔에 따르면, 인식의 형식은 대상의 내용으로부터 분리되어 있지 않다. "현실적 인식은 대상의 내용 바깥에 머물지 않는다. 오히려 대상과 결합되며, 그 운동을 관찰할 뿐이다"(1966e, 12). 인식 주체와 객체, 인간의 사유와 사유의 대상, 이 모든 것은 "정신의 세계"의 유기체에 속한 지체들이기 때문이다.

4) 헤겔은 바로 여기에 칸트 인식론의 근본적인 문제성이 있다고 지적한다. 칸트는 무엇을 인식하기 이전에 먼저 인식의 형식에 대해 탐구했다. 여기서 인식의 형식은 인식 대상이 있기 이전부터 있는 것으로, **인식 대상을 파악하기 위한 외적인 도구**로 생각된다. 그래서 칸트는 인식을 탐구하기 전에 먼저 인식의 형식을 탐구한다. 인식의 형식과 더불어 인식 자체가

인식 대상에서 분리된 인식 대상을 파악하기 위한 도구로 생각된다. 그리하여 칸트는 대상에 대한 인식 이전에 먼저 인식의 본성에 대해 탐구한다.

이에 반해 헤겔에 의하면, **인식의 형식에 대한 탐구** 자체가 인식에 속한 것으로 생각된다. 인식의 형식에 대한 탐구 자체가 이미 하나의 인식이다. 달리 말해, "칸트는 진리의 기초를 확보하기 위해 '인식 이전의 인식 능력'(선험적 능력)에 대한 연구를 하려고" 했다. 그러나 헤겔에 의하면, "인식 능력을 연구하는 것 자체가 하나의 인식이기 때문에 지금 가지고 있는 인식에서 벗어난 인식 능력을 연구하기는 불가능하다"(이진경 2008, 174). 인식은 대상에서 분리된 것, 대상을 파악하기 위한 도구에 불과한 것이 아니라 대상 자체의 활동에 속하는 것이다. 인식 대상 곧 "사물 자체"는 인간의 인식에 대해 숨어 있는 것, 분리된 것이 아니라 인식 안에 현존하는 것이며, 인식의 과정 속에서 함께 발전하는 것이다. 인식 대상은 인식과 함께 "되어 감"의 과정 속에 있다. 인식 대상은 인식의 형식과 인식 자체로부터 분리되어 있는 "사물 자체"가 아니라 인식 및 인식의 형식과 함께 변화되는 운동 속에 있다.

5. 칸트의 "사물 자체"에 대한 비판

1) 칸트가 말하는 "사물 자체", 곧 현상의 배후에 숨어 있고, 인간에 의해 인식될 수 없는 대상 자체의 개념은 헤겔의 체계 전체에서 가장 신랄한 비판의 대상이 된다. 그의 예나 시대의 문헌 『믿음과 지식』에 따르면, 사물 자체와 인간의 사유는 이원론적 대립 속에 있다. 1) 한편으로 대상의 재료를 정리하는 형식을 가진 사유가 사물로부터 분리되어 있는 추상적 자아(Ich) 속에 서 있고, 2) 다른 한편, 무한하고 다양한 사물들 자체의 세계가 이에 대칭하여 서 있다. 사물 자체의 세계에 대해 사유의 형식들, 곧 12가

지 범주가 적용되지만, 사유의 형식들은 사물 자체의 세계를 파악할 수 없고 단지 그것이 나타남(=현상, Erscheinung)을 인식할 수 있을 뿐이다.

이리하여 사물 자체의 세계는 인간의 사유가 도달할 수 없는 피안의 영역에 머물러 있게 된다(1970a, 310, 312). 사유하는 자아와 사물 자체의 세계, 생성 변화되는 실존의 세계와 영원히 변하지 않는 본질의 세계, 시간적인 것과 영원한 것, 유한과 무한은 극복될 수 없는 이원론에 빠지며, 인간에게는 차안의 시간적이고 일상적인 것, 유한한 것만이 주어질 뿐이다. "현상의 인식이 인식의 유일한 방법으로 생각되는 반면, 이성의 인식은 부인된다." 또한 현상만을 인식하고 사물 자체를 인식할 수 없는 오성 자체도 현상에 불과하며, 그 자체에 있어 아무것도 아닌 것(nichts an sich)으로 생각될 수밖에 없다(313).

오성이 사물 자체를 인식할 수 없고, 단지 사물 자체의 "현상"만 인식할수 있다는 것은 두 가지 의미를 가진다. 첫째, "오성은 대립(Entgegensetzung)의 원리요, 유한성의 추상화(Abstraktion)를 나타낸다는 올바른 의미를" 나타낸다. 이와 동시에 "이 유한성과 현상은 인간에 있어서 절대적인 것이며, 사물들의 즉자가 아니라 인식하는 이성의 즉자라는 다른 의미를" 나타낸다(315).

2) 헤겔에 따르면, 칸트의 사물 자체는 모든 다른 존재로부터 추상된 것, 아무런 규정도 갖지 않은 것이다. 그것은 아무런 규정이 없기 때문에 인식될수 없다. 어떤 사물이 무엇인가를 묻는 사람은 그 사물의 구체적 규정이 무엇인가를 알고자 하는데, 칸트가 말하는 사물 자체는 아무 규정도 갖지 않기 때문이다. 헤겔에 의하면, 모든 사물은 다른 사물들과의 관계 속에 있다. 그것들은 전체 속에 있는 부분들로서 다른 부분들과 연결되어 있다. 이에 반해 칸트가 말하는 "사물 자체"는 다른 사물들과 연결되지 않은, 따라서

다른 사물들과 아무런 관계를 맺지 않은 "고독한 모나드"와 같은 것이다. 그것은 다른 사물들과의 절대적 단절 속에서 자기 홀로 존재하기 때문에 생명이 없는 죽은 것이다. 헤겔은 자신의『논리학』에서 칸트의 "사물 자체"를 다음과 같이 비판한다.

> 사물들은 모든 타자에 대한 존재(Sein-für-Anderes)로부터 추상화되는 점에서, 다시 말해 아무 규정도 없이 무로 생각된다는 점에서 자체(an sich)라고 불린다. 따라서 우리는 사물 자체가 무엇인지 알 수 없다. 왜냐하면 무엇인가를 묻는 질문은 (구체적) 규정들(Bestimmungen)을 요구하기 때문이다.…사물 자체는 우리가 아무것도 알지 못하는, 모든 것이 그 안에서 하나라는 것 외에는 아무것도 알지 못하는 절대자와 같은 것이다. 그러므로 우리는 사물 자체가 무엇인가를 알 수 없다. 사물 자체는 진리가 없고 공허한 추상에 불과하다"(1969a, 130).

3) 헤겔은『철학적 학문의 백과전서』에서 칸트의 "사물 자체"를 다음과 같이 비판한다. "사물 자체는…의식에 대해 존재하는 모든 것으로부터 모든 감정의 규정은 물론 의식의 모든 특수한 사상들로부터 추상화된다는 한에서 대상을 나타낸다." 그러나 이 대상은 "완전히 추상적인 것, 완전히 공허한 것으로, 단지 피안(Jenseits)으로 규정되어 있다." 따라서 "사물 자체"는 인간의 삶의 세계에 대해 아무 의미도 갖지 않은 것, 곧 무의미한 것이다. 그것은 삶의 세계에 대해 무의미한 **"죽은 자들의 머리"**(caput mortuum)다. 그것은 "사유의 생산물, 순수한 추상으로 발전한 사유와 자기 자신의 이 공허한 동일성을 자기의 대상으로 만드는 공허한 자아의 생산물이다." "사물 자체가 무엇인지 모른다는 이것을 아는 것보다 더 쉬운 것은 없을 것이다"(1969d, §44).

사물 자체, 절대자, 곧 "관념"(Idee)을 오성의 범주가 인식하고자 할 때, 사유는 두 가지 반대되는 결론들(Paralogismen)과 모순들(Antinomien)에 빠진다. 곧 세계, 영혼, 하나님이 있다고 말할 수도 있고, 없다고 말할 수도 있다는 모순된 결론들에 빠진다. 헤겔은 칸트가 말하는 이 모순을 매우 중요한 것으로 생각한다. 그는 칸트가 말하는 이 모순이 칸트의 철학과 전통적 형이상학을 구별하는 분기점이 된다고 생각한다. 전통적 형이상학에 의하면, 사물을 인식할 때 생기는 모순은 사유의 우연적인 혼란이나 추론할 때 일어나는 주관적인 실수 내지 오류를 뜻한다. 이에 반해 칸트에 의하면, 사유가 관념을 인식하고자 할 때 모순에 빠지는 것은 사유의 "본성"에 속한다. 헤겔은 칸트의 이 생각이 전통적 형이상학을 넘어서는 가장 중요한 발전이라고 평가한다(1969d, § 48).

4) 그러나 헤겔은 칸트가 **사유의 본성에 속한 모순의 중요성**을 충분히 인식하지 못했다고 그를 비판한다. 이 모순은 이성과 사물 자체의 본성이 지닌 "**내적인 부정성**"이며, "자기 자신을 움직이게 하는 그의 영혼, 모든 자연적이고 정신적 생동성 일반의 원리"다(1969a, 135). 변증법적 운동을 가능케하는 이 모순은 칸트에게서 단지 인간의 정신적 영역, 곧 "사유의 규정들이 가진 본성에 속한" 것으로만 생각된다. 서유석 교수의 설명에 의하면, 칸트는 모순을 "사유 규정의 본성에 속하는 필연적인 것으로 통찰했다. 그러나 그에게 있어서 모순은 오성 개념의 잘못된 사용에 근거한 모순(Antinomie)일 뿐 객관적 사물의 존재 방식이 아니었다.…헤겔에게 모순은 제 사물의 '본질 규정'으로서, 진무한(참된 무한, 필자)으로서의 사물의 자기동일성 속에 이미 내포되어 있다." 모순은 "사물의 진리와 본질에 속한 것"이다. 따라서 "모든 사물은 그 자체에 있어서 모순적이다." "이 모순이야말로 모든 운동 및 활동의 뿌리다"(서유석 1985, 189).

헤겔에 의하면, 모순은 단지 사유의 규정에 속한 것이 아니라 사물 자체에 속한다. 이른바 사물 자체의 즉자(An-sich-sein)는 고정되어 있는 것, 완성되어 있는 것, 그 자체로서 절대적인 것이 아니라 자기의 것을 부정함으로써 다른 것으로 존재하게 되는 "부정의 부정"이다. 따라서 모순은 사유의 규정에만 속한 것이 아니라 사물 자체의 세계에 속하기도 한다. 사물 자체의 세계와 사유의 규정은 별개의 것이 아니라 일치한다. 그러므로 사유의 규정은 사물들 자체의 규정이기도 하다. 칸트에 따르면, 절대자(=영혼, 세계, 하나님의 세 가지 관념)에 대해 오성의 범주가 적용될 때, 이성은 모순에 빠진다고 하는데, 그럼에도 범주의 이 적용은 이성에게 필연적이라는 칸트의 생각은 모순된 것이다. 그 이유는 이성은 그가 해서는 안 될 일을 할 수밖에 없기 때문이다.

5) 헤겔에 의하면, **대상 세계의 규정과 사유의 규정이 일치한다.** 사유의 법칙과 존재의 법칙은 일치한다. 그렇다면 대상과 이에 대한 인간의 인식은 이원론적으로 나뉘지 않는다. 대상은 인간의 인식 저 너머에 은폐되어 있는 피안의 것이 아니라 인간의 인식에 대해 "나타난다"(현상한다). 대상의 본질은 인간의 인식이 도달할 수 없는 피안에 숨어 있는 것이 아니라 인간의 인식에 대해 "나타난다". 그것은 "현상의 뒤에 혹은 현상의 피안에 있는 것이 아니다." 그것은 "실존하는 본질"이기 때문에 현상한다. 그의 실존은 곧 현상이다(ist die Existenz Erscheinung, 1969d, § 131). 칸트가 말하는 "사물 자체"는 현상한다(외적으로 나타난다).

뉘른베르크 시대에 쓴 한 문헌에 의하면, "사물들의 내적인 것", 곧 사물 자체는 "한편으로 현상으로부터, 다시 말해 자기 자신에 대해 외적인 잡다성(Mannigfaltigkeit)으로부터 자유롭다." 다른 한편, "그것은…현존(Dasein)으로, 외화(Äußerung)로 넘어가는 힘(Kraft)이다." 그것은 "사물들의 사상 혹은 개념"으로 현존한다(1970b, 115-116). 그것은 인간의 사상 혹은 개념으로 현존하기 때문에 인간에 의해 인식될 수 있다. 그것은 인간의 인식과 마찬가지로 자신의 부정적인 것을 부정하는 변증법적 운동 속에 있다. 그것은 이 운동 자체다.

따라서 칸트가 말하는 "사물 자체"는 인간의 인식이 도달할 수 없는 자신의 영역에 머물러 있는 것이 아니라 인간의 인식 내지 지식과 함께 **변화되는 것, 되어가는 것**으로 생각될 수밖에 없다. 그것은 고정된 것이 아니라 "되어감" 자체다. 존재는 "되어감" 속에 있다(Sein ist im Werden). 그것은 "다른 것으로 넘어감"이다(Übergehen in Anderes, 1969d, §84).

헤겔은 이것을 『정신현상학』에서 다음과 같이 말한다. "지식의 변화 속에서 사실상 **대상 자체도 변화된다.**…지식과 함께 대상도 하나의 다른 것이 된다. 대상은 본질적으로 이 지식에 속하기 때문이다"(1952, 72. Hegel의 이 생각은 대상에 대한 "관찰의 과정 속에서 대상 자체의 존재가 변화된다"는 양자물리학의 이론적 단서가 됨. 김균진 2006, 360).[1] 헤겔에 따르면, 인간의 사유가 도달할 수 없는 "낯선 것, 외적인 것", 영원히 변화하고 그 자신 속에 폐쇄되어 있는 칸트의 "사물 자체"는 하나의 "추상물"(Abstraktum)이며, "단지 추상화하는 사유의 산물일 뿐이다"(nur ein Produkt des…nur abstrahierenden Denkens, 1969a, 60). 칸트가 말하는 "사물 자체와 (인간의) 자기의식의 순수한 통일성은 추상적보편성들이다. 그것들은 고정되어(fixiert) 있기 때문에 철저히 **비정신적인**것이다." 흰 것이 흰 것으로, 검은 것이 검은 것으로 머물러 있기만 한다면, 거기서 회색이나 다른 어떤 색깔이 생성되는 것은 불가능하다(1970b, 440,

---

1) 원문. "aber in der Veränderung des Wissens ändert sich ihm in der Tat auch der Gegenstand selbst…: mit dem Wissen wird auch er ein anderer, denn er gehört wesentlich diesem Wissen an."

Jacobi에 대한 비판에서).

마르쿠제의 헤겔 해석에 따르면, "사물 자체"가 인간의 이성이 인식할 수 있는 영역 바깥에 머물 때, 인간의 이성은 단지 주관적 원리에 불과하게 되며, "현실의 객관적 구조에 대한 힘"을 상실한다. 이리하여 "세계는 주체성과 객체성, 오성과 감성, 사유와 존재의 두 가지 분리된 영역들로 분열한다." 헤겔에게 이 분열은 "인식론적 문제"에 불과한 것이 아니라 사회, 정치적 문제와 연결된 것이다(Marcuse 1972, 32).

6. 칸트의 "오성"에 대한 비판

1) 칸트는 절대자 곧 영혼, 세계, 하나님의 세 가지 관념에 대해 오성의 범주가 적용될 때 일어나는 모순을 부정적으로만 생각했다. 헤겔에 의하면, 이 모순은 모든 사물과 표상과 관념과 개념 속에 있으며, 이 모순이야말로 부정의 부정을 가능케 하는 "변증법적 요소"다(1969a, 130). 모순은 변증법적 운동을 가능케 하는 긍정적 의미를 가진다. 칸트는 이 긍정적 의미를 보지 못했다. 이리하여 그는 이성을 오성으로 하락시킨다.

물론 칸트는 오성과 이성을 구별하고, 이성을 오성의 우위에 둔다. 오성이 감각적 소재들을 기초로 다양한 판단과 개념에 도달한다면, 이성은 이 판단과 개념들을 통일성 있게 종합하는 위치에 있는 것으로 생각된다. 그러나 칸트가 말하는 이성은 오성의 인식을 종합하고 조직화시키기 위한 **형식적 통일성에 불과**하며, 아무런 특별한 인식을 가져오지 못한다. 그것은 오성의 유한한 인식의 영역을 넘어서지 못한다. 그러므로 이성은 영혼과 세계와 하나님의 세 가지 관념이 있다고 증명하지도 못하고, 없다고 증명하지도 못한다. 이성이 가진 것은 오성의 형식(=12가지 범주)이며, 이 형식으로부터 오성의 인식 영역을 넘어 절대자, 곧 위의 세 가지 관념을 파악하고자 할 때, 모순에 부딪힐 뿐이다.

칸트가 "사물 자체"와 그 사물의 "현상"을 구별하고, 오성의 인식 대상은 현상이라고 생각하는 것은 오류가 아니다. 그러나 헤겔은 이 대상이 인간의 오성에 대해서만 현상이 아니라 그 자체에 있어서, 곧 그의 즉자에 있어서도 현상이라고 말한다. 곧 "사물 자체"가 현상이다. 칸트가 말하는 오성의 범주들이 유한한 것도 사실이다. 그러나 유한한 오성의 인식을 인식 일반의 척도로 삼는 것은 잘못이다.

2) 여기서 칸트는 오류를 저지르고 있다. 한편으로 칸트는 오성은 사물의 현상만을 인식한다고 말하면서, 다른 한편으로는 이 오성의 인식이 유일하고 참된 인식이라고 말하는데, 이것은 잘못이다. 사물 자체를 인식하지 못하고 현상만을 인식한다면, 이 인식은 참된 것이라고 볼 수 없다. 사물 자체는 인식되지 않기 때문이다. 헤겔에 의하면, "한편으로 오성은 단지 현상만을 인식한다고 인정하면서, 다른 한편 이 인식을 절대적인 것으로 주장하는 것은 가장 큰 모순이다"(1969d, § 60). 칸트는 자신의 인식 비판에서 유한한 영역에 머물러 있으며, 구체적인 진리에 이르지 못한다. 절대자는 오성에 의해 인식될 수 없는 대상으로 규정되고, 오성은 현상의 세계에 속한 것만 인식할 수 있는 것으로 제한된다. 인간과 절대자는 분리된다.

헤겔에 의하면, 인간의 영 곧 정신과 절대자의 분리를 제시하는 것으로 끝나는 것은 무의미한 일이다. 하나님의 인식 불가능성을 증명하는 것으로 만족하는 것은 사유의 게으름에 봉사할 뿐이다. 신학의 생명은 하나님에 대한 인식에 있다. 헤겔은 만약 하나님이 인식될 수 없다면, 신학의 생명은 끝날 것이라고 주장한다.

3) 헤겔은 칸트가 말하는 오성의 본질과 이성의 본질이 더 정확하게 규정

되어야 한다고 생각한다(이에 관해 1970a, 316 이하). 그는 이 문제와 연관하여 먼저 오성의 의미를 충분히 인정한다. 인간의 삶과 학문에서 오성이 깨어남으로 인해 인간의 의식은 깨어나 독립하게 된다. 그리하여 인간은 자연의 법칙과 사물들과 정신의 생성물들이 가진 상태와 질서와 특수성을 인식할 수 있게 된다. 따라서 오성은 유한한 세계를 인식하기 위해 매우 중요하다. 그것은 객관적으로 주어진 것을 분리하며, 분리된 것을 개념적으로 고수하는 활동성이다.

이 활동성에서 필연적인 일은 대상들을 서로 추상화하는(abstrahieren) 일이다. 추상화하지 않고서는 어떠한 특수한 인식도 있을 수 없다. 왜냐하면 인식이란 주어진 대상을 그의 특수한 규정에서 파악해야 하며, 특수한 규정은 대상들이 서로 분리 내지 추상화되어 있을 때에만 파악될 수 있기 때문이다. 오성은 동일성, 즉 그가 자신에 대해 가지는 단순한 관계를 자신의 원리로 삼는다. 그것은 어떤 대상을 자기 자신의 추상적 동일성에서 파악하고, 그 대상을 다른 대상으로부터 분리된 채로 확정시킨다.

이와 같이 오성은 구체적인 대상 사물들을 분리하지만 분리된 것을 결합하지는 못한다. 따라서 오성이 도달할 수 있는 것은 구체적인 대상 사물들의 추상적인 차이뿐이다. 예를 들어, 오성은 무한자를 유한자에 대해 절대적 대립의 관계에서 파악한다. 곧 오성에 대해 하나님과 세계의 유한한 사물들은 대립 속에 있는 것으로 생각된다. 무한자는 유한자의 부정을 의미할 뿐이며, 양자의 차이는 오성을 통해 극복되지 못한다(1997, 21).[2] 오성에서 이 차이는 완전히 고립된 상태에서, 모든 다른 것과 분리된 그의 추상

---

2) 원문 참조. "Das Unendliche, insofern an dem Endlichen entgegesetzt wird, ist ein solches vom Verstand gesetztes Vernünftiges; es drückt für sich als Vernünftiges nur das Negieren des Endlichen aus. Indem der Verstand es fixiert, setzt er es dem Endlichen absolut entgegen"(Hegel 1997, 21).

적 동일성에서 인식되고 고수된다. 그러므로 오성에서는 "유한성의 전제들"이 "규칙과 규범"이 된다.

4) 헤겔에 의하면, 칸트가 말하는 오성의 원리는 "제3의 것의 배제의 원리"(배중율, *prinzipium exclusi tertii*)라고 말할 수 있다. 왜냐하면 오성에서 참된 것은 추상적인 자기 동일성 속에 있기 때문이며, 자기 자신에 대해 모순될 수 없고 따라서 자기와 자기 아닌 것 사이에 제3의 것이 허용될 수 없기 때문이다. 그러므로 칸트가 말하는 오성의 범주들도 서로 분리된 채 고정되어 있는 것으로 생각된다. 오성의 범주들은 서로 아무런 연관성도 갖지 않으며, 감성적 재료들을 단지 종합하고 인식으로 구성하는 고정된 형식, 죽은 형식 혹은 "최고의 원리"로 생각된다.[3] 이 고정된 형식으로 인해 대상 사물은 그의 생동적 현실에서 추상화되어, 그의 특수한 규정 내지 유한한 차이 속에서 인식되고 고수된다.

이와 같이 오성은 추상적인 것에 집착하기 때문에 절대적인 것, 무한한 것, 신적인 것에 대해 아무것도 할 수 없다. 오성은 이러한 사변적인 것에 대해 아무 능력도 갖지 못하며, 체념할 수밖에 없다. 칸트는 이 사변적인 것, 곧 절대적인 것, 신적인 것에 부딪칠 때, 오성은 모순에 부딪칠 뿐이라고 말한다. 그러므로 오성은 종교에 대해 아무것도 할 수 없다. 그것은 종교의 내용에 대해 체념할 수밖에 없다. 그것은 보편자, 절대자를 표현하는 종교의 감각적 상징들을 유한한 상태의 것으로 파악할 뿐이다.

예를 들어, 오성은 기독교가 말하는 "삼위일체 하나님"의 표상에서 3이라는 숫자에 집착함으로써 성부, 성자, 성령이라는 세 신적 인격들을 분리

---

3) 이에 관한 원문 참조. "daß die Kategorien selbst teils zu ruhenden toten Fächern der Intelligenz, teils zu den höchsten Prinzipien gemacht worden sind." Ibid., 9.

*부록 | 칸트의 이원론과 헤겔

하여 생각한다. 하지만 그것은 세 인격이 셋이면서 동시에 하나라는 것을 이해하지 못한다. 이리하여 무한자 곧 하나님은 추상적인 것이 되어버린다. 무한자는 유한자와 대립 속에 있게 되고, 양자는 서로 그 자신을 절대화시킨다. 한마디로 헤겔은 오성이 유한자와 무한자를 대립시키며, 이 대립 속에서 양자를 고착시킨다고 말한다(1997, 27). 그는 칸트가 말하는 오성의 신학적 문제점을 『세계사 철학 강의』에서 다음과 같이 요약한다. "우리 시대의 오성은 하나님을 하나의 추상물로 만들어버렸다. 인간의 자기의식의 피안으로, 인간이 단지 머리를 부딪치기만 하는 강철로 된 미끄러운 담벼락으로 만들어버렸다"(1968a, 126).

5) 또한 헤겔은 오성이 철학에서도 한계를 가진다고 주장한다. 물론 철학은 오성을 필요로 한다. 우리는 오성을 통해 정확하게 사유할 수 있고, 정확한 사유를 통해 대상을 정확하게 파악해야 하는 철학적 과제를 수행할 수 있다. 그러나 헤겔의 입장에 의하면, 모든 대상은 변증법적인 자기활동 속에 있음에도 불구하고, 오성은 12가지 범주에 따라 분석된 대상 사물의 특수한 규정을 고수한다. 이로 인해 오성은 대상 사물을 현실적으로 인식할 수 없다. 대상 사물은 오성의 12가지 범주에 묶이지 않는 변증법적 "되어감"의 활동 속에 있기 때문이다.

따라서 헤겔은 사변철학이 오성에 머물러 있을 수 없다고 주장한다. 오히려 그것은 오성에 의해 분리된 것을 통일시키고, 변증법적 활동 속에 있는 대상 사물을 파악하고자 한다. 그것은 "고착화된 주체성과 객체성의 대립을 지양하고, 실재하는 세계의 되어 있음(Gewordensein)을 되어가는 것(Werden)으로, 생성물로서의 그의 존재를 생성으로 파악하고자" 한다(1997, 22). "오성은 규정하며 이 규정들을 고수한다. (이에 반해) 이성은 부정적이며 변증법적이다. 그것은 오성의 규정들을 무로 해소시키기(in nichts auflösen)

때문이다"(1969a, 16). 특정한 규정들을 해소시키고, 대상 사물을 변증법적 과정 속에서 되어가는 것으로 파악하는 것이 사변적 이성의 과제다. 그것은 존재와 비존재, 개념과 존재, 유한자와 무한자를 통일시키고자 한다.

그러나 이 통일은 양자의 무분별한 합일을 뜻하지 않는다. 오히려 "이 통일에서 양자는 동시에 존속한다." 즉 이 통일은 양자가 아무런 차이를 갖지 않는 무분별한 합일이 아니라 양자의 중재와 화해를 의미한다. 더 정확하게 말한다면, 그것은 무한자가 유한자로 타재되어서 유한자로 존재하는 동시에, 이 유한자로부터 언제나 다시금 자기를 구별하고, 이 유한자를 무한자의 전체성으로 고양해나가는 변증법적 활동을 말한다. 헤겔은 이 변증법적 활동 가운데 있는 양자의 관계를 가리켜 "유한자와 무한자의 의식적 동일성"이라 부른다(1997, 27. 여기서 Hegel은 하나님과 세계사의 과정, 하나님과 사유의 무분별한 합일을 반대한다는 것을 볼 수 있음).

헤겔은 무한자와 유한자의 통일에서 이성이 대립과 분리를 전적으로 거부하는 것은 아니라고 말한다. 왜냐하면 대립과 분리는 "삶의 한 동인"이며, "가장 높은 생동성에서의 전체성은 가장 깊은 분리의 회복을 통해서만 가능하기 때문이다"(1969a, 21). 이성이 거부하는 것은 대립과 분리 그 자체가 아니라 오성을 통하여 대립과 분리를 고정시키고, 유한자와 무한자를 분리 속에서 절대화시키는 것이다.

6) 헤겔은 유한자와 무한자의 중재와 화해를 이루고자 하는 사변적 이성이 오성의 원리를 따르는 "자연적 혹은 합리적 신학"과 대립할 수밖에 없다고 생각한다. 합리적 신학은 하나님의 개념과 그의 속성을 탐구하며, 어떤 술어가 하나님의 표상에 적절한가를 확정하고자 한다. 여기서 합리적 신학은 하나님을 먼저 이 세계로부터 분리된 추상적 존재로 표상하며, 이 추상적 존재에게 최고의 존재, 전지전능 등 여러 가지 술어를 부여한다. 그러나 이

신학은 유한자와 무한자의 중재와 화해를 알지 못한다. 이리하여 무한자 곧 하나님은 이 세계 속에 내재하는 존재, 즉 이 세계의 "직접적인 실체"로 생각되거나 아니면 주체에 대립하는 객체, 즉 이 세계의 피안에 있는 존재로 생각된다(1969d, § 56). 곧 하나님은 범신론적으로 생각되거나 아니면 이원론적으로 분리되어 있는 피안의 존재로 생각된다.

이로써 합리적 신학은 자신이 도달하고자 했던 것과는 반대되는 결과에 도달한다. 이 신학에서 하나님은 가장 높은 존재, 가장 현실적인 존재로 생각되지만, 실제로는 이 세계로부터 쫓겨난 하나의 단순한 추상물, 인식의 피안으로 되어버린다. 헤겔은 바로 이것이 칸트의 비판철학의 마지막 결론이라고 비판한다.

결론적으로 헤겔은 칸트 철학에서 인간이 하나님을 인식할 수 없는 추상적인 존재, 모든 술어와 규정을 상실한 하나의 "피안"으로 만들어버린다고 말한다. "인식될 수 없는 하나님"이 칸트의 하나님이다. 이 하나님은 "이성의 경계 저 너머에 계신 분"으로, 인간의 "직관이 도달할 수 없는 영역"에 불과하다(1969d, § 44). 헤겔은 그 결과 하나님과 세계는 분리되고, 분리된 상태에서 서로에 대해 절대화되며, 서로 대립한다고 칸트를 비판한다. 이렇게 나뉜 하나님과 세계를 화해시키고, 하나님을 세계의 섭리자와 통치자로 드러내는 데 헤겔 철학의 궁극적 관심이 있다. 이 관심 자체는 완전히 종교적이고 신학적인 것이다.

헤겔은 예나 시대의 저서 『믿음과 지식』에서 칸트 철학의 전체적 특징을 다음과 같이 요약한다. "지식은 (변증법적 활동으로서의 사물 자체를 보지 못하는) 형식적 지식이고, 이성은 하나의 순수한 부정성으로서 절대적 피안이며, 이 피안은 차안과 실증성(Positivität)을 통해 피안과 부정성으로 제약되어 있다. 무한성과 유한성 양자는 그들의 대립과 함께 다 같이 절대적이라는 것"이 칸트 철학의 "보편적 성격"이다(1970a, 332).

3. 왜 헤겔은 하나님 인식 불가능을 반대하는가?

1. 인간의 이성은 하나님을 인식할 수 없다는 칸트에 반해, 헤겔은 청년 시대부터 인간의 이성을 통해 하나님을 인식할 수 있는 가능성을 주장한다. 그는 하나님을 인식할 수 없다고 보는 당시의 학문적 상황을 다음과 같이 비판한다. "인간은 하나님을 인식할 수 없다"는 것이 오늘날 완전한 진리로 인정되고 있다. 대부분의 사람이 이 견해를 인정한다. 하나님을 인간의 사유로써 인식하고, 그의 속성을 파악하고자 하는 것은 이미 오래 전부터 논박을 당한 오류라고 생각한다. 그리고 하나님 인식에 대해 관심도 두지 말아야 한다고 생각한다. 그동안 다른 분야의 학문들은 거의 한계가 없을 정도로 발전되었다. 그리하여 지식의 범위는 헤아릴 수 없을 만큼 확대되었다. 이와 같이 유한한 사물들에 대한 인식은 무한히 발전한 반면, 하나님에 대한 인식은 점점 더 위축되기만 한다.

헤겔에 의하면, 한때는 "모든 학문이 하나님에 관한 학문이었던 때가 있었다"(1966b, 5). 특히 중세기의 학문은 곧 하나님에 관한 학문이었다. 이에 반해 우리의 시대는 모든 다른 사물에 대해 알 수 있다고 주장하면서도 유독 하나님에 대해서만은 알 수 없다고 주장한다. 한때 인간은 하나님에 대해 간절히 알고 싶고, 그의 본성에 관해 추구하고 싶은 관심과 욕망을 가지고 있었다. 이 관심과 욕망이 충족되지 못할 때, 인간은 불행하다고 느꼈으며, 하나님에 관한 관심 외의 모든 다른 관심을 부차적인 것으로 간주했다. 그러나 오늘 우리 시대는 하나님을 인식할 수 없는 인간의 "제한성, 무능력"을 하나님에 대한 "겸손"으로 생각한다(1966a, 179).

2. 헤겔에 따르면, 우리의 시대는 하나님을 알고자 하는 모든 욕구와 노력을 포기하고, 하나님에 대해 아무것도 알 수 없다는 것을 심각하게 생각하

는 사람이 아무도 없을 정도다. 오히려 하나님에 대한 인식이 불가능하다는 것이 "최고의 통찰"로 간주되고 있다. 모든 종교처럼 기독교가 최고의 절대 계명으로 선언하는 것, 곧 "너희는 하나님을 알아야 한다"라는 계명이 이제는 하나의 어리석음으로 간주된다. 그리스도께서 우리에게 말씀하신 요구, 곧 "'하늘에 계신 너희 아버지가 완전한 것 같이 너희도 완전하라'는 이 높은 요구가 우리 시대의 지혜에 대해서는 하나의 공허한 소리가 되었다.···만일 우리가 하나님에 대해, 그의 완전하심에 대해 아무것도 알지 못한다면, '하늘에 계신 너희 아버지가 완전한 것 같이 너희도 완전하라'는 이 계명을 어떻게 지킬 수 있고, 하나의 의미를 그에게 부여할 수 있겠는가?"(1966b, 5)

헤겔은 하나님을 인식할 수 없다는 당시의 추세에 반해 다음과 같이 주장한다. "우리는 이른바 하나님을 인식할 수 없다는 겸손, 다시 말해 제한성과 무능력을 완전히 거부해야 한다. 오히려 하나님을 인식하는 것이 종교의 유일한 목적이다. 우리가 종교를 가진다면, 우리는 종교를···인식할 수밖에 없다. 인식하지 못하는 자연적 인간은 종교를 갖지 않는다. 그는 '하나님의 영(정신)'에 관해 아무것도 인지하지 못하기" 때문이다(고전 2:14, 1966a, 179). 달리 말해, 하나님을 전혀 인식하지 못한다면, 종교를 가질 수 없을 것이다.

하나님이 우리와 관계를 맺는다면, 그래서 "우리를 위한 하나님"이라면, 우리는 하나님을 인식할 수밖에 없다. 하나님이 자기를 우리에게 계시했다는 것은 우리가 하나님을 인식할 수 있다는 것을 전제한다. 우리에게 인식 능력이 없다면, 하나님은 자기를 우리에게 계시하지 않았을 것이다. "하나님이 자연 속에서 자기를 계시한다"고 생각해보자. 그러나 "하나님은 돌이나 식물이나 짐승에게 자기를 계시할 수 없다. 그는 정신이기 때문에 사유하는 정신인 인간에게만 자기를 계시할 수 있다." 사유하는 정신으로서의 인간은 하나님을 인식할 수 있기 때문이다(1966e, 48-49).

3. 헤겔이 하나님을 인식할 수 없다는 당시의 추세를 날카롭게 거부하는 이유는 무엇인가? 가장 중요한 이유는 하나님이 인간의 세계에 대해 아무런 의미도 갖지 못한 **추상적 존재**가 되어버리는 데 있다. 인간이 하나님을 전혀 인식하지 못할 경우, 하나님은 **미지의 존재**가 되어버린다. 그는 하나님이 누구인지, 하나님의 본성과 의지가 무엇인지 알지 못하게 된다. 이리하여 하나님은 인간과 자기 세계에 대해 무의미하게 되어버린다. 그는 "완전히 추상적인 것, 완전히 공허한 것"이 되어버린다. 추상적 존재, 미지의 존재는 우리에게 아무것도 말할 수 없다. 헤겔에 따르면, "참된 것은 추상적이지 않다. 추상적인 것은 참되지 않다"(das Wahre ist nicht abstrakt; das Abstrakte ist das Unwahre, 1966a, 113).

하나님이 인간과 세계에 대해 미지의 존재, 무의미한 존재가 되어버릴 때, 하나님과 인간, 하나님과 세계가 분리된다. 세계는 하나님 없이 존재하고, 하나님은 세계 없는 하나님이 되어 추상적 자기 동일성 속에서 양자가 절대화되어버린다. 세계의 무신성(Gottlosigkeit)과 하나님의 무세계성(Weltlosigkeit)이 야기된다.

헤겔은 칸트의 이 문제점을 나중에 당시의 신학적 대가인 슐라이어마허에게서도 발견한다. 슐라이어마허에 따르면, 종교의 뿌리는 사유와 인식에 있는 것이 아니라 절대자에 대한 "절대의존의 감정(느낌)"에 있다(그의『종교론』참조). 여기서 하나님은 인간이 사유할 수 있고 인식할 수 있는 영역에서 감정의 영역으로 분리된다. 그는 객관성의 영역에서 종교적 감정의 주관적 영역으로 추방된다. 그는 구체적 규정이 없는 추상적 존재가 되어버린다. 헤겔은 이것을 다음과 같이 말한다.

*부록 | 칸트의 이원론과 헤겔

만일 현대 교회가 하나님을 인식할 수 없다고 말한다면, 하나님은 하나의 추상적인 것(Abstraktum)으로 전락해버린다. 하나님은 가장 높은 존재라고 말하는 것과 혹은 하나님은 인식될 수 없다고 말하는 것은 마찬가지다. 하나님을 인식한다는 것은 그에 관해 하나의 특수하고 구체적인 개념을 가진다는 것을 뜻한다. (하나님이) 단순히 있다고 할 때, 하나님은 내용이 없는 하나의 추상적인 것이 되어버린다.

　　…그러나 이성의 신학은 사유를 그의 원리로 가지기 때문에 하나님에 대한 인식을 요구한다.…하나님은 진리다. 실로 그는 영(정신)으로서의 하나님이다. 오성은 이 진리를 인식할 수 없다. 그리하여 오성은 하나님이 인식될 수 없다고 선언하게 된다. 그러나 인간은 자기의 정신적 가치를 믿으며 진리에 대한 용기를 갖고 있기 때문에 이 진리를 찾고자 하는 충동을, 무한한 충동을 느낀다. 이 진리는 공허한 것이 아니라 구체적인 것이며 충만한 내용을 가지고 있다 (1966b, 42).

하나님이 세계사를 섭리하고 통치해야 한다면, 그가 어떤 분인지 우리에게 인식되어야 한다. 우리에게 인식되지 못하는 자가 우리의 삶과 세계사를 섭리하고 통치한다는 것은 불가능하다. 헤겔에 의하면, 르네상스 및 종교개혁을 통해 근대 세계의 모든 영역에서 일어난 분리와 대립의 근본 원인은 하나님에 대한 인식 불가능성에 있다. 하나님에 대한 인식 불가능성으로 인해 하나님과 인간, 하나님과 세계가 분리되고, 유한과 무한, 정신과 자연, 법과 도덕, 종교와 국가, 내용과 형식, 사유와 대상, 진리와 신념이 분리 및 대립되었으며, 이 대립은 전통에서의 해방인가 아니면 전통의 고수인가, 현실의 개혁인가 아니면 복고인가의 사회적·정치적 문제를 야기했다. 헤겔이 하나님에 대한 인식 불가능성을 결사반대하는 이유가 여기에 있다.

4. 헤겔의 하나님 인식론

1. 인간의 이성은 하나님을 인식할 수 없다는 칸트에 반하여, 헤겔은 하나님에 대한 인식 가능성을 강력히 주장한다. 그는 자신의 문헌 도처에서 거듭거듭 이를 강조한다. 헤겔은 이에 대한 근거가 하나님의 계시에 있음을 『정신현상학』에서 다음과 같이 요약한다. "신적 존재가 이 종교(기독교) 안에 계시되어 있다. 그가 계시됨은 분명코 자기가 무엇인지 알도록(인식하도록) 하기 위함에 있다"(1952, 528).

헤겔에 의하면, 하나님은 숨어 계신 하나님(Deus absconditus)이 아니라 계시된 하나님(Deus revelatus)이다. "그는 하나의 피안, 미지의 존재가 아니다. 그는 자기가 무엇인가를 인간에게 알려주었기 때문이다"(1966d, 6, 각주 3). 그러므로 "기독교는…계시의 종교다. 하나님이 무엇이며, 그가 존재하는 바 그대로 알려질 수 있다는 것이 그 안에 계시되어 있다.…하나님은 계시될 수 있을 뿐이다.…정신의 본질은 자기를 나타내는 것, 자기를 대상화하는(gegenständlich machen) 데 있다"(32). "하나님은 자기를 계시한다. 그는 자기를 인식하도록 한다"(1966b, 201).

예수 그리스도 안에서 하나님이 자기를 대상화하고 자기를 계시하기 때문에, 기독교는 "존재하는 바 그대로의 하나님을 인식한다." 그것은 하나님의 진리가 무엇인지 안다. 이런 점에서 기독교는 "진리의 종교"다. 어떤 종교는 진리가 무엇인지 가르쳐주지 않으면서 그 진리를 찾아야 한다고 가르친다. 이에 반해 기독교는 하나님의 말씀이 육신이 된 예수가 진리라고 말한다(요 14:6).

2. 따라서 기독교는 하나님의 진리가 무엇인지 알지 못하면서 그 진리를 믿는 종교가 아니라 하나님의 진리가 무엇인지를 알고 믿는 종교다. 하나님

을 제대로 믿고 그의 뜻을 행하고자 한다면, 하나님이 어떤 존재인지, 그의 뜻 곧 진리가 무엇인지 인식하고 알아야 한다. 그러므로 헤겔은 하나님이 어떤 분인지, 그의 뜻이 무엇인지를 인식하는 것이 그리스도인에게 주어진 최고의 의무라고 말한다. 인식하지 못하는 것, 알지 못하는 것을 믿는다는 것은 있을 수 없는 일이다. "하나님을 인식하지 말아야 하는 기독교 종교, 하나님이 계시되어 있지 않은 기독교 종교는 기독교 종교가 아닐 것이다." 이 종교의 "내용은 인간 의식에 대한 진리의 존재, 곧 **정신으로서의 하나님**일 뿐이다"(1966d, 34).

왜 하나님은 자기를 계시하는가? 그것은 우리 인간이 하나님을 알게 되기를 하나님 자신이 원하기 때문이다. 하나님은 우리 인간이 그에 대한 무지 가운데 있기를 원하지 않는다. 그는 우리가 그를 알기를 원한다. 하나님과 그의 뜻을 알아야 그 뜻을 행할 수 있다. 하나님을 알 때, 그의 의지가 이 세상 속에서 실현될 수 있고, **하나님의 세계 섭리와 통치**가 이루어질 수 있다. 하나님은 세계의 하나님으로, 세계는 하나님의 세계로 변화될 수 있다. 따라서 우리는 하나님을 알고자 노력해야 한다. 하나님을 알고자 하지 않는 것은 지적 게으름일 뿐이다. 이에 대한 헤겔 자신의 말을 들어보자.

하나님은 기독교 종교에서 자기를 계시했다. 다시 말해 그는 자기가 무엇인지 인간이 인식하도록 했다. 이리하여 그는 더 이상 폐쇄된 것, 비밀스러운 것이 아니다. 하나님을 인식할 수 있는 이 가능성과 함께, 하나님을 인식해야 할 의무가 우리에게 주어졌다.…신적 본질의 계시로부터 출발하는 사유하는 정신은 이제 느끼며 표상하는 정신에게 주어진 것을 드디어 사상(Gedanken)을 가지고 인식하는 데까지 발전해야 한다.…

기독교 종교의 뛰어난 점은 기독교 종교와 함께 이 시간이 왔다는 점에 있다. 세계사에서 절대적 시대는 여기에 있다. 하나님의 본성이 무엇인지 계시되었다. 우리가 하나님에 대해 아무것도 모른다면, 기독교 종교는 쓸데없는 것이 되어버릴 것이다.…우리는 기독교 종교에서 하나님이 무엇인지 안다. 물론 그 내용은 우리에게 감정(Gefühl, 느낌)이다. 그러나 그것은 정신적 느낌이기 때문에, 그것은 적어도 표상에 대한 것이기도 하며, 단지 감성적 신체 기관에 대한 것일 뿐만 아니라 사유하는 신체 기관, 곧 하나님이 인간에 대해 그 안에 계신 본래적 신체 기관에 대한 것이기도 하다. 기독교 종교는 인간에게 하나님의 본성과 본질을 나타낸 종교다. 그래서 우리는 그리스도인으로서 하나님이 무엇인지 안다. 이제 하나님은 더 이상 알려지지 않은 존재가 아니다. 우리가 아직도 이것을 주장한다면, 우리는 그리스도인이 아닐 것이다.…그리스도인들은 하나님의 신비 속으로 봉헌되었다(eingeweiht). 이리하여 세계사에 대한 열쇠가 우리에게 주어졌다. 여기에 섭리와 섭리의 계획에 대한 특수한 인식이 있다. 섭리가 세계사를 다스렸고 또 다스린다. 세계 속에서 일어나는 것은 신적 통치 속에서 결정되며, 이 통치와 일치한다는 것이 기독교 종교의 주요 이론이다.…그러나 이 보편적 믿음, 곧 세계사는 영원한 이성의 산물이요, 이성이 그의 위대한 혁명들을 결정했다는 믿음은 먼저 철학으로, 또한 세계사 철학으로 나아가야 한다(1968a, 45-46).

위의 인용문에서 하나님 인식은 하나님의 세계 섭리와 통치를 인식하는 것과 결합되어 있음을 볼 수 있다. 헤겔이 칸트에 반해 철저히 하나님에 대한 인식의 가능성을 주장하는 이유는 역사에 있어 하나님의 섭리와 세계 통치를 이루고자 하는 관심에 있다. 하나님이 인간의 이성에 의해 인식될 수 없다고 주장할 때, 그는 세계에 대해 추상적인 존재, 추상적이기 때문에 의미가 없는 죽은 것과 같은 존재가 되어버리기 때문이다.

3. 그럼 우리는 어떻게 하나님을 알 수 있는가? 하나님을 알 수 있는 길, 곧

*부록 | 칸트의 이원론과 헤겔

그를 인식할 수 있는 길은 무엇인가? 우리는 이 질문에 대답하기 위해 **헤겔 철학 전체의 핵심**을 다시 한번 기술하지 않을 수 없다.

앞서 기술한 바와 같이, 헤겔 철학 전체의 핵심은 "정신으로서의 하나님"에 있다. "정신으로서의 하나님"은 먼저 **자기를 자기가 아닌 것으로 대상화하는 활동성**이다. 먼저 그는 **인간의 정신**으로 자기를 대상화하고 자기를 계시한다. 하나님은 자기를 돌이나 식물이나 동물이 아니라 인간의 사유하는 정신에게 자기를 계시한다. "정신은 정신에 대해서 존재한다.…그는 정신에 대하여 존재하는 한에서만 정신이다"(1966b, 51, 1966c, 36). 하나님은 "정신으로서 정신에 대해 있다. 정신은 본질적으로 정신에 대해 있는 것이다. 그는 정신에 대해 있는 한에서 정신일 뿐이다"(1966b, 201).

매우 위험스럽게 들리지만, 헤겔에게 인간의 정신은 하나님의 "**정신의 현존**"이다(1968a, 54). 그것은 "정신으로서의 하나님"의 현존이다. 헤겔은 어떤 근거에서 이렇게 생각하는가? 몇 가지 성서의 근거를 제시한다면, "그때에 내가 내 영(정신)을 내 남종과 내 여종들에게 부어주리니…"(행 2:18), "**너희 안에 계신 자기의 영**(정신)으로 너희 죽을 몸도 살리실 것이다"(롬 8:11), "주님과 합하는 자는 그와 **한 영**(정신)이다"(고전 6:17, *hen pneuma*). 주님과 합한 사람이 주님과 "한 영"(한 정신)이라면, 그 사람의 정신은 주님의 정신의 현존이라 말할 수 있다. 헤겔은 이를 가리켜 "정신은 정신으로서 정신에 대해 존재한다"고 여러 문헌에서 반복하여 말한다(Geist ist als Geist für den Geist, 1966a, 51, 201, 1966c, 36 등).

4. 인간의 영 곧 정신은 하나님의 영과 하나이며, 하나님의 영의 현존이다. 따라서 "인간은 자연으로부터 하나님을 인식하기보다 자기 자신으로부터 하나님을 더 잘 인식할 수 있다. 그가 그 자신으로부터 생산하는 그 속에 신성이 자연에서보다 더 많이 나타난다"(1966e, 173). 신학적으로 말한다면,

세계의 모든 사물 중 오직 인간만이 "하나님의 형상"이기 때문에 인간으로 부터 하나님을 가장 잘 인식할 수 있다. 인간의 정신은 하나님의 신적인 영의 현존이기 때문에 "인간은 하나님에 관해 직접 알 수 있다"(1966a, 48).

그러나 이것은 인간의 유한한 정신이 곧 하나님이라는 뜻은 아니다. 많은 신학자들은 헤겔이 하나님을 인간의 정신과 동일시한다고 비판하지만 이 비판은 적절하지 않다. 인간의 정신 속에는 "부정적인 것"이 포함되어 있기 때문이다. 따라서 "정신으로서의 하나님"은 인간의 정신에서 구별된다. "정신은 정신으로서 정신에 대해 존재한다"는 헤겔의 말은 하나님의 정신과 인간의 정신 간의 구별을 나타낸다(보다 더 자세한 내용에 관해 아래 제3부 IV. 2 참조).

5. 헤겔에 의하면, 인간의 영 곧 정신의 본질은 사유에 있다. 사유는 "보편자의 활동성"이다(1966a, 143). 사유의 활동 속에서 인간의 정신은 자기의 개체성을 끊임없이 부정하고, 보편자와 중재된다. 보편자, 곧 하나님은 개체성을 포기하고 하나님과 중재되어 더 높은 진리에 이르는 인간의 사유의 변증법적 활동으로 현존한다. 그는 중재의 중재, 곧 중재의 계속적인 지양이 일어나는 사유의 활동 속에 있다. 이 활동은 중재된 것의 끊임없는 부정, 곧 끊임없는 중재의 지양을 통해 일어난다. 그러므로 헤겔은 보편자 곧 하나님을 가리켜 "이 중재의 지양으로서, 따라서 절대적 부정성, 곧…그의 부정을 동시에 지양하고, 그리하여 긍정적으로 나타나는 활동적 부정(tätige Negation)"이라고 정의한다(144).

하나님이 절대적 부정성으로서 사유의 변증법적 활동으로 현존한다면, 하나님에 대한 인식은 사유의 변증법적 활동에 대한 인식을 말한다. 유한한 존재자의 개체성과 자연성, 자기의 부정적인 것을 부정하고 보편자 하나님과 중재되는 사유의 변증법적 활동에 대한 인식이 헤겔에게는 하나님에 대한 인식을 뜻한다. 따라서 하나님을 알고자 하는 사람은 자기의 사유, 곧 생각의 부정적인 것을 끊임없이 부정함으로써 보편자 하나님과 중재되고 이 중재를 통해 보편자 하나님을 향해 고양되어야 한다. 자기의 잘못된 생각, 거짓되고 악한 생각을 버리고 진리를 향해 고양되는 것을 인식하는 것에 하나님에 대한 인식이 있다고 풀이할 수 있다.

6. 그런데 칸트의 이원론적 사고에 의하면, 인간의 사유는 대상 세계로부터 분리된 것으로 생각된다. 인간의 이성으로 인식할 수 없는 "사물 자체"(Ding an sich)의 세계, 곧 대상 세계는 인간의 사유가 도달할 수 없는 "절대적인 것"으로 전제된다. 이에 따라 "인식의 재료와 인식의 형식"도 분리된다. 인식의 재료는 "사유 바깥에 즉대자적으로 존재하는 완결된 세계로"[4] 전제된다. 이와 동시에 "사유는 그 자체에 있어 공허하며, 하나의 형식으로서 재료에 추가적으로 등장하여…하나의 내용을 얻고 이를 통해 실제적 인식을 얻는" 것으로 전제된다. "대상은 그 자체에 있어 완성된 것, 완결된 것, 따라서 사유를…반드시 필요로 하지 않는 것"으로 간주된다. 이에 반해 "사유는 무언가 부족한 것, 질료를 통해 자기를 완성할 수 있고…결정되지 않은 형식(unbestimmte Form)으로서 자기를 질료와 일치시켜야 할" 것으로 간주된다. "진리는 사유와 대상의 일치에 있다"고 생각되는데 이 일치는 사유가 대상에게 자기를 맞추고 순응함으로써(sich fügen und bequemen) 가능하다고 생각된다. 여기서 사유는 자기 바깥으로 나와서 "자기와 다른 것으로(zu seinem Anderen) 되지 못한다." 비록 대상과 관계를 맺을지라도 "그 자신으로부터 나와서 대상에 이르지 못한다." 이와 동시에 대상은 "사물 자체로서 단지 사유의 피안(Jenseits des Denkens)으로 머물러 있다"(1969a, 37).

---

4) 원문. "fertige Welt außerhalb des Denkens an und für sich vorhanden."

헤겔은 사유와 대상의 이 분리를 결사반대한다. 그는 칸트가 말하는 "사물 자체, 모든 내용으로부터 분리된 이 추상적 그림자의 무의미함 (Nichtigkeit)"을 파괴해야 한다고 선언한다(42). 헤겔에 따르면, 인간의 사유는 대상 세계에서 분리된 추상적인 것, 비현실적인 것이 아니라 **대상 세계와 일치 관계에 있는 것이다.** 양자는 상응한다. 대상 세계 역시 하나님의 정신이 자기를 대상화한 것으로, 자신의 부정적인 것이 부정되는 변증법적 과정 속에 있다. 따라서 **변증법적 과정으로서의 대상 세계는 사유의 변증법적 과정과 내적으로 상응한다.** 쉽게 말해, 학자들이 자신의 연구실에서 가지는 사유의 변증법적 활동은 대상 세계의 변증법적 활동의 개념적 표현이라 말할 수 있다.

7. 일반적으로 철학이 다루는 논리학은 대상 세계의 현실에서 분리된 별개의 것으로 생각되기 쉽다. 이에 반해 위에서 기술된 헤겔의 진술에 의하면, 사유를 그 내용으로 가진 논리학은 대상 세계의 현실에 추가적으로 주어지는 별개의 것이 아니라 **대상 세계의 일 자체**(Sache an sich selbst)를 그 내용으로 가진 것이다. 곧 논리학은 대상 세계의 모든 일들 속에서 일어나는 변증법적 활동을 순수한 사유의 형식으로 기술한다. 그러므로 헤겔은 사유를 가리켜 "객관적 사유"라고 부른다. 사유는 대상 세계의 현실 자체, 곧 대상 세계의 변증법적 활동과 일치하기 때문이다. 따라서 논리학이 기술하는 사유의 변증법적 전개 과정은 대상 세계의 변증법적 활동과 일치하는 관계에 있다. 전자는 후자의 개념적 표현일 뿐이다. 이와 같이 헤겔은 대상 세계의 변증법적 활동과 일치하는 사유의 변증법적 활동을 그 내용으로 가지는 논리학을 가리켜 "자연과 유한한 정신(인간을 말함)을 창조하기 이전에, 그의

영원한 본질 속에 있는 하나님에 대한 기술"이라고 정의한다(1969a, 44).[5]

헤겔은 『논리학』에서 이것을 다음과 같이 설명한다. 논리학은 사유를 통해 얻게 되는 "순수한 사상(Gedanke)"을 기술한다. 순수한 사상이 논리학의 내용이다. 여기서 헤겔이 말하는 "사상"은 사유의 과정을 거쳐 얻게 되는 "사유의 산물"(Produkt des Denkens)을 말한다(1966e, 96). 그것은 "공허한 것, 추상적인 것이 아니라…자기 자신을 규정하는 것이다. 실로 그것은 자기 자신을 규정하는 구체적인 것"이다. 헤겔은 "이 구체적 사상"을 가리켜 "개념"이라 부른다. "사상은 개념일 수밖에 없다"(97).

순수한 사상은 논리학의 "순수한 이성의 체계, 순수한 사유의 왕국"을 구성한다. 고대 그리스 철학자 아낙사고라스가 말한 것처럼, 순수한 사상은 세계로부터 분리된 추상적인 것으로 규정될 수 없고 "세계의 원리"며, "세계의 본질"로 규정될 수 있다. 이로써 우리는 우주를 지적으로 파악할 수 있다. 곧 "우주의 지적 파악"(Intellektualansicht des Universums)이 가능해진다. 이 "지적 파악의 순수한 사상이 논리학"이다(1969a, 44). 여기서 논리학이 다루는 순수한 사상은 우주, 곧 대상 세계의 "원리" 내지 "본질"과 일치하는 것으로 생각된다. 따라서 순수한 사상의 영역, 곧 사유의 영역과 대상 세계가 내적으로 일치한다. 사유의 영역에 속한 사상은 대상 세계의 원리 내지 본질을 나타낸다.

그러므로 헤겔은 자기의 논리학에 대해 다음과 같이 말한다. "순수한 학문(자신의 논리학을 말함)은 형식적인 것이 아니다. 그것은 현실적인 그리고 참된 인식의 재료(Materie)를 결여하고 있지 않다. 오히려 그것의 내용은 절대적으로 참된 것, 혹은…참된 재료다—이 재료의 형식은 그에게 외적인

---

5) 원문. "Darstellung Gottes…, wie er in seinem ewigen Wesen vor der Erschaffung der Welt und eines endlichen Geistes ist."

것이 아니다. 이 재료는 순수한 사상이고, 따라서 절대적인 형식 자체이기 때문이다"(1969a, 45 이하).

8. 우리는 위의 내용을 다음과 같이 정리할 수 있다. 사유의 변증법적 활동에 대한 논리학의 기술은 "창조 이전의 영원한 하나님에 대한 기술"이다. 여기서 하나님은 **사유의 변증법적 활동**으로 현존하는 것으로 생각된다. 이와 동시에 그는 **대상 세계의 변증법적 활동**으로 현존한다. 따라서 사유의 변증법적 활동과 현실의 변증법적 활동은 내적으로 일치 관계에 있다. 곧 양자는 상응한다. 그렇다면 하나님에 대한 인식은 논리학이 다루는 **사유의 변증법적 활동에 대한 인식**은 물론, 대상 세계의 현실, 곧 **역사의 변증법적 과정에 대한 인식**에도 있다.

여기서 하나님에 대한 인식은 인간의 사유를 포함한 역사에 대한 인식으로 확대된다. 하나님의 존재는 사유의 변증법적 활동성으로 현존하는 동시에 역사의 변증법적 활동성으로 현존하기 때문이다. 하나님을 인식할 수 있는 길은 인간의 사유를 포함한 대상 세계와 역사의 부정적인 것을 끊임없이 부정하고, 대상 세계와 역사를 **하나님의 더 높은 진리를 향해 고양시키는 과정**을 인식하는 데 있다.

여기서 우리는 헤겔이 말하고자 하는 바를 다음과 같이 풀이할 수 있다. 참으로 하나님을 알고자 하는 사람은 자신의 사유, 곧 생각의 부정적인 것은 물론, 대상 세계와 역사의 부정적인 것을 부정하고, 그것을 더 높은 하나님의 진리를 향해 고양시켜야 한다. 부정적인 것으로 가득한 대상 세계와 역사를 내버려둔 채 하나님을 인식하는 것은 불가능하다. 하나님에 대한 인식은 대상 세계와 역사에 대한 인식과 분리될 수 없으며, 거꾸로 대상 세계와 역사에 대한 인식은 하나님에 대한 인식과 분리될 수 없다. 하나님에 대한 인식 없이 대상 세계와 역사에 대한 인식이 있을 수 없다. 거꾸로 대상 세계와 역사에 대한 인식 없는 하나님 인식도 있을 수 없다. 하나님에 대한 인식은 대상 세계의 현실과 역사를 떠난 추상적인 것이 될 수 없다.

종합적으로 말하여, "정신으로서의 하나님"은 인간의 사유와 대상 세계의 현실과 세계사의 변증법적 활동으로 현존한다. 그는 이를 통해 자기를 세계와 화해시키며, 세계의 역사, 곧 세계사를 통해 자기를 계시한다. 인간의 사유와 대상 세계의 모든 현실을 포괄하는 세계사가 하나님의 자기계시다. 따라서 하나님을 알고자 하는 사람은 하늘을 쳐다볼 것이 아니라 1) 인간의 사유와 2) 대상 세계의 현실과 3) 세계사 속에서 하나님을 찾아야 한다. 그는 이 안에서 하나님을 알고자 해야 한다. 하나님을 알 수 있는 길은 사유와 대상 세계의 변증법적 고양을 통해 이 세계가 더 높은 하나님의 진리를 향해 변화되는 데 있다. 헤겔은 모든 역사적 현실 속에 숨어 있는 부정적인 것의 부정을 통해 하나님이 "모든 것 안에 모든 것"이 되시는 하나님 나라가 이루어지고, 모든 인간의 자유가 실현되는 데 하나님 인식의 길이 있음을 암시한다.

9. 여기서 헤겔은 칸트의 불가지론을 거부하고 사유와 대상 세계를 포함한 세계사의 과정을 통한 하나님 인식을 제시한다. 칸트의 불가지론은 하나님을 인간의 이성으로 인식할 수 없고 오직 신앙을 통해서만 인식할 수 있는 존재로 처리한다. 이로 말미암아 인간의 이성과 신앙이 분리된다. 이성을 통해 인식할 수 있는 대상 세계와 오직 믿음을 통해 인식할 수 있는 하나님이 분리된다. 곧 하나님과 세계의 이원론적 분리가 일어난다. 하나님은 세계 없는 하나님이 되고, 세계는 하나님 없는 세계로 처리되어버린다. 그는 단지 그리스도인들의 믿음과 관계하는 존재로 제한되어, 대상 세계의 현실에 대해 무의미한 존재가 되어버린다. "하나님이 세계를 다스린다", "하나님이 세계사를 섭리한다"는 말씀은 구체성이 없는 막연한 신앙의 명제로서

종교적 느낌(감정)의 영역에 머물게 된다. 하나님의 세계 통치, 하나님의 섭리는 구체성이 없는 공허한 말이 되어버린다. 헤겔은 이 문제를 해결하기 위해 하나님에 대한 인식 가능성을 제시하고, 하나님과 세계, 사유와 대상, 무한한 것과 유한한 것, 주체와 객체를 화해시키고, 하나님의 세계 통치와 섭리를 구체적으로 파악하고자 한다.

여기서 우리는 헤겔 철학의 기본 동기를 파악할 수 있다. 하나님과 인간, 하나님과 세계, 신앙과 이성의 분리와 대립을 극복하고, 세계의 현실 속에서 하나님의 현실을 발견하며, 하나님을 세계의 주님으로, 곧 세계의 통치자로 인식하고자 하는 데 헤겔 철학의 기본 동기가 있다. 하나님은 단지 인간의 신앙 속에, 교회의 예배 안에만 있지 않다. "그는 세계 안에 계신 하나님이며, 신앙과 교회 공동체를 활용하면서 세계 안에서, 세계와 함께 자신의 일을 행하시는" 하나님이다(Rohrmoser 1962, 110).

10. 하지만 다음과 같은 질문이 제기될 수 있다. 인간의 사유와 대상 세계를 포함한 세계사의 변증법적 활동을 인식하는 것이 곧 하나님에 대한 인식이라면 하나님 인식은 불필요하지 않은가? 하나님에 대한 인식이 세계사의 변증법적 활동에 대한 인식으로 폐기되어버리지 않는가? 우리는 이 질문에 대한 헤겔의 대답을 다음과 같이 추론할 수 있다. 사유와 대상 세계를 포함한 세계사의 인식을 하나님에 대한 인식과 동일시하는 것은 불가능하다. 왜냐하면 하나님의 존재는 세계로부터 언제나 자기를 구별하기 때문이다. 양자를 이원론적으로 분리시키는 것도 불가능하지만, 양자를 완전히 동일시하는 것도 불가능하다.

하나님은 인간의 사유와 대상 세계, 곧 세계사의 변증법적 활동으로 현존하지만, 이 활동과 완전히 동일시될 수 없다. 그는 이 활동을 가능케 하는 동인으로 존속한다. 이 동인은 변증법적 활동에서 분리될 수 없지만, 동일화되지도 않는다. 하나님은 세계사의 변증법적 활동의 동인으로서 이 활동 안에 있고, 이 활동을 열어준다. 그는 모든 부정적인 것의 부정의 동인으로서 부정의 활동 자체로부터 구별된다. 만일 헤겔이 양자를 구별하지 않았다면, 그는 무신론자였을 것이다.

인간의 사유와 대상 세계의 현실과 세계사는 그 속에 언제나 부정적인 것을 담지하고 있다. 인간의 어떤 생각도, 대상 세계의 어떤 현실도, 세계사의 어떤 단계도 완전하지 못하다. 그 속에는 오류와 실수와 불의와 죄가 가득하다. 그러므로 이들에 대한 인식은 하나님에 대한 인식과 일치될 수 없다. 그렇다고 해서 이 모든 것에 대해 눈을 감아버리고, 하나님을 오직 믿음 속에서만 인식할 수 있다고 제한하는 것도 타당하지 않다. 오히려 종교적 믿음 안에서는 물론, 인간의 사유와 대상 세계의 현실을 포함한 세계사의 변증법적 과정 속에서 하나님을 알고자 해야 할 것이다. 참다운 "앎"은 사랑에 있다. 대상을 사랑하고 그의 존재에 참여할 때, 우리는 대상을 제대로 알 수 있다. 따라서 "안다"는 것은 깊은 사랑 안에서의 참여를 뜻한다. 헤겔은 하나님의 변증법적 활동에 참여하는 사람만이 하나님을 알 수 있음을 암시한다.

II
칸트의 하나님 존재 증명과 헤겔

1. 칸트의 도덕론적 요청설

칸트의 『순수이성비판』은 일반적으로 인식론을 중심 문제로 가진다고 말한다. 그러나 칸트는 이 책의 인식론에서 하나님의 존재 증명을 중요한 문제로 다룬다. 그는 하나님의 존재를 증명할 수 있는 가능성에 대해 질문하고, 이에 관한 세 가지 전통적 방식, 곧 1) 존재론적 증명, 2) 우주론적 증명, 3) 목적론적 증명을 고찰한다(Kant 1956, 561-604).

존재론적 증명은 하나님이라는 순수 개념에서 출발하여 선험적으로 가장 높은 원인자인 하나님의 존재를 논증한다. 우주론적 증명은 경험의 세계에서 출발하여 절대적으로 필연적인 하나님의 존재를 논증한다. 목적론적 증명은 우리가 경험하는 감각적 세계의 특수한 성격, 곧 세계 만물의 조화와 합목적성에서 출발하여 이 세계 바깥에 있는 가장 높은 원인자를 논증한다.

1. 먼저 존재론적 증명은 가장 높은 절대적 존재, 완전한 존재인 하나님

의 개념에서 출발한다. 그것은 이 존재가 현상의 다른 존재자들을 존재하게 하는 가장 완전한 것이기 때문에 존재할 수밖에 없다고 주장한다. "완전"에는 "존재"가 포함될 수밖에 없다. 만일 그렇지 않다면, 그것은 완전하지 못할 것이다. 존재론적 증명은 이 주장의 타당성을 증명하기 위해, "가장 현실적인 존재의 개념"에서 출발한다. 칸트는 이 존재를 "현실의 전체"(omnitudo realitatis)라 부르기도 한다. "현실 전체" 속에는 존재가 포함되어 있을 수밖에 없다. 존재가 그 속에 포함되어 있지 않다면, 현실 전체는 존재하지 않을 것이다.

그러나 이것은 모순이기 때문에 "가장 현실적인 존재의 개념", 곧 하나님은 존재할 수밖에 없다. 형이상학적으로 가장 높고 가장 완전한 존재는 필연적으로 존재할 수밖에 없다. 만일 그렇지 않다면, 이 존재는 완전하다고 말할 수 없을 것이다. 이와 같이 존재론적 증명은 "가장 현실적인 존재"라고 하는 하나님 개념을 전제하고, 이것은 필연적으로 존재할 수밖에 없다고 주장한다(Kant 1956, 579). 데카르트는 자신의 『성찰』에서 이것을 다음과 같이 말한다. "우리는 다음의 결론에 이를 수밖에 없다. 즉 내가 존재하며, 한 완전한 존재, 곧 하나님의 표상이 내 안에 있다는 사실 자체는 하나님이 존재한다는 것을 명백히 증명한다"(Descartes 1960, 47). 한마디로 말해, 하나님이란 "개념은 존재를 포함한다"는 것이다.

2. 칸트의 생각에 의하면, 가장 완전한 존재라는 **개념 속에는 존재가 반드시 포함되어 있지 않다.** 가장 완전한 존재의 현실성이나 완전성에는 존재가 속하지 않는다. "존재는 하등의 현실적인 술어"가 아니다. "그것은 어떤 사물의 개념에 첨가될 수 있는 것이 아니다. 그것은 단지 어떤 사물의 위치(Position)를…뜻한다." 논리학에서 존재는 어떤 판단의 계사(Copula)에 불과하다.

예를 들어, "하나님은 전능하다"라는 문장은 하나님과 전능이라는 두 가지 개념을 포함한다. 이 두 개념을 연결하는 계사 "이다"(ist)는 하나님이란 개념에 속한 술어가 아니라 "술어를 주어와 연결시키는 것"에 불과하다 (Kant 1956, 572). "하나님은 있다"라고 말할 경우 "있다"(ist)란 단어는 하나님이란 개념에 포함되어 있지 않다. 이 문장에서 진술된 것은 하나님은 "있다"라는 새로운 술어가 아니라 하나님이란 주어 자체일 뿐이다. 이 주어, 곧 "하나님"이란 개념에는 아무 새로운 것도 첨가될 수 없다. "그러므로 현실적인 것은 단지 가능한 것 외에 아무것도 포함하지 않는다. 현실적인 은화 백 냥은 가능성의 은화 백 냥만을 포함한다"(Kant 1956, 572).[1]

3. 칸트는 이것을 다음과 같이 설명한다. "내가 많은 술어를 가진 어떤 사물이 있다고 생각한다고 하자. 내가 이 사물이 '있다'고 생각한다고 해서 이 사물에게 어떤 새로운 것, 더 많은 것이 조금도 첨가되지 않는다. 만일 그렇지 않다면, 내가 그 사물의 개념과 함께 생각한 바로 그것이 존재하는 것이 아니라 그 이상의 것이 존재하게 될 것이다. 그렇다면 나는 하나님의 개념이 가리키는 그 대상이 존재한다고 말할 수 없을 것이다." 한마디로 말한다면, "존재"(있다)는 반드시 개념에 속하지 않는다. 내가 어떤 개념이 있다고 생각한다 하여, 그 개념의 대상이 정말 있다고 말할 수 없다. "이제 내가 가장 높은 현실로서 (결함이 없는) 한 존재를 생각한다고 하자. 그래도 여전히 남는 문제는 이것이 (정말) 존재하느냐 존재하지 않느냐 하는 문제다"(573). 칸트의 이 비판은 존재론적 증명의 원조인 안셀무스에 대한 비판이라 말할

---

1) Kant의 이 유명한 말의 원문. "Und so enthält das Wikliche nichts mehr als das bloß Mögliche. Hundert wirkliche Taler enthalten nicht das mindeste mehr, als hundert mögliche."

수 있다. 안셀무스는 자신의 『프로슬로기온』(*Proslogion*)에서 다음과 같이 말한다.

> 만일 그보다 더 큰 것이 생각될 수 없는 것이 단지 지각 안에만 있다고 하자. 그렇다면 그보다 더 큰 것이 생각될 수 없는 그것은 그보다 더 큰 것이 생각될 수 있는 바의 것이다. 이것은 분명히 있을 수 없는 일이다. 그보다 더 큰 것이 생각될 수 없는 그것은 의심할 바 없이 지각 안에도 있고, 현실적으로도 있다 (Anselm 1962, 84).[2]

여기서 안셀무스는 하나님을 "그보다 더 큰 것이 생각될 수 없는 것"(*id quo maius cogitari non potest*)이라 정의하고, 이 개념은 우리의 지각 속에 있을 뿐 아니라 현실적으로 존재한다고 주장한다. 만일 이것이 현실적으로 존재하지 않는다면, 이것보다 더 큰 것이 현실적으로 존재할 것이기 때문이다.

이에 반해 칸트는 다음과 같이 주장한다. "어떤 사물의 실존은 그 사물의 단순한 개념과 혼동될 수 없을 것이다"(Kant 1956, 573). 어떤 대상의 개념은 많은 술어를 가질 수 있다. 이 술어들 속에는 "있다"라는 술어도 있을 수 있다. 그러나 우리는 이 대상이 실제로 있음을 증명하기 위해 이 대상 자체에서 출발할 수밖에 없을 것이다(574). 따라서 칸트는 안셀무스가 주장하는 것처럼 존재는 반드시 개념에 속하지 않는다고 주장한다.

4. 우주론적 증명은 인간이 경험하는 어떤 대상을 전제한다. 그리고 이 대

---

2) 라틴어 원문. "Si ergo id quo maius cogitari non potest, est in solo intellectu: id ipsum quo maius cogitari non potest est quo maius cogitari potest. Sed ceret hoc esse non potest. Existit ergo procul dubio aliquid quo maius cogitari non valet, et in intellectu et in re."

*부록 | 칸트의 이원론과 헤겔

상으로부터 출발하여 절대적으로 필연적인 존재의 개념을 추론한다. "만일 무엇이 존재한다면, 절대적으로 필연적인 존재가 있을 수밖에 없다. 적어도 내 자신이 존재한다면, 절대적으로 필연적인 존재가 존재한다"(Kant 1956, 576). 이 문장에서 주문장은 인간의 경험에 근거하며, 부문장은 이 경험으로부터 필연유의 존재를 추론한다.

나아가서 우주론적 증명은 이렇게 주장한다. "필연적인 존재는 단 한 가지 방법으로…규정될 수 있다. 즉 모든 가능한 반대의 술어들을 고려하여 그중 한 가지만을 통해 규정될 수 있다. 따라서 그것(술어)은 그것의 개념을 통해 철저하게(durchgängig) 규정되어 있을 수밖에 없다. 이제 하나의 사물에 관해 단 하나의 개념, 즉 이 사물을 선험적으로 철저히 규정하는 개념이 있다. 그것은 가장 현실적인 존재의 개념이다. 다시 말해, 가장 현실적인 존재의 개념은 필연적인 존재가 생각될 수 있는, 즉 가장 높은 존재가 필연적으로 존재한다고 생각될 수 있는 유일한 개념이다"(577).

칸트는 우주론적 증명을 다음과 같이 비판한다. 먼저 "가장 현실적인 존재"(ens realissimus)라든지 "절대적으로 필연적인 존재"와 같은 개념들은 우리의 **경험과 전혀 무관한 선험적 개념들**이다. "절대적으로 필연적인 모든 존재는 동시에 가장 현실적인 존재다"라는 문장도 "단지 그의 개념들로부터 선험적으로 규정되어 있다." 그러므로 가장 현실적인 존재라는 개념은 이 존재의 절대적 필연성도 동반할 수밖에 없다(Kant 1956, 579). 그러나 경험될 수 없는 선험적 개념에서 절대 필연의 존재를 연역하는 것은 불가능하다.

또한 우주론적 증명에 의하면, "만일 무엇이 존재한다면, 절대적으로 필연적인 존재도 존재할 수밖에 없다." 칸트에 의하면, 이 문장 후반부의 추론은 하등의 필연적인 추론이 아니다. 왜냐하면 절대적인 존재는 그가 추론되는 존재자들에 대해 필연적일 수 있지만, 그 자체는 언제나 우연적인 것일 수 있기 때문이다. 그리고 우연적인 존재자들로부터 절대 필연의 존재에 이르기까지의 연결 고리(Reihe)도 우연적인 것일 수 있다.

5. 나아가서 우주론적 증명은 원인과 결과의 법칙, 곧 **인과율**을 사용한다. 그리하여 우연적 존재자로부터 절대적 존재를 추론한다. 그러나 칸트에 의하면, 인과율은 현상 세계에 속한 존재자들에게 해당될 수 있지만, 이 세계를 벗어난 초월적 존재에게 해당될 수 없다. "우연적인 것으로부터 하나의 원인을 추론하는 초월적 기본 명제는 감각의 세계에서만 의미 있는 것이며, 이 세계 바깥에서는 아무런 의미도 갖지 못한다(Kant 1956, 578). 쉽게 말해, 인과율은 이 세계의 사물들에게는 적용될 수 있지만, 이 세계에 속하지 않은 하나님에게 적용될 수 없다.

또한 우주론적 증명은 하나의 "결과"에서 그 "원인"으로 역 소급하고, 또 이 원인에 대한 원인으로 역 소급하는 일을 무한히 계속할 수 없기 때문에, 우리는 "제일 원인"(*causa prima*)을 추론할 수밖에 없다고 주장한다. 그러나 유한한 감각의 세계 속에 주어진 원인들의 무한한 연속이 불가능하다고 하여 최초의 원인을 추론하는 것은 불가능하다. 감각의 세계 속에 있는 원인들은 이 세계에 속한 최고 원인에 도달할 수 있지만, 이 세계 바깥에 있는 초월적 존재, 이 세계에 속하지 않는 존재에까지 연장될 수 없다.

여기서 최초의 원인 곧 하나님은 경험의 세계에 속하지 않은 이 세계 바깥에 있는 존재로 전제된다. 만일 하나님이 경험의 세계에 속한 것이라면, 하나님은 이 세계의 다른 사물들처럼 어떤 다른 것으로부터 추론될 수 있을 것이다. 그는 어떤 다른 것으로부터 추론될 수 있는 **세계의 사물들과 동류의 것**이 될 것이다. 이에 반해 칸트는 다음과 같이 말한다. "우연적인 것에서 하나의 원인을 추론하는 초월적 기본 명제는 감각 세계에 있어서만 의미 있는 것이며, 이 세계 밖에서는 아무런 의미도 갖지 못한다"(580). 만일 하나님의 존재가 유한한 사물들의 연쇄 고리에 의해 추론된다면, 그는 이 연쇄 고리에 속한 것일 수밖에 없을 것이다. 그는 이 연쇄 고리의 "한 지체"에 불과할 것이다(589, 참조 466). 그는 하나님이 아닐 것이다.

6. **목적론적 증명**은 자연 세계의 특수한 성격, 곧 자연 세계의 조화와 합목적성으로부터 출발하여 이들을 있게 한 궁극 원인자로 소급한다. 그리고 이 원인자를 하나님이라고 말한다. 칸트는 목적론적 증명의 중요한 내용을 다음과 같이 네 가지로 나누어 제시한다(Kant 1956, 592).

- 이 세계 속에는 수없이 많은 다양한 사물이 있지만, 그 속에는 "특수한 의도에 따른 질서"가 나타난다. 이 질서는 위대한 지혜를 보여준다.
- "합목적적인 이 질서는 세계의 사물들에게 완전히 낯선 것이며, 단지 우연하게 부여되어 있다." 만일 이 사물들이 그것들을 질서 있게 배열하는 한 이성적 존재를 통해 선택되고 배열되지 않았다면, "상이한 사물들의 본성은 스스로…특수한 궁극적 의도와 일치할 수 없을 것이다."
- 이 질서는 "지혜롭고 숭고한 원인자"를 가지며, 이 원인자는 어떤 필연성 때문이 아니라 완전한 자유 가운데서 "세계의 원인"이 된다.
- 이 원인의 통일성은 세계 안에 있는 존재자들의 상호 관계의 통일성으로부터 어느 정도의 개연성과 함께 추론될 수 있다.

이러한 내용을 가진 목적론적 증명은 우주론적 증명과 마찬가지로 절대적으로 필연적이며 가장 현실적인 존재를 추론하고자 할 뿐 아니라 모든 지혜와 완전성을 소유한 존재를 추론하고자 한다. 그러므로 칸트는 목적론적 증명에 대해 경의를 표하며, 이 증명은 "가장 오래 되었고, 가장 분명하며, 인간의 일반적인 이성과 가장 잘 부합하는 것"이라고 찬양한다(Kant 1956, 590). 그러나 칸트는 목적론적 증명의 문제점을 다음과 같이 비판한다.

첫째, 우주론적 증명과 마찬가지로 목적론적 증명도 결과에서 출발하여 원인으로 소급하는 **인과율**을 사용한다. 그러나 인과율은 "경험의 영역 내에서만 사용될 수 있고 의미 있는 것이며", 이 영역 바깥에 있는 하나님에게 사용될 수 없다(Kant 1956, 600). 인과율을 사용하여 유한한 존재로부터 무한한 존재를 추론하는 것은 불가능하다.

둘째, 목적론적 증명이 말하는 세계의 합목적성은 사물들의 "형식의 우연성"을 증명할 수 있지만, "물질, 곧 세계 안에 있는 실체의 우연성"을 증명해서는 안 될 것이다. 만일 후자의 우연성이 증명될 경우 세계의 참된 합목적성을 말할 수 없을 것이며, 세계 속에 있는 모든 사물이 "그것들의 실체 그 자체에 있어 가장 높은 지혜의 산물"이라고 말할 수 없을 것이다. 곧 하나님이 창조하신 것이라고 말할 수 없을 것이다. 결국 목적론적 증명이 말하는 하나님은 그가 사용하는 재료의 유용성에 의해 언제나 제한되어 있는 "**세계 건축가**"(Weltbaumeister)이지 "세계의 창조자"(Weltschöpfer)가 아니다(Kant 1956, 593).

셋째, 목적론적 증명은 존재론적 증명과 우주론적 증명의 기초 위에 있다. 우주론적 증명과 마찬가지로 목적론적 증명은 **경험적이고 우연적인 사물들로부터 출발**하여 이 사물들과 연결될 수 없는 초경험적이고 필연적인 존재의 순수 개념을 설정하기 때문이다. 따라서 목적론적 증명도 순수 개념에서 출발하는 존재론적 증명 방법을 채택한다(596).

넷째, 자연 속에서 일어나는 모든 사건이 합목적적으로 행동하는 어떤 원인자에 의해 일어난 것으로 생각될 수도 있고, 또 이렇게 생각되는 것이 불가피할지도 모른다. 그러나 이것은 어디까지나 주관적인 것이지 "객관적

*부록 | 칸트의 이원론과 헤겔

원리"가 아니다. 쉽게 말해, 어떤 사람에게 세계는 합목적성과 질서를 가진 것으로 보일 수 있고, 어떤 다른 사람에게는 그렇지 않은 것으로 보일 수도 있다. 세계의 합목적성과 질서는 **주관적인** 것이지, 객관적인 것이 아니다. 따라서 객관성이 없는 세계의 합목적성과 질서에서 그 원인자인 하나님을 추론할 수 없다. 특정한 의도와 목적에 따라 행동하는 세계의 원인자가 자연 세계 속에서 발견되는 합목적성의 형성자인가 아닌가의 문제는 객관적으로 인정될 수도 없고, 부인될 수도 없다(Kant 1963, 63).

7. 칸트의 인식론에 의하면, 하나님의 존재는 초감각적 세계에 속하므로 인간의 이론적 이성에 의해 증명될 수 없다. 인간의 이성은 경험의 한계를 벗어날 수 없음에 반해, 하나님은 이 한계 바깥에 있다. 그러므로 인간의 이성은 하나님의 존재를 증명할 수도 없고 부인할 수도 없다(Kant 1956, 604). 인간의 영혼과 세계와 하나님, 이 세 가지는 인간의 이론적 이성이 지배하는 영역에 속하지 않기 때문이다. 이들이 "있다"고 할 때, "없다"고 말할 수도 있고, "없다"고 할 때, "있다"고 말할 수도 있는 이성의 한계에 속한다.

초월적인 하나님의 존재를 인식하기 위해 이성의 초월적 사용이 필요하다. "그러나 우리의 이성은 그럴 능력이 전혀 없다. 경험적으로 타당한 인과율이 원초의 존재 '하나님'에게 도달할 수 있다면, 이것(곧 하나님)은 경험의 대상들의 연쇄 고리에 함께 속할 수밖에 없을 것이다." 그렇다면 하나님도 모든 경험의 대상과 마찬가지로 제한된 존재일 것이다(Kant 1956, 600). 그는 더 이상 하나님이 아닐 것이다.

8. 그럼 하나님의 존재는 증명될 수 없는가? 칸트는 이 문제에 대해 하나의 새로운 해결책을 제시한다. 학자들은 전통적인 하나님의 존재 증명에서 하나님의 존재를 인간의 이론적 이성의 질문 대상으로 삼았고, 이론적 이성

에 의해 증명하고자 했다. 그러나 하나님은 인간의 이론적 대상이 지배하는 세계에 속하지 않기 때문에, 이론적 이성에 의해 증명될 수 없다.

그런데 이론적 이성이 이성의 전부가 아니다. 인간에게는 **도덕적 행위와 관계된 실천 이성**이 있다. 순수 이성, 곧 이론적 이성은 인간의 이론적 인식과 관계된 반면, 실천 이성은 인간의 실천적 행위와 관계되어 있다. 순수 이성은 "이것은 흰색이다", "저것은 검은색이다"라는 인간 이성의 인식 기능을 가리킨다면, 실천 이성은 "이것을 행해야 하느냐, 행하지 말아야 하느냐?"라는 도덕적 판단의 기능을 가리킨다. 이 두 가지 기능은 구별된다.

실천 이성과 관계된 인간의 도덕적 행위의 영역에는 하나의 절대적인 것이 있다. 곧 "절대적인 실천법" 내지 "도덕법"이 있다(Kant 1974, 139, 169). 이 도덕법이 모든 사람에게 타고나면서부터 주어져 있기 때문에, 모든 사람은 도덕적으로 무엇이 옳고, 무엇이 옳지 않은가를 알고 있다. 옳은 것과 옳지 않은 것을 구별할 수 있는 능력은 모든 사람에게 태어나면서부터 주어진 것이다. 이 도덕법은 물리적 자연 법칙과 같은 절대적 타당성을 가진다.

칸트는 도덕법을 "**정언 명령**"(kategorischer Imperativ)으로 묘사하기도 한다. 달리 말해, 도덕법은 어떤 구체적 상황에서 어떻게 구체적으로 행동해야 하는가를 말하는 것이 아니라 "모든 상황에서 당신이 어떻게 행동해야 하는가"를 명령한다. 그러므로 도덕법은 모든 상황에 해당하는 "범주적"인 것이요, 도덕법의 명령은 "정언 명령"이다. 칸트는 정언 명령을 다양하게 묘사한다. 먼저 정언 명령은 우리가 그에 따라 행동하는 행동 규칙이 "보편적인 법"(allgemeines Gesetz)과 일치하도록 행동해야 함을 뜻한다. 곧 우리는 자신의 행동 준칙(Maxime)이 "보편적인 법"이 되도록 행동해야 한다.

칸트는 정언 명령을 다음과 같이 묘사하기도 한다. 우리는 다른 사람들을 어떤 다른 목적을 위한 수단으로 다루지 않고, "그 자체에 있어 목적으

*부록 | 칸트의 이원론과 헤겔

로"(als Zweck an sich selbst) 다루어야 한다. 정언 명령은 모든 인간에게 주어진 절대적 사실이다. 하늘에 있는 천계를 부인할 수 없듯이 정언 명령 역시 그 누구도 부인할 수 없는 절대적인 것이다. 칸트는 인간 행위의 영역 속에 절대적인 것이 있기 때문에 하나님에 관한 형이상학적 문제는 실천 이성의 영역에서 해결될 수 있다고 생각한다. 그는 이 생각을 『순수이성비판』에서 다음과 같이 말한다. "절대적으로 필연적인(도덕적인) 실천법이 있다. 만일 이것이 그의 구속력의 가능성의 조건으로서 어떤 존재를 필연적으로 전제한다면, 이 존재는 요구될 수밖에 없다.…앞으로 우리는 도덕법이 가장 높은 존재를 전제할 뿐만 아니라…그것을 요구한다는 것을 도덕법에 대해 제시할 것이다"(Kant 1956, 598).[3]

9. 칸트는 이 문제를 구체적으로 해결하기 위해 "행복"(Glückseligkeit)이란 개념을 도입한다. 모든 인간은 행복하기를 원한다. 이것은 모든 인간에게 자연적이며 필연적인 일이다. 그러나 행복 그 자체는 윤리적 범주에 속하지 않으며, 모든 면에서 선이라고 말할 수 없다(Kant 1974, 239). 따라서 어떤 이가 행복하다고 하여 그가 반드시 선한 것은 아니다.

그런데 모든 인간에게는 도덕법이 있기 때문에 참 행복은 행복과 도덕법이 일치할 때 가능하다. 절대적 도덕법을 가진 인간이 그의 본질에 있어 행복을 추구한다면, 행복과 도덕은 결부될 수밖에 없고, 인간은 양자의 일치를 이상으로 생각하게 된다.

---

3) 원문. "Da es praktische Gesetze gibt, die schlechthin notwendig sind (die moralischen), so muß, wenn diese irgendein Dasein als die Bedingung der Möglichkeit ihrer verbindenden Kraft notwendig voraussetzen, dieses Dasein postuliert werden. Wir werden künftig vor den moraliischen Gesetzen zeigen, daß sie das Dasein eines höchsten Wesens nicht bloß voraussetzen, sondern auch...postulieren"(Kant 1956, 598).

그러나 인간의 삶의 현실에서 행복과 도덕이 일치하는 경우는 많지 않다. 오히려 양자가 모순되는 경우가 더 많다. 어떤 이가 도덕적으로 행동한다고 하여, 그가 반드시 행복하게 되지는 않는다. 오히려 비도덕적으로 행동하는 자가 행복하게 사는 경우가 많다. 그 이유는 인간의 행복이 외적인 요소에 의존하기 때문이다. 또 인간은 자연적 본성에 묶여 있기 때문이다.

그러므로 인간은 자신의 힘으로 해결할 수 없는 난관에 빠진다. 한편으로 그는 행복과 도덕이 일치해야 한다는 도덕적 요구를 받는 동시에, 다른 한편으로 자기 마음대로 처리할 수 없는 악한 본성을 벗어날 수 없다. 그러므로 인간의 실존에서 행복과 도덕의 완전한 일치는 불가능하다. 그러나 행복과 도덕의 일치는 인간이 피할 수 없는 것이다. 왜냐하면 행복과 도덕이 일치함으로써 이루어지는 "최고의 선"은 "우리의 의지의 선험적으로 필연적인 대상이며, 도덕법과 불가분리하게 관계 맺고" 있기 때문이다(Kant 1974, 242). 이로 말미암아 인간은 행복과 도덕의 갈등에 빠진다. 곧 행복해지고자 할 때, 도덕적 제한을 받게 되고, 도덕적이고자 할 때, 행복해질 수 없는 갈등에 빠진다.

10. 행복과 도덕의 이 갈등은 **행복과 도덕이 완전히 일치하는 존재**, 곧 하나님을 전제할 수밖에 없다. 우리는 행복과 도덕이 일치하는 하나님이 존재하기 때문에 행복과 도덕의 일치에 대한 끊임없는 요구를 받게 되고, 양자의 일치를 지향하게 된다. 결론적으로 "도덕법은 최고의 선의 가능성을 위해 하나님의 존재가…필연적으로 속한 것으로 전제할 수밖에 없다"(Kant 1974, 254). "하나님의 존재를 가정하는 것은 도덕적으로 필연적인 일이다"(256).

칸트에 따르면, 하나님의 존재를 가정하는 것은 "이론적인 도그마가 아니라 필연적으로 실천적인 면에서의 요청"일 뿐이다(264). 우리는 하나님의 존재를 실천 이성의 영역에서 요청할 수 있을 뿐이지 이론적으로는 알 수 없다(나중에 Hegel은 이것을 신랄하게 비판함). 물론 칸트는 하나님의 존재가 객관적 현실성을 가진다고 말하지만 인간이 이 현실성을 이론적으로 인식하는 것은 불가능하다고 생각한다.

여기서 칸트는 신앙과 인식을 분리시킨다. 하나님은 신앙의 대상이지 인식의 대상이 아니다. 신앙의 영역에 속한 하나님의 객관적 현실성은 "실천법에 의해 요청될" 뿐이다(Kant 1974, 266 이하). 하나님의 존재를 요청하거나 가정할 수 있는 확실성은 하나님의 객관적 존재와 관계하여 인식될 수 있는 필연성이 아니라 도덕법을 지켜야 할 인간의 주체와 관련하여 인식될 수 있는 필연성을 가질 뿐이다.

2. 칸트의 요청설에 대한 헤겔의 비판

1. 위에 기술한 칸트의 입장에 의하면, 하나님은 인간의 이론적 이성 곧 순수 이성에 의해 객관적으로 인식되거나 증명될 수 없다(Kant 1974, 117). 하나님은 신앙의 대상이지 객관적 증명의 대상이 아니다. 그는 주관적으로 요청될 수 있을 뿐이지, 객관적으로 인식되거나 증명될 수 없다. 하나님은 단지 도덕법적 필요 때문에 요청될 뿐이다.

여기서 인간의 이성이 객관적으로 인식할 수 있는 차안의 세계와 하나님, 신앙의 세계와 인식의 세계, 인간과 하나님, 세계와 하나님, 상대적인 것과 절대적인 것이 분리되고 대립하게 된다. 그것들은 분리와 대립 속에서 절대화된다. 헤겔은 칸트의 이와 같은 이원론과 신학적 불가지론을 자신의 철학 전체를 통해 비판하게 된다. 그는 이미 예나 시대에 쓴 자신의 유명한 문헌 『믿음과 지식』에서 칸트의 철학을 다음과 같이 날카롭게 비판한다.

> 이에 반해 참다운 철학의 과제는 이미 존재하는 대립들, 즉 정신과 세계, 영혼과 몸, 나와 자연 등으로 이해되는 대립들을 종국에 해소해버리는 것으로 생각되어서는 안 된다. 오히려 참된 철학적 과제의 유일한…관념은 모순의 절대적 지양이며, 이 절대적 동일성은 보편적이며 주관적인 요청도 아니고 실현되어야 할 요청도 아니다. 오히려 그것은 유일하며 참된 실재다. 이 실재의 인식은 신앙이 아니다. 즉 신앙에 대하여 하나의 피안이 아니다. 그것은 그의 유일한 지식이다.…칸트의 철학은 유한한 인식만이 가능하다고 주장하며, 부정적이며 순전히 관념주의적인 면 혹은 이론적인 동시에 실천적인 이성, 즉 절대이성인 공허한 개념을 즉자적으로(an sich) 존재하는 것, 실증적인 것으로 만들어버린다. 이리하여 칸트의 철학은 절대적 유한성과 주관성으로 전락한다. 이 철학의 모든 과제와 내용은 절대자의 인식이 아니라 이 주관성의 인식이거나 인식 능력의 비판이다"(1970a, 302 이하).

헤겔의 이 저서는 칸트, 야코비, 피히테의 철학 속에 숨어 있는 이원론을 비판하고, 자신의 변증법적 사고를 모색하는 획기적 작품이다. 이 작품의 마지막 문장에 기록되어 있는 "하나님은 죽었다"라는 말은 그의 죽음 후에 나타난 근대 무신론을 이미 자기의 시대 속에서 예견한 것이지, 헤겔 자신이 무신론을 주장한 것이라 해석될 수 없다.

여하튼 칸트 철학에 의하면, 유한한 세계와 인간은 절대자 하나님에게서 분리되어 있다. 따라서 인간은 하나님을 증명할 수 없다. 인간의 유한한 세계는 하나님 없이 그 자체로서 절대적인 것이 되어버리며, 하나님은 인간의 세계에서 분리된 존재로 절대화되어버린다. "무한성과 유한성 양자가

*부록 | 칸트의 이원론과 헤겔

대립된 채 서로 절대화되는 이것이 '칸트' 철학의 일반적 성격이다"(332).

2. 칸트에 의하면, 인간의 이성으로 증명할 수 없는 하나님에게 이를 수 있는 길은 신앙뿐이다. 인간은 오직 신앙을 통해 하나님과 관계할 수 있다(20세기 Karl Barth 신학의 중요 명제임). 여기서 신앙은 인간의 일반적인 인식과 별개의 것으로 전제된다. 인간의 일반적 인식은 세계의 사물들과 관계하는 것으로, 신앙은 사물들의 세계에 속하지 않은 하나님과 관계하는 것으로 나뉜다. 이로써 **신앙과 인식, 신앙과 지식의 분리**가 일어난다. 헤겔에 의하면, 이 분리는 종교와 신학의 영역에서는 물론, 인간의 현실 전반에 하나의 이원론을 형성한다. 정신과 자연, 법과 인륜, 국가와 종교 등이 분리되어 이원론적 대립에 빠진다. 이러한 대립은 "주관성"과 "객관성"의 대립으로 요약될 수 있다. 역사적으로 그것은 해방과 전통, 혁명과 복고의 대립으로 나타난다. 그리고 인간의 본질과 실존의 대립으로 나타나기도 한다.

　칸트 철학의 이원론적 성격은 근대 문화의 유산이기도 하다. 근대 문화는 모든 종교적 속박에서 해방된 인간이 합리적이며 경험적인 과학과 이성의 보편적 지배를 인정했다. 그리고 인간을 전통적인 종교적·문화적·정치적·사회적 질서에서 해방시켰다. 그 결과 전통적으로 형성되어온 인간의 내적인 세계와 외적인 실존의 바른 관계가 파괴되었고, 그 영향은 삶의 모든 현실로 파급되었다(Stuke 1963, 41 이하). 인간은 유한한 것을 자기의 유일한 삶의 현실로 생각하며, 구체적 삶의 현실에서 하나님의 정신(영)의 나타남을 일종의 미신으로 간주했다. 하나님은 인간의 삶의 현실에서 배제되어 단지 주관적 신앙에 대해서만 의미를 갖게 되었다. 혹은 그는 추상적인 지고의 존재로서 피안의 세계로 추방되었고, 피안의 세계와 차안의 세계는 분리되어 서로에 대해 절대화되었다. 차안의 유한한 세계가 피안의 영원한 세계에 대해 절대화될 때, 차안의 세계는 "사악하고 죄 된 것으로, 오직 자연적인 것과 인간적인 것에 속한 악"으로 간주된다(1970c, 485). 헤겔은 바로 여기에 칸트 철학의 마지막 결론이 있다고 자신의 미학 강의에서 말한다.

3. 칸트는 존재론적 하나님 증명에 대한 비판에서 하나님의 개념과 존재를 분리한다. "하나님"이란 개념에는 "있다"라는 존재가 속하지 않는다. 내 머릿속에 하나님의 개념이 있다고 해서 하나님이 현실적으로 존재하는 것은 아니다라는 것이다. 이것을 요약한 것이 칸트의 유명한 은화 백 냥에 관한 개념이다. 곧 내 눈앞에 있는 현실의 은화 백 냥은 내가 더 많이 있다고 생각한다고 해서 더 있고, 더 적게 있다고 생각해서 더 적게 있지 않다. 곧 "은화 백 냥"이란 개념은 나의 생각 여하에 따라 많아지지도 않고 적어지지도 않는다. 그것은 "가능성의 은화 백 냥만을 포함할 뿐이다." 따라서 은화 백 냥의 개념과 현실적 존재는 별개의 것이다.

　헤겔은 칸트의 이 생각을 자신의 『논리학』에서 날카롭게 비판한다. 칸트의 철학에서 개념은 다른 모든 것에서 고립된 것으로 생각된다. 그것은 "다른 것에 대한 연관성과 특수성(Bestimmung) 없이 단절되어 있다. 자기 자신과의 동일성의 형식은 다른 것에 대한 관계를 은화 백 냥으로부터 빼앗아버리며, 이 백 냥이 인지되든지 인지되지 않든지에 대해 무관심하다. 또한 개념은 인간이 유한한 삶 속에서 존재하느냐 존재하지 않느냐에 대해서도 무관심하다. 그러나 (칸트가 말하는) 이른바 은화 백 냥이란 이 개념은 틀린 개념이다.…은화 백 냥은 자기 자신과 관계하는 것(ein sich auf sich Beziehendes)이 아니라 변화될 수 있고 지나가버릴 수 있는 것이다"(1969a, 90, 91).

　헤겔에 따르면, 개념과 존재의 분리는 "유한한 사물들"에 해당한다. "그것들 속에서 개념과 존재는 다르며, 개념과 실재, 영혼과 몸은 분리될 수 있고, 따라서 그것들은 지나가버리며 사멸하는 것이란 점이 유한한 사물들의 정의(Definition)다. 이에 반해 하나님에 대한 추상적 정의는 이것이다. 곧 그의 개념과 그의 존재는 분리되어 있지 않으며 분리될 수 없다는 것이다." 우리는 유한한 사물에 대한 정의를 "하나님께 적용해서는" 안 된다(1969a, 92).

여기서 우리는 헤겔 자신의 생각을 엿볼 수 있다. 일반적으로 개념은 구체적 존재자들로부터 구별되는 추상적인 것으로 생각된다. 예를 들어, 현실의 다양한 사람들로부터 추상화된 것이 "인간"이라는 개념이다. 따라서 개념은 실재하는 것, 곧 실제로 존재하는 것이 아니다. 그것은 현실의 구체적 존재자들로부터 유리된 추상적인 것이다. 개념에 대한 이와 같은 일반적 생각에 반해, 헤겔은 개념을 구체적 존재자들 속에 현존하며, 이 존재자들과 함께 발전하는 활동 내지 운동으로 생각한다. 이리하여 헤겔은 하나님을 변증법적 활동 내지 운동으로 파악하게 된다. 우리는 이에 대해 아래서 한 걸음 더 자세히 볼 수 있을 것이다.

3. 전통적 하나님 존재 증명에 대한 헤겔의 해석

앞서 우리는 하나님의 존재 증명에 대한 칸트의 입장과 이에 대한 헤겔의 비판을 고찰했다. 이제 우리는 헤겔이 전통적인 하나님의 존재 증명을 어떻게 해석하는지를 고찰하고자 한다. 우리는 이 고찰에서 헤겔 자신의 입장을 볼 수 있을 것이다.

1. 먼저 헤겔은 칸트가 비판했던 하나님 존재 증명의 가치를 인정한다. 헤겔에 따르면, 칸트의 비판으로 인해 하나님의 존재 증명은 몰락할 위기에 이르렀다. 사람들은 우주론적·목적론적·존재론적 방법으로 하나님의 존재

를 증명하는 것은 비신앙적이고 비종교적인 일이며, 따라서 하나님의 존재 증명은 포기되어야 한다고 생각하기에 이르렀다.

헤겔은 이러한 사태가 야기된 원인은 칸트뿐만 아니라 야코비에게도 있다고 지적한다. 야코비에 따르면, 하나님의 존재는 증명될 수 없다. 왜냐하면 증명이란 어떤 제한된 것에서 무엇을 연역하는 것인데, 유한한 것에서 연역된 하나님은 제한된 하나님일 것이며, 이 하나님은 참 하나님이 아닐 것이기 때문이다. 이에 반해 헤겔은 하나님의 존재 증명의 가치를 인정한다. 그것은 천 년 이상의 역사와 권위를 가지고 있기 때문이다(1966a, 68). 물론 하나님의 존재 증명은 하나님에 대한 신앙을 불러일으켜야 할 과제를 갖지 않는다. 그 과제는 하나님에 대한 신앙을 개념적으로, 이성적으로 근거시키는 데 있다.

2. 또한 헤겔에 의하면, 종교는 유한한 정신이 "하나님께로 고양되는 것"(Erhebung zu Gott) 혹은 "유한한 것으로부터 절대적 무한자에게로의" 고양을 뜻한다(206). 이 고양은 종교적 표상의 형식으로 이루어질 뿐만 아니라 철학적 개념의 형식으로 이루어지기도 한다. 헤겔은 후자의 의미에서의 종교를 가리켜 "사유하는 정신(영)이 가장 높은 사상(생각), 즉 하나님께로 고양되는 것"이라고 정의한다(1966d, 14).[4] 종교도 이 개념적 고양을 지향한다. 왜냐하면 종교도 사유하는 정신의 산물이기 때문이다. 종교의 대상인 하나님은 사유 안에 있다. 하나님 안에 담겨 있는 내용은 사유의 대상이기도 하다. 하나님은 인간의 감각적 직관에 대해서만 존재하는 것이 아니라 사유에 대해서도 존재한다. 우리가 하나님을 생각할 때, 우리는 이미 하

---

4) 원문. "Erhebung des denkenden Geistes zu dem, der selbst der höchste Gedanke ist, zu Gott."

*부록 | 칸트의 이원론과 헤겔

나님에 대해 사유한다. "하나님은 정신(영)이며, 오직 정신에 대해서만 그리고 순수한 정신에 대해서만 존재한다. 다시 말해 사상에 대해서만 존재한다"(14).[5]

3. 우리는 하나님을 생각할 때 여러 가지 표상으로 그를 생각한다. 곧 우리는 그를 창조자, 구원자, 심판자, 아버지, 삼위일체 되신 분 등의 표상으로 생각한다. 이 표상들은 분명히 특정한 내용들을 갖고 있다. 곧 그것들은 "내용, 내용적 규정(Gehalt, Inhaltsbestimmung)을 갖고 있다. 그렇지 않다면, 하나님은 공허한 말이 되고 말 것이다"(1966d, 47).

이 내용은 신앙의 대상인 동시에 사유의 대상이다. 인간의 정신 곧 영이 자유롭게 사유하게 될 때, 하나님 신앙은 하나님의 존재를 증명하고자 시도한다. 종교적 표상과 경험 속에는 감각적이며 우연적인 요소들이 개입되어 있다. 따라서 하나님께로 고양되기 위해서는 사유를 감각적이고 우연적인 요소로부터 해방시키고 정화시키며, 그것을 만족시키는 것을 요구하게 된다. 헤겔은 하나님의 존재 증명이 인간 정신의 바로 이런 요구를 만족시키고자 하는 점에 그 가치가 있다고 하나님 존재 증명의 가치를 인정한다.

헤겔에 의하면, 역사적으로 하나님의 존재 증명은 여러 가지 출발점에서 시작되었다. 그 이유는 인간이 여러 가지 지각과 표상과 경험과 사고의 과정을 갖고 있기 때문이다(68). 하나님과 사람의 관계는 사람에 따라 다르다. 따라서 하나님과 사람의 관계는 수없이 많은 종류의 것일 수 있으며, 하나님의 존재에 대한 증명도 수없이 많을 수밖에 없다.

---

5) 원문. "Gott ist Geist, nur für den Geist, und für den reinen Geist, d.i. für den Gedanken."

4. 헤겔은 하나님의 존재를 증명하고자 하는 출발점을 크게 두 가지로 나눈다. 첫째는 유한한 존재이며, 둘째는 하나님 자신이다. 여기서 하나님의 존재를 증명하는 두 가지 방법이 생성된다. 첫 번째 방법은 유한한 존재로부터 시작하여 무한한 하나님의 존재를 증명하는 방법이요, 두 번째 방법은 하나님으로부터 출발하여 유한한 존재에 도달함으로써 증명하는 방법이다(1966a, 211). 첫 번째 방법은 우주론적 증명과 목적론적 증명의 방법이며, 두 번째 방법은 존재론적 증명의 방법이다. 이에 상응하여 유한한 인간의 정신이 하나님께로 고양되는 두 가지 길이 열린다. 첫째는 유한한 존재로부터 시작하는 길이요, 둘째는 하나님으로부터 시작하는 길이다. 이제 우리는 이 증명들에 대한 헤겔의 견해를 고찰하기로 하자.

1. 우주론적 증명

1) 우주론적 증명은 "하나의 우연적인 것으로서 자기를 스스로 유지하지 못하는 존재로부터 출발하여 참되고…필연적인 존재를 추론한다"(1966d, 79). 달리 말해, "경험적 사물들과 이 사물들의 전체, 곧 세계"로부터 시작하여 필연적으로 존재하는 하나님을 추론한다(80). 세계는 "유한성, 시간성, 가변성, 허무성의 세계"로서 참되지 못한 반면, 하나님은 "제한되어 있지 않고 무한하며, 영원하고 변하지 않는 존재"라고 우주론적 증명은 전제한 다음(80), 전자로부터 출발하여 후자를 추론한다. 곧 유한한 세계로부터 출발하여 무한한 하나님께로 고양한다. 이 고양은 낮은 것에서 높은 것으로 올라가는 "중재"의 과정이다. 그것은 "유한하고 우연한 사물들, 세속적 사물들을 그의 시작으로, 출발점으로 가지며", 여기서부터 하나님의 존재로 발전한다. 따라서 그것은 "이 시작을 통해 중재되어 있으며, 이 시작에…머물지 않고 오히려 그것을 버림으로써…무한하고 그 자신에 있어 필연적인

것으로의 고양일 뿐이다"(81).

2) 그러나 헤겔에 의하면, 우주론적 증명은 심각한 문제성을 가진다. 그것은 출발점이 되는 세계의 유한한 사물들을 부정하지 않고, 그의 현 상태에서 존속하도록 방치한다. 유한한 사물들의 첫 번째 특징(규정, Bestimmung)은 그것들은 "진리를 갖고 있지 않다는 것과, 우연적인 것이며, 사실상 비존재(Nichtsein)에 불과한 존재"라는 점에 있다(1966a, 211). 유한한 사물들의 두 번째 특징은 그것들은 "참된 것이 아니고, 참된 존재를 갖고 있지 않은 부정적인" 것이라는 점이다(212). 세 번째 특징은 "유한한 것의 부정 자체는 긍정(Affirmation)이며, 따라서 무한한 절대적 존재"라는 것이다. 세계의 모든 유한한 사물은 그 자체에 있어 "모순"이다. 그것들은 현재의 상태로 존속할 수 있는 것이 아니라 자기 자신을 부정하고 더 높은 진리를 향해 지양되어야 하는 것이다. 그것들은 "자기 자신을 지양시킴"(das sich selbst Aufheben)이다(212). 이것은 유한한 사물들의 부정적 측면이다.

그러나 "이 부정은 긍정적인 것이다." 왜냐하면 부정적인 것이 부정됨으로써 긍정적인 것이 생성되기 때문이다. 이에 반해 "하나의 나쁜 긍정"이 있다. 이것은 유한한 사물이 지양되지 않고 반복되는 것, 곧 "유한한 것의 반복"을 뜻한다. 유한한 것이 반복된다면, 새로운 긍정적인 것이 창조될 수 없다. "유한한 것은 다른 유한한 것을, 이리하여 나쁜 무한자를 정립시키는" 나쁜 결과가 초래된다(1966a, 212).

헤겔은 『논리학』에서 이것을 다음과 같이 말한다. "유한한 것은 제한된 것, 지나가버리는 것(Vergängliches, 허무한 것)이다." 중요한 문제는 "유한성의 존재에 머무느냐, 허무성이 존속되느냐 아니면 허무성과 지나가버림(Vergehen)이 지나가버리느냐에 있다.…유한한 것이 긍정적인 것 속에서 지나가버리지 않고, 그의 끝이 무(Nichts)로 파악될 경우, 우리는 다시금 이미 지나가버린 첫 번째의 추상적인 무로 돌아갈 것이다"(1969a, 141).

3) 우주론적 증명의 결정적 문제성은 바로 여기에 있다. 그것은 유한한 사물을 "시작과 출발점으로 가질 뿐만 아니라 그것은 참된 것, 긍정적인 것으로 보존하고 존속케 하며, 그것의 형태를 넘어감(Übergang)으로 생각하지 않는"데 있다(1966d, 153). 이리하여 유한한 사물들의 세계와 하나님은 서로 관계없는 것으로 나뉘며, 세계는 하나님 앞에서 변화되지 않고 주어진 상태에 머물게 된다. 곧 "우연한 것은 절대적으로 필연적인 것으로 분리되어…고수된다"(107). 우주론적 증명은 유한자로부터 무한자를 향해 넘어감으로써 무한자 곧 하나님을 추론하는데, 이 넘어감은 유한자가 무한자를 향해 부정되는 것으로 파악되지 않고, "하나의 존재에서 다른 존재로" 넘어감을 뜻할 뿐이다(105). 이에 반해 헤겔은 다음과 같이 말한다. "이 출발점(곧 세계의 사물들)은 우연적인 것이고, 자기를 폐기시키며, 다른 것으로 넘어가는 것으로 존재해야 할 의미를 가진다"(122).

우주론적 증명에서 유한한 사물은 무한자 하나님께로 지양되지 않고 반복된다. 이리하여 유한한 것이 무한한 것으로 되어버린다. 유한자는 자신의 유한성 속에서 무한자가 되어버리며, 이 무한자는 자기 속에 있는 유한성, 곧 무한한 유한성을 자신의 규정으로 갖게 된다. 곧 유한한 것이 무한성의 존재 규정을 갖게 된다. 세계의 유한한 독재자들이 무한한 힘을 가진 무한자가 되려는 현상은 이를 나타낸다. 이에 반해 헤겔은 다음과 같이 말한다. "유한한 것의 존재는 긍정적인 것이 아니다. 그것은 자기 아닌 다른 것으로 지양된 일시적인 것, 지나가버리는 것이다. 자기 아닌 것으로 지양될 때, 참된 무한자가 정립되고 중재된다"(1966d, 153).

4) 우주론적 증명의 두 번째 문제성은 하나님의 본질이 무엇인지를 정확하

게 규정하지 않는 데 있다. 하나님의 본질은 단지 "절대 필연성" 혹은 "무한성"으로 생각되지만, 정확한 의미에서 하나님의 본질이 무엇인지 해명되지 않는다. 즉 하나님은 역사의 변증법적 활동의 주체로서, 영(정신)으로서 파악되지 않는다. 물론 우주론적 증명도 하나님을 향한 고양을 자신의 원리로 가진다. 그러나 그것은 하나님 존재의 변증법적 요소를 파악하지 못하고, 하나님이 단지 "절대적으로 필연적인 존재"라는 결론에 이를 뿐이다. 우주론적 증명이 말하는 하나님의 본질이란 "완전히 추상적인 자기 자신과의 통일성이며, 그것은 주체도 아니고 영(정신)도 아니다"(124). 따라서 이 증명이 말하는 "본질"이란 개념은 충분하지 못하다.

2. 목적론적 증명

1) 목적론적 증명의 원리는 우주론적 증명의 원리와 동일하다. 목적론적 증명도 현상의 세계로부터 출발하여 하나님의 존재를 추론하기 때문이다. 이 증명은 세계를, 그 속의 모든 것이 조화를 이루고 있으며 질서를 가진 코스모스라고 생각하며, 이 코스모스 안에서 여러 가지 "유한한 목적들을 발견한다. 이 유한한 목적들로부터 출발하여 보편적 생동성, 개별적 목적들 속에 나타나는 단 하나의 목적에 도달하며, 이 개별화는 조화 속에, 상호 간의 본질적 관계 속에 있다"고 생각한다. 목적론적 증명의 "주요 내용"은 여기에 있다(1966a, 216).

헤겔에 따르면, 목적론적 증명에서 하나님은 "절대적으로 필연적인 본질" 혹은 "단 하나의 보편적인 삶의 생동성, 하나의 코스모스를 창조하고 정립하며 체계화하는 영혼"으로 규정된다. 그러나 이러한 규정은 하나님의 개념을 충분히 나타내지 못한다. 하나님의 본질적 규정은 "정신"이다(217). 그것은 변증법적 활동성이다. 목적론적 증명은 하나님의 이 존재 규정을 나타내지 못한다.

2) 우주론적 증명과 마찬가지로 목적론적 증명도 현상 세계에서 출발하여
하나님의 존재에 도달한다. 이것은 심각한 문제점을 지닌다. 하나님의 존재
가 현상 세계에서 출발하여 추론될 때, 현상 세계가 하나님의 존재를 결정
하고 지배하게 된다. 하나님의 존재는 현상 세계에 의존하는 존재가 되어
버린다. 헤겔은 판단의 형식을 빌려 이것을 설명한다.

　　모든 판단에서 주어는 술어를 통해 규정된다. 그것은 술어를 통해 규정
되는 "하나의 전제된 표상"이다. 이와 마찬가지로 "하나님은 먼저 주어로
서 단순히 표상 속에 전제된 것"이며, 이 "전제된 것"이 무엇인가는 술어를
통해 답변된다. 간단히 말해, "하나님은 있다(존재한다)"라고 할 때, "하나님
이 무엇인가"는 그 술어 "있다"(존재)를 통해 결정된다. 그리하여 하나님은
존재한다, 무한하다, 영원하다고 규정된다. 목적론적 증명에서 하나님은 유
한한 세계의 존재에 의해 전제되며, 전제된 것에 의해 증명된다. 그리하여
"전제된 것"(주어)이 "증명되어야 할 술어"에 대한 기준이 된다.

　　이제 남은 문제는 술어가 주어와 부합하는가, 부합하지 않는가 하는
것이며, 이 판단에서 주어를 형성하는 전제의 표상이 결정적인 힘을 갖
게 된다. 곧 유한한 존재가 출발점이 됨으로써 하나님의 존재를 결정하게
된다. 목적론적 증명이 추론하는 하나님은 사실상 "현존하는 것 속에…주
어져 있으며, 그 출발점과 부합하는 것"에 불과하다(1966d, 162). 달리 말해
하나님은 현상 세계에 속한, 현상 세계의 일부가 되어버린다. 하나님이 세
계로부터 출발하여 추론되기 때문이다.

3. 존재론적 증명

우주론적 증명과 목적론적 증명은 세계에서 출발하는 반면에, 존재론적 증명은 하나님이라는 개념에서 출발하여 하나님의 존재를 추론한다. 이 증명은 중세기 캔터베리의 주교 안셀무스가 발견한 것이며, 데카르트, 라이프니츠, 볼프에 의해 발전되었다. 헤겔은 존재론적 증명만이 "참된 것"이라고 말하면서(1966e, 172) 그 내용을 다음과 같이 기술한다.

1) 존재론적 증명은 하나님의 개념에서 출발한다. 이 개념은 먼저 주관적인 것으로 간주되고, 대상 및 실재와 대립된 것으로 전제된다. 이 개념이 존재론적 증명의 출발점이다. 존재론적 증명의 특징은 이 개념에 존재도 속한다는 것을 제시하는 데 있다. 곧 존재론적 증명은 하나님 개념이 하나님의 존재를 포함한다는 것을 증명하는 데 있다.

존재론적 증명은 이 증명에 대한 근거를 하나님의 완전하심에서 찾는다. 세계의 유한하고 불완전한 사물들에 반해, 하나님은 완전한 존재일 수밖에 없다. 만일 하나님이 완전한 존재가 아니라면 하나님보다 더 완전한 존재를 찾을 수밖에 없기 때문이다. 하나님보다 더 완전한 존재가 있다면, 하나님은 하나님이 아닐 것이기 때문에 그는 완전한 존재로 생각될 수밖에 없다.

하나님이 완전한 존재라면, 그는 머릿속에 개념으로만 있지 않고, 현실적으로 존재할 수밖에 없다. 완전함은 존재를 포함한다. 어떤 완전한 존재가 우리의 머릿속에 개념적으로만 있고 현실적으로 존재하지 않는다면, 그 존재는 완전하지 못할 것이다. 따라서 완전한 하나님은 필연적으로 존재를 포함한다. 요약하여 말한다면, 하나님 개념은 하나님의 존재를 필연적으로 포함한다.

이와 같은 논리 과정에서 하나님의 개념과 존재가 구별된다. 존재가 결여된 하나님 개념이 먼저 설정된 다음, 하나님은 그 자신 안에 존재를 포함하는 분으로 생각된다. 그러나 헤겔에 따르면 개념과 존재가 구별되는 한, 이 개념은 우리의 사유 속에 있는 주관적인 것에 불과하다. 헤겔은 하나님이라는 개념이 주관적인 것이기 때문에 유한한 정신에 속하는 불완전한 것이라고 지적한다(1966e, 173).

2) 여기서 헤겔은 주관적인 개념 혹은 유한한 개념과 절대적인 개념을 구별한다. **유한한 개념은 존재로부터 분리되어 있는 개념**을 말한다. 칸트가 말하는 개념은 바로 이 유한한 개념, 곧 존재로부터 분리된 개념을 말한다. 헤겔에 따르면, 만일 하나님이 모든 현실의 총괄개념으로 규정된다 해도, 존재가 거기에 속하지 않는다. 개념에는 아무것도 첨가되지 않기 때문이다. 개념이 존재하든지 존재하지 않든지 간에 그것은 동일한 것이다.

하지만 헤겔은 존재로부터 분리된 개념 자체는 현실을 결여한 비현실적인 것이며, 따라서 "가장 추상적인 것"에 불과하다고 말한다. 칸트가 말하는 개념, 곧 존재에서 분리되어 있는 단지 주관적인 개념은 "무와 같은 것(ein Nichtiges)이다." 칸트가 말하는 "오성은 존재와 개념을 엄격하게 분리시킨다.⋯그러나 일반적 표상에 따라 생각해볼 때에도, 존재 없는 개념은⋯참되지 못한 것이며, 이와 마찬가지로 개념을 그 속에 갖고 있지 않은 존재는 무개념적인 존재다"(1966e, 174).

3) 헤겔의 견해에 의하면, 하나님이란 개념은 칸트가 말하는 유한한 개념이 아니라 **절대 개념**이다. 그것은 "하나님의 개념"이며(1966b, 221), "자유롭고 순수한 개념"이다(1966e, 172). 절대 개념, 곧 하나님의 개념에서는 개념과 존재가 분리되지 않는다. 하나님의 개념과 존재는 하나의 동일성이다.

혹은 개념으로서의 하나님은 존재 없이는 파악될 수 없다(175). "하나님의 개념"은 "존재와 일치한다"(176). 존재론적 증명이 말하듯이, 하나님이 완전한 분이라면, 하나님의 개념은 그 안에 존재를 필연적으로 포함할 수밖에 없다. 존재론적 증명에 대한 칸트의 결정적 결함은 유한한 개념과 절대적 개념의 차이를 식별하지 못한 데 있다. 그리하여 개념을 단지 유한한 것으로 파악하고, 개념과 존재를 분리시킨 데 있다. "칸트가 우리는 개념으로부터 실재(Realität)를 이끌어낼 수 없다고 말했을 때, 개념은 유한한 것으로 파악된다"(175). 이에 반해 헤겔은 다음과 같이 말한다.

존재는 본질적으로 하나님의 개념에 속하며, 이 개념은 필연적으로 존재하는 것으로 생각될 수밖에 없다. 그렇다면 개념은 존재로부터 분리되어 생각되어서는 안 될 것이다. 존재를 결여한 개념은 참되지 못한 것이다(1969a, 59).

4) 앞서 언급한 바와 같이, 헤겔은 『논리학』에서 이것을 다음과 같이 말한다. "개념과 존재가 다르며, 개념과 실재, 영혼과 몸이 분리될 수 있고 이로써 지나가버리게 되며 사멸한다는 것이 유한한 사물들의 정의(Definition)다. 이에 반해 하나님의 절대적 정의는 개념과 존재가 분리되어 있지 않고, 분리될 수 없다는 바로 이것이다"(1969a, 92). 풀어서 말한다면, 개념은 존재로 현존한다. 그것은 끊임없이 새롭게 존재로 넘어가는 활동성 자체이며, 이 활동성, 곧 끊임없이 존재로 "넘어감"(Übergehen)이 개념의 존재다. 이 넘어감 속에서 개념과 존재는 하나를 이룬다.

여기서 하나님 개념에 대한 헤겔의 독특한 이해가 나타난다. 헤겔이 말하는 하나님 개념은 하나님의 현실적 존재에서 분리되어 있는 추상적인 것이 아니다. 하나님 개념은 자기의 즉자를 자기의 대자로 외화한 하나님, 곧 정신이 대자 속에서 자기 자신과의 동일성을 찾아나가는 "이 영원한 활동성이다.""개념은 자기를 대상화시키는 이 활동성이요 운동이다."그것은 "자기의 결함, 주체성(Subjektivität), 존재로부터의 다름을 지양하는 것이다. 그것은 자신을 존재하는 것으로 대상화시키는 행동 자체다"(1966b, 222).

5) 일반적으로 개념은 현실의 개별자들과 구별되는 보편자로 생각된다. 개별자들은 변화하지만, 보편자 개념은 변화하지 않고, 영원히 머물러 있는 것으로 생각된다(예를 들어, 개별의 사람들은 생성 소멸하지만, "사람"이라는 보편 개념은 영원히 변하지 않고 머물러 있는 것으로 생각됨). 이에 반해 헤겔에 따르면, 개념은 자기를 대상화시키고, 대상화된 것을 자기 자신과 동일한 것으로 지양시켜나가는 활동성 내지 운동이다. 이 활동성 내지 운동이 바로 개념의 존재이기 때문에 개념과 존재는 분리되지 않고 통일성을 이룬다. 따라서 존재는 개념에 추가되는 것이 아니라 개념 자체에 속한다. 개념은 자신이 그 안에 있는 존재의 유한성과 제한성을 지양하고, 자기 자신과 존재의 완전한 일치를 찾아나가는 변증법적 과정, 곧 "절대적 과정" 혹은 "하나님의 생동성"을 말한다(1966e, 176).

　헤겔의 『종교철학』에 따르면, "하나님의 개념, 절대 개념"은 고정되어 있는 것이 아니라 "자기 자신과 자기를 중재하는 살아 움직이는 자(das Lebendige)다. 그가 지닌 규정 중 한 가지 규정은 존재다." 그것은 자기를 유한한 것, 특수한 것으로 정립하는 동시에 "자기의 유한성을 부정하고, 이 유한성의 부정을 통해 자기와 동일하게 되는 활동성이다. 이 활동성이 하나님 개념, 절대 개념이다. 바로 이것이 하나님이다. 영(정신) 혹은 사랑으로서의 하나님은 이것이다. 곧 자기 자신을 특수한 존재로 세우고, 세계 곧 자기의 아들을 창조함으로써 자기와 다른 자(ein Anderes seiner)를 가지는 동시에 그 안에서 자기 자신을 가지며, 자기 자신과 동일하다는 이것이다"(1966b, 221).

6) 지금까지 기술한 바와 같이, 헤겔은 개념이 그 속에 존재를 포함하고 있다는 점에서 존재론적 증명을 인정한다. 하지만 그는 이 증명의 전통적 형식을 다음과 같이 비판한다.

첫째, 안셀무스는 하나님이 "그 이상으로 아무것도 생각될 수 없는 가장 완전한 것"이라고 말한다. 그는 "가장 완전한 것"으로부터 출발하여 하나님을 "가장 현실적인 존재, 모든 현실의 총괄개념"이라고 정의한다. 여기서 "모든 현실"은 단지 그것들의 "긍정적 측면에서"만 생각되며, 그 부정적 측면이 간과된 채 "총괄개념"에 포함되어버린다. 모든 현실의 "부정"이 간과된다(1966d, 42). 이로써 존재론적 증명은 현실의 부정적인 것을 긍정해주는 기능을 가진다.

또 안셀무스에게 하나님이란 "개념"은 고정되어 있는 것, 완결된 것, 그런 점에서 절대적인 것으로 간주된다. 여기서 개념의 변증법적 성격이 간과된다. 헤겔에 따르면, 개념은 고정되어 있는 것이 아니다. 그것은 존재와의 완전한 일치를 향해 끊임없이 발전하는 변증법적 활동 속에 있다. 이에 반해 안셀무스에게서 개념은 존재와 이미 일치하는 것으로 전제된다. 안셀무스에게서 "개념과 존재의 일치(Einheit)는 전제다. 그 결함은 이 일치가 단지 전제라는 것이다"(1966b, 222-223).

둘째, "존재"라는 규정은 하나님에 대한 "가장 불충분한 규정"이다(1966d, 45). 그것은 하나님을 충분히 나타내지 못한다. 헤겔의 견해에 의하면, "정신으로서의 하나님"은 자기를 자기 자신으로부터 구별하여 타자로 정립하고, 타자의 부정적인 것을 부정함으로써 자기 자신에게로 돌아가는 "활동성"이다. 존재론적 증명이 말하는 "존재"는 하나님의 이 특성을 간과한다. 헤겔에 따르면, 하나님의 존재는 고정된 것이 아니라 자신의 대자인 대상 세계의 부정적인 것을 부정함으로써 즉대자의 세계를 향해 나아가는 변증법적 활동이다. 이에 반해 안셀무스가 말하는 하나님의 존재는 "자기 자신과의 추상적인 동일성"(1966e, 176), "가장 빈약한 추상"이다(1966b, 222).
하나님의 존재는 변증법적 활동으로 생각되지 않고, 개념과 일치하는 하나
의 추상적 "전제"로 머물러 있을 뿐이다.

셋째, 헤겔은 존재론적 증명이 전제하는 "하나님의 개념"에서 하나님은
"모든 현실의 총괄개념"(Inbegriff aller Realitäten)으로 규정되며 이 총괄개념,
곧 하나님은 "어떤 모순도 그 자신 안에 포함하지 않으며, 어떤 현실도 다
른 현실을 지양하지 않는다고 말한다. 하나의 현실은 오직 완전한 것으로
존재하며, 어떤 부정(Negation)도 포함하지 않은 긍정적인 것(Affirmatives)으
로 생각되어야 한다. 여기서 현실들은 서로 대립하지 않으며 모순되지 않
는다고 간주된다." 그리고 "모든 부정이 생각에서 배제될 때, 이 현실은 존
속한다"고 생각된다(1969a, 119).

7) 헤겔의 사고에 따르면, 이와 같은 현실은 구체적 내용과 특수성
(Bestimmtheit)을 갖지 않은 추상적인 것이다. "모든 실재의 총괄개념으로서
의 하나님"은 "특수성이 없는 것, 내용이 없는 것, 모든 것이 그 안에서 하
나인 공허한 절대자"다. "이에 반해 현실을 그것의 특수성에서 생각할 때,
모든 현실의 총괄개념은 모든 부정의 총괄개념, 모든 모순의 총괄개념, 모
든 특수한 것이 그 속에 흡수되어 있는 절대적 힘이 된다."(1969a, 120). 여기
서 하나님 개념은 "모든 부정의 총괄개념, 모든 모순의 총괄개념"으로 생각
된다. 그것은 구체적 내용과 특수성이 없는 "공허한 절대자"가 아니라 모
든 현실 안에 있는 모순과 이 모순으로 말미암은 끊임없는 "부정의 부정"
의 활동이다. 개념은 이 활동으로 현존한다. 부정적인 것을 부정하는 활동
이 개념의 존재다.

헤겔에 따르면, 형이상학적 하나님의 존재 증명들은 하나님 개념에
서 하나님의 존재를 추론하며, 세계로부터 하나님을 향한 정신의 고양

(Erhebung)을 묘사한다. 그러나 이 존재 증명들은 정신의 이 추론과 "고양 속에 포함되어 있는 **부정의 요소**"를 드러내지 못한다. 세계는 필연적인 것이 아니라 우연적인 것이다. 그것은 부정적인 것이 그 속에 포함되어 있는 "무와 같은 것"이다. 절대 진리는 "오직 하나님 안에 있다. 하나님만이 참 존재다"(1969d, § 50 주해). 따라서 자기를 대상 세계로 외화한 정신은 대상 세계의 부정적인 것을 부정하고, 절대 진리의 하나님 자신을 향해 자기를 고양시키고자 한다. 전통적인 하나님의 존재 증명들은 이 고양 속에 숨어 있는 부정적인 것의 부정을 간과한다. 이로 인해 주어진 대상 세계와 하나님 개념을 긍정하고 이를 고착시킨다. 그것들은 부정적인 것을 긍정해주는 기능을 가진다.

8) 마지막으로 "하나님의 존재 증명 강의"에 나오는 헤겔 자신의 진술을 들어보자. 우리는 이를 통해 필자가 상세히 기술하지 못한 헤겔의 깊은 통찰들과 헤겔 자신의 입장을 감지할 수 있을 것이다.

존재론적 증명의 출발점이 되는 "개념"은 인간의 머릿속에 있는 "주관적인 것", "객체와 현실"(Realität)에 대립된 것으로 규정된다. 문제는 "이 개념에 존재가 추가되는 것을 제시하는" 데 있다. 달리 말해 "하나님의 개념"이 설정되고, "이 개념은 그 자신 안에 존재를 포함한다는 것"을 제시하는 데 있다. 여기서 "개념으로부터 존재가 구별될 때, 개념은 우리의 생각 속에 있는 주관적인 것이다. 그것은 주관적인 것이기 때문에 불완전한 것이다."

안셀무스는 존재론적 증명을 다음과 같이 추론한다. "하나님은 그보다 더 높은 것이 생각될 수 없는 가장 완전한 존재다. 그러나 하나님이 단순한 표상(곧 인간의 생각 속에 있는 주관적 표상, 필자)에 불과하다면, 그는 완전한 존재가 아니다. 이것은 첫 번째 문장과 모순된다. 우리는 표상만이 아니라 거기에 존재가 추가되는 것을 완전하다고 생각하기 때문이다. 만일 하나님이 주관적인 존재에 불과하다면, 우리는 존재가 첨가되는 더 높은 것을 찾을 수밖에 없을 것이다.…가장 완전한 존재로부터 시작하여 이 존재는 가장 현실적인 존재로, 모든 현실의 총괄개념으로 규정된다.…이 현실들은 하나님 안에서 단지 긍정적 측면에서만…고려된다. 그리하여 부정(Negation)이 포기되어버린다. 이리하여 우리는 그 자신과 하나인 것의 추상물(Abstraktion des mit sich Einen)만 남게 된다는 것을 쉽게 볼 수 있다."

칸트의 비판에 따르면, "우리가 하나님을 모든 현실의 총괄개념으로 규정할 때, 존재가 거기에 속하지 않는다. 존재는 하등의 현실이 아니기 때문이다. 다시 말해 개념에는 아무것도 첨가되지 않는다. 개념이 존재하든 존재하지 않든 그것은 동일한 것으로 존속한다.…칸트는 다음과 같이 주장한다. 내가 어떻게 상상하든지 간에…은화 백 냥은 있는 그대로 있을 뿐이다. 따라서 존재는 하등의 현실이 아니다. 이를 통해 그 무엇도 개념에 추가되지 않는다.…주관적인 것에 불과하며 존재로부터 분리되어 있는 것은 없는 것과 같은 것(das Nichtige)이다"(1966e, 173-174).

9) 헤겔은 이 문제와 연관하여 자신의 입장을 밝힌다. "유한한 것과 주관적인 것"은 "그 자체에 있어 유한하다. 따라서 그것은 그 자신의 대립(Gegensatz)이다. 그것은 해결되지 못한 모순(Widerspruch)이다. 존재는 개념으로부터 구별되어야만 할 것이다.…그러나 존재의 규정은 개념 자체 안에 있다." 또한 "개념은 즉자에 있어(an sich) 그 자신 안에 존재를 가질 뿐만 아니라…대자적으로 존재하기도 하다. 그는 스스로 자기의 주관성을 지양하고, 자기를 대상화시킨다.…개념은 존재를 그 자신과 동일하게 세우는 이 영원한 활동성이다.…개념은 자기의 차이(Unterschied)를 지양하는 이 활동성이다. 개념의 본성을 통찰할 때, 존재와의 동일성은 전제가 아니라 결과(Resultat)다(동일성은 전제가 아니라 결과로서 오는 것이다). 그 과정은 이렇다. 곧

*부록 | 칸트의 이원론과 헤겔

개념은 그 자신을 대상화시키며 자기를 현실로 만든다. 이리하여 개념은 진리이고, 주체와 객체의 통일성이다"(1966e, 175-176).

지금까지 기술한 "입장은 기독교적 입장이다—여기서 우리는 그의 모든 자유 속에서 하나님의 개념을 관찰한다. 이 개념은 존재와 동일하다. 존재는 가장 빈곤한 추상물이다. 개념은 이 규정을 그 자신 속에 갖지 않을 정도로 빈곤하지 않다. 우리는 존재를 추상물의 빈곤 속에서…관찰하면 안 되고 하나님의 존재로서의 존재(Sein als das Sein Gottes), 하나님에게서 구별되는 완전히 **구체적인 존재**로 관찰해야 한다. 여기서 말하고자 하는 것은 개념에 존재가 추가된다는 것 혹은 개념과 존재의 단순한 통일성이 아니다.…오히려 이 통일성은 **절대적 과정**으로, **하나님의 생동성**으로 파악되어야 한다. 이리하여 두 측면(개념과 존재)이 그 속에서 구별되며, 그 통일성은 그 자신을 영원히 생성하는 절대적 활동성으로 파악된다.

여기서 우리는 정신으로서의 하나님의 구체적 표상을 본다. 정신의 개념은 즉대자적으로 존재하는 개념, 곧 지식이다. 이 무한한 개념은 그 자신에 대한 부정적 관계(negative Beziehung auf sich)다. 따라서 정신의 개념은…그 자신을 구별하는 것(das sich Unterscheiden)이다. 구별된 것은 먼저 외적인 것, 무신적인 것, 하나님 바깥에 있는 것으로 나타난다. 그러나 그것은 개념과 동일한 것이다. 이 관념의 발전이 절대 진리다. 이것이 기독교 종교에서 알려졌다. 곧 하나님은 그 자신을 계시했고, 그 자신을 계시한다는 이것이다. 계시한다는 것은 그 자신을 구별하는 것을 말한다—계시된 것은 하나님이 계시되는 분이라는 이것이다"(1966e, 175-176. 여기서 1) 계시자, 2) 계시된 것, 3) 계시 자체의 동일성에 대한 K. Barth의 생각이 Hegel에게서 유래함을 볼 수 있음).

4. 헤겔 자신의 하나님 존재 증명

헤겔 자신은 하나님의 존재를 어떻게 증명하는가? 우리는 이 질문에 대한
답을 위에서 약간 엿볼 수 있었다. 여기서 우리는 그의 생각을 좀 더 구체
적으로 파악하기로 하자.

1. 헤겔은 존재론적 증명을 유일하게 참된 것으로 인정하고, 존재론적 증
명 방법을 자신의 것으로 수용한다. 그리고 그는 하나님이란 개념이 존재
를 필연적으로 내포한다는 존재론적 증명의 전제를 인정한다. 그러나 헤겔
에 따르면, 하나님의 개념과 존재의 통일성은 정체된 것이 아니라 변증법
적으로 생각되어야 한다. 하나님이란 개념은 먼저 그 자신을 자기의 타자
로 정립시키는 동시에 타자의 부정적인 것을 부정함으로써 양자의 통일성
을 추구하는 변증법적 활동성 내지 운동이다. 헤겔은 이와 같이 변증법적
의미에서 하나님의 개념 속에는 필연적으로 하나님의 존재가 속한다고 생
각한다.

그럼 헤겔 자신의 존재론적 증명은 구체적으로 무엇인가? 한마디로 헤
겔은, 그것은 "인간의 정신(영)이 하나님께로 고양되는 것"을 관찰하는 것
이라고 말한다. "우리의 과제는 **하나님을 향한 인간 정신의 고양을 관찰하
는 것이다**"(Betrachtung der Erhebung des Menschengeistes zu Gott, 1966e, 13). "사
유하는 정신이 가장 높은 사유인 하나님께로 고양되는 것을 관찰하는 것"
이라 말하기도 한다(14). 이것은 무슨 뜻인가? 우리는 이 질문에 대한 명백
한 설명을 헤겔 자신의 문헌에서 발견할 수 없다. 따라서 우리는 그것이 의
미하는 바를 아래와 같이 추론할 수 있다.

2. 헤겔에 의하면 하나님은 영 곧 정신이다(요 4:24). "정신은 오직 정신

에 대해서만, 오직 순수한 정신에 대해서만, 곧 사유에 대해서만 존재
한다"(1966e, 13 이하). 이 문장에 따르면, 정신은 사유하는 정신을 말한다.
사유는 정신의 활동이다. 그것은 "활동하는 보편자"로서 끊임없는 "활동"
이다(1969d, § 20). 그것은 주어진 상태의 부정적인 것을 부정하고, 더 높은
진리로 고양되는 끊임없는 활동 내지 중재의 과정이다. 한마디로 "영(정신)
이신 하나님"은 사유의 활동으로서 존재한다(이에 관해 김균진 1976, 21). 이 활
동은 인간의 사유하는 정신이 절대 진리가 그 안에 있는 하나님에게 이르
고자 하는 활동을 말한다. 인간의 정신은 이 활동을 통해 하나님께로 고양
된다.

이 고양은 중재(Vermittlung)의 과정, 곧 하나의 내용에서 다른 내용으로
고양되어가는 과정이다. 하나님의 존재 증명은 바로 이 과정, 곧 유한한 인
간 정신이 하나님의 절대 진리로 고양되는 과정을 관찰하는 데 있다. 이 관
찰의 과정이 하나님의 존재 증명을 뜻한다. 인간의 유한한 정신은 관찰의
과정을 통해 하나님께로 고양된다. 따라서 하나님의 존재 증명은 유한한
인간의 정신이 하나님께로 고양되는 것, 곧 "인간 정신(영)의 하나님께로의
고양"을 내포한다. 헤겔은 이 고양의 과정을 "관찰하는 것"이 하나님의 존
재 증명이라고 말한다. "우리의 과제는 인간의 정신이 하나님께로 고양되
는 것을 관찰하는 데 있다. 이것은 사상이 사상의 왕국으로 고양됨(Erhebung
des Gedankens in das Reich des Gedankens)을 말한다"(1966e, 13).

헤겔에 따르면, "이 고양은 우리의 정신 속에 근거되어 있다." 우리 인
간의 사유하는 정신은 대상의 부정적인 것을 부정하고, 절대 진리를 향해
나아가는 활동 자체이기 때문이다. 하나님을 향한 인간 정신의 고양은 "우
리의 정신에게 필연적인 것이다. 이 필연성은 우리가 증명하는 것이 아
니다. 그것은 자기 자신을 증명한다. 우리는 이 증명을 관찰할 뿐이다.…우
리는 그 과정을 관찰할 뿐이다. 이것이 본래적 의미의 증명이다"(1966e, 14).

3. 그런데 헤겔이 말하는 사유는 세계의 현실과 분리된 추상적인 것이 아니라 세계의 현실과 내적으로 일치하는 것이다. 사유와 세계의 현실은 별개의 것이 아니라 둘 다 모두 동일한 정신(영)의 활동이기 때문이다. 영이신 하나님은 **사유의 변증법적 활동의 과정**으로 존재하는 동시에 **세계 현실의 변증법적 활동의 과정**으로 현존한다. 세계 현실 속에서 일어나는 정신의 변증법적 활동이 순수한 사상의 형식으로 나타나는 것이 사유의 변증법적 활동이다.

그렇다면 헤겔이 말하는 하나님의 존재 증명은 사유의 영역에서 이루어지는 **사유의 변증법적 활동은 물론, 세계 현실의 변증법적 과정을 관찰하는 것**이다. "영이신 하나님"은 사유의 변증법적 활동성으로 현존하는 동시에 세계 현실의 변증법적 활동성으로 현존하기 때문이다. 자기 자신을 외화하여 유한한 정신과 세계 현실을 창조하며, 창조된 세계 현실의 부정적인 것을 부정함으로써 자기 자신에 이르고자 하는 정신의 활동, 이 활동으로 말미암아 일어나는 "하나님을 향한 정신의 고양 – 하나의 활동, 진행, 과정(Tätigkeit, Verlauf, Prozeß)"을 **사유의 영역에서는 물론, 세계 현실의 영역에서 "관찰하는 것"**이 하나님의 존재 증명이라고 말할 수 있다(1966e, 15).

4. 헤겔은 여기서 "관찰한다"(betrachten)는 것이 무슨 뜻인지를 설명하지 않는다. 우리는 이 말의 뜻을 헤겔 철학 전체를 고려하면서 다음과 같이 해석할 수 있다.

1) be-trachten(베-트라흐텐)이라는 독일어는 "뒤를 따른다"는 의미를 가진다. 따라서 "인간의 정신(영)이 하나님께로 고양되는 것"을 "관찰한다"는 것은 사유와 세계 현실의 활동으로 현존하는 하나님의 뒤를 따르는 것을 말한다. 인간이 하나님의 존재를 증명하는 것이 아니라 "정신이신 하나님"

이 사유와 세계 현실 속에서 일어나는 그의 변증법적 활동을 통해 스스로를 증명해나간다. 정신이신 하나님의 변증법적 활동 그 자체가 그의 존재를 증명한다. 달리 말해, 하나님의 존재는 하나님 자신에 의해, 하나님 자신을 통해 증명된다. 그것을 관찰하는 데 하나님의 존재 증명이 있다. 이런 점에서 헤겔은 존재론적 증명의 원리를 따른다. 하나님은 하나님 자신의 변증법적 활동을 통해 증명된다. 부정적인 것의 끊임없는 부정을 통해 발전하는 사유의 변증법적 활동과 세계 현실, 곧 세계사의 변증법적 과정을 통해 증명된다.

여기서 하나님의 존재 증명은 사유의 영역에서는 물론 세계사의 과정에서도 이루어지는 것으로 나타난다. 헤겔은 "하나님이 있다"는 것이 인간의 사유의 영역에서는 물론 세계사의 과정 속에서 증명되어야 한다는 것을 시사한다. 세계의 모든 것이 하나님의 것이라면(시 24:1), "하나님이 있다"는 것은 세계의 "모든 것" 안에서 증명되어야 한다.

2) 또한 be-trachten은 어떤 대상을 객관적으로 바라보고 관찰하는 것을 뜻하지 않는다. 그것은 내 자신과 상관없는 것, 내 자신에게서 분리되어 있는 "대상"을 바라보고 관찰한다는 것을 뜻하지 않는다. 깊은 사랑 안에서 바라본다, 관찰한다는 것은 사랑하는 자에 대한 참여와 함께 나눔을 뜻한다. 아기 엄마가 자기의 품에 안긴 아기의 눈을 바라보면서 그 아기와 내적으로 하나가 되어 아기에게 자기의 생명을 내어주는 것처럼 하나가 되어 삶을 함께 나눔을 말한다. 바로 이것이 사랑이다. 영(정신)이신 하나님은 사랑이다(요일 4:8, 16). 하나님의 사랑 안에서 하나님의 변증법적 고양의 과정을 "관찰한다"는 것은 이 과정에 참여하며 이 과정을 함께 나눔을 말한다. 하나님을 진정으로 사랑하는 사람은 하나님의 삶을 함께 나눌 수밖에 없다.

3) Trachten은 본래 "특정한 것에 도달하기 위해 시도하다", "추구하다"
를 뜻한다. 마태복음 6:33에서 하나님 나라와 하나님의 의를 "구하라"고 할
때, 동사 trachten을 사용한다. 따라서 "인간의 영(정신)이 하나님께로 고양
되는 것"을 "관찰하는 것"이 하나님의 존재 증명이라 할 때, trachten은 영
이신 하나님의 변증법적 활동을 뒤따라 "추구하는 것"을 말한다. 이는 우
리가 예수 자신을 통해 앞당겨오는 하나님 나라를 "추구해야" 하는 것과
같다(마 6:33).

  헤겔은 이 생각을 자신의 『종교철학 강의』에서 다음과 같이 말한다. 일
반적으로 "관찰한다"는 것은 "어떤 내용을 외적인 대상으로, 나의 피안으
로 설정하는 것을 말한다." 이에 반해 정신(영) 안에서 "관찰한다"는 것은
"내가 대상 안으로 들어간다"는 것을 말한다. "내가 하나님을 인식하고 파
악하고자 할 때, 대상 안에서 내 자신을 갖기 위해, 나는 나를 망각하고 대
상(Sache)에 대한 나의 주체성을 포기하며, 나를 대상 안으로 침잠시킨다
(vesenke).…여기서 경험적 관찰은 중단된다. 대상이 나에게 객체로서 대
칭해 있는 대신에 내가 대상 안으로 흡수된다(hineingerissen). 하나님이 나
에게 더 이상 하나의 피안이 아니라면, 나는 더 이상 순수한 관찰자가 아
니다"(1966b, 121). 내가 하나님 안에 있고, 하나님이 내 안에 있다. 양자의
내적 통일성 속에서 하나님의 삶에 참여하고, 하나님이 추구하는 것을 함
께 추구한다. 바로 여기에 헤겔이 뜻하는 하나님 관찰의 참 의미가 있다. 이
러한 뜻에서 하나님의 존재 증명은 하나님을 향한 정신의 고양을 "관찰하
는 것"이다.

5. 여기서 우리는 헤겔의 하나님 존재 증명의 독특함을 볼 수 있다. 헤겔의
생각에 따르면, 하나님의 존재 증명은 인간의 이성을 통해 "하나님은 있다"
는 추론을 내리고, 이 추론에 머물지 않는다. 그것은 우리가 인간의 사유와

세계 현실의 부정적인 것을 끊임없이 부정하면서 하나님 나라의 더 높은 진리를 향해 나아가는 하나님의 뒤를 따라 추구해야 할 성격의 것이다.

하나님의 존재는 단지 인간의 머리를 통해 증명될 수 있는 것이 아니라 하나님이 자기 자신과 동일시할 수 있는, 헤겔의 표현을 따른다면, "정신의 개념과 일치하는" 세계를 향한 사유와 세계사의 변증법적 과정을 통해 증명될 수 있는 것이다. 한마디로, 인간의 사유를 포함한 **세계사의 변증법적 과정** 속에서 "하나님이 있다"는 사실이 증명되어야 한다. 이 과정 자체가 곧 하나님의 자기증명이다. 이 증명을 수행하는 것은 영(정신)이신 하나님 자신이다. 헤겔은 인간이 하나님 자신이 행하는 증명의 뒤를 따라 그것을 추구해야(be-trachten) 한다는 것을 암시한다.

6. 헤겔 이전의 하나님 존재 증명은 "하나님은 있다", "하나님은 요청된다"는 마지막 추론으로 종결되었다. 이에 반해 헤겔의 하나님 존재 증명은 세계사가 그 목적에 이르기까지 계속되어야 할 과정이라는 점에서 독특성을 지닌다. 헤겔의 하나님 존재 증명은 세계에서 출발하거나, 하나님의 개념에서 출발하여 종결될 수 있는 것이 아니다. 혹은 칸트가 말하는 인륜법의 전제로서 존재하는 것으로 요청됨으로써 끝나는 성격의 것도 아니다. 그것은 인간의 사유와 세계사 속에서 끊임없이 계속되는 변증법적 과정이다.

"하나님은 있다", "하나님은 존재한다"라는 말은 "하나님이 세계의 모든 것을 다스린다"는 말을 내포한다. 곧 그것은 세계에 대한 하나님의 통치를 내포한다. 세계의 모든 것이 하나님의 것이기 때문이다. 따라서 "하나님은 있다"라는 말은 "세계를 통치하는 하나님은 있다"는 것을 의미한다.

그러나 세계에 대한 하나님의 통치는 죄와 죽음의 세력으로 말미암아 매우 불완전하다. 하나님 대신에 인간의 욕망과 죄와 죽음의 세력이 세계를 통치하는 것처럼 보인다. 그러므로 "하나님은 있다"라는 말은 세계에 대한 하나님의 통치가 완성될 때까지, 곧 세계사의 목적에 이르기까지 계속되어야 한다. 인간의 사유를 포함한 세계사 과정 전체가 하나님의 존재 증명이어야 한다. 그리스도인들은 하나님 자신이 행하시는 그의 존재 증명을 관찰하며, 이를 뒤따라 추구해야(be-trachten) 한다. 이 존재 증명은 인간의 사유와 세계 현실 속에 있는 부정적인 것의 부정을 통해 가능하다. 부정적인 것의 부정을 통해 세계의 모든 것이 하나님의 진리를 향해 고양될 때, 하나님의 존재가 증명될 수 있다. 헤겔은 이를 가리켜 "인간의 정신(영)이 하나님께로 고양되는 것"을 "관찰하는 것"이라고 말한다.

우리는 헤겔의 이 말을 다음과 같이 풀이할 수 있다. 우리의 영(정신)이 하나님을 향해 높이 들리어 올려지는 것(=고양되는 것)이 기독교 신앙의 목적이라 말할 수 있다. 이것은 말씀과 기도와 찬양을 통해 가능하다. 말씀과 기도와 찬양 속에서 우리의 영은 하나님을 향하여 고양되어 하나님을 만나게 된다. 그러나 이 고양과 만남은 시작에 불과하다. 세상은 아직도 거짓과 불의와 죄악과 고난과 신음으로 가득하기 때문이다. 하나님이 세상을 다스리지 않고 인간의 욕망이 세상을 다스리기 때문이다. 한마디로 세상은 아직도 "부정적인 것"으로 가득하다. 따라서 하나님을 향한 인간의 영(정신)의 고양은 세상의 모든 부정적인 것이 부정되고 하나님의 뜻이 온 세계를 다스리게 될 때, 곧 세계사가 그 목적에 도달할 때 완성될 것이다. 이때 하나님 존재 증명은 완성될 것이다. "하나님은 있다", "하나님이 다스린다"는 말이 "빈말"이 되지 않고 "참말"로 증명될 것이다.

7. 헤겔에 의하면, 역사의 목적은 영(정신)이신 하나님이 자기 자신에 대한 앎(지식)을 대상 세계로 대상화시키고, 대상화된 세계 속에서 자기 자신을 인식하는 데 있다(1968a, 74). 대상화된 세계 속에서 하나님이 자기 자신을 인식하기 위해서는 자기 자신에 대한 하나님의 앎, 곧 하나님의 진리가 대

상 세계의 현실과 일치할 때 가능하다. 달리 말해, "정신의 개념과 일치하는" 세계가 실현될 때, 하나님은 자기 자신을 대상 세계 속에서 인식할 수 있다. 그러나 대상 세계는 하나님의 진리와 일치하지 않는다. 그것은 죄와 죽음으로 가득한 무덤과 같다. 하나님은 이 세계 속에서 희미하게 보일 뿐이다. 하나님을 나타내 보여야 할 교회가 오히려 하나님을 보이지 않게 가리는 경우도 허다하다.

이와 같은 세계 속에서 하나님의 존재 증명은 세계가 하나님의 진리와 일치하는 세계로 변화되는 데 있다. 헤겔의 표현을 빌린다면, 하나님이 자기 자신을 그 속에서 완전히 인식할 수 있는 세계, 곧 "절대적 앎"(절대 지식)의 세계를 이루는 데 있다. 세계사의 목적은 하나님의 영(정신)이 그 속에서 자기 자신을 완전히 인식할 수 있는 세계가 이루어지는 데 있다. 성서의 표현을 따른다면, 하나님이 "모든 것 안에서 모든 것"이 되는 데 있다(고전 15:28). 이 목적이 이루어질 때, 하나님의 존재가 세계의 모든 것 안에서 증명될 것이다. 하나님이 모든 것을 통치한다는 사실이 입증될 것이다.

하나님의 존재를 증명할 수 있는 길은 인간의 이성을 통한 이론적 추론이나 요청에 있지 않다. 그것은 하나님의 진리와 일치하는 세계, 하나님이 그 속에서 자기 자신을 완전하게 볼 수 있는 세계를 이루는 데 있다. 곧 하나님의 뜻이 완전하게 이루어진 세계를 이루는 데 있다. 이 목적이 이루어질 때까지 우리는 인간의 영이 하나님을 향해 고양되는 것을 뒤따라 관찰하고 이를 추구해야 한다. 현실 세계 속에서 하나님이 보이지 않는데, "하나님이 있다", "하나님이 요청된다"는 이론적 추론이나 요청은 무의미한 것이다. 이러한 생각이 헤겔의 하나님 존재 증명 속에 숨어 있다고 해석할 수 있다.

8. 헤겔의 하나님 존재 증명의 또 한 가지 특징은 **인간의 자유의 실현과 결**

부되어 있다는 사실이다. 헤겔에 의하면, 하나님은 영 곧 정신이다. "주님의 영이 계신 곳에는 자유가 있다"(고후 3:17). 따라서 영 곧 "정신이신 하나님"이 스스로 수행해나가는 자기 존재 증명의 변증법적 과정은 "자유의 역사"를 필연적으로 동반한다.

세계사는 하나님의 정신의 활동의 변증법적 과정이다. 곧 대상 세계의 부정적인 것을 끊임없이 부정함으로써 하나님이 그 속에서 자기 자신을 인식할 수 있는 세계를 향한 과정이다. 이 변증법적 과정은 정신이신 하나님의 자유를 필연적으로 전제한다. 부정적인 것의 부정은 자유가 있을 때 가능하다. 자유로운 자만이 부정적인 것을 부정할 수 있다. 헤겔의 표현을 따른다면, 하나님의 정신은 그의 즉자를 대상 세계로 정립시킨다. 그러나 하나님의 정신은 그 속에 머물지 않고, 이 세계의 제한성을 부정하고, 자기 자신에게로 돌아가고자 한다. 참된 자기 자신에게 이르기까지 하나님의 정신은 대상 세계에 대해 "부정적인 것"으로 존속한다. 진리는 비진리에 대해 부정적인 것으로 존속하는 것과 마찬가지다. 만일 하나님의 정신이 자유롭지 못하다면, 그는 "부정적인 것"으로 존속하지 못할 것이다. 곧 부정적인 것의 부정이 불가능할 것이다.

한마디로 헤겔의 변증법은 부정성의 원리에 근거한다. 부정성의 원리는 "자유의 원리"를 전제한다. 따라서 헤겔은 정신의 자유는 정체된 존재에 있는 것이 아니라 자유를 폐기하고자 위협하는 것을 언제나 부정하는 데 있다고 말한다(1968a, 55). 달리 말해, 정신 곧 정신의 변증법적 활동을 가능케 하는 원동력인 "부정성"은 정신의 자유를 뜻한다.

부정성을 통해 이루어지는 정신의 변증법적 활동은 인간의 사유 속에서는 물론 대상 세계의 현실 속에서도 이루어지며, 이 활동이 정신 곧 "영이신 하나님"의 존재를 증명한다. 따라서 헤겔이 말하는 하나님의 존재 증명은 인간과 세계의 **자유의 실현**을 필연적으로 동반한다. 세계사 전체가 하나님의 존재 증명이다. 하나님의 존재 증명으로서의 세계사는 "자유의 역사"다. 그것은 "자유의 의식의 진보"다(Fortschritt im Bewußtsein der Freiheit, 63). 우리는 아래 "역사의 목적으로서 자유의 실현"에서 이것을 고찰할 것이다.

제2부

정신의 자기활동으로서의 역사

I
"이성이 세계를 다스린다"

1. 헤겔은 『세계사 철학 강의』 서두에서 먼저 역사 관찰의 세 가지 방법을 제시한다. 첫 번째 방법은 "근원적 역사" 혹은 "사실적 역사"(ursprüngliche Geschichte)를 관찰하는 방법이다. 이 방법은 역사가가 자신이 체험했거나 혹은 다른 사람들의 이야기나 보도에서 자료를 얻은 "행위들, 일들과 상황들"을 있는 그대로 서술하고 이를 하나의 전체로 구성하는 방법이다. 여기서 역사가는 과거에 일어난 사실들(historia)에 대한 객관적 기술을 주요 과제로 생각한다. 헤로도토스, 투키디데스의 역사 기록이 이에 속한다(1968a, 4).

두 번째 방법은 "성찰하는 역사"(reflektierende Geschichte)의 방법이다. 이 방법은 역사가가 "내용 자체의 정신과는 다른 자기의 정신을 가지고" 역사적 자료를 처리하는 것을 말한다. 여기서 중요한 역할을 하는 것은 역사가 자신이 가진 규범 및 표상 그리고 원리들이다. 이것들은 역사적 행동이나 일어난 일들의 내용과 목적으로부터 역사가 자신이 얻은 것이기도 하고, 역사를 기술하는 방법으로부터 오는 것이기도 하다. 이리하여 모든 역사가는 "그 자신의 유와 방법에 따라" 역사를 기술하게 된다(11).

세 번째 방법은 "철학적 역사"를 기술하는 방법이다. 이 방법은 두 번째 방법에서 발전된 것으로서 "역사를 **철학적으로 다루는**" 것 혹은 역사에 대해 "**사유하는 관찰**"(denkende Betrachtung)을 말한다. 인간은 사유한다는 점에서 자연의 동물과 구별된다. 모든 인간적인 것, 곧 그의 "지각, 지식과 인식, 충동과 의지" 속에는 사유가 포함되어 있다. 역사를 관찰할 때도 사유가 함께 작용한다(25).

2. "역사를 철학적으로 다루는 것"은 무엇을 말하는가? 헤겔은 이 질문에 대해 사실상 자기 자신의 입장에서 대답한다. "역사를 철학적으로 다루는 것"은 특수한 관점이 아니라 "보편적 관점"에 따라 역사를 기술하는 것, 곧 "철학적 세계사"를 기술하는 것을 말한다. 그러나 철학적 세계사를 관찰하는 "보편적 관점"은 "추상적으로 보편적인 것이 아니라 구체적이며 오로지 현재적인 것이다. 그것은 영원히 자기 자신 가운데 있고 어떤 과거도 없는 정신이기 때문이다"(1968a, 22). 곧 헤겔의 역사철학은 "영원히 자기 자신 가운데 있고", 언제나 "현재적인" "정신"의 관점에서 역사를 관찰하는 것이다.

이로써 헤겔은 자신의 역사철학에 대한 기본 입장을 제시한다. 그의 역사철학은 역사의 사실들을 나열하는 것이 아니라 "세계사는 정신이 그 속에서 자기 자신, 곧 그의 진리를 알고 실현하는 신적인 과정, 단계들의 나타남(Darstellung)이다"라는 관점에서 역사를 관찰하는 것이다(1968a, 74). 바로 여기에 "세계사 철학의 보편적 규정"이 있다(27).

헤겔에 따르면, 세계사는 "우연적인 행위와 사건들의 수집이 아니다. 우연이 세계사를 지배하지 않는다." 세계사를 결정하고 지배하는 것은 정신이다. 본질적으로 세계사는 정신의 자기활동이며 자기실현이다. 곧 "정신의 역사"다. 따라서 역사철학은 "정신의 순수한 활동성과 필연성을 관찰함으로써 사유하는 정신의 모든 활동 속에서 필연적이고 본질적인 연관성"을 찾아내야 한다. 우리는 "세계정신에 대한 이와 같은 믿음을 가지고 역사에…접근해야 한다"(1966a, 92). 헤겔은 바로 이 같은 "사상"에 따라 역사를 관찰한다고 말한다.

　여기서 역사적으로 "일어난 것"과 역사 관찰자의 철학적 "사상"이 모순되는 것처럼 보인다. 한편으로는 역사의 구성 요소들, 자연의 조건들, 인간의 다양한 자의와 외적 필연성이 있다. 다른 한편으로는 철학자가 역사에 대해 부여하는 "더 높은 필연성의 사상, 절대적인 궁극적 목적"이 있다. 양편은 모순되는 것처럼 보인다. 헤겔은 이 모순이 세계사 속에서 해결되었음을 보이는 것이 "우리의 목적"이라고 말한다(27).

3. 그러나 실증주의 학자들은 특정한 사상을 가지고 역사를 관찰하는 것을 비판한다. 그것은 일어난 실사(das Historische)를 있는 그대로 관찰하지 않고, 특정한 사상에 따라 주관적으로 관찰하기 때문이다. 따라서 실증주의 학자들은 우리는 "실사적인 것을 충실하게 파악해야" 한다고 말한다. 그들은 역사가가 자신의 생각에 따라 역사를 조작하지 않고, 역사를 있는 그대로 수동적으로 받아들여야 한다고 주장한다.

　헤겔에 따르면, 물론 우리는 "실사적인 것을 충실하게" 파악해야 한다. 이것이 역사 관찰의 "첫 번째 조건"이다. 그러나 **"충실하게 그리고 파악한다"**(treu und auffassen)는 평범한 표현 속에는 애매모호함이 내포되어 있다. 역사를 있는 그대로 객관적으로 기술한다는 평범하고 온건한 역사가도 "그의 사유에 있어 수동적이지 않다. 그는 자기의 범주를 가지고 현존하는 사물을 관찰한다"(31). 역사의 "참된 것"은 감성적으로 볼 수 있는 표면에 있지 않다. 그것은 표면의 내면에 숨어 있다. 이것을 파악하기 위해 이성이 필요하다. "우리는 보편적인 것을, 이성적인 것을 인식하기 위해 이성을" 가지고 그것을 성찰해야 한다.

세계사 철학은 세계사의 잡다한 일들 자체가 아니라 이 잡다한 일들 속에서 활동하는 신적 정신을 주목한다. 그것은 "개별의 상황들과 관계하지 않고, (역사) 전체를 관통하는 보편적 사상과 관계한다.…여기서 수많은 잡다한 일들은 하나로 파악된다." 세계사 철학의 주요 관심은 역사의 잡다한 일들, 곧 "민족들의 운명들, 격정들과 에너지"가 아니라 "잡다한 일들을 추진해나가는 정신"에 있다. 이 신적 정신이 "첫 번째의 것(das Erste)이다. 그가 메르쿠리우스 신(Merkur)이요 민족들의 영도자다"(1968a, 33).

정신은 이성적인 것이다. 따라서 "세계사의 위대한 내용은 이성적이요, 이성적일 수밖에 없다. 신적 의지가 세계 속에서 힘 있게 다스린다.…이 실체적인 것을 인식하는 것이 우리의 목적이다. 우리는 이것을 인식하기 위해 이성의 의식을 가지고 작업해야 한다. 물리적 눈, 유한한 오성이 아니라[1] 개념의 눈, 이성의 눈"을 가지고 역사의 표면적인 것을 뚫고 들어가야 한다. "우리는 실체적인 것을 인식하기 위해 이성을 가지고 그것에 접근할 수밖에 없다"(32).

---

1) 여기서 Hegel이 말하는 "오성"(Verstand)은 구별된 것들, 둘로 나뉜 것들을 "구별 속에서의 일치"(Einheit im Unterschied)와 "일치 속에서의 구별"(Unterschied in Einheit)의 변증법적 운동 속에 있는 것으로 파악하지 않고, 그것들을 고정시키는 것, 곧 "Festhalten der Unterschiede"를 말한다. 1968c, 722.

1. 헤겔의 역사철학의 기본 전제

헤겔은 앞서 기술한 "철학적 세계사"의 관점에 따라 세계사를 정신의 자기 활동으로 파악한다. 정신이 세계사를 결정하고 다스린다. 그런데 요한네스 호프마이스터(Johannes Hoffmeister)가 편집한 제5판의 헤겔 원전에 따르면, 헤겔은 "이성이 세계를 다스린다", "세계사는 이성적으로 이루어진다"고 말한다.

> **이성이 세계를 다스린다. 세계사는 이성적으로 진행되었다.** 이 확신과 통찰이 역사 자체에 관한 전제다. 이것은 철학 자체에서 아무런 전제가 아니다. 철학에서 사변적 인식을 통해 다음의 사실이 증명된다. 곧 이성은…**무한한 힘**과 같은 실체이고, 자기 자신에게 모든 자연적 삶과 정신적 삶의 **무한한 질료**이며, **무한한 형식**과 같은 것, 그의 이 내용의 활동(Betätigung)이다. 이성은 유한한 행동처럼 외적인 재료의 조건들,…주어진 수단들을 필요로 하지 않는다. 그것은 그 자신으로부터 활동하며, 자기 자신에게 자기가 처리하는 재료다. 이성이 그에게 그 자신의 전제일 뿐이며, 그의 목적은 절대적 궁극 목적이듯이, 이성은 그 목적의 활동이요—세계사 속에서 내면으로부터 자연의 우주는 물론 정신적 우주를 현상으로 생성함(Hervorbringung)이다.…이성이 자기를 세계 속에서 계시하며, 오직 그 자신만을 계시한다는 것, 그의 찬란함과 영광, 이미 말한 바와 같이 이것이 철학에서 증명되었고, 증명된 것으로서 여기에 전제된다(1968a, 28-29).

1. 이 문장에서 세계사는 **이성**의 **자기활동**으로 환원된다. 역사의 "실체와 무한한 힘", 역사의 모든 자연적 삶은 물론 정신적 삶의 재료와 무한한 형식은 이성 자신이다. 역사는 자기 자신을 처리하는 이성의 활동이다. "이성

이 세계사 속에 있다. 한 특수한 주체의 이성이 아니라 신적인 절대 이성(die göttliche, absolute Vernunft)이 그 속에 있다는 것, 이것이 우리가 전제하는 진리다.…세계사는 이성의 상(Bild)이요 행위다.…이성은 세계사 속에서 그 자신을 증명할 뿐이다. 세계사는 이 하나의 이성의 나타남(현상)이요, 그 속에서 자기를 계시하는 특수한 형태 중 한 형태다"(1968a, 29-30). 이성은 "자기 자신을 현존(Dasein)으로 생성하며, 그 자신을 집행한다(ausführen)"(30).

따라서 "세계사의 위대한 내용은 이성적이며 이성적일 수밖에 없다. 신적인 의지가 힘 있게 다스린다"(32). "세계사는 이성적으로 진행되었다." "**이성이 세계를 다스리며**, 또한 세계사를 다스렸고 다스린다.…이성은 역사적인 현존 속에 내재하면서, 이 현존 속에서, 이 현존을 통해 자기를 실현한다.…나아가 이 이성은 역사적 현존 속에 내재하며, 역사적 현존 속에서, 역사적 현존을 통하여 그 자신을 완성한다"(1968a, 87). 세계사를 "다스리는 것(das Regierende)은 이성이다." 여기에 역사철학의 "전제"가 있다.

"이성이 세계를 다스린다"는 것은 "신적 의지가 세계 속에서 힘 있게 다스린다"는 것을 말한다. 신적 의지는 세계사의 "위대한 내용을 결정할" 정도로 힘이 있다. "이 실체적인 것을 인식하는 것이 우리의 목적이다. 우리는 이것을 인식하기 위해 이성의 의식을 가지고 보아야 한다. 물리적 눈, 유한한 오성이 아니라 개념의 눈, 이성의 눈을" 가지고 파악해야 한다(32).

2. 그런데 헤겔은 세계사를 "다스리는 것은 이성이다", "이성이 세계를 다스린다"는 이 전제가 이미 자신의 "철학에서 증명되었다"고 말한다. 그는 어떤 의미에서 이것이 **이미 증명되었다**고 말하는가? 우리는 그 이유를 헤겔의 『논리학』에서 발견할 수 있다. 헤겔에 따르면, 논리학의 법칙은 대상 세계의 현실에서 분리된 사유의 추상적 법칙에 불과하지 않다. "전통적인 형식 논리학은 사유의 범주나 형식을, 그것이 올바른 형태를 갖추고 또 사

유의 근본 법칙과 삼단 논법의 원칙에 맞게 사용되기만 한다면, 그것들이 적용되는 내용이 어떠한 것인가에 상관없이 타당한 것으로 간주했다." 이에 반해 헤겔에 따르면, "사유의 제 범주와 양식"은 그것들이 다루는 내용, 곧 대상 세계와 상응 관계에 있다. 사유와 대상 세계는 동일한 정신의 자기 활동이기 때문이다. 따라서 헤겔의 『논리학』은 "제 범주와 범주의 이행의 순수 형식적 규정이면서 동시에 현실의 동적 구조를 표현하고 있는 '실질적 논리학'"이다(서유석 1985, 185).

간단히 말한다면, 헤겔의 철학에서 **사유와 존재 곧 대상 세계는 통일성 속에 있다.** 따라서 대상 세계의 역사 법칙은 사유의 논리학적 법칙과 일치한다. 이 법칙이 헤겔의 『논리학』에서 이미 제시되었다. 따라서 헤겔은 이성이 역사의 모든 것을 형성한다는 "전제"가 "철학에서 증명되었다"고 말한다.

서유석 교수는 이것을 다음과 같이 적절히 설명한다. 철학 곧 『논리학』을 통해 증명된 것이 이제 역사철학에서 전제된다. 논리학의 이 역사철학적 전제는 "구체적인 역사의 내용적 고찰의 결과로서 다시금 입증되어야 한다. 다시 말해서 우연적인 듯이 보이는 제 역사 현상에 대한 '사유적 고찰'을 통해 그에 내재하는 바로 그 이성적인 것을 파악·제시하는 것이 곧 역사철학인 것이다"(서유석 1985, 183).

3. 헤겔 철학의 출발점인 정신의 개념에서 볼 때, 헤겔은 "정신이 세계를 다스린다"고 말해야 할 것이다. 게오르크 라손(Georg Lasson)이 편집한 제4판까지의 본문에 따르면, 헤겔은 역사 관찰의 철학적 방법에서 "정신이 세계를 다스린다"는 관점을 보여준다. 정신이 "세계사를 인도했고 인도한다"(1968a, 22). 그런데 호프마이스터가 편집한 제5판의 헤겔 원전에 따르면, 헤겔은 "이성이 세계를 다스린다"고 말한다. 이렇게 "정신"과 "이성"을

바꾸어 말할 수 있는 까닭은 무엇인가?

우리는 그 까닭을 헤겔이 말하는 정신의 개념에서 찾을 수 있다. 정신은 자의적인 것이 아니라 이성적 존재다. 고대 그리스 신화에 나오는 신들처럼 그는 기분에 따라 충동적으로 행동하지 않고 이성적으로 활동한다. 이성적 존재 곧 이성성(Vernünftigkeit)이 정신의 본질이다. 그의 의지는 "이성적인 의지"다(vernünftiger Wille, 1968a, 22). 그것은 혼돈의 세계 속에 질서를 세우고, 어둠의 세계 속에 빛을 가져오며, 거짓이 있는 세계 속에 진리를 가져오는 "로고스"(Logos, 요 1:1)다. 이런 점에서 신적 정신은 이성적이다. 신적 정신이 있는 곳에는 이성이 작용한다. 인간 안에 있는 신적 정신은 이성의 활동으로 현존한다. 이성의 활동은 곧 신적 정신의 활동이다. 따라서 헤겔은 이성을 정신과 동일시한다. "**이성은 정신이다**"(1952, 313), "정신과 이성은 똑같은 것이다"(1968a, 175).

헤겔은 이에 근거하여 정신 대신에 "이성이 세계를 다스린다"는 명제를 역사철학의 기본 전제로 제시한다. 그가 "이성이 세계를 다스린다, 세계사는 이성적으로 진행되었다"는 이 전제 다음에 이성에 대해 말하는 모든 내용은 "정신이 세계를 다스린다, 세계사는 정신적으로 진행되었다"는 말과 동일하다. 따라서 헤겔은 자신의 역사철학의 "전제"에 대해 말할 때, "이성"과 "정신"의 개념을 혼용한다. 세계사가 이성적으로 이루어졌다는 것, 세계사는 "세계정신의 이성적이고 필연적인 과정이었다는 것이 세계사에 대한 관찰에서 귀결될 것이다"(30).

4. 헤겔의 철학에서 정신은 하나님을 가리킨다. 따라서 헤겔은 이성을 하나님과 동일시한다. "이성은 인간 안에 있는 **신적인 것이다**"(1966a, 123), "이성 안에는 신적인 것이 있다. 이성의 밑바닥에 놓여 있는 내용은 신적인 관념이요, 본질적으로 하나님의 계획이다"(1968a, 78). 역사 속에서 실현되는 "이

성적 의지", "이 선한 것, 이 이성이 그의 구체적 표상에 있어 **하나님**이다. 단지 관념이 아니라 하나의 작용(Wirksamkeit)으로서의 선한 것이 우리가 하나님이라 부르는 것이다." 이성을 구체적 표상으로 나타낸 것이 하나님 이라면, "이성이 세계를 다스린다"는 헤겔의 말은 정신으로서의 "하나님이 세계를 다스린다"는(77) 말과 마찬가지다.

하나님 곧 "신적 이성"이 세계를 다스린다면, 세계는 우연에 내맡겨질 수 없다. "이성은 합목적적 행위다"(1952, 22). 따라서 세계사는 맹목적인 것, 곧 목적이 없는 것일 수 없다. 그것은 인간의 자의와 욕망으로 인한 우연적 인 일들의 연속이 아니라 궁극적인 목적을 가질 수밖에 없다. 그러므로 세계사에 대한 "철학적 관찰은 우연적인 것을 배제하는 의도를 가질 뿐이다. 우연이란 외적 필연성과 같은 것이다. 다시 말해, 그 자체 외적 상황에 불과한 원인으로 소급되는 필연성과 같은 것이다. (따라서) 우리는 역사에서 하나의 보편적 목적을 찾을 수밖에 없다. 주관적 정신이나 정서의 특수한 목적이 아니라 세계의 궁극적인 목적을 찾을 수밖에 없다. 우리는 이 목적을 이성을 통해 파악해야 한다"(1968a, 29).

헤겔은 이 문제와 연관하여 "이성이 세계를 다스린다"는 자신의 전제는 기독교의 섭리 신앙을 철학적으로 표현한 것임을 밝힌다. "이성이 세계를 다스렸고 또 다스린다는 우리의 명제는 종교적 형식으로 말한다면, 섭리가 세계를 다스린다는 것으로 진술된다"(1968a, 41). "섭리가 세계를 다스렸고 또 다스린다는 것이 기독교의 주요 이론이다"(46). "세계는 우연과 외적이며 우연한 원인들에 내맡겨져 있지 않다. 오히려 섭리가 세계를 다스린다"(38).

헤겔에 따르면, 세계사와 철학의 역사는 별개의 것이 아니라 동일한 정신의 자기활동이다. 따라서 세계사와 마찬가지로 철학의 역사도 "이성적으로 진행되었다. 섭리가 그 속에서 다스린다"(125). 철학의 역사의 "참된 관심은 다음의 사실을 제시하는 데 있다. 곧 세계는 이성적으로 진행되었다는 것이다.…이성적으로 진행되었다는 것, 우리는 이 믿음을 철학의 역사에 적용할 수 있다. 이것은 **섭리 신앙의 한 가지 다른 방법**이다.…세계 속에서 가장 좋은 것은 사유가 생성한 것이다. 그러므로 이성은 자연 속에만 있고, 정신적인 것 안에, 역사 등에는 없다고 믿는 것은 타당하지 않다"(1966a, 122). 이성은 자연 속에서는 물론 인간의 정신적 현상들과 역사 안에서도 활동한다.

하나님의 섭리가 다스리는 세계는 그 무엇에 있어서도 우연에 내맡겨질 수 없다. "한편으로 섭리가 세계를 다스렸다고 생각하면서, 다른 한편으로 정신의 영역에 있어 세계의 일들을…우연적인 것으로 간주하는 것은" 모순이다. 이것은 섭리에 대한 믿음을 진지하게 생각하지 않는 것이다. 여기서 섭리에 대한 믿음은 공허한 잡담일 뿐이다. 그러나 "(세계 속에서) 일어난 것은 섭리의 사상을 통해 일어났다"(1966a, 122).

따라서 섭리는 우연을 배제한다. 우연은 섭리에 모순된다. 그러므로 헤겔은, 세계사 철학은 "우연적인 것을 제거하고자"한다고 말한다. 우리는 우연적인 것을 배제하고, "역사 속에서 보편적 목적, 세계의 궁극 목적을 찾아야 한다.…우리는 이성을 통해 이것을 파악해야 한다"(29). 신적 섭리가 세계를 다스리기 때문에, 철학적으로 말한다면, 이성이 세계를 다스리기 때문에, 세계는 "우연에 내맡겨져 있지 않다." 민족들의 역사 속에는 궁극적 목적이 있고, 이 목적이 민족들의 역사를 다스린다. "세계사 속에는 이성이 있다. 특수한 주체의 이성이 아니라 신적인 절대 이성이 있다. 이것이 우리가 전제하는 진리다.…세계사는 이성의 상(Bild)이요 행위다.…세계사는 이 하나의 이성의 나타남일 뿐이요…원상의 모상(Abbild des Urbildes)이다. 이 모상은 하나의 특수한 요소, 민족들 안에서 자기를 나타낸다"(1968a, 29-30).

헤겔에 따르면, 세계사는 이성적 의지를 가진 정신의 자기활동이다. 그렇다면 "세계사의 거대한 내용은 이성적이며, 이성적일 수밖에 없다." 그러므로 우리는 "이성의 눈"을 가지고, 세계사의 다양한 현실과 피상적인 것을 뚫고 들어가서 다양한 사물과 형태들 속에서 자기를 구체화시키는 이성을 발견하며, 역사를 단 하나의 유일한 이성의 계시로 파악해야 한다. 이성은 역사 속에서 일어나는 모든 것을 그 자신 속에 포괄하며 모든 것 안에 현존하는 무한히 구체적인 것이다. 역사의 모든 현실은 이성이 그 안에서 구체화되는 형태들이다(32). 그 속에 숨어 활동하는 이성과 역사의 궁극적인 목적을 파악해야 한다.

여기서 헤겔은 자기의 역사철학의 또 하나의 전제를 제시한다. 곧 그의 역사철학은 역사의 궁극적인 목적을 파악하고자 한다는 것이다. 우리는 이를 가리켜 **목적론적 역사관**이라 말할 수 있을 것이다. 역사는 목적 없이 이리저리 표류하는 것이 아니다. 그것은 "정신으로서의 하나님"을 통해 주어지는 목적을 향한 과정으로 파악되어야 한다. 세계는 우연에 내맡겨져 있지 않다. 그것은 "신적 절대 이성"이 가리키는 "마지막 목적"을 지향한다. 세계사의 과정은 이것을 증명한다(32).

또 한 가지 중요한 문제가 제기된다. 신적 이성이 세계를 다스린다면, 우연은 인정될 수 없다. 헤겔의 목적론적 역사관은 역사의 우연을 배제한다고 말할 수 있다. 역사의 우연이 배제되고, 세계의 모든 일이 이성의 궁극적인 목적에 따라 일어난다고 상정할 경우, 인간의 자율성이 인정되기 어려운 문제가 생긴다. 인간은 이성의 궁극적인 목적에 따라 움직이는 꼭두각시와 같은 존재, 자유가 없는 로봇과 같은 존재로 생각될 수 있다. 헤겔의 목적론적 역사관은 인간의 자유를 허용하지 않는다. 이것은 나중에 상론케 될 헤겔의 "자유의 원리"에 모순된다.

헤겔은 이 문제를 "이성의 간계"(List der Vernunft, "간지"라 번역하기도 함)에서 다룬다. 그는 "이성의 간계"에서 인간의 자율성을 인정한다. 인간은 그 자신의 관심과 욕구에 따라 행동하는 자유로운 존재다. 이성은 인간의 자유로운 행위를 통해 자신의 목적을 이룬다. 바로 여기에 "이성의 간계"가 있다. 유헌식 교수는 이것을 다음과 같이 말한다. "인간의 행동은 자신이 전혀 의도하지 않았음에도 불구하고 이성의 실현을 결과적으로 산출한다"(유헌식 2017, 38).

5. 여기서 우리는 왜 헤겔이 『세계사 철학 강의』 서두에서 "이성이 세계를 다스린다"고 말하는지 그 이유를 다음과 같이 추론할 수 있다. 세계를 이성적으로 다스릴 수 있는 존재는 이성적 사유의 능력을 가진 인간뿐이다. 자연의 짐승들에게는 이성적 사유의 능력이 없다. 그들에게는 감성적 지각과 이 지각에 따른 충동과 충동에 따른 즉각적 행동이 있을 뿐이다. 인간만이 사유하는 주체로서 이성적으로 판단할 수 있고, 이성적 세계를 형성할 수 있다. 따라서 이기적 욕망과 직접적 충동이 지배하는 세계가 아니라 **이성이 다스리는 이성적 세계**를 이루어야 한다. 이성이 사회적 질서와 정치적 질서와 역사 발전의 기초가 되어야 한다. 이를 위해 먼저 인간이 교육을 통해 이성적 존재로 형성되어야 한다. 이성적 인간이 이성적 세계를 만들 수 있다. 여기서 이성적 인간은 신적 정신과 일치하는 인간을 말한다. 인간은 신적 정신, 곧 하나님의 영과의 일치 속에서 그 스스로 이성적 존재가 될 수 있고 이성적 세계를 만들 수 있다.

　이성이 다스리는 이성적인 세계 혹은 신적 섭리가 다스리는 세계는 구체적으로 어떤 세계인가? 임석진 교수에 따르면, 헤겔 철학에서 이성과 자유는 분리될 수 없이 결합되어 있다(임석진 2007, 19 이하). 그 까닭은 헤겔이 말하는 이성은 자유를 그것의 본질로 가진 신적 정신의 활동이기 때문이다. 정신의 활동성은 자유를 전제한다. 그것은 어떤 외적인 필연성으로 말미암은 것이 아니라 순수하게 정신 그 자체로부터 일어나는 것이기 때문이다. 그것은 어떤 외적인 것에 의존하지 않는다. 따라서 이성은 자유롭다. "이성이 다스리는" 세계는 자유로운 세계일 수밖에 없다. 거꾸로 말한다면, 자유가 없는 세계는 이성에 모순되는 비이성적인 세계다.

여기서 우리는 헤겔이 말하는 이성은 개체 인간의 이성이 아니라 "신적 절대 이성"이란 사실을 유의할 필요가 있다(1968a, 29). 그것은 "특수한 주체의 이성", 곧 세속적 인간의 이성이 아니라 자유를 그의 본질로 가진 신적 정신의 활동이기 때문에 세계사를 다스릴 수 있고, 역사의 궁극적인 목적을 이룰 수 있다.

"이성이 세계를 다스린다"는 헤겔의 말은 하나의 추상적인 역사철학적 명제에 불과한 것이 아니라 정치적 의미를 가진다. 헤겔은 프랑스 혁명을 통해 현실을 변혁시키고자 하는 진보적 혁명 세력과 기존의 체제를 지키고자 하는 보수적 수구 세력의 극단적 대립 및 피비린내 나는 투쟁을 보았다. 그에게는 두 세력 모두 비이성적인 것으로 보였다. 기존의 체제를 지킴으로써 자신의 이익과 특권을 추구하는 반혁명적 수구 세력도 비이성적이지만, 혁명의 이름으로 테러와 숙청, 공포정치를 정당화하는 혁명 세력도 비이성적이었다.

헤겔은 이와 같은 현실을 보면서 양편 모두가 이성을 되찾고, 이성이 다스리는 세계를 세울 것을 호소한다. 국가는 이성의 기초 위에서 자유가 있는 공동체로 재형성되어야 한다. 사회-정치적 제도는 개인의 자유 및 관심과 일치해야 한다. 국가와 사회의 모든 비이성적 요소는 이성과 일치하는 것으로 변화되어야 한다. 기존의 권위주의적 사회 질서와 절대주의와 봉건주의의 잔재들은 철폐되어야 한다. 이성적 존재인 인간이 참되고 바르다고 판단하는 것이 인간의 사회적·개인적 삶 속에서 실현되어야 한다. 헤겔은 이 모든 생각을 "이성이 세계를 다스린다"는 명제로 요약한다. 그는 1818년 10월 22일 베를린 대학교 교수 취임 강연에서 다음과 같이 말한다. "나는 여러분이…이성에 대한 믿음, 자기 자신에 대한 신뢰와 믿음을 함께 가질 것을 요구하고 싶다"(Küng 1970, 385에서 인용).

2. 역사철학의 네 가지 범주

헤겔은 "이성이 세계를 다스린다"는 기본 전제를 아래 네 가지 "범주"로 설명한다.

1. 첫 번째 범주는 "**변화**의 범주"다(Kategorie der Veränderung, 1968a, 34). 우리는 개인들, 민족들, 국가들의 쉼 없이 교체되는 역사의 과정 속에서 수없이 많은 "사건과 행위들, 무한히 다양한 형태들을 본다." 우리는 우리의 관심을 끄는 아름다움과 풍요와 자유를 발견한다. 그러나 이 모든 것 가운데 영원히 존속하는 것은 아무것도 없다. "우리는 가장 풍요로운 형태, 가장 아름다운 삶도 역사 속에서 멸망하며, 고귀한 것의 잿더미 가운데서 살아간다.…모든 것이 지나가버리는 것처럼 보이며, 아무것도 영속하는 것처럼 보이지 않는다"(34-35). 우리는 이것을 카르타고, 시리아, 페르시아, 로마 제국의 문화 유적에서 볼 수 있다. 세계의 모든 것은 일시적이요, 언젠가 지나가버리는 것임을 본다. 여기서 헤겔은 역사에서 모든 사물의 일시성을 말한다. 영속할 수 있는 것은 아무것도 없다. "고귀한 것"도 "잿더미"로 돌아간다.

2. 두 번째 범주는 "정신의 범주" 곧 "**정신의 젊어짐**"(Verjüngung des Geistes) 개념이다. "죽음에서 새로운 생명이 살아난다"는 것은 고대 그리스의 신화와 동양의 윤회론도 잘 알고 있는 진리다. 그러나 정신의 젊어짐은 단지

제2부 | 정신의 자기활동으로서의 역사

껍질만 바꾸는 것이 아니라 "그의 지나간 형태의 잿더미로부터 더 순수한 정신으로 등장하는" 것, 새로운 형태로 "고양되고 변용되는" 것을 말한다 (1968a, 35).

헤겔은 정신의 이 활동을 고대 그리스 신화의 불사조 피닉스(Phoenix)의 운명과 대조한다. 불사조 피닉스는 500년마다 스스로 자기 몸을 불태워 죽고 그 재에서 재생한다. 이 과정은 영원히 반복된다. 여기에 새로움은 없다. 동일한 법칙이 반복된다. 역사는 동일한 법칙이 반복되는 하나의 원이다.

이에 반해 정신의 젊어짐은 "동일한 형태로 돌아가는 것"이 아니라 이전의 형태로부터 "더 순수한 정신"으로 고양되는 과정이다. "정신의 젊어짐은 동일한 형태로의 단순한 돌아감이 아니다. 그것은 자기 자신의 맑아짐의 작업이다"(Läuterung, Verarbeitung seiner selbst, 1968a, 35). 이로써 헤겔은 역사를 새로움을 향한 정신의 고양 내지 발전의 과정으로 관찰하고자 함을 시사한다. 역사는 과거에 있었던 것으로 돌아가는 것, 동일한 법칙이 반복되는 "고고학적인 것"이 아니라 "새로움"을 향한 "종말론적인 것"으로 나타난다.

3. 세 번째 범주는 세계사의 "궁극적인 목적"의 범주 혹은 "이성의 범주"다. 우리는 세계사의 모든 개별적인 일들을 관망하면서 이 모든 일의 "마지막"이 무엇인지 묻게 된다. 정신적 현상들의 무한한 다양성과 모순들, 이 현상들이 제물이 되는 그 밑바닥에는 "궁극적인 목적"이 있지 않겠는가, 세계사의 시끄러운 표면의 소음 뒤에는 모든 현상의 힘이 그 속에 보존되어 있는 "조용하고 내적인 비밀스러운 일"이 있지 않을까 질문하게 된다. 이리하여 우리는 "세 번째 범주, 곧 (세계사의) 궁극에 관한 질문"에 이르게 된다. 헤겔은 이 범주를 "이성의 범주"로 부르기도 한다(1968a, 36).

헤겔에 따르면, "신적 절대 이성"이 세계를 다스린다면, 세계사의 잡다한 현상들 뒤에는 궁극적인 목적, 이성적이며 보편적인 목적이 있을 수밖에 없다. 따라서 "우리는 역사 속에서 보편적 목적을 찾아야 한다. 주관적 정신 이나 정서의 특수한 목적이 아니라 세계의 궁극적인 목적을 찾아야 한다. 우 리는 특수하고 유한한 목적을 관심으로 갖지 않고, 오직 절대적 목적을 관심 으로 가진 이성을 통해 세계의 궁극적인 목적을 찾아야 한다"(29).

헤겔은 "이성이 세계 속에서, 따라서 세계사 속에서 다스렸고 또 다스 린다"는 보편적 확신"이 "두 가지 형식"을 취한다고 말한다(36-37). 첫 번째 형식은 고대 그리스 철학자들에게서 볼 수 있는 형식, 곧 "Nus, 오성 일반 혹은 이성이 세계를 다스린다"는 철학적 형식이고(37), 두 번째 형식은 "세 계는 우연과 외적이며 우연적인 원인들에 내맡겨져 있지 않고, 오히려 섭 리가 세계를 다스린다"는 "종교적 진리의 형식"이다(38).

"종교적 진리의 형식"에 따르면, "신적 섭리가 세계의 잡다한 일들을 이 끌어간다." 무한한 힘을 가진 지혜로서의 섭리가 "세계의 절대적이며 이성 적인 궁극적 목적을 실현한다"(39). 여기서 헤겔은 하나님의 섭리가 "세계 의 절대적이며 이성적인 궁극적 목적을 실현한다"는 전제에서 역사를 관찰 하고자 함을 시사한다. "섭리가 세계를 다스렸고 다스리며, 세계 속에서 일 어나는 것은 신적 통치 속에서 규정되어 있고, 신적 통치와 일치한다는 것 이 기독교의 주요 이론이다. 이 이론은 우연의 표상에 대립한다.…그것은 즉대자적으로 존재하는 완전히 보편적인 궁극적 목적이다"(46).

4. 헤겔에 따르면, 역사철학의 네 번째 범주는 "**부정적인 것의 범주**(Kate- gorie des Negativen)다(1968a, 48). 그에 따르면, 하나님은 그리스도인들이 자 기를 구체적으로 인식하고, 구체적으로 알아야 한다고 명령한다. 하나님 을 구체적으로 인식하고 아는 것이 모든 그리스도인에게 주어진 가장 높 은 의무다. 하나님을 구체적으로 인식할 때, 다음의 사실을 볼 수 있다.

"역사는 특별하고 특수한 요소 안에서 이루어지는 **하나님의 본성의 전개** (Entfaltung)다"(48). 따라서 우리는 역사를 "하나님의 본성의 전개"로서, 곧 정신의 자기활동으로서 관찰해야 한다.

헤겔은 이 관찰이 "**부정적인 것의 범주와 연관된다**"고 말한다(48). 달리 말해, 그는 "부정적인 것"의 범주에서 세계사를 파악해야 한다는 것을 『세계사 철학 강의』 서두에서 밝힌다. "부정적인 것", 곧 변증법이 역사 관찰의 중요한 요소다. 헤겔은 역사가 부정적인 것의 부정을 통해 진행되는 변증법적 과정임을 여기서 암시한다.

5. 위의 네 가지 범주는 헤겔의 역사철학은 물론 그의 철학 전체의 성격을 파악함에 있어 중요한 의미를 지닌다. 나중에 상론하겠지만, 헤겔은 정신의 자기활동 내지 자기 전개로서의 세계사를 정신이 자기 자신으로 회귀하는 원운동으로 파악한다. 여기서 시작과 끝, 알파와 오메가는 동일한 것으로 생각된다. 세계사의 모든 것은 정신의 즉자에 내포되어 있던 것의 전개일 따름이다.

이로써 중요한 종말론적 문제가 제기된다. 세계사의 모든 것이 정신의 즉자에 내포되어 있던 것의 전개에 불과하다면, **역사의 새로움과 미래가** 없다고 말할 수밖에 없지 않은가? 역사는 미래의 목적을 향한 발전 내지 진보가 아니라 과거에 있었던 것으로 되돌아가는 퇴보가 아닌가? 미래의 "궁극적인 목적"과 이 목적을 향한 "변화"에 대해 말하는 것은 불가능하지 않은가? 역사는 젊어지는 것이 아니라 과거에 있었던 것을 향해 늙어지는 것이라고 보아야 하지 않는가? 헤겔의 철학을 지배하는 것은 성서가 말하는 "새 하늘과 새 땅"을 향한 종말론적 사고가 아니라 무한한 원운동을 계속하는 고대 그리스 신화의 프로메테우스가 아닌가? 헤겔은 이 질문에 대해 역사의 "변화"와 "정신의 젊어짐", 역사의 "궁극적인 목적" 그리고 "부정적인 것의 범주"란 네 가지 범주를 제시한다. 이 범주들은 헤겔 철학의 종말론적 성격을 드러낸다. 우리는 이 문제에 대해 이 책의 마지막 장에서 다루고자 한다.

II
헤겔의 역사철학의 주요 관심

헤겔의 역사철학의 주요 관심은 무엇인가? 헤겔이 자신의 역사철학을 통해 이루고자 하는 것은 무엇인가? 이 질문은 단지 역사철학의 문제가 아니라 헤겔 철학 전체의 문제다. 그 까닭은 헤겔 철학 전체가 하나의 역사철학이기 때문이다. 따라서 이 질문은 헤겔의 한두 마디 진술이나 명제에서 대답될 수 있는 것이 아니라 그의 철학 전체로부터 다양하게 대답될 수 있다. 여기서 우리는 헤겔 철학의 한 영역으로서 역사철학에 제한하여 이 문제를 다루고자 한다.

1. 이성이 다스리는 이성적인 세계

1. 앞서 우리는 "이성이 세계를 다스렸고 또 다스린다"는 헤겔의 역사철학의 전제에 대해 고찰했다. 이 전제에서 볼 때, 헤겔의 역사철학의 주요 관심

은 현실의 세계를 **이성이 다스리는** 세계, 곧 이성적인 세계로 형성하는 데 있다고 말할 수 있다. 인간의 이기적 욕심과 욕정이 다스리는 세계가 아니라 "신적·절대적 이성"이 다스리는 세계가 형성되어야 한다는 것이다. 이성이 세계의 "통치자"여야 한다(das Regierende, 32).

"이성이 세계를 다스렸고 또 다스린다"는 헤겔의 말을 글자 그대로 이해할 경우, "현 세계는 이성이 다스리는 세계다"라는 말로 들릴 수 있다. 이것은 인간의 이기적 욕심과 욕정이 다스리는 비이성적인 현실의 세계를 이성이 다스리는 이성적인 세계로 미화하고 정당화하는 말로 들릴 수 있다. 이리하여 헤겔 철학은 현실 긍정의 철학이요, 현실의 권력자에게 아부하는 어용 철학이라 생각될 수 있다. 사실 이렇게 해석하는 학자도 있다.

그러나 헤겔 철학 전체를 고려할 때, 우리는 이 명제를 **당위성의 명제**로 이해할 수 있다. 헤겔은 자신의 철학 전체에서 현실의 세계를 결코 이성이 다스리는 이성적 세계로 보지 않는다. 헤겔의 표현에 따르면, 현 세계는 자연성과 직접성의 세계다. 그것은 부정적인 것이 그 속에 숨어 있는, 그러므로 그 부정적인 것이 부정되어야 할 유한한 세계다. 앞서 고찰한 "젊어짐의 범주"에서 볼 때, 영원히 존속할 수 있는 세계가 아니라 "지나가버리는" 세계, 잠정적인 세계다. 한마디로 말해 그것은 비이성적인 세계다.

2. 따라서 "이성이 세계를 다스린다"는 헤겔의 서술은 현실의 세계는 이성이 다스리는 이성적인 세계가 되어야 하며, 우리는 이성이 다스리는 이성적인 세계를 형성해야 한다는 **당위성의 서술형**으로 이해되어야 한다. "세계사는 이성의 상(Bild)이요 행동(Tat)이다.…이성은 세계사 속에서 그 자신을 증명할 뿐이다. 세계사는 이 하나의 이성의 나타남이요, 그 속에서 자기를 계시하는 특별한 형태 중 한 형태다", 세계사는 "민족들 안에서 나타나는 원상의 초상(Abbild des Urbildes)이다"(1968a, 29-30). 헤겔의 이 모든 말은

이성이 그 속에서 계시되는 이성의 상으로서의 세계를 이루어야 한다는 당위성을 가리킨다. 이성이 세계사의 "통치자"(das Regierende, 32)라는 헤겔의 말은 "이성이 세계의 모든 것을 다스리는 통치자가 되어야 한다"는 것을 말한다. 그것은 모든 인간은 이성적으로 행동해야 하며, 통치자는 세계를 이성적으로 통치해야 한다는 **사회적·정치적 실천**을 요구한다.

인간은 자연의 짐승들과 달리 이성적으로 사유할 수 있는 정신적 존재다. 자연의 짐승들은 자연적 욕구와 충동에 따라 행동하는 반면, 인간은 이성적 사유에 따라 행동할 수 있다. 바로 여기에 자연의 짐승과 인간의 본질적 차이가 있다. 따라서 이성적 사유의 능력을 가진 인간의 세계는 이성이 다스리는 이성적인 세계가 되어야 한다. 짐승보다 더 추악한 욕정과 욕망이 지배하는 세계가 아니라 이성이 다스리는 세계, 이성이 그 속에서 자기를 증명하는 세계를 형성해야 한다. 헤겔은 이성이 다스리는 이성적인 세계를 이룸으로써 하나님이 세계를 다스리며 세계사를 섭리한다는 것을 구체적으로 나타내야 한다는 실천의 당위성을 시사한다. 헤겔의 역사철학의 주요 관심은 이성이 다스리는 이성적인 세계를 이루는 데 있다.

3. 이성이 다스리는 세계를 종교적 형식으로 표현한다면, 하나님의 섭리가 다스리는 세계 혹은 하나님이 다스리는 세계라고 말할 수 있다. "이성이 세계를 다스린다"는 것을 종교적 진리의 형식으로 나타낸다면, "섭리가 세계를 다스린다"고 말할 수 있기 때문이다. 따라서 헤겔의 역사철학의 주요 관심을 종교적 형식으로 나타낸다면, **하나님의 섭리가 다스리는 세계**를 이루는 데 있다고 말할 수 있다.

성서에 따르면, 세계의 모든 것이 하나님의 것이다(시 24:1). 그렇다면 세계는 하나님의 의지가 모든 것을 결정하는 세계, 곧 하나님이 다스리는 세계가 되어야 한다. 헤겔의 표현을 따른다면, 세계는 "정신의 개념과 일치하는" 세계가 되어야 한다. 달리 말해, "세계 안에서 일어났고 모든 날에 일어나는 것은 하나님으로부터 오는 것일 뿐만 아니라…본질적으로 하나님 자신이 하시는 일(Werk)이라는 것"을 인식하는 데 있다(1968d, 938).

세계 안에서 일어나는 모든 것이 "하나님 자신이 하시는 일"인 세계는 어떤 세계인가? 그것은 바로 하나님이 다스리는 세계, 곧 **하나님 나라**다. 헤겔의 역사철학은 물론 그의 철학 전체의 주요 관심은 하나님이 다스리는 세계를 이루고자 하는 데 있다. 세계사를 이끌어가고 세계사를 다스리는 것은 악의 세력도 아니고 우연도 아니다. 그것은 하나님이다. 하나님이 세계사를 이끌어가며, 세계사를 섭리한다. 이로써 헤겔은 하나님의 존재와 세계 섭리의 구체성을 보여야 한다. 이리하여 그는 1826/27년 겨울학기 강의록 추가문에서 자기의 관심을 다음과 같이 나타낸다. "역사 관찰의 두 가지 전제는 1) 이성이 세계를 다스린다는 것과 2) 섭리의 계획을 인식하는 것이 가능하다는 것이다"(259).

4. 헤겔에 따르면, 일찍이 고대 그리스 철학자들도 신적 섭리가 세계를 다스린다는 것을 인지했다. 그러나 그들은 이 원리를 구체적으로 전개하지 못했다. 그들의 철학에서 이 원리는 추상적인 것으로 머물러 있었다. 그들은 자연을 "동일한 원리의 발전으로…원인으로서의 이성으로부터 생성된 생명계(Organisation)"로 설명하지 못했다(38).

기독교에서도 신적 섭리는 구체적으로 설명되지 못하고, "하나님의 섭리가 세계를 다스린다"는 막연한 믿음으로 머물러 있다. 그것은 "신적 세계 통치의 일반적 표상에 머물러 있다"(1968a, 41). 하나님과 마찬가지로 그것은 인간이 인식할 수 없는 것, 구체적으로 설명할 수 없는 것으로 생각된다. 누군가가 하나님과 하나님의 섭리 계획을 구체적으로 알아야 한다고 주장하면, 사람들은 그것을 교만이라고 말한다. 그들은 이를 구체적으로 알지

않고, 그것을 단지 하나의 신적 신비로 믿기만 하는 것을 하나님에 대한 겸
손으로 생각한다. 하나님 인식에 있어서도 하나님을 인식하려고 하지 않는
것을 하나님에 대한 겸손으로 생각한다. 사람들은 하나님의 섭리를 파악하
기에는 세계사가 너무 광대하다고 생각한다.

우리는 이러한 현상을 현대신학에서도 발견할 수 있다. 20세기의 세계
적인 신학자 폴 틸리히에 따르면, 하나님의 섭리의 길은 인간이 설명할 수
없는 "신적 신비"(göttliches Mysterium)에 속한다. 틸리히는 헤겔이 하나님의
섭리의 길을 파악하고 이것을 설명할 수 있다고 믿었던 것은 실수였다고
말한다(Tillich 1966, 424).

5. 이에 반해 헤겔에 의하면, 하나님은 자기의 본성과 계획을 우리에게 계
시했다. "참된 겸손은 하나님을 모든 것 안에서 인식하고, 모든 것 안에서,
특히 세계사의 무대 위에서 그를 영광스럽게 하는 데 있다.""자연 속에서
하나님의 지혜를 인식할 수 있다"는 전통이 오랫동안 지속되어왔다. 하나
님의 지혜를 짐승과 식물들 속에서 발견하고 이를 경탄하는 것이 오랫동안
유행처럼 권장되었다. 인간의 운명이나 자연의 생산물들에 대한 경탄 속에
서 하나님을 알 수 있다고 말하기도 한다. 그러나 하나님의 "섭리가 이와
같은 대상들이나 재료들 속에서 계시된다는 것을 인정한다면, 세계사 속에
서도 계시된다고 말해야 하지 않겠는가?"(42)

헤겔에 따르면, "큰 것 안에서나 작은 것 안에서나 신적 지혜는 동일
하다. 식물과 곤충 안에서는 물론 거대한 민족과 제국들의 운명 속에서도
그것은 동일한 것이다"(1968a, 42). 그러므로 이제 우리는 자연의 미물 안에
서는 물론, 세계사 속에서 신적 섭리를 관찰해야 한다. 구체성이 없는 주관
적 믿음과 느낌(감정)의 차원에 머물러 있는 하나님의 섭리 계획을 세계사
속에서 구체적으로 파악하고 이를 통해 하나님을 영광스럽게 해야 한다.

헤겔에 의하면, 하나님의 섭리 계획을 구체적으로 파악하고자 하는 것을 교만으로 간주하고, 구체성 없는 믿음과 느낌에 안주하는 것은 소시민적 신앙 형태에 속한다. 그것을 구체적으로 파악하지 못할 때, 하나님의 섭리는 세계의 현실에 대해 사실상 무의미하게 된다. 그것은 하나의 추상물에 불과하다.

헤겔은 하나님의 섭리와 세계 통치를 세계사의 차원에서 구체적으로 파악하기 위해 섭리 신앙을 "이성이 세계를 다스린다"는 철학적 원리로 나타낸다. 헤겔에 따르면, 이제 우리는 "하나님의 섭리가 다스린다", "하나님이 다스린다"는 막연한 믿음의 차원을 극복하고, 세계사의 무대 위에서 이를 구체적으로 파악해야 한다. 막연한 것, 추상적인 것은 죽은 것과 같다. 우리는 "하나님이 세계를 섭리한다", "하나님의 섭리가 세계를 다스린다"는 "이 보편적 믿음"에서 "먼저 철학으로 그리고 또한 세계사 철학으로 넘어가야 한다." 그래서 이성의 빛에서 세계사를 파악해야 한다. "세계사는 영원한 이성의 산물이요, 이성은 그의 위대한 혁명들을 결정했다는 믿음으로 나아가야 한다"(1968a, 46).

6. 달리 말해, 하나님의 섭리에 대한 믿음은 종교적 "표상의 방법으로 머물러" 있을 뿐 아니라 철학의 형식을 통해 구체적으로 "사유되고, 발전되며, 인식되어야" 한다. 그것은 구체적이고 "특수한 지식"(bestimmtes Wissen)이어야 한다. 그것은 더 이상 "추상적인 것"으로 머물러서는 안 된다. "추상적인 것으로 존재하는 것은 정신적인 것의 본성이 아니다. 오히려 살아 움직이는 것…자기 자신 안에서 자기를 규정하고, 결정하며 존재하는 것이 정신의 본성이다.…그래서 기독교는 하나님에 대해 말하며 하나님을 정신으로 인식한다"(1968a, 47).

여기서 우리는 다음의 사실을 볼 수 있다. 곧 헤겔의 역사철학의 주요 관심은 막연한 믿음의 차원에 머물러 있는 섭리 신앙과 하나님의 통치를 세계사의 차원에서 구체적으로 파악하고자 함에 있다는 것이다. 그의 역사철학은 하나님의 섭리, 하나님의 세계 통치라는 신학적 내용을 "이성이 세계를 다스린다"는 철학의 형식을 통해 세계사적으로 실현하고자 한다. 바로 여기에 헤겔의 역사철학의 주요 관심이 있다. 헤겔은 이것을 다음과 같이 말한다. "철학적 통찰에 의하면, 세계사는 하나님의 섭리의 계획을 나타낼 뿐이다. **하나님이 세계를 다스린다.** 세계사는 그의 통치의 내용이요 그의 계획의 집행이다. 이것을 파악하는 것이 세계사 철학의 과제다"(1968a, 77).

헤겔에 따르면, 이성은 자기 자신 안에 폐쇄된 것, 따라서 인식할 수 없는 것, 인간이 알 수 없는 것이 아니라 자기를 계시하며 인식할 수 있는 것이다. 그것은 세계사의 모든 구체적 사물들 속에 나타나며 세계사를 다스린다. 세계사는 이성을 계시하며 그것을 증명한다. 이성이 증명하는 것은 이성 그 자체다. 곧 "본래적 증명은 이성 자체의 인식에 있다. 이성은 세계사 속에서 그 자신을 증명할 뿐이다"(1968a, 29). 세계사 철학의 과제는 역사의 모든 다양한 사물들 속에 나타나는 이성의 활동을 파악하며, 하나님의 섭리와 통치를 구체적으로 파악하는 데 있다. "이성이 세계를 다스린다"는 명제는 헤겔의 "역사철학의 유일한 전제"다(Marcuse 1972, 200).

2. 세계사에서 "신정과 하나님의 정당화"

1. 앞서 우리는 "이성이 세계를 다스린다"는 헤겔의 말은 현실의 세계를 가리키는 것이 아니라 "이성이 다스리는 세계를 이루어야 한다"는 당위성을 가리킨다는 것을 고찰했다. "이성이 세계를 다스린다", "이성적인 것은 현실적이다"라는 헤겔의 말은 결코 현존하는 세계가 이성이 다스리는 이성적

세계임을 뜻하지 않는다.

헤겔 자신도 인간의 이기심, 이기심으로 말미암은 각종 범죄와 살인, 전쟁, 노예제도 등의 **인륜적인 악**과, 지진, 화산 폭발, 페스트와 같은 **자연적인 악**이 존재한다는 것을 잘 알고 있었다. 그는 세계의 모든 현실 속에 "부정적인 것", 곧 불의하고 악한 것이 있음을 간과하지 않았다. 헤겔은 이와 같은 세계 현실을 가리켜 "직접성"(Unmittelbarkeit) 혹은 극복되어야 할 "자연성"(Natürlichkeit), "제한성"(Begrenztheit), "사나움"(Wildheit), "부정적인 것"(das Negative) 등의 개념으로 나타낸다. 악은 이 세계를 파괴하고 그것을 없애버리려는 눈에 보이지 않는 세력이다. 만일 하나님이 선하고 의로우며 전지전능하다면, 이 세계를 파괴하려는 악은 어디에서 오는가?

헤겔은 이 문제를 진지하게 생각했다. 이리하여 그는 다음과 같이 말한다. "창조적인 이성의 이 풍요로운 생성물들을 파악할 때가 되었다. 이 생성물들이 세계사다. 이런 점에서 (세계사에 대한) 우리의 관찰은 역사에 있어서 신정과 하나님의 정당화에 있다"(1968a, 48, 1968d, 938. "신정"은 하나님의 "정당화"를 뜻함).

2. "신정"(Theodizee)이란 정의롭고 전지전능한 하나님, 완전한 하나님이 존재한다면, 이 세계의 불의와 고난은 어디에서 오는가에 대한 질문을 말한다. 곧 그것은 "하나님의 정당화"(Rechtfertigung)에 관한 질문을 뜻한다. 이것은 하나님의 존재를 부인하는 무신론으로 발전할 수 있는 문제다. 이 세계의 불의와 고난 앞에서 어떻게 의롭고 전지전능한 하나님이 있다고 말할 수 있는가? 헤겔의 표현을 따른다면, "선한 사람과 경건한 사람들은 세상 속에서 자주 혹은 전적으로 고통을 당하고, 이에 반해 악한 자와 나쁜 자들은 잘 사는"(1968a, 107) 현실 앞에서 어떻게 의롭고 완전한 하나님이 있다고 말할 수 있는가?

신정론의 고전적 대표자인 라이프니츠는 신정론의 문제를 다음과 같이 말한다? "하나님이 존재한다면, 악은 어디에서 오는가?"(Si est deus, unde malum?) "하나님이 존재하지 않는다면, 선은 어디에서 오는가?"(Si non est deus, unde bonum?) 이 질문은 다음과 같은 명제로 발전한다. "하나님이 존재한다면, 악은 존재하지 말아야 할 것이다. 그러나 악은 실제로 존재한다. 따라서 하나님은 존재하지 않는다!" 이것은 기독교 신학이 대답하기 어려운 것 중 가장 어려운 문제에 속한다. 헤겔의 역사철학은 물론 그의 철학 전체의 주요 관심은 이 문제, 곧 "역사에 있어서 신정과 하나님의 정당화"에 있었다고 말할 수 있다.

헤겔은 이 문제에 대한 대답으로 "부정적인 것의 범주"를 제시한다 (1968a, 48). 세계사에서 "가장 귀한 곳, 가장 아름다운 것"도 영원히 존속하지 못하고 희생제물이 된다. 곧 그러한 것도 부정적인 것이 부정되는 운명을 벗어나지 못한다. 개인들이 병에 걸리는 것은 물론, "특수한 목적들은 보편적인 것 속으로 사라진다." 세계사는 존재하는 새로운 것이 생성되었다가 사라지고, 또 새로운 것이 생성되는 과정이다. 헤겔은 부정적인 것이 부정됨으로써 긍정적인 것이 생성되고, 생성된 것 속에 있는 부정적인 것이 또다시 부정됨으로써 새로운 긍정적인 것이 등장하는 이 과정 속에서 "신정과 하나님의 정당화"의 문제가 대답될 수 있음을 암시한다.

3. 우리는 이 문제에 대한 보다 더 분명한 대답을 헤겔의 "정신으로서의 하나님"이라는 개념에서 발견할 수 있다. 헤겔에 의하면, 세계사는 정신이 그 위에서 활동하는 "무대"다(1968a, 55). 정신 곧 "하나님은 어디에나 있다"(60). 세계사의 무대 위에서 활동하며, 세계사의 모든 것 안에 있는 "정신으로서의 하나님"은 "완결된 것"이 아니라 "활동적인 것이다. 활동성이 그의 본질이다. 그는 자기의 산물(Produkt)이고 자기의 시작이며, 자기의

끝이다.…정신은 자기 자신을 생산하며, 자기에 대한 그의 지식에 따라 자기를 실현한다. 그는 자기에 대해 아는 바가 실현되도록 작용한다. (세계사의) 모든 것이 자기에 대한 정신의 의식으로 귀결된다"(1968a, 55-56).

달리 말해, 세계사의 모든 것이 "정신으로서의 하나님"으로부터 나오고, 하나님께로 돌아간다. 이를 통해 정신으로서의 하나님은 자기를 전개하고 자기를 계시한다. 세계사는 정신의 자기현상의 과정이다. 그것은 정신이 자기인식에 도달하는 "정신의 노동"이다(183). 물론 세계사의 모든 것 속에는 "부정적인 것", 곧 악한 것이 있다. 그러나 악한 것은 정신으로서의 하나님 바깥에 있는, 하나님과 대립하는 것이 아니라 결국 하나님에 의해 부정됨으로써 선한 것으로 고양되고, 하나님 자신 안에 통합되는 **하나님의 역사의 계기**에 불과한 것으로 드러난다. 정신으로서의 하나님은 이렇게 할 수 있는 힘 혹은 능력(dynamis) 자체다. 결국 정신으로서의 하나님이 세계사를 통치하며 섭리한다. 이로써 하나님의 옳으심과 완전하심이 증명된다. 곧 "신정 곧 하나님의 정당화"의 문제에 대한 대답이 주어진다.

4. 그러므로 막스 셸러(M. Scheler, 20세기 인간학의 대표자)는 헤겔의 역사철학은 하나의 신정론이라고 말한다. 헤겔의 국가 철학은 땅 위에 있는 신적인 것에 대한 파악이며, 그의 논리학은 순수한 사유의 추상적 형태로 하나님에 대한 기술이다. 이 세 가지 영역은 연관되어 있다. 논리학은 하나님의 존재의 무시간적 구조를 기술하고, 역사철학은 이 구조의 역사적 내용을 개진하며, 국가 철학은 이 구조를 현실의 국가로 나타낸다. 셸러는 이를 가리켜 "세계사를 변증법의 법칙에 따른 신적 관념의 자기 전개(Selbstexplikation)에 근거시키는 범논리주의(Panlogismus)"라고 말한다(Scheler 1966, 63).

아도르노에 의하면, 신정론이 헤겔의 역사철학 전체의 프로그램이다(Adorno 1970a, 43). 뢰비트도 이에 동의한다. 가다머는 헤겔이 계몽주의 시대에 자연의 사건들의 수학적 합리성에 근거시켰던 신정론을 세계사의 차원으로 확대시키고, 신정론을 세계사에 근거시켰다고 해석한다(Gadamer 1971, 87).

그리스도인들은 "하나님께 영광을 돌려야 한다", "하나님을 영광스럽게 해야 한다"고 말한다. 헤겔의 논리에 따르면, 참으로 하나님을 영광스럽게 하는 길은 신정론의 문제를 해결하는 데 있다. 곧 하나님의 세계 통치와 세계사에 대한 섭리를 구체적으로 파악하고, 이를 통해 하나님의 정당성을 세계사의 차원에서 증명하는 데 있다.

5. 헤겔은 이 문제를 해결하기 위해 삼위일체 하나님을 정신의 개념으로 대체하고, 세계를 "정신의 세계"로, 세계사를 정신의 "자기활동" 내지 "자기 전개"로 파악하게 된다. 철학적으로 표현한다면, "정신의 개념과 일치하는" 세계, 정신이 그 자신을 그 속에서 완전히 알 수 있는 "절대 지식"의 세계로 형성하고자 한다(1968a, 256). 그는 이를 통해 세계를 **하나님의 세계**로, 하나님을 **세계의 하나님**으로 드러내고자 한다. 최고의 절대자 하나님, 하나님의 세계 통치와 세계사에 대한 섭리, 하나님의 영광은 구체성이 없는 막연한 것, 구체성이 없는 "공허한 잡담"(leeres Gerede)으로 머물러서는 안 된다. 종교적 느낌(감정)에 머물러서도 안 된다. 그것은 하나님이 세계의 모든 것 안에 있고, 세계의 모든 것이 하나님 안에 있는 "정신의 세계"에서 구체화되어야 한다.

철학자들은 필자의 이 설명을 한 신학자의 주관적 해석으로 평가해 버릴지 모른다. 그러나 예나 시대에 헤겔이 야코비와의 논쟁에서 한 말은 필자의 설명을 충분히 증명한다. 철학은 "하나님에 대해 어떤 바깥도(kein außer) 인정하지 않으며,…하나님 바깥에 그 어떤 존속(Bestehen)도, 그 무엇도(nichts) 인정하지 않는다"(1970a, 411). 곧 자기의 철학은 모든 것을 하나님 안에 있는 것으로 인식하고자 한다는 것이다. 세계를 파괴하고자 하는 악의 세력도 하나님 바깥에 있는 것으로 인정될 수 없다. 그것은 하나님 바깥에 있는 독립적인 것, 하나님과 동등한 절대적인 것이 아니다. 그것은 결국 하나님의 섭리 안에 있는 것으로 파악되어야 한다. 이로써 "신정 곧 하나님의 정당화"의 문제가 대답된다.

6. 헤겔은 신정론의 문제를 해결하기 위해 자신의 역사철학에서 "절대적 화해의 원리"를 제의한다(1968a, 254). 위의 제1부 "부록"에서 고찰한 바와 같이, 칸트의 철학에서 하나님과 인간, 신적 본성과 인간적 본성, 하나님과 세계, 무한한 것과 유한한 것은 철저히 분리된 것으로 생각된다. 하나님과 인간, 하나님과 세계가 둘로 나뉘어 있을 때, 하나님은 인간과 세계에 대해 무의미한 존재가 되어버린다. 그는 양편이 분리된 상태에서 절대화된다. 그는 "세계 없는 하나님"이 되고, 세계는 "하나님 없는 세계"로 고착되어 버린다. 악은 하나님 바깥에 있는, 하나님과 맞먹는 것으로 절대화된다. 무한한 것과 유한한 것이 분리될 때, 유한한 것이 그 자체로서 무한하게 되고, 절대적인 것과 같은 것이 된다. 이 점에서 칸트와 피히테의 철학은 일치한다(1970a, 379).

이에 헤겔은 하나님과 인간, 하나님과 세계, 무한한 것과 유한한 것의 분리와 대립을 극복하고, 양자의 화해를 주요 과제로 삼게 된다. 화해를 통해 하나님은 세계의 하나님이 되고, 세계는 하나님의 세계가 되어야 한다. "세계 없는 하나님은 하나님이 아니다", "세계 없는 하나님도 없지만, 하나님 없는 세계도 없다"(1966b, 148). 하나님과 인간, 하나님과 세계의 "이 분리, 이 나누어짐"이 부정되어야 한다. "이 분리와 나누어짐의 부정"(Negation dieser Trennung, dieser Scheidung)에 화해가 있다(1966d, 36). "유한한 것이 영원한 것으로 수용되는 것, 신적 본성과 인간적 본성의 통일성, 영원히 이 통일성을 세우는…과정"이 화해다(1966d, 34). 분리된 양편이 화해될 때, 하나님의 섭리와 통치, "신정 곧 하나님의 정당화"가 이루어질 수 있다.

헤겔은 이를 위해 하나님에 대한 인식 불가능성을 필사적으로 반대한다. 인식되지 않는 하나님은 우리에게 추상적인 존재로 머물게 된다. 세계의 현실에 대해 무의미한 존재가 되어버린다. 하나님과 현실의 세계가 분리되어버린다. "하나님은 기독교 종교에서 자기를 계시했다. 다시말해, 그는 자신이 무엇인지 인간이 인식하도록 하기 위해 자기를 계시했다"(1968a, 45). 이로써 하나님은 "더 이상 폐쇄된 존재, 비밀스러운 존재가 아니라" 우리가 인식할 수 있는 존재가 되었다. 우리가 하나님을 구체적으로 인식할 때, 그는 우리의 세계에 대해 구체성을 가진 구체적 존재가 될수 있다. 이리하여 하나님은 "세계의 하나님"이 되고, 세계는 "하나님의 세계"가 될 수 있다.

튀빙겐 대학교에서 신학을 공부할 때부터 헤겔은 이에 대한 관심을 갖고 있었다. 그는 1795년 친구 셸링에게 보낸 편지에서 다음과 같이 말한다. "하나님 나라가 오시옵소서. 그리고 우리의 두 손이 품속에서 무위(無爲)하지 않게 하소서!"(Küng 1970, 53에서 인용). 스위스 베른 시대의 문헌『민중종교와 기독교에 대한 단편』에서 헤겔은 하나님을 "가장 높은 분, 하늘의 주, 온 땅과…자연의 주, 심지어 영들의 세계의 주"로 알게 되는 데 자기의 주요 관심이 있음을 밝힌다(1971, 212).

7. 헤겔에 따르면 화해는 그리스도의 성육신을 통해 계시되었다. 하나님의 아들이 사람의 육을 취했다, 사람의 아들이 되었다, 인간 예수는 인간인 동시에 하나님, 곧 "하나님-인간"이라는 것은 하나님과 인간, 절대적인 것과 유한한 것, 하나님과 육(물질), 하나님과 세계의 화해를 보여준다. "하나님이 인간이 되었다. 이것이 곧 계시다"(1966d, 34). 예수와 그의 아버지 하나님이

둘로 **구별되면서**, 깊은 사랑의 영(정신) 안에서 **"하나"**다(요 10:30, 17:11), "아버지가 내 안에 내가 아버지 안에 있다"라는(요 14:19) 성서 말씀은 화해의 원리를 나타낸다. 이를 계시하는 기독교 종교는 "화해의 종교, 곧 하나님과 세계의 화해의 종교다. 달리 말해 하나님은 세계를 그 자신과 화해했다." 그것은 "유한한 것이 영원한 것으로 수용되는 것, 신적 본성과 인간적 본성의 통일성"을 말한다(1966d, 34).

그러나 헤겔에 따르면, 그리스도 안에서 일어난 화해, 곧 신적 본성과 인간적 본성, 하나님과 인간, 무한한 것과 유한한 것, 하나님과 세계의 "통일성"은 "즉자일 뿐이다." 이제 그것은 대자적으로 실현되어야 한다. 곧 대상 세계 속에서 구체적으로 실현되어야 한다. 그것은 과거에 일어난 고정된 것(*fixum*)이 아니라 "영원히 생성되는 운동이고, 이 생성이 즉자를 통해서만 가능케 되는 해방이며 화해다"(1966d, 36).

헤겔은 그 구체적인 길을 정신의 개념에서 발견한다. 하나님, 곧 정신(영)은 활동성이다. 그것은 자기를 대상 세계로 대상화시키고 대상 세계의 부정적인 것의 부정을 통해 자신의 개념과 일치하는 세계, 곧 "정신으로서의 하나님"의 의지와 일치하는 세계를 이루는 활동성이다. 하나님은 이 활동성을 통해 세계의 하나님으로, 세계는 하나님의 세계로 변화된다. 하나님의 섭리와 통치, 신정과 하나님의 정당화가 가능케 된다. 이런 점에서 헤겔의 역사철학의 주요 관심은 "화해의 원리"를 실현하는 데 있다.

일반적으로 화해는 서로 대립하던 양편이 서로 자기를 양보하면서 상대방과 좋은 관계를 맺게 되는 것으로 생각된다. 곧 정(These)과 반(Antithese)이 서로 타협하거나 양보하여 합(Synthese)을 이루는 것으로 생각된다. 그러나 이것은 헤겔적 의미의 화해가 아니다. 참된 의미의 화해는 모든 유한한 것의 부정적인 것이 부정됨으로써 더 높은 진리의 세계로 고양되는 데 있다. 한마디로 헤겔의 "화해의 원리"는 정신의 "**부정성의 원리**"

에 기초한다. 인간의 본성이 신적 본성으로 변화되고, 유한한 것이 무한한 것으로 변화되기 위해 그것들의 부정적인 것이 끊임없이 부정되어야 한다. 부정적인 것의 부정과 더 높은 진리의 세계를 향한 "고양"(Erhebung), 곧 "넘어감"의 변증법적 운동을 통해 "정신의 개념과 일치하는" 세계, 즉 정신이 그 속에서 자기를 볼 수 있는 "절대 지식"의 세계를 이루는 여기에 헤겔의 역사철학의 주요 관심과 목적이 있다.

8. "정신의 개념과 일치하는" 세계, "정신으로서의 하나님"이 자기를 그 속에서 투명하게 볼 수 있는 "절대 지식"의 세계는 구체적으로 어떤 세계인가? 헤겔은 이 세계를 모든 인간의 자유가 실현된 세계라고 본다. 헤겔에 따르면, 정신은 자신의 모든 활동에 있어 그 어떤 외적인 것에 의존하지 않는다. 그는 자기 자신과 관계한다. 이런 점에서 "그는 자유롭다"(1968a, 54). "자유는 정신의 실체다", "자유는 정신의 유일한 진리다"(55). 그러므로 "주님의 영(정신)이 있는 곳에는 자유가 있다"(고후 3:17). 세계사는 자유를 자기의 본질로 가진 신적 정신의 활동이다. 따라서 세계사는 자유의 역사다.

세계사를 그 전체에 있어 관찰하고자 한다면, 우리는 "이른바 비본질적인 것으로부터 본질적인 것을" 구별해야 한다. 이를 위해 "본질적인 것"이 무엇인지 알아야 한다. 역사 관찰에 있어 "본질적인 것"은 자유의 의식과 이 의식의 다양한 특수성들을 통한 그 실현에 있다(1968a, 169). 여기서 우리는 헤겔의 역사철학이 가진 또 하나의 주요 관심을 발견한다. 그의 역사철학은 **자유의 의식의 실현**을 주요 관심으로 가진다.

헤겔에 따르면, "인간은 인간으로서 자유롭다." 그는 출생과 신분, 교육과 사회적 지위, 소유의 많고 적음 등을 떠나서 자유롭다. "인간은 인간으로서 자유롭게 태어났다." "**모든 인간은 하나님 앞에서 자유롭다.** 그리스도는 인간을 해방했다. 하나님 앞에서 **동등하게 만들었고**, 기독교적 자유로 해방했다"(1966a, 63).

세계사는 기독교를 통해 이 세상에 등장한 "자유의 의식"이 진보하는 과정이다. "이성이 다스리는" 세계, "정신의 개념과 일치하는" 세계, 곧 하나님 나라는 모든 인간이 인간으로서 자유로운 세계, 인간에 의한 인간의 차별과 억압이 없는 세계, 모든 인간의 존엄성이 존중되는 세계다. 이러한 세계를 이루는 데 헤겔의 역사철학의 주요 관심이 있다. 헤겔은 이를 위해 대담하게 하나님과 세계, 신적인 본질과 인간적 본질의 **화해의 원리**"를 관철하고자 한다. 하나님은 "하늘에 계신" 최고의 존재, 구체적 규정 내지 내용을 갖지 않은 "절대자"로 추상화되어서는 안 된다. 그는 자기 자신과 세계를 화해하고 양자를 결합함으로써 이성이 다스리는 이성적인 세계, 모든 인간의 동등한 가치와 자유가 실현된 세계를 이루고자 한다.

9. 헤겔은 "이성이 다스리는" 세계, 모든 인간의 동등한 가치와 자유를 실현할 수 있는 길을 인륜성(Sittlichkeit) 있는 국가에서 기대한다. 인륜성 있는 국가란 모든 인간의 가치와 자유가 실현된 국가를 말한다. 헤겔에 의하면, 인륜성 있는 국가를 이룰 수 있는 일차적인 길은 통치자들의 거짓된 권위의 기초가 무너지는 데 있다. 헤겔은 이것을 "하나님-인간" 예수 그리스도에게서 발견한다.

가장 높은 하나님의 아들이 가장 낮은 인간이 되었다. 인간이 되신 하나님의 아들 그리스도는 이 세상에서 고귀한 죽음을 당하지 않았고 "가장 불명예스러운 죽음", 곧 범죄자로서 십자가의 가장 고통스러운 죽음을 당했다. 그는 세상의 가장 낮은 자로서 모든 사람의 버림과 멸시를 받았다. 그는 모든 명예를 상실했다. 그러나 가장 낮은 자가 이 세상의 가장 높은 자가 되었다. 가장 불명예스러운 죽음을 당한 자가 하나님의 아들로 고양되었다. 하나님은 "지혜 있는 자들을 부끄럽게 하시려고 세상의 어리석은 것들을 택하셨으며, 강한 것들을 부끄럽게 하시려고 세상의 약한 것들을 택하셨다", "잘났다고 하는 것들을 없애시려고 아무것도 아닌 것들을 택하셨다"(고전 1:27-28).

바로 여기서 헤겔은 **"완전한 혁명의 직접적 표현"**을 발견한다(1966d, 161). "가장 낮은 것이라고 여기는 것이 가장 높은 것"이 되었다면, 세계를 다스리는 자들의 힘과 권위는 거짓된 것으로 드러난다. 그들은 "가장 깊은 근거에서부터 내적 신뢰성을 상실하며, 그 본질적 기초를 잃게 된다." 지배자들의 구조물은 "곧 괭음을 내며 무너질 수밖에 없는 공허한 현상"일 뿐이다(162). 그들의 거짓된 힘과 권위가 무너질 때, 자유의 관념이 실현된다. 세계사는 자기를 실현하는 "자유의 관념"의 발전 과정이다. "이것이 역사에 있어서 참된 신정이요 하나님의 정당화다"(1968d, 938). 신적 정신이 "세계사를 다스리며 또 다스렸다"는 것이 드러나고, "하나님께 영광을 드리며" "진리를 영광스럽게" 하는 세계가 이루어질 때, 신정론의 문제가 해결될 것이다. 바로 여기에 헤겔의 역사철학의 "절대적 궁극 목적"이 있다(1968a, 182).

III
신적 정신의 자기활동인 역사

1. "죽은 것, 추상적인 것은 행동하지 못한다"

1. 하나님의 통치와 섭리에 대한 신앙이 구체성을 갖지 못하고, 감정에 의존하는 주관적 믿음의 차원에 머물게 되는 원인은 무엇인가? 헤겔은 그 원인이 하나님에 대한 잘못된 이해에 있다고 말한다. 그는 세계사에서 하나님의 옳으심의 문제, 곧 신정의 문제가 해결되지 못하며, 하나님과 세계가 이원론적으로 나뉘어 서로에 대해 절대화되는 원인도 여기에 있다고 본다.

    헤겔에 따르면, "하나님"이란 개념 자체는 구체성을 갖지 못한 하나의 추상적 개념이다. 이 개념은 하나님에 관한 아무런 특수한 규정도 말하지 않는다. 아무런 규정이 없다는 것은 공허하다는 말이다. 그것은 살아 움직이지 못하는 추상적인 것(Abstraktum)에 불과하다. 여기서 하나님은 모든 사물들 "밑바닥에 놓여 있는 주체의 쉼(Ruhe)"으로 활동하지 않고 정체되어 있는 존재, 곧 "실체"로 생각된다. "추상적일 수 없는 하나님을 더 이상의 것을 말할 수 없는 être suprême, 곧 최고의 존재와 같은 그런 추상적 표현들로 표상하는 것은 옳지 못하며, 비이성적이고 가장 나쁜 일이다. 이러한 하나님은 오성의 산물이며, 생명이 없고 죽은 것(leblos, tot)이다"(1966a, 114-115). "죽은 것, 추상적인 것은 행동하지 못한다"(1966e, 27).

헤겔에 따르면, 학문적으로 하나님은 "**참된 내용을 아직 얻지 못한 보편적이며 추상적인 이름이다**. 하나님은 우리에게 매우 잘 알려진 표상이지만, 학문적으로 아직 개진되지 못한, 인식되지 못한 표상이다"(1966b, 189). 우리는 "하나님이 있다", "존재한다"고 믿는다. 그러나 "하나님이 **있다**"(Gott ist)고 할 때, "있다"(Ist)는 아무런 "내용적 규정"(Inhaltsbestimmung)을 갖지 않는다. 하나님은 내용적 규정이 없는 존재로 머문다. 내용적 규정이 없는 하나님은 "**공허한 말**"에 불과하다(1966e, 47). 공허한 말은 현실에 대해 무의미하다. 그것은 현실에 대해 구체적 내용을 갖지 않은 추상적인 것이다.

기독교가 말하는 가장 높은 자, 절대자, 보편자, "모든 것 안에서 모든 것"이란 하나님 개념들도 마찬가지다. 이 개념들도 구체적 규정 내지 내용을 갖지 않는다. "모든 현실의 총괄개념으로서의 하나님(Gott als Inbegriff aller Realitäten)은…규정이 없는 것, 내용이 없는 것이다. 그는 모든 것이 그 안에서 하나인 공허한 절대자다"(1969a, 120).

헤겔에 따르면, 구체성이 없는 것은 참되지 못하다. 구체적이지 못한 것, 곧 추상적인 것은 현실에 대해 무의미하기 때문이다. 하나님은 참된 분이다. 그렇다면 하나님은 "추상적인 것일 수 없다"(1966a, 114). 하나님이 참된 분이라면, 그는 인간과 세계에 대해 구체적일 수밖에 없다. 구체적이지 못한 존재, 곧 추상적 존재는 인간의 삶과 세계의 현실에 대해 무의미하며, 무의미한 점에서 참되지 못하다.

하나님이 구체적 규정 내지 내용을 갖지 않은 "공허한 말", "공허한 절대자"로 머물 때, 하나님의 세계 섭리와 통치에 대한 기독교 신앙은 구체성을 갖지 못한 주관적 믿음 내지 느낌(감정)의 차원에 머물게 된다. 이 믿음과 느낌은 구체적 내용을 갖지 못한, 안개처럼 희미하고 막연한 것, 공허한 것이다. 잡힐 것 같은데 잡히지 않는 것이다. 이리하여 하나님과 세계, 종교와 삶의 현실이 분리된다. 한편에서는 "이를 갈며"(zähneknirschend) 행하는 죄의 통회와 자복, 예배, 억지로 바치는 헌금을 동반한 세속에서 분리된 종교적 영업 행위가 지속되는가 하면, 다른 한편에서는 "세속의 삶, 유한성의 영역"은 "무한한 것, 영원한 것, 참된 것의 영향"을 떠나 자신의 길을 가게 된다. "유한한 것은 무한한 것을 통해 진리와 인륜성으로 중재되지 못하며, 무한한 것은 유한한 것의 중재를 통해 현재와 현실(Gegenwart und Wirklichkeit)이 되지 못한다"(1966e, 113). 종교는 그 자신의 영업 행위를 계속하고, 종교에서 분리된 세속은 타락과 방종의 길을 걷게 된다.

2. 이와 같은 결과를 초래하는 추상적 하나님에 반해, 헤겔은 하나님을 구체적으로 파악해야 한다고 주장한다. 추상적인 것은 현실에 대해 무의미한 죽은 것, 생명이 없는 것이다. 그것은 현상의 세계로부터 분리되어 있는 칸트의 "사물 자체"와 같은 것이다. 그것은 현상의 세계에 대립하는 완전한 "피안"이다. 이와 같은 하나님은 "생명이 없고, 죽은 것이다"(1966a, 114-115). 따라서 헤겔은 "하나님이란 이름을 피하는 것이 도움이 될" 것이라고 『정신현상학』에서 말한다(1952, 54).

헤겔에 따르면, 우리가 관계하는 하나님은 전혀 추상적인 존재가 아니다. "하나님은 결단코 추상적인 것일 수 없다. 그는 최고의 존재와 같은, 더 이상의 것이 진술될 수 없는 추상적 표현들로" 나타낼 수 있는 존재가 아니다(1966a, 114). 그는 어디까지나 구체적인 존재다. 하나님이 세계를 창조했다는 것, 하나님이 그의 아들 안에서 인간의 육을 취했고, "우리를 위해"(pro nobis) 십자가의 죽음의 고통을 함께 당했다는 것은 하나님이 우리와 관계된 구체적 존재임을 말한다. 관계 그 자체는 구체적인 것이다. 그것은 자기 아닌 타자와 결합하는 것을 뜻하기 때문이다. 하나님을 생각할 때, 우리는 하나님이 "우리에게 자비로운 분이다", "우리를 위한 아버지 하나님이다" 등의 구체적인 존재로 생각한다. 하나님은 우리와 관계없이 자기 홀로 존재하지 않는다. 그는 "인간과의 관계를 그 자신에게 부여한다"(1966e, 46).

"인간과의 관계를 그 자신에게 부여한다"는 것은 하나님이 구체적 존재임을 말한다. 그것은 하나님의 구체적 내용에 속한다. "하나님이 있다"는 것과 "우리를 위한 하나님"이란 두 가지 진술은 분리될 수 없다. 그는 "존재(Sein)라기보다는 우리를 위한" 분이며, "단순한 존재보다 훨씬 더 풍요롭고 다른 내용이다"(1966e, 57). 그는 자기를 인간에게 전달하시고, 종의 형태로 자기를 인간에게 낮추시며, 자기를 "알아야 한다"는 의무를 우리에게 주신다(47). 따라서 우리는 하나님을 구체적으로 파악하고, 구체적으로 알아야 한다.

헤겔은 하나님의 가장 극단적 구체성을 그리스도의 성육신에서 발견한다. 하나님의 아들 그리스도는 그 자신을 인간의 육과 결합한다. 곧 신적인 것과 인간적인 것, 신적인 것과 세상적인 것이 결합한다. 그리스도는 하나님인 동시에 인간이다. 곧 "하나님-인간"이다. 하나님은 "하나님-인간"이신 그리스도 안에서 **구체적 형태**로 나타난다. 하나님이 자기를 인간에게 가장 구체적으로 나타낼 수 있는 형태는 인간의 형태다. 그러므로 그는 한 인간의 구체적 형태로서 자기를 나타낸다. "하나님-인간"이신 그리스도는 하나님이 결코 추상적 존재, 죽은 존재, 행동할 수 없는 존재가 아니란 사실을 가장 극단적으로 나타낸다. 헤겔은 이러한 생각에서 하나님을 구체적으로 파악하는 것을 자신의 역사철학의 주요 과제로 삼는다.

2. 삼위일체적 활동성으로서의 정신

1. 하나님을 구체적으로 파악한다는 것은 무엇을 말하는가? 한마디로 그것은 하나님을 세계의 통치자로, 세계사의 섭리자로 파악하는 것을 말한다. 하나님은 최고의 존재, 절대자, 영원한 자 등의 추상적 개념에 머물러서는 안 된다. 그는 절대의존의 종교적 감정(느낌)과 신자들의 믿음 그리고 예배의 영역에 머물러서는 안 된다. 그는 세계를 다스리며 세계사를 섭리하는 구체적인 존재로 파악되어야 한다. 우리는 헤겔의 이 생각을 그의 『세계사 철학 강의』 마지막 문장에서 볼 수 있다.

> 발생했고 매일 일어나는 것은 하나님으로부터 일어나며, 하나님 없이는 일어나지 않을 뿐 아니라 오히려 본질적으로 하나님 자신의 일이다(1968d, 938).[1]

이 문장에 따르면, 세계사 속에서 일어나는 모든 것은 하나님으로부터, 하나님으로 말미암아 일어난다. 그것은 하나님 자신이 하는 일(Werk)이다. 여기서 하나님은 차안의 세계 저 너머에 저 높은 곳에 머물러 있는 존재가 아니라 세계사 속에서 세계사의 모든 일을 일어나게 하는 존재, 스스로 그것을 행하는 구체적 존재로 생각된다. 세계의 모든 일이 하나님으로 말미암아 일어나며 하나님 자신이 행하는 일이라면, 세계사의 모든 일은 하나님의 통치와 섭리 속에서 일어난다고 말할 수 있다. 여기서 하나님은 세계사의 모든 것을 통치하며 섭리하는 구체적 존재로 생각된다.

---

1) 원문. "daß das, was geschehen ist und alle Tage geschieht, nicht nur von Gott kommt und nicht ohne Gott, sondern wesentlich das Werk Gottes ist."

2. 그럼 헤겔은 어떻게 하나님을 구체적으로 파악하는가? 종교적 감정과 믿음 그리고 예배의 영역에 머물지 않고, 세계사를 섭리하고 통치하는 구체적 존재로 하나님을 파악할 수 있는 길은 무엇인가? 헤겔은 그 길을 정신의 개념에서 발견한다. 그는 하나님을 "정신"으로 파악하고, 정신을 변증법적 활동성으로 파악함으로써 하나님의 존재를 세계사의 차원에서 구체적으로 논증하고자 한다. 여기서 우리는 헤겔의 정신 개념이 하나님을 대신하는 개념이란 사실을 볼 수 있다. "하나님은 정신이다"라는 헤겔의 말이 이를 증명한다"(1966d, 57). "기독교에서 하나님은 정신으로 계시되었다"는 말도 마찬가지다(1968a, 58. 아래 내용에 관해 위 제1부 I. 2. 참조).

앞서 기술한 바와 같이 헤겔은 하나님을 철저히 삼위일체의 존재로 이해한다. 그는 이에 대한 근거를 예수 그리스도의 성육신에서 발견한다. 그는 이것을 그리스도의 성육신에서 발견했다고 다음과 같이 암시한다.

신적 본질의 이 성육신은…절대 종교의 기본 내용이다. 이 종교 안에서 (신적) 본질은 정신으로 인식된다.…왜냐하면 정신은 그의 외화 속에 있는 자기 자신에 대한 앎이기 때문이다. (신적) 존재는 운동이다. 그는 그의 다르게 존재함(타재) 속에서 자기 자신과의 동일성을 유지한다.…이 종교 속에 신적 존재가 계시되었다(1952, 528).[2]

그리스도의 성육신에 계시되는 "신적 존재"는 "정신" 곧 삼위일체의 존재

---

2) 원문. "Diese Menschwerdung des göttlichen Wesens…ist der einfache Inhalt der absoluten Religion. In ihr wird das Wesen als Geist gewußt…. Denn der Geist ist das Wissen seiner selbst in seiner Entäußerung; das Wesen, das die Bewegung ist, in seinem Anderssein die Gleichheit mit sich selbst zu behalten…. In dieser Religion ist deswegen das göttliche Wesen **geoffenbart**."

제2부 | 정신의 자기활동으로서의 역사

로 나타난다. 그는 자기를 자기와 다른 존재로 외화하고 자기와 다른 존재 속에서 "자기 자신과의 동일성을 유지"한다. 이를 종교적 표상으로 말한다면, "신적 존재" 곧 하나님은 1) **아버지 하나님**이 2) 자기와 **자기의 아들**을 세상에 보내고 3) 깊은 **사랑의 영 곧 성령** 안에서 아들과 삶을 함께 나누는 하나님의 삼위일체적 존재다. 헤겔은 이것을 다음과 같이 말한다.

> 그는 먼저 아버지, 힘, 아직 감추어져 있는 추상적 보편자다. 둘째, 그는…자기 자신의 타자…아들이다. 그는 그 안에서 그 자신을 알고 그 자신을 본다. 셋째, 이 자기 지식, 그 자신을 보는 것이 정신 자체다. 그 **전체가 정신이다**.…기독교 종교는 이 삼위성(Dreifaltigkeit)을 통해 모든 다른 종교들보다 더 높다(1968a, 58-59).

3. 우리는 위의 문장에서 헤겔이 하나님의 삼위일체, 곧 "삼위성"을 가리켜 "정신"이라 부르는 것을 볼 수 있다. "그 전체가 정신이다." 따라서 헤겔이 말하는 "정신"은 삼위일체 하나님을 나타내는 삼위일체적 개념이다.

헤겔에 따르면, 삼위일체 하나님은 가장 높은 자, 절대자, 보편자로서 고정되어 있는 존재가 아니다. 하나님을 가리키는 절대자, 영원한 자, 인륜적 세계질서 등은 "의미가 없는 소리(ein sinnloser Laut), 단순한 이름"일 뿐이다. 그것은 구체성이 없는 "쉬고 있는 점"과 같다. 이에 반해 삼위일체 하나님은 영원히 변하지 않는 자기 동일성 속에서 정체되어 있는 존재가 아니다. 그는 아무런 구체성 없이 자기 자신으로 머물러 있는 단순한 "사물 자체"(Ding an sich)가 아니다. 영원한 자기 동일성을 가리키는 "A는 A이다"는 삼위일체 하나님에게 해당하지 않는다. 그는 더 이상 나뉠 수 없는 "원자"(Atom)와 같은 존재, 곧 "일자"(das Eins)가 아니다. 그는 피히테가 말하는 더 이상 나뉠 수 없는 "자아"가 아니다.

삼위일체 하나님은 자기를 자기 자신으로부터 구별하고, 자기를 자기의 타자로 대상화시키며, 타자의 부정적인 것을 부정함으로써 자기 자신으로 돌아오는 **순수한 운동**(*actus purus*)이다. 이 운동의 충만함은 "자기를 구별하고, 자기를 자기 자신의 타자로서 생성하지만, 이 타자 안에서 그 자신을 잃어버리지 않고, 오히려 이 타자를 비타자(Nichtanderes)로 세우며, 그 자신 속으로 돌아가는"데 있다(1968c, 722).

"참된 것은 추상적이지 않다. 그것은 구체적이다." 하나님이 참된 분이라면, 그는 구체적일 수밖에 없다. 그는 자기의 영원한 자기 동일성 안에 머물지 않는다. 오히려 그는 자기를 자기 자신에게서 구별하고, 자기를 자기에 대한 대상으로 타재시키며, 자기와 대상을 중재하는 활동성 자체다. 활동성은 하나님의 존재에 추가되는 그 무엇이 아니라 하나님의 존재 자체를 가리키는 것이다. 하나님의 존재 곧 하나님의 "있음"(ist)은 "활동성, 생동성, 정신성이라는 의미를 가질 뿐이다"(Tätigkeit, Lebendigkeit, Geistigkeit, 1966b, 147). 이런 점에서 **"활동성이 그의 본질이다."** 그는 "하나의 추상적인 것이 아니며 인간의 본성에서 추상화된 것이 아니다. 오히려 그는…철저히 활동적이며, 오로지 생동적이다"(1968a, 54). "정신으로서의 하나님"은 "절대적 활동성, 행동성(Aktuosität)이다." "하나님 혹은 정신의 생동성은 자기를 규정하고…자기를 유한성으로…모순 속으로 세우고, 이와 동시에 이 모순을 영원히 지양하는 데 있다"(1966d, 13).

4. 헤겔은 삼위일체에 대한 이 생각을 정신의 개념으로 옮긴다. 이리하여 그는 정신을 "활동성"으로 파악한다. 정신은 고정되어 있는 물체와 같은 것이 아니라 활동성 자체다. "그는 활동적인 것이다. 활동성이 그의 본질이다"(1968a, 55). "정신"은 하나이면서 구별되고, 구별 속에서 하나를 이루어나가는 "이 과정, 운동, 삶"을 가리킨다(1966d, 74). 그는 <u>스스로 활동하는</u>

"주체" 곧 "자기운동"(Selbstbewegung)이다(1952, 22-24). 그는 정체되어 있는 추상적인 것이 아니라 끊임없이 활동하는 구체적인 것이다. 그러므로 "하나님은 오직 정신으로 파악되어야 한다.…그러나 정신으로서의 하나님이 공허한 말이 되지 않아야 한다면, 그는 **삼위일체 하나님**으로 파악되어야 한다"(1966b, 41).

여기서 우리는 다음의 사실을 확인할 수 있다. 곧 헤겔은 "삼위일체 하나님"이란 종교적 표상을 "정신"이란 개념으로 대체하고 하나님의 삼위일체적 활동을 정신의 활동으로 나타냄으로써 하나님을 구체적 존재로 논증하고자 한다는 사실이다. 헤겔은 이것을 수를 헤아릴 수 없을 정도로 반복하여 말한다.

『세계사 철학 강의』에 따르면, "정신이란 무엇인가? 정신은 일자다. 그는 자기 자신에게 동일한 무한자며, 순수한 동일성(Identität)이다. 둘째, 이 동일성은 자기를 자기로부터 분리하여 그 자신의 타자로서, 대자로서 그리고 보편자에 대한 자기 안에 있음(Insichsein)으로 (존재한다). 그러나 그 자신에 대한 단순한 관계로서의 원자적 주체성(atomistische Subjektivität)이 스스로 보편적인 것, 그 자신과 동일한 것임으로 말미암아 이 분리는 지양된다.… 정신은 자기를 자기의 타자로서 자기에게 대칭하여 세운다. 그리고 이 차이로부터 자기 자신으로 돌아감(Rückkehr)이다"(1968c, 734).

위의 문장에서 정신의 활동성은 삼위일체적 활동성(dreifaltige Tätigkeit)임을 볼 수 있다. 헤겔은 『정신현상학』에서 정신의 삼위일체적 활동을 다음과 같이 분석한다. 1) "순수한 실체의 형식 안에 있는 그의 의식의 내용"(정신의 즉자를 가리킴), 2) "현존 혹은 개별성으로 내려가는 운동"(대자로의 외화), 3) "표상(Vorstellung)과 다르게 존재함(Anderssein, 타재)으로부터 돌아감(대자로부터 자기 자신으로의 회귀)", "이 세 가지 계기가 정신을 형성한다"(1952, 533).

5. 헤겔은 정신의 삼위일체적 활동성을 "**중재**"(Vermittlung)의 개념으로 설명하기도 한다. 정신은 "자유로운 활동성"이다. 곧 "자기를 자기 자신과 관계시키는 활동성", 자기 안에서 자기를 구별하며, 이 구별된 것과 자기를 중재하는 활동성이다. "활동성은 구별된 것에 대한 관계다." 정신 곧 하나님은 자기 홀로 있는 단일자가 아니라 자기로부터 구별된 것과 관계된 존재, 자기의 구별된 것, 곧 "타자를 통해 중재된 존재"로 있을 뿐이다.

　　헤겔은 정신 곧 하나님의 중재의 활동성을 하나님의 창조에서 발견하기도 한다. 그에 따르면, 하나님은 "하늘과 땅의 창조자"다. 창조된 세계는 하나님 바깥으로 내던져진 것이 아니라 "하나님에 의해 세워진 것"이다. 그것은 "독자적으로 된 것이 아니라 그의 즉자 속에 있는 하나님과의 관계를 가진 것(das die Beziehung Gottes an sich hat)이다"(1966e, 27). 마찬가지로 하나님도 세계와 관계되어 있다. 그는 천상천하 유아독존 하는 존재가 아니라 세계와 인간과 관계된 존재, 곧 중재된 존재다. "만일 세계가 없다면, 하나님은 창조자가 아닐 것이다." 그러나 이것은 하나님이 하나님이기 위해 인간과 세계를 필요로 한다는 말이 아니다. 하나님이 인간과 세계를 통해 존재하게 된다는 말이 아니다. 우리는 이와 같은 생각에 결코 동의할 수 없다. 하지만 하나님은 창조자로서 "세계와 중재되어, 피조물과 중재되어 존재한다"는 것은 부인할 수 없는 사실이다. 이미 하나님의 창조 속에서 하나님과 인간, 하나님과 세계는 중재된다(28).

6. 헤겔은 『하나님의 존재 증명 강의』에서 이 생각을 다음과 같이 보다 더 구체적으로 설명한다. "하나님은 창조적 활동성이다.…그는 정신이다." 그는 "자기의 타자로서의 자기 자신과 관계하며, 그 자신 안에서, 사랑으로서 관계한다. 본질적으로 그는 그 자신과의 이 중재로서 존재한다. 하나님은 세계의 창조자다.…그러나 그는 그 이상의 분이다. 참 하나님은 자기와

자기 자신(곧 자기 자신과 그의 아들 예수)과의 **중재, 이 사랑이다.**" 우리가 하나님을 "자기 자신과의 구별 속에서 파악하지 않는다면, 곧 자기 자신과 자기의 중재로 파악하지 않는다면, 하나님은 공허한 추상물일 것이다."…따라서 "신앙은 중재 속에 있는 하나님을 파악해야 할 것이다." 이때 신앙은 하나님을 "공허한 추상물로 파악하지 않게 될 것이고 아무 중재도 필요로 하지 않는 완전히 보편적인 것으로 파악하지 않게 될 것이다"(1966e, 28).

여기서 헤겔은 중재의 활동을 사랑과 동일시한다. 사랑하는 자는 자발적으로 행동한다. 자발적 행동이 없는 사랑은 사랑이 아니다. 그것은 죽은 것, 구체성이 없는 추상적인 것이다. 사랑은 상호 구별 속에서 일치점을 찾아나가는 중재의 활동이다. 따라서 사랑이신 하나님은 "공허한 추상물"이 아니다(1966e, 28). 그는 "추상적인 것이 아니다. 오히려 그는 절대적 차이들을 세우는 자기 자신 안에서의 과정이다"(1968a, 47). 그는 "추상적인 것이 아니라…활동적이며 오직 생동적인 것이다"(54). "활동성이 그의 본질이다"(55).

하나님은 아무 내용 규정 없이 그저 "있는" 존재가 아니라 삼위일체적 활동 곧 정신으로 파악되어야 한다. 하나님, 곧 "정신"은 **변증법적 활동성으로서의 하나님**을 말한다. 정신은 "결코 정지 상태(Ruhe)에 있지 않다. 그는 언제나 계속되는 운동 속에 있다"(1952, 15). 정신의 이 운동, 곧 활동성이 세계사를 구성하고, 하나님과 인간, 하나님과 세계의 화해, 세계사에 대한 하나님의 섭리와 통치, 자유의 의식과 그 실현의 역사를 이루게 된다. 이로써 하나님은 세계사의 차원에서 활동하며 자기의 의지를 실현하는 **구체적 존재**로 파악된다.

7. 헤겔은 하나님에 대한 자기의 이해를 우주론적 하나님의 존재 증명과 범신론의 신관에서 구별한다. 먼저 우주론적 존재 증명은 유한한 사물들의

세계로부터 출발하여 하나님의 존재를 증명한다. 이 증명에서 유한한 사물들의 존재는 단순한 출발점 내지 시작으로 고수될 뿐 아니라 참된 것으로 인정된다. 부정적인 것이 긍정적인 것으로 인정된다. 하나님은 부정성을 가진 유한한 사물들의 제1원인자가 되어버린다. 그는 세계의 제1원인자로서 세계의 꼭대기에 고정되어 있는 존재로 파악된다. 그는 세계를 코스모스 곧 신적 질서를 가진 신적 세계로 정당화시켜주는 기능을 가진다. 범신론은 하나님을 존재와 사유의 통일성으로 인식하든지(Spinoza) 아니면 사유하는 자로(Parmenides), 만유 안에서 활동하지 않고 머물러 있는 일자로 이해한다. "하나님이 있다"고 할 때, 하나님의 "있음" 곧 존재는 아무 변화 없이 영원히 동일하게 머물러 있는 실체로 생각된다.

이에 반해 헤겔은 "있음" 곧 존재를 활동성으로 파악한다. 하나님의 존재, 곧 하나님의 있음은 하나님의 순수한 활동성을 가리킨다. 하나님은 하늘 보좌에 앉아 있는 고정된 물체와 같은 것이 아니라 절대적 사랑의 끊임없는 활동으로 존재하는 분이다.

일반적으로 "실체"는 세계의 모든 사물 밑바닥에(sub) 놓여 있는 정체된 것, 변화하지 않는 것으로 생각된다. 이에 반해 헤겔은 실체를 활동 속에 있는 주체로 파악한다. 그래서 그는 "참 실체는 주체다"라고 『정신현상학』에서 말한다. "가장 중요한 문제는 참된 것을 **실체**가 아니라 **주체**로 파악하고 표현하는 데 있다." 실체는 "움직이지 않는 실체성"(unbewegte Substantialität)이 아니라 "살아 움직이는 실체"(lebendige Substanz)로 파악되어야 한다. "살아 움직이는 실체"는 "주체"다(1952, 19-20).

이 주체는 "움직이지 않으면서 우연적인 것들을 가진 쉬고 있는 주체가 아니라 그 자신을 움직이는 주체"다(49). 정신으로서의 하나님은 "쉬고 있는 존재가 아니라 활동성(Aktuosität)"이다(1968a, 74). 만일 하나님이 만물의 실체라면, 이 실체는 만물의 밑바닥에 놓여 있는 정체된 존재가 아니라 스스로 활동하는 주체다. "그는 자기가 행하는 바의 존재일 뿐이다"(er ist nur, was er tut, 1955, § 343).

헤겔은 이와 관련하여 "절대자"를 새롭게 이해한다. 일반적으로 "절대자"는 완성된 것, 피안의 영역에 머물러 있는 단일적 존재로 생각된다. 혹은 "가장 높은 존재"로 생각된다. 이에 반해 헤겔은 절대자를 어떤 활동의 마지막에 오는 "결과"(Resultat)로 보아야 한다고 주장한다. "그의 참된 존재"는 처음에 있는 것이 아니라 마지막에야 있는 것"(am Ende das ist, was es in Wahrheit ist)이다. 이런 뜻에서 헤겔은 "참된 것은 전체다"(Das Wahre ist das Ganze)라고 말한다. 이 말은 무슨 뜻인가?

이 말은 절대자는 완성된 것, 고정되어 있는 것이 아니라 정신의 자기활동의 마지막에 자기의 정체가 나타나는 존재라는 것을 의미한다. 절대자, 곧 정신을 나타내는 것은 처음에 있는 움직이지 않고 영원한 안식 안에 있는 단일자가 아니라 정신의 활동 전체다. 그러므로 "참된 것은 전체다." 전체는 마지막 결과에서 드러난다. 따라서 "절대자는 본질적으로 결과로서 파악되어야 한다"(1952, 21). 절대자는 구체적 활동과 규정 없이 하늘 보좌에 앉아 있는 존재가 아니라 역사의 마지막에 이르기까지의 활동 전체 혹은 활동성 자체로 파악되어야 한다는 것이다.

3. 자기를 대상 세계로 외화하는 정신

1. 정신의 활동성은 먼저 자기의 즉자를 대상 세계로 외화 혹은 대상화 하는 데 있다. 곧 그것은 정신이 자기 자신을 자기에 대한 대상으로, 곧 "세계, 자연과 유한한 정신"으로 세우는 활동에 있다(1968c, 734). 정신의 "행위는 그 자신을 공간 안에도 있는 현존하는 세계로 만드는 것이다"(1968a, 67).

정신은 "그가 즉자적으로 갖고 있는 규정을 (대상으로) 세우는 데 있다"(1952, 66). 곧 자기의 즉자를 대상 세계로 대상화하는 데 있다. "즉자의 존재는 본질적으로 타자(자기와 다른 것)를 위한 존재(Sein für anderes)다. 무아적인 것으로서의 즉자의 존재는 사실상 수동적인 것 혹은 다른 자아를 위한 것이다"(414). 즉자는 "타자를 위한 존재"이기 때문에 자기를 타자로 대상화한다.

성서는 이것을 가리켜 "하나님이 그의 아들을 낳았다"고 말한다(1966a, 185). 하나님이 "그의 아들을 낳았다"는 것은 정신이 자기의 즉자를 대자로, 곧 대상 세계로 세운다는 것을 말한다. 여기서 "세계, 자연과 유한한 정신", 곧 대상 세계는 삼위일체 하나님의 "아들"에 해당한다.

2. 헤겔에 따르면, 추상적인 것은 참되지 못하다. 따라서 정신은 자신과의 자기 동일성 안에 머물지 않고 살아 활동하는 구체적 존재가 되고자 한다. 정신의 이 활동은 "첫째의 것에서 둘째의 것으로 나가는 것"으로 시작된다 (1966a, 114-115). 곧 그것은 자기의 **즉자를 대자로 대상화시키는 자기 구별**과 함께 시작된다. "이 즉자는 자기를 외화해야(äußern) 하며, 대자적으로 되어야 한다"(für sich selbst werden, 1952, 26). 그것은 "자기에게 대상으로 있을 수밖에 없다"(24). 이리하여 즉자와 대자 곧 대상의 중재가 시작된다. "우리가 하나님을 자기 자신으로부터의 구별 속에서 파악하지 않을 때, 자기 자신과 자기의 중재로 파악하지 않을 때, 하나님은 하나의 공허한 추상물이 되어버린다"(1966e, 28). "참된 것"은 그 자신의 정체성 속에 머물러 있는 것, 고정되어 있는 것이 아니라 자기를 타자로 외화하고, 그 자신으로 "되어감"(Werden)이다(1952, 20).

그러나 정신은 그 자신으로 "되어감" 속에서 자기의 정체성을 잃어버리지 않는다. "정신의 힘은 그의 외화 속에서 자기 자신과 동일하게 존속하는 데 있다"(1952, 561). 정신은 자기 자신과 동일하게 존속하기 때문에 자기 자신에게 집중할 필요가 없다. 정신의 "깊이"는 자기 자신 속에서 자기에게 집중하는 데 있지 않다. 정신의 "깊이는 내적 집중(das Intensive)으로서 외적 확장(das Extensive)에 대립하는 것처럼 보인다. 그러나 정신에 있어서…내적 집중은 외적 확장이기도 하다. 곧 더 큰 풍요로움이기도 하다. 정신의 참된 내적 집중은 대립의 강함(Stärke des Gegensatzes), 분리와 나누어짐(Entzweiung)에 이르는 데 있다. 그의 확장(Ausbreitung)은 대립을 넘어서며 분리를 극복하는 힘이다"(1966a, 141).

3. 정신이 그 자신을 대상화하는 목적은 무엇인가? 헤겔에 따르면 이 목적은 정신이 자기 자신에 대한 앎, 곧 지식을 대상 세계로 실현하는 데 있다. 곧 "정신의 개념과 일치하는" 세계를 이루는 데 있다. "세계사의 목적은 정신이 그가 참으로 존재하는 바에 대한 지식에 이르고, 이 지식을 대상화시키며, 그것을 **현존하는 세계로** 실현하는 데 있다. 곧 (정신이) 그 자신을 객체적으로(objektiv) 생성하는 데 있다"(1968a, 74). 헤겔에 따르면, "정신은 짐승과 같은 자연의 사물이 아니다.…그의 존재는 활동성이다. (그는) 쉬는 존재가 아니라 자기를 생성하고, **대자적으로** 되며, 자기 자신을 통해 자기를 만드는 이것이다.…그의 존재는 절대적 과정이다"(1968a, 74). 정신이 그 자신을 대자적으로 세우는 것, 곧 대상화함으로써 생성되는 것이 유한한 사물들의 세계, 곧 "세계, 자연과 유한한 세계"다(1968c, 734). 따라서 "세계는 하나님에 의해 생성된 것"이다(ein von Gott Hervorgebrachtes, 1966d, 81).

　여기서 세계사는 참된 자기 자신에 대한 지식을 대상 세계로 실현하는 정신의 자기실현의 과정으로 이해된다. 이 과정은 수많은 단계로 이루어진다. 그러므로 "세계사는 정신이 자기 자신, 곧 자기의 진리를 알고 이를 실현하는 신적인 과정, 단계들의 과정의 나타냄이다"(1968a, 74). "세계사는…정신의 신적인 절대적 과정, 그것을 통해 정신이 자기의 진리, 자기에 대한 자기의식을 얻게 되는 이 단계들의 과정을 나타냄이다.…이 단계들을 실현하고자 하는 것이 세계정신의 무한한 충동이며, 저항하기 어려운 그의 열망이다"(75).[3]

4. 헤겔은 정신의 자기 외화를 다양한 연관 속에서 수를 헤아리기 어려울 정도로 반복하여 설명한다. "본질적으로 정신은 행동한다.…그는 자기에게 대상이 되며 자기를 자기 앞에 있는 하나의 현존으로 가진다.…그의 **행위는 공간 안에 있는 현존의 세계로 만드는 데 있다**"(1968a, 67). 정신, 곧 사랑이신 하나님의 깊이는 "다른 것, 곧 자기 자신의 대상이 되는" 데 있다 (1966d, 66). 곧 아버지 하나님이 자기를 자기의 타재로서의 아들로 세우는 데 있다. "그가 행하는 바의 것", 곧 하나님의 행위는 "정신으로서 자기를 자신의 의식의 대상으로 세우고, 자기 자신에 대해 자기를 전개하면서 파악하는 데 있다. 이 파악이 그의 존재이고 원리이며, 이 파악의 완성은 그의 외화인 동시에 그의 넘어감이다"(1955, §343).

"정신은 자기 자신을 알 수밖에 없다. 그는 자기를 대상으로 갖기 위해 자기를 밖으로 내놓을 수밖에 없다. 그는 자기가 무엇인지 안다.…그는 자기를 전적으로 비우고, 자기에게 전적으로 대상이 된다. 그는 자기를 전적으로 드러내며, 그의 가장 깊은 데로 내려가서 그것을 드러낸다. 정신이 더 높이 발전될수록 더 깊어진다.…바로 이 발전이 정신의 자기 자신 안으로의 심화(Vertiefen)다.…정신의 목적은 자기 자신을 파악하며, 자기에게 더

---

3) 원문. "die Darstellung des göttlichen, absoluten Prozesses des Geistes..., dieses Stufenganges, woduch er seine Wahrheit, das Selbstbewußtsein über sich erlangt.... Diese Stufen zu realisieren, ist der unendliche Trieb des Weltgeistes, sein unwiderstehlicher Drang."

이상 은폐되지 않는 데 있다. 이에 이르는 길이 그의 발전이다. 발전들의 연속 과정은 그의 발전의 단계들이다.…이 단계들을 실현하고자 하는 것이 세계정신의 무한한 충동이고, 저항하기 어려운 열망이다"(1966a, 111).

여기서 우리는 피히테와 셸링에게서 구별되는 헤겔의 학문적 출발점을 볼 수 있다. 피히테에게서 대상 세계는 절대적 "자아"로 소급된다면, 셸링에게서 그것은 "자연"으로 소급된다. 이에 반해 헤겔에 의하면 대상 세계는 절대자, 곧 신적 정신으로 소급된다. 그것은 "정신이 외화된 것"이다. 이진경 교수는 이를 가리켜 다음과 같이 말한다. "강력한 자신감으로 충만한 그의(헤겔의) 사유는 외부란 정신이 외화된 것에 불과하다고 함으로써 모든 외부를 제거한다"(이진경 2009, 57). 그러나 이 문장에서 "제거한다"는 말은 "없애버린다"는 뜻이 아니라 "정신으로 환원된다"는 뜻으로 이해되어야 한다.

5. 헤겔은 정신의 자기 외화, 자기 대상화를 하나님의 계속적 창조와 자기계시로 파악한다. "정신으로서의 하나님"은 본질적으로 타자에 대해 존재하는 것, 자기를 계시하는 이것이다. "그는 세계를 한 번만 창조한 것이 아니라 영원한 창조자, 이 영원한 자기를 계시함이다. 그는 바로 이 활동이다. 이것이 그의 개념이요 그의 규정이다"(1968d, 35). 여기서 세계사는 하나님의 자기 대상화를 통한 계속적 창조, 자기계시로 생각된다. 헤겔에 따르면, "정신으로서의 하나님은 본질적으로 이것이다. 곧 타자에 대해 존재하며 그 자신을 계시하는 것이다. 그는 세계를 단 한 번 창조한 것이 아니라 영원한 창조자다. 자기를 영원히 계시하는 이것이다. 그는 이 행위(actus)다. 이것이 그의 개념이요 그의 규정이다"(1966a, 35).

하나님은 자기 홀로 머물러 있는 정체된 존재가 아니라 끊임없는 삶 자체, 곧 활동이다. 그의 삶은 "자기를 구별하는 것, 자기를 현존케 하는 것, 타자에 대한 존재로 세우는 것 그리고 그 속에서 그 자신과 동일하게 머무는 것이다. 이것이 아들(성자)의 다른 형식으로 이루어지는 세계의 영원한 생성(ewige Erzeugung der Welt, in anderer Form des Sohnes)이고, 정신이 그 자신으로 영원히 돌아감이다. 이것은 절대적 안식이기도 한 절대적 운동이요, 그 자신과의 영원한 중재다."'자기 자신으로 돌아가고, 타자와 연합하며, 타자 안에서 자기 자신을 가지는 것", 여기에 정신의 힘이 있다(1966a, 109).

신적 정신은 모든 것에서 고립되어 자기 홀로 존재하는 라이프니츠의 모나드와 같은 존재가 아니다. 정신 곧 하나님은 사랑이기 때문에 자기와 다른 것, 곧 대상 세계와 함께하고자 한다. 그는 "하나님이기 위해 유한한 것을 결여할 수 없다." 그래서 "그는 자기를 유한화시킨다(verendlicht sich)." 곧 대상 세계를 "무에서 창조한다"(1966b, 146, 147). 자기 자신과의 동일성 혹은 그의 "직접성"을 부정하고, 자기 자신을 자기의 타자로 세운다. "그는 유한한 것을 자기와 다른 것(타자)으로서 자기에게 세우고, 이를 통해 스스로 하나의 다른 자가 된다"(147). 그는 자기의 즉자를 유한한 것으로 대상화함으로써 새로운 세계를 창조하는 "이 무한한 활동, 힘(energeia), 생동성(entelexeia)이다"(1968a, 161). 따라서 헤겔은 하나님의 창조를 태초에 단 한 번 이루어진 것이 아니라 계속되는 것으로 보아야 한다고 말한다.

헤겔에 의하면, 정신의 힘은 자기 정체성 내지 동일성 속에서 자기를 유지하는 데 있지 않다. 그것은 자기 외화(Ent-äußerung), 곧 자기의 즉자를 자기에게서 떼내어(ent) 밖으로 나타내는 것(äußern), 자기 자신을 자기의 타자로, 곧 대상적 존재로 외화하는 데 있다. 정신은 이를 통해 "자기를 발전시키며 자기를 전개한다. 자기를 발전시킨다는 것은 자기를 정립한다, 실존 속으로 등장한다, 구별된 것(Unterschiedenes)으로 실존한다는 것을 말한다"(1966a, 103). "정신은 자신에 대한 자신의 지식에 따라 그 자신을 생성하며 실현시킨다. 그는 자신에 대해 아는 것이 실현되도록 작용한다. 그리하여 모든 것은 그 자신에 대한 정신의 지식으로 소급된다"(1952, 55). 헤겔은 정신의 이 모든 활동을 가리켜 "계속적 창조"로 파악한다.

6. 지금까지 기술한 바와 같이, 헤겔은 정신의 대자를 즉자가 외화된 것, 즉자에 대해 "다른 것"으로 구별하는 동시에 즉자와 대자의 하나 됨 곧 통일성 내지 일치를 강조한다. 아버지 하나님과 아들 예수가 하나인 것처럼 (요 17:11) 즉자와 대자는 하나다. "즉자적으로 존재하는 것과 실존하여 대자적으로 존재하는 것은 똑같은 것일 뿐이다"(1966a, 106). 인간과 마찬가지로 정신에게서도 "즉자의 존재가 대자 속에 나타난다"(105, 아버지 하나님이 아들 예수 안에 나타남을 말함). "즉자 안에 있는 것과 실존하며 대자적으로 있는 것은 동일한 것이다.…즉자가 더 이상 즉자가 아니라면, 그것은 하나의 다른 것(ein Anderes)일 것이다.…(발전의 과정으로부터) 나오는 것은 첫째의 것(곧 즉자)과 동일하다. 이리하여…즉자로 존재하는 것이 폐기되지 않는다.…현존하는 것, 곧 실존하는 것과 즉자의 이 통일성(하나 됨)은 발전의 본질적인 것이다.…양자는 둘인 동시에 하나다"(106).

"즉자는 이미 자기 자신 안에서 구체적이며, (즉자의) 발전은 즉자 안에 있는 것의 정립이다. 따라서 아무런 이질적인 것, 새로운 것이 첨가되지 않는다. 발전되지 못하고 은폐되어 있던 것이 구별된 것으로서 나타날 뿐이다. (정신의) 발전은 이 근원적인 내적인 것이 나타나게 할 뿐이다. 그것은 이미 그 속에 포함되어 있는 구체적인 것을…단지 밖으로 정립할(heraussetzt) 뿐이다." 즉자 안에 포함되어 있었던 이 "구체적인 것은 그 자체에 있어 구별되어 있다. 그러나 먼저 그 자체에 있어서만, 그의 성향과 능력과 가능에 있어서만 구별되어 있을 뿐이다. 구별된 것(대자를 가리킴)은 아직 구별된 것으로서 정립되지 않은 채 아직 하나 됨 안에서 구별되어 있다"(114).

헤겔은 이것을 씨앗과 씨앗에서 자라난 식물에 비추어 설명한다. 씨앗은 아직 형식이 없는 단순한 것이다. 그러나 씨앗은 자기를 발전시키고자 하는 충동을 가진다. 그것은 그 자체로서 존재하는 일을 견딜 수 없다. 이 충동은 그 자체로서 존재하면서 그렇게 존재하지 않으려는 "모순"(Widerspruch)이다. "이 모순은 그의 즉자를 해체시킨다(das Ansichseiende auseinandertreibt). 씨앗은 자기 자신으로부터 그 자신을 다양한 실존으로 생성한다. 그러나 생성되는 것, 많은 것, 다양한 것은 그 단순함(씨앗) 속에 있었던 것에 불과하다. 씨앗 속에는 이미 모든 것이 내포되어 있다. 물론 껍질로 싸여 있고, 규정되지 않았으며, 구별될 수 없는 상태로 내포되어 있다. 식물이 어떤 형태와 색깔과 향을 가질 것인지, 씨앗 속에 이미 결정되어 있다."

식물이 도달하는 마지막, 곧 열매는 "미리 규정되어 있는 마지막이지 우연적인 마지막이 아니다. 열매 속에는 다시 씨가 될 본질적인 것이 들어 있다. 씨앗은 자기 자신을 생성하고, 다시 자기 자신으로 돌아가고자 하는 목적을 갖고 있다. 껍질에 싸여 있는 것, 즉자로 존재하는 것은 그 자체 속이 완전하게 규정되어 있고, 자기 자신을 밖으로 피우며, 그다음에 처음의 통일성으로 다시 돌아간다." 여기서 씨앗과 씨앗에서 나온 열매는 둘로 구별된다. 그러나 "내용에 있어 그것들은 동일한 것이다." 동물의 영역에서도 마찬가지다. 동물의 새끼들은 부모와 다르다. 그들은 부모와는 "다른 개체들"이다. 그러나 새끼들과 부모는 동일한 본성의 것이다. 그러므로 자연의 영역에서는 엄밀한 의미의 즉자와 대자의 구별이 성립하지 않는다(1966a, 108-109).

헤겔은 이것을 꽃에 비유하기도 한다. 꽃은 다양한 성분을 가진다. 색깔, 냄새, 맛, 형태 등이 모두 다르다. 그러나 이 모든 것은 하나 안에 있고, 어느 것도 다른 것에 대해 결여될 수 없는 유기적 통일성의 관계에 있다. 그것들은 나뉘어 있지 않다. 냄새는 여기에, 색깔은 저기에 있지 않다. 색깔, 냄새 등 모든 것이 서로 구별되지만, 결합되어 하나 안에 있다(1966a,

115). 곧 구별되지만 나뉘지 않고 하나를 이룬다. 그러나 꽃의 색깔, 냄새, 맛 등은 언제나 동일하다. 거기에는 부정적인 것의 지양이 없다. 그러므로 변화가 없고, 동일한 것의 반복이 있을 뿐이다. 그것들은 자연의 필연성을 벗어나지 못한다. 따라서 "자연의 사물들"은 참된 실존에 이르지 못한다 (1966a, 115-116).

7. 그러나 정신에 있어서는 다르다. 헤겔은 정신의 경우에, 정신으로부터 생성되는 것은 정신의 즉자에 대해 **다른 것**, 곧 타자로 존재한다고 말한다. 그래서 그는 대자를 끊임없이 "타자" 곧 "다른 것", "다르게 존재함"이라고 강조한다.

　여기서 우리는 또 하나의 헤겔 철학의 양면성을 발견한다. 앞서 그는 즉자와 대자의 **동일성**을 강조했는데, 여기서는 즉자와 대자의 **다름과 구별**을 강조한다. 그는 양자의 다름을 주장하는가 하면, 양자의 동일성을 주장한다. 헤겔은 "동일성 안에서의 다름"을 주장하는 동시에 "다름 안에서의 동일성"을 거듭하여 말한다.

　헤겔이 "동일하다"고 말했다가, "다르다"고 말하는 것은 모순이 아닌가? 우리는 이것을 어떻게 이해할 수 있는가? 이것은 성서가 말하는 하나님 아버지와 아들 예수의 다름과 내적 일치를 연상할 때, 쉽게 이해될 수 있다. 아버지 하나님과 그의 아들 예수는 동일한 신적 존재다. 그들은 동일한 신적 본성을 가진다. 이런 점에서 양자는 동일하다. 그러나 예수는 인간의 육을 입고 이 세상에 있는 인간이다. 따라서 아버지 하나님과 그의 아들 예수는 다르다. 그들은 하나인 동시에 다르며, 다른 동시에 하나다. 일치하는 동시에 구별되며, 구별되는 동시에 일치한다. 우리는 이것을 헤겔의 다음과 같은 말에서 볼 수 있다. 정신은 "자기에게 자기의 즉자를 자기에 대**한 대상으**로 만들며, 자기에게 스스로 대상이다. 그는 자기의 **대상과 하나**

로 함께한다"(1966a, 109).[4]

　　씨앗과 그 씨앗에서 나온 식물이 둘이면서 하나이듯이, 정신의 즉자와 대자는 "둘이면서 하나인"(beide sind zwei und doch eins) 관계를 맺고 있다 (106). 이 두 가지 요소는 "하나 안에 있다. (하나 안에 있는) 이것이 제3의 것이다. 이것은 다음과 같은 뜻을 가진다. 즉 하나는 타자 안에서 자기 자신 가운데 있으며, 타자를 자기 바깥에 가지는 것이 아니라 그 하나 안에서 자신 안으로 돌아와 있는(in ihm in sich zurückgekehrt ist) 바의 것이다"(113).

　　그러나 즉자와 대자의 "다름"은 추상적인 것, 곧 고정되어 있는 것으로 생각되어서는 안 된다. 그것은 즉자와 대자의 분리를 뜻하지 않는다. 오히려 즉자와 대자의 구별을 뜻할 뿐이다. 서로의 구별 속에서 양자는 일치를 추구하며 일치 속에서 구별된다. 즉자는 일치와 구별, 구별과 일치의 끊임없는 과정 속에서 자기를 나타내고 자기를 실현한다. 신학적으로 말한다면, 아버지 하나님은 자기로부터 구별되는 예수 안에서 자기를 나타내고, 자기의 진리를 실현한다. 헤겔은 이것을 『정신현상학』에서 다음과 같이 말한다. 대자는 즉자에서 나온 것, 곧 즉자에서 떨어져 나온 것(ent-äußern)이지만, 즉자보다 결코 못하지 않다. "절대적 존재가…그의 영원한 단순함에서 내려온 것처럼 보이지만, 사실상 그의 가장 높은 존재에 도달했다.…가장 낮은 것은 가장 높은 것이기도 하다.…계시된 것(das… Offenbare)은 바로 그 점에서 가장 깊은 것(das Tiefste)이다.…사실상 이것은 그의 개념의 완성이다"(1952, 529).

8. 헤겔은 자기의 즉자를 자기의 대상으로 외화하는 것을 정신의 본질적 규

---

4) 원문. "Er macht sich sein Ansich zum Gegenstand für sich und ist sich so selbst Gegenstand, geht mit seinem Gegenstand in Eines zusammen."

정 내지 본성으로 파악한다(즉 하나님의 성육신은 하나님의 본성에 속한다는 뜻임). "정신의 본성은 자기를 나타내는 것, 자기를 대상화하는 것이다"(1966d, 32). 헤겔은 정신의 이 본성을 다음과 같이 설명한다. 정신은 "추상적인 것"이 아니다. 그것은 인간의 본성으로부터 추상화된 것이 아니다. 정신은 "철저히 개체적이고, 활동적이며, 생동적일 뿐이다.…정신의 현존은 자기 자신을 대상으로 갖는 데 있다." 이것은 정신의 사유를 통해 성립된다. 정신은 사유하며 존재한다. 그것은 사유를 통해 자기를 알면서 존재한다. "안다는 것 (지식)은 이성적인 대상에 대한 의식을 말한다. 정신은 오직 자기의식인 한에서 의식을 갖는다. 다시 말해, 내가 어떤 대상에 대해 알 때, 나는 그 속에서 내 자신에 대해 알고, 그 속에서 나의 규정을 알며, 나의 존재가(das, was ich bin) 나에 대한 대상이기도 하다는 것을 안다.…나는 나의 대상에 대해 알며, 나에 대해 안다. 두 가지는 분리될 수 없다. 정신은 자기에 대한, 그가 본질적으로 존재하는 바에 대한, 자기의 본성이 무엇인가에 대한 특수한 표상을 자기에게 만든다. 그는 오직 정신적인 내용만 가질 수 있다. 정신적인 것이 바로 그의 내용이고 그의 관심이다. 이리하여 정신은 하나의 내용에 도달한다. 그는 자기의 내용을 자기 앞에 발견하지 않고 자기를 자기의 대상으로, 자기 자신의 내용으로 만든다"(1968a, 54).

『정신현상학』에 의하면, "정신의 힘"은 자기 안에 폐쇄되어 자기의 정체성을 지키는 데 있지 않고 자기를 바깥으로 외화하는 데 있다. "그의 깊이"는 자기를 나타내면서 자기를 확대하며, 자기를 상실할 수 있는 위험성마저 감내하는 데 있다. 그는 결코 쉬지 않는다. "오히려 그는 항상 전진하는 운동 속에 있다"(1952, 15).

9. 헤겔은 자기의 즉자를 대자로 외화하는 정신의 활동에 대한 근거를 하나님의 **창조**에서 발견하기도 한다. 정신으로서의 하나님은 "세계와 유한

한 정신"을 창조한다. 세계와 유한한 정신의 창조는 "하나님이 자기를 나타냄, 자기를 계시함(Sichmanifestieren, Sichoffenbaren Gottes)을 말한다." "창조는 하나님이 자기를 계시한다는 것을 뜻할 따름이다." 하나님은 자기계시를 통해 인간에 의해 알려질 수 있고, 인식될 수 있다. 여기서 자기를 계시하는 자와 계시되는 자, 인식하는 자와 인식되는 자가 구별된다. 곧 아버지 하나님과 아버지 하나님을 계시하는 "아들, 곧 신적 형상에 따른 인간"이 구별된다. 달리 말해 즉자와 대자의 구별, 곧 "분리, 유한화"(Trennung, Verendlichung)가 일어난다(1966d, 33).

그러나 헤겔은 정신의 자기 외화에 대한 궁극적 근거를 성육신에서 발견한다. 성육신은 아버지 하나님이 자기 자신을 자기에게서 분리시키고 자기의 아들로 대상화시키는 것을 말한다. 이것은 하나님의 본성에 속한 하나님의 존재 규정이다. 달리 말해, "그리스도의 인격은 하나님의 본성 안에 있는 규정이다.…하나님의 아들로 존재해야 할 규정 속에 있는 이 인격, 곧 그리스도는 하나님 자신의 본성에 속한다"(1966a, 174).

그러나 아버지, 아버지의 아들이란 신인동형론적 표상들은 진리 자체가 아니라 이 진리를 인간의 유한한 감각적 형태로 나타낸 것, 곧 종교적 표상이다. 헤겔은 이 종교적 표상을 다음과 같은 철학적 개념 내지 사유의 형태로 나타낸다. 정신은 그가 자기 자신에 대해 아는 바를 자기의 타자로 외화한다. 아버지 하나님의 타재인 예수의 인격이 하나님의 본성에 속한 것처럼 정신의 자기 외화는 정신의 본성에 속한다. "자기를 다시 발견하기 위해 자기를 외화하는 것이…정신의 본성(Natur)이다"(110).

10. 헤겔은 정신이 자기를 대상화시켜 있게 된 대상적 존재를 먼저 인간의 정신, 민족정신, 세계정신으로 파악한다. "세계정신은 인간의 의식 속에서 전개되는 것과 같은 세계의 정신을 말한다.…이 세계정신은 절대정신이신

신적 정신과 일치한다. 하나님은 모든 것 안에 계시기 때문에 각 사람 가운데 계시며, 각 사람의 의식 안에 나타난다. 이것이 세계정신이다"(1968a, 60).

인간의 정신, 민족정신, 세계정신은 정신의 대자다. 인간의 정신, 민족정신, 세계정신을 통해 형성되는 대상 세계 역시 넓은 의미에서 정신의 대자에 속한다. 정신은 이 대자를 통해 "자기 자신의 개념과 일치하는 정신적 세계"(1968a, 61)를 이루며, 이 세계의 모든 것 안에 현존한다.

여기서 인간의 정신, 민족정신은 물론 세계정신을 통해 형성되는 세계의 모든 것, 곧 모든 "유한한 정신과 자연"이 정신의 즉자의 외화 내지 대상화를 통해 세워지는 것으로 생각된다. 이로써 하나님과 세계, 무한한 것과 유한한 것, 절대적인 것과 특수한 것이 통일성 안에 있게 된다. 하나님은 세계로부터 분리된 "추상적" 존재가 아니라 세계의 모든 것 안에 있다. 대상 세계의 모든 것은 하나님이 그 안에 계시고, 그 안에서 자기를 나타내는 "하나님의 현상", 곧 하나님의 나타남을 뜻하게 된다. 따라서 "우리는…세계사 안에서 모든 것을 **하나님의 현상**으로 관찰한다"(1968a, 183). 대상 세계의 모든 것이 "하나님의 현상", 곧 하나님의 나타남이라면, 대상 세계의 모든 것이 하나님의 계시가 된다. 헤겔은 이에 대한 근거를 하나님의 아들 그리스도에게서 발견한다. 그래서 그는 다음과 같이 말한다.

하나님은 기독교 종교에서 자기를 계시했다. 다시 말해, 그가 무엇인지를 인간이 인식하도록 했다. 이리하여 하나님은 더 이상 폐쇄된 것, 비밀이 아니다. 하나님을 인식할 수 있는 이 가능성과 함께, 하나님을 인식해야 할 의무가 우리에게 부과되었다.…

이제 기독교 종교의 뛰어난 점은 이 종교와 함께 이 시간이 왔다는 것이다. 세계사에서 절대적 시대(Epoche)는 여기에 있다. 하나님의 본성이 무엇인지 계시되었다(1968a, 45).

4. 역사의 과정으로 현존하는 정신

1. 앞서 우리는 대상 세계는 정신의 타자로서, 정신에 의해 세워진 것임을 고찰했다. 대상 세계는 정신의 현존이고 자기계시다. 그러나 대상 세계는 정신의 "타자"로서 정신의 "즉자"로부터 구별된다. 그것은 신적 정신에서 구별되는 신적 정신의 타자다. 헤겔에 의하면, 자기의 즉자를 타자로 외화한 신적 정신은 이 타자 속에서 자기 자신을 안다. 이것은 아버지 하나님이 자기의 타자인 자기 아들 예수 안에서 자기를 아는 것과 같다. 자기 자신에 대한 이 앎, 곧 지식 속에서 정신은 자기의 타자가 자기 자신과 같지 않음을 인식한다. 달리 말해 정신의 자기 외화로 말미암아 형성된 대상 세계는 "정신으로서의 하나님" 자신과 **일치하지 않는다.** 성자 예수 그리스도가 성부 하나님과 하나인 동시에 성부 하나님에 대한 타자인 것처럼 대상 세계는 하나님 자신과는 "다른 것" 곧 "타자"이기 때문이다.

그러므로 신적 정신은 자기의 타자인 대상 세계로부터 자기를 구별하고, 대상 세계에 대해 **부정적인 것**으로서 존재하게 된다. 그는 자기와 다른 대상 세계의 부정적인 것을 끊임없이 부정함으로써 자기 자신과 일치하는 세계, 그 속에서 자기를 완전히 알 수 있는 "절대 지식"의 새로운 세계를 향해 나아간다. 여기서 "부정의 부정"(Negation der Negation)이 일어난다. 정신은 부정의 부정을 통해 자기 자신과 완전히 일치하는 세계 속에서 자기를 실현하며, 자신의 참된 자기로 돌아가는 과정 속에 있다.

정신의 이 활동이 역사의 과정을 구성한다. 달리 말해, "자기 자신에 대한 그의 지식의 형식을 추진하는 운동이 그가 **현실적 역사로서 완성하는 노동이다**"(1952, 559). "현실의 역사"는 자기 자신에 대한 지식의 형식을 추진해나가는 정신의 "노동"이다. 그것은 정신의 자기활동이고 자기현상이다. 자기활동 내지 자기현상이 곧 정신이고, 정신의 이 활동이 역사를 구성한다면, 정신은 역사로 현존한다고 말할 수 있다. "정신은 신적 역사다. 곧 구별과 나누어짐과 나누어짐을 거두어들이는 과정이다"(1966d, 65). 역사는 하나님의 존재 바깥에서 일어나는 것이 아니라 바로 정신으로서 하나님의 현존이다. 그것은 자기를 대상적 존재로 외화한 정신이 대상적 존재의 부정적인 것을 끊임없이 부정함으로써 자기를 실현하고 자기 자신으로 돌아가는 변증법적 과정이다.

정신의 이 변증법적 활동 과정이 역사다. 역사는 "그의 행위다"(1955, § 343). "역사의 실체"는 정신이다. 정신은 역사의 과정을 통해 자기를 실현하고 자기를 표출한다. 따라서 역사는 "신적인 역사, 하나님 자신의 表出 (Manifestation)의 역사"다(1966d, 31). "정신으로서의 하나님"은 이 역사를 통해 그 자신을 실현한다. "세계사 전체는 정신의 실현에 불과하다"(1968c, 937).

2. 헤겔에 의하면, "즉대자 정신(Geist an und für sich)은 철저히 전적으로 완전하게 구체적이다.…그는 자기의 모든 형태 속에서 자기를 나타낸다. 이 전체가 세계사의 형태다. 정신이 전진한다면, 그는 그의 전체성에 있어서 전진할 수밖에 없다. 앞을 향한 그의 전진(Voranschreiten)은 시간 속에서 일어나기 때문에 그의 모든 발전도 시간 속에서 일어난다." 정신의 이 전진은 "구체적 전체성의 발전이고, 바깥 세계(Äußerlichkeit) 속에서, 따라서 시간 속에서 일어나는 것이다"(1966a, 119). 여기서 세계사는 시간 속에서 자기의 즉자를 외화한 신적 정신이 자기를 구체적 형태로 나타내며, 이 형태들 속에서 전진하는 과정, 곧 발전의 과정으로 생각된다.

세계사의 모든 것은 정신의 변증법적 자기활동으로 환원된다. 인간의 정신, 민족정신, 세계정신을 통해 대상 세계 안에 현존하는 정신은 대상 세계의 발전 과정을 통해 자기 자신으로 돌아간다. "자기 자신 안에 계신 하나님의 삶은…이 발전이다. 그것은 자기를 구별함, 자기를 현존으로 가져옴, 타자를 위한 존재로 가져옴, 그 가운데서 자기 자신과 동일하게 머무는 것이다. 그것은 성자의 다른 형식 속에서 세계의 영원한 생성이요, 정신의 자기 자신으로의 영원한 돌아감이다—그것은 절대적 운동이며, 이 운동은 동시에 절대적 안식이기도 하다. 그것은 자기 자신과의 영원한 중재다"(1966a, 109-110).

3. 인간의 정신, 민족정신, 세계정신은 물론 이것들을 통해 형성된 세계의 모든 것이 신적 정신의 대자에 속한다면, 세계의 모든 것은 신적 정신의 규정을 자신의 규정으로 가진다. 따라서 헤겔은 모든 사물의 **존재 일반**을 정체된 것으로 보지 않고, 참된 자기 자신을 향한 **되어감**(Werden)으로 파악한다. "존재한다" 곧 "있다" 혹은 "이다"(*esse*)는 아직 있지 않는 것(Nichts)으로 되어감을 말한다. "존재는 되어감이다", "운동이다." 존재는 되어감의 전제가 되는 그 무엇이 아니라 **되어감 자체가 곧 존재**다. 바로 여기에 헤겔 논리학의 출발점이 있다. 헤겔 논리학의 출발점은 존재의 개념에 있지 않고 "되어감의 개념"(Begriff des Werdens)에 있다(Garaudy 1962, 196).

　헤겔의 『논리학』에 따르면, "순수한 존재(reines Sein), 순수한 무(reines Nichts)는 똑같은 것이다. 참된 것은 존재도 아니고 무도 아니다. 오히려 존재가 무로, 무가 존재로…넘어간(übergegangen) 것이다.…그것들의 진리는 하나가 다른 하나로 직접적으로 사라짐의 이 운동, 곧 되어감이다." 하늘과 땅 어디에도 "존재와 무", "긍정적인 것과 부정적인 것"을 자기 안에 내포하지 않은 것이 아무것도 없다(1969a, 83, 86).

　여기서 우리는 헤겔의 독특한 하나님 이해를 볼 수 있다. 하나님은 수염이 달린 "아버지"가 아니다. 그것은 하나님을 하나님이 아닌 인간의 상으로 세우는 종교적·감각적 표상에 불과하다. 하나님의 "존재" 곧 "있음"은 그 속에 "있지 않음" 곧 "다르게 존재함"을 내포한다. 그것은 "있음"이 아직 있지 않은 것, 곧 다른 것으로 넘어가는 있지 않은 것이 있는 것으로 넘어가는 과정, 곧 변증법적 **되어감의 과정**이다. 하나님은 고정된 물체와 같은 존재가 아니라 변증법적 자기활동을 통한 되어감의 과정이다.

4. 일반적으로 우리는 어떤 사물의 내면과 외면, 내용과 형식을 구별한다. 그러나 헤겔에 따르면, 신적 정신에게 그의 내면과 외면, 내용과 형식은 분리될 수 없이 결합되어 있다. 내면 속에 있는 정신은 외면에 있는 자기와 동일하다. 곧 아버지 하나님은 자기 바깥에 있는 자기 자신, 곧 아들 예수와 동일한 것과 마찬가지다. 양자는 깊은 사랑의 영 안에서 하나이기 때문이다. 따라서 내면이 먼저 있고, 외면은 그다음에 오는 것이 아니라 내면은 외면으로서 현존한다. 내용은 형식으로 현존한다. 왜냐하면 정신은 "자기의 즉자에 있는 바를 자기의 행위로, 자기의 일로" 만들기 때문이다. "그의 행위는 자기를 공간 속에도 있는 현존의 세계로 만드는 데 있다"(1968a, 67).

헤겔은 이 내용을 "이성"의 개념으로 설명한다. 이성은 "실체인 동시에 무한한 힘"이고, "모든 자연적 삶과 영적 삶의 무한한 질료인 동시에 그의 소재의 무한한 형식이며 활동"(Betätigung)이다. 그러므로 "이성은 외적인 질료의 조건들"과 "주어진 수단들"을 필요로 하지 않는다. 오히려 이성이 "그가 자기 자신에게 처리하는 질료다." 그것은 이미 자기 자신 안에 주어져 있고, 이성 자신에 의해 처리되는 질료인 동시에 이 질료를 처리하는 활동이다. 질료와 이 질료를 처리하는 작업 활동이 동일하다. 이성은 자기 안에 쉬면서 자기 자신을 대상 세계의 현실로 대상화시키고 자기 자신을 관철한다. 그것은 "자기 자신을 그의 내부로부터 현상으로 나타내는 활동"이다(위의 내용에 관해 1968a, 28-29).

5. 여기서 헤겔은 아리스토텔레스의 철학이 완전히 극복하지 못한 질료와 형식의 분리를 극복할 수 있는 단서를 제시한다. 인식의 형식과 인식의 대상, 사유의 규정과 존재의 규정이 일치한다면 형식과 질료는 일치한다. 형식은 질료에 추가적으로 주어지는 것이 아니라 활동 속에 있는 질료 자체다. 형식과 질료의 일치는 정신의 개념으로 소급된다. 정신은 자기 자신을 자기의 타자로 외화하는 질료인 동시에 외화의 활동 자체 곧 형식이다. 정신의 자기활동에서 질료와 형식은 동일하다. "아리스토텔레스에게서 완전히 극복되지 못한" "형식과 질료의 차이가 헤겔의 정신 개념에서 일치에 도달한다. 유일한 질료는…그 자신을 자기 안에서 구별하고, 그의 형식과 함께 자기에게 내용(질료)을 부여하는 정신일 뿐이기 때문이다"(Lasson 1920, 27).

이성이 정신의 본질을 가리킨다면, 정신은 "자기 자신을…현상으로 나타내는 활동"으로 현존한다. 그의 활동성은 그의 존재 바깥에서 일어나는 것, 그의 존재에 추가적으로 일어나는 것이 아니라 바로 **그의 존재 자체**다. 정신의 이 활동성이 역사의 과정이라면, 역사는 바로 **정신의 현존**을 뜻하게 된다. 정신은 역사의 과정 안에서 역사의 과정으로 현존한다. 그것은 이 과정을 통해 자기 자신으로 돌아간다. "정신의 이 발전 과정과 현실적인 되어감"(Entwicklungsgang und das wirkliche Werden des Geistes)이 세계의 역사를 구성한다. 여기서 역사는 정신 곧 하나님의 "발전 과정과 되어감"의 과정으로 파악된다. "역사는 **하나님의 본성의 전개다**"(1968a, 48). 역사는 "하나님의 역사다. 하나님은 자기 자신 안에서의 절대적 운동이고, 이 운동이 정신이다. 그리고 이 운동은 그 개인(예수 그리스도)에게서 **표상되었다**"(1966d, 166).

6. 헤겔은 이것을 "관념"의 개념을 통해 설명하기도 한다. 플라톤 철학에

의하면, 관념은 현상 세계의 현실과 대립하는 것으로 생각된다. 관념이 영원하고 이상적인 것이라면, 현실은 허무하고 무가치한 것으로 간주된다. 이로써 관념과 현실, 이성과 감성의 이원론이 성립된다. 헤겔은 이 이원론을 극복하고, 역사의 현실 속에서 "관념의 실현"을 철학의 과제로 삼는다 (Dilthey 1968, 101, 258). 그는 플라톤의 이상적 세계와 현상의 세계를 화해시키고자 한다(Laas, 1879, 164 이하). 세계사는 "이성 자신의 관념"이 자기를 실현하며, 이상적인 것, 곧 "구체적으로 선한 것"이 작용하는 유일한 장소다. 세계사는 영원한 관념이 유한한 세계 속에서 실현되는 과정을 보여준다.

여기서 헤겔은 관념을 플라톤처럼 피안의 세계에 머물러 있는 것으로 보지 않고, 차안의 역사 과정을 통해 그 자신을 실현해나가는 활동성으로 파악한다. 선(善) 혹은 하나님의 섭리라고 하는 관념은 "하나의 활동성으로서, 우리가 하나님이라 부르는 것이다"(1968a, 77). 그의 『논리학』 제2권에 의하면, 관념은 "개체성과 개체성의 비유기적 본성으로 자기를 외화하고, 이 본성을 다시 주체의 힘으로 회복하여 초기의 단순한 보편성으로 회복하는 과정"이다(1969b, 567).

보편성을 회복하는 과정이 곧 관념이라면, 관념으로서의 하나님은 자기를 실현해나가는 관념의 활동성 곧 **역사의 과정**으로 현존한다. 역사는 하나님 곧 관념이 자기를 실현해나가는 과정이다. 하나님은 이 과정을 통해 세계 섭리의 계획을 집행한다. 그는 섭리의 계획이 집행되는 역사의 과정 안에, 역사의 과정으로 현존한다. 세계사는 하나님이 그 안에 계시고 그 안에서 활동하는 하나님의 현존양태 내지 현상양태로 파악된다. "헤겔에게서 하나님의 존재는 자기 자신을 대상 세계로 외화하는 과정으로, 다시 말해 역사의 운동으로 현존하며, 이 운동이 하나님의 존재의 양태(Modus)로 이해된다.…이로써 하나님의 존재는 역사 안에 현존하며, 바로 이 역사의 운동으로서 현존한다. 따라서 세계의 역사는 '정신이 자기 자신을, 자기

의 진리를 알고 실현하는 신적 과정, 단계들의 과정(Stufenganges)의 나타남'
이다"(김균진 1978, 20-21).

7. 헤겔의 이 생각은 완전히 새로운 것이 아니었다. 그것은 헤겔 생존 당시
에 독일 관념주의 철학과 낭만주의의 일반적 통념이었다. 헤겔과 교류했던
괴테 시대의 통념적 역사관에 따르면, 세계사는 자기 자신으로 "되어져가
는 하나님"(der werdende Gott)으로 생각되었다. 이 생각은 하나님과 자연을
동일시하는 스피노자의 유명한 명제 **"하나님인가 아니면 자연인가"**(Deus
sive natura)를 **"하나님인가 아니면 역사인가"**(Deus sive historia)로 옮긴 것이
었다(Moltmann 2005, 354).

헤겔은 이와 같은 시대사조 속에서 역사를 하나님의 현존양태로 파악
한다. 하나님과 세계, 하나님과 세계의 역사는 분리되어 있지 않다. 그들은
통일성 안에 있다. 하나님은 역사 안에, 역사의 과정으로 현존하며, 이 과정
을 통해 자기를 나타낸다.

판넨베르크는 헤겔의 이 생각을 수용한다. 그에 따르면, 하나님은 세계
의 "모든 것을 결정하는 현실", "자연을 결정하는 힘"이다. "역사는 곧 '하나
님의 역사' 혹은 '신적 행동의 역사'요, 하나님은 '역사의 하나님'이 된다"(이
에 관해 김균진 2014a, 424). 판넨베르크의 이 말은 역사는 "정신의 역사"요, 정
신의 역사는 "정신의 행위(Tat)"라는 말과 일치한다(1955, § 343). 그러므로
1970년 튀빙겐 슈티프트에서 열린 "헤겔 탄생 200주년 기념 학술대회"에
서 판넨베르크가 자신의 신학에 대해 강연했을 때, 블로흐는 "당신이 오
늘 한 말은 200년 전 헤겔이 모두 말한 것이다"라고 논평했다. 그러나 그
는 자신의 변증법적 통찰도 "200년 전 헤겔이 모두 말한 것이다"라는 점
을 인정해야 했을 것이다. 모든 사물의 본질은 "이미 주어진 것"에서 "아
직 주어지지 않은 것"으로 "**넘어감**"이요, 사유는 주어진 현재를 "넘어서는

것"(Überschreiten)이란 블로흐의 기본 입장은 헤겔의 변증법에서 유래한다 (Bloch의 『희망의 원리』참조). 블로흐는 헤겔 철학에 통달한 학자였기 때문이다.

8. 여기서 다음과 같은 질문이 제기된다. 하나님이 역사의 과정으로 현존한다면, 역사의 과정이 곧 하나님인가? 헤겔은 하나님을 역사의 과정으로 폐기했는가? 만일 그렇다면, 그는 하나님의 존재를 역사의 과정으로 폐기시킨 무신론자일 것이다. 그러나 헤겔은 역사의 과정을 시작하는 자와 또 그것을 추진하는 자를 언제나 다시금 전제한다. 그는 하나님과 역사의 과정을 동일시하는 것처럼 보이는 바로 그 순간에 이 과정을 시작하고 추진하는 정신의 즉자, 곧 하나님의 대상적 존재를 이야기한다.

이에 관한 헤겔의 수많은 진술 중 하나를 예로 든다면, 자기 자신을 발전시키는 정신의 행위는 행위 외에 "아무런 다른 규정들도" 갖지 않는다. 정신의 활동을 통해 "발전되는 것은 오직 활동성일 뿐이다." 이 문장에서 정신은 그 자신의 변증법적 활동으로 폐기되고, 역사의 변증법적 활동만 있는 것처럼 보인다. 그러나 헤겔은 바로 그다음 문장에서 역사의 변증법적 활동을 시작하는 행위의 주체를 전제한다. 정신의 변증법적 활동과 이 활동을 통한 발전에 있어서 "다양한 계기들, 곧 즉자와 대자"가 구별된다. 이 계기들의 전체성으로서의 행위는 "구체적인 것"이라 불릴 수 있다. 그러나 "행위만이 구체적인 것이 아니라 즉자, 곧 행위의 주체도 구체적인 것이다. 이 즉자는 발전을 시작하는 자, 추진하는 자다"(das Beginnende, Treibende, 1966a, 113). 헤겔은 하나님의 존재가 역사의 변증법적 활동으로 폐기되는 것처럼 보이는 바로 그 순간에 이 활동의 "발전을 시작하는 자, 추진하는 자"인 하나님의 존재를 구별한다.

여기서 우리는 하나님과 세계, 하나님과 세계 역사의 "통일성"에 대한 헤겔의 생각을 분석할 필요가 있다. 헤겔은 "통일성"을 서로 구별되는 두 편의 완전한 합일, 곧 더 이상 구별이 없는 "하나 됨"으로 생각하지 않는다. 그는 이와 같은 통일성을 가리켜 "추상적 통일성"이라 부른다. 헤겔은 "추상적 통일성"에 반해 "구체적 통일성"을 말한다. 구체적 통일성은 하나이면서 구별되고, 구별 속에서 하나 됨을 뜻한다. 참된 통일성이란 구체적 운동을 말한다. 곧 "통일성은 이 운동을 통해 참으로 구체적이다"(1966a, 114). 이런 뜻에서 헤겔이 말하는 신적 정신과 역사의 통일성은 추상적 통일성이 아니라 구체적 통일성이다.

헤겔은 구체적 통일성의 원형을 하나님의 아들 그리스도에게서 발견한다. 하나님의 아들 그리스도는 자신의 아버지 하나님과 하나다. 그는 아버지 하나님과 하나인 동시에 "아들"로서 아버지 하나님에게서 구별된다. 사랑의 영(정신) 안에서 양자는 하나인 동시에 둘로 구별되며, 둘로 구별되는 동시에 하나가 되는 변증법적 운동 속에 있다. 그들의 통일성은 더 이상 구별이 없는 합일이 아니라 하나인 동시에 서로 구별되고, 구별되는 동시에 하나를 이루어나가는 변증법적 운동을 가리킨다. 따라서 하나님의 존재가 역사로 폐기되었다고 말할 수 없다. "역사가 곧 하나님이다"라는 단순한 공식은 성립하지 않는다.

4. 헤겔의 범논리주의의 위험성

1. 정신이 역사의 과정으로 현존한다면, 역사의 과정은 정신의 자기계시를 뜻하게 된다. 세계사는 "정신의 나타냄"(Darstellung des Geistes)이다(1968a, 61). 세계사의 모든 단계와 이 단계들의 형태들, 곧 세계사적 민족들, 그들의 인륜적 삶, 법과 예술과 종교와 학문들은 "그 하나의 보편적 정신의 계기들"이다. 정신은 이 계기들을 통해 역사 속에서 자신의…총체성으로 자

기를 고양시키며 완성한다(74). 그것은 이들을 통해 자기를 나타내며 자기를 실현한다. 정신은 역사의 현실로서 현존한다.

하이데거는 이에 근거하여 헤겔의 철학에서 세계는 "절대자의 현존"(Parusie des Absoluten)이라고 말한다(Heidegger 1972, 176). 신적 정신이 세계 안에 있고, 세계는 신적 정신 안에 있다. 세계의 모든 것이 신적 정신의 나타남이다. 신적 정신의 역사는 세속의 역사로부터 구별되는 좁은 종교적 "구원사"로 축소되지 않는다. 세계사 전체가 "정신으로서 하나님"의 "유일한 보편적 구원의 역사"다(Küng 1970, 468).

2. 신적 정신이 역사의 과정으로 현존하며, 역사의 과정을 통해 그 자신을 실현하고 나타내기 때문에, 헤겔은 세계의 현실을 부정적으로만 보는 것을 반대한다. "어디에서나 나쁜 것을 발견하고, 긍정적이며 참된 것을 보지 못하는 것은" 매우 어리석은 일이다. 세계의 현실은 하나님으로부터 분리되어 하나님 바깥에 있는 악하기만 한 것이 아니라 하나님 안에 있는 것이다. 하나님의 영, 곧 정신이 그의 시작이고 산물이며 마지막이기 때문이다. 과일나무의 작은 "씨앗 속에 나무의 모든 본성과 맛과 과일의 형태가 담겨 있는 것처럼, 정신의 첫 흔적들 속에 모든 역사가 이미 담겨 있다"(61). 세계사의 모든 것이 신적 정신의 즉자 속에 집약되어 있다. 따라서 세계사는 "정신적 토대 위에서 진행된다"(50).

학자들은 헤겔의 이 생각을 다음과 같이 해석한다. 헤겔의 철학에서는 하나님의 영 곧 정신이 "모든 것"이다. 그것은 "본래의 형태 형태를 갖지 않은 것이긴 하지만, 정신적인 것, 물질적인 것, 살아 움직이는 것의 진리"다(괴팅겐 대학교 철학교수 Hartmann 1933, 5). 헤겔의 철학에서는 "모든 현실이 정신이다"(Lasson 1930, 2). 헤겔의 역사철학은 "모든 존재자를 단 하나의 정신으로부터 연역하며 정신으로부터 관찰하는" "연역적 관점"을 취한다

(20세기 초 그라이프스발트 대학교 역사학 교수 Bernstein 1908, 49).

3. 헤겔의 이 생각은 이성의 개념에도 나타난다. 이성은 자기 자신을 "자기의 내부로부터 (대상 세계의) 현상으로 활동케 하며 그것을 생성하는" 활동이다(1968a, 28). 이성의 이 활동이 역사의 과정을 이룬다면, 역사의 과정은 이성의 자기계시로 생각될 수밖에 없다. 이성이 계시하는 것은 이성 그 자신일 뿐이다. 역사는 "이성의 상(Bild)이고 행위"이며(29, 36), "단 하나의 이성의 나타남…원상의 초상(Abbild des Urbildes)"이고(30), "창조적 이성의 풍요로운 생성물"이다(48).

헤겔에 의하면, 역사의 실체는 이성이다. 역사는 이성이 자기 자신을 처리하는 이성적 과정이다. 역사의 우연성(Zufälligkeit)은 이성의 내적 필연성(Notwendigkeit)의 외적인 면에 불과하다. 그것은 내적인 필연성의 활동이요 생성물이다. 이성의 내적인 필연성은 역사의 외적이며 우연한 것으로 보이는 상황들 속에 나타난다. 역사를 다스리는 것은 이성이다. "세계사의 중요한 내용은 이성적이며, 이성적일 수밖에 없다. 신적인 의지가 세계 속에서 강하게 다스린다. 그는 (역사의) 중요한 내용을 결정할 수 없을 정도로 무력하지 않다"(1968a, 32).

세계사에서 가장 힘이 있는 것, 세계사를 이끌어나가는 동인은 "이성적 의지"다. 이 의지는 구체적으로 선한 것을 통해 역사 속에서 나타난다. "어떤 세력도 선(善), 곧 하나님 위에 있지 않으며, 자기의 옳으심을 나타내려는 하나님을 방해하지 못한다. 세계사는 하나님의 섭리의 과정을 나타낼 뿐이라는 것이 철학의 통찰이다"(1968a, 77).

세계사의 시작과 과정과 마지막 모두가 이성에 있다. 모든 것이 이성에서 시작하여 이성으로 소급된다. 이성은 그 자신 안에 주어져 있는 질료인 동시에 이 질료를 처리하는 활동 자체, 곧 역사의 과정이다. 여기서 "존재"

는 "존재자"와 동일한 것으로 간주된다. "존재와 존재자, 이성과 현실의 동일성의 기본 명제"가 헤겔 철학의 핵심인 것처럼 보인다(Riedel 1965, 200).

4. "이성이 세계를 다스리고, 세계사는 이성적으로 이루어지기" 때문에, 세계사의 모든 현실은 이성적일 수밖에 없다. "세계사의 위대한 내용은 이성적이며 이성적일 수밖에 없다. 신적 의지가 능력 있게 세계 속에서 다스리며, 위대한 내용을 결정할 수 없을 만큼 무력하지 않기" 때문이다(1968a, 82). 그렇다면 세계사의 모든 것은 이성적이라고 말할 수밖에 없다. 헤겔이 자신의 『법철학』 서문에서 말하는 "**이성적인 것은 현실적이요, 현실적인 것은 이성적이다**"라는 유명한 명제가 여기서 성립된다(1955, 14. 『철학적 학문의 백과전서』에서도 말함, 1969d, 38). 모든 현실적인 것은 신적 정신에 의해 있게 된 것이다. 그러므로 그것은 우연적인 것이 아니라 필연성을 가진다. 그것은 이성적 구조를 가진다. 따라서 모든 현실적인 것은 이성적으로 관찰되고 파악될 수 있다. 모든 현실적인 것은 우연에 내맡겨져 있는 것이 아니라 "궁극적 목적", "하나의 보편적 목적"을 갖는다(1968a, 29).

"이성적인 것은 현실적이요, 현실적인 것은 이성적이다"라는 헤겔의 명제는 그의 **범논리주의**(Panlogismus)와 결합되어 있다(Wieland 1965, 117). 논리학은 "자연과 유한한 정신(인간을 말함)을 창조하기 이전에 그의 영원한 본질 속에 있는 하나님에 대한 기술"이다(1969a, 44). 세계의 모든 사물은 하나님을 기술하는 논리학의 법칙에 따라 이루어진다. 그것들은 신적 정신, 곧 하나님의 자기 전개와 자기실현의 계기들이기 때문이다. 논리학의 법칙이 모든 사물의 내적 구조를 형성한다. 그러므로 세계의 모든 사물들, 곧 현실적인 것은 이성적이요, 이성적인 것은 현실적이라고 말할 수 있게 된다. 이성의 심층에 숨어 있는 내용은 "신적 관념이요, 본질적으로 하나님의 계획이다." "신적 관념의 현실을 인식하고", 불의하고 어리석게 보이는 세계의 현실을 하나님의 현실로 "정당화하는" 데 철학의 과제가 있다(1968a, 78).

5. 헤겔에 따르면, 논리학의 법칙과 세계 현실의 법칙, 논리학의 구조와 세계 현실의 구조는 내적으로 일치한다. 논리학이 다루는 사유의 변증법적 활동은 정신의 활동이며, 정신의 활동이 역사의 현실을 구성하기 때문이다. 논리학의 내용과 세계 현실은 별개의 것이 아니라 동일한 세계정신의 자기 표현이며, 논리학은 이것을 개념적으로 기술한 것일 따름이다. 따라서 인식론의 범주들은 사실상 세계의 역사적 현실의 범주들이다.

역사의 현실은 논리학의 법칙과 구조를 갖기 때문에, 역사의 현실은 "철학적으로" 관찰할 수 있게 된다. 헤겔이 말하는 역사에 대한 철학적 관찰은 이것을 말한다. 만일 역사의 현실이 논리학적 법칙과 구조와 일치하지 않는다면, 현실의 모든 것은 내적 연관성이 없는 우연적이고 무질서한 것, 비이성적인 것이 될 것이다. 이에 대한 철학적 고찰은 불가능할 것이다. 따라서 헤겔은 "철학적 고찰은 우연적인 것을 멀리하고자 할 뿐이다"라고 말한다(1968a, 29).

모든 것이 내적·논리적 연관성을 갖지 않은 무질서하고 우연적인 것에 불과하다면, 역사의 목적에 대해 말하는 것도 불가능하게 된다. 그러나 헤겔의 철학에서 역사적 현실의 모든 것은 정신의 자기활동에서 오는 것이기 때문에 우연적인 것은 부정된다. 모든 것이 신적 정신의 필연적 "계기들"로 생각된다. 그러므로 헤겔은 "우연성은 외적인 필연성, 즉 그 자체가 외적 환경일 뿐인 원인으로 소급되는 필연성과 같은 것이다"라고 말한다(1968a, 29). 역사의 모든 것이 정신의 자기활동으로 말미암은 논리적 구조를 가진 이성적인 것으로 생각된다.

6. 그러나 헤겔의 범논리주의는 심각한 위험성을 가진다. 세계의 모든 것

이 이성적이고 논리학적 법칙과 일치한다는 것은 논리학적 법칙을 갖지 못한 비이성적인 세계 현실을 기만하는 것이 아닌가? 그것은 비이성적인 세계를 이성적인 세계로, 비신적인 세계를 신적인 정신의 세계로 정당화하지 않는가? 세계가 "절대자의 현존"이라면, 죄와 죽음이 가득한 현존의 세계가 "절대자의 현존"으로 정당화되지 않는가? 세계사가 곧 구원사라면, 죄와 죽음으로 가득한 이 세계의 역사 자체가 신적 정신의 구원사로 정당화되지 않는가? 불의와 고통과 억울한 죽음들이 가득한 세계사가 하나님의 "구원의 역사"로 정당화되어버리지 않는가? 세계는 논리학적 법칙이나 구조 대신에 모순과 혼돈으로 가득하지 않은가?

헤겔의 철학에서 세계사는 정신의 자기활동으로 해석된다. 이로써 세계사의 모든 것이 세계정신의 "계기들"로, "이성적인 것"으로 정당화될 수 있다. 이로 인해 헤겔은 보수적 국가 철학자, 어용 철학자라는 비판을 받게 된다. 심지어 그의 철학은 식민주의, 제국주의를 옹호한다는 비판을 받기도 한다.

그러나 여기서 우리는 다시 한번 헤겔의 체계 전체를 보면서 해석해야 한다. 그의 체계 속에는 분명 위의 비판을 거부하는 다른 측면이 있음을 간과해서는 안 될 것이다. 헤겔은 세계의 모든 것 속에서 "부정적인 것"을 인식하고, 부정적인 것의 부정, 곧 "부정의 원리"를 이야기한다. 부정의 원리는 세계의 모든 것을 상대화시키며, 절대성을 주장하는 지배자의 권위와 힘을 흔들어버린다. 부정의 원리에서 볼 때, "이성적인 것은 현실적이요, 현실적인 것은 이성적이다"라는 헤겔의 말은 이성적이지 않은 것은 현실이 아니며, 그러므로 현실적인 것은 이성적인 것으로 변화되어야 한다는 의미로 이해될 수 있다. 이로 인해 헤겔은 기존 체제를 동요시키는 위험인물로 감시의 대상이 된다. 우리는 이에 대해 아래 제4부에서 상론하고자 한다.

제3부

정신의 역사적 현상양태들

1. 앞서 기술한 바와 같이 세계사는 정신의 자기활동 혹은 자기 전개다. 세계사는 자기 자신에 대한 정신의 지식(앎)을 대상 세계로 외화하고 자기 자신, 곧 자기의 진리를 실현하는 과정이다. 그것은 신적 정신의 현상(나타남, Erscheinung) 과정이다. "정신의 관념"으로부터 세계사를 관찰할 때, "세계사 내의 모든 것을 정신의 현상으로 관찰한다"는(1968a, 183) 헤겔의 말은 이를 가리킨다. 세계사의 모든 것이 정신의 자기활동으로 말미암은 것이다.

정신의 현상과 자기실현은 매체 내지 수단을 필요로 한다. 헤겔은 이 수단을 사유하는 정신적 존재로서의 인간, 세계사적 인물들, 개인들의 정신의 총화로서의 민족정신에서 발견한다(1968a, 78 이하). 그는 궁극적 재료를 국가의 형태에서 발견한다(110 이하).

2. 우리는 이 수단 내지 재료를 신적 정신 곧 하나님의 구체적 **현존양태** 내지 **현상양태**로 파악하고자 한다. 헤겔의 논리에 따르면, 이들은 목적에 봉

사하는 외적 수단이나 재료에 불과한 것이 아니라 정신이 그 속에 현존하고 그 속에서 자기를 나타내며 자기의 목적을 성취하는 **정신의 대자**다. 인간 예수가 아버지 하나님의 외적 수단이나 재료가 아니라 아버지 하나님의 대자로서 땅 위에 있는 하나님의 현존 내지 현상인 것처럼 신적 정신의 수단들과 재료 역시 신적 정신의 대자로서 땅 위에 있는 신적 정신의 현존 내지 현상양태다. "자연과 유한한 정신"을 포함한 대상 세계 전체가 그의 현존 내지 현상양태다. 대상 세계 전체가 정신의 대자이기 때문이다. 정신적 존재인 인간과 세계사적 인물들과 민족정신과 국가를 포함한 세계의 모든 것이 신적 정신의 대상적 현존이며 나타남(현상), 곧 계시다. 따라서 헤겔은 "목적과 수단이란 단순한 관계"가 적절하지 않다고 말한다. "수단"은 "목적에 대해 단지 외적인 것, 목적에 전혀 참여하지 못하는 것"을 뜻하기 때문이다(1968a, 106).

I
정신의 본질적 현상양태들

1. 헤겔이 말하는 정신의 현존양태 내지 현상양태는 세계 속에 있는 모든 **유한한** 것을 포괄한다. 세계의 모든 것이 정신의 현존 내지 현상양태로서 정신의 세계를 이루며 정신의 목적을 이루는 정신의 계기들이다. 물론 그 것들은 정신 자신과는 "다른 것"이다. 그러나 정신은 그것들 속에서 자기 를 알고, 자기를 전개하며, 자기를 나타낸다. 그것들은 정신의 "다르게 존재 함"이다. 우리는 이것을 다음과 같은 헤겔의 말에서 볼 수 있다.

유한한 것은 무한한 하나님의 "본질적 계기"(ein wesentliches Moment)다. 우 리가 하나님을 절대자로 상정할 때, 하나님은 "하나님이기 위해 유한한 것을 결여할 수 없다. 그는 자기를 유한한 존재자로 유한화시키고(verendlicht), 그 자신에게 구체적 규정을 부여한다. 이것은 불경스러운 것으로 보일 수 있다. 그 러나 우리가 하나님을 생각할 때, 이미 이렇게 표상한다. 하나님이 "세계의 창 조자"로서 "무에서 세계를 창조한다"는 것은 하나님이 자기 자신에게 구체적 규정을 부여했음을 뜻한다. 하나님은 "자기를 사유함으로써 자기를 규정한다 (also bestimmt er sich, indem er sich denkt). 그는 자기와 다른 것을 자기에게 대칭시킨다. 하나님과 세계는 둘(zwei)이다.⋯그는 유한한 것을 원한다. 그는 유한한 것을 자기와 다른 것으로서 자기에게 세운다. 그는 이를 통해 그 자신이 다른 것으로 된다. 그는 자기와 다른 것을 자기에게 대칭하는 것으로 갖기 때문 이다. 그는 유한한 것에 대칭하는 유한한 것이다. 그러나 이 다름(Anderssein) 은 현상에 불과하며, 그는 그 속에서 자기 자신을 가진다는 것이 진리다. 이 다 름은 자기 자신의 모순이다. 그것은 하나님의 것이다. 그것은 자기의 다른 것 (타자, sein Anderes)이며, 그럼에도 하나님의 다른 것의 규정 속에 있기 때문 이다─그것은 **다른 것인 동시에 다른 것이 아니다**"(1966b, 146-147).

위의 문장에서 세계의 모든 유한한 것은 신적 정신이 자기 자신을 유한화 시켜 있게 된 정신의 타자로 규정된다. 그것은 신적 정신이 자기 자신을 규 정함으로써 있게 된 것이다. 신적 정신 자신이 유한한 것을 자기 자신에게 세움으로써 유한하게 된다. 그는 자기에게 대칭하는 유한한 것 안에 현존 한다. 그는 "그 속에서 자기 자신을 가진다." 정신이 자기의 즉자를 외화함 으로 있게 된 대상 세계, 곧 "그의 구별 속에 있는 이 타자는 세계, 곧 자연 과 유한한 정신이다". 유한한 정신과 자연을 포함한 세계의 모든 것이, 정 신이 그 속에 현존하는 "정신적 세계"를 형성한다. 그들은 신적 정신이 그 안에 현존하고, 그 안에서 자기의 정체성을 유지하는 신적 정신의 현존양 태 내지 현상양태들이다. 현존양태 내지 현상양태들로서 그들은 정신의 목 적을 이루는 도구 내지 수단의 기능을 행사한다.

2. 헤겔은 정신의 모든 현존 내지 현상양태 중 정신적 존재로서의 인간, 세 계사적 인물들, 민족정신, 국가를 본질적인 것으로 간주한다. 자연의 영역

은 자연철학에 속하기 때문에, 그는 역사철학에서 자연의 영역을 제외한다. 자연을 제외한 이 영역들은 정신의 자기활동에 봉사하는 수단과 재료에 불과한 것이 아니라 정신의 현존양태 내지 현상양태다. 그것들은 신적 정신의 대자이기 때문이다. 정신은 그것들 안에서 자기를 의식하고, 그것들을 통해 구체적으로 현존하며 활동한다. 이로써 신적인 것과 세상적인 것, 유한한 것과 무한한 것, 정신과 세계의 통일성, 곧 화해가 이루어진다. 우리는 이 장에서 정신의 현상양태 중 본질적인 몇 가지 양태들을 고찰하고자 한다.

1. 인간의 정신과 의식, 사유와 사상
　- 헤겔은 신적 정신과 인간의 정신을 동일시했는가?

1. 하나님의 현존 내지 현상양태 중 가장 본질적 양태는 **인간**이다. 인간은 "정신으로서의 하나님"의 형상에 따라 창조된 "정신적 존재"이기 때문이다. 그는 "정신으로서의 하나님"의 형상이다. 따라서 헤겔은 "정신은 오직 정신에 대해 있다"고 자신의 문헌 도처에서 말한다. 인간은 자연적 욕구와 충동에 따라 직접적으로 행동하는 자연의 짐승이 아니다. 그는 "사유하는 정신"이다. 그는 자기의식을 가진 존재다. 헤겔의 이 말은 사유하는 정신적 존재, 자기의식을 가진 존재로서의 인간이 정신의 가장 본질적 현존양태 내지 현상양태임을 시사한다.

　헤겔에 따르면, "살아 있는 모든 것은 욕구 내지 충동(Trieb)을 가진다"(1968a, 56). 배가 고프면 음식을 먹고 배를 채우고자 하는 욕구 내지 충동을 느낀다. 인간도 마찬가지다. 이 점에서 인간과 동물은 똑같다. 그러나 **"인간은 정신이다"**(58). 그는 정신적 존재이기 때문에 자기를 의식한다.

그는 자기의식이 있기 때문에 부끄러움과 죄책을 안다. 동물은 부끄러움과 죄책을 알지 못한다. 동물에게는 자기의식이 없기 때문이다.

한마디로 동물은 자기를 의식하지 못하는 반면, 인간은 자기를 의식하는 정신적 존재다. 그는 "직접적 존재가 아니라 본질적으로 자기 안으로 되돌아간 존재(Zurückgekehrtes)다"(57). 곧 본능적 충동에 따라 행동하는 존재가 아니라 사유를 통해 성찰한 다음 행동하는 존재다. 자기 자신 안에서 "그는 사유하며 존재한다"(Er ist denkend, 56). 그는 사유와 성찰을 통해 자연적 충동과 충동의 만족을 구별한다. 충동이 그에게 있지만, 그는 충동에 따라 행동하지 않고 충동을 통제한다.

여기서 헤겔은 인간과 동물의 본질적 차이를 사유와 성찰에서 발견한다. 동물에게서 충동과 충동의 만족은 하나로 결합되어 있다. 따라서 동물은 충동을 느끼는 대로 행동한다. 충동과 행동 사이에 사유 혹은 성찰이라는 내적 과정이 존재하지 않는다. 이에 반해 인간은 충동을 성찰하고, 그것을 억제하거나 지나가버리게 할 수 있다. 이리하여 그는 동물처럼 충동을 느끼는 대로 행동하지 않고, "목적에 따라 행동하며, 보편적인 것을 지향한다." 그는 "자기의 직접성과 자연성을 깨뜨리고" 보편적인 것을 자기의 목적으로 설정할 수 있다. 바로 여기에 인간의 "독립성"이 있다. 무엇이 그를 결정하는가를 아는 데에 그의 독립성이 있다.

2. 인간과 동물의 또 한 가지 차이는 교육에 있다. 동물은 교육을 알지 못한다. 일반적으로 동물은 완결된 존재로 태어난다. 아니면 태어난 지 매우 짧은 시간에 생존 요령을 터득한다. 동물은 자기가 무엇이 되어야 하는지 알지 못한다. 그는 그에게 주어진 대로 성장한다. 그의 성장은 "양적으로 강하게 되는 것(Erstarken)"에 불과하다. 이에 반해 인간은 완결되지 않은 가능성의 존재로 태어난다. 그의 직접적 존재는 "가능성일 뿐이다." 그는 교

육을 통해 "자기가 되어야 하는 바의 자기 자신을 만들어야 한다. 그는 정신이기 때문이다. 그는 자연적인 것을 벗어버려야 한다." 정신으로서의 인간은 자기가 되어야 할 바의 존재로 자기를 형성하는 존재다. 그는 "그 자신의 결과다"(sein eigenes Resultat, 1968a, 58).

바로 이 인간이 신적 정신의 가장 본질적 현상양태다. 자기의식 속에서 사유하는 정신적 존재로서의 인간은 땅 위에 있는 가장 분명한 신적 정신의 현상양태다. 그는 신적 정신, 곧 "하나님의 형상"이기 때문이다. 따라서 헤겔은 하나님이 자연의 돌이나 나무나 짐승에게 자기를 계시하지 않고 인간에게 계시한다고 말한다. 헤겔 자신이 말하는 대로, 하나님이 "어디에나" 계신다면(1968a, 60), 그는 무엇보다 먼저 인간 안에 있을 수밖에 없다.

3. 그럼 하나님의 **신적 정신**과 **인간의 정신**은 어떤 관계에 있는가? 이 문제는 헤겔 철학의 뇌관에 속한다고 말할 수 있다. 많은 신학자가 헤겔이 신적 정신과 인간적 정신을 동일시하고 인간을 신격화시켰다 하여 "무신론자, 적그리스도"라고 그를 공격한다.

먼저 헤겔은 신적 정신은 인간의 정신과 "통일성" 안에 있는 것으로 생각한다. 달리 말해, 신적 정신과 인간의 정신은 하나로 결합되어 있다. 신적 정신이 가장 직접적으로 관계를 맺을 수 있는 것은 인간의 정신이다. "정신은 오직 정신에 대해서만 존재한다"는 헤겔의 말은 이를 뜻한다(1968c, 737, Der Geist ist nur für den Geist). "정신은 정신에 대해 존재하며, 외적이고 우연적인 방법으로만 그러한 것은 아니다. 오히려 그는 정신에 대해 존재하는 한에서만 정신이다"(1966b, 51). 신적 정신은 인간의 정신 안에서 인간의 정신과 결합되어 있다. 그는 "별들의 피안이나 세계의 피안에 있는 것이 아니라…정신으로서 **정신 안에 그리고 정신들 안에** 있다"(1966b, 43). 따라서 인간의 "정신 속에는 그 자신에 대한 의식과 함께 하나님에 대한 의식이 직접

들어 있다.""가장 높은 종교적 내용이 정신 속에서 인간에게 자기를 알려준다.""정신은 정신 속에서 자기를 나타낸다"(49). 정신 곧 영으로서의 하나님은 "어디에나 계시기 때문에 **각 사람 안에**" 있다(60).

4. 그런데 헤겔은 신적 정신이 인간 안에 있다고 말할 뿐 아니라 그것을 인간의 주관적 정신과 **동일시하는** 것처럼 보일 때도 있다. 『철학사 서설』에 따르면, 신적인 보편적 정신은 자기를 규정한다. 이리하여 인간의 특수한 정신, 곧 타자가 있게 된다. 보편적 신적 정신과 그의 타자, 곧 인간의 특수한 주관적 정신은 둘이지만 "**하나 안에 있다**"(ist in Einem, 1966a, 177). 하나 됨 속에서 보편적인 신적 정신이 인간의 주관적 정신에 의해 인지되고, "각 주체 안에서, 각 사람에게 자기를 나타내는 점에서 개별의 주관적 정신은 보편적인 신적 정신이다. 이리하여 절대정신을 인지하는 정신은 주관적 정신이다"(176).

그런데 절대정신을 인지할 때, "인지하는 자"(das vernehmende)와 "인지되는 자"(das vernommene)가 구별된다. 인지하는 자가 인간의 "주관적 정신"이라면, 인지되는 자는 신적·"객관적 정신"이다. 이렇게 양자는 둘로 구별되지만, 무한한 사랑의 영 안에서 하나다. 하나 됨 속에서 "신적 정신을 인지하는 주관적인 정신은 **스스로 이 신적 정신이다**"(1966a, 177), "개별의 주관적 정신은 보편적인 신적 정신이다. 보편적인 신적 정신은 (인간의 주관적 정신에 의해) 인지되기 때문이며, 모든 주체 안에서, 모든 인간 안에서 자기를 나타내기 때문이다. 이리하여 절대정신을 인지하는 정신은 주관적 정신이다"(176).

"신적 정신은 즉자에 있지 않다. 오히려 그는 인간의 정신 안에, 그의 공동체에 속한 사람들의 정신 안에 현존한다. 개별의 정신은 신적 정신을 인지한다. 다시 말해 (그것은) **자기의 정신의 본질, 자기의 본질**, 자기의 본질적인 것을 인지한다. 이 본질은 바로 즉대자적인 보편자, 영속하는 자다." 헤겔은 이것을 "개신교회의 신앙"으로 이해한다. "이 신앙은 실사적 신앙(historischer Glaube), 역사적 일들에 대한 신앙이 아니다. 정신 자체의 신앙, 의식, 정신의 본질적인 것을 인지하는 것, 이것이 **루터교회의 신앙**이다"(177).

5. 헤겔은 위의 문장에서 인간의 정신을 신적 정신과 동일시하는 것처럼 보인다. 신적 정신은 인간의 정신에 대한 타자가 아니라 인간 정신의 "본질", "본질적인 것"으로 파악된다(Hegel의 이 생각은 나중에 Feuerbach의 투사론의 기초가 됨). 곧 신적 정신의 본질과 인간 정신의 본질은 일치 혹은 "통일성"(Einheit) 안에 있다는 것이다. 아래 문장도 양자의 동일성을 시사하는 것처럼 보인다. "정신은 본질적으로 개인이다"(1968a, 59), "만일 신적 본질이 인간의 본질과 본성이 아니라면, 그것은 아무것도 아닌 존재일 것이다"(61).

하나님에 대한 인간의 지식과 인간에 대한 하나님의 지식에 대한 헤겔의 생각도 하나님의 정신과 인간의 정신을 동일시하는 것처럼 보인다. "인간이 하나님에 대해 안다는 것은…친교적 지식(gemeinschaftliches Wissen)이다. 다시 말해, 인간은 하나님에 대해 안다. 그것은 하나님이 인간 안에서 자기 자신에 대해 아는 한에서다. 이 지식은 하나님의 자기의식이다. 그러나 인간에 대한 하나님의 지식이기도 하다. 그리고 인간에 대한 하나님의 이 지식은 하나님에 대한 인간의 지식이다. **하나님에 대해 아는 인간의 정신은 하나님 자신의 정신일 뿐이다**"(1966e, 117).

헤겔은 어떤 근거에서 이렇게 말할 수 있는가? 우리는 그 근거를 먼저 하나님의 영, 곧 정신에 대한 구약성서의 말씀에서 발견할 수 있다. 구약성서에서 하나님의 영, 곧 정신(히브리어 루아흐, *ruach*)은 "새 창조의 힘인 동시에 생명의 힘으로서 모든 피조물 안에 현존한다"(김균진 2014b, 54). 그것은 인간 안에도 있다.[1] "주님께서 주님의 영을 불어넣으시면, 그들이 다시 창조됩니다"라는 말씀은 이를 나타낸다(시 104:30).

신약성서에 의하면, "주님과 합하는 사람은 그와 한 영(정신)이다"(*ho de kollōmenos toi kurioi hen pneuma estin*, 고전 6:17). 그리스도인들은 "하나님의 영을 받았다"(고전 7:40). 따라서 인간의 영은 하나님의 영과 하나로 결합되어 있다고 말할 수 있다. 헤겔은 이런 근거에서 "하나님에 대해 아는 인간의 정신(영)은 하나님 자신의 영"이라고 말한다.

헤겔은 궁극적 근거를 "하나님-인간" 그리스도, 곧 하나님과 인간이 하나로 결합되어 있는 그리스도 안에서 발견한다. "하나님과 인간의 통일성" 혹은 "하나 됨"이 그리스도 안에 나타난다. 헤겔은 이것을 다음과 같이 말한다. 그리스도는 "하나님인 인간이요, 인간인 하나님이다." "하나님과 인간의 통일성의 확실성은 하나님-인간 그리스도의 개념이다"(1968c, 735).

인간은 그리스도 안에서 하나님과 하나로 결합되어 있다. 따라서 정신의 가장 본질적 현존양태 내지 현상양태는 인간이다. 정신의 목적을 수행하는 가장 본질적 수단 내지 방편도 인간이다. 이것은 하나님과 인간, 신적 정신과 인간의 정신을 동일시하는 것이 아닌가? 이런 점에서 많은 학자들은 헤겔을 가리켜 "동일성의 철학자"라고 말한다. 우리는 이 문제에 대해 나중에 고찰하고자 한다.

6. 헤겔은 **인간의 의식**을 신적 정신의 현상양태로 파악하기도 한다(1966b, 47 이하, 1966d, 137 이하, 1966a, 175 이하, 1968a, 54 이하, 1968c, 721 이하 등). 오늘 우

---

1) Hegel은 이와 동일한 생각을 말하는 Rückert의 시를 『철학적 학문의 백과전서』에서 인용한다. 한 구절만 인용한다면 다음과 같다. "땅의 흙에서 어떻게 인간이 빚어졌는지, 나는 너에게 말하노라. 하나님이 땅의 흙에 사랑의 생명의 기운을 불어넣었기 때문이다."

리에게 매우 생소하고 이해하기 어려운 부분들이 있지만 헤겔 자신의 말을 들어보기로 하자.

신적 정신은 자기 자신을 사유함으로써 자기 자신을 규정하고, 자기를 자기 자신의 대상으로 세운다. 이 대상이 바로 인간의 의식이다. 따라서 인간의 의식은 "정신의 현존"이요, "자기 자신의 타자"(ein Anderes seiner selbst)다(1968a 54, 58). "세계정신은 세계의 정신이다. 그것은 인간의 의식 안에서 자기를 전개한다(expliziert).···하나님은 어디에나 계시기 때문에 각 사람 안에 계시며, 각 사람의 의식 안에 나타난다. 이것이 세계정신이다"(60). "하나님은 어디에나 계시기 때문에 각 사람 가운데 있다. 그는 각 사람의 의식 안에 나타난다." "보편적인 정신은 본질적으로 인간의 의식으로서 현존한다. 인간은 이 지식의 현존이요 대자다. 자기를 아는 정신, 자기에게 주체로서 존재하는 정신은 이것이다. 곧 자기를 직접적인 것, 존재하는 것으로 세우는 것이다. 이로써 그는 인간의 의식이다"(113). 여기서 인간의 의식은 정신에 의해 세워진 정신 자신의 현존 내지 현상양태로 생각된다.

7. 세계정신은 사유를 통해 자기 자신에 대해 안다. 자기 자신에 대한 지식(Sichwissen)으로서, 자기의식으로서 그는 인간의 의식 속에 있다. 그는 자기의 대상에 대해 앎으로써 자기 자신에 대해 안다. 깊은 사랑의 영 안에서 대상에 대한 지식과 자기 자신에 대한 지식은 일치하기 때문이다. 인간의 의식은 "자기 자신에 대한 정신의 지식의 현존이요 대자다. 그것은 자기 자신에 대해 본질적으로 그가 무엇이며, 자기의 본성이 무엇인가(von dem, was er wesentlich ist, was seine Natur ist)에 대한" 표상이다(1968a, 54).

신적 정신은 인간의 의식 속에서 아무런 매개체 없이 자기 자신과 가장 직접적으로 관계한다. 따라서 인간의 의식은 정신의 가장 본질적 현상양태 내지 형태라 말할 수 있다. "보편적인 정신은 본질적으로 인간의 의식으로 현존한다.…자기를 아는 정신, 자기에게 주체로서 존재하는 정신은 자기를 직접적인 것(Unmittelbares)으로, 존재자로 세우는 것이다. 그래서 그는 인간의 의식이다"(1968a, 113). 정신의 다르게 존재함으로서 인간의 의식은 하나님의 존재 규정을 실현하는 수단일 뿐 아니라 정신의 역사적 현존이며 실재다. 『논리학』에 의하면, 인간의 의식은 "그의 직접성과 외적 구체화에서 자기를 해방하는, **현상하는 정신**"이다(1969a, 17). 정신으로서의 "하나님은 인간의 의식 속에 직접 계시되어 있으며", "인간은 하나님에 대해 직접 알 수 있다"(1966b, 48). 인간과 "하나님의 관계는 오직 하나의 직접적 관계다"(50).

헤겔에 대한 하이데거의 해석에 따르면, 인간의 의식은 정신의 "파루시아"(Parusie, 현존)다. "절대적인 것이 이미 즉대자적으로 우리 가운데 있고, 우리 가운데 있고자 한다"(Heidegger 1972, 120). 파루시아의 현실은 본질적으로 인간의 의식 안에 있다. 파루시아의 현실인 인간 의식의 본질은 "아직 있지 아니한 것이 이미 있음"(etwas schon zu sein, was es zugleich noch nicht ist)에 있다. 의식은 "이미 있음의 아직 아님 속에 머무르는 것"(Sich-Aufhalten im Noch-nicht des Schon)을 뜻한다(167). 그렇다면 인간의 의식은 아직 있지 않은 미래적인 것의 파루시아라 말할 수 있다. 그러나 파루시아가 인간의 의식에 제한되는 데 하이데거의 문제점이 있다. 하이데거의 실존론적 사고에서 파루시아의 사회적·역사적 차원이 배제된다(이에 관해 Küng 1970, 281, 각주, Rohrmoser 1961, 105 이하).

8. 헤겔이 인간의 여러 기능 중 가장 중요시하는 것은 **인간의 사유**다. "사유는 보편자의 자리다"(1966b, 194). "활동성으로서의 사유는 **활동하는 보편적인 것**이다"(1969d, § 20). 신적 정신은 "사유하는 자"로서 인간 안에 있다(§ 50 주해). 따라서 사유는 인간 안에 있는 신적 정신의 가장 본질적 현존양태 및

현상양태라 말할 수 있다. 헤겔에 따르면, 인간의 정신은 사유를 자신의 본질로 가진다. 본질적으로 인간은 사유하는 존재다. "정신의 가장 높은 활동성은 사유다"(1968a, 65). 사유는 "좀이나 도둑이 뚫고 들어오지 못하는 정신의 영속적 본질"이다(1966a, 71).

사유는 모든 감각적인 것, 제한된 것을 벗어난 보편적인 것과 관계한다. 사유를 통해 인간의 정신은 보편적인 것을 파악한다. 사유는 "보편자의 활동"이며, "보편자의 지식"이다(1966b, 143). "사유는 하나님, 곧 보편자가 그위에 서 있는 지반이고 원천이다. 보편자는 사유 안에, 사유에 대해 있다." "사유, 곧 그의 자유 안에 있는 정신은 진리의 내용을 가진다. 구체적으로 말해 그것은 하나님을 가지며 하나님을 지각(Empfindung)에 넘겨준다"(128). 심지어 헤겔은 "하나님은 순수한 사유다"라고 말한다. 하나님은 "어디에나 있기" 때문이다(1969c, 271).

인간과 짐승의 차이, 짐승에 대한 인간의 특징은 사유에 있다. 사유는 하나님과 인간이 공유하는 것이다. 인간의 사유 속에서 신적 정신은 사유하는 자로서, 사유를 통해 자기 자신에 대해 아는 자로서 현존한다. "정신적인 것은…우리가 하나님이라 부르는 것이다. 그것은 참으로 실체적이며…본질적으로 개체적인 주관적 진리다. 그것은 사유하는 자요, 사유하는 자는 자기 안에서 일한다"(1968a, 45).

9. 사유는 특수한 것에 머물지 않고 보편적인 것을 찾는다. 그것은 특수한 것에서 보편적인 것, 절대적인 것에 이르고자 한다. 그것은 정신의 타자다. 이 타자 안에 정신이 현존한다면, 인간의 사유는 신적 정신의 현존양태 내지 현상양태라 말할 수 있다. 신적 정신은 사유하는 인간의 정신 안에 있다. 그는 사유의 활동으로서 현존한다. 그는 "순수한 사유이기" 때문이다(1969c, 271). "우리가 하나님이라고 부르는 것은…사유하는 자(das

Denkende)다. 사유하는 자는 그 자신 안에서 창조한다(schaffend)"(1968a, 45). "사유는 좀과 도둑이 뚫고 들어오지 못하는 정신의 영속하는 본질이다. 사유가 획득한 것은…정신 자신의 존재를 형성한다"(Die Erwerbe des Denkens… machen das Sein des Geistes selbst aus, 1966a, 71).

헤겔은 이것을 관념의 개념을 통해 설명하기도 한다. 관념 그 자체는 보편적이며 추상적인 것에 불과하다. 그것은 "세계의 창조 이전에, 자기 자신 안에 계신 하나님의 영원한 생명과 같다"(1968a, 91). 그것은 세계의 현실과 대립하는 상태에 있다. 관념과 현실의 이 대립과 분리는 인간의 사유를 통해 극복된다. 관념은 사유의 활동을 통해 자기를 세계의 현실 속에서 나타내게 된다. 그것은 사유의 활동 속에서, 사유의 활동을 통해 자기의 내면성을 벗어나 세계의 현실로 실현된다. 따라서 사유의 활동은 영원한 신적 관념이 그 안에 현존하며 그것을 통해 실현되는 형식이라 말할 수 있다. 사유를 통해 얻게 되는 사상(혹은 생각, Gedanke)은 "관념이 그 속에서 자기를 계시하는 가장 순수한 형식이다"(53).

인간은 자기의 유한한 목적을 이루기 위해 끊임없이 행동하는 존재다. 이와 동시에 그는 "사유하는 존재"다. 그는 사유를 통해 자기 자신을 알며, 자기를 아는 지식 속에서 보편적 관념을 안다. 보편적 관념은 인간의 사유 속에서 "자기 지식의 규정"(Bestimmung des Sichwissens, 1968a, 91)을 얻게 된다. 인간의 사유는 보편적 관념이 추상적인 것에 머물지 않고, 세계의 현실 속에서 구체화되는 보편적 관념의 현상양태 내지 실재다.

10. 위에서 우리는 인간의 사유가 신적 정신 곧 하나님의 현존양태 내지 현상양식임을 고찰했다. 그런데 우리는 어떤 대상에 대해 사유할 때, 그 대상의 외적인 현상(나타남)에 머물지 않고, 그 대상의 "의미"(Bedeutung, Sinn)가 무엇인가를 질문한다. 어떤 예술품을 볼 때, 우리는 그 예술품의 형태가 무

엇을 의미하는가를 질문한다. 우리는 언어의 영역에서 어떤 말의 의미가 무엇인가를 질문하며, 종교의 영역에서는 종교적 표상이나 예배의 의미가 무엇인지 질문한다. 우리는 모든 인간의 행동과 관련해서 그 행동의 인륜적 가치를 질문한다. 이 "의미"가 바로 "그 대상의 본질적인 것 혹은 보편적인 것, 본질적인 것(das Substantielle)이며, 대상의 이 실체적인 것이 구체적 사상이다"(1966a, 95). 우리는 어떤 대상에 대한 사유를 통해 그 대상에 대한 의미, 곧 "구체적 사상"을 얻게 된다.

따라서 사상은 "사유의 결과" 혹은 "사유의 산물"이다(Resultat, Produkt des Denkens). 헤겔은 "구체적 사상"을 가리켜 "개념"(Begriff)이라 부르며, "그의 전체성에 있어서의 사상"을 가리켜 "관념"(Idee)이라 부른다(1966a, 96). 이 모든 형태의 사상이 사유의 산물이며, 사유는 신적 정신의 현존양태 내지 현상양태라면, 사상의 모든 형태 역시 신적 정신의 현존양태 내지 현상양태에 속한다. 그러므로 헤겔은 사상을 가리켜 "한 시대의 원리", "모든 것을 삼투하는 정신"(der Alles durchdringende Geist)이라 부른다(119).

따라서 정신은 사상의 형태로 세계의 모든 것을 삼투하며 발전한다. 이 발전이 "외부 세계와 시간 속에서 일어난다"(1966a, 119). 세계사는 사상의 형태 속에서 이루어지는 정신의 활동이다. 그러므로 세계사에 대한 이성적 관찰이 가능하게 된다. "세계사를 이성적으로 보는 사람에게는 이성적으로 나타난다." 세계사를 이성적으로 관찰할 때, 그 속에서 하나님의 "섭리가 세계를 다스린다"는 사상을 발견하게 된다. 그리하여 세계사 속에서 일어난 모든 것은 "섭리의 사상을 통해 일어났다"고 말할 수 있다(122).

2. 헤겔은 하나님과 인간을 동일시했는가?

1. 의식과 사유의 기능을 가진 정신적 존재로서의 인간이 신적 정신의 가장 본질적 현존 내지 현상양태라는 말은 신적 정신과 인간의 정신, 하나님과 인간을 동일시하는 것이 아닌가? 그것은 인간의 신격화를 뜻하지 않는가?

사실 헤겔의 문헌 속에는 신적 정신과 인간의 정신, 하나님과 인간을 동일시하는 것처럼 보이는 생각들이 자주 나타난다. 그의 문헌 도처에서 말하는 "신적 본성과 인간적 본성의 통일성"이란 말도 이와 같은 인상을 준다. "하나님에 대해 아는 인간의 정신(곧 영)은 하나님 자신의 정신일 뿐이다"(1966e, 117)라는 헤겔의 말도 마찬가지다. 심지어 헤겔은 "하나님과 인간의 통일성이 기독교 종교 안에 정립되어 있다"고 말하기도 한다(1968c, 734). 왜 슈바벤 사람 헤겔은 무신론자라고 비난받을 수 있는 이렇게 위험스러운 생각을 말했을까?

필자의 생각에 의하면, 우리는 그 근거를 성서에서 발견할 수 있다. 그리스도인들은 "하나님에게서 난 사람들"(humeis ek tou theou)이다. 육을 입고 이 세상에 오신 그리스도를 시인하는 그들의 영은 "모두 하나님에게서 난 영"(pan pneuma ek tou theou)이다(요일 4:2.4). 하나님이 그들에게 "자기의 영을 나누어주셨다"(ek tou pneumatos autou didoken hēmin, 요일 4:13). 그리스도인들은 "하나님으로부터 온 영(정신)을 받았다"(고전 2:12). 따라서 그들은 하나님의 영 곧 정신이 그 안에 거하는 사람들이다(롬 8:9). 그들은 주님과 결합됨으로써 "그와 한 영(정신, hen pneuma)이다"(고전 6:17). 이 성서 구절들은 인간의 영(정신)과 주님의 영(정신), 인간의 본성과 신적 본성, 하나님과 인간을 동일시하는 것처럼 보인다.

2. 그러나 헤겔이 신적 정신과 인간적 정신, 신적 본성과 인간적 본성, 하나

님과 인간을 동일시했다는 결론은 성급한 결론이다. 우리는 이 문제에 대해 헤겔이 말하는 "신적 본성과 인간적 본성의 통일성", "하나님과 인간의 통일성"이란 말을 정확히 파악하고자 한다. 헤겔은 "추상적 통일성"과 "구체적 통일성"을 구별한다. **"추상적 통일성"**은 양자가 구별되지 않고 하나로 혼합되어버리는 통일성, 변증법적 활동이 없는 "죽은" 통일성을 뜻한다. 이 통일성은 인간 정신의 신격화, 곧 인간의 정신이 하나님의 정신이 되었다는 것을 뜻한다. 이와 같은 의미의 추상적 통일성에 반해 헤겔은 하나님과 인간의 통일성을 "마치 하나님이 인간이고, 인간이 하나님인 것처럼"(als ob Gott nur Mensch und der Mensch ebenso Gott sei) 생각해서는 안 된다고 말한다(1968c, 734).

3. 헤겔은 추상적 통일성에 반해 **구체적 통일성**을 주장한다. 구체적 통일성은 "구별 속에서의 일치"와 "일치 속에서의 구별" 속에서 인간의 정신이 신적 정신으로 자기를 고양하는 **변증법적 과정**을 말한다. 신적 정신과 인간의 정신, 신적 정신과 인간의 통일성은 하나님이 인간이 되고, 인간이 하나님이 되는 것을 말하는 것이 아니다. "오히려 인간은 자기 정신의 자연성과 유한성을 지양하는 한에서만이 하나님이다"(1968c, 734). 그러나 인간은 죽는 순간까지 자기의 자연성과 유한성을 완전히 벗어날 수 없다. 그는 언젠가 죽을 수밖에 없는 자연적 존재, 유한한 존재, 시간적으로 또 공간적으로 제한되어 있는 존재다. 그러므로 인간은 하나님의 영(정신)과 하나가 될지라도 하나님일 수 없다. 그는 하나님과 하나인 동시에 하나님의 "대자" 혹은 "타자"로서 하나님 자신과는 "다른 존재" 곧 "타자"다.

하나님과 인간, 신적 정신과 인간의 정신을 결합시키면서도 양자를 구별하는 것은 헤겔 문헌 도처에 나타난다. 앞서 인용한 바와 같이 헤겔은 "신적 정신을 인지하는 (인간의) 주관적 정신은 스스로 이 신적 정신이다"

라고 말한다. 그리고 신적 정신은 "인간 안에 그리고 그의 공동체에 속하는 사람들의 정신 안에 현존한다. 신적 정신을 인지하는 개별 인간의 정신은 "자기 정신의 본질, 자기의 본질, 자기의 근본적인 것을" 인지한다고 말한다(1966a, 177). 언뜻 보기에 이것은 인간의 정신과 신적 정신을 동일화시키는 것처럼 보인다.

그러나 헤겔은 바로 그 아래 문장에서 인간의 정신이 인지하는 자신의 본질, 곧 신적 정신을 가리켜 "바로 즉대자적인 **보편자, 영속하는 자**"(eben das an und für sich Allgemeine, Bleibende)라고 규정한다. 이 문장에서 신적 정신은 인간의 주관적 정신으로 폐기되지 않고 "즉대자적인 보편자, 자기 자신으로 머무는 자"로 구별된다. 곧 그것은 **인간 주체에 대칭하는 객체로 구별**된다. 이 신적 객체는 인지하는 자와 인지되는 자, 곧 "주체적으로 활동하는 (인간의) 정신과 객관적…(신적) 정신의 차이"를 지양하는 자로 규정된다. 신적 정신은 양자의 "차이의 지양"으로, "근본적 통일성"으로, "자기 인지의 이 활동성"으로 확보된다. 헤겔은 이 신적 정신을 "**모든 주체 안에서, 모든 인간 안에서 자기를 나타내는**" 자로 파악한다(1966a, 177). 여기서 "나타내는 자"와 "나타내어지는 자"가 구별된다. **인간 정신에 대한 신적 정신의 구별과 객체성이 여기에 나타난다.**

4. 우리는 이 내용을 범신론에 대한 헤겔의 언급에서도 발견할 수 있다. 일반적으로 범신론은 하나님이 하나인 동시에 모든 것(τὸ ἕν καὶ πᾶν)이다. 그러므로 존재하는 모든 것이 하나님이라는 뜻으로 생각한다. 범신론에서는 인간을 포함한 모든 것이 신격화된다. 헤겔에 따르면, 여기서 존재하는 모든 것 속에 있는 "부정적인 것의 요소"(Moment des Negativen)가 간과된다. 범신론이 말하고자 하는 것은 다음의 내용에 있다. 즉 "유한한 것, 우연적인 것은 그 자신을 위해 존속하는 것이 아니다. 긍정적으로 말한다면, (그것은) 그

하나(τὸ ἕν)의 나타남이고 계시이며, 그것의 현상이다. 이 현상은 자기 자신에 대해 우연적인 것이다"(1966e, 128-129).

혜겔의 이 말에 따르면, 인간의 정신은 신적 정신 자체가 아니다. 그것은 신적 정신의 나타남(현상), 계시일 뿐이다. 신적 정신 자체와 그의 현상으로서의 인간은 구별된다. 현상은 "우연적인 것"으로 신적 정신 자체에서 구별된다. 우리는 사랑에 관한 청년기의 글에서도 이것을 볼 수 있다. 이 글에 따르면 기독교는 "사랑과 하나다. 사랑받는 자는 우리에게 적대하지 않고 우리의 본질과 하나가 된다. 우리는 사랑받는 자 안에서 우리를 본다. 그렇지만 사랑받는 자는 우리 자신이 아니다. 이것은 우리가 파악할 수 없는 하나의 기적이다"(1907, 333). 청년 혜겔은 사랑하는 자와 사랑을 받는 자는 하나의 본질이지만, "사랑받는 자는 우리 자신이 아니다"라고 양자를 구별한다.

5. 우리는 이 문제에 대한 근본 대답을 혜겔 철학의 뿌리에서 찾을 수 있다. 혜겔에 따르면 인간의 정신은 신적 정신이 자기의 즉자를 대상화시킨 대자다. 그것은 정신의 "타자"다. 즉자는 자기 자신을 자기의 타자와 동일화하고, 타자 속에서 자기 자신을 인식한다. 곧 타자와 하나가 된다. 그러나 이 하나 됨은 구별 속에서의 하나 됨이다. 하나 됨 속에서 즉자와 그의 타자는 구별된다. 인간의 정신은 신적 정신의 타자에 해당한다. 혜겔이 즉자의 대자를 가리켜 끊임없이 "타자"(das Andere) 혹은 "타재"(다르게 존재함)라고 말하는 까닭은 즉자와 대자의 구별을 강조하기 위함이다. 그러므로 혜겔이 신적 정신과 인간의 정신을 아무런 구별 없이 동일시했다고 말할 수 없다.

혜겔은 신적 정신과 인간의 정신, 하나님과 인간의 "구체적 통일성"에 대한 근거를 성육신한 예수 그리스도와 그의 아버지 하나님의 관계에서 발견한다. 예수는 아버지 하나님과 자기는 하나라고 말한다(요 17:11). 그가 아버지 안에 있고, 아버지께서 그 안에 계신다(14:11). 따라서 그는 "나를 본 사람은 아버지를 보았다"고 말한다(요 14:9). 이와 같이 예수는 자기를 아버지 하나님과 동일시하지만, 그는 아버지 하나님으로부터 구별된다.

헤겔의 표현을 빌린다면, 예수는 즉자에 해당하는 아버지 하나님에게서 구별되는 대자다. 그는 즉자에 대한 "타자"로 구별된다. 양자의 관계는 "통일성 안에서의 구별"(Unterschied in Einheit)이며, "구별 안에서의 통일성"(Einheit im Unterschied)으로 요약될 수 있다. 헤겔은 즉자와 대자의 변증법적 관계를 가리켜 "즉대자"(an und für sich)라 부른다. 그는 이것을 "사랑"이라 부르기도 한다.

헤겔이 말하는 신적 정신과 인간의 정신도 이와 같은 관계에 있다. 신적 정신과 인간의 정신은 구별되면서 하나로 결합되고, 결합 속에서 구별된다. 신적 정신과의 구별 속에서 인간의 정신은 땅 위에 있는 신적 정신의 가장 직접적 현존 내지 현상양태다. 그것은 신적 정신의 가장 직접적 자기계시다. 이를 가리켜 한스 큉은 정신적 존재로서의 인간은 "세계 속에 있는 하나님의 현상(나타남)"이라 말한다(Küng 1970, 359).

그러나 **현상과 현상되는 것은 구별된다.** 비록 현상 자체가 현상되는 것과 동일시된다 할지라도 양자는 구별된다. 도대체 "현상되는 것"이 있어야 현상이 가능하기 때문이다. 따라서 블로흐는 헤겔을 다음과 같이 해석한다. 곧 헤겔은 객체와 주체가 동일화되어 객체가 없어지는 것처럼 보이는 바로 그 순간에 주체에 대칭하는 객체, 곧 **인간의 주체적 정신에 대한 신적 정신의 대상성**을 드러낸다(Bloch 1962, 326-328).

6. 인간의 정신에 대한 신적 정신의 대상성은 인간의 의식에 대한 헤겔의 생각에도 나타난다. 헤겔은 인간의 의식을 절대적인 것의 파루시아, 곧 "현상하는 하나님"으로 규정한다. 이로써 인간의 의식이 신적 정신 곧 하나님

과 동일시되는 것처럼 보인다. 그러나 헤겔은『종교철학 강의』에서 인간의 의식과 하나님의 의식을 구별한다. 이에 대한 헤겔 자신의 진술을 들어보자.

> 우리는 종교를…하나님의 자기의식이라고 규정했다. 자기의식은 한 대상으로서 의식을 가지며, 이 대상 속에서 자기 자신을 의식한다. 이 대상은 의식이기도 하지만, 대상으로서의 의식이다. 따라서 그것은 유한한 의식, 절대자 하나님과는 다른 의식(ein von Gott, vom Absoluten verschiedenes Bewußtsein)이다.…하나님은 자기의식이다. 그는 자기와 다른, 그 자체에 있어 하나님의 의식(das an sich das Bewußtsein Gottes)인 (인간의) 의식 안에서 자기를 안다.… 유한한 의식은 하나님을 안다. 하나님이 그 안에서 자기를 알기 때문이다. 그러므로 하나님은 정신이며 그의 공동체, 곧 그를 경외하는 사람들의 정신이다.… 그는 더 이상 피안이 아니며 미지의 존재가 아니다. 그는 인간에게 자기가 무엇인지, 외적인 역사 안에서 뿐만 아니라 (인간의) 의식 안에서 알려주었기 때문이다(1966d, 5-6, 각주 3).

이 문장에 따르면, "자기의식"으로서의 하나님은 인간의 의식 안에서 자기를 의식한다. 그는 인간의 "의식 안에서" 자기를 알려준다. 그러나 "절대자 하나님"의 자기의식은 인간의 "유한한 의식"과는 "다른 의식"이다. 그것은 인간의 "의식 안에서 자기를 안다." 여기서 하나님의 자기의식과 인간의 의식이 묘하게 연합되는 동시에 서로에게 "다른 것"으로 구별된다.

　이 구별성은 다음의 문장에도 나타난다. "하나님이 인간이 된다. 이리하여 (인간의) 유한한 정신은 유한한 것 속에서 하나님의 의식을 갖게 된다." 인간의 "유한한 정신은 참된 실존을 갖지 않기" 때문이다(1966d, 137). 이 문장에서 인간의 유한한 정신과 그 속에 있는 "하나님의 의식"은 구별된다.

따라서 헤겔은 신적 정신과 인간적 정신, 하나님과 인간을 동일시했다고
말할 수 없다.

3. 왜 짐승들에게는 종교가 없는가?
– 종교의 뿌리는 감정이 아니라 사유에 있다

1. 헤겔에 따르면, 정신의 본질은 사유에 있다. 정신은 "사유하는 정신"
이다. 따라서 헤겔은 종교의 뿌리는 사유에 있다고 주장한다. 헤겔의 이와
같은 주장은 헤겔 당시 개신교회 신학의 대가였던 슐라이어마허의 입장과
쌍극을 이루게 된다. 헤겔이 베를린 대학교의 철학 교수로 봉직할 때, 슐라
이어마허는 동 대학의 신학 교수였다. 그런데 슐라이어마허는 자신의 『종
교론』에서 하나님에 대한 "절대의존의 감정"(느낌, Gefühl)에 종교의 뿌리가
있다고 보았다. 종교는 절대자에 대한 의존의 느낌에서 시작한다는 것이다.
헤겔은 슐라이어마허의 이 생각을 날카롭게 비판한다.

먼저 헤겔은 감정의 장점 내지 타당성을 인정한다. 많은 사람이 "종교
는 (감정적으로) 느껴져야 한다. 그것은 감정 안에 있을 수밖에 없다. 그렇지
않을 때, 종교는 종교가 아니다. 신앙은 감정 없이 존재할 수 없다. 만일 그
렇지 않다면, 신앙은 종교가 아닐 것이다"라고 말한다. 헤겔에 따르면, "우
리는 이러한 말들에 대해 동의할 수 있다." 왜냐하면 감정은 "그것의 단순
성과 직접성 속에 있는 나의 주체성"(meine Subjektivität in ihrer Einfachheit und
Unmittelbarkeit)일 뿐이기 때문이다"(1966e, 32). 곧 내가 어떤 대상을 감정적
으로 느낄 때, 나와 대상은 직접적으로 관계한다. 나와 대상이 분리되지 않
고 하나로 직접 결합된다. 내가 신앙하는 바의 내용과 나 사이의 "가장 내
적인 통일성"이 감정 속에 있다(32). "감정은 그 자신 속에서 분리되지 않은

이 내면성(Innigkeit)이다"(33).

2. 우리가 어떤 대상에 대해 알 때, 우리는 그 대상을 우리 자신과 구별된 것으로 안다. 그러나 감정에서는 나와 대상의 분리가 사라지고 나와 대상이 하나로 결합된다. 우리는 사랑의 감정에서 이것을 가장 분명히 볼 수 있다. 나와 너의 분리가 사랑의 감정 속에서 극복되고, 깊이 하나가 된다. "감정에서는 이 직접적인 통일성이 있다.……우리가 어떤 대상에 대해 알 때, 우리는 그 대상을 우리 자신에게서 구별된 대상으로 안다. 감정 속에서는 이 대상성이 사라진다. 감정은 단순한 직접성 속에 있는 나와 대상의 통일성이다"(1966e, 32).

우리가 하나님을 아버지, 아들 등의 종교적 표상으로 생각할 때, 이 표상은 나에게 대상으로 있게 된다. 이 대상은 내 자신과 일치하지 않는다. 그것은 나에게서 분리되어 있다. 그러나 감정, 곧 느낌에서 이 분리가 사라지고, 대상과 나는 하나가 된다. 곧 통일성 안에 있게 된다. 여기에 감정의 장점이 있다. 종교는 이 통일성이 우리 자신의 것이 되어야 한다고 가르친다. 흔히 말하는 것처럼, 머리로 믿지 말고 "마음"으로 믿어야 한다고 가르친다 (1966e, 33). 이것은 감정, 곧 느낌을 통해 가능하다.

3. 그러나 만일 종교가 인간의 감정이나 마음에 달려 있다면, 그 종교는 참된 종교가 아닐 것이다. 인간의 마음속에는 "잘못된 것"도 있을 수 있기 때문이다. 감정 속에는 좋은 것이 들어 있을 수도 있고, 잘못된 것, 틀린 것이 들어 있을 수도 있다. 인륜적인 선한 감정도 있을 수 있고, 비인륜적인 악한 감정도 있을 수 있다. 성서에 따르면, 모든 악한 생각이 사람의 "마음에서 나온다. 곧 살인과 간음과 음행과 도둑질과 거짓 증언과 비방이다"(마 15:19). 종교적 감정의 경우, 감정은 특수한 내용을 가진다.

그러나 내용 자체는 감정으로부터 구별된다. 감정을 좋은 것으로 만들거나 나쁜 감정으로 만드는 것은 감정 자체가 아니라 그 속에 있는 내용이다. 내용이 나쁘면 감정도 나쁜 감정이 된다. "이 내용은 마음으로부터 독립된 것이다." 마음은 나쁜 내용으로 가득할 수도 있고, 좋은 내용으로 가득할 수도 있다. 따라서 마음을 결정하는 것은 마음 자체가 아니라 마음의 내용이다. 이 내용이 마음의 본질적인 것이다. 따라서 "마음이 원리가 될 경우, 내용은 이러나저러나 상관없는 것이 되어버린다. 마음이 어떤 내용을 가지는가는 상관없는 일이 되어버린다. 이리하여 우연성과 자의가 지배하게 된다. 참된 것, 인륜적인 것, 옳은 것은 감정을 통해서가 아니라 감정의 절대적 근거를 통해 결정된다. 감정은 아무런 음성도 갖지 않는다. 감정에 근거하는 것은 어떤 심판관 앞에서도 정당화될 수 없다"(1966e, 34).

4. 헤겔에 따르면, 감정은 좋은 내용을 담을 수도 있고, 나쁜 내용을 담을 수도 있는 "주관적 형식"이다. 그것은 "내용의 모든 다양성과 상관없이 동일하게 머무는 것, 따라서 그 자체에 있어 규정되지 않은 것(das Unbestimmte), 나의 개체화의 추상화(Abstraktion meiner Vereinzelung)다"(1966e, 35). 각 사람이 자기의 주관적 감정에 근거할 경우, 내용적 보편성을 갖지 못함으로 인해 이웃과의 공통성을 상실하고, 자신의 고독한 자아 속으로 개체화되어버린 추상적 존재로 전락한다. 헤겔의 표현을 따른다면, "감정이나 직접적 지식, 자기의 표상이나 생각에 근거하는 사람은 자기를 자기의 개체성(Partikularität) 안에 폐쇄시키고, 다른 사람들과의 공동체성(Gemeinschaftlichkeit)을 깨뜨린다"(36). 주관적 감정 속에 있는 자아가 "자기에게 대상과 목적이 되고", 자기감정에 따라 진리에 충만함으로써 자기만족과 행복을 느낀다.

그러나 헤겔에 따르면, "이 행복은 중재를 통해서만, 곧 진리에 대한 믿음을 통해서만 얻을 수 있는 것이다. 내가 참된 내용으로 충만할 때, 얻을 수 있다." 그러나 행복은 마음과 내용과 별개의 것으로 구별된다. 마음속에는 좋은 내용이 담길 수도 있고, 나쁜 내용이 담길 수도 있기 때문이다. 그럼에도 종교적 감정에서 "나는 나의 마음, 나의 추상적 자아를 굳게 붙든다. 이리하여 나는 진리로 충만케 되지 않고 내 자신으로 충만케 된다. "이리하여 나는 내용을 파악할 수 없으며, 나의 목적에도 도달할 수 없다. 참된 내용으로 충만할 수 없게 된다. 그 결과 마음과 내용의 고통스러운 모순(Widerspruch des Herzens und des Inhalts)에 빠질 수 있다"(1966e, 37). 나의 마음과 감정을 충만케 하는 것은 진리의 내용이 아니라 내 자신, 곧 내 자신의 "형식적 주체"다. 진리의 내용은 사실상 나의 마음과 감정 바깥에 있고, 나는 주관적 감정 속에서 사실상 내 자신으로 충만케 된다.

5. 헤겔에 따르면 인간의 마음과 감정 그 자체는 참과 거짓의 기준을 갖지 않는다. 그것은 참된 것의 그릇이 될 수도 있고, 거짓된 것의 그릇이 될 수도 있다. 따라서 감정을 참되게 하는 것은 감정 자체가 아니라 감정의 그릇 속에 담겨 있는 보편적 내용 내지 보편적 진리다. 감정을 참되게 하는 "이 내용은 감정과 관계없이 감정 이전에 참된 것일 수밖에 없다. 종교가 그 자체로서 참된 것인 것처럼, 내용은 그 자체에 있어 필연적인 것, 보편적인 것이다"(1966e, 35).

우리는 보편적 진리 내용을 감정이 아니라 사유를 통해 인식할 수 있다. 감정은 인식 기능을 갖지 않으며, 객관성이 없는 주관적 느낌의 기능만 갖기 때문이다. 따라서 헤겔은 종교의 뿌리는 감정이 아니라 사유에 있다고 주장한다. 만일 종교의 뿌리가 절대의존의 감정에 있다면, "짐승도 종교를 가질 것이다"(1966b, 119). 짐승도 감정 곧 느낌을 갖기 때문이다. 개도 주인에 대한 절대의존의 감정을 가진다. 그렇다면 개도 종교를 가져야 할 것이다(필자의 생각에 의하면, 개는 인간보다 더 고귀한 종교를 가져야 하지 않을까? 주인에 대한 개의 의존 감정은, 하나님에 대한 인간의 의존 감정보다 더 강하고 정직하지 않은가?).

그러므로 헤겔은 감정이 종교적 진리의 "가장 나쁜 형식"이요, "주관적 이며 우연한 존재의 장소다"라고 말한다(1966b, 103). 어떤 사람은 자기의 감정 안에서 하나님을 발견한다고 말하고, 어떤 사람은 하나님을 발견하지 못한다고 말할 때, 어느 사람의 말이 옳은지 판단할 수 있는 기준이 감정 자체에 주어져 있지 않다. 각 사람이 자기의 진술이 옳다고 주장할 수 있다.

한마디로 감정 자체는 객관성이 없는 주관적인 것이다. 그래서 동일한 대상에 대한 느낌 곧 감정이 사람마다 다르다. 어떤 사람은 이렇게 느낀다, 다른 사람은 저렇게 느낀다고 말할 때, 어느 느낌(감정)이 참된 것인지 말할 수 없다. 따라서 감정은 객관적 인식이 불가능하다. 어느 것이 진리이고, 어느 것이 비진리인지 말할 수 없다. 각자가 자기가 느끼는 주관적이고 부분적인 것을 절대 진리라고 고집할 수 있는 불가지론에 빠질 수 있다. "참된 종교나 가장 거짓된 종교들, 가장 무가치한 종교들은 모두 감정과 마음에 있다." 감정은 "마음이 어떤 내용을 가지는가는 상관없는 일이다. 우연성과 자의가 결정한다." 무엇이 참되고, 인륜적이며, 올바른 것인가의 문제는 감정을 통해 결정되지 않고 감정이 담고 있는 "내용을 통해 결정된다"(1966e, 34, 참조 1969d, §2).

6. 헤겔은 감정을 중요시하고 사유를 죄악시하는 당시의 추세를 다음과 같이 비판한다. 지금의 시대는 감정과 사유를 서로 대립하는 것, 적대적인 것으로 간주한다. 사람들은 사유로 말미암아 종교적 감정은 순수성을 상실하고, 전도되어버리며, 심지어 폐기된다고 생각한다. 그들은 종교와 종교성의 뿌리는 사유에 있지 않고 감정에 있다고 주장한다. 감정과 사유의 "이와 같은 분리에서 다음의 사실이 망각된다. 즉 인간만이 종교를 가질 수 있는 능

력을 가진다는 사실이다. 동물은 종교를 갖지 않는다. 동물에게는 법도 없고, 인륜성도 없다"(1969d, §2, 주해. 그러나 필자의 생각에 의하면, 인간의 인륜성이 짐승의 인륜성보다 높은지는 다시 생각해볼 만한 문제다. 지금 자연 생태계를 파괴하는 주범은 짐승이 아니라 인간이기 때문이다).

여하튼 헤겔에 따르면, "인간은 사유하며 존재한다. 그러므로 인간만이 종교를 가진다. 종교는 그의 가장 내적인 자리를 사유에 갖고 있다는 사실이 여기서 추론된다." 먼저 사유가 있고, "그다음에 (감정적으로) 느껴질 수 있다. 그러나 종교 등이 감정이라고 말하는 것은 나쁜 항변이다."

하지만 헤겔은 감정과 사유는 완전히 분리될 수 없다고 말한다. 사유의 능력이 매우 낮은 사람일지라도, 그가 하나님에 대한 의존의 감정을 가질 때, 그는 자기 나름대로 사유했고 인식하는 그 하나님에 대한 의존의 감정을 갖는다. 그는 먼저 자기의 사유를 통해 알게 된 그 하나님을 느낀다. 인간이 하나님에 대해 사유할 때, 그는 외적인 것, 개별적인 것, 감성적인 것을 넘어 순수한 것으로 자기를 고양시킨다.

"이 고양은 감성적인 것, 단순한 감정을 넘어 순수한 (보편적인 것의) 영역으로 넘어감이다. 보편적인 것의 영역은 사유다.…사유는 보편적인 것이 존재하는 방식이다." 사유는 "보편적인 것의 자리(Ort dieses Allgemeinen)다"(1966b, 193-194). 사유와 사유의 산물인 사상을 감정과 비교할 때, 감정은 "첫 번째의 것, 완전히 구체적인 것"이며, 사유는 "나중에 오는 것, 추상화의 활동이다. 감정은 사유와 사상에 비해 '더 구체적인 것'이다. 그러나 감정은 '사상에 있어 더 빈곤한 것'이다." 어린이가 성인에 비해 사상에서 더 빈곤한 것과 같다. 성인은 어린이에 비해 "사상에 있어 더 풍요롭다"(1966a, 140).

7. 사유와 사상이 없을 때, 감정은 객관성을 상실한다. 그것은 구체적 규

정이 없는 빈곤한 것이다. 객관성이 없는 주관적 감정에 반해 인간의 사유 및 사상은 보편적인 것과 관계한다. 우리가 어떤 대상을 사유할 때, 우리는 대상의 모든 특수한 것을 넘어 보편적인 것에 도달하고자 한다. 곧 진리를 인식하고자 한다. 그러므로 사유는 "보편적인 것의 자리"라고 말할 수 있다. 따라서 하나님에 대한 인식의 뿌리는 감정에 있지 않고 사유에 있다. 종교가 오직 인간에게만 있는 것은 "인간은 사유하는 존재이기 때문이다"(1969d, §2 주해).

법, 인류, 학문 등 모든 인간적인 일들 속에는 사유 혹은 사상이 작용한다. "동물도 생존하고, 욕구와 감정 등을 인간과 함께 가진다." "동물도 감성적 감정과 욕구 등을 가진다. 그러나 동물은 종교와 학문과 예술과 환상을 갖지 않는다. 이 모든 것 속에는 사상이 작용한다"(1966a, 82).

여기서 헤겔은 인간과 동물의 결정적 차이를 사유에서 발견한다. "동물도 지각과 감정을 가진다. 그러나 인간은 사유를 통해 동물로부터 구별된다. 따라서 그는 종교를 가진다." 사유는 보편적 의지를 실현하고자 하는 법과 인류에서 결정적 역할을 한다. 그것은 보편적인 것과 관계하기 때문이다. 종교도 보편적인 것, 궁극적 진리와 관계한다. 그럼에도 사유는 종교에 대해 낯선 것이며, 종교는 사유에 의존하지 않는다고 생각하는 것은 "우리 시대의 가장 사악하고 조야한 오류다." 이에 반해 헤겔은 "**하나님은 오직 사유 안에, 사유에 대해 존재한다**"고 말한다(1966b, 239-240). 그는 종교의 뿌리가 절대의존의 감정에 있다고 주장했던 슐라이어마허에 대해 이렇게 말한다. "종교가 의존의 감정에 있다면, 짐승도 종교를 가져야 할 것이다"(119). 이에 슐라이어마허는 헤겔이 왕립 학술원 회원이 되는 것을 끝까지 반대할 수밖에 없었다.

8. 종교의 뿌리로서 감정이 가진 중요한 문제점은 **하나님의 본성을 인식**

할 수 없다고 보는 점에 있다. 종교적 감정은 하나님의 본성에 대한 구체적 인식을 불경건으로 본다. 단지 하나님에 대한 절대의존의 느낌(감정)이 요청될 뿐이다. 그 결과 하나님은 "객관적 규정들"을 갖지 못한 안개처럼 막연한 존재, 곧 "규정되지 않은 하나님"이 되어버린다. "규정되지 않은 하나님"은 세계의 모든 종교들 안에서 발견된다. 이리하여 각종 경건이 생성된다. "원숭이, 암소 등에 대한 인도의 경건 혹은 달라이 라마에 대한 경건, 수소 등에 대한 이집트의 경건이 생성된다(1969d, § 573 주해). 그러나 어떤 경건이 참된 경건인지, 이에 대한 기준이 종교적 감정 자체에는 주어져 있지 않다. 원숭이나 암소나 수소에 대한 절대의존의 감정 중 어느 감정이 진리인지에 대한 객관적 기준이 없다.

이리하여 하나님의 존재는 인간의 자의에 내맡겨지며, **하나님의 진리를 구체적으로 파악하는** 것이 불가능하게 된다. 헤겔에 따르면, "신적인 내용, 곧 하나님의 계시, 하나님에 대한 인간의 관계, 인간에 대한 하나님의 존재가 단순한 감정으로 축소될 경우, 그것은 특수한 주체성, 자의, 주관적 기분에 내맡겨진다. 이리하여 사람들은 진리 자체를 사실상 포기하게 된다. 하나님과 그의 내용에 대한 불확실한 감정의 방법만이 있고, 지식이 없을 때, 나의 주관적 기분만 남게 된다"(1968a, 44~45).

헤겔에 따르면, 예수는 이 땅 위에 "하나님의 뜻이 이루어지이다"라고 기도해야 한다고 가르친다. 하나님의 뜻을 이루기 위해서는 "하나님의 뜻" 곧 "하나님의 의지"가 무엇인지 사유를 통해 알아야 한다. "하나님의 뜻"이 무엇인지 알아야 그 뜻을 이루고자 구체적으로 노력할 수 있다. 사유를 배격하고, 감정을 종교의 뿌리라 생각할 때, 하나님은 구체성을 결여한 존재, 곧 무규정적 존재가 되어버리며, 그의 진리를 이 땅 위에서 구체적으로 이루는 일이 불가능하게 된다. 헤겔은 이 문제 때문에 감정을 거부하고, 사유에서 종교의 뿌리를 찾는다.

9. 헤겔이 감정 대신에 사유에서 종교의 뿌리를 찾는 보다 더 깊은 이유는 그의 **역사철학적 관심**에 있다. 앞서 기술한 대로, 헤겔의 역사철학 아니 그의 철학 전체의 중심적 관심은 모든 것이 하나님에게서 오고, 하나님이 모든 것을 다스리는 세계를 이루는 데 있다. 달리 말해, 하나님의 섭리가 모든 것을 다스리는 세계를 이루는 데 있다.

그런데 하나님의 세계 통치, 하나님의 섭리는 막연한 안개와 같은 것이 아니라 현실적이고 구체적인 것이다. 그것은 현실의 세계 속에서 현실적으로, 구체적으로 이루어져야 한다. 그리스도인들은 하나님의 세계 통치와 섭리가 어떻게 현실적으로, 또 구체적으로 이루어지는지 파악하고 이를 설명할 수 있어야 한다.

그러나 하나님에 대한 감정 내지 느낌은 하나님의 통치와 섭리에 관한 구체적 지식을 제공하지 못한다. 그것은 "느낌"에 불과하기 때문이다. 이리하여 하나님은 역사의 현실로 들어오지 못하고, 역사의 현실 바깥에 머물러 있게 된다. 그는 "인간의 일들과 인식의 피안에" 머문다. 오직 믿음과 종교적 감정을 통해 알 수 있는 하나님의 영역과 인간의 이성이 지배하는 세계의 현실이 분리된다. 하나님은 세계의 현실에서 사실상 배제되어버린다. 이리하여 그는 세계 없는 하나님, 세계의 피안에 머물러 있는 하나님이 되어버리며, 하나님의 이름은 무의미한 것이 되어버린다. 세계에는 "비신적인 것, 제한된 것, 유한한 것만이 있게 된다. 세계는 모든 일을 자기 마음대로 할 수 있고, 주어진 상태에 안주할 수 있는 편안함을 얻게 된다. 하나님의 본성과 하나님이 원하는 바가 구체적으로 무엇인지 알고자 하는 노력이 마비된다. 인간의 주관적 생각과 욕망들이 세계를 지배하게 되고", 자유로운 가설들이"(freie Hypothesen) 난무하게 된다(1968a, 41).

10. 이 문제를 해결하는 것이 헤겔 철학 전체의 중심 과제이기 때문에 헤겔

은 일찍이 예나 시대 때부터 감정의 문제성을 비판하고, 사유와 사상에서 종교의 뿌리를 찾는다. 『정신현상학』에 의하면, 절대자는 사유를 통해 개념적으로 파악되지 않고, 단지 "느껴지고 직관되어야 한다. 절대자의 개념이 아니라 감정과 직관이 주도해야 하며 진술되어야 한다." "분별성 있는 개념을 억제하고, 본질의 감정을" 살리는 것이 종교의 주요 과제가 된다. "아름다운 것, 거룩한 것, 영원한 것, 종교와 사랑" 등 감정적이며 직관적인 것이 그리스도인들을 유혹하는 미끼가 된다. "개념 대신에 황홀경(Ekstase)이, 냉정하게 사유되는 객관적 사안(Sache)의 필연성 대신에 부글거리는 감격이" 장려된다(1952, 13. Hegel의 이 말을 다음과 같이 풀이할 수 있다. 정신이 혼미하게 될 정도로 요란한 음악을 동반한 찬양 집회에서 뜨거운 감정이 지배할 때, 차분한 사유와 지식[개념]은 사라지고, 뜨겁게 "발효하는 감격"과 "황홀" 속에서 비판적 사고와 사리 분별력이 약화된다. 이래도 아멘, 저래도 아멘! 한다). 따라서 헤겔은 "감정에 머물며, 단지 감정(느낌)을 통해 자기를 전달할 수 있다"고 생각하는 것은 "반인간적인 것, 동물적인 것"이라고 말한다(1968a, 56).

헤겔에 따르면, 감정은 우리에게 객관적이고 구체적인 지식을 줄 수 없다. 그것은 자기 자신 안에 머물러 있을 수 있는 방법과 길에 불과하다. 그것은 어떤 내용이 그 안에 있을 수 있는 형식인데, 이 형식은 인간과 짐승이 함께 공유하는 가장 저급하고 가장 나쁜 형식이다. 하나님이 인간의 감정에 의해 불확실하고 애매모호하게 느껴지기만 할 경우, 그는 각 사람의 개인적 주관성에 내맡겨진다. 하나님의 섭리와 세계 통치는 현실성과 구체성을 상실하고, 막연한 느낌(감정)의 차원에 머물게 된다.

11. 헤겔에 따르면, 기독교는 "계시의 종교"다. 하나님은 사유를 통해 자기를 사유하고 인식하도록 자기를 인간에게 계시했기 때문이다. 기독교 종교에 따르면, "하나님의 본성이 무엇인지 계시되었다." 즉 하나님이 어떤 분

인지, 그의 뜻이 무엇인지, 인간이 사유하고 인식하도록 자기를 표명했다. 따라서 성서는 하나님을 감정적으로 사랑할 뿐만 아니라 그를 구체적으로 알아야 한다고 말한다. 하나님을 아는 것, 그를 인식하는 것이 그리스도인들에게 주어진 최고의 책무다. 하나님은 인간에 의해 감정적으로만 느껴지는 것을 원하는 것이 아니라 사유를 통해 인식되고 알려지는 것을 원한다. 그리스도인들의 참된 겸손은 그들이 애매모호한 감정 속에서 하나님을 믿는 것이 아니라 사유를 통해 하나님의 뜻을 파악하고, 하나님의 세계 통치와 섭리를 이루는 데 있다.

헤겔 자신의 말을 따른다면, "사람들은 기독교 종교에서 하나님이 무엇인지 안다. 물론 이 내용은 우리의 감정에 대한 것이기도 하다. 그러나 이 감정은 정신적 감정이기 때문에 하나님은 적어도 표상에 대해 존재한다. 그는 감성적 표상에 대해서는 물론 사유하는 표상에 대해서도 존재한다. 하나님은 인간에 대해 존재하는 본래의 기관(Organ, 인간의 정신을 말함)에 대해서도 존재한다. 기독교 종교는 하나님의 본성과 본질을 인간에게 나타낸 종교다. 따라서 우리 그리스도인들은 하나님이 무엇인지 안다. 이제 하나님은 더 이상 미지의 존재가 아니다.…기독교 종교는…그 자신으로부터가 아니라 신적인 지식과 인식으로부터 하나님을 인식하는 겸손을 요구한다." 하나님은 우리가 그의 섭리와 섭리의 계획에 대해 인식하기를 원한다. "기독교의 주요 이론은 하나님의 섭리가 세계를 지배했고 지배하며 세계 속에서 일어나는 것은…그의 섭리를 따른다는 것이다"(1968a, 45-46).

12. 인식은 사유를 통해 이루어진다. 따라서 우리는 사유를 통해 하나님과 그에 관한 내용을 구체적으로 알게 된다. 하나님에 대한 감정에서도 사유의 요소가 전혀 없는 것은 아니다. 사유를 통해 어느 정도 구체적으로 알게 된 하나님이 감정을 통해 느껴질 뿐이다. 종교의 표상과 예술의 직관(눈으로

직접 볼 수 있는 그림이나 조각 등의 예술품)에서도 사유는 배제되지 않는다. 인간은 사유를 통해 인식된 존재를 표상하고 예술적 형태로 나타낸다.

그러나 인간의 종교적 표상과 예술적 형태는 제한성을 가진다. 그것은 이 세상에 속하지 않은 하나님을 이 세상에 속한 피조물의 상으로 나타내기 때문이다. 따라서 종교와 예술은 한편으로 하나님의 "드러냄"(Enthüllung)인 동시에 "은폐"(Einhüllung)다. 드러냄 속에는 본래의 내용에 속하지 않은 비본래적인 것이 포함되어 있기 때문이다(1966a, 56 이하). 종교의 표상과 예술의 형태 속에는 하나님의 영원한 진리가 감각적인 것과 혼합되어 있다.

이에 반해 사유는 감각적인 것에서 자유롭다. 그것은 감각적 요소를 벗어난 보편적인 것과 관계한다. 사유의 결과인 "사상(Gedanke) 속에는 표상이나 상들(Bilder)과 이들의 의미 사이에 아무 차이가 없다. 사상은 자기 자신을 의미하는 바(das sich selbst Bedeutende)가 사상 그 자체로 있기" 때문이다(57). 우리는 종교의 표상이나 예술의 상들이 아니라 보편적인 것과 관계하는 사유와 사상을 통해 하나님의 세계 섭리를 구체적으로 파악하고 이를 설명할 수 있다.

주관적 감정에 기초한 신앙은 "하나님이 세계를 섭리한다"는 느낌(감정)과 추상적 표상에 머물러 있다. 이에 반해 우리는 사유를 통해 하나님의 섭리와 계획을 구체적으로 파악하고, 이를 세계사의 차원에서 실현해야 한다. 헤겔은 이를 위해 종교의 뿌리를 감정에서 찾지 않고 사유에서 찾는다. "하나님은 오직 사유 안에 그리고 사유에 대해 존재한다"(1966b, 239). "사유는 보편적인 것의 활동이다.···인간은 사유를 통해 동물로부터 구별된다. 감정과 충동은 인간에게도 있고 동물에게도 있다. 그러나 특별한 감정들, 예를 들어 종교적 감정들, 법적 감정들, 인륜적 감정들은 인간에게만 있다. 감정들 그 자체는 가치 있는 것, 참된 것이 아니다. 감정들 안에 있는 참된 것, 예를 들어 '어떤 감정은 종교적 감정이다'라는 규정은 오직 사유로부터 온다. 동물은 종교를 갖지 않지만, 감정을 가진다. 인간만이 종교를 가진다. 그는 사유하기 때문이다. 사유는 오직 보편적인 것이다"(1966a, 121).

하나님이 감정의 대상에 머물지 않고 사유의 대상이 될 때, 우리는 하나님의 진리를 구체적으로 알 수 있고, 하나님의 섭리를 세계사의 차원에서 파악할 수 있다. "하나님은 존재한다. 그는 즉자적이며 대자적이다. 그는 독립적이다. 그는 자유롭다." 우리는 이 하나님의 존재를 감정에서 발견하지 못한다(103). 이 하나님의 존재는 "감정의 대상이 아니라 사유의 대상이다"(1968a, 43).

13. 그러나 헤겔은 감정과 사유, 감정과 내용이 완전히 분리되지 않는다고 생각한다. 오히려 그는 "사유와 감정이 매우 혼합되어 있다"고 말한다 (1966e, 55). 인간은 사유하는 존재인 동시에 감성적 존재이기 때문에 감정과 사유는 분리될 수 없다. 사유와 사상의 요소가 전혀 없는 감정이란 사실상 존재하지 않는다. 이와 동시에 감정의 요소가 전혀 개입하지 않은 사유와 사상도 존재하지 않는다. 우리가 어떤 대상을 감정으로 느낄 때, 우리는 사유를 통해 아는 대상을 느낀다. 또 인간은 정신적·이성적 존재인 동시에 육적·감성적 존재이기 때문에, 그가 사유할 때 감정의 요소가 개입되지 않을 수 없다.

사실 인간의 사유는 그가 느끼는 바에 따라 형성되는 경우가 많다. 우리는 동일한 대상에 대한 인간의 다양한 사유와 판단의 원인을 감정에서 찾을 수 있다. 대상에 대한 감정에 따라 사유와 판단이 달라지는 경우가 많다. 그러나 헤겔은 감정에 대한 사유의 작용을 인정하지만, 사유에 대한 감정의 작용에 대해서는 거의 침묵한다. 그는 사유를 오직 보편적인 것과 관계하는 것으로 생각함으로 말미암아 사유에 대한 주관적 감정의 작용을 허용할 수 없기 때문이다. 그러나 "사유와 감정이 매우 혼합되어 있다"는 그의 말은 감정과 사유 쌍방의 상호 작용을 시사한다.

이와 같이 헤겔은 감정과 사유가 "혼합되어" 있고, 따라서 서로에게 작용할 수 있음을 인정하지만, "종교는 오직 감정만을 요구한다"는 주장을 반대한다(1966a, 198). 만일 사유와 사상이 전혀 없다면, 감정 그 자체는 진리에 대해 아무런 구체적인 것도 말하지 못하기 때문이다. 감정 그 자체는 무엇이 진리이고 무엇이 비진리인지 말하지 않는다. 그런 뜻에서 "감정은 음성을 갖지 않는다"(das Gefühl hat keine Stimme, 1966e, 34). 감정은 진리를 담을 수도 있고, 비진리를 담을 수도 있는 빈 그릇에 불과하다. 감정의 내용을 만드는 것, 내용이 있는 감정을 만드는 것은 감정 자체가 아니라 사유를 통해 얻을 수 있는 보편적 진리의 내용이다. 헤겔은 우리가 단지 감각적으로 지각하고 감정적으로 느끼기만 한다면, 우리의 이성이 만족하지 못할 것이라고 말한다.

그러나 헤겔은 감정을 폐기해야 한다고 말하지 않는다. 사실 감정 없는 종교는 있을 수 없다는 사실을 헤겔 자신도 인정한다. 주체와 대상의 분리를 극복하고, 양자의 직접적 관계를 이룰 수 있는 길도 감정에 있다는 점도 인정한다. 따라서 그는 "사유는 감정에 대립하지 않는다", "자기를 의식하는 감정 곧 사상은 감정을 버릴 수 없다"고『철학사 서설』에서 말한다 (1966a, 198).

4. 정신의 목적에 봉사하는 인간의 의지와 활동

1. 헤겔에 의하면, 인간의 의식과 사유는 물론 인간 의지의 활동성도 하나님의 현상양태에 속한다. 자기를 자유로운 존재로 아는 정신은 "먼저 이성적

의지 혹은 즉자에서의 관념…이다. 추상적 관념으로서 그것은 다시금 직접적 의지 속에 실존할 뿐이다.…관념은 오직 의지 속에 나타난다. 이 의지는 유한한 것이지만, 관념을 발전시키고 자기를 전개하는 관념의 내용을 현존으로…정립하는 활동성이다. 그것은 곧 객관적 정신이다"(1969d, § 482). 인간의 의지에서 나오는 욕구와 충동, 취향과 열정도 "하나의 단순한 가능성, 하나의 능력으로서 정신 자체의 활동과 실현의 계기"다(1968a, 81, 91, 93).

여기서 헤겔은 두 가지 요소를 구별한다. 곧 하나님의 영(정신)과 인간의 활동, 보편적 관념과 인간의 자유로운 활동성, 정신의 보편적 관심과 인간의 특수한 관심을 구별한다. 일반적으로 이 두 가지 요소는 대립하는 것으로 생각된다. 헤겔에 따르면, 두 가지 요소는 대립하지 않는다. 오히려 그것들은 내적인 일치 관계에 있다. 첫째 요소, 곧 정신은 "내적인, 가장 내적인 충동(Trieb)"으로서 인간의 자유로운 의지의 활동성 안에 현존한다. 둘째 요소, 곧 인간의 자유로운 의지의 활동성은 보편적 정신의 "도구와 수단"으로서 무의식적으로 정신의 목적을 수행한다. 인간의 자유로운 의지의 활동성은 정신의 "보편적 행위들을 수행하는 자요 그것을 일으키는 자"다(1968a, 85).

헤겔의 표현을 따른다면, 정신은 인간의 자유로운 의지의 활동성 안에 "내재하며", 인간의 자유로운 의지의 활동성은 정신을 자기의 근거로서 자기 안에 "담지한다"(85, 91). 그렇다면 인간의 자유로운 의지의 활동성은 정신의 현상양태요, 그것의 수행자라고 말할 수 있다. 인간의 자유로운 의지의 활동성은 그 자신의 관심과 목적을 이룸으로써 정신의 의지를 실현한다. "보편적인 것은 특수한 것을 통해 실현될 수밖에 없다"(85).

2. 헤겔은 이를 가리켜 보편적인 것과 특수한 것, 정신의 보편적 관심과 인간의 특수한 관심의 결합이라고 말한다. 이 두 가지 요소를 중재하여 결합시킬 수 있는 길은 "인륜적 자유"(sittliche Freiheit)에 있다. 정신의 보편적 목

적은 인류적 자유 속에서 인간의 사적 관심과 결합되어 "하나가 다른 하나 속에서 자기의 만족과 실현을 발견한다"(1968a, 83, 86). 각 사람의 특수한 관심과 목적들은 인간의 현실과 화해하고자 하는 보편자의 목적을 실현하는 보편자의 계기들(Momente)이다. 이 계기들이 없다면, 보편자의 목적은 공허하고 추상적인 것으로 머물게 된다. 그것은 자신의 내부로부터 현실 세계의 실존으로 실현될 수 없다. 이 보편자의 목적을 움직이게 할 수 있고 실현할 수 있는 길은 자신의 특수한 관심과 욕구와 목적을 가진 각 사람의 활동성이다.

각 사람은 자신의 관심과 목적을 이루고자 노력하는 것처럼 보인다. 그는 "보편적 목적을 생각하지 않고, 자신의 사적인 이익을, 자기의 일을" 추구하며 자기의 만족만을 찾는 것처럼 보인다(1968a, 82). 세계사는 자기의 관심과 욕구와 격정과 목적에서 나오는 인간 행동의 무대요, "격정의 연극" 처럼 보인다. 각자의 "욕구와 격정과 관심 등이 (역사의) 동인(Triebfeder)처럼 보인다"(79).

그러나 인간의 무한한 욕구와 충동과 특수한 관심과 격정과 생각과 표상, 이것들로 말미암아 일어나는 인간의 행동은 "자기의 목적을 완성하기 위한, 이 목적을 의식하게 하고 실현하기 위한 세계정신의 도구와 수단이다.…자기의 것을 추구하며 자기만족을 얻고자 하는 개인과 민족들의 생동성은…그 이상의 것, 더 높은 것의 수단과 도구(Mittel und die Werkzeuge eines Höhern)다." 이 모든 것은 "이성이 세계를 통치하며, 세계사를 통치했고 통치한다"는 이 "보편적인 것과 본질적인 것 아래에 있으며, 이를 위해 봉사하고, 이를 위한 수단이다. 나아가 이 이성은 역사적 현존 속에 내재하며, 역사적 현존 속에서, 역사적 현존을 통해 자기를 완성한다"(1968a, 87).

"관심"(Interesse)이란 단어는 inter + esse의 합성어로서 "그 안에, 그 가운데(inter) 있다(esse)"는 것을 뜻한다. 따라서 우리가 어떤 일에 대한 관심을 가지고 그 일을 위해 활동할 때, 우리는 그 일 "가운데 있다." 그러므로 내 자신의 특수한 일을 위해 활동할 때, 나는 보편자의 목적에 참여되어 보편자의 목적을 위해 활동한다. 보편적 목적이 나의 특수한 관심 "가운데 있다"(inter-esse). 따라서 나의 개인적 관심은 단지 "내 자신의 욕구들과 의지의 관심"일 뿐 아니라 보편자의 관심이기도 하다. 나는 내 자신의 특수한 관심과 목적 속에서 보편적 목적을 추구하는 동시에, 다른 한편 보편적 목적을 희생시키면서 내 자신의 사적 관심과 목적을 추구한다(1968a, 81).

그러나 내가 이루고자 하는 나의 목적은 "좋은 목적, 보편적 목적일 수도 있다." 나의 관심은 "완전히 특수한 것일 수 있다." 그렇다 하여 반드시 "보편적인 것에 대립한다고 추론할 수 없다. 보편적인 것은 특수한 것을 통해 현실화될 수밖에 없다"(84-85). 그의 특수한 목적은 보편적 목적에 상응하며, 보편적 목적과 공통되는 부분을 갖기도 한다. 따라서 개인의 특수한 사적 목적은 만족되어야 할 그 자신의 가치를 가진다. 개인의 사적 목적이 이루어질 때, 그 속에서 보편적인 것이 자기를 실현한다.

3. 세계사의 보편적 목적은 "정신의 **개념**이 만족함을 얻는"데 있다. 곧 신적 정신의 개념과 현실의 세계가 일치하는 데 있다. 헤겔에 따르면, 정신적 존재로서의 인간은 신적 정신의 현존이요 그의 현상양태다. 따라서 인간의 격정은 정신의 목적에 참여해 있다. 그것은 자신의 목적을 성취함으로써 정신의 세계사적 목적을 무의식적으로 성취한다. 그것은 "자기의 목적을 이루고자 하는 이 목적을 의식으로 고양시키고 실현하고자 하는 세계정신의 도구와 수단이다"(1968a, 87).

여기서 헤겔이 말하는 정신의 세계사적 목적은 자유의 실현을 그 내용으로 가진다. 신적 정신의 개념과 일치하는 세계는 모든 인간의 자유가 실현된 세계를 말한다. 세계사의 "보편적인 것"은 세계사의 기저를 이루는 자유의 관념에 있다. 자유의 관념은 역사의 특수한 개별자들 속에 "내재하면서" 개별자들을 통해 그 자신을 실현한다. 이를 통해 "보편적인 것, 즉대자적으로 존재하는 것과 개별성의 결합"이 일어난다(1968a, 87). 곧 "보편적인 것과 특수한 것, 자신에 대해 필연적인 규정과 우연한 것으로 보이는 목적의 결합"이 이루어진다(89). 자신의 특수한 목적을 위해 일하는 개인들은 보편적 목적이 무엇인지 알고 있다. "그들은 자신들의 세계, 자신들의 시대의 진리가 무엇인지, 개념이 무엇인지 알고 있다"(98). 그들 안에 하나님의 영 곧 정신이 있기 때문이다.

그러므로 각 사람의 특수한 관심과 목적들은 선과 정의 등의 보편적 목적에 참여한다. 개인의 특수한 목적들이 이루어질 때, 보편적 관심과 목적이 이루어진다. 이로써 세계와 세계사에 대한 이성의 통치가 실현된다. 세계와 세계사를 다스리는 이성은 "역사적 현존 속에 내재하며, 역사적 현존 안에서, 역사적 현존을 통해 그 자신을 성취한다." 이성과 역사적 현존, 보편적인 것과 특수한 것, 하나님의 정신과 인간 의지의 활동의 결합, 이것만이 "진리"다(1968a, 98). 이성 곧 신적 정신은 보편적·신적 정신의 현존 내지 현상양태로서 자신의 목적을 성취하고자 하는 인간의 의지의 활동 속에서 자신의 보편적 목적을 성취한다.

4. 정신적 존재인 인간은 신적 정신과 직접 관계하는 신적 정신의 현존 내지 현상양태다. 정신의 본질은 사유에 있다. 따라서 인간은 사유하는 존재다. 사유하는 인간의 자아는 유한한 존재로서 모든 것 안에서 자기 자신을 추구한다. 자기 자신을 추구하며 자기의 개별성을 실현하는 행위 속에서 그는 자기에게 "타자요 신적인 것"(1968a, 92), 곧 보편적 관념을 추구하며 이를 실현한다. "유한성의 특징은, 자기의 규정들을 실현함으로써 보편적인 것을 이루는 개별적 행위에 있다"(93). 개인들이 자기의 유한한 관심

과 욕구를 성취하고자 노력하는 것과, 선과 정의와 법의 보편적 관념이 실현되는 것은 하나로 결합되어 있다. 이를 통해 "보편적 관념이 직접적 현실로 실현되고, 개별성이 보편적 진리로 고양되는 일"이 일어난다(95).

그러나 헤겔은 인간의 주관적 의지 자체를 신적 정신의 의지와 동일시하지 않는다. 오히려 그는 양자를 구별한다. 인간의 자아는 자기 자신을 의욕하고 추구함으로써 사실상 보편적 관념을 추구한다. 그는 "자기의 규정들을 실현함으로써 보편적인 것을" 실현한다. 여기서 보편적 관념과 인간 자신이 의욕하고 추구하는 것이 동일시된다. 양자가 동일한 것이라면, 보편적 관념은 인간 자신이 의욕하고 추구하는 것으로 폐기될 수 있을 것이다. 그러나 헤겔은 양자를 구별한다. 그는 보편적 관념을 가리켜 인간에 대해 "신적인 것으로서 다른 것"(das Andere als das Göttliche)이라고 구별한다(1968a, 92). 달리 말해, 보편적 관념은 신적 정신의 의식과 사유와 의지의 활동 속에, 이 활동 자체로 나타나는 동시에, 이 활동의 주체인 인간에 대해 "신적인 다른 존재"로 구별된다.

인간을 신적 정신의 현상양태로 보는 동시에, 신적 정신과 인간을 구별하는 헤겔의 입장은 이미 그의 초기 문서에 나타난다. "종교는 사랑과 하나다. 사랑받는 자는 우리에게 대립하지 않는다. 그는 우리의 본질과 하나다. 우리는 사랑받는 자 안에서 단지 우리 자신을 본다. 그렇지만 사랑받는 자는 우리가 아니다. 이것은 우리가 파악할 능력이 없는 기적이다"(1971, 244). 이 문장에 따르면, 사랑하는 자와 사랑받는 자, 아버지 하나님과 그의 아들 예수는 깊은 사랑의 영 안에서 하나다. 그들은 서로 자기를 타자 안에서 본다. 그러나 양자는 구별된다. 이와 마찬가지로 하나님과 인간은 구별된다. 그러므로 헤겔을 가리켜 하나님과 인간을 동일화시킨 "동일성의 철학자"로 낙인찍는 것은 적절하지 않다.

5. 인간에 관한 지금까지의 내용을 다음과 같이 요약할 수 있다. 의식, 이성, 사유, 의지를 가진 인간 일반이 정신 곧 하나님의 현존 내지 현상양태다. "하나님은 인간의 형태로 나타난다. 단 하나의 이성, 단 하나의 정신이 있다는 것이 진리다." 하나님과 인간은 더 이상 대립 관계에 있지 않다. 예수가 계시하는 것처럼 하나님과 인간은 화해 관계에 있다. 헤겔은 이를 가리켜 신적인 것과 인간적인 것의 **"화해의 원리"**라 부른다(이에 관해 1968c, 731-734, 1966d, 34, 134 이하, 1966a, 241 등). 아버지 하나님과 그의 아들이 하나로 결합되어 있듯이 하나님과 인간은 결합되어 있다. 아버지 하나님이 아들 예수 안에 있는 것처럼, 정신으로서의 하나님은 인간 안에 있다. 인간은 하나님이 그 안에 있는 하나님의 현상양태다. 정신으로서의 하나님은 인간의 의식, 이성과 사유, 의지의 활동 속에서 현상한다. 인간은 자신의 목적을 성취함으로써 하나님의 보편적 목적에 봉사한다. 하나님은 이들 속에 현존하면서 자신의 목적을 이루어나간다.

헤겔은 자신이 이와 같이 생각하게 된 역사적 배경을 다음과 같이 설명한다. 종교는 인간에게 철학, 이성, 사유 등을 포기하라고 가르치는 것이 오늘의 추세다. 이 모든 인간적 활동은 하나님의 지혜에 대립하는 세상의 지혜, 인간의 행동, 인간 이성의 인식으로 간주된다. 인간의 이성은 인간의 일을 행할 뿐이다. 하나님의 행위는 이에 대립한다. 여기서 인간의 행위는 하나님의 신적 행위에 대립하는 것으로 생각된다. 하나님의 지혜를 알고자 한다면 인간을 보지 말고 자연을 보아야 한다고 가르친다(낭만주의 시대의 자연주의 참조. Rousseau: "자연으로 돌아가라"). 자연의 일들은 신적이요, 인간이 하는 일, 특히 인간의 이성이 하는 일은 인간적인 것에 불과하며 비신적인 것 (Ungöttliches)으로 간주된다.

6. 헤겔에 따르면 이와 같은 생각은 타당하지 않다. 우리는 인간의 이성이

하는 일들에 대해 최소한 자연의 일들에 부여하는 것만큼의 가치와 신성 (Göttlichkeit)을 부여해야 할 것이다. 자연주의자들이 말하는 것처럼 자연 의 일들, 짐승들의 삶 등이 신적인 것이라면, 인간의 행위는 그보다 더 높은 신적인 것으로 보아야 할 것이다. 자연에 비추어볼 때, "인간의 행위는 무 한히 더 높은 의미에서 신적인 행위, 정신의 사역이다.…신적인 것을 어디 에서 찾아야 하느냐고 누가 묻는다면, 무엇보다 먼저 인간이 생산하는 일 (Produzieren)에서 찾아야 한다고 대답할 수 있을 뿐이다"(1966a, 172-173).

칸트는 인간의 정신은 하나님을 인식할 수 없다고 말한다. 그래서 자 연주의자들은 하나님을 자연 속에서 인식해야 한다고 말한다. 자연 속 에 신적인 것이 있다! 이에 반해 헤겔은 다음과 같이 말한다. "정신은 자 연보다 더 높은 것이다. 그리스도는 이렇게 말한다. '너희는 새보다 귀하 지 아니하냐?'(마 6:26) 따라서 인간은 자연에서 하나님을 인식하기보다는 그 자신으로부터 하나님을 더 잘 인식할 수 있다. 신적인 것은 자연 안에서 보다도, 인간이 그 자신으로부터 생산하는 것 속에서 더 많이 자기를 나타 낸다"(1966a, 173).

여기서 헤겔은 자연주의의 문제성을 다음과 같이 비판한다. 자연은 "자 유를 보여주지 않고, 필연성과 우연성을 보여준다"(1969d, § 248). 쉽게 말 해, 자연은 자유로운 의지와 결단에 따라 행동하지 않고, 주어진 필연적 자 연 법칙을 따를 뿐이다. 자연의 이와 같은 실존을 고려할 때, 자연을 신격화 하는 것은 옳지 않다. 인간의 행동과 행한 일들보다 태양과 달과 짐승과 식 물을 더 높은 "하나님의 하신 일로" 찬양하는 것은 적절하지 않다. 우리는 "자연의 사물들"보다 "정신적인 것"을, "자연의 사물들보다 인간의 예술품 을" 더 높은 것으로 보아야 할 것이다. 실존의 우연성에 묶여 있는 자연이 "영원한 법칙에 충실하다"면, 인간의 "자기의식의 왕국"도 그러할 것이다. 인간이 행하는 우연한 것이 악으로 빠질지라도 별들의 규칙적 운동이나 식물들의 무죄함보다 더 고귀할 것이다(§ 248 주해). 자연이 하나님을 계시한다면, 하나님의 형상으로 창조된 인간이 자연보다 훨씬 더 분명하게 하나님을 계시할 것이다. 헤겔은 이와 같은 생각에서 의식, 이성, 사유, 의지를 가진 인간을 절대정신 곧 하나님의 본질적 현실 내지 현상양태로 파악한다.

7. 많은 신학자가 헤겔의 이런 생각을 매우 위험한 것으로 생각한다. 필자 자신도 헤겔의 생각에 의문을 가진다. 과연 인간이 행하는 일들이 자연보다 더 많이 하나님을 계시한다고 볼 수 있는가? 자연의 생명체 중 가장 잔인하고 악한 존재가 인간이 아닌가? 자연의 짐승들은 배가 부르면 더 이상 다른 생명을 해치지 않는다. 그들은 비축을 알지 못한다. 그런데 인간은 아무리 배가 불러도 더 많이 소유하고자 하는 욕망 때문에 자연의 생명들을 무참히 살해하지 않는가? 그러나 헤겔의 생각이 전혀 성서적 근거를 갖지 않는다고 말할 수는 없다. 몇 가지 근거를 제시한다면 다음과 같다.

1) 인간은 "**하나님의 형상**"으로 창조되었다. 인간이 타락했을지라도, 하나님의 형상은 남아 있다. 그런 점에서 인간은 하나님이 그 안에 나타나는 하나님의 현존양태 혹은 현상양태라 말할 수 있다. 인간은 하나님과 가장 가까운 존재이며, 하나님과 인격적 소통이 가능한 유일한 존재다.

2) 하나님 아버지와 그의 신적 아들에 대한 신인동형론적 표현들, 곧 하나님을 인간처럼 표상하고 아버지, 아들이라 부르는 것은 하나님과 인간의 직접적 관계성을 암시한다. 심지어 성서는 인간을 "신"이라 부르기도 한다. "**너희는 신들이며, 다 '지존자'의 아들들이라…**"(시 82:6. 이와 반대되는 말씀에 관해 겔 28:2, "너는 사람이요, 신이 아니다").

3) 보다 더 깊은 신학적 근거는 하나님의 **성육신**에 있다. 인간의 육을 취한 하나님의 아들 예수는 "참 하나님"인 동시에 우리와 동일한 "참 인간"이었다. 인간 예수는 땅 위에 있는 하나님의 현존 내지 현상 자체였다. 아버지 하나님과 그의 아들 예수는 하나였다. 헤겔은 이 생각을 인간 일반으로 확대한다. 그리하여 그는 인간 일반을 하나님의 현존 및 현상양태로 파악한다. 인간 일반이 "신들이고, 다 지존자의 아들들"이라면, 이 확대는 가능하다.

4) 하나님과 예수의 관계를 인간 일반으로 확대시킬 수 있는 근거는 하나님의 아들 **예수와 인간의 친구 관계 혹은 형제 관계**에 있다(요 15:14-15). 예수는 자신을 따르는 사람들을 "형제"라 부른다. 그는 약한 사람, 곧 "형제"를 위해 죽었다(고전 8:11). 영원한 대제사장이신 예수는 모든 사람의 "맏아들"이다(롬 8:29, 히 1:6). 하나님의 아들 예수 안에 있는 하나님의 형상 내지 하나님의 현상양태는 그와 친구 관계 내지 형제 관계에 있는 모든 인간에게 확대된다.

헤겔에 따르면, "정신의 보편성은 절대적…보편성이다. 이 보편성은 모든 것을 관통하여 충만케 하며(durchdringt), **모든 것 안에 현존한다**"(1966a, 175). 그것은 가장 직접적으로 인간의 정신을 관통하여 충만케 하며, 인간의 정신 안에 현존한다. "정신은 정신에 대해 존재하기" 때문이다.

5. 정신의 도구인 세계사적 인물들

1. 헤겔에 의하면, 정신적 존재로서의 각 사람은 자신의 관심과 목적을 성취함으로써 보편자, 곧 영(정신)이신 하나님의 목적을 성취하지만 이 사실을 알지 못한다. 개인이나 대중은 그들이 사실상 무엇을 원하고 있는가를

인식하지 못한다. 그들은 그 시대가 요청하는 "더 높은 보편적인 것"에 대해 둔감한 채 자신의 개인적인 관심과 목적을 추구한다.

이에 반해 "위대한 세계사적 인물들"은 "더 높은 보편적인 것을 파악하고 그것을 자신들의 목적으로 세우며, 정신의 보다 더 높은 개념에 일치하는 목적을 실현한다. 그들이 원하는 것, 그들의 목적으로 삼고 실현하는 것은 바로 그 시대가 원하는 것이다. 그것은 "정신으로서의 하나님"이 그 시대에 반드시 필요하다고 여기는 것이다. 그들의 목적은 그 시대에 필연적인 절대정신의 목적과 동일하다(1968a, 101). 이런 점에서 그들은 그 시대의 영웅이다. 그들은 자신들의 목적과 사명을 주어진 현실로부터 취하지 않고, "다른 원천", 곧 자신의 현존에 아직 도달하지 못한, "숨어 있는 정신"으로부터 취한다. "세계사적 인물들은 자신들이 생각해낸 것, 상상한 것이 아니라 (그 시대의) 올바른 것과 필연적인 것을 의욕하고 실현한 인물들", "때가 무르익은 것, 필연적인 것을 아는" 사람들이다(97).

그들이 실현한 것은 그들 자신으로부터 나온 것처럼 보인다. 그러나 그것은 그들이 발견한 것이 아니라 "영원히 현존하는 것이고, 그들에 의해 세워진 것이며 그들과 함께 추앙을 받는 것이다." 그것은 "이전에 아직 존재하지 않았던 원천으로부터" 나온 것이기 때문에, 그것은 그들이 자신으로부터 이루어낸 것처럼 보인다. 그들이 이룬 새로운 세계 상황들과 행위들은 그들의 생성물로, 그들의 관심과 그들의 업적으로 보인다. 그들이 이룬 것은 "그들의 세계, 그들의 시대의 진리", "때가 무르익은 것"(was an der Zeit ist)이다. "그들은 그들의 세계에서 가장 깊은 통찰을 가진 사람들이요, 무엇을 해야 할 것인가를 가장 잘 안다.···다른 사람들은 그들에게 복종할 수밖에 없다. 그들은 그렇게 느끼기 때문이다. 그들의 말과 행동은 (그 시대에) 진술될 수 있고 행해질 수 있는 가장 좋은 것(das Beste)이다." 이로써 그들은 "이 본질적 정신의 유기적 기관으로(zu Organen) 자기를 형성한다." 그들은 바로 이를 통해 세계 속에서 힘을 가진다. 그들은 "즉대자적으로 존재하는 정신의 목적과 일치하는 목적을 가진 사람들이다. 이로써 절대적 권리가 그들의 편에 있다"(1968a, 98).

2. 이들 세계사적 인물들은 먼저 다른 사람들을 만족시키기 위해 행동하지 않고 자신들을 만족시키기 위해 행동한다. 그들은 이를 통해 "때가 찬 것을" 이룬다. 이에 대해 저항하는 것은 부질없는 일이다. 왜냐하면 세계사적 인물들은 개인들 자신이 의식하지 못하는 "모든 개인의 내적인 영혼", 곧 새로운 시대에 실현되어야 할 정신의 새로운 규정, 무의식 속에서 개인들 자신이 원하는 것을 실현하기 때문이다. 따라서 개인들은 "이 영혼의 영도자들을 따른다. 그들은 그들에게 대칭하는 그들 자신의 내적 정신의 막을 수 없는 힘을 느끼기 때문이다"(1968a, 99).

세계사적 인물들은 보편적 정신의 대변자들이며 계시자들이다. "이 역사의 영웅들"은 "정신들의 몸체들"이다(Körper der Geister, 1966a, 71). 그들은 개인들과 대중이 깨닫지 못하는 그 시대의 신적 관심과 목적을 성취하며, 이를 통해 세계 현실을 하나님께 더 가까운 현실로 고양시킨다. 그들이 성취하는 것은 그 시대에 가장 좋은 것이요 옳은 것이다. 그들이 이룬 일들의 내용은 그들 자신이 생각하지 못했던 "이성적인 것"이다. 그들은 "그 자체에 있어 이성적인 것을 정신의 깊은 굴에서…밝은 곳으로 끌어내며, 의식으로, 지식으로 발전시킨다." 그러므로 그들이 행한 일들은 긍정적인 것이며 신적인 것이다. 그들의 행위를 통해 보편적인 것, 이성적인 것이 실현되기 때문이다. 그들이 한 일들은 단지 후대의 회상을 위해 신전의 대리석이나 종이에 새겨져 있기만 한 것이 아니라 "그들이 등장했던 때와 마찬가지로 현재적인 것이다"(1966a, 71).

세계사적 인물들의 "유일한 목적, 유일한 힘, 오직 그들과 같은 사람들만 원하는 것, 그들 안에서 만족을 찾으며 자기를 성취하는 것"은 보편적인 것, 곧 "정신으로서의 하나님"이 이루고자 하는 것이다(98). 세계사적 인물들은 자기의 목적을 성취하고 자기만족을 얻음으로써 그 시대에 정신이 원하는 보편적인 것을 실현한다. 절대정신은 세계의 모든 것 안에 현존하지만, 세계사적 인물 속에서 자신의 의지를 분명하게 나타난다. 세계사적 인물들은 "세계정신의 집행자들"이다.

3. 소시민적인 사람들은 세계사적 인물들을 다음과 같이 부정적으로 평가한다. 곧 세계사적 인물들은 정복에 대한 욕망과 자기 영광을 얻고자 하는 욕망에서 행동한 "비인륜적 인물"이었다는 것이다. 그리스와 아시아를 정복한 마케도니아의 알렉산드로스는 정복에 중독된 사람으로 평가된다. "그는 영광 중독증(Ruhmsucht)과 정복 중독증(Eroberungssucht)에 걸려 행동했다." 그리스와 인도가 알렉산드로스를 몰아낸 것은 이를 증명한다. 그래서 세계사를 가르치는 학교 선생은 알렉산드로스 대왕, 율리우스 카이사르와 같은 세계사적 인물들이 "비인륜적 사람들"이었다고 평가하면서 자기처럼 아시아, 페르시아의 왕 다리우스, 인도의 왕 포루스를 정복하지 않고, 일반인들처럼 먹고, 마시며, 친지들과 친교를 나누고, 특별한 포도주를 즐기며 평온하게 사는 사람이 훌륭한 사람이라고 가르친다.

　헤겔에 따르면, 영웅의 장화를 벗겨주고, 침대에 들어가도록 도와주는 "궁중 하인에게는 영웅이 없다"는 말은 널리 알려진 격언이다. 헤겔은 영웅이 영웅이 아니기 때문이 아니라 궁중 하인은 궁중 하인이기 때문에 "궁중 하인에게는 영웅이 없다"고 첨가했는데, 2년 후 괴테가 이 말을 반복했다고 말한다(1968a, 103). 역사를 기술하는 궁중 하인들은 하인에 불과하기 때문에 세계사적 영웅들을 평준화시켜버리고 그들을 도덕성이 약한 사람으로 처리해버린다는 것이다.

또한 소시민적 심리를 가진 사람들은 세계사적 영웅들이 자신의 영광과 자랑을 추구했다고 비난한다. 이에 대해 헤겔은 다음과 같이 대답한다. 세계사적 영웅들이 얻고자 한 것은 자신의 영광과 자랑이 아니었다. 그들은 기존 사회의 관습적인 것, 인정되는 것을 멸시했다. 그들은 오직 이를 통해 자신들의 일을 성취했다. 그들은 일반적으로 인정되는 것을 멸시함으로써 영광을 얻을 수 있었다. 소시민적 심리를 가진 사람들이 비난하는 것처럼, 그들은 다른 사람들의 인정을 추구하지 않았다. 오히려 그들은 "다른 사람들의 반대에 대립하여" 그들 자신의 목적을 이루었다. 그들은 다른 사람들의 일반적 기대를 만족시키기 위해서가 아니라 자기 자신을 만족시키고자 했다. "그들은 (그 시대에) 가장 좋은 것이 무엇인가를 알고 있었다." 카이사르는 로마의 공화정이 끝났음을 알았다. "공화정은 거짓말이요, 키케로는 공허한 말을 지껄거리며 이 공허한 형태(공화정)는 하나의 새로운 형태(帝政)로 교체되어야 하고", 자기가 도입하고자 하는 제도가 필연적인 것임을 알았다. 그래서 그는 기존의 거룩하다는 법과 제도를 철폐하고자 했다는 도덕적 비난을 피할 수 없었다(1968a, 105).

4. 헤겔은 세계사적 인물들 내지 영웅들과 연관하여 인간의 격정(Leidenschaft)을 다음과 같이 해석한다. "이성이 세계를 다스린다"는 역사의 목적은 그것을 실현할 수 있는 수단 내지 매체를 필요로 한다. 이 수단은 자신의 욕구와 충동과 관심과 의지를 성취하고자 하는 "인간의 활동"이다. "특수한 관심들, 특수한 목적들 혹은 흔히 말하는 자기를 추구하는 의도로 말미암아 일어나는 인간의 활동"은 격정 그 자체라 말할 수 있다. 인간은 자기의 의도와 목적을 이루기 위해 자기의 모든 에너지를 바치기 때문이다.

인간의 모든 행위 속에는 의식적이든 무의식적이든, 크든지 작든지 간에 격정이 숨어 있다. 격정은 인간의 행위를 유발하고 또 동반하는 내적 동인과 같다. 인간의 모든 행동은 격정을 전제한다. 인간은 자기가 욕구하고 의지하는 바를 이루고 자기만족을 얻고자 하는 격정 속에서 활동하기 때문이다. 격정 내지 열정이 없을 때, 행동은 중지된다.

그럼에도 격정은 일반적으로 좋지 않은 것으로 생각된다. 그것은 이성에 모순되는 것, 비이성적인 것으로 간주된다. 그래서 "인간은 격정을 갖지 않아야 한다"고 말한다. 이에 반해 헤겔은 인간의 격정을 긍정적으로 평가한다. 격정과 이성적인 것, 이 둘 중에 "격정은 (이성적인 것을) 활동케 하는 것(das Betätigende)이다. 그것은 항상 도덕에 대립하는 것이 결코 아니다. 오히려 그것은 보편적인 것을 실현한다"(1968a, 84). 격정은 "이성이 세계를 다스린다"는 역사의 이상(관념)이 "자기를 펼칠 수 있는 팔"과 같다(83). 관심이 없으면, 아무것도 이루어질 수 없다. "우리는 관심을 격정이라 부를" 수 있다. 따라서 "격정 없이는 세계 속에서 아무런 위대한 것도 이루어질 수 없었다"고 말할 수밖에 없다. 격정은 내용과 목적이 아직 규정되지 않은 "의욕과 행동의 에너지(Energie des Wollens und der Tätigkeit)의 주관적인…측면이다." 따라서 중요한 문제는 "격정이 어떤 목적을 가지느냐"에 있다(87-88).

무언가 위대한 것을 이루는 사람은 자기의 모든 에너지를 거기에 몰입한다. 그는 다양한 목적에 자기를 분산하지 않고, 자기가 참되다고 생각하는 목적에 자기를 전적으로 바친다. "격정은 이 목적의 에너지이며, 이 의욕의 특수성(Bestimmtheit)이다.…격정은 거기로부터 인간이 무언가 큰일을 이룰 수 있는 조건이다. 따라서 격정은 비도덕적인 것이 아니다"(1968a, 101). 세계사적 인물들의 격정은 세계정신의 에너지다. 그들이 가진 "격정의 특수한 관심은 보편적인 것의 활동에서 분리되지 않는다. 보편적인 것은 특별한 것과 특수한 것 그리고 특수한 것의 부정에서 결과되기 때문이다." 그러므로 세계사적 영웅들의 격정은 비도덕적인 것이 아니라 그 시대의 보편적인 것이 실현될 수 있는 조건이다.

5. 어떤 학자는 헤겔이 말하는 세계사적 인물들을 가리켜 "현상하는 신들"(erscheinende Götter)이라고 해석한다. 그러나 이것은 지나친 해석이다. 세계사적 인물들은 그 시대에 하나님이 원하는 바를 이루는 하나님의 현존양태 내지 현상양식일 뿐이다. 그들의 의지와 하나님의 의지가 일치한다. 여기서 헤겔이 생각했던 세계사적 인물은 당시 유럽 세계를 정복한 나폴레옹(1769-1821)이었던 것으로 보인다.

그러나 개인들과 마찬가지로 세계사적 인물들 역시 제한된 존재들이다. 그들의 의지는 자신의 특수한 관심과 욕구에서 완전히 자유롭지 못하다. 따라서 세계사적 인물들이 자신의 역사적 소임을 다하고 최고의 명성에 도달했을 때, 그들은 역사의 뒤안길로 사라진다. 그들은 세계정신의 "도구"일 뿐이다(1969d, § 551). 그러나 헤겔은 그들이 목적 자체에서 분리된 도구에 불과한 것이 아니라 하나님의 의지와 일치하는 점에서 "자기목적"(Selbstzweck)이라고 말한다.

6. 정신의 현상양태인 민족정신

1. 이제 헤겔은 한 민족이 가진 정신, 곧 민족정신(Volksgeist)을 보편적·신적 정신의 현존양태 내지 현상양태로 파악한다. 정신은 "하나다. 세계의 정신, 곧 세계정신은 인간의 의식 속에서 자기를 전개한다.…이 세계정신은 절대정신인 신적 정신과 일치한다. 하나님은 어디에나 계시기 때문에, 그는 각 사람 안에 계시며, 각 사람의 의식 안에 나타난다"(1968a, 60). 따라서 "정신

은 본질적으로 개인이다"(59). 각 개인은 정신적 존재로서 정신에 대해 알기 때문에 정신의 보편적 삶에 참여한다.

그러나 개인은 제한된 존재다. 그는 세계정신의 현존인 동시에 사적·주관적 관심과 욕구에 묶여 있다. 그는 자연성에 의존한다. 그의 욕구와 관심들은 부분적인 것이며 제한된 것이다. 따라서 세계사 철학은 "개인들"이나 "개별적 개체성"(partikulare Individualität)과 관계하지 않는다. 그것은 한 민족과 관계한다. "역사의 정신"은 "한 특수한 개인 곧 민족 일반"이다. 우리가 관계하는 정신은 민족정신이다(59).

"한 특수한 민족의 특수한 정신은 멸망할 수 있다. 그러나 그것은 세계정신의 과정의 고리 속에 있는 지체이며, 이 보편적 정신은 멸망하지 않는다. 민족정신은 특수한 형태 속에 있는 보편적 정신이다." 보편적 정신은 이 특수한 형태 위에 있는 동시에 이 형태 속에서 실존한다. 따라서 민족정신은 세계정신의 구체적 현존양태 내지 형태라 말할 수 있다. 그것은 보편적 세계정신의 실존으로서 "하나의 특수한 정신, 구체적 전체"다(64). "민족정신의 특수성은 그가 정신에 대해 가진 의식의 종류와 방법에 있다(60). "세계사에서 자기 자신에 대한 정신의 의식의 단계는 한 민족의 실존하는 정신으로서 나타난다"(187).

2. 헤겔에 따르면, 정신을 어떻게 의식하느냐에 따라 민족정신은 다양성을 갖는다. 곧 정신에 대한 이해에 따라 다양한 민족정신이 등장한다. 각 민족이 가진 인륜(Sittlichkeit)과 법은 "자신에 대한 정신의 의식이다. 그것들은 자신에 대해 정신이 가진 개념이다.…민족의 의식은 정신이 자기에 대해 아는 것에 달려 있다. 모든 것의 중심이 되는 궁극적 의식은 인간이 자유롭다는 것이다." 이 의식을 실현하는 "재료, 그것의 토대는 보편적 의식, 곧 한 민족의 의식일 따름이다.…이 의식이 그 민족의 법과 인륜과 종교를 형

성한다. 그것은 한 민족의 정신의 본질적인 것이다"(1968a, 59-60).

정신의 "행위는 자기를 공간적으로도 존재하는 세계로 만드는 것이다. 종교, 문화, 인륜, 관습, 예술, 국가체제, 정치적 법들, 다양한 행위와 사건들, 바로 이것이 민족이다"(59). 이 모든 현실은 "정신의 현존의 다면적인 발전"을 나타낸다. 그것들은 "정신이 도달한 자기의식의 단계"이다. 그것들은 "정신이 역사 속에서, 그의 현존의 상황들 속에서 계시하는 원리"가 구체화된 현실이다. "이 원리가 그 안에 실존하는 형태가 바로 민족이다"(1966a, 64). 이제 정신은 한 민족의 삶의 현실로 실재한다. "정신은 한 민족의 인륜적 삶이다." "살아 생동하며 인륜적인 세계는 그의 **진리** 안에 있는 정신이다"(1952, 315).

3. 헤겔에 따르면, "정신의 실체는 자유다." 세계사의 목적은 정신의 자유의 실현에 있다. 민족정신들은 "정신이 자기 자신의 자유로운 인식에 이르는" 과정, 곧 정신의 자유의 실현 과정 속에 있는 "지체들이다." 각 민족정신은 "그 자신의 원리를 가진다. 그것은 그의 목적이 되는 이 원리를 추구한다. 이 목적에 도달할 때, 그것은 세계 속에서 무의미하게 된다"(1968a, 64).

민족정신은 처음부터 명백한 것이 아니라 "어두운 욕구의 형식 속에 싸여 있는 원리의 발전으로" 생각되어야 한다. 이 원리는 "그 자신 안에서 풍요로운 것이고 다양하게 개진된 것이다. 정신은 생동적이며 작용하는 것이요", 이 작용을 통해 생성되는 모든 것은 정신 자신의 "산물"이기 때문이다. 민족의 모든 행위와 방향들 속에서 자기를 추진하는 것은 자기를 실현하고 향유하며 파악하는 정신일 뿐이다. 한 민족의 "종교, 학문, 예술, 운명, 다양한 일들"은 정신의 자기 전개(Entfaltung)다.

헤겔에 따르면, 한 민족의 특징을 구성하는 것은 "민족의 자연적 특수성(Naturbestimmtheit)이 아니다." 곧 지역적 위치, 기후적 조건 등에 있지 않다. 그것은 "정신의 자기 전개 속에서 나타나는 종교, 학문, 예술 등 다양한 삶의 영역들이다." 다양한 삶의 영역들 속에서 민족정신은 먼저 "자기의 특수한 목적들에 대해 알지만, 자기 자신에 대해서는 아직 알지 못한다." 민족정신은 자기 자신을 알고자 한다.

민족정신의 "가장 높은 활동성은 사유다." 그는 사유를 통해 자기를 알고자 한다. "정신에게 가장 높은 것은 자기를 아는 것이다. 자기를 직관 (Anschauung)으로 나타낼 뿐 아니라 자기 자신의 사상(Gedanken)으로" 나타내는 것이다. 이로써 한 민족정신은 완성에 이르고, 자기의 전성기를 맞게 된다. 그러나 "이 완성은 그의 멸망이기도 하다. 이 멸망은 하나의 다른 단계, 하나의 다른 정신의 등장을 뜻한다. 개별의 민족정신은 하나의 다른 정신의 원리로 넘어감으로써 자기를 완성한다. 이리하여 민족들의 원리들의 발전과 발생과 폐기가 일어난다. 이러한 운동의 연관성이 무엇인가를 파악하는 것이 철학적 세계사의 과제다"(1968a, 64-65).

4. 보편적 세계정신은 사유하는 존재로서의 각 사람 안에도 현존한다. 그러나 헤겔에 의하면 민족정신은 **각 사람 이전에 완성되어 있는 것**으로 전제된다. 개인이 알지 못할지라도, 그것은 "하나의 전제로서 현존한다. 개인은 이 분위기 속에서 교육을 받는다.…개인은 이 실체 안에 있다.…어떤 개인도 이 실체를 벗어날 수 없다. 그는 개별의 다른 개인들로부터 자기를 구별할 수 있지만, 민족정신으로부터 자기를 구별할 수 없다. 그는 많은 다른 개인들보다 더 정신적으로 풍요로울 수 있지만, 민족정신을 넘어설 수 없다"(1968a, 60). 개인은 민족의 존재를 하나의 이미 완결된 확고한 세계(bereits fertige, feste Welt)로 발견한다. 개인은 이 세계에 자기를 통합해야 한다. 그는 이 기초적 존재에 자기를 동화해야(aneignen) 한다. 이것은 정신의 생성기에 속한다. 이 단계에서 "개인과 전체의 구별은 아직 발생하지 않

는다"(67).

여기서 헤겔은 개인을 자기의 민족에 속한 존재로 파악한다. "각 개인은 자기 민족의 아들이다. 누구도 땅을 뛰어넘어 설 수 없는 것처럼 자기 민족의 정신을 뛰어넘어 설 수 없다. 땅은 중력의 중심이다. 만일 한 물체가 자기의 중심을 떠난다고 생각될 경우, 그 물체는 공중으로 분해되어버릴 것이다. 개인과 민족의 관계도 이와 같다.…개인은 민족이 요구하는 의지를 그 자신 속에 의식화시키고, 그것이 말하도록 해야 한다." 개인은 자기의 내용을 발견하는 것이 아니라 민족정신의 "본질적 내용이 그 자신 속에서 활동하도록" 해야 하는 것이다(95).

5. 역사는 한 민족정신이 등장하여 전성기를 이루고, 새로운 민족정신으로 대체됨으로써 보편정신이 자기 자신으로 돌아가는 발전 과정이다. 각 민족정신은 보편정신의 이 과정 속에서 자신의 원리를 가지며, 보편정신의 수단으로서 자기의 소임을 다한다. 민족정신들은 보편정신의 역사의 "계기와 단계들"로서 각자의 제한성을 가진다. 그들의 원리들은 그들의 특수성 때문에 언제나 제한되어 있다. "제한된 정신"으로서 그들이 가진 독자성은 보편정신 아래에 있다. 각 민족정신은 보편정신의 역사 속에서 "단 하나의 단계를 이행하며…단 하나의 소임만 완성하도록 규정되어 있다." 자신의 소임을 다했을 때, 민족정신은 "보편적 세계사 속으로 넘어간다." 세계사는 세계사적 의미를 가진 민족정신들이 발흥했다가 사라지고 새로운 세계사적 민족이 등장했다가 또다시 사라지는 과정이다. 이런 의미에서 세계사는 "세계 심판"이다(1955, §340, 1969d, §548, 549). 그러나 세계사는 "그의 힘에 대한 세계 심판에 불과하지 않다." 그것은 역사를 지배하는 "이성과 그의 자기의식과 그의 자유의 계기들의 필연적 발전이며―보편정신의 전개(Auslegung)와 실현이다"(§342).

세계사는 각 시대마다 그 시대를 대표하는 "지배 민족" 혹은 "세계사적 민족"을 가진다. 이 민족은 그 시대의 세계정신을 대표한다. 그것은 "세계정신의 현재적 발전 단계의 추진자(Träger)가 되는 절대적 권리를" 가진다. 다른 민족들의 정신들은 이 권리에 대해 무력하다(rechtlos). 그들은 세계사 속에서 무의미하다(1955, § 347). 달리 말해, "한 특수한 민족의 자기의식은 그 당시 현존하는 보편적 정신의 발전 단계의 추진이다. 그것은 자기의 의지를 그 속에 두는 객관적 현실이다. 이 절대적 의지에 반해 다른 특수한 민족정신들의 의지는 권리가 없다(rechtlos). 저 민족이 세계를 지배하는 민족이다"(1969d, § 550).

헤겔의 이 생각은 매우 위험하다. 특정 민족이 "세계사적 민족"으로 자처하면서 세계를 지배할 수 있는 권리를 주장할 수 있게 된다. 따라서 어떤 식자는 헤겔이 식민주의, 제국주의를 조장했다고 비판한다. 그러나 이 문제 역시 나무 한 그루만 보고 판단할 문제가 아니라 숲 전체를 보며 판단할 문제다.

헤겔에 대한 블로흐의 해석에 의하면, "역사를 이끌어가는 주체"는 "생산력으로서의 노동하는 인간"이 아니라 "민족정신"이다. 역사를 이끌어가는 현실적 주체의 관점에서 볼 때, "세계사는 '민족정신들'과 그들의 연속과정에 의해 형성된, 논리적으로 잘 배열된 '민족들의 푸가'다"(Völkerfuge, Bloch 1962, 136. Fuge는 음악의 한 작품에서 기본 주제곡이 약간 변조된 형태로 반복해 나타남을 말함). 블로흐가 말하는 "민족들의 푸가"는 헤겔에게서 "세계사적 민족들의 푸가"로 생각된다. 약소 민족들은 세계사적 민족들의 푸가에서 제외된다. 세계사는 "세계사적 민족들"의 독무대가 된다.

그러나 헤겔은 세계사를 지배하는 민족도 "하나의 특수한 단계로서" 자기가 이룬 것을 "자기의 우연과 심판에게 넘겨준다"는 것을 잊지 않는다 (1969d, § 550). 세계사의 모든 지배하는 민족들도 결국 보편적인 신적 정신

의 "도구들"에 불과하다. 여기서 헤겔은 "부정의 요소를…특별히 유의해야
한다"고 말한다(§ 552, 주해). 우리는 이에 관해 아래에서 고찰하고자 한다.

7. 땅 위에 있는 "하나님의 현상"인 국가

1. 헤겔에 따르면, 민족정신은 국가의 형태를 취함으로써 자기를 구체적으
로 나타낸다. 따라서 국가는 민족정신의 구체적 형태 내지 구현체라 말할
수 있다. "현실의 국가는 이 정신으로 충만하다(beseelt)"(1968a, 115). 그것은
국민의 "유기적 전체"(organisches Ganze)로서 "정신의 현상"이다. 진리에 대
한 한 민족의 의식, 국민 안에서 살고 국민을 다스리는 정신적 힘들, 곧 "보
편적인 것"이 국가 안에서 "등장하며 알려진다"(114).

세계사를 이루는 것은 개인이 아니라 민족정신의 구현체인 국가다. 세
계사의 개인은 개체 인간이 아니라 국가다. 역사 속에 있는 보편적 신적 정
신의 궁극적인 현존양태는 국가다. 신적 정신은 개인의 정신과 민족정신의
구현체인 국가의 형태 속에서 나타난다. "보편적인 것은…존재자일 수밖
에 없다. 바로 이와 같은 것으로서 보편자는 국가 안에 현존한다.…여기서
내면성은 현실이기도 하다. 물론 현실은 외적 다양성이지만, 보편성 안에
있다"(113).

2. 일반적으로 사람들은 "내용과 형식", "힘과 나타남(현상)"을 분리하고,
전자를 본질적인 것으로, 후자를 비본질적인 것으로 생각한다. 따라서 보
편적·신적 정신은 본질적인 것으로, 국가는 이 본질의 외적 나타남 곧 현
상에 불과한 것으로 평가되기 쉽다. 헤겔은 이와 같은 이원론적 사고방식
을 거부한다. 헤겔에 의하면, 국가는 신적 정신 곧 하나님의 외적 현상에 불

제3부 | 정신의 역사적 현상양태들

과하지 않다. 그것은 신적 정신의 내적 본질의 현상이다. 내적 본질과 외적 현상, 내용과 형식은 분리되지 않는다. 외적 형식 안에 내용이 있듯이, 정신의 외적 현상 속에 그의 내적 본질이 있다. 국가는 정신의 내적 본질의 현상이다. 국가는 정신의 내적 본질의 현상이라는 뜻에서, 우리는 국가를 "하나님의 현상"(Erscheinung Gottes)이라 규정하는 한스 큉의 해석을 수용할 수 있다(Küng 1970, 359).

보편적 정신의 "현상"은 보편적 정신 자신의 "자기규정"(Selbstbesti-mmung)으로서 "본질적인 것"이다. 보편적 정신의 현상으로서 국가는 "특수한 형태 속에 있는 보편적 정신"이고, "세계 속에 존재하며 그 속에서 실현되는 정신"이다(1955, 347). "국가는 현존하는 신적 의지이며, 세계의 현실적인 형태와 조직으로 전개되는 정신이다"(350). "정신의 나타남은 그의 자기규정이며, 우리는 이 나타남을 국가와 개인의 형태 속에서 관찰해야 한다"(1968a, 114). 한마디로 "정신으로서의 하나님"은 역사 속에서 국가의 형태로 현존한다.

3. 여기서 헤겔은 17-18세기 홉스, 로크, 루소 등의 자연법론자들이 주장하는 사회계약설 내지 국가계약설과는 전혀 다른 국가관을 보여준다. 국가계약설에 의하면, 국가는 개인들이 모여 구성된 공동체다. 그것은 개인들의 자유로운 계약에 의해 세워진 것이다. 이 계약은 개인들의 "자의와 의견과 사사롭고 명백한 찬성을 기초로 삼는다." 그 결과 헤겔은 "그 자체로서 존재하는 신적인 것과 그의 절대적 권위와 위엄성을 파괴하는 결과들"이 일어난다고 말한다(1955, § 258). 헤겔에 의하면, 국가는 개인들의 협약체가 아니라 신적 정신의 현상양태 내지 현존양태로서 신적 질서에 속한 것으로 간주된다. 그것은 "하나님의 현상"으로서의 권위를 가진다.

물론 헤겔은 개인의 존재를 무시하지 않는다. 개인의 존재 역시 보편적 세계정신의 현존양태로서의 가치를 가진다. 그래서 그는 국가는 "각 사람들의 자유가 제한될 수밖에 없는 사람들의 함께 있음(Zusammensein)이 아니다"라고 말한다(1968a, 111). 헤겔에 따르면 국가는 개인들을 자신의 "계기들"로 가진 "유기적 전체"다. 개인 없는 국가는 생각될 수 없다. 그것은 하나의 추상물에 불과하다. 그러나 헤겔에 따르면, 개인들의 정신은 개인적인 관심과 욕구와 결합되어 있다. 따라서 국가는 잡다한 관심과 욕구들을 가진 개인들의 정신의 종합이 아니라 개인의 정신들 위에 개인의 정신들 이전부터 있는 민족정신의 구현체다. 국가는 개인들 위에 있는 세계정신의 특수한 규정이며, 세계정신 곧 하나님의 본질의 나타남(현상)이다.

헤겔의 이와 같은 국가관은 국가를 신격화하는 것이 아닌가? 사실 많은 학자가 헤겔의 국가관을 이렇게 해석한다. 어떤 학자는 헤겔의 국가를 가리켜 역사 속에 "현존하는 하나님"이라 부른다(der präsente Gott, Haag 1967, 39). 어떤 학자는 헤겔의 국가를 가리켜 그 시대의 "현상하는 하나님"(der erscheinende Gott)이라 규정하기도 한다. 이 하나님은 "매우 정확한 의미에서 기독교의 계시 개념"에 상응한다. 예수 그리스도 안에서 계시된 하나님은 이제 국가의 형태로 계시된다고 해석된다(Rohrmoser 1964, 240).

4. 여기서 우리는 국가를 절대화할 수 있는 위험성을 볼 수 있다. 헤겔에 따르면, 국가는 물론 개인도 하나님의 역사적 현존양태다. 그러나 헤겔에 따르면, 개인은 "국가의 구성원"이 되는 한에서 하나님의 현존양태일 수 있다. 세계사를 구성하는 것은 개인이 아니라 국가다. 세계사적인 개인은 국가다. 세계사는 본질적으로 "국가들의 역사"다(Hirsch 1954, 261). 국가를 형성하고, 국가의 형태 속에서 삶을 유지하는 민족들만이 세계사에 대한 철학적 관찰의 대상이 될 수 있는 가치를 지닌다. "우리는 세계사에서 하나의 국가를 형성하는 민족들에 대해서만 이야기할 수 있다." 그 까닭은 국가

는 역사의 "구체적 현실 속에서 민족정신을 특수한 정신으로 담지하는 형식"이기 때문이다(1968a, 113). 국가로 형성되지 않은 민족, 곧 "국가를 형성하지 않은 민족은…역사를 갖지 않는다.…한 민족에게, 한 민족 내에서 일어나는 것은 국가와의 관계 속에서 그의 본질적 의미를 지닌다"(1969d, §549 주해).

보편적 세계정신이 국가의 형태로 등장하기 이전의 시대는 역사 관찰의 대상이 될 수 없다. 국가의 형태로 현상하기 이전의 정신은 분명한 자기의식에 이르지 못했기 때문이다. "국가의 삶 이전에 있었던 전역사(Vorgeschichte)는 자기를 의식하는 삶의 저편에 있다. 여기서 제시되는 예감이나 추측들은 사실들(Fakta)이 아니다"(1968b, 267). 따라서 국가가 있기 이전의 시대, 곧 전역사 시대는 역사철학의 관찰 대상이 될 수 없다. 그것은 역사철학의 관찰에서 제외된다(1968a, 158 이하, 163). 국가의 형태 속에서 이루어지는 "인륜적 현존만이 역사적 현존이기" 때문이다(1968b, 267). "단순한 가족이나 민족이 아닌 국가의 등장과 함께 역사라는 무대가 시작한다"(서유석 1985, 194). 헤겔의 역사철학에서 "국가 없는 역사는 생각할 수 없다"(박정훈 2016, 141). 이런 점에서 헤겔의 역사철학은 국가 중심의 역사철학이라고 말할 수 있다.

5. 우리는 헤겔의 이와 같은 생각에 동의할 수 없다. 그에 따르면 국가체제가 등장하기 이전에 있었던 수많은 종족들, 이른바 원시 원주민들의 삶은 역사의 무대에서 제외되어버린다. 물론 국가체제가 등장하기 이전에 살았던 종족들은 역사 기록을 남기지 않았다. 예를 들어 아메리카의 인디언과 인디오들의 역사 기록은 발견되지 않는다. 비록 이들이 역사 기록을 남겼을지라도, 정복자들은 이들의 역사 기록을 없애버렸을 것이다.

그러나 이들의 삶의 흔적들, 문화의 유적과 전설들이 지금도 남아 있다.

지금도 서구 문화를 거부하고 원시림 속에 사는 원주민들은 이른바 전역사 시대로부터 전승된 조상들의 삶의 전통을 지금도 지키고 있다. 국가체제가 등장하기 이전에 생존했고, 또 국가체제를 거부했던 세계의 많은 종족들이 국가를 형성한 종족들보다 생명에 대한 훨씬 더 심오한 지혜를 갖기도 했다. 그들은 자연을 경외할 줄 알았고, 자연의 일부로서 자연에 순응하며 살아야 할 존재로 자기를 인식했다. 그들은 우리 시대의 자연 파괴와 기후 변화를 알지 못했다. 자연 치료제에 대한 그들의 경험과 지식은 현대 의약학에 의해 지금도 사용되고 있다. 지금도 세계의 유명 제약 회사들은 연구자들을 원시림 속에 거주하는 원주민들에게 파견하여 그들이 사용하는 자연 치료제를 발견하고, 이를 의약품으로 개발하여 막대한 이익을 남긴다.

물론 이들의 역사에 대한 기록이 현존하지 않기 때문에 세계사에 대한 관찰에 반영하는 것은 불가능하다. 그렇다 하여 세계사에서 이들의 삶의 세계를 배제하고, 망각의 세계에 파묻어버리는 것은 타당하지 않다. 비록 이들의 삶의 세계에 대한 기술이 불가능할지라도, 그것을 세계사에 속한 것으로 인정해야 한다.

6. 여하튼 헤겔은 국가체제가 등장하기 이전의 역사를 철학적 관찰에서 배제하고, 세계사를 "국가의 역사"로 제한한다. 세계사는 국가의 역사와 함께 시작한다. 따라서 "보다 더 엄격히 규정된 세계사 일반의 대상은 국가다"(1968a, 115). 국가는 개인들의 우연한 집합체가 아니다. 그것은 개인들의 자유로운 계약에 의해 세워진 인간적 질서가 아니다. 그것은 정신적 존재로서의 개인을 포괄하지만, 개인 위에 있는 신적·보편적 정신의 현존양태이며, 철학적 관찰의 본래적 대상이다. 국가는 법, 예술, 인륜, 산업 등 삶의 모든 영역의 "중심점"이다(111).

"절대적인 궁극적 목적으로서의 자유의 관념"과 개인들의 "생동성, 운동과 활동"의 "객관적 통일성"으로서의 국가는 "예술, 법, 인륜, 종교, 학문 등 민족의 삶의 구체적 측면들의 기초와 중심점(Grundlage und Mittelpunkt) 이다"(124). "즉대자적으로 존재하는 국가의 내용은 민족정신 자체다. 현실의 국가는 이 정신으로 충만하다"(125). 따라서 국가는 개인이 가타부타 말을 할 수 없는 절대 권위와 복종을 요구할 수 있다. "국가의 원칙, 국가가 요구하는 보편적인 것은 절대적인 것이며, 신적인 본질 자체의 규정으로 인식된다"는 헤겔의 말은(128) 국가에 대해 절대적 힘을 부여하는 것처럼 보인다.

7. 여기서 우리는 왜 헤겔이 국가에 대해 세계사적 의미를 부여하는지, 그 역사적 배경을 이해할 수 있다. 헤겔이 속한 독일은 고대로부터 통일국가 체제가 없었다. 그것은 제후(혹은 영주[Fürst])들이 통치하는 많은 영지와 50 여 개에 달하는 자유도시로 구성된 연방제를 구축하고 있었다. 프랑스를 세운 프랑크, 영국의 앵글, 색슨 등은 고대 게르만 종족들의 이름이다. 반달리즘(파괴주의)의 근원인 "반달" 역시 게르만 종족 이름이었다. 반달족은 매우 파괴적이었기 때문에, 파괴주의를 뜻하는 "반달리즘"이란 단어가 생성된 것으로 보인다.

　　이와 같이 독일은 고대로부터 연합체제 내지 연방제를 갖고 있었기 때문에 강력한 중앙집권제를 가질 수 없었다. 신성 로마 제국의 황제는 아무런 힘이 없었다. 그는 넓은 영지와 군사력을 가진 제후들의 도움을 받아야 했다. 중세기에 프랑스는 로마 교황을 납치했고, 루터의 종교개혁 시대에 영국은 자신의 교회(영국 성공회)를 로마 가톨릭교회로부터 분리시킬 정도로 강력한 힘이 있었다. 스페인 역시 아메리카 대륙에서 착취한 금과 은을 통해 영국과 프랑스에 맞설 수 있는 강력한 경제력과 군사력을 갖추고 있었다. 따라서 16세기에 스페인의 왕이 독일 신성 로마 제국의 황제로 선출

될 수 있었다.

이에 반해 독일은 많은 제후들의 영지와 자유도시로 나뉘어 로마 교황청의 밥이 되었다. 루터에 따르면, 매년 거액의 돈이 독일에서 교황청으로 흘러들어갔다. 1519년 10월 31일 루터의 종교개혁이 시작되기 직전인 동년 6월 28일에, 독일은 만 19세에 불과한 스페인 왕 카를로스 1세가 독일의 황제(카를 5세)가 되는 모욕을 당했다. 종교개혁 이후에도 독일은 영지 체제를 유지했기 때문에 국가의 힘이 각 영지로 분산되어 강력한 중앙집권적 힘을 가질 수 없었다.

헤겔 당시에 독일은 "더 이상 국가가 아니다"라는 얘기가 회자될 정도로 거의 해체 상태에 있었다. 독일은 "오스트리아와 프로이센, 선제후들, 94명의 종교적 제후들과 세속의 제후들, 103명의 백작들, 40명의 주교들, 51개의 자유 제국도시들로, 다시 말해 약 300여 개의 영지들로 구성되어 있었다." 제국은 "단 한 명의 군인도 갖지 않았고, 연 수입은 불과 몇천 굴덴에 불과했다." 농부들은 "짐 나르는 짐승"과 같았다. 어떤 제후들은 휘하 군인들을 외국에 용병으로 빌려주거나 팔기도 했다(Marcuse 1972, 23). 헤겔은 이와 같은 현실을 보면서 국가에 대해 세계사적 의미를 부여하고, 강력한 독일 국가의 형성을 기대한 것으로 보인다. 이로 인해 헤겔의 국가관은 히틀러 독재체제의 원인이 되었다는 비난을 받기도 한다. 그렇다면 헤겔은 국가 절대주의를 주장했는가? 우리는 이 문제를 아래 III. 4에서 고찰하고자 한다.

마지막으로 **자연의 세계**도 정신의 현존양태 내지 현상양태에 속한다. 자연도 "외화된 정신"이며, 정신의 "살아 움직이는 직접적 되어감이다"(1952, 563). 따라서 자연의 세계도 "그 속에 이성을 가질 수밖에 없을 것이다. 하나님이 그것을 이성적으로 창조했기 때문이다"(1968d, 912). 그러므로 자연의 유기적 사물들도 "발전"의 과정 속에 있다(1968a, 151).

그러나 자연 속에는 종(種)의 "진보"가 없다. 빛에서 시작하여 인간에 이르는 일련의 단계들이 있고, 하나의 단계는 이전 단계의 지양과 멸망을 통해 생성되지만, 질적인 변화는 없다(153). 자연은 그 자신을 파악하지 못하기 때문에, "그들의 형태들의 부정적인 것은 존재하지 않는다"(154). 부정적인 것을 의식하지 못하기 때문에, "자연은 늘 있는 그대로 있다(Die Natur ist, wie sie ist). 따라서 자연의 변화들은 반복일 뿐이며, 그의 운동은 원형운동일 뿐이다"(1966a, 36). 그러므로 신적 정신의 본래적 현존양태 내지 현상양태는 정신적 존재인 인간의 정신적 세계, 특히 국가의 현실에 있다. 헤겔의 철학 체계에서 자연철학이 약한 원인이 여기에 있다.

II
"정신의 세계"를 구성하는 국가의 삶의 영역들

1. 위에서 우리는 하나님의 본질적 현존양태 내지 현상양태는 국가에 있다는 것을 고찰했다. 헤겔에 따르면, "영원한 것, 하늘나라 자체를 땅 위에 이끌어오고자 하는 데 교회의 광신주의가 있다." 그것은 "물속에서 불을 얻으려는" 것과 같다. 하늘나라의 현실은 국가를 통해 이루어질 수 있다. 이런 뜻에서 헤겔은 "**하늘나라의 현실은 국가다**", "**국가는 현실의 정신이다**"라고 말한다(1969c, 270).

　"하늘나라의 현실"인 국가는 다양한 삶의 영역들로 구성된다. 개인의 의식과 사유, 인륜(Sittlichkeit), 관습, 가족, 법, 정치, 산업, 상업, 종교, 예술, 학문 등의 영역들이 국가의 삶을 구성한다. 정신은 이 모든 영역 속에서 자기를 나타낸다. 이 영역들은 "본 줄기에서 나온 다양한 형식들, 가지들일 뿐이다.···정신은 단 하나다. 그것은 한 세대, 한 민족, 한 시대의 본질적 정신이다. 그것은 다양한 방법으로 형태화된다." 이 다양한 형태들은 한 민족 정신의 "계기들"이다. 우리는 정치, 국가 헌법, 종교 등이 철학의 뿌리나 원인이라고 생각해서는 안 될 것이다. 거꾸로 철학이 이 모든 것의 근거라고 보아서도 안 될 것이다. 이 모든 계기는 **하나의** 성격을 가진다. 이 성격은 (모든 계기의) 밑바닥에 놓여 있는 것(das zu Grunde Liegende)이며, 모든 측면에 삼투하여 충만케 하는 것(das alle Seiten Durchdringende)이다. 이 상이한 측면들은 매우 다양하지만, 그 속에 있는 그 무엇도 모순되지 않는다. 이 측면들이 서로 모순되는 것처럼 보일지라도, 그것 중 어느 하나도 그 기초에 대해 이질적인 것(etwas der Grundlage Heterogenes)이 아니다. "그것들은 한 뿌리에서 나온 가지들이다"(1966a, 148).

달리 말해 국가의 모든 삶의 영역들은 한 유기체에 속한 지체들이다. 국가는 "하나의 유기적 전체다. 국가 안에 있는 지체들은 필연적으로 유기체 안에 있는 것과 같다"(1968a, 137). 스위스 베른 시대의 문헌 『민중종교와 기독교에 대한 단편들』(1793/94)에 따르면, 민족의 정신, 종교, 정치적 자유의 정도, 역사 등은 분리되지 않는다. 각 영역의 상태와 상호 간에 주고받는 영향에 있어 그것들은 "하나의 끈에 얽혀 있다"(1971, 42).

2. 헤겔은 국가의 삶을 구성하는 영역 중 종교, 예술, 철학을 대표적 영역으로 간주한다. 종교와 예술과 철학은 주관적 정신의 영역(개인의 영혼 의식, 정신)과 객관적 정신의 영역(인륜, 가족, 시민사회, 국가의 삶)을 넘어서는 **절대정신의 영역**에 속하기 때문이다.

여기서 헤겔 철학의 세 가지 영역, 곧 종교철학, 예술철학(미학), 철학사의 세 영역이 생성된다. 이 세 가지 영역은 형식에 있어 다르지만, 내용적으로 통일성을 가진 "체계적 전체"를 구성한다(Löwith). 그것들은 "한 정신" 곧 "한 하나님"의 활동의 생성물이기 때문이다. 종교는 절대자를 감성적 표상의 형식으로 나타낸다면, 미학은 그것을 미학적 환상과 상(像)의 형식으로 나타내고, 철학은 사상과 순수 개념의 형식으로 나타낸다. 철학은 "사상들 안에서 파악된 그 시대"(ihre Zeit in Gedanken gefaßt, 1955, 3, 5)에 불과하다면, 미학, 곧 "아름다운 예술의 왕국"은 "절대정신의 왕국이다"(1970c, 130). 예술은 종교와 철학과 동일한 원리에 서 있다(131. 이에 관해 1969d, 432 이하, 1955, § 270, 1966a, 42 이하, 1966a, 28, 280 이하, 1966b, 177 등).

3. 이 세 가지 영역은 그 형태는 다르지만, 국가의 삶의 대표적 영역들로서 신적 정신을 나타내며, 신적 정신과 세계의 화해를 이루는 공통점을 지닌다. 종교가 "하나님"이란 표상을 통해 나타내는 종교적 진리, 예술이 감각적 직관과 형상을 통해 나타내는 절대적 아름다움과 진리, 철학이 순수한 사상과 개념을 통해 나타내는 절대 지식(앎)은 내용적으로 일치성을 가진다. 이 모든 것이 나타내는 것은 세계정신으로 활동하면서 세계와 자기 자신을 화해하고, 하나님이 모든 것을 통치하는 세계를 이루고자 하는 신적 정신 곧 하나님 자신이다.

헤겔의 표현을 따른다면, 이 세 가지 영역은 "자기 자신에 대한 정신의 개념이 자기를 실현하고, 그 속에서 자기를 보며, 자기를 현존하는 세계로 알고, 자기를 자기 앞에 갖게 되는" 현실들이다(1968a, 121). "하나님의 성육신의 관념", "신적 본성과 인간적 본성의 통일성"의 관념이 현실적으로 실현되는 가장 대표적 장소다(126). 이 세 가지 영역은 "자기를 하나의 국가로 실현시킨 정신이" 자기를 상이한 형태로 구별하여 나타내는 "주요 영역들"이다(137). 우리는 이 세 가지 영역에 앞서 먼저 국가체제(Verfassung, 헌법으로 번역될 수도 있지만, 여기서는 왕정체제, 민주체제 등의 국가체제를 뜻함. 국가체제 안에 헌법, 각종 법들, 입법, 사법, 행정의 통치기관들이 포함됨)에 대한 헤겔의 생각을 고찰하기로 하자.

1. 정신의 보편적 의지를 반영하는 국가체제

1. 헤겔에 의하면, 국가는 실체가 없는 "추상적인 것"이다. 하나의 추상물로서의 국가를 현실적 실체로 만드는 것은 국가체제 내지 "국가의 형식"(Staatsform)이다. "국가라는 추상물은 국가체제를 통해 삶과 현실을 얻게 된다"(1968a, 139). 국가의 체제가 등장하면서 통치자와 피통치자, 명령하는 자와 복종하는 자의 구별이 생긴다. 헤겔에 의하면 이 구별은 사실상 존재하지 않는다. 그것은 피상적인 것이다. 정부와 국민, 정부의 보편적인 의지와 개인의 주관적인 의지는 대립하지 않는다. 오히려 양자는 내적으로 일치한다. 그 까닭은 국가체제는 민족정신과 일치하기 때문이다(136, 141).

국가체제는 민족의 삶의 다양한 영역들 안에 있는 세계정신의 현실의 한 영역으로서 세계정신에 대한 민족의 표상을 나타낸 것이다. 그것은 민족의 삶의 다른 영역들과 내적으로 일치 관계에 있다. 절대정신에 대한 민족의 표상이 민족의 삶의 기초이기 때문이다(1966a, 199 이하). 그것은 "다른 정신적 힘들과 내적으로 연관되어 있는 것이고, 그들에게 의존하는 것"이며, 세계정신의 "전체의 역사 속에 있는 한 계기일 따름이다." 그것은 민족의 의지에 대립하는 것이 아니라 민족의 참된 의지를 반영하는 거울과 같다. 그것은 "우리 자신의 의지의 실체"다(1968a, 115).

2. 종합적으로 말한다면, 국가와 민족은 동일한 신적 정신의 현실이다. 따라서 국가와 민족은 내적 통일성 안에 있다. 모든 개인을 포함하는 민족 전체의 의지가 국가의 의지며, 국가의 의지가 민족 전체의 의지다. 국가는 이 의지의 통일체다. 곧 그것은 "보편적 의지와 특수한 의지의 통일성이다." 국가체제는 바로 이 의지를 나타낸다. 그것은 "정신의 객체성이고, 그의 참된 의지"다(Objektivität des Geistes und der Wille in seiner Wahrheit). 그것은 민족

의 삶의 다른 영역들과 함께 세계정신의 동일한 원칙 속에서 그 시대의 정신의 현실을 구성한다. 그것은 그 시대의 정신 곧 하나님의 보편적 의지를 보여주는 거울과 같다. 이런 점에서 헤겔은 국가체제는 "신적인 것이며, 영속적인 것"이라고 자신의 법철학에서 말한다(das Göttliche u. Beharrende, 1955, 239).

"가장 좋은 국가체제는 가장 많은 자유가 있는 국가"라면, 국가체제의 목적은 개인의 자유를 최대한 보장하는 데 있다. 국가 안에 있는 모든 민족이 자유롭게 되는 것, 곧 "개념의 계기들이 자유롭게 되는 것(Freiwerdung)"이 국가체제의 목적이다(1968a, 143, 147). 국가는 세계정신으로 활동하는 하나님의 현존양태 내지 역사적 현실이다. 따라서 국가체제는 하나님의 뜻에 따라 국민의 자유를 최대한 보장해야 한다. 모든 국민이 자유롭게 되는 데 국가의 존재 목적이 있다.

3. 세계의 국가들은 왕정체제, 귀족정치체제, 민주체제 등 다양한 체제를 보여준다(1955, § 273, 주해). 국가체제의 다양성은 각 민족의 민족정신의 다양성으로 소급된다. 신적 정신은 단 하나이지만, 그것이 현상되는 형태들, 곧 민족정신들은 시대와 지리적·인간학적 여건에 따라 다양하기 때문이다. 따라서 세계사는 각 민족들의 국가체제의 발전 과정을 보여준다. 헤겔은 이 발전 과정에 따라 세계사를 세 단계로 구별한다.

1) 국가의 삶의 전체성이 은폐된 상태에 있고, 국가 내의 다양한 단체들이 독자성을 갖지 못한 첫째 단계.
2) 이 단위체들과 개인들이 자유롭게 되기 시작하는 둘째 단계.
3) 단위체들과 개인들이 "그들의 독자성을 가지며, 그들의 활동을 통해 보편적인 것이 생성되는" 셋째 단계.

세계사의 이와 같은 발전 과정 속에서 각 국가의 체제 내지 형식은 그 이전의 체제들이 갖지 않은 자신의 원리를 가진다. 이전에 있었던 체제들은 새로운 원리를 통해 지양된다. 구시대의 원리와 새 시대의 원리는 "본질적 원리를 공유하지 않는다(1968a, 144). 세계의 국가들이 가진 체제들의 역사는 다양한 국가 원리들의 역사를 보여준다. 그것은 "역사의 변화"를 반영한다 (143).

4. 국가체제에 관한 헤겔의 생각도 양면성을 보인다. "가장 좋은 국가는 가장 많은 자유가 있는 국가"라면, "가장 좋은 국가체제는 가장 많은 자유를 보장하는 체제"라 말할 수밖에 없다. 국가의 목적과 마찬가지로, 국가체제의 목적도 개인의 자유를 최대한 보장하는 데 있다고 볼 수 있다. 국가의 "법체계"(Rechtssystem)는 "실현된 자유의 왕국, 정신의 세계를 그 자신으로부터" 가져온다(1955, §4).

그러나 헤겔의 이 말은 개인이 국가체제를 결정하거나 선택할 수 있음을 뜻하지 않는다. 헤겔에 따르면, 국가체제는 개인이 "선택할 수 있는 일"이 아니다. 그것은 "민족정신과 일치하는" 것이다(1968a, 147). 따라서 개인은 자기의 의지를 국가체제 안에서 가지고, 국가체제에 대한 복종을 통해 민족정신과 일치하며, 자기의 참된 자유를 얻을 수 있다. 개인이 자기의 주관적 의지의 특수성을 거부하고 국가체제에 복종할 때, 민족의 보편적 의지와 개인의 주관적 의지가 하나로 통합될 수 있다. 따라서 헤겔은 자신의 법철학에서 국가체제를 가리켜 "신적인 것, 영속적인 것"이라 말한다(1955, §273).

국가체제를 보다 더 이성적인 것으로 만들고, 이를 통해 개인의 자유를 더 크게 발전시키는 것은 자유에 대한 개인들의 의식이 아니라 직업적으로 "국가의 일들을 관장하는 사람들", 곧 국가의 통치자들이다(1968a, 146). 국가를 자유로운 국가로 만들 수 있는 것은 통치자들의 국가 권력이다. 그러므로 아도르노는 헤겔의 국가를 가리켜 "필연적인 권력의 왕국"(notwendiges Gewaltsreich)이라 해석한다. 헤겔이 말하는 국가는 "이성과 존재자의 동일성의 명제"의 필연적 귀결이다(Adorno 1970a, 43).

5. 헤겔이 말하는 하나님의 보편적 의지와 개인의 주관적 의지의 화해는 개인들이 국가 통치자들이 만든 국가체제에 복종할 때 이루어진다. 개인이 자유롭게 됨으로써 국가가 이성적인 국가로 변화되지 않고 통치계급을 통해 국가가 이성적 국가로 변화될 때, 개인이 자유롭게 된다. 이것을 가능케 하는 길은 통치계급이 세우는 법질서에 있다. 개인의 자유는 통치계급의 법질서를 따르는 데 있다.

따라서 헤겔은 개인들이 국가의 법에 대해 동의하는가 하지 않는가는 "상관없는" 일이라고 말한다. 왜냐하면 개인들은 "특별한 지혜를 제시할 수 없고, 국가의 일들을 관장하는 사람들이 더 많은 지혜를 제시할 수 있기" 때문이다(1968a, 145/146. 이에 관해 1955, § 301, 303). 국가의 모든 법은 모든 개인의 동의에 의존하지 않는다. 만일 모든 개인이 동의해야 한다면, 아무런 법도 제정될 수 없을 것이다. 모든 사람의 관심과 욕구가 다르기 때문이다. 따라서 국가의 법은 국민이 자유롭게 선택할 수 있는 것이 아니다(1968a, 140, 147). "왜냐하면 법은 정신의 객체성이며, 진리 속에 있는 정신(곧 하나님)의 의지이기 때문이다. 법에 복종하는 의지만이 자유롭다. 국가의 법에 복종하는 사람은 사실상 자기 자신에게 복종하며, 자기 자신 가운데 존재한다. 그는 자유롭게 되기 때문이다. 인간의 주관적 의지가 법에 복종할 때, 자유와 필연성의 대립이 사라진다"(115).

6. 여기서 헤겔의 법철학은 국가의 법에 대한 개인의 무조건적 복종을 주장

하는 것처럼 보인다. 법은 개인의 의지 위에 있는 객관적인 것, 개인이 왈가왈부할 수 있는 성격의 것이 아니다. 그것은 그 시대의 "정신으로서의 하나님"의 객관성이며 의지의 표현이다. 사적인 관심과 목적에 묶여 있는 개인이 진정으로 가져야 할 참된 의지는 국가의 법에 있다. 이 국가의 법에 "복종할" 때, 개인은 자유롭게 될 수 있고, 이성적 실존에 이를 수 있다(1968a, 115). 따라서 개인은 국가의 법에 복종해야 한다.

헤겔의 이 생각을 가리켜 개인에 대한 "법의 절대화"라고 말하는 것은 또 하나의 성급한 결론이다. 왜냐하면 헤겔은 국가의 법을 가리켜 민족 전체의 의지를 반영하는 거울과 같은 것으로 보기 때문이다. 그것은 민족정신의 법적 표현이라 말할 수 있다. 여기에 법의 본질이 있다. 법은 민족의 의지에 대립하는 것이 아니라 민족의 의지와 일치해야 한다. 그것은 민족정신으로 현존하는 세계정신, 곧 하나님의 의지를 나타내야 한다. 헤겔은 하나님의 의지를 나타낸다는 점에서 법은 개인 위에 있는, 개인이 복종해야 할 대상이라고 암시한다.

또한 아래에서 고찰하게 될 정신의 "부정성의 원리"는 법의 절대화를 거부한다. 법 안에도 부정되어야 할 "부정적인 것"이 내포되어 있기 때문이다. 그러므로 헤겔이 현존하는 법 자체를 신격화, 절대화시킨다는 해석은 성급한 해석이다.

국가의 법이 신적 정신의 보편적 의지를 반영한다는 헤겔의 생각 역시 양면성을 보인다. 한편으로 그것은 기존의 법을 하나님의 보편적 의지로 정당화하고, 법에 대한 개인의 절대적 복종을 요구하는 것으로 해석될 수 있다. 그러나 헤겔 자신의 말대로, 국가 자체도 그 속에 부정적인 것을 가진다면, 국가의 법도 완전성을 요구할 수 없다. 땅 위에 있는 어떤 국가의 법도 신적 정신의 보편적 의지를 완전하게 반영하지 못한다.

따라서 국가의 법이 신적 정신의 보편적 의지를 반영한다는 서술은 신적 정신의 보편적 의지를 반영해야 한다는 **당위성**으로 해석될 수 있다. 헤겔의 "부정성의 원리"에서 볼 때, 그 서술은 당위성으로 보는 해석이 타당하다. 헤겔은 땅 위에 있는 그 어느 법도 완전하지 못하며, 그 속에 부정적인 것이 있음을 잘 알고 있었을 것이다.

2. 국가의 기초로서의 종교

1. 헤겔은 국가의 다양한 삶의 영역 중 국가의 기초가 되는 영역은 종교라고 말한다(여기서 종교는 기독교를 말함). 예술과 철학은 사실상 "종교적 내용의 다른 형식들에 불과하다"(Schmidt 1974, 203). 종교의 진리가 국가의 정신적 토대가 된다. 그럼 헤겔이 생각하는 종교의 진리, 곧 기독교 진리의 핵심은 무엇인가? 우리는 헤겔의 문헌에 기초하여 그 핵심을 다음과 같이 기술할 수 있다.

1) 기독교 진리의 핵심은 하나님의 성육신에서 계시된다. 하늘의 거룩한 하나님이 자신의 아들 인간 예수 안에서 인간의 육을 취하고, 이 세상의 가장 낮은 곳으로 자기를 낮춘다. "하나님-인간" 예수는 십자가의 죽음에서 모든 인간이 받아야 할 벌과 멸망과 죽음을 자신의 것으로 취함으로써 인간에게 자기의 것, 곧 영원한 생명과 축복의 길을 열어준다. 하나님께 속한 것과 인간에게 속한 것의 "교환"이 일어난다. 이로써 인간에게 구원이 주어진다. 가장 높은 자는 가장 낮은 자가 되고, 가장 낮은 자(십자가에 달린 예수)는 세계의 가장 높은 자가 된다. 이로써 세계사에서 "혁명적인" 일이 일어난다. 세계의 높은 자들이 서 있는 기초가 무너지고, 낮은 자들이 높은 자의 위치에 설 수 있는 새로운 세계의 질서가 나타난다.

2) 성육신은 신적 본성과 인간적 본성의 통일성을 계시한다. 여기서 인간은 신적 본성에 참여된 고귀한 자, 보편자로 드러난다. 이로써 모든 인간의 존엄성이 나타난다. 사회적 출신과 지위 등 모든 인간적·사회적 조건들을 초월하여 모든 인간이 구원과 축복으로 초대를 받는다. "인간은 인간으로서" 가치를 가지며 자유롭다는 "자유의 원리"가 여기에 계시된다. 하나님의 영 곧 정신이 있는 곳에는 자유가 있다(고후 3:17).

3) 나아가 성육신은 신적인 것과 세상적인 것, 무한한 것과 유한한 것의 통일성을 계시한다. 그러나 이 통일성은 양자의 혼합이나 합일을 의미하지 않고 "통일성 안에서의 구별"과 "구별 안에서의 통일성"을 의미한다. 곧 세상적인 것, 유한한 것이 자신의 부정적인 것을 부정함으로써 신적인 것으로 지양 내지 고양되는 변증법적 원리를 가리킨다. 기독교는 이 원리를 성부-성자-성령의 삼위일체라는 종교적 표상으로 나타낸다.

변증법적 원리에 따르면, 세계의 모든 사물 속에는 "모순"이 숨어 있다. 달리 말해 "부정적인 것"이 내포되어 있다. 부정적인 것은 부정되어야 한다. 부정을 통해 더 높은 진리의 세계로 고양되어야 한다. 인간의 부정적인 것도 부정되어야 한다. 세계는 이를 통해 하나님의 진리가 다스리는 세상, 곧 하나님이 통치하고 섭리하는 세계로 고양되어야 한다. 헤겔의 표현을 따른다면, "정신의 개념과 일치하는" 세계로 발전해야 한다. 이를 통해 하나님의 의지가 모든 것을 결정하는 하나님 나라가 세워져야 한다. 곧 하나님의 정신이 자기를 그 속에서 투명하게 알 수 있는 "절대 지식"의 세계가 이루어져야 한다. 이를 위해 부정적인 것의 부정이 끊임없이 일어나야 한다. 바로 이 변증법의 법칙에 기독교의 진리가 있다. 이 진리가 하나님의 성육신과 삼위일체에 나타난다. 따라서 헤겔은 삼위일체 하나님이 "세계사가 그 주위를 맴도는 낚싯바늘"이라고 말한다.

2. 이와 같은 기독교의 진리는 종교의 영역에 머물러서는 안 된다. 그것은 "국가체제와 세속의 통치기구와 세속의 삶으로 넘어가야" 한다. 종교의 "보편적 원리가 세상 안에 있고, 세계 안에서 실현되어야 한다." 그러나 현실적으로 "정신적 원리가 자신 속으로 더욱 깊어지고, 종교가 더 순수하게 될수록 세상에 대해 무관심해진다. 기독교 종교가 그 예가 된다." 종교가 "세상의 지혜"로부터 분리되어 "영광과 용기와 소유에 대한 무관심을 명령하는 반면, 세상의 지혜는 세상에 더 많이 참여하고 영광을 추구하며, 용기와 용맹스러움을 자랑한다."

이로써 종교와 세상이 분리되고, 종교는 세상에 대해 무익한 것이 되어버린다. 헤겔에 따르면, "이것은 잘 알려진 사실이다. 그래서 사람들은 종교는 사람의 머리 안에만 있지 않고, 마음에도 있어야 한다고 말한다. 그러나 이와 동시에 인간의 모든 현실적 삶이 종교를 나타내야 한다. 본질적으로 인류와 정의가 그에게 있어야 한다." 이를 통해 "정신이…자기에 대한 그의 의식을 실현해야 한다.…그는 자기에 대해 알고, 자기에게 대상적인(sich objektiv) 한에서만 정신이다.…본질적으로 종교는 그 자체로서 실현되어야 한다. 그것은 자기에게 하나의 세계를 형성해야 한다. 그래서 정신이 그 자신을 의식하고, 현실적인 정신이 되도록 해야 한다"(1968a, 130-131).

"기독교와 같은 종교가 정신의 절대 개념을 그의 원리로 가진다면, 이 개념을 통해 그의 세계가 형성되는 것이 필요하다"(132). 곧 하나님의 뜻이 모든 것을 다스리는 하나님의 세계가 이루어져야 한다. 모든 사람이 지배계급에 대한 예속에서 해방되어야 한다. 헤겔은 청년 시대부터 이러한 것을 생각하고 있었다. 그래서 다음과 같이 말한다. 종교의 "신화는 철학적으로 되어야 한다." 그래서 "백성이 현명하게 되어야 한다." 백성들에 대한 지배계급의 "멸시하는 시선, 지혜로운 자들과 사제들 앞에서 백성들이 무조건 벌벌

떠는 일이 계속되어서는 안 된다"(1971, 236. 1796년 Bern 시대 문헌에서).[1]

3. 따라서 헤겔은 종교가 국가의 뿌리요 삶의 기초라고 말한다. 국가는 "그의 뿌리를 종교에 갖고 있다. 본질적으로 이것은 국가가 종교로부터 나왔고, 지금도 항상 종교로부터 나온다는 것을 뜻한다. 특정한 종교로부터 특정한 국가가 있게 된다"(1968a, 128). "종교가 어떻게 구성되었는가에 따라 국가와 그의 체제가 구성된다. (따라서) 국가는 참으로 종교로부터 나온 것이다." 그러므로 "국가는 종교와 동일한 공통의 원리를 가진다"(129).

따라서 헤겔은 종교가 "인륜성과 국가의 기초"(Basis der Sittlichkeit und des Staates)라고 말한다. 국가는 인륜성에 대한 통찰에 근거하며, 인륜성에 대한 통찰은 종교에 근거한다. "종교는 절대 진리의 의식이다." 그러므로 국가의 법과 정의, 의무와 법규 등은 절대 진리에 참여하며, 이 진리에 대한 종교의 의식으로부터 "나올 때"만이 타당성을 가진다. 이런 점에서 종교는 "국가의 기초"다(1969d, §552 주해).

여기서 우리는 헤겔이 생각하는 국가의 목적을 추론할 수 있다. 국가의 궁극적인 목적은 종교가 표상하는 정신 곧 하나님의 진리를 실현하는 데 있다. 그것은 하나님의 진리와 일치하는 세계, 모든 사람의 "자유에 대한 의식"이 실현된 세계를 이루는 데 있다. "보편적인 자유와 모든 영들의 평등이 지배해야 한다!"(1971, 236). 이를 위해 "종교 그 자체는 본질적으로 실현되어야 한다. 정신이 자기 자신을 의식하며, 참된 정신이 되는(daß er ein wirklicher Geist sei) 세계를 형성해야 한다"(1968a, 131).

---

1) 원문. "Nimmer der verachtende Blick, nimmer das blinde Zittern des Volkes vor seinen Weisen und Priestern."

4. 헤겔은 이것을 『종교철학 강의』 제1부에서 다음과 같이 말한다. "종교는 절대 진리에 대한 지식이다. 이 진리를 자세히 규정한다면 자유로운 정신이다. 인간은 종교 안에서 하나님 앞에서 자유롭다.…그는 예배에서 (하나님과 인간의) 분리를 지양하기 때문에 자유롭다. 국가는 세상 안에 있는, 현실 안에 있는 자유일 뿐이다. 여기서 문제되는 것은 한 민족이 그의 자기의식 속에서 담지하고 있는 자유의 개념에 있다. 국가 안에서 자유의 개념이 실현되기 때문이다.…인간이 그 자체에 있어 자유롭다는 것을 모르는 민족들은 그들의 국가체제는 물론 종교에서도 미몽(Verdumpfung) 속에서 산다. 동일한 하나의 자유 개념이 종교와 국가 안에 있다. 이 하나의 개념이 가장 높은 것이다.…하나님에 대한 나쁜 개념을 가진 민족은 나쁜 국가, 나쁜 정부, 나쁜 법들을 가진다"(1966b, 303).

헤겔에 따르면, 기독교는 "정신의 절대 개념을 원리로 가진다. 따라서 이 개념을 통해 그의 세계가 형성되는 것이 필요하다"(1968a, 132). 그러나 이것은 하루아침에 이루어질 수 있는 일이 아니다. 그것은 오랜 노력과 시간을 필요로 한다. 우리는 기독교 시대의 시작 단계에 있기 때문에 그의 원리와 현실 사이에서 거대한 모순을 발견한다. 우리는 이 모순을 극복함으로써 기독교의 진리를 국가 현실 속에서 실현해야 한다.

따라서 헤겔은 종교와 국가의 분리를 반대한다. "신적인 정신이 세상의 것에 가득해야 한다"면, 종교와 국가는 분리될 수 없다(1969d, §552 주해). 우리 시대의 가장 심각한 오류는 분리될 수 없는 종교와 국가를 분리시키고 쌍방 간의 무관심을 조성하려는 데 있다. 국가는 종교를 떠난 어떤 다른 힘이나 권세로부터 나오는 것으로 간주되고, 종교는 개인의 종교적 소원을 만족시키는 "개인들의 주관적인 것"으로 간주된다. 그러므로 국가는 종교에 간섭하지 않아야 하고, 종교는 국가의 일에 간섭하지 말아야 한다. 종교와 국가는 서로 대립하거나 싸우지 않고 평화로운 관계를 유지해야 한다.

헤겔은 이에 대한 근거로 "황제의 것은 황제에게 주고, 하나님의 것은 하나님에게 주라"는 예수의 말씀을 인용한다. 우리는 종교와 국가의 관계에 대해 아래 "종교, 예술, 철학, 국가의 내적 일치"에서 좀 더 자세히 고찰하고자 한다.

3. 종교, 예술, 철학, 국가의 내적 일치

1. 헤겔은 국가의 모든 삶의 영역을 분리된 것으로 보지 않고, 한 유기체에 속한 지체들로 파악한다. 그것들은 "한 뿌리에서 나온 가지들"로서 "국가의 정신과 분리될 수 없는 통일성 안에 있는 형태들"이다(1968a, 123). 모든 영역들 안에서 일어나는 활동은 정신의 자기활동으로 소급된다. 정신은 "모든 민족의 모든 행위와 방향 속에서 그 자신을 추진하고(hervortreibt), 그 자신을 실현하고 향유하며 그 자신을 파악한다." 정신이 그 자신을 전개한 것이 "종교, 학문, 예술, 운명, 주어진 일들(Begebenheiten)이다"(64 이하). 이 모든 것을 포함하는 세계의 역사, 곧 세계사도 정신의 자기 전개 내지 자기 활동에 속한다.

이 모든 삶의 현실들은 "단 하나의 정신의 계기들"이며, "본줄기의 가지들", "한 뿌리의 갈래들"이다. 그것들은 외적으로 상이하고 분리되어 있는 것처럼 보이지만, 내적으로 결합되어 있다. 그것들은 한 공통된 정신의 현실들로서 "그 시대의 정신을 공통된 뿌리"로 갖기 때문이다(1966a, 154). 종교, 예술, 철학, 법, 산업 등 모든 영역은 그것들이 속한 국가와 동일한 원리, 공통된 근거를 가진다. 그것들은 국가가 반영하는 정신의 보편적 이념을 실현하는 구체적 형태들이며, 국가의 현실들이다. "그들의 실체와 내용과 대상의 근원적 통일성 때문에, 그 형태들은 국가의 정신과 분리될 수 없는 통일성 가운데 있다"(1968a, 123). 한 나무에 속한 가지들로서 국가의 모든 현실은 국가와 함께 하나의 정신적 세계를 형성한다. 모든 것이 유기적 통일성 안에 있다. 철학은 이 통일성, 곧 모든 현실의 "동일한 규정"을 "순수한 사상으로서" 진술한다(154).

우리는 이것을 꽃과 금에 대한 헤겔의 비유에서 감각적으로 볼 수 있다. 한 송이의 꽃은 그 속에 다양한 성분과 색깔과 향기와 맛과 형태 등을 가진다. 그것들은 서로 구별되고 차이를 갖지만 하나로 결합되어 있다. 꽃의 성분 중 어느 성분도 결여될 수 없다. 하나의 꽃잎은 그 자체에 있어 구체적이다. 꽃잎의 각 부분은 꽃잎 전체가 가진 모든 성분을 가진다. 금의 모든 성분들도 분리되거나 나뉘지 않고 하나로 결합되어 있다. 색깔과 중량이 함께 결합되어 있다. 금의 색깔이 있는 곳에 금의 중량도 함께 있다. 색깔은 여기에, 중량은 저기에 있지 않다(1966a, 115). 이와 같이 국가의 모든 영역도 구별되지만 하나로 결합되어 하나의 전체, 곧 국가를 이룬다. 그것들은 내적 통일성 안에 있다. 모든 것이 한 정신의 계기들이다.

2. 국가의 삶의 모든 영역이 내적 통일성을 가진다면, 그것들은 **일치와 화해의 관계**에 있다고 말할 수 있다. 모든 삶의 영역은 "정신의 자기 자신에 대한 개념이 실현되고, 자기를 보게 되며, 자기를 하나의 현존하는 세계로 알고, 자기를 자기 앞에 갖게 되는" 구체적 형태들이다(1968a, 121). 그것들은 "자기를 하나의 국가로 발전시키는 정신이 그 자신을 그 속으로 구분하는 주요 영역들"이며, "신적인 본성과 인간적인 본성의 통일성" 곧 "하나님의 성육신의 이념"이 구체적으로 나타나는 장소다(137, 126). 헤겔이 국가의 삶의 영역 중 가장 중요시하는 것은 종교와 예술과 철학이다. 그는 이 영역들과 국가의 내적 일치 내지 화해의 관계를 다음과 같이 설명한다.

1) 종교와 예술과 철학의 일치

a) 종교에서 인간의 형태로 "표상되고"(vorstellen), 예술에서 환상과 형상으로 "직관되며"(anschauen), 철학에서 사상과 개념으로 "파악되는"(begreifen) 하나님의 존재는 민족정신으로서 국가의 기초를 형성하는 "정신으로서의 하나님"이다. 따라서 종교, 예술, 철학, 국가는 공통의 정신적 기반과 원리를 가지며, 내적 일치 내지 화해 관계에 있게 된다. 예술은 종교가 표상의 형식으로 나타내는 것, 철학이 사상과 개념의 형식으로 나타내는 것을 감성적 직관(Anschauung, 눈으로 직접 볼 수 있는 그림이나 조각)의 형식으로 나타낸다. 따라서 종교와 철학 및 예술은 형태에 있어서만 다를 뿐 내용에 있어 일치 및 화해의 관계를 가진다.

　헤겔은 자신의 체계 도처에서 종교와 철학의 관계를 상론한다. 그의 『종교철학 강의』에 의하면, 철학과 종교 곧 기독교는 "동일한 대상"을 가진다. 종교와 마찬가지로 철학도 하나님을 인식하고자 한다. 따라서 "철학은 사실상 예배다"(1966b, 29). "철학은…하나님을 연구한다. 그것은 영속적인 예배다. 그것은 종교와 동일한 내용을 가지고 있다"(169). 철학은 내용적으로 사실상 종교를 전개한다. "철학은 종교를 전개함으로써 단지 자기를 전개하며, 자기를 전개함으로써 종교를 전개한다.…이리하여 종교와 철학은 일치한다"(29). "양자의 차이는 관찰 방법에 있을 뿐이다"(171). 곧 종교는 표상의 방법으로 하나님에 관한 내용을 관찰하고, 철학은 사유와 개념의 방법으로 관찰한다.

b) 헤겔은 『철학사 서설』에서 이것을 다음과 같이 말한다. "본래 철학의 대상은 하나님일 뿐이며 그것의 목적은 하나님을 인식하는 데 있다. 철학은 이 대상을 종교와 공동으로 가진다. 그러나 철학은 이 대상을 사유

하고 파악하는 방법으로 관찰하는 반면, 종교는 표상하는 방법으로 관찰한다"(1966a, 91).

칸트의 철학에서 인간의 이성과 신앙은 영역을 달리하는 것으로 생각된다. 인간의 이성은 현상의 세계와 관계한다면, 신앙은 현상의 세계에 속하지 않은 하나님과 관계하는 것으로 규정된다. 이성은 현상의 세계를 인식하는 인간적인 기능일 뿐이다.

이에 반해 헤겔에 의하면, 인간의 이성은 단지 인간적인 것이 아니라 "인간 속에 있는 신적인 것이다"(1966b, 43). 이성은 "정신, 곧 신적인 정신"이다(44). 그것은 "하나님의 계시"다(173). 인간 안에 신적 정신이 현존하기 때문이다. 종교적 신앙과 인간의 이성, 이 모든 것은 결국 정신으로서의 하나님이 하시는 일이다. 하나님이 하시는 일은 모순될 수 없다. 따라서 이성과 신앙, 이성과 종교는 일치성을 가진다.

헤겔은 이 일치성 속에서 종교가 이성 위에 있는 것으로 생각한다. 종교도 하나님의 계시이고, 이성은 종교의 계시를 통해 그의 진리를 얻는다. 따라서 종교의 계시는 이성의 계시에 대한 근거가 된다. 하나님의 계시로서의 "이성은 진리를 자기 자신으로부터 이끌어낼 수 없다. 따라서 이성은 겸손해야 한다"(1966a, 173). 종교가 이성 위에 있다면, 종교는 철학 위에 있다고 말할 수 있다. 철학의 내용은 본래 종교로부터 오는 것이기 때문이다.

그러나 철학이 종교 위에 있다고 말할 수도 있다. 왜냐하면 철학은 감각적 표상의 방식으로 표현되는 종교의 진리를 감각적 표상 없이 "사유된 것, 감성적 형식과 표상 방식에서 정화된 것, 구별된 것으로" 나타내기 때문이다(199). 신앙과 이성, 종교와 철학의 관계에 대한 헤겔의 이 양면성은 학자들 사이에서 뜨거운 논쟁점이 된다.

2) 종교와 국가의 일치

a) 헤겔의 『법철학』에 의하면, 국가는 먼저 종교에 근거하는 것으로 생각된다. 종교는 "자기의식의 첫째 방식, 민족정신 자체의 정신적 의식…가장 순수하고 분열되지 않은 규정 속에 있는 참된 것의 의식"으로서 "민족의 보편적 한계요 기초"다(1955, 125). 하나님의 본질과 신적 본성이 원초적 형식 곧 표상의 형식으로 종교 안에 계시되어 있다. 따라서 종교는 모든 우연적이고 자연적인 요소들이 배제된 "절대적 보편성 가운데 있는 국가의 정신의 표상이다"(229).

종교는 그 민족이 진리라고 생각하는 것을 나타내는 장소이고, 국가의 "특수한 영역들의 기본 성격(Grundpräge)"을 형성한다(1968a, 129, 132). 한마디로 종교는 "절대적 보편성 안에 있는 국가의 정신의 표상"이다(127). 따라서 "국가는 종교에 근거한다"(127, 128). 달리 말해 "국가는 자기의 뿌리를 종교 안에 갖고 있다. 이 말은 "국가는 종교로부터 생성되었고 지금도 생성된다는 것을 뜻한다. 종교는 국가에 대해 이질적인 것이 아니라 국가의 "내면성"을 형성한다. 국가의 삶의 모든 영역의 기초를 이루는 국가의 "첫 번째 내면성"이 종교에 있다. 국가는 이 내면성으로부터, 곧 "하나의 특정된 종교로부터" 생성되었다.

여기서 종교가 국가보다 먼저 있는 것, 국가 위에 있는 것으로 생각된다. 국가가 실현해야 할 진리가 종교에 있다. 종교의 진리가 종교의 영역에 머물러 있어서는 안 된다. 헤겔의 표현을 따른다면, 그것은 사람의 머릿속에만 있어서도 안 되고, 사람의 마음속에만 있어서도 안 된다. 오히려 그것은 "법과 세속의 통치와 세속의 삶 속으로 필연적으로 넘어가는 것으로" 생각되어야 한다(1968a, 130). 그것은 민족의 삶의 모든 현실의 구심점으로서, 국가의 삶의 모든 현실 속에서 실현되어야 한다. 달리 말해, "종교는 국가체제, 세속적 통치기구, 세속적 삶으로 반드시 넘어가야 한다. 이로써 보편적 원리가 세계 안에 있고, 세계 안에서 실현되어야 한다"(130).

b) "넘어간다"는 것은 폐기가 아니라 실현을 뜻한다. "종교 그 자체는 본질적으로 실현되어야 한다. 그것은 하나의 세계를 자기에게 형성해야 한다. 이리하여 정신이 자기 자신을 의식하고, 현실적인 정신이 되도록 해야 한다"(1968a, 131). 이를 통해 "민족의 삶의 체계가 종교와 일치하도록 형성되어야 한다.…기독교와 같은 종교가 정신의 절대 개념을 그의 원리로 가진다면, 이 개념을 통해 그의 세계가 형성되어야 한다"(132).

　　종교의 진리가 세속의 세계 속에서 실현될 때, 세속의 세계, 곧 국가는 하나님이 그 안에 계신 하나님의 세계가 된다. 하나님, 곧 정신은 이 세계 속에서 자기 자신을 의식하며, "현실적 정신"으로 현존한다. 그는 자기 자신과 관계하며, 자기를 국가의 삶의 모든 영역으로 대상화시킨다. 그는 국가의 현실을 충만케 하는 "살아 있는 영혼"과 같다(1968a, 131). 따라서 "종교와 국가, 정신적 세계와 세속적 세계는 조화 가운데 있을 수밖에 없다"(1966a, 200). 종교와 국가는 "진리와 이성의 내용에 있어 대립하지 않는다"(1955, 229). 그러므로 "국가와 종교는 동일한 공동의 원리를 가진다"(129).

c) 여기서 헤겔이 말하는 종교와 국가의 "동일한 공동의 원리"는 무엇을 말하는가? 한마디로 그것은 위의 2절에서 고찰한 기독교의 진리를 말한다. 곧 하나님이 자신의 성육신 속에 담겨 있는 신적인 것과 인간적인 것, 신적인 것과 세상적인 것의 결합과 화해를 통해 세계의 모든 것을 섭리하고 다스리는 하나님의 세계가 이루어져야 함을 뜻한다. 종교는 이 진리를 종교적 표상의 형태로 나타내는 반면, 국가는 이 원리를 삶의 다양한 영역 속에

서 현실적으로 나타낸다. 종교와 국가는 나타내는 형태만 다를 뿐 그 내용에 있어서는 내적 일치성을 가진다.

따라서 종교가 어떤 상태에 있는가에 따라 국가의 상태가 형성된다. 종교가 좋은 상태에 있으면 국가도 좋은 상태를 갖게 되고, 종교가 불의하고 타락한 상태에 있으면 국가의 상태도 그렇게 형성된다. "종교가 어떤가에 따라 국가와 그의 법도 결정된다"(1955, 129). 종교는 국가의 정신적 근거이고, 국가의 정신적 뿌리는 종교에 있기 때문이다.

그러나 헤겔은 종교와 국가는 "그 형식에 있어 구별된다"고 말한다 (229). 종교는 절대적 진리에 대한 **직관과 표상의 형태**이고, 국가는 이 진리의 **현실적 형태**로서 구별된다. 두 가지 형태가 혼동되거나 혼합될 수 없다. 국가는 그 나름대로 "현존하는 자기를 세계의 현실적 형태와 조직으로 전개시키는 정신으로서의 신적 의지"다(222). 이와 동시에 국가는 "세상적인 존재"이고, "개별적 관심 속에서 움직이는 시간적이며 상대적인 것이고, 정당성을 갖지 못한 것"이다(128). 이와 같은 국가가 정당성을 가질 수 있는 것은 종교가 계시하는 "절대적 보편성 안에 있는 국가의 정신의 표상"에 따라 변화될 때 가능하다. 곧 "하나님의 본질의 규정과 현존으로", "신적 본성 자체의 계기와 규정(Moment, Bestimmung)으로" 자기를 인식하고 이 규정을 지킬 때, 국가는 종교와 내적 일치성을 갖게 되고, 하나님이 다스리는 세계로서 자기의 목적에 이를 수 있다.

d) 이와 동일한 생각이 『철학사 서설』에도 나타난다. "종교의 영역은 국가의 영역에서 분리되어 있다. 국가의 영역은 종교와 대립 속에 있는 세상적 영역으로 간주될 수 있고, 따라서 비신적인 것, 속된 것으로 간주될 수 있다. 그러나…(국가의) 이성적인 법은 진리와 관계하며, 종교적 진리와 관계할 수밖에 없다. 그것은 종교와 철학에서 진리인 것과 일치할 수밖에

없다. 종교와 국가, 정신적 나라와 세상의 나라는 함께 조화 속에 있을 수밖에 없다"(1966a, 200).

하지만 헤겔은 종교와 국가의 조화는 현존하는 국가 자체와 종교의 조화를 말하는 것이 아니라 국가가 종교의 진리와 일치할 때 이루어질 수 있음을 다음과 같이 암시한다. 국가는 "세상적 존재"로서 "시간적이고, 개별적 관심들 속에서 움직이는, 따라서 상대적이며 정당하지 못한 존재"다. 이 존재 곧 국가가 정당성을 얻을 수 있는 길은 국가가 "하나님의 본질의 특수성과 현존으로 알려질 때에만" 가능하다. "그렇기 때문에 국가는 종교에 근거한다. 국가의 원리는 직접적으로 정당화된 것이어야 한다.···보편적 원리의 절대적 정당화는 그것이 신적 본성 자체의 계기로, 규정으로(als Bestimmung, als Moment der göttlichen Natur selbst) 알려지는 데 있다"(1968a, 128).

e) 뢰비트는 이 문제에 대한 해석에서 종교와 국가의 내적 일치성을 강조한다. 헤겔은 종교와 국가는 그것들의 형태에 있어 구별되지만, 내용적으로 일치 관계에 있는 것으로 생각했다는 것이다(Löwith 1953a, 59 이하). 이렇게 내적 일치성을 강조할 경우, 헤겔은 현존하는 국가 자체를 종교와 일치하는 것으로 정당화시켰다는 비판을 피할 수 없게 된다.

그러나 앞서 언급한 대로, 헤겔은 국가를 분명히 "세상적인 존재", "정당성을 갖지 못한 것"으로 규정했다. 따라서 헤겔이 말하는 종교와 국가의 화해는 양자의 무차별적인(=차별이 없는) 일치가 아니라 국가가 종교의 진리에 따라 변화됨으로써 이루어질 수 있는 것으로 해석할 수 있다. 따라서 "국가는 종교에 근거한다"는 헤겔의 말은 "국가는 종교에 근거하기 때문에 종교의 진리와 일치하는 국가로 변화해야 한다"는 당위성을 가리킨다.

프랑크푸르트 대학교의 정치학 교수 이링 페처(I. Fetscher, 1922-2014)는 이 해석을 지지한다. 그에 따르면, 종교의 진리가 국가의 사회 정치적 현실의 기초라는 헤겔의 말은 국가의 사회 정치적 현실이 종교의 진리에 따라 변화되어야 할 당위성을 가리킨다(Fetscher 1971, 81 이하). 따라서 헤겔은 국가와 종교가 공동의 기초, 공동의 원리에 서 있다고 말하는 동시에 국가와 종교의 혼합을 거부하고 양자의 구별을 주장한다. 헤겔에 따르면 국가와 종교는 구별되어야 한다.

피벡 교수의 헤겔 해석에 따르면, 현대의 자유로운 국가는 다양한 종교를 수용해야 한다. 시민들이 각자 자기의 종교를 선택할 수 있는 "종교의 자유의 원리"를 인정해야 한다. 특정 종교의 신앙과 종교적 실천을 억압해서는 안 된다. 특정 종교가 국가의 정치를 결정하고자 해서는 안 된다. 자신의 종교를 절대화한 나머지, 다른 종교를 억압하고자 해서는 안 된다. 국가와 종교는 각자 자기의 권리와 의무를 가진다. 따라서 국가와 종교는 서로를 인정해야 한다. 자유로운 국가는 종교를 존경하고, 종교는 국가와 국가의 법을 인정해야 한다. "황제의 것은 황제에게, 하나님의 것은 하나님에게 돌려야 한다"는 말은 국가와 종교 사이의 무관심을 초래하고, 양자의 상호 관계성을 말살한다. 국가는 물론 종교도 자의와 교만과 타락에 빠질 수 있다. 그러므로 국가와 종교는 서로를 존중하면서, 상호 견제의 관계를 유지해야 할 것이다(Vieweg 2019, 532).

그러나 국가와 종교의 상호 존중, 상호 견제는 현존하는 국가와 종교가 변화되지 않고 병립하는 것을 뜻하지 않는다. 헤겔의 생각에 의하면, 국가는 종교가 제시하는 절대 진리의 빛 아래서 변화되어야 한다. 이와 동시에 헤겔은 종교 역시 변화되어야 한다고 주장한다. 국가가 변화되어야 한다면, 종교 역시 변화되어야 한다. "종교의 변화가 없다면, 어떤 정치적 혁명도 성공할 수 없다"(1968d, 931). 종교는 국가의 기초이기 때문이다. 나중에 카를 마르크스는 이에 근거하여 『헤겔 법철학 비판 서론』에서 "종교 비판이 모든 비판의 전제"라고 말한다. 그러나 그는 헤겔에 반해 종교가 국가를 만들지 않고 국가가 **종교**를 만든다고 말한다. 종교의 변화가 국가의 변화를 일으키는가 아니면 국가의 변화가 종교의 변화를 일으키는가, 이에 대한 고찰은 다음 기회로 미룰 수밖에 없다.

3) 철학과 국가의 일치

a) 철학과 종교, 종교와 국가가 내적인 일치성을 가진다면, 철학과 국가도 내적 일치성을 가질 수밖에 없다. 종교는 절대정신의 표상의 형태이고, 철학은 절대정신의 개념적 형태이며, 국가는 정치적·현실적 형태다. 이 셋은 형태에 있어 다르지만, 내용에 있어 일치성을 가진다. 따라서 철학은 국가의 현실에서 분리된 추상적인 것이 아니라 그 내면에 있어 국가의 현실과 일치 내지 화해의 관계를 맺는 것이라고 말할 수밖에 없다.

　헤겔은 이것을 자신의 『법철학』 서문에서 다음과 같이 말한다. 각 사람이 "자신의 시대의 아들"인 것처럼, "철학은 사상으로 파악되어 있는 그 시대다"(ihre Zeit in Gedanken erfaßt, 1955, 16). 헤겔의 유명한 이 말은 철학과 국가의 내적 일치를 시사한다. 철학이 "사상으로 파악되어 있는 그 시대"라면, 국가는 정치적 형태로 구체화된 그 시대이기 때문이다. 양자는 단지 그 형태에 있어 다를 뿐이다. 전자가 사상적 형태라면, 후자는 현실적·정치적 형태다. 형태에 있어서 다를 뿐 내용적으로 철학과 국가는 통일성을 가진다.

b) 그러므로 헤겔은 이렇게 말한다. "모든 철학은 적절한 시대에 나타났다. 어떤 철학도 그의 시대를 뛰어넘지(übersprungen) 못했다. 오히려 그것들은 그 시대의 정신을 사유로써 파악했다. 종교적 표상과 사상의 규정들, 법의 내용, 철학의 내용 등—이 모든 것은 단 하나의 동일한 정신이다. 철학은 그 시대의 종교와 국가 등에 기존하고 있던 바로 그것을 의식화했다"(1966a,

125). "국가체제가 종교와 연결됨으로써 철학도 종교를 통해 국가와 연결되어 있다"(200).

따라서 종교, 국가체제와 법과 인륜 등 국가의 다양한 영역 속에서 현실적으로 일어나는 것과 철학적 사유는 일치 관계에 있다. 전자가 현실의 형태로(*in re*) 일어난다면, 후자는 사유의 형태로(*in intellectu*) 일어난다. 따라서 철학적 사유는 그 시대의 현실을 개념적으로 보여주는 그 시대의 거울이라 말할 수 있다. "모든 철학은 그 시대의 철학이며, 정신적 발전의 모든 연결 고리 속에 있는 지체"이기 때문이다(1966a, 143).

c) 헤겔에 의하면, 정신의 활동은 외적인 것에 의존하지 않는 자유로운 활동이다. 모든 것이 정신 자체로부터 시작하여 정신 자체로 돌아가기 때문이다. 정신은 자유로운 활동 그 자체다. 이 정신의 활동이 철학적 사유 속에서 일어난다면, **"철학 속에는 자유의 원리가 있다"**고 말할 수 있다(1966a, 201). 철학 속에 있는 "자유의 원리"는 그 시대의 **국가의 자유의 원리와 일치한다.**

"자유의 원리"는 국가의 법에 반영된다. 국가의 법은 절대정신의 시대적 의지의 표현이기 때문이다. 법을 위시한 국가의 모든 현실이 절대정신의 현상양태들이다. 이 모든 것은 절대정신이 그 속에서 나타나는 양태 내지 형태들이다. 따라서 국가의 세속적 현실들과 철학은 내용적으로 일치 내지 화해 관계에 있다. 그러므로 헤겔은 다음과 같이 말한다. "철학은 신적인 것을 인식한다. 그러나 이 신적인 것이 세속적인 측면에서 어떻게 적용되었고 실현되었는가도 인식한다. 따라서 철학은 사실상 세속의 지혜(Weltweisheit)이기도 하다.⋯그것은⋯국가체제의 본질적인 것을 의식한다"(1966a, 201).

여기서 철학은 이미 이루어져 있는 국가의 현실을 개념적으로 **반영하**

는 것에 불과한 것으로 생각된다. "종교적 표상들과 사상의 규정들, 법의 내용, 철학의 내용 등 이 모든 것은 단 하나의 동일한 정신이다." 종교, 예술, 철학, 국가체제, 국가의 법체계, 이 모든 것은 정신이라는 한 나무에 속한 가지들이다. 그것들은 정신의 동일한 원리를 가지며, 그 시대의 정신을 나타낸다. 철학은 그 시대의 "정신의 모든 형태(Gestaltung)의 한 측면이다"(1966a, 149). 그 시대정신의 한 형태로서 철학은 그 시대의 정신을 사유의 형식으로 나타낸다. "모든 철학은 그 시대의 철학이고, 정신적 발전의 전체 고리에 속한 지체다"(143). 그 시대의 정신의 발전의 한 지체로서 철학은 그 시대의 정신의 현실을 사상으로써 반영한다. 그것은 그 시대의 정신과 일치한다.

d) 따라서 철학은 "그의 시대를 넘어서지 못한다. 그것은 그의 시대의 실체적인 것의 의식(Bewußtsein des Substantiellen ihrer Zeit) 혹은 그 시대 속에 있는 것의 사유하는 지식(das denkende Wissen)일 따름이다"(1966a, 149). 헤겔에 따르면, "어떤 철학도 그의 시대를 뛰어넘지 못했다. 오히려 모든 철학은 그 시대의 정신을 사유로써 파악했다.…그것들은 그 시대의 종교와 국가 등에 현존하는 것을 의식으로 나타냈다"(125). 여기서 철학은 그 시대를 비추어 주는 거울과 같다. 철학의 사상들은 "회색에 회색을 칠하는" 것과 같다.

따라서 법철학의 과제는 국가의 현실을 이성적인 것으로, 이성적인 것을 현실적인 것으로 파악하는 데 있다. 그것은 "국가를 그 자체 속에서 이성적인 것으로 파악하고 이를 나타내는" 데 있다. 법철학은 이상적 상태의 국가(Staat, wie er sein soll)를 구성하고자 하지 않는다. 법철학의 과제는 "현재의 십자가 속에 있는 장미꽃으로서의 이성(Vernunft als die Rose im Kreuze der Gegenwart)을 인식하고, 이를 기뻐하는" 데 있다(1955, 16). 헤겔의 이 진술도 두 가지로 해석될 수 있는 양면성을 가진다. 그러나 문맥상 다음과 같이 해석될 수 있다. 법철학은 "현재의 십자가"를 극복하려는 것이 아니라 "현재의 십자가 속에 있는 장미꽃으로서의 이성을 인식하고 이를 기뻐하는" 학문이다.

법철학의 이 과제는 철학 일반에 해당한다. 철학은 그 시대의 현실을 이성적인 것으로 파악하고, 시대의 현실과 일치를 이룬다. "철학이 등장하여―회색에 회색을 칠하면서―그의 추상물들을 확대할 때, 청소년기의 신선한 색깔과 생동성은 이미 지나가버렸다. 그것이 생성하는 것은 땅 위에서가 아니라 단지 사상의 세계 속에서(nur in Gedankenwelt) 이루어지는 화해다"(1966a, 151).

e) 철학은 현실의 세계를 사상으로써 나타낸다. 그런 점에서 사상은 "세계의 사상"(Gedanke der Welt)이다. "세계의 사상으로서의 철학은 현실이 자신의 형성 과정을 끝내고 자기를 완성한 다음의 시대에야 나타난다." 철학의 새로운 사상으로 인해 새로운 현실이 이루어지는 것이 아니라 이미 이루어진 새로운 현실로 말미암아 새로운 철학적 사상이 등장한다. 새로운 철학적 사상은 **이미 이루어진 새로운 현실을 사상의 형태로 나타내는 것에** 불과하다. 그것은 이미 칠해져 있는 회색에 다시 한번 회색을 칠하는 것과 같다. 헤겔은 이것을 자신의 『법철학』 서문에서 다음과 같이 말한다.

철학이 회색에 회색을 칠할 때, 삶의 한 형태는 (이미) 늙어버렸다. 이 형태는 회색에 회색을 칠함으로써 젊어지는 것이 아니라 단지 인식되는 것일 뿐이다. 미네르바의 부엉이는 황혼녘의 여명과 함께 비로소 그의 비상을 시작한다 (1955, 17).[2]

---

2) Hegel의 이 유명한 문장의 원문. "Wenn die Philosophie ihr Grau in Grau malt,

그러나 헤겔 자신이 말하듯이 "사유하는 정신"은 자유롭다. 정신은 자유 자체다. "자유는 정신의 절대적 규정이다"(1969d, § 552 주해). 자유가 없다면, 사실상 사유는 불가능하게 된다. 특수한 것들을 넘어 보편적인 것을 파악할 수 없기 때문이다. "철학은 자유로운 사상을 자신의 대상으로 가진다"(『철학사 서설』에서). 그렇다면 철학은 "회색에 회색을 칠하는" 학문이 아니라 회색으로 칠해진 현실을 넘어 새로운 시대정신을 불러오는 학문이라 말할 수 있다.

따라서 헤겔이 뜻하는 철학과 국가의 화해는 결코 기존의 국가 현실을 철학적으로 정당화해주는 기능을 가질 수 없다. 곧 회색에 회색을 칠해주는 기능을 가질 수 없다. 오히려 철학과 국가의 화해는 철학의 이성적 사유에 따라 국가가 이성적 국가로 변화되어야 함을 시사한다. 철학과 국가의 **일치와 화해의 목적**은 여기에 있다. 이성적인 것과 현실적인 것의 화해는 현실적인 것이 이성적인 것으로 변화되는 것을 목적으로 삼는다. 헤겔이 말하는 화해는 주어진 현실을 정당화해주는 것이 아니라 오히려 주어진 현실의 변화와 새로운 발전을 가져오는 변증법적 성격의 것이다.

4) 철학사와 세계사의 일치

a) 헤겔에 따르면, 정신은 "사유하는 정신"이다. 사유하는 정신은 철학적 사유 속에 현존하면서 자기를 전개한다. 따라서 철학적 사유는 "사유하는 정신"의 자기활동이다. 그것은 "보편자의 사유"(Denken des Allgemeinen)다.

---

dann ist eine Gestalt des Lebens alt geworden, und mit Grau in Grau läßt sie sich nicht verjüngen, sondern nur erkennen; die Eule der Minerva beginnt erst mit der einbrechenden Dämmerung ihren Flug."

"사유는 사상(Gedanke)을 생산한다"(1966a, 105). 그러므로 사상은 "사유의 산물"이다. 모든 사상은 그 속에 주관적인 요소를 갖고 있다. 주관적 요소로부터 추상화된 객관적인 면에서의 사상 곧 "순수한 사상"은 "보편자"다 (97).

순수한 사상 곧 보편자는 추상적인 것, 공허한 것이 아니라 구체적인 것이다. 그것은 자기 자신을 규정하면서(bestimmend) 존재한다. 그것은 "자기를 자기로부터 규정함으로써 자기를 실현한다. 자기 자신을 성찰하고 이 속에서 실존하는 것이 그의 규정이다. 그는 자기 자신 속에 있는 과정이다. 그는 활동성과 생동성을 가지며, 중복된 관계들을 자기 안에 가지며 그의 구별들 속에서 자기를 정립한다. 그는 자기를 발전시키는 사상일 뿐이다"(1966a, 82).

철학은 "자기를 발전시키는 사상" 곧 "구체적인 사상"을 대상으로 가진다. "이 사상을 보다 더 자세히 규정한다면, 그것은 관념 혹은 진리다"(99). 철학의 역사 곧 철학사는 "자유로운 사상의 발생을, 지적인 세계의 역사를"(84) 기술한다. 그것은 "사상의 역사" 곧 "사상의 형태들의 연속 과정"(Reihenfolge von Gestaltungen des Gedankens)을 나타낸다(82, 94). 따라서 철학은 "사상의 발전의 기술이다.…철학의 역사는 시간 속에서 일어나는 사상의 발전이다"(119).

b) 철학적 사상의 발전은 세계사의 발전과 내적으로 일치한다. 철학적 사상의 발전과 현실 역사의 발전 모두 절대정신의 자기활동이기 때문이다. "사상, 곧 한 시대의 원리는 모든 것을 삼투하는 정신"이다. 이 정신은 "자유로운 사상의 발전 과정"으로 현존하는 동시에, 현실 세계에서 일어나는 세계사의 발전 과정으로 현존한다. 따라서 "자유로운 사상의 발전"을 기술하는 철학사는 세계사의 발전 과정과 일치성을 가진다. 철학사는 현실 세

계에서 일어나는 세계사의 발전을 사상의 형태로 표현한다. 그러므로 철학사와 세계사는 일치 내지 화해 관계에 있다. 양자의 형태는 다르지만 동일한 절대정신의 활동이다.

3. 여기서 우리는 종교, 예술, 철학과 국가가 내적 일치 속에서 화해를 이룬 하나의 정신적 세계를 발견한다. 종교, 예술, 철학을 중심으로 한 국가의 모든 삶의 현실이 국가와 함께 절대정신의 공통된 전체성을 형성한다. 이 모든 것은 내적 일치와 화해의 관계에 있다. "국가 권력과 종교와 철학의 원리들이 일치하며, 현실 일반과 정신, 국가와 종교적 양심, 종교적 양심과 철학적 지식의 화해가 실현된다"(1969d, § 542). 뢰비트는 이것을 다음과 같이 말한다. "종교철학에 관한 첫 강의와 동시에 발행된 헤겔의 『법철학』은 현실 일반과 철학의 화해를 위한, 곧 국가 철학으로서 정치적 현실과의 화해를 위한, 종교철학으로서 기독교적 현실과의 화해를 위한 원칙적 경향을 구체적으로 수행한 것이다"(Löwith 1953a, 59).

헤겔은 모든 것이 동일한 신적 정신의 계기들로서 일치와 화해의 관계에 있는 현실을 다음과 같이 설명한다. 국가의 삶의 모든 형태는 다르지만, 그 속에는 내적 "통일성"과 "연관성"이 있다. 그 속에는 "한 정신, 한 원리"가 있다. 이 원리는 정치의 상황을 결정함은 물론, 종교, 예술, 인륜, 사회, 상업, 산업 속에서 이 다양한 형식은 한 나무에 속한 가지들이다. 이것이 주요 관점이다. 정신은 오직 하나다. 그것은 한 시기, 한 민족, 한 시대의 본질적 정신이며, 이 정신은 다양한 방법으로 자기를 형태화한다. 이 다양한 형태들은⋯(한 정신의) 계기들이다. 따라서 정치, 국가체제, 종교 등이 철학의 뿌리나 원인이라고 생각해서도 안 되지만, 철학이 이들의 근거라고 생각해서도 안 될 것이다. 이 모든 계기는 동일한 **하나**의 성격을 가지며, 이 성격이 (모든 형태의) 기초이며, 모든 형태를 관통하는 것(das Durchdringende)

이다. 그러므로 서로 모순되는 것은 아무것도 없다. 비록 서로 모순되는 것처럼 보일지라도, 이 형태들의 그 어떤 형태도 기초에 대해 이질적인 것(Heterogenes)을 내포하지 않는다. 그것들은 "동일한 뿌리에서 나온 가지들"이다(1966a, 148).

4. 헤겔은 모든 계기가 "동일한 하나의 성격"을 가진 정신의 세계를 다음과 같이 묘사하기도 한다. "하나의 민족정신에 대해 말할 때, 우리는 정신이 그 속에서 자기를 구별하는 힘들(Mächte)을 설명해야 한다. 이 특별한 힘들은 종교, 정치체제, 시민법을 포함한 법체제, 산업, 상업, 예술, 학문, 군사적 측면, 용기의 측면들을 말한다. 한 민족은 이 요소들을 통해 다른 민족과 구별된다. 우리의 보편적 관찰에 있어 구별되는 이 계기들은 연관성을 가진다. 한 민족의 역사 속에 등장하는 모든 측면은 밀접한 결합 속에 있다. 한 민족의 역사는 정신이 그 자신에 대해 가진 개념을…다양한 영역들 속에 각인하는(ausprägt) 것에 불과하다. 다시 말해, 한 민족의 국가, 종교, 예술, 그의 법, 다른 나라들과의 관계—이 모든 것은 자기 자신에 대한 정신의 개념이 실현되고, 그 속에서 정신이 그 자신을 보며, 현존하는 세계로서 자기를 알고, 자기를 자기 앞에 가지게 되는 측면들이다. 이것은 예술가가 자기의 본질을 자기 앞에 가지며, 자기의 작품 속에서 자기 자신을 향유하고자 하는 충동을 갖는 것과 같다. 민족정신의 산물에는 앞서 말한 바와 같이 그의 종교 등이 속한다. 또한 그 민족의 운명과 행위들이 속한다. 이것들은 민족정신의 개념의 표현일 뿐이다. 한 민족의 종교, 그의 법, 인륜, 학문과 예술과 법체계의 상태, 이웃 국가와의 전쟁이나 평화의 관계, 이 모든 것은 분리될 수 없는 연관성을 가진다"(1968a, 120-121).

5. 헤겔은 이 모든 영역 중 **국가를 중심점으로** 본다. 신적인 것과 세속적인

것의 결합의 객관적 현실로서 국가는 "민족의 삶의 다른 구체적 측면들의 기초이며 중심점이다(Grundlage u. Mittelpunkt, 1968a, 124). "학문과 세련된 문학과 예술 일반이 형식상으로 형성되고 생성될 수 있는 필연성이 국가의 삶 자체 속에 있다"(173).

자기를 대상 세계로 외화하는 신적 정신의 궁극적 현존은 국가에 있다. 종교와 예술과 철학을 중심으로 한 삶의 모든 영역이 국가의 틀 안에서 생성되고 발전한다. 이 모든 영역의 기초인 동시에 중심점인 국가는 정신이 그 안에 있는 정신의 현존 및 현상양태다. 그것은 정신이 모든 것을 결정하는 하나님의 국가다. 국가는 인간의 자유로운 계약에 의해 세워진 것이 아니라 정신의 의지의 대변자이고, "지상에 존재하는 모습으로서의 신의 이념"이다(김형석 1978, 248).

헤겔의 이 생각은 현존하는 국가를 절대화하는 것처럼 들린다. 그러나 이것은 결코 국가의 절대화를 뜻하지 않는다. 바로 여기에 헤겔의 국가관의 양면성이 있다. 부정성의 원리에 기초한 헤겔의 변증법적 법칙에 따르면, 세계의 그 무엇도 주어진 현실 속에서 고착될 수 없다. 이것은 국가에도 해당한다. 현존하는 국가는 아무 변화 없이 그대로 계속될 수 없다. 국가 역시 세속적 현실에 속한 유한한 것으로 끊임없이 변화되어야 한다. 국가 안에도 부정적인 것이 있기 때문이다. 우리는 이에 대해 제4부에서 고찰하고자 한다.

6. 앞서 우리는 세계사에 대한 **하나님의 섭리, 하나님의 통치**가 헤겔의 역사철학의 주요 관심이며, 이 관심은 헤겔 철학 전체의 관심이란 점을 고찰했다. 헤겔은 이 관심을 국가의 형태를 통해 실현하고자 한다. 헤겔의 철학에서 국가는 하나님의 신적 정신의 궁극적 결정체다. 국가의 모든 현실은 신적 정신의 현실이며 현상이다. 국가 안에서 일어나는 모든 일은 그 시대

의 신적 정신의 의도와 목적에 따라 일어난다. 신적 정신, 곧 하나님의 존재는 국가의 현실로서 현존한다. 따라서 국가의 모든 현실은 하나님의 의지에 따라 이루어진다. 곧 하나님이 섭리하며 통치하는 세계가 국가의 현실속에서 이 현실을 통해 이루어진다. 이리하여 국가와 기독교 종교 및 철학은 화해의 관계에 있다. 헤겔이 말하는 이른바 "절대적 화해의 원리"가 실현된다(자세한 내용에 관해 아래 III, "하나님과 세계의 '절대적 화해의 원리'" 참조).[3]

이로써 모든 것이 일치와 화해 속에 있는 국가의 현실 속에 "정신의 세계"가 이루어진다. 하나님의 영, 곧 정신이 국가의 모든 현실을 결정한다. 국가의 현실은 신적 정신의 현실이다. 신적 정신의 현존이 국가의 형태를 통해 실현된다. 헤겔은 이에 대한 근거를 그리스도의 말씀에서 발견한다(여기서도 Hegel의 해박한 성서 지식을 볼 수 있음). 그리스도는 "내가 세상 끝날까지 너희와 항상 함께 있을 것이다"라고 말했다(마 28:20). 또 그는 "두세 사람이 내 이름으로 모인 곳에는 나도 그들 중에 있다"고 말한다(마 18:20). 그러나 이것은 세상을 떠난 예수가 "감성적 방법으로", 곧 인간의 몸을 가지고 현존한다는 것을 뜻하지 않고 오히려 영적으로(정신적으로) 현존함을 뜻한다. 그의 현존은 영적·정신적 현존을 말한다. 그래서 예수는 이렇게 말한다. "진리의 영(정신)이 오실 것이고, 그 영 곧 정신이 너희를 모든 진리 가운데로 인도하실 것이다"(요 16:13. 이 내용에 관해 1966a, 179-180).

---

3) 그러나 이 화해는 Hegel 좌파에 속한 Marx와 Kierkeggard를 통해 깨진다. Marx는 자신의 문헌 『유대인 문제에 관하여』(Zur Judenfrage)에서 국가와 기독교 종교의 화해를 양자의 타락으로 간주하고, 국가와 종교의 분리를 주장한다. Kierkeggard는 종교와 국가의 화해는 물론 종교와 철학, 신앙과 이성의 화해를 반대한다. 이로써 Hegel 철학의 와해가 Hegel 좌파를 통해 일어난다. Hegel 좌파에 의한 Hegel 철학의 와해를 통해 Marx의 물질주의적(유물론적)·무신론적 역사철학과 역사를 무시하고 개인의 실존을 중심 문제로 가지는 Kierkeggard의 기독교적 실존철학이 등장한다. 두 가지 반대되는 원리를 가진 학문이 등장한다. 넓게 볼 때, 두 사람의 철학 모두 Hegel 철학의 부정에서 나온 Hegel 철학의 유산이라 볼 수 있다.

4. 헤겔은 국가 절대주의를 주장했는가?

국가가 하나님의 섭리와 세계 통치를 이루는 중심적 형태 내지 수단이라면, 그것은 절대성을 주장할 수 있지 않은가? 국가의 "정부(Regierung)가 모든 사람 위에 서 있는 자기를 보편적 지식과 보편적 현실로 아는 정신"이라면(1969c, 267), 그것은 모든 사람의 복종과 희생을 요구할 수 있지 않은가? 상당수의 학자가 말하는 것처럼, 헤겔은 히틀러의 독재를 가능케 한 국가 절대주의를 주장하지 않는가?

1. 이 문제에 대한 헤겔의 생각들은 간단히 결론을 내리기 어려운 미묘한 양면성을 보인다. 우리는 이 책의 제1부에서 헤겔 철학 속에 내포된 몇 가지 양면성을 지적했다. 이 양면성 중 해석하기 가장 어려운 양면성은 국가에 대한 헤겔의 진술들의 양면성이다. 이 양면성을 보이는 헤겔의 대표적 문헌은 그의 『법철학』이다. 거기에는 국가 절대주의를 주장하는 듯한 생각들이 나타나는가 하면, 국가와 개인의 유기적 일치를 주장하는 생각들이 병행된다. 먼저 국가 절대주의를 주장하는 것처럼 보이는 생각들을 찾아본다면, "보편적 삶을 영위하는 것"이 모든 개인에게 주어진 삶의 규정이다. 국가 안에 있는 본질적인 것, 보편타당한 것이, 국가 안에 있는 개인들의 삶의 출발점이요 목적이다(1955, §258). "정신적인 것이 하늘의 실존을 이 땅 위의 차안과 저속한 세속성(Weltlichkeit)으로…낮추었다.…(세속의) 현재는 그의 야만성과 불의한 자의를 벗어버렸고, 진리는 그의 피안과 우연적 힘을 벗어버렸다. 이리하여 참된 화해가 객관적으로 되었다. 이 화해는 국가를 이성의 상(Bild)과 현실로 전개한다"(§360). 신적인 것과 인간적인 것이 통일성을 이루며, 이성적인 것과 현실적인 것이 화해된 현실이 국가 안에 있다. 국가는 하나님과 세계의 "절대적 화해의 원리"의 현실이다.

인간은 현실 세계에서 유한하고 제한되어 있는 존재다. 신학적으로 말한다면, 인간은 이기적 본성을 버릴 수 없는 존재다. 그는 세계정신의 현존 및 현상양태인 동시에 사적인 욕구와 충동을 벗어날 수 없는 자연적이고 감성적인 존재다. 따라서 그는 자기의 이성적 실존을 국가의 보편성 안에서 찾아야 한다. 개인의 이성적 실존은 국가의 보편적 의지 안에 있다. 그러므로 개인은 자신의 개별적 관심과 특수한 욕구를 버리고 국가의 보편적 의지에 복종해야 한다. 헤겔은 국가의 보편적 의지에 대한 개인의 복종을 "보편적인 것의 실존을 위해 필연적인 첫째 계기"라고 본다(1968a, 113).

참으로 본질적인 것은 개인의 주관적 의지가 아니라 국가의 보편적 의지다. 국가의 보편적 의지는 개인들의 생각의 산물이 아니라 국가 안에 이미 존재한다. 그것은 개인에 앞서 그 자체로서 정당성을 가진 것으로 국가 안에 이미 현존한다. 그것은 "흔들릴 수 없는 것, 완성된 것, 자의와 부분성과 개별성과 개체성과 우연성을 완전히 벗어난 것이다." 국가의 보편적 의지는 "거룩한 것이며, 모든 사적 행복과 사적 자의가 의존하는 위대한 내용이다"(1968a, 115). "보편적 의지에 따라 행동하며, 국가 안에 있는 보편적인 것을 그 자신의 목적으로 삼는 것이 일반적 관습이다. 유치한 형태의 국가에서도 자기 의지를 하나의 다른 의지에 복종시키는 것이 관례다. 이것은 개인이 그 자신을 위한 의지를 갖지 않는다는 것을 말하는 것이 아니라 그의 특수한 의지가 유효하지 않다는 것을 말하는 것이다"(113).

2. 헤겔에 따르면, 국가의 "인륜성"(Sittlichkeit)은 개인의 특수한 사적 의지와 국가의 보편적 의지가 유기적 통일성을 이루는 데 있다. 달리 말해, 인륜적인 국가는 개인의 개체적·사적 의지와 국가의 보편적 의지가 일치하는 국가를 말한다. 그러나 이 세상에 개인의 사적 의지가 국가의 보편적 의지와 완전히 일치하는 일은 결코 있을 수 없다. 인간은 끝까지 자기중심적인

이기적 본성을 갖기 때문이다. 국가 부채가 증가하여 국가 부도의 위기가 다가와도 가능한 한 세금을 적게 내려는 것이 인간이다.

그러므로 헤겔은 개인의 사적 의지가 국가의 보편적 의지에 복종할 때 국가의 인륜성이 가능하다고 말한다. 국가의 인륜성은 개인의 "주관적 의지가 보편적 의지를 통해 자기를 관철하고 자기를 향유하는 것으로, 보편적 의지가 그를 위한 수단인 것으로" 이해되어서는 안 된다. 개인의 "주관적 의지는 그의 특수성을 포기함으로써 (국가의 보편적 의지로) 고양된다"(1968a, 142).

여기서 헤겔은 국가의 법을 매우 중요시한다. 국가의 법은 모든 개인이 따라야 할 보편적 의지를 반영한다. 그것은 "정신의 객체성이요 진리 안에 있는 의지다. 법에 복종하는 의지만이 자유롭다. 왜냐하면 그는 자기 자신에게 복종하기 때문이다. 그는 자기 자신 가운데 있다. 이로써 그는 자유롭다"(1968a, 115). "인간은 그의 현존, 존재와 사유를 오직 법 안에 가지고 있다." 법은 인간의 권리(Recht)와 생명을 보호하는 "절대적 권력(Gewalt)"이며 "절대적 힘(Macht)"이다(1969c, 242). 국가의 인륜성은 개인의 의지가 국가의 법에 복종함으로써 이루어진다.

따라서 어떤 사람도 국가 위에, 국가보다 먼저 있지 않다. "인간 존재의 모든 것은 국가로 말미암아 갖게 된 것이다(Alles, was der Mensch ist, verdankt er dem Staat).…인간은 자신이 가진 모든 가치, 모든 정신적 현실을 오직 국가를 통해 가진다"(1969c, 111). "국가는 객관적 정신임으로, 개인은 국가의 구성원일 때에만 그 자신의 객관성, 진리성, 인륜성을 지닌다"(1955, § 258 각주). 그러므로 개인의 관심과 목적은 국가의 의지를 따라야 한다. 국가의 보편적 의지를 알고, 자기의 사적 의지를 국가의 보편적 의지에 복종시키며, 국가의 목적을 자기 자신의 목적으로 삼을 때, 개인은 국가의 보편적 의지와 하나로 결합될 수 있다. 여기서 국가는 개인 위에 있는 것, 개인이 복종해야 할 대상으로 나타난다.

헤겔은 이 생각을 『철학적 학문의 백과전서』에서 다음과 같이 시사한다. 태양계가 태양-빛-열로 이루어져 있듯이, 국가도 세 가지 요소로 구성된다. 1) 신체적·정신적 욕구들을 가진 개인이 자신의 특수성을 통해 사회, 법, 정부 등의 보편적인 것과 결합되고, 2) 개인들의 의지와 활동이 사회의 필요와 법 등의 요구를 만족시키고 이를 실현하는 중재자(das Vermittelnde)가 되며, 3) 그러나 보편적인 것(국가, 정부, 법)이 기초적인 중심(substantielle Mitte)이다. 개인들은 이 중심 안에서 "성취된 현실과 중재와 존속을 가지며 이를 유지한다"(1969d, § 198 주해). 여기서 국가는 개인들이 성취한 현실과 만족을 가지며 자신을 유지할 수 있는 "기초적 중심"으로 파악된다. 이로써 헤겔은 국가 중심주의 내지 절대주의를 주장하는 것처럼 보인다.

3. 국가 절대주의를 지지하는 것 같은 헤겔의 생각은 **이상적 국가**에 대한 그의 진술에도 나타난다. 헤겔에 의하면, 이상적인 국가, 곧 "가장 좋은 국가는 가장 많은 **자유가 있는 국가**"다(1968a, 142). 헤겔의 이 말은 국가 절대주의를 반대하는 것처럼 보인다. 그러나 헤겔에 따르면, 개인의 자유는 국가의 틀이 유지되는 한에서 보장된다. 국가는 개인의 자유를 가능케 하는 기초다. 국가 없는 개인의 자유는 있을 수 없다. "자유의 의식의 진보"로서의 역사는 국가를 통해 이루어진다. 블로흐는 그것은 "국가의 삶에서만" 가능한 것으로 생각된다고 해석한다(Bloch 1962, 231).

한스 큉의 해석에 의하면, 헤겔이 말하는 참 자유는 인륜성을 가진 국가에서 실현될 수 있다. 그것은 "자기제한 속에 있는, 바로 이를 통해 자기 전개 안에 있는 자기규정"에 있다(Selbstbestimmung in Selbstbeschränkung u. gerade so in Selbstentfaltung). 인륜적 국가는 "개인이…자기의 자유를 제한 속에서 실현하고, 자기제한 속에서 자기규정을 실현할 때 이루어질 수 있다"(Küng 1970, 373).

"정신으로서의 하나님"은 각 사람의 의식과 사유와 의지 안에 현존한다. 각 사람이 세계정신으로 활동하는 하나님의 현실이다. 그러나 각 사람이 자신의 의지를 억제하고, 국가체제에 명시되는 국가의 보편적 의지를 자신의 것으로 삼을 때, 그는 "정신으로서의 하나님"의 현실일 수 있다. "세계 속에 있는 하나님의 현상"으로서의 국가에 대한 개인의 "최고 의무"는 국가의 보편적 의지를 자신의 의지로 가진 "국가의 구성원이 되는" 것이다. 이와 같은 국가의 구성원이 될 때, 그는 "하나님의 현상(나타남)"에 속할 수 있다(Küng 1970, 359 이하).

4. 우리는 인간의 본래 상태, 곧 죄의 타락 이전에 있었던 에덴동산의 상태에 대한 헤겔의 생각에서도 국가 절대주의의 인상을 볼 수 있다. 기독교 전통은 인간의 본래 상태를 죄가 없는 인륜적인 상태라고 가르친다. 인간은 아담의 타락으로 말미암아 비로소 죄와 죽음의 세력이 다스리는 비본래적 상태에 처하게 되었다는 것이다. 헤겔은 기독교의 이 가르침을 거부한다. 최초의 인간의 상태는 죄가 없고 인륜적이며 자유로운 상태가 아니다. 그것은 "불법과 폭력, 억제되지 않은 자연적 충동, 비인간적인 행위와 지각들(Empfindungen)의 상태"였다. 루소는 "자연으로 돌아가라"고 말했지만, 인류 최초의 자연의 상태는 "부자유와 감성적 직관의 상태"였다. 자유에 대한 의식은 첫 인간의 동물적 본성에 주어져 있는 것이 아니었다. 오히려 그것은 자연적인 욕구와 충동을 억제함으로써 얻을 수 있는 것이었다. 따라서 스피노자는 "자연의 상태에서 벗어나야 한다"(Exeundum est e statu naturae)고 말한다(1968a, 117).

헤겔에 따르면, 자신의 자연적 욕구와 충동을 제한하고 억제하는 것은 개인의 자유의 억제를 뜻하지 않는다. 오히려 그것은 참 자유를 얻을 수 있는 조건이다. 자연적 욕구와 충동을 억제할 때, 인간의 둘째 본성인 "인륜성"에 이를 수 있다. 이 인륜성은 국가의 인륜성을 말한다. 국가의 인륜성에 인간의 참 자유가 있다. 국가의 인륜성은 개인이 자기의 자연적 욕구와 충동을 억제하고, 국가의 보편적 의지를 자기의 것으로 삼으며, 이에 따라 행동할 때 생성된다. 국가에서 인정되는 것은 거룩한 것, 보편적인 것이다. 개인은 자기의 주관적 의지를 포기하고, 국가의 보편적 의지를 따라야 한다. 그는 자기의 본래적 자연의 상태를 억제하고, 국가가 추구하는 보편적인 것을 자기의 목적으로 삼아야 한다. 이때 그는 인륜적 존재가 될 수 있다.

5. 교육의 목적은 인간을 인륜적 존재로 형성하는 데 있다. 곧 인간이 자기의 자연 상태를 억제하고 국가의 보편적인 것을 자기의 목적으로 삼도록 하는 데 있다. 교육은 인간이 자기의 자연적 욕구와 충동을 억압하고, 국가의 보편적 의지를 따르도록 도와야 한다. 인간은 "오직 교육을 통해, 훈육을 통해 자기가 되어야 할 바의 존재(was er sein soll, 이상적 존재)"가 될 수 있다(1968a, 58).

교육을 받은 사람은 "자기의 모든 행위에 보편성의 도장을 찍을 수 있는 사람, 자기의 개별성을 포기하고, 보편적 기본 명제에 따라 행동하는 사람"이다(65). 그는 자기의 동물적 충동을 억제하고, 국가의 보편적 목적에 따라 행동하는 사람이다. 교육을 받은 사람은 국가의 보편적 목적이 그 자신의 목적이 되고, 그 자신의 목적이 국가의 보편적 목적과 일치하는 사람을 말한다. 교육의 목적은 개인의 주관성을 보편적인 것의 객관성과 화해케 하고, 국가의 보편적 목적을 이루는 사람을 기르는 데 있다.

우리는 헤겔이 말하는 이 같은 교육을 개인의 다양성을 억압하는 획일적 교육, 독재자의 목적에 협조하는 전체주의적·군국주의적 교육이라 말할 수 있다. 독재자들은 이 같은 교육을 원할 것이다(2019년 현재 독일의 민족주의적 극우 정당[AfD]은 예술가들에게 "독일 민족의 목적에 봉사하는 예술"을 요구하고 있음. 이에 대해 예술가들은 예술의 창의성과 다양성을 저해하는 구시대의 민족주의적이며 군국주의적 발상이라고 반발함).

20세기 프랑크푸르트 학파의 대표자 마르쿠제는 헤겔의 이러한 생각에 근거하여 다음과 같이 말한다. 헤겔은 국가를 개인의 모든 행동의 추진자와 목적으로 승화시켰다. 그는 국가를 개인 위에 있는 "독자적 권력"(selbständige Gewalt)으로 본다. "이 권력 안에서 개인들은 계기들에 불과하다." 그의 국가 철학은 당시 "프로이센 왕정체제의 우상화"였다(1972, 192).

6. 그러나 마르쿠제의 해석은 타당하지 않다. 왜냐하면 헤겔의 문헌에는 국가 절대주의를 지지하는 듯한 많은 진술과 이를 거부하는 진술들이 병립하기 때문이다. 국가 절대주의를 거부하는 헤겔의 생각들을 살펴본다면 다음과 같다.

헤겔은 개인과 국가의 관계를 명령과 복종의 관계로 보지 않고, 유기적 **통일성**으로 본다. 개인은 자연성에 의존하기 때문에, 그의 주관적 의지는 제한성을 갖는 동시에 신적 정신의 현상양태로서 "실체적 삶(substanzielles Leben)을 가지며", 절대정신이 희망하는 본질적인 것을 "그의 현존의 목적으로 가진다." 따라서 개인의 본질적 삶 속에는 보편적인 것이 있다. 개인의 본질적 삶은 그의 유한성과 제한성 속에서 보편적인 것과 하나를 이룬다. 개인의 본질적 삶은 보편적인 것이 이루어지는 장소다. 개인의 "주관적 의지와 보편적인 것의 통일성", 곧 하나 됨의 구체적 형태가 국가다. 국가는 개인 위에서, 개인에 대립하는 것이 아니라 개인의 주관적 의지가 보편적인 것을 이루는 "현존하는 현실적 삶"이다(das vorhandene, wirkliche Leben). 그것은 "보편적 의지와 주관적 의지의 통일성"이다. 헤겔은 이를 가리켜 **"인륜성"**이라 부른다(1968a, 112). 국가의 본질은 인륜성에 있다.

헤겔은 이것을 다음과 같이 말한다. "국가는 현존하는 참으로 인륜적인 삶이다. 그것은 보편적이며 본질적인 의지와 (개인의) 주체적 의지의 통일성이다. 바로 이것이 인륜성이다." "국가의 본질은 인륜적 생동성이다. 이 생동성은 보편성의 의지와 주관적 의지의 통일에 있다"(112).

7. 흔히 말하기를 "국가는 시민들을 위해 존재하지 않는다", "국가는 목적이고, 시민들은 국가의 도구다"라고 한다. 하지만 헤겔은 국가와 시민의 관계를 "목적과 도구의 관계"로 보는 것은 전혀 생각될 수 없다고 말한다. 헤겔에 따르면, "국가는 시민들에게 대칭하는 추상적인 것이 아니다. 오히려 그것들(국가와 시민들)은 유기적 삶 속에 있는 지체들(Momente wie im organischen Leben)이며, 어떤 지체도 목적이 아니고 어떤 지체도 수단이 아니다"(1968a, 112).

개인의 사적·주관적 의지는 국가가 목적하는 보편적인 것을 의욕하며 그것을 생성한다. 개인 역시 세계정신의 현상양태로서 그의 사유를 통해 보편적인 것을 알기 때문이다. 본래 개인의 의지는 "보편적인 힘과 자연과 정신의 본질"이다(das Wesen allgemeiner Macht, der Natur und des Geistes). 그것은 "자연과 정신의 지배자(Herr)"로 생각될 수 있다. 그러나 그것은 "타자에 대한 지배자가 아니라 자기 자신에 대한 지배자"다. 자기 자신에 대한 지배자로서 개인의 사적·주관적 의지는 그의 인격을 형성한다(113). 자기 자신에 대한 지배자로서 개인의 주관적 의지는 보편자와 하나로 결합되어 있다.

그러므로 개인의 주관적 의지는 보편적 의지의 활동성이다. 개인의 주관적 의지는 보편적인 것의 지식과 일치한다. 의욕하는 자로서의 개인은 보편적인 것을 "아는 자", 곧 보편적인 것에 대한 지식을 가진 자다. 따라서 개인이 사유하고 의욕하는 것은 국가의 보편적 의지와 일치한다. 국가의 생동성과 삶은 바로 개인들 안에서 이루어진다. 국가는 개인들의 삶에서 분리된 추상적인 것이 아니라 "정신적 개인, 민족 자체다. 그것은…유기적 전체(organisches Ganze)이기 때문이다"(1968a, 114).

따라서 국가와 개인은 동일한 정신적 원리 속에서 하나의 유기체를 이룬다. 개인들은 동일한 세계정신 속에서 국가와 하나로 결합되어 있다. 어느 것도 다른 것 위에 있지 않다. 개인이 목적이고, 국가는 개인을 위한 수단이 되는 관계에 있지 않다. 거꾸로 국가가 목적이고, 개인은 국가를 위한 수단이 되는 관계에 있지도 않다. 양자는 유기적 일치의 관계에 있다. 따라서 블로흐는 헤겔이 국가를 개인 위에 있는 권위로서 절대화하지 않으며, 오히려 개체적인 것과 보편적인 것의 통일을 목적으로 삼는다고 해석한다(Bloch 1962, 268). 개인의 이성과 의지는 "객관적 유기체로" 실현된다(Rosenkranz 1858, 40). 개인은 이 유기체 안에서 "자기 시대의 아들"인 동시에 "자기 민족의 아들"이다(1968a, 122).

그러므로 각 개인은 보편적인 것을 알고 또 그것을 의욕하는 자로서 민족과 국가의 유기적 전체성을 구성하며, 이 전체성 안에서 실존한다. 그는 국가와 동일한 절대정신의 현존 내지 현상양태다. 따라서 개인과 국가는 유기적 통일성 안에 있다. 국가의 "객체적인 자유와 (개인의) 주체적인 자유의 통일성,…이 관념이 국가의 영원하고 필연적인 존재이며, 이 존재가 국가 일반의 역사적 근거를 이룬다"는(1955, 330) 헤겔의 진술도 국가와 개인의 유기적 통일성을 시사한다.

8. 결론적으로 우리는 국가 절대주의를 주장하는 것처럼 보이는 진술들과 국가와 개인의 유기적 통일성을 주장하는 것처럼 보이는 진술들이 헤겔의 철학 속에 양립하고 있음을 볼 수 있다. 한편으로 헤겔은 국가의 보편적 의지에 대한 개인의 복종을 요구하며, 심지어 개인을 국가의 보편적 의지의

"도구"라고 말한다. 다른 한편, 그는 국가의 보편적 의지와 개인의 사적 의지의 일치에 국가의 인륜성이 있고 "가장 좋은 국가는 가장 많은 자유가 있는 국가"라고 말한다. 우리는 모순되는 것처럼 보이는 이 두 가지 진술 속에 숨어 있는 헤겔의 의도를 다음과 같이 추론할 수 있다.

1) 개인의 의지는 국가 공동체 전체의 의지, 곧 공동체 전체가 원하는 바를 따라야 한다. 그것은 공동체에 해가 되는 일을 행해서는 안 된다. 개인의 사적 의지는 국가의 공적·보편적 의지를 따라야 한다. 국민은 물론 국가의 통치자들도 사적 욕심을 버리고 국가 공동체 전체의 보편적 의지를 따라야 한다.

2) 이와 동시에 국가는 민의를 따라야 한다. 국가의 통치자들은 민의를 역행해서는 안 된다(거짓된 여론 조사와 댓글을 통해 민의를 조작하려는 생각도 버려야 한다). 국가의 "인륜성"은 국가의 보편적 의지와 개인의 사적 의지의 일치 속에서 개인의 자유를 실현하는 데 있다. "정신의 실현"으로서의 "세계사 전체는…자유의 개념의 발전이며, 국가는 자유의 세속적 실현이다"(1968c, 937).

피벡 교수는 헤겔의 법철학에서 국가와 개인의 관계를 다음과 같이 해석한다. 헤겔은 "총체적 통제와 조정의 국가" 곧 총체적 감시의 국가 모델을 단호히 거부한다. 공적 질서와 안전을 지키기 위해 모든 시민이 언제 어디에 머물며, 무엇을 하는지 알고자 하는 피히테적인 "경찰국가"를 반대한다. 어떤 사람이 칼을 구입하면, 무엇을 위해 칼을 구입했는지 경찰이 알아야 하고, 사람을 죽이는 일에 사용하지 않도록 따라다녀야 한다. 이렇게 개인을 감시하는 경찰 자신이 감시를 받고, 경찰을 감시하는 자 역시도 감시를 받아야 한다. 이리하여 국가는 수없이 많은 감시자를 가진 거대한 감시체제가 되어버린다. 그것은 "완전한 감옥"이 되어버린다. 이와 같은 위험성은 오늘 우리의 세계에도 숨어 있다. 전화 도청, 인터넷 감시, 개인에 관한 자료 수집 등을 통해 국가 전체가 "하나의 완전한 감옥"이 될 수 있다. "'유리로 된 국가, 유리로 된 시민'"(der gläserne Staat, der gläserne Bürger)이 등장할 수 있다(Vieweg 2019, 531).

9. 헤겔이 이 문제와 연관하여 국가를 신격화시켰다는 해석도 성급한 것으로 보인다. 국가의 신격화는 국가 절대주의와 직결된다. 헤겔 철학에서 국가의 현실은 "정신으로서 하나님"의 현실이며, 국가는 하나님의 현존 내지 현상양태라 말할 수 있다. 그것은 "하나님의 현상"이라 말할 수도 있다. 그렇다 하여 국가를 "현존하는 하나님", "현상하는 하나님"으로 신격화시켰다고 말할 수는 없다. "하나님의 현상"(Erscheinung Gottes)은 "현상하는 하나님"(erscheinende Gott)과는 다른 것이다,

"하나님의 현존" 역시 "현존하는 하나님"을 뜻하지 않는다. "하나님의 현상", "하나님의 현존"은 하나님과 국가의 구별을 전제하는 반면 "현상하는 하나님", "현존하는 하나님"은 하나님과 국가를 동일시하기 때문이다. 헤겔은 국가를 하나님의 현존 내지 현상으로 보는 동시에 어디까지나 세속의 영역에 속한 세속적인 것으로 보기 때문에 그가 국가를 신격화시켰다는 결론은 일면적이다. 그렇다 하여 국가를 완전히 세속적인 것으로 본다는 것도 일면적이다.

아래에서 고찰하게 될 "정신의 부정성"에 따르면, 세계의 그 무엇도 절대화될 수 없다. 세계의 모든 것은 부정되어야 할 "부정적인 것"을 내포하기 때문이다. 국가도 마찬가지다. 현존하는 국가 자체가 세계정신, 곧 하나님의 현존양태가 아니라 하나님의 보편적 의지와 개인들의 개별적 의지가

조화되며, 개인의 자유가 최대한 보장되는 "인륜성의 국가"가 땅 위에 있는 하나님의 현존양태 내지 "하나님의 현상"이다. 헤겔은 국가는 민의와 일치하며 개인의 자유를 최대한 보장하는 인륜성의 국가, 곧 땅 위에 있는 그 시대의 하나님 나라가 되어야 한다는 당위성을 암시한다.

국가가 그 시대의 하나님의 존재양태 혹은 "하나님의 현상"이라는 헤겔의 생각은 국가가 "하나님의 현상"이 되어야 한다는 당위성을 시사한다. 매우 힘든 일이지만, 우리가 국가를 볼 때 하나님이 그 안에 나타나는 것을 볼수 있어야 한다. 입법, 사법, 행정을 포함한 국가의 모든 현실 속에서 하나님을 볼 수 있어야 한다. 따라서 국가가 국민 위에서 국민을 억압하고 착취하며, 국민을 자신의 목적을 위한 수단으로 간주하는 국가 절대주의는 헤겔 철학에서 인정될 수 없다. "이성적인 것은 현실적이다"라는 헤겔의 말은 현존하는 국가 자체가 이성적이라는 말이 아니라 이성적이 되어야 한다는 당위성을 암시한다.

III

정신과 세계의 "절대적 화해의 원리"

1. 화해의 원리의 동기와 근거

1. 위에서 우리는 국가와 국가 안에 있는 모든 삶의 현실이 하나의 "정신적 세계"를 이룬다는 것을 살펴보았다. 여기서 국가는 개인의 의지와 신적 정신의 보편적 의지가 일치하는 유기적 통일체 내지 "인륜성"으로, 땅 위에 있는 하나님의 현존 내지 현상으로 나타난다.

　이로써 헤겔 철학의 한 가지 "주요 관심", 곧 하나님과 인간, 하나님과 세계의 "절대적 화해의 원리"(1968a, 254)가 국가의 형태 속에서 실현된다. 신적 본성과 인간적 본성, 하나님과 인간, 하나님과 세계, 무한한 것과 유한한 것의 분리가 극복되고, 양자의 화해가 이루어진다. 하나님은 국가의 형태 속에서 세계의 하나님이 되고, 세계는 "땅 위에 있는 하나님의 현존 내지 현상"이 된다. 하나님의 의지와 일치하는 세계, 곧 "정신의 개념과 일치하는" 세계, 정신이 자기 자신에 대해 아는 바가 실현된 세계가 이루어진다. 이로써 "절대적 화해의 원리"가 실현된다.

2. 그러나 하나님과 인간, 하나님과 세계의 화해는 하나님과 인간, 하나님과 세계가 하나로 용해되어버리는 것을 뜻하지 않는다. 그리하여 인간이 하나님이 되고, 국가가 하나님이 되는 것을 뜻하지 않는다. 헤겔은 국가를 가리켜 "땅 위에 있는 하나님"이라고 결코 신격화하지 않는다. 헤겔은 정신으로서의 하나님과 국가의 현실을 통일성 안에 있는 것으로 보는 동시에, 국가를 세속의 영역에 속한 세속적인 제도로 보기 때문이다.

헤겔은 이것을 종교와 국가의 관계를 설명하면서 제시한다. 헤겔에 따르면, "종교의 영역은 국가의 영역에서 분리되어 있다. 후자(국가)는 **세속의 영역이요 비신적인 것, 거룩하지 못한 것**으로, 종교와 대립 속에 있는 것으로 생각될 수 있다." 물론 헤겔은 "종교와 국가, 정신적 나라와 세속의 나라는 서로 조화 속에 있어야 한다"고 말한다. 그러나 국가는 종교와의 관계에서 "세속의 영역, 비신적인 것, 거룩하지 못한 것"으로 전제된다(1966a, 200). 따라서 철학은 국가의 "세속적 통치권의 자의와 우연성에 대립한다"고 말한다(201).

그러므로 헤겔이 국가를 신격화했다고 말할 수 없다. 헤겔이 말하는 정신과 세계의 화해는 국가와 세계의 신격화를 결코 뜻하지 않는다. 신격화는 참된 의미의 화해가 아니다. 그것은 부정적인 것으로 가득한 세계를 신격화함으로써 절대화해버리기 때문이다. 곧 "부정적인 것"을 긍정적인 것으로 정당화한다. 이와 같은 통일성은 "구체적 통일성"이 아니라 "추상적 통일성"이다.

헤겔은 인간에 대해서도 신격화를 거부한다. 우리는 이것을 헤겔의 다음과 같은 말에서 볼 수 있다. "더 높은 이 정신은 정신의 화해와 해방을 포함한다. 인간은 보편성과 무한성 안에 있는 정신의 의식을 얻기 때문이다. 절대적 객체, 진리는 정신이다. 인간 자신이 정신이다. 그러므로 그는 이 객체 속에 현존한다. 그는 자신의 절대적 대상 속에…자기의 본질을 발견한다.[1] 그러나 본질의 대상성이 지양되고, 정신이 자기 자신 가운데 있도록 하기 위해 인간이 그 속에서 특수하고 경험적 인간인 **정신의 자연성이 부정되어야 한다.** 이리하여 **이질적인 것**(das Fremdartige)이 제거되고, 정신의 화해가 완성되어야 한다"(1968c, 721). 여기서 인간은 하나님과 동일한 정신으로 규정되는 동시에 부정되어야 할 자연성을 가진 존재, 제거되어야 할 "이질적인 것"이 그 속에 있는 유한한 존재로서 "절대적 객체"이신 하나님과 구별된다. 따라서 헤겔이 말하는 "절대적 화해의 원리"는 결코 인간의 신격화, 국가의 신격화를 뜻하지 않는다.

3. 우리는 이 문제와 연관하여 어떤 동기에서 헤겔이 신적인 것과 인간적인 것, 하나님과 인간, 하나님과 세계, 영원한 것과 유한한 것, 절대적인 것과 제한된 것의 화해를 세계사의 "절대적 원리"로 제시하게 되었는지 고찰하고자 한다.

이 책 제2부에서 간단히 언급한 것처럼 헤겔이 화해를 세계사의 대원리로 세우게 된 동기는 칸트의 이원론과 이원론이 초래하는 결과를 극복하려는 데 있다. 위의 제1부 "칸트와 헤겔의 하나님 인식론", "칸트와 헤겔의 하나님 존재 증명"에서 고찰한 바와 같이 칸트 철학의 핵심은 하나님과 인간, 하나님과 세계의 이원론적 분리에 있다. 칸트에 의하면, 하나님은 인간의 이성에 의해 인식될 수 없고 증명될 수 없다. 그는 인간의 이성이 인식할 수 있고 증명할 수 있는 영역 바깥에 있는 존재이기 때문이다.

우주론적 증명에서 하나님은 원인과 결과의 법칙, 곧 인과율에 의해 세

---

1) 우리는 이 문장에서 신적 본질은 인간의 본질을 객관적 대상으로 투사시킨 것에 불과하다는 Feuerbach의 투사설의 출발점을 발견한다. Feuerbach는 베를린에서 Hegel의 강의를 여러 학기 듣고, 이에 대한 증명서까지 받은 인물이다.

계의 제1원인(*prima causa*)으로 추론된다. 제1원인과 그다음에 오는 제2원인 및 제3원인 등 모든 원인은 존재의 유비(*analogia entis*)를 가진다. 그것들은 같은 유의 것이다. 칸트에 의하면 같은 유에 속한 것이 하나님일 수 없다. 거꾸로 말해, 하나님은 세계의 모든 사물과 같은 유의 것이 아니다. 따라서 하나님은 이 세계의 사물들을 인식하는 인간의 이성에 의해 인식되거나 증명될 수 없다.

이로써 인간의 이성이 인식할 수 있는 이 세계의 영역과 인식할 수 없는 하나님의 영역이 분리된다. 하나님과 세계, 하나님과 인간이 분리된다. 하나님을 인식하려는 노력은 하나님에 대한 인간의 교만과 불신앙으로 간주된다. 기독교 종교와 신학에서 하나님은 인간의 감정과 예배 속에서 단지 느껴질 수 있는 존재로 생각되고, 하나님을 구체적으로 알고자 하는 시도는 인간의 불경건한 노력으로 평가된다.

이리하여 하나님은 인간과 세계에 대해 구체성을 갖지 못한 "추상적 존재"(Abstraktum), "공허한 말"로 머물게 된다. 그는 인간과 세계에 대해 의미가 없는 존재, 곧 무의미한 존재가 되어버린다. 하나님과 세계는 사실상 나뉘어 있는 상태에 처한다. 하나님은 세계 없는 하나님이 되어버리고, 세계는 하나님 없는 세계가 되어버린다. 서로 분리된 상태에서 양자는 서로에게 절대화되어버린다. 하나님은 기껏해야 종교적 감정(느낌)과 예배 안에 머물고, 세계는 하나님 없이 그 자신의 길을 걷는다. 세계와 세계사에 대한 하나님의 섭리와 통치는 구체성을 결여한 공허한 말이 되어버린다. 바로 여기에 칸트의 이원론의 마지막 결과가 있다.

헤겔은 이러한 상황을 극복하기 위해 "절대적 화해의 원리"를 제기한다. 나뉜 것들은 화해되어야 한다. 그래서 하나님은 세계의 하나님이 되고, 세계는 하나님의 세계, 곧 하나님의 의지가 모든 것을 결정하는 세계, 헤겔의 표현을 따른다면 "정신의 개념과 일치하는" 세계가 되어야 한다. 이를 위해 신적 본성과 인간적 본성, 하나님과 인간, 하나님과 세계, 무한한 것과 유한한 것이 화해되어야 한다.

4. 헤겔은 이에 대한 근거를 **하나님의 성육신**에서 발견한다. 예수 그리스도 안에서 "하나님의 아들"이 사람의 육을 취하고, "사람의 아들"이 되었다. 그는 하나님인 동시에 인간이며, 인간인 동시에 하나님이다. 그는 곧 "하나님-인간"(Gottmensch)이다. 이 예수 안에 하나님과 인간, 신적 본성과 인간적 본성, 무한한 것과 유한한 것의 통일성이 있다. "무한한 것과 유한한 것의 결합", "신적 본성과 인간적 본성의 통일성"이 바로 화해다(1968c, 733). "하나님-인간" 예수 안에 화해의 원리의 출발점이 있다.

예수 안에서 일어난 하나님의 성육신은 신적 본성과 인간적 본성, 하나님과 인간, 하나님과 세계, 정신적인 것과 인간의 육적인 것, 무한한 것과 유한한 것이 더 이상 분리되지 않고 하나를 이루었다는 것, 곧 "통일성"을 나타낸다(1968d, 34). 이 통일성에 화해가 있다. 따라서 하나님의 성육신은 이 통일성, 곧 화해를 계시한다. 하나님은 시간적·공간적·인격적 배타성을 가진 한 구체적 인간 예수 안에서 자기를 인간의 육, 또 인간의 육이 속한 물질과 화해하고, 한 인간과 자기를 동일화시켰다(1966b, 69, 130 이하, 164 이하, 1966a, 185 이하). 둘로 나뉜 두 편이 통일성을 이룸으로써 화해가 이루어졌다는 사실이 계시된다. 그러므로 기독교 종교는 "화해의 종교, 곧 세계와 하나님 간의 화해의 종교다. 다시 말해, 하나님이 세계를 그 자신과 화해했다.…유한한 것이 영원한 것 속으로 수용되어 있는 것(Aufgenommensein), 신적 본성과 인간적 본성의 통일성, 여기에 화해가 있다"(1966d, 34).

헤겔은 이것을 다음과 같이 말한다. "하나님이 감성적 현재 속에서 나타난다. 그는 정신의 감성적 방법 외에 어떤 다른 형태를 갖지 않는다. 바로 이것이 그 **개별적 인간**의 형태(인간 예수의 형태)다—이것이 정신의 유일한 감성적 형태다. 이것이 참으로 무서운 것(das Ungebeure)이다. 우리가 그 필연성을 보았다. 신적인 본성과 인간적 본성이 그 자체에 있어 다르지 않다는 것이 이로써 정립되었다. 곧 하나님이 인간의 형태로 나타난다.""하나님이 인간이 되어, 유한한 정신이 유한한 것 자체 안에 있는 하나님의 의식을 가진다는 이 규정이 종교의 가장 중요한 요소다"(1966d, 137). 곧 하나님이 그 안에서 인간이 되신 이 개별의 감성적 인간 안에서 화해가 계시된다.

5. 여기서 그리스도의 성육신이 중심적 위치를 차지한다는 사실을 다시 한 번 볼 수 있다. "정신으로서의 하나님"은 정신적 존재인 인간에게 인간의 형태로, 곧 인간 예수의 형태로 나타난다. 인간 예수 안에서 인간의 형태로 자기를 나타내는 하나님의 나타나심(현상)만이 참되다. 불에 타는 떨기나무 등을 통한 하나님의 나타나심은 참되지 못하다. "하나님은 개별의 한 인격으로서 나타난다." 인도의 범신론도 수많은 성육신을 알고 있지만, 인간의 존재 곧 주체성은 우연적 형식에 불과한 것으로 간주한다. "그러나 정신으로서의 하나님은 (예수의) 주체성, 곧 그 자신에 있어 유일성(Einzigkeit)의 계기를 내포한다. 그러므로 하나님의 나타나심은 오직 단 한 번 일어나는, 단 하나의 유일한 것일 수밖에 없다"(1966d, 138).

하나님이 인간 예수 안에서 인간의 형태로 자기를 나타낸 것은 인간이 그것을 확실히 알도록 하기 위함이었다. 이를 위해 "**하나님은 육 안에서(im Fleisch) 세상 안에 나타나야 했다**"(1966d, 141). 헤겔에 따르면, 이 세계 속에서 인간만이 정신적 존재다. "감성적인 것, 세상적인 것 안에서 오직 인간만이 정신적인 것이다. 정신적인 것이 감성적 형태 속에 있어야 한다면, 그것은 인간의 형태로 있을 수밖에 없을 것이다"(142).

이 한 사람 예수 안에서 정신적인 것과 감성적인 것이 하나로 연합된다. 하나님과 인간, 신적 본성과 인간적 본성, 정신적인 것과 세상적인 것, 하나님과 세계의 화해와 통일성이 나타난다. 헤겔은 이것을 다음과 같이 요약한다. "이 한 사람 안에서 신적 본성과 인간적 본성의 통일성이 나타나야만 했다"(141).

"이 한 사람" 곧 예수 안에 나타나는 통일성은 하나님과 인간, 하나님과 세계, 무한한 것과 유한한 것의 화해와 통일성을 계시한다. 그러나 아버지 하나님과 하나인 예수가 아버지 하나님에게서 구별되듯이 인간과 세계는 하나님과 하나로 결합되어 있는 동시에 하나님에게서 구별된다. 그들은 자신 속에 숨어 있는 부정적인 것의 부정을 통해 하나님의 절대 진리를 향한 변증법적 활동 속에 있다. 헤겔은 이를 가리켜 "절대적 화해의 원리"라 부른다.

헤겔은 화해의 더 깊은 근거를 그리스도의 죽음에서 발견한다. 하나님의 타자로서 그리스도 안에 있는 부정적인 것, 곧 그의 인간적 제한성이 그의 죽음을 통해 부정된다. 이로써 부정적인 것의 부정이 일어난다. 하나님과 인간의 대립이 극복되고 양자의 화해가 이루어진다. 이런 뜻에서 그리스도의 죽음은 "죽음의 죽음, 무덤의 극복, 지하의 세계(스올) 및 부정적인 것에 대한 승리"를 뜻한다. 그것은 "부정적인 것의 부정적인 것, 이 절대적 화해", "하나님에 대한 인간의 대립의 지양"이다(1966d, 163). "죽음은 화해하는 것이다(Der Tod ist das Versöhnende). 죽음은 사랑이다.…하나님은 죽음을 통해 세계를 (자기와) 화해시켰고, 자기를 영원히 자기 자신과 화해시킨다." 그리스도의 부활은 "부정의 부정"이다(166).

6. 헤겔에 따르면, 예수 그리스도 안에서 일어난 하나님과 인간, 하나님과 세계, 신적인 것과 인간적인 것의 화해를 가장 적절하게 나타내는 것은 하나님의 성육신이다. 그것은 하나님인 동시에 인간, 곧 "하나님-인간"이신 예수 그리스도의 감성적 형태다.

일반적으로 절대적인 것은 유한한 것에서 분리된 것으로 생각된다. 하나님은 차안의 인간과 세계에 대립하는 피안으로 생각된다. 피안의 하나님은 차안의 인간과 세계로부터 엄격히 구별되어야 한다고 생각된다. 헤겔에 따르면, 이와 같은 하나님은 인간의 인식 영역 바깥에 있는 "사물 자체"와 같은 것으로 간주된다. "이때 하나님이란 공허한 이름이 남을 뿐이다"(1968a, 126). 그는 하나의 "추상적인 보편자"에 불과하다. 인간은 이 하나님을 "초보적 방법으로써 단순한 자연의 사물(Naturwerk)로, 예를 들어 불로" 표상할 수 있을 것이다." 그러나 하나님을 자연의 사물로 표상하는 것은 범신론이다. 유대인들처럼 인간이 하나님을 접근할 수 없는 "정신적 보편자"로 표상할 수도 있을 것이다. "우리 시대의 오성은 하나님을 하나의 추상적 존재로, 인간의 자기의식의 피안으로, 강철로 된 미끄러운 담벼락으로 만들었다. 이 담벼락에 인간은 머리통을 부딪칠 뿐이다"(1968a, 126).

이에 반해 헤겔은 우리가 **하나님을 세계와 통일성 속에 있는 존재**로 생각할 수도 있다고 말한다. 성육신은 이것을 나타낸다. 우리는 인도의 종교와 고대 그리스의 예술에서 이것을 볼 수 있다. 그러나 기독교 종교는 이보다 "훨씬 더 순수한 의미에서" 성육신을 이야기한다. 기독교 종교에 따르면, "신적인 본성과 인간적 본성의 통일성이 그리스도 안에서 나타난다. 이것이 바로 성육신이다. 곧 신인동형론적 방법이 아니며 신성을 훼손하는 방법으로 묘사되지 않는, 오히려 참된 하나님의 관념으로 인도하는 방법으로 묘사되는 성육신이다"(1968a, 127).

성육신의 빛에서 볼 때, 하나님은 세계로부터 분리된 존재, 추상적인 존재가 아니다. 그는 "추상적으로 최고의 존재, 하늘과 땅의 주(主), 인간의 현실 저 위에 있는 피안적인 존재, 인간의 현실이 배제된 존재"가 아니다. 그는 우리가 "머리통을 부딪칠" 수밖에 없는 "강철로 된 미끄러운 담벼락"과 같은 자가 아니다. 성육신의 빛에서 볼 때, 하나님은 "보편적인 것과 개별적인 것의 통일성으로" 생각되어야 한다. 달리 말해 "유한한 것이 무한한 것과 하나로 결합되어 있는(vereint) 것으로" 생각해야 한다. "기독교 종교에서 신적인 관념은 신적 본성과 인간적 본성의 통일성으로서 계시되었다. 이것이 종교의 참된 관념이다"(1968a, 126).

7. 그러나 예수 그리스도 안에서 일어났고 계시된 신적 본성과 인간적 본성, 하나님과 인간, 하나님과 세계의 화해는 "즉자일 뿐이다"(1966d, 36). 그것은 세계사의 차원에서 실현되어야 한다. 이를 통해 세계사에 대한 하나님의 섭리와 통치가 종교적 언어에 머물지 않고, 세계사적으로 실현되어야 한다. 그리스도 안에서 계시된 화해, 곧 신적 본성과 인간적 본성, 무한한 것과 유한한 것, 하나님과 인간, 하나님과 세계의 "통일성"은 고정되어 있는 상태가 아니라 영원히 생성되는 "운동"이며, 생성되는 이 운동이 "해방이요 화해"다(36).

헤겔은 그 실현의 길을 "정신으로서의 하나님" 개념에서 발견한다. 정신은 생명이 없는 물체가 아니라 활동성이다. 이 활동성은 먼저 정신의 즉자를 대상적 존재, 곧 자기의 대자(타자)로 세우는 활동성이다. 이리하여 인간을 포함한 유한한 세계가 정신의 대자로 세워진다. 예수와 아버지 하나님이 둘로 구별되면서 하나인 것처럼, 정신과 그의 대자, 곧 인간의 본성을 포함한 유한한 세계는 하나다. 이제 "정신으로서의 하나님"은 유한한 세계 속에 현존하며, 이 세계를 통해 자기를 나타낸다. "**그의 행위는 자기를 공간 속에도 있는 현존의 세계로 만드는 데 있다**"(1968a, 67).

따라서 현존의 대상 세계는 하나님에게서 분리된 하나님 없는 세계가 아니라 하나님의 현존양태 내지 현상양태다. 하나님의 아들 예수가 아버지 하나님 안에, 아버지 하나님이 그의 아들 예수 안에 있듯이, 하나님이 세계 안에, 세계가 하나님 안에 있다. 여기서 하나님과 세계는 하나로 결합되어 있는 것, 곧 통일성 속에 있는 것으로 나타난다. 이로써 하나님은 세계로부터 분리된 추상적 존재가 아니라 세계사의 활동으로 현존한다.

하나님과 세계의 화해와 통일성은 인간에게서 가장 분명히 나타난다. 하나님은 정신이요, 인간은 본질적으로 정신적 존재이기 때문이다. "정신은 정신에 대해 존재한다." 헤겔은 신적인 것과 인간적인 것이 동일시될 정도로 "절대적 화해의 원리"를 철저히 관철시키고자 한다. "신적 본질이 인간과 자연의 본질이 아니라면, 그것은 아무것도 아닌 본질일 것이다"(1968a, 51).

8. 앞서 고찰한 "이성적인 것은 **현실적이요, 현실적인 것은 이성적이다**"라는 헤겔의 말은 "절대적 화해의 원리"의 단면을 나타낸다. 일반적으로 이성적인 것과 현실적인 것은 대립하는 것으로 생각된다. 이성적인 것은 비현실적인 것이며, 현실적인 것은 비이성적인 것이라 생각한다. 이에 반해 헤겔은 "이성적인 것은 현실적인 것이며, 현실적인 것은 이성적인 것이다"라고 말한다. 이로써 이성적인 것과 현실적인 것은 더 이상 대립하지 않고 화해를 이룬다.

칸트에 대한 헤겔의 비판에서 볼 수 있었던 것처럼 하나님의 통치 영역은 신앙의 영역으로 제한되고, 세계는 하나님과 무관한 것, 비이성적인 것으로 절대화된다. 이성적인 것은 현실적인 것에 아무런 영향도 줄 수 없는 추상적인 것이 되어버린다. 거꾸로 현실적인 것은 이성적인 것과 관계없이, 주어진 상태에 있는 그 자체로서 절대화된다. "현실적인 것과 이성적인 것", 곧 "유한한 것과 무한한 것의 넘어감이 없으며, 우연한 것으로부터 절대 필연적인 것으로의 넘어감 혹은 작용으로부터…유한하지 않은 원인으로의 넘어감이 없다. 양자 사이에는 굳어져버린 괴리가 있을 뿐이다"(1966e, 108). 괴리 속에서 두 편은 서로에 대해 절대화된다.

헤겔은 이와 같은 결과를 초래하는 이원론에 반대해 하나님과 인간, 신적 본성과 인간적 본성, 이성적인 것과 현실적인 것의 화해 내지 통일성을 이루고자 한다. "이성적인 것은 현실적이요, 현실적인 것은 이성적이다"라는 헤겔의 말은 양자의 통일성과 화해를 나타낸다.

2. 헤겔이 뜻하는 화해의 의미

1. 그러나 헤겔이 말하는 화해는 "죽음과 슬픔과 울부짖음과 고통"이 가득한 세계의 비참한 현실을 간과하고 이 세계를 "정신적 세계", 신적인 것과 화해된 세계로 정당화하는 것이 아닌가? 헤겔이 말하는 "화해의 원리"는 불의한 세계 현실과 "정신의 세계"의 동일성을 뜻하지 않는가? 그것은 비이성적인 세계를 이성적인 세계로 미화하고 정당화하지 않는가?

아도르노의 해석에 따르면, 비이성적 세계 현실을 보지 못하는 이 "동일성"이 "이데올로기의 본질이며, 사회의 필연적 거짓의 본질"이다. "존재하는 것의 헤겔적 정당화의 비진리"가 바로 여기에 있다. 헤겔은 절대적인 것과 제약된 것, 하나님과 세계의 차이를 무시하고, "제약된 것에 절대적인 것의 허상을 부여했다"(Adorno 1970a, 102 이하). "제약된 것과 절대적인 것의 차이"를 무시한 헤겔 철학은 "존재하는 것의 정당화"(Rechtfertigung des Seienden)일 뿐이다(99).

하지만 아도르노의 이 해석은 타당하지 않다. 그는 헤겔이 말하는 화해의 참 의미를 간과한다. 헤겔이 말하는 화해 내지 통일성은 "동일성"을 뜻하지 않는다. "이성적인 것은 현실적이요, 현실적인 것은 이성적이다"라는 헤겔의 명제는 이성적인 것과 현실적인 것의 무분별한, 곧 차이가 없는 통일성 내지 화해를 뜻하지 않는다. 한마디로 헤겔이 뜻하는 통일성 내지 화해는 "차이가 없는 일치"가 아니다.

헤겔은 이와 같은 의미의 일치 내지 통일성, 곧 차이가 없는 합일을 가리켜 "추상적 통일성"이라 부른다. 이에 반해 그는 참된 통일성을 가리켜 "구체적 통일성"이라 부른다. 여기서 "구체적 통일성"이란 이성적인 것과 현실적인 것이 구별 속에서 하나가 되고 하나 됨(통일성) 속에서 구별되면서, 현실적인 것의 부정적인 것의 부정을 통해 이성적인 것으로 지양 내지 고양되는 변증법적 운동을 말한다. 곧 헤겔은 "일치 안에서의 구별"과 "구별 안에서의 일치" 속에서 현실적인 것이 하나님의 진리를 향해 지양되는 변증법적 활동을 가리켜 이성적인 것과 현실적인 것의 "화해"라 부른다.

2. 여기서 우리는 헤겔이 뜻하는 "화해"가 무엇을 뜻하는지 볼 수 있다. 헤겔이 뜻하는 화해, 곧 통일성은 하나님과 인간, 하나님과 세계의 무분별한 합일을 뜻하지 않는다. 곧 그것은 구별이 없는 일치, 양편이 하나가 되어 인간과 세계가 신격화되는 것을 뜻하지 않는다. 유한한 것이 무한한 것으로 간주되는 것을 말하지 않는다. 그것은 결코 범신론적 의미의 통일성, 곧 화해가 아니다. 헤겔에 따르면, 범신론적 의미의 통일성과 화해는 거짓이다. 또 화해는 분리와 대립 속에 있는 양편이 서로 양보하거나 타협하여 더 이상 싸우거나 간섭하지 않고, 기차의 두 노선처럼 평화롭게 병행하는 것을 뜻하지 않는다. 그것은 참된 화해가 아니다.

헤겔이 말하는 화해는 하나님이 자기의 타자인 대상 세계의 현실로 현존하면서 이 현실의 부정적인 것의 부정을 통해 이 현실을 하나님 자신과 일치하는 진리의 세계로 고양하는 활동 내지 운동을 말한다. 무한한 것이 유한한 것으로 현존하면서, 유한한 것의 부정적인 것을 부정함으로써 유한한 것이 무한한 것의 생명으로 변화되는 변증법적 활동에 참 화해가 있다.

달리 말해 하나님과 인간, 하나님과 세계, 신적 본성과 인간적 본성, 무한과 유한의 화해는 부정적인 것의 부정을 통해 양자의 통일성을 세워나가는 **변증법적 운동**을 말한다. "유한한 것이 영원한 것으로 수용되는 것 (Angenommensein), 신적 본성과 인간적 본성의 통일성"은 "영원히 이 통일 성을 세우는 과정"이다(1966d, 34). 이 과정은 부정적인 것의 부정을 통해 이루어진다.

헤겔에 따르면, 화해는 "그에게서 소외되어버린 세계를 자기에 대칭하여 가진 하나님"과 "자기의 본질에서 외화된 세계"의 대립에서 시작된다. "화해는 이 분리, 이 나누어짐의 부정이다. (그것은 차이가 없는 합일이 아니라) 서로를 서로 안에서 인식하는 것이며(sich ineinander zu erkennen), 자신과 그의 본질을 발견하는 것이다. 따라서 화해는 자유이며, 쉬는 것이 아니라 외화의 활동을 사라지게 하는 **활동성이다**"(36). 참된 의미의 화해는 분리된 양편의 무분별한 합일도 아니고 평화로운 양립과 병행도 아니다. 그것은 유한한 것, 제한된 것, 거짓된 것의 부정적인 것이 부정 내지 지양됨으로써 보다 더 높은 통일성의 세계로 고양되는 변증법적 과정에 있다.

3. 여기서 우리는 화해 곧 "**통일성**"(하나 됨)을 사랑에서 볼 수 있다. 사랑은 "구별성 안에서의 일치"다. 사랑은 사랑하는 두 편이 서로 구별되면서 한 몸을 이루는 삶의 과정이다. 따라서 헤겔이 말하는 화해 혹은 통일성은 정체된 상태가 아니라 유한한 것이 무한한 것으로, 세상적인 것이 신적인 것으로, 인간적 본성이 신적 본성으로 변화되면서 정신의 개념과 일치하는 세계를 이루어나가는 변증법적 활동성을 가리킨다.

이 활동성은 유한한 것 속에 있는 부정적인 것의 부정과 더 높은 진리를 향한 지양을 전제한다. 자기 자신의 부정과 지양은 고통스러운 것이다. 따라서 이 활동성은 대립에 부딪힌다. 이 대립의 극복을 통해 통일성과 화해가 이루어진다. 무한한 것과 유한한 것의 "통일성은 자기 자신에게 부정적인 것으로서의 유한한 것의 지양을 통해서만이 생성된다. 유한한 것은 무한한 것을 견딜 수 없다"(1966b, 120). 따라서 헤겔이 말하는 "화해" 곧 "통일성"은 결코 무분별한 융합과 합일, 곧 "추상적 통일성"이 아니라 하나로 결합하는 동시에 서로 구별되면서 유한한 것이 무한한 것으로, 인간적인 것이 신적인 것으로 끊임없이 부정되고 고양되는 변증법적 활동, 곧 "구체적 통일성"을 말한다. 그것은 변증법적 성격의 통일성과 화해다.

4. 변증법적 성격의 화해는 대립과 함께 시작한다. 그러므로 헤겔은 화해의 실현을 힘들고 고통스러운 것으로 본다. 산모의 고통 속에서 새로운 생명이 태어나듯이, "정신으로서의 하나님"과 화해된 세계는 고통 속에서 생성된다. 그리스도 안에서 일어난 하나님과 인간, 하나님과 세계, 무한한 것과 유한한 것의 통일성과 화해는 "즉자에 있어"(an sich) 완성되었다. 이제 그것은 대자적으로(für sich) 완성되어야 한다. 곧 세계사의 차원에서, 대상 세계속에서 현실적으로 실현되어야 한다.

"그러므로 (절대적 화해의) 원리는 가장 무서운 대립과 함께 시작할 수밖에 없다"(1968a, 255). 화해는 "먼저 그 자체 안에서 완성되었기 때문에, 그것의 직접성 때문에 이 단계는 대립(Gegensatz)과 함께 시작한다. 실로 그것은 역사적으로 기독교에서 일어난 화해와 함께 시작한다. 그러나 화해 자체는 시작하기 때문에, 의식에 대해 단지 즉자에 있어 완성되었기 때문에, 먼저 가장 무서운 대립이 나타난다. 그러나 이 대립은 불의한 것으로서, 지양해야 할 것으로 나타난다. 그것은 정신적·종교적 원리의 대립이다. 이 원리에 대해 세상의 나라는 대칭한다"(254).

곧 그리스도 안에서 계시되는 화해는 세계사의 차원에서 현실적으로 실현되어야 한다. 이때 화해는 "세상의 나라"에 대한 대립으로 나타난다. 이 대립은 세상의 나라에 대한 "정신적·종교적 원리의 대립" 곧 "화해의 원리의 대립이다. "세상의 나라"는 이 원리에 대립한다. 따라서 헤겔은 화해의 원리는 세상의 나라에 대한 대립과 투쟁 속에서 실현될 수밖에 없다고 시사한다. 하나님과 인간, 하나님과 세계, 무한한 것과 유한한 것의 통일성은 성육신한 그리스도 안에서 계시되었다. "하나님이 인간이 되었다. 이것이 계시다. 이 통일성은 즉자일 뿐이다. 그러나 이것은 영원히 실현되는 (hervorgebracht zu werden) 운동이고, 이 실현은 해방이며, 오직 즉자를 통해 가능한 화해다"(1968d, 36).

"즉자적인 것"은 "영원히 실현되어야 할 운동, 세계에 대해 아직 열려 있는 운동"이다(1966d, 28 이하). 그러므로 과거에 그리스도 안에서 일어난 하나님과 세계의 화해는 역사의 미래에 완성되어야 할 것으로 열려 있다 (Theunissen 1970, 370 이하). 하나님과 세계의 절대적 화해의 "정신적 원리"는 "거칠고 사나운 세상성" 속에서 실현되어야 한다. 이 "정신적 원리"는 "객관적 형식, 사유하는 형식"을 통해 실현된다. 그러나 그것은 사유의 차원에 머물지 않고 "외적인 현실로" 확대된다. 이리하여 "절대적 화해의 원리"가 세계사 속에서 실현된다.

5. 세계사는 "절대적 화해의 원리"가 실현되는 과정이다. 예수 그리스도가 이 과정의 중심에 서 있다. 절대적 화해의 원리가 그리스도 안에서 계시되었기 때문이다. 그리스도 "탄생 이전의(ante Christum natum) 역사"가 그리스도가 계시하는 "절대적 화해의 원리"에 접근하는 시대라면, "그리스도 탄생 이후의(post Christum natum) 역사"는 이 원리가 실현되는 시대다. 그리스도 이전의 역사는 이 원리를 찾는 시대이고, 그리스도 이후의 역사는 이 원리가 실천되는 시대다(Theunissen 1970, 94). 하나님과 세계의 "절대적 화해의 원리"를 보여주는 그리스도의 계시는 과거에 일어난 단 한 번의 사건에 불과한 것이 아니라 인류의 모든 역사를 그 안에 담고 있는 것이다. 그것은 세계사 전체를 하나님의 "계시의 역사"로서 집약적으로 포괄한다. 이런 점

에서 그리스도의 계시는 "역사의 역사"요 "역사의 전체"다.

예수 안에서 일어난 하나님과 세계의 화해가 역사 전체를 그 안에 담지하고 있다면, 그리스도 이후의 역사에는 새로움이 없지 않은가? 그리스도 이후의 역사에서 일어나는 것은 그리스도의 계시에 담지되어 있는 것, 곧 과거적인 것이 전개되는 것에 불과하지 않은가? 이 문제는 사실상 헤겔의 역사철학 전반에 관한 문제다. 이에 대해 함부르크 대학교 교수 코흐는 새로움이 일어날 수 없다고 해석한다. "헤겔에 의하면, 그리스도 안에서 궁극적인 것이 완성되었기 때문에 참으로 새로운 것은 일어날 수 없다"(Koch 1967, 22, 각주 37).

6. 그러나 앞서 기술한 바와 같이 예수 그리스도 안에서 일어난 하나님과 인간, 하나님과 세계의 화해는 의식에 대해 "즉자적으로" 일어났다. 이제 그것은 대상 세계에서 "대자적으로" 일어나야 한다. 따라서 그것은 시작인 동시에 역사의 미래에 완성될 "목적"으로 우리 앞에 있다. 그것은 하나님과 세계의 화해를 가로막는 "모순"을 극복하고, 세상성 안에서 실현되어야 한다. 그것은 이 세계의 "죄와 죽음의 역사"에 저항하는 하나님의 새로운 생명의 역사를 일으키는 "새로움"의 근원으로 이해될 수 있다.

헤겔은 이것을 식물의 씨앗에 비유한다. 씨앗 속에는 식물의 생명 전체가 내포되어 있다. 씨앗과 함께 시작되는 식물의 성장 과정 전체는 사실상 씨앗 속에 잠재되어 있다. 식물은 씨앗을 나타내기 위해 그 자신을 발전시킨다. 식물이 성장 과정 전체를 통해 드러내는 것은 그 씨앗 속에 잠재되어 있는 것에 불과하다. 그러므로 씨앗은 "시작인 동시에 결과이며, 출발점인 동시에 결과"다. 시작과 결과는 다르지만, 사실상 같은 것이다(1968a, 58).

하지만 씨앗은 성장 과정 속에 있는 식물 자체에 삶의 근원인 동시에 **미래의 새로운 목적**으로 현존한다. 예수 그리스도 안에서 일어난 하나님과 세계의 화해도 이와 같다. 세계사의 과정을 통해 이루어지는 하나님과 대상 세계의 화해는 그 씨앗, 곧 그리스도의 화해 속에 잠재되어 있는 것이 전개되는 것에 불과하다. 그러나 그리스도의 화해는 하나님과의 화해가 그 속에서 구체화되어야 할 세계에 대해 역사의 미래의 완성될 목적으로 상존한다. 이 목적은 대상 세계의 모든 현실 속에 숨어 있는 부정적인 것을 부정하는 정신의 변증법적 활동을 통해 이루어질 수 있다. 세계사는 이 목적을 이루기 위한 투쟁의 과정, 곧 변증법적 운동이다.

토이니센은 이 문제를 자신의 헤겔 연구서에서 자세히 다룬다 (Theunissen 1970, 366-386). 그의 논지에 따르면, 그리스도 안에서 일어났고 계시된 화해는 역사의 미래 개방성을 폐쇄하는 "고고학적인 것"이 아니라 오히려 이 개방성을 열어주는 "종말론적인 것"이다. 모든 것이 하나님과 "화해되어 있다"(Versöhntsein)는 하나님의 성육신의 완료형은 세계사 속에서 화해를 실현해야 할 변증법적 활동의 종말론적 미래 개방성에 대한 근거로 작용한다. 그것은 단순히 과거에 실현된 고고학적인 것에 불과한 것이 아니라 세계사가 도달해야 할 미래의 종말론적 목적이다.

토이니센에 따르면, "화해는 구원을 뜻하며 구원은 종말(Eschaton)이다. 헤겔에게서 종말은 '절대적인 궁극적 목적' 혹은 '세계의 마지막 궁극적 목적'이란 제목으로 등장한다. 헤겔의 화해의 철학은 절대적 궁극적 목적에 관한 이론이다"(379). 그것은 그리스도의 계시에 근거한다는 점에서 고고학적인 것이라 말할 수 있지만, 그것은 세계사가 지향해야 할 미래의 "마지막 궁극적 목적"이란 점에서 종말론적인 것이다. 헤겔의 철학은 그 전체에 있어 "고대 그리스의 형이상학의 회상적 인식(retrospective Erkenntnis)을 구원에 대한 기독교의 미래 지향적 지식(das prospektive Heilswissen)에 통합시킨… 종말론이다"(385).

3. 화해를 실현하는 철학

1. 헤겔에 따르면, 기독교 종교는 "절대적 화해의 원리"를 종교적 표상의 형식으로 나타낸다. 곧 "하나님이 아들을 낳았다", 하나님의 아들이 인간의 육을 취하고 인간으로 태어났다, 십자가의 죽음을 당했다는 감각적 형식으로 나타낸다. 그러나 종교적 표상은 감각적·자연적 요소 때문에 진리 자체를 순수하게 나타내지 못하는 제한성을 가진다. 이에 헤겔은 "절대적 화해의 원리"의 진리 자체를 개념의 형식으로 파악하고 그 실현의 길을 철학에서 발견한다.

헤겔은 이 문제와 연관하여 종교의 표상, 예술의 직관, 철학 개념의 관계를 다시 한번 설명한다. 그 핵심 내용을 정리한다면, 종교는 진리를 표상을 통해 나타내는데, "표상"(Vorstellung)이란 인간이 아닌 하나님을 인간 아버지, 인간 아들의 상으로 "자기 앞에 세우는 것"(vor-stellen)을 뜻한다. 그러나 인간 아버지, 인간 아들은 감성적이고 유한한 존재다. 또 그들은 하나님을 믿는 사람들에게만 의미를 가지며, 믿지 않는 사람들에게는 무의미하다. 이런 점에서 아버지, 아들 등의 종교적 표상은 제한성을 가지며, 그 속에 담지되어 있는 진리를 보편적으로 실현하지 못한다. 이 진리는 종교적 믿음의 대상으로 제한되어 있다.

예술은 종교의 진리를 감성적 환상과 미적인 직관(sinnliche Phantasie, Anschauung, 눈으로 직접 볼 수 있는 예술품)의 형식으로 종교의 진리를 나타낸다. 그러나 감성적 환상과 직관은 종교의 진리를 나타내는 동시에 그것을 가려버리는 역기능을 가진다. 인간의 환상과 직관은 절대적인 것을 세계에 속한 유한한 상들을 통해 나타내기 때문이다. 그러므로 예술은 "하나님의 형태를, 신적인 것과 정신적인 것 일반"을 표현하지만, "하나님의 정신" 자체를 완전히 나타내지 못하는 제한성을 가진다. 예술이 보여주는 형태들은 "우리에게 절대적 진리를 갖지 않는다." 그것들은 절대적인 것이 완전한 형태로 나타나는 형식이 아니다. "예술의 형태는 유한한 것이요, 묘사되어야 할 무한한 내용과 일치하지 않는 것(Unangemessenes)이다"(1968a, 133).

그러므로 헤겔은 종교와 예술은 진리를 나타내는 동시에 그것을 은폐한다고 말한다(1966a, 56 이하, 1968a, 124, 133). "아버지 하나님"이라 할 때, "아버지"는 하나님을 계시하는 동시에 참 하나님을 인간 아버지의 상으로 가려버린다. 십계명에서 하나님은 자기 자신에 대해 아무런 상도 만들어 섬기지 말라고 명령한다. 그러나 우리는 하나님을 "아버지"의 상으로 세우고, 하나님을 "아버지"라 부른다. 곧 우리는 하나님을 인간의 형태로 표상한다. 만일 사자가 하나님을 표상한다면, 사자의 형태로 표상할 것이다라고 헤겔은 말한다.

필자는 종교적 표상과 예술의 감성적 환상 및 상들에 대한 헤겔의 생각을 예루살렘에 있는 "성묘교회"에서 실감할 수 있었다. 예수의 무덤을 기념하는 이 교회는 예수와 제자들, 예수의 고난과 죽음에 관한 수많은 그림과 조각상과 장식품으로 가득했다. 교회의 가장 깊은 공간에는 금으로 도색한 인간 예수의 상이 휘황찬란한 내부 장식과 함께 안치되어 있었다. 예수가 전하고자 했던 하나님의 말씀과 진리는 보이지 않고 사람이 만든 인간 예수의 감각적 상과 아름다운 예술품들이 가득했다.

이 모든 상과 장식품들은 하나님의 진리를 나타내기보다는 오히려 감추어버리고, 더 많은 관광 수입을 얻고자 하는 인간의 욕심의 수단이 되어버렸다는 인상을 지울 수 없었다. 예수는 금을 멀리했는데, 금으로 도장되어 있는 예수의 상은 예수 자신과는 너무도 거리가 먼 것이었다. 하나님이 다스리는 "하나님 나라"를 세우고자 했던 예수의 진리는 보이지 않고, 국가의 관광 수입을 올려주는 금으로 도장된 예수 상이 하나의 예술품으로 서 있었다. 이 예술품은 하나님의 진리를 나타내기보다는 오히려 그것을 가려 버린다는 인상을 지울 수 없었다.

2. 헤겔은 하나님의 진리를 나타내는 동시에 그것을 가려버리는 종교와 예술에 비해 그것을 감성적 매개체 없이 사유와 개념의 형식으로 완전하고 순수하게 나타내는 것을 학문들(Wissenschaften)이라고 말한다. 학문들은 다양한 내용을 갖지만 "사유와 인식의 원리"를 가진다. 종교와 마찬가지로 학문들은 그 자체에 있어 목적이다. 따라서 학문들은 종교에 가장 가깝다. 그 것들은 철학과 마찬가지로 자유로운 사유에 기초하기 때문에 "정신의 고유한 요소와 바탕 속에 있다.…학문들은 한 민족의 가장 높은 정점을 이룬다. 자기를 파악하고, 자기의 이 개념을 어디서나 실현코자 하는 정신의 충동이" 학문을 통해 이루어진다(1968a, 133-134).

헤겔은 학문 중 특히 철학이 "가장 자유로운 최고의 형태"라고 말한다 (이에 관해 1966b, 28, 74 이하, 83 이하, 1966d, 19 이하, 204 이하, 1966a, 86 이하). 철학은 종교에서 표상의 방식으로, 예술에서 감각적 환상과 직관의 방식으로 표현되는 내용을 "사유하고 파악한다"(denkt und begreift). "하나님이 아들을 낳았다"는 기독교의 진술은 사유에 기초한 순수한 진리 자체, 곧 "사유의 관계(Denkverhältnis)가 아니라 하나의 자연적 관계"다. 철학적 학문은 표상의 방식으로 표현되는 것을 핵심을 "파악하는 방법으로"(auf begreifende Weise), 곧 순수한 사상과 개념의 형식으로 나타낸다. 사유는 자기 자신과 관계하고, 자기를 자기로부터 규정하며, 자기를 실현한다. 따라서 사유 속에는 내용과 형식, 의미하는 것과 의미되는 것이 하나다. 그 속에는 "표상들과 상들", 그 표상들이 나타내고자 하는 "의미 사이에 차이가 없다"(1966a, 37).

"하나님이 그의 아들을 낳았다"(시 2:7, 행 13:33)는 것은 자연의 생물계로부터 나온 자연적·감각적 표상이다. 그것은 "정신적인 것이 아니다"(1966a, 186). 곧 보편적 진리 자체가 아니라 그 진리를 나타내고자 하는 표상일 뿐이다. 이 표상은 그것이 나타내고자 하는 진리 자체, 곧 하나님과 세계의 "절대적 화해" 자체가 아니라 이 진리를 나타내고자 하는 감각적 수단일 뿐이다. 따라서 표상은 그 속에 숨어 있는 하나님의 진리를 완전히 드러내지 못하며, 그것을 구체적으로 개진하지 못하는 한계를 가진다.

3. 헤겔에 따르면 "참된 것은 추상적이지 않다. 추상적인 것은 참되지 못하다"(1969d, 113). 감각적 수단 속에 담겨 있는 추상적 진리를 가장 적절히 그리고 구체적으로 나타낼 수 있는 것이 철학이다. "물론 철학은 순수한 사유의 영역에서 활동한다. 그러나 철학의 내용은 구체적인 것으로 파악될 수밖에 없다.…건강한 인간의 오성은 구체적인 것을 요구한다.…철학은 추상적인 것에 가장 대립적이다. 그것은 바로 추상적인 것에 대한 투쟁이다"(113). 왜 철학적 사유는 진리를 구체적으로 나타낼 수 있는가? 그 이유는 우리가 사유할 때, 추상에 머물지 않고 구체적 내용들을 파악하며, 구체적 사상과 개념에 도달하기 때문이다.

따라서 헤겔은 사유는 "정신의 본성에 적절하다", 그것은 "정신의 가장 깊은 것(das Tiefste)"이라고 말한다(1968a, 134). 철학은 "자유로운 사유의 학문"이다. 철학은 종교와 예술이 표상과 직관의 방법으로 나타내는 진리의 내용을 구체적으로 사유하고 파악하며, 이를 보편적으로 실현코자 한다.

4. 헤겔에 따르면, 하나님과 인간, 하나님과 세계의 화해는 역사적 인물 예수 안에서 단 한 번 일어났지만, 세계의 모든 인류와 시대에 대해 일어났다(epafax). 그러므로 그것은 예수 한 사람에게 일어난 것으로 축소될 수 없다. 또 그것은 유대교와 고대 그리스-로마 세계의 종교적·신화적 표상들에 머

물 수 없다. 그것은 세계의 모든 시대 속에서 보편적으로 실현되어야 한다. 그것은 "개인의 사적 경건을 위한 사건"으로 축소되거나 교회의 소유물이 될 수 없다. 하나님의 성육신이란 종교적 표상 속에 숨어 있는 하나님의 진리, 곧 하나님과 세계의 화해는 "온 인류에 대한 세계의 사건"으로 증명되어야 한다(Küng 1970, 469).

혜겔은 이것을 행하는 것이 철학이라고 생각한다. 종교는 종교적 표상과 믿음의 차원에, 예술은 감성적 환상과 형상의 차원에 제한되어 있는 반면, 철학은 하나님과 세계의 화해를 보편적 차원에서, 곧 모든 사람에게 있는 **사유를 통해** 실현한다. 사유는 자기 자신을 대상으로 삼기 때문에 다른 대상의 감성적 요소에서 자유롭다. 사유는 자기 자신과 관계하고, 자기를 자기 자신으로부터 규정하며, 자기를 실현시켜나간다. 따라서 사유는 "정신의 본성에 가장 적합한" 형식인 동시에 내용이다. "근본적인 화해를 성립시키는 것은 사유의 형식이다. 사유의 깊이는 화해자의 역할을 수행하는 데 있다"(1968a, 256). 철학은 "자유로운 사유의 학문"이기 때문에 "정신 특유의 요소와 바탕" 위에 서 있다(134).

하나님과 세계의 화해가 사유를 통해 실현된다는 것은 구체적으로 무엇을 말하는가? 헤겔에 따르면, 사유는 정신의 본질적 활동에 속한다. 사유의 활동의 결과로서 정신은 특정한 사상에 이르게 된다. 달리 말해, "정신의 산물은 사상이다"(1966b, 96). 그러나 인간의 모든 사상 내지 생각은 완전하지 못하다. 그 속에는 언제나 부정적인 것이 내포되어 있다. 그러므로 정신은 특정한 사상에 머물지 않고 이 사상 속에 있는 부정적인 것을 부정함으로써 절대 진리를 향해 나아간다. 이리하여 절대 진리의 세계가 인간의 사유 속에서 중재되고, 이 중재 속에서 하나님과 세계의 화해가 이루어진다.

하나님과 세계의 화해가 철학적 사유의 형식을 통해 보편적으로 이루어진다는 것은 이것을 말한다. 그래서 헤겔은, 철학적 사유의 형식은 화해의 "가장 높고, 가장 생동적이며, 가장 가치 있는 형태"라고 말한다(1968a, 134). 그것은 하나님과 세계의 보편적 "화해자"의 기능을 가진다(256). "이 화해가 철학이다. 그런 점에서 철학은 신학이다. 그것은 하나님과 자기 자신, 하나님과 자연의 화해를 나타낸다. 자연 곧 다르게 존재함은 그 자체에 있어 신적인 것이고, 유한한 정신은 그 자체에 있어 자기를 화해로 고양하는 동시에 세계사 속에서 이 화해에 도달하며, 이 화해를 생성한다는 것을 나타낸다"(1966d, 228).

5. 그런데 문제는 고대에서 시작하여 현대에 이르기까지 수없이 많은 철학이 있다는 점에 있다. 역사적으로 존재했던 잡다한 철학들은 서로 대립하여 싸우기도 하고, 자기에게만 진리가 있다고 주장하기도 한다. 사실 철학의 역사에서 하나님과 세계에 대한 다양한 시대의 다양한 사상과 개념들이 있었다. 다양한 사상들이 대립하기도 했다. 그래서 철학을 배우려고 할 때, 어느 철학이 옳고 그른지 판단하기 어려운 혼돈에 빠질 정도다. 서로 대립하고 자기의 타당성을 주장하는 잡다한 철학들로 인해 철학 자체가 무엇인지 파악할 수 없는 어려움에 빠진다.

헤겔의 표현을 따른다면, 사람들은 잡다한 개별의 "나무들 때문에 숲을 보지 못하게 된다." 이것은 철학의 역사에서 가장 쉽게 매우 자주 일어난다. 철학의 잡다함으로 말미암아 사람들은 철학을 멸시하기도 한다. 그들은 서로 반박하고 싸우기 때문에 철학의 역사에서 아무것도 얻을 수 없다. 철학을 하는 것 자체가 무의미한 것이다. 철학의 잡다함이 이것을 증명하지 않느냐? 그러므로 사람들은 철학이 보편성을 갖지 않은 주관적 "의견"(Meinung)에 불과하다고 철학을 멸시하기까지 한다.

진리에 대한 관심을 갖고 있거나, 관심을 가진다고 생각하는 사람들은 이렇게 말한다. 우리는 진리가 무엇인지 알고자 한다. 진리는 잡다할 수가 없다. 이것도 진리이고, 저것도 진리라고 말할 수 없다. 진리 곧 참된 것은 하나다. 그런데 자기에게만 진리가 있다고 주장하는 철학들의 잡다함은 "'참된 것은 통일성이다'라는 원리에 모순된다"(1966a, 94). 철학이 참된 것, 보편적인 것과 관계한다면, 어떻게 잡다한 철학들이 있을 수 있는가? 어떻게 서로 진리가 오직 자기에게 있다고 주장하는 혼란스러운 모습을 보일 수 있는가? 여기서 "진리의 통일성과 철학들의 잡다함"은 모순 속에 있는 것처럼 보인다(95).

6. 이와 같은 현상에 직면하여 철학을 멸시하는 두 가지 적대자가 나타난다. 첫 번째 적대자는 기독교의 종교적 경건이다. 종교적 경건은 "인간의 이성이나 사유는 진리를 인식할 수 있는 능력이 없다고 선언한다. 우리는 진리에 도달하기 위해 이성을 포기해야 하며, 이성은 신앙의 권위 앞에서 자기를 굽혀야 한다고 종교적 경건은 자주 말했다. 그 자신에게 내맡겨진 이성, 인간의 사유는 그릇된 길로 인도하며 의심의 심연으로 끌고간다는 것이다"(1966a, 86).

철학을 멸시하는 두 번째 적대자는 이성 자체다. "신앙과 종교적 표상과 종교의 가르침을 거부하는 이성은 기독교를 이성적인 것으로 만들고자 시도하며 기독교 종교보다 자기를 더 높이고자 시도했다." 이제 이성은 홀로 그 자신의 힘으로 진리를 인식해야 한다. 인간은 무엇을 참된 것으로 인정하기 위해 이제 이성 자신의 통찰과 확신을 수용해야 한다. 그러나 이성의 이 권리는 "놀라운 방법으로" 다음과 같은 결론으로 빠져버린다. 곧 "이성은 아무 참된 것도 인식할 수 없다는 것이다. 이 이성은 사유하는 이성의 이름으로, 사유하는 이성의 힘으로 종교에 대한 투쟁을 시작했다. 그러나 결국 자기 자신에게 대항하게 되었고, 이성의 적이 되어버렸다. 짐작 (Ahnung), 감정(느낌), 자신의 확신, 이 주관적인 것이 인간에게 타당성을 갖는 것에 대한 기준이라고 주장하기 때문이다."

7. 이리하여 이성은 인간의 주관적 "의견"을 궁극적인 것으로 만들었고, "이성은 참된 것에 이를 수 없다"는 종교적 경건의 주장을 증명했다. 이와 동시에 그것은 진리는 도달될 수 없는 것이라고 주장하기에 이르렀다 (1966a, 87). 칸트주의자 텐네만(Tennemann)은 "진리를 인식하고자 하는 것은 어리석은 일이다"라고 말한다. 철학의 역사는 잡다한 의견들의 잡다한 소리들에 불과하다. 모든 철학이 다 자기만이 진리라고 주장한다(1966a, 100).

　　이리하여 헤겔은 "참된 것은 인식될 수 없다"는 주장이 이 시대의 "커다란 특징"이 되었다고 말한다. 이것은 신학의 특징이 되기도 했다. 신학에서도 많은 학자가 "진리는 인식될 수 없다"고 말한다. 이리하여 다음과 같은 현상이 일어난다. 사람들은 "더 이상 교회의 가르침 안에서, 교회 안에서, 교회 공동체 안에서 참된 것을 찾고자 하지 않는다. 그들은 더 이상 신앙고백서를 기초로 삼지 않는다. 도리어 각자가 그 자신의 확신에 따라 자기에게 맞는 가르침과 교회와 신앙을 가져야 한다"고 주장하는 일이 일어난다. 이에 상응하여 신학은 "실사적 연구"(historische Forschungen)로 자기를 제한하며, 이 연구에서 궁극적 진리를 찾는 것이 아니라 다양한 시대의 다양한 "의견들"을 알고자 할 뿐이다. 기독교 진리는 "의견들의 집합체"(Zusammenfluß der Meinungen)로 간주되고, "참된 것이 목적이 아니다"라는 결론에 도달한다.

8. 헤겔은 이와 같은 현실을 예수에 대한 빌라도의 심문에서 발견한다. 예수가 빌라도에게 "자신은 진리를 증언하기 위하여 세상에 왔소"라고 대답할 때, 빌라도는 "진리가 무엇이오?"라고 예수에게 물었다(요 18:37-38). 빌라도의 이 질문은 "진리는 끝나버린 것(etwas Abgetanes)이다", "진리를 인식

하거나, 진리에 대해 말하고자 하는 것은 부질없는 일이다"라는 생각을 "정중하게 말한" 것이다(1966a, 88). 곧 "진리가 무엇이오?"라는 빌라도의 질문은 "이 세상에 무슨 진리가 있소? 힘 있는 자가 진리가 아니오?"라는 빈정거림으로 해석될 수 있다(필자는 빌라도의 질문에 대한 이 해석을 Hegel에게서 처음으로 발견했다. 우리는 Hegel의 재미있는 성서 해석을 아래에서도 볼 수 있다).

"죽은 사람들을 장사하는 일은 죽은 사람들에게 맡겨두고, 너는 나를 따라 오너라"는(눅 9:59-60) 예수의 말씀도 철학에 적용될 수 있다. 잡다한 철학적 이론들 내지 사상들은 헛된 것이다. 철학의 역사는 "신체적으로 죽은 사람들, 지나가버린 사람들의 왕국일 뿐 아니라 정신적으로 죽임을 당한 사람들과 무덤에 묻힌 사람들의 왕국이다. '나를 따라 오너라'는 말씀은 '너 자신을 따르라, 너 자신의 확신을 붙들어라, 너의 의견에 머물러 있으라, 너보다 더 좋은 의견을 가진 사람은 아무도 없기 때문이다!'라는 의미를 갖는다" 그러므로 "죽은 사람들의 장사는 죽은 사람들에게 맡겨두라"는 예수의 명령은 "죽은 자들과 관계하지 말고, 자기 자신으로 돌아가서 하나님 나라를 발견하기 위해 그 자신 안에서 찾아야 한다"는 의미로 해석될 수 있다. "나를 따라 오려는 사람은 자기를 부인해야 한다"는(눅 9:23) 예수의 말씀은 "자기의 개별성, 자기의 의견을" 부인하라는 것으로 생각될 수 있다(1966a, 90).

다른 철학들은 진리를 발견하지 못했다고 주장하는 새로운 철학이 등장하기도 한다. 이 철학은 자기가 참된 철학이라고 주장할 뿐 아니라 그 이전의 철학들의 결함을 보완한다는 교만을 보이기도 한다. 헤겔은 이 철학에 대해 아나니아에 대한 사도 바울의 말씀을 적용한다. "네 남편을 장사하고 오는 사람들의 발이 막 문에 이르렀으니, 그들이 또 너를 메어 내가리라"(행 5:9). 곧 다른 철학들을 비판하고 배격한 철학 역시 오래지 않아 배격을 당하게 된다는 것이다(여기서 우리는 Hegel이 성서에 해박했음을 볼 수 있다).

9. 헤겔은 이 문제에 대해 다음과 같이 대답한다. 세계의 모든 구체적인 것은 확정된 것, 고정된 것이 아니라 발전의 과정 속에 있다. 그것은 발전의 과정 자체다. 모든 구체적인 것은 이 과정의 지체들 내지 계기들이다. 이와 마찬가지로 잡다한 철학들 역시 "확정된 것(Festes), 서로에 대해 무관심한 것, 독립적인 것이…아니다. 오히려 잡다한 것은 운동 속에 있는 것으로 파악되어야 한다." 이 운동은 "모든 확정된 차이들을 유연하게 만들고, 지나가버리는(=일시적인) 계기들로 격하시킨다"(1966a, 117).

달리 말해, 잡다한 철학들은 궁극적 진리를 향한 정신적 활동의 지체들 내지 계기들로 파악되어야 한다. "철학의 이 다양성은 철학 자체는 물론 철학의 가능성에 아무런 해가 되지 않으며, 도리어 철학의 실존에 필연적이며 또 필연적이었다"(91). 모든 "철학은 단 하나의 형식들(Formen des Einen)이기" 때문이다. "물론 우리는 그것들을 서로 다른 것으로 본다. 그러나 그것들 속에 있는 참된 것은 근원자(archomenon), 곧 모든 것 안에 있는 일자(das Eine in Allem)다"(1966a, 131).

헤겔의 논리에 따르면, 진리는 칸트의 "사물 자체"처럼 현상의 세계 피안에 숨어 있는 것이 아니다. 그것은 물건처럼 고정되어 있는 것이 아니다. 진리는 진리에 이르고자 하는 변증법적 활동 자체 속에 있다. 유일한 진리는 변증법적 활동 자체다. 잡다한 철학들은 진리의 변증법적 활동의 계기들로서 자신의 자리를 갖는다. 잡다한 철학들을 "머물러 서 있는 것, 확정된 것, 서로 분리되어 있는 것" 곧 "절대적으로 확정된 규정으로 간주하는 사람들은 자신들의 본성과 변증법을 알지 못한다"(1966a, 117). 모든 철학은 정신의 활동의 계기들로서 그의 시대에 있어 필연적인 것이다. "철학의 발전은 필연적이다. 모든 철학은 그것이 나타났을 때, 그 시대에 필연적으로 나타날 수밖에 없었다. 모든 철학은 적절한 시대에 나타났다. 어떤 철학도 그의 시대를 넘어서지 않았다. 오히려 모든 철학은 그 시대의 정신을 사유함으로써 파악했다(denkend erfaßt). … 그러므로 이전의 철학이 반복된다고 보는 것은 잘못된 생각이다"(1966a, 125).

10. 헤겔은 이 생각을 다음과 같이 좀 더 상세히 기술한다. "모든 개별 철학은 그 자체로 볼 때, 필연적이었고 또 필연적이다. 이리하여 어떤 철학도 사라지지 않고 모두 유지된다. (모든) 철학들은 전체, 곧 관념의 필연적 계기들이며, 그러므로 지나가버리지 않는 계기들(unvergänglihe Momente)이다. 그렇기 때문에 그것들은 유지된다. 회상 속에서 유지될 뿐만 아니라 긍정적 방법으로 유지된다." 각 철학은 자신의 원리를 가진다. 이 "원리들은 그 자체로서 유지된다. 그것들은 필연적이며, 관념 속에서 영원하다. 따라서 가장 새로운 철학은 그 이전의 모든 철학의 원리를 내포한다. 그것은 이전의 모든 철학의 결과물이다"(1966a, 126). "어떤 철학적 원리도 없어지지 않았다. 오히려 모든 원리는 그다음에 오는 원리 속에서 유지된다. 그것들이 가지고 있었던 위치가 달라질 뿐이다"(127).

헤겔에 따르면, 우리는 철학의 원리들 속에서 일종의 발전 과정을 볼 수 있다. 뒤에 오는 원리는 이전에 있었던 원리의 발전이다. 그것들은 서로 대립하기도 한다. 예를 들어 스토아 철학의 원리와 에피쿠로스 철학의 원리가 대립한다. 전자는 사유를 원리로 가지며, 후자는 감성적 지각과 쾌락을 원리로 가진다. 전자는 보편자를, 후자는 특수한 개별자를 원리로 가진다. 전자는 인간을 사유하는 존재로 보는 반면, 후자는 인간을 감성적으로 지각하는 존재로 본다.

헤겔의 표현을 따르면, "이 두 가지가 합하여 개념의 완전성을 구성한다. 인간은 보편적인 것과 특수한 것, 사유와 지각으로 구성되기 때문이다. 이 두 가지 요소가 합하여 참된 것을 만든다. 그런데 회의주의 속에서 이 두 가지 모두에 대한 부정적인 것이 등장한다. 회의주의는 각자의 일면성을 드러낸다. 그러나 그것은 두 가지 모두를 폐기했다고 믿는 점에서 실수한다. 두 가지는 필연적인 것이기 때문이다.…일면적 원리들은 (철학의 역사의) 계기들, 구체적 요소들이 되며, 마치 하나의 고리 속에서 보존되는 것과 같다"(1966a, 131-132). 연결되어 있는 "하나의 고리 속에서" 모든 철학적·일면적 원리들은 "절대적 화해의 원리"를 수행한다. 그것들은 절대적 화해의 계기들이다.

그러나 모든 철학적 원리들 내지 사상들이 과연 "절대적 화해의 원리"를 수행하는 계기들인가? 인류의 역사에서 인간의 생명에 해가 되는 사상들도 등장했다. 인종차별주의, 식민주의, 제국주의, 반유대인주의, 오늘 우리 세계의 성 혁명 사상도 "절대적 화해의 원리"를 수행하는가에 대해 수긍하기 어렵다. 이러한 사상들은 헤겔이 말한 대로 "사물의 본성에 대한 통찰로부터" 나온 것이 아니라 "주관적 이유들, 짐작과 느낌(감정)과 직관 등에 기초한, 곧 주체의 특수성에 근거한 확신"에 불과하다고 생각된다(1966a, 88).

여기서 우리는 세계의 모든 것을 신적 정신의 자기활동과 정신의 나타남(현상)으로 보는 헤겔의 정신 일원론과 이에 근거한 범논리주의의 문제성을 볼 수 있다. 헤겔의 범논리주의는 인간의 모든 사상을 "절대적 화해의 원리"의 계기들로 정당화할 수 있다. 그러나 다행히도 헤겔은 "부정성의 원리"를 말한다. 인간이 만들어낸 모든 사상에는 "부정적인 것"이 있고, 부정적인 것은 부정될 수밖에 없다는 것이다.

제4부

정신의 부정성에 기초한
변증법적 과정으로서의 역사

지금까지 우리는 정신의 첫 번째 활동, 곧 자기의 즉자를 대자로 외화(대상화)함으로써 대상 세계를 이루는 활동에 대해 고찰했다. 여기서 대상 세계는 정신을 통해 형성된 "정신적 세계"로서 정신의 현존양태 내지 현상양태로 이해된다. 그 중심점은 국가다.

이제 우리는 정신의 두 번째 활동, 곧 대상 세계의 부정적인 것의 부정을 통해 대상 세계를 "정신의 개념과 일치하는" 세계로 지양 혹은 고양함으로써 자기 자신을 실현하고, 자기 자신으로 돌아가는 정신의 활동에 대해 고찰하고자 한다. 헤겔은 정신의 이 두 가지 활동을 다음과 같이 요약한다. "정신은 대상이 된다. 그는 자기에게 하나의 **다른 것**, 다시 말해 자기 자신의 대상이 되는 운동이요, 이 **다르게 존재함**을 지양하는 운동이다.…이 운동에서 직접적인 것은…자기를 소외시키고(entfremdet), 이 소외(Entfremdung)로부터 그 자신으로 돌아간다"(1952, 32).

I
변증법적 동인으로서 정신의 부정성

1. 헤겔에 따르면, 자기 자신을 대상 세계로 외화한 정신은 대상 세계에 대해 "다른 것", "모순"으로 현존한다. 여기서 "모순"은 "자기가 아닌 것", "다른 것"을 뜻한다. 정신은 대상 세계에 대해 더 높은 것, 다른 것, 대상 세계가 아직 도달하지 못한 절대 진리다. 곧 현존하는 대상 세계에 대한 "모순"이다. 따라서 정신은 현존의 대상 세계에 머물지 않고, 대상 세계의 불의하고 거짓된 것, 곧 부정적인 것을 부정하고, 그 자신을 실현하며, 대상 세계를 더 높은 진리의 세계로 고양시키고자 한다. 달리 말해, 정신은 현존의 대상 세계를 "동요시키고 깨뜨린다"(1968a, 96). 동요시키고 깨뜨림으로써 정신은 대상 세계를 그 자신의 "개념과 일치하는" 세계로 형성코자 한다. 정신은 이를 통해 자기 자신으로 돌아가고자 한다(1968a, 55, 170 이하).

만일 정신이 특정한 현상양태에 머물러 있다면, 그는 더 이상 생동적이지 않을 것이다. 그는 생동성과 활동성을 상실할 것이고, 특정한 현상양태 속에서 폐기될 것이다. 그는 그 자신이 얻은 모든 현존 및 현상양태들의 부정적인 것을 언제나 다시금 부정하고, 이 양태들의 현재적 상태를 넘어 절대 진리의 세계를 향해 넘어간다. 정신은 바로 이 "넘어감"(Übergang, Überschreiten)의 운동으로 실존한다.

세계의 모든 것은 이를 통해 무한한 것이 아니라 유한한 것, 영원한 것이 아니라 일시적인 것, 절대적인 것이 아니라 상대적인 것, 변함없이 계속 존재할 수 있는 것이 아니라 그 부정적인 것이 부정될 수밖에 없는 것으로 드러난다. 세계의 모든 것은 주어진 현재의 상태에 영원히 존속할 수 있는 것이 아니라 정신의 절대 진리의 세계를 향한 "넘어감" 속에 있다.

그 유명한 헤겔의 변증법은 무엇인가? 그것은 바로 위에 기술한 정신의 자기활동의 내적 법칙을 가리킨다. 요약하여 말한다면, 헤겔의 변증법은 1) 자기 자신을 자기의 대자로 외화한 정신이 대자 안에 있는 모순, 곧 부정적인 것을 부정하고, 2) 정신 자신과 일치하는 세계, 정신이 그 자신을 완전히 의식하고 알 수 있는 세계를 향해 대자의 주어진 현실을 지양 내지 고양함으로써 3) 정신 자신으로 돌아가는 정신의 자기활동의 법칙을 가리킨다. 정신의 이 활동이 역사를 구성한다면, 변증법은 역사의 내적 법칙 내지 원리다. 그것은 하나의 논리학적 법칙인 동시에 "현실적 존재의 법칙"이다.

2. 변증법을 가능케 하는 동인은 무엇인가? 학자들의 해석에 의하면, 변증법을 가능케 하는 것은 "모순"에 있다. 즉 모든 사물 속에는 그것들에 모순되는 것이 있기 때문에 변증법적 운동이 일어난다는 것이다. 여기서 "모순"이란 무엇인가? 간단히 말한다면, 헤겔이 말하는 "모순"은 현존하는 사물이 자기 속에 "다른 것"(da Andere), 지금의 자기가 "아닌 것", 그것에 "반하는 것"(Widerspruch)을 내포하고 있음을 말한다(하나님의 아들 예수가 자기 아닌 인간적 요소를 자기 안에 내포하고 있는 것을 연상할 수 있음). 우리는 그것을 "부정적인 것"이라 말할 수 있다. 지금의 자기가 "아닌 것", "다른 것"은 자기에 대

해 "부정적인 것"이기 때문이다.

부정적인 것은 부정되어야 한다. 그래야 긍정적인 것이 나올 수 있다. 따라서 부정적인 것이 부정되어야 할 규정, 곧 부정성이 정신의 본질에 속하게 된다. 정신은 그 본질에 있어 부정성이다. 변증법을 가능케 하는 동인은 자기에 대한 모순을 지양함으로써 참된 자기 자신에게 이르고자 하는 정신의 부정성에 있다. 변증법의 내적 동인은 정신의 부정성에 있다. 변증법은 **정신의 부정성의 필연적 귀결**(Konsequenz)이다. 정신은 이 부정성 자체다.

헤겔은 『정신현상학』에서 이것을 다음과 같이 설명한다. 정신 곧 "살아 생동하는 실체는 존재(Sein)다. 이 존재는 사실상 주체다." 그것은 "자기 자신을 (대상으로) 세우는 운동 혹은 그 자신이 다르게 되는 것(Sichanderswerden)과 자기 자신과의 중재다. 주체로서 그것은 순수하고 단순한 부정성이다"(1952, 20). 그것은 자기를 부정하고 자기를 타자로 정립하는 동시에 이 타자의 "다름과 모순"을 부정하고 양자의 동일성을 회복하는 이중의 의미에서의 부정성이다. "단순하고, 자기 자신에게 동일하며 영원한 존재"는 "추상적인 것이기 때문에, 사실상 **자기 자신에게 있어서 부정적인 것**이다. 실로 그것은 **사유의 부정성**이다…다시 말해 그것은 자기로부터의 절대적 구별 혹은 그의 순수한 다르게 됨(Anderswerden)이다"(534).

헤겔은 정신의 부정성을 다음과 같이 설명하기도 한다. 정신의 "본질은 추상적인 것이다. 따라서 그것은 자기의 단순성(Einfachheit)의 **부정적인 것, 다른 것**이다. 정신은 본질의 요소에 있어서 단순한 통일성의 형식이다. 그러므로 이 형식은 본질적으로 다르게 됨(Anderswerden)이다"(1952, 536). 달리 말해, 정신의 "본질"이란 아직 구체성을 갖지 못한 추상적인 것, 단순한 것이다. 그것은 구체적인 것, 그 자신과 다른 것으로 부정되어야 한다. 정신은 구체적인 것, 다른 것으로 발전해야 할 부정성을 자신의 본질로 가진다.

헤겔은 정신의 부정성을 "지식"의 개념으로 설명하기도 한다. 자기 자신을 대상으로 외화한 정신은 이 대상 안에서 자기 자신을 안다. 그는 자기 자신에 대한 앎, 곧 자기 지식을 통해 자기를 대상에서 구별하고, 대상에 대해 부정적인 것으로 있게 된다.

부정성이 정신의 본질에 속한다면, "부정은 그의 현실에 있어 낯선 것(Fremdes)이 아니다. 그것은 보편적인, 피안에 있는 필연성도 아니고…자신의 소유나 소유자의 기분에 따른 개별적 우연도 아니다.…오히려 그것은 그의 이 마지막 추상화에 있어 아무런 긍정적인 것도 갖지 않은 **보편적 의지다**"(1952, 421).

여기서 질문이 제기된다. 왜 정신은 자기 부정을 그의 "보편적 의지"로 가지는가? 왜 정신은 그 자신에게 부정적이어야만 하는가? 정신이 자신에게 부정적이란 말은 도대체 무슨 뜻인가? 정신이 자기 자신으로 돌아간다는 말은 또 무슨 뜻인가?

이 질문 역시 헤겔 철학의 신학적 전제에서부터 쉽게 풀이될 수 있다. 곧 하나님은 자기를 자기 아닌 타자, 곧 자기의 아들로 자기를 대상화하는, 달리 말해 자기를 둘로 나누는(Entzweiung) 부정성 자체다. 성육신은 하나님의 자기 부정이다. 하나님의 자기 부정은 그에게 밖으로부터 오는 "이질적인 것" 혹은 "낯선 것"이 아니다. 그것은 외적 필연성이나 우연이 아니다. 그것은 하나님의 존재 자체에 속한 그의 "보편적 의지" 자체다. 그는 절대적 사랑이기 때문이다.

3. 학자들은 이에 근거하여 정신을 부정성과 동일시하고, 부정성을 변증법의 동인으로 파악한다. 정신 혹은 "전체로서의 세계정신을 경험한다는 것은 그것의 부정성을 경험한다는 것을 뜻한다"(Adorno 1970b, 298). 정신의 부정성은 "헤겔의 중심적인 관념주의적 엔진"이다(Adorno 1970a, 43). 가라우

디에 따르면 부정성으로서의 정신이 헤겔의 "방법의 영혼" 곧 변증법의 핵심이다(Garaudy 1962, 181, 192, 197). 블로흐에 따르면, 정신의 부정성으로 말미암은 "유한한 것의 지양"이 "변증법적 운동의 마지막 엔진"이다(Bloch 1962, 139).

정신은 그 자체에 있어서 부정성이기 때문에, 헤겔은 즉자를 구체적인 것이라 말한다. 정신의 "즉자는 자기 자신 안에서 구체적인 것이다." 여기서 "구체적"이라는 말은 정신의 즉자는 그 속에 자기 아닌 것, 자기에게 모순되는 것, 곧 부정적인 것을 내포하고 있음을 말한다. 자기와 구별된 것, 부정적인 것이 자기 안에 있다는 것은 자신에게 모순되는 것, 대립하는 것이 자기 안에 있음을 말한다. 달리 말해 정신은 자기 자신에 대한 모순, 곧 부정성을 자기 안에 내포하고 있다.

그러므로 헤겔은 정신의 즉자는 "자기 자신 안에서 자기에게 모순된다"고 말한다(es widerspricht sich in sich). "그것은 이 모순으로 말미암아 자기의 기반으로부터, 이 내적인 것으로부터 그 자신을 둘로(zur Zweiheit), 구별성으로 몰고간다(treibt. 대자로 외화시킴을 말함). 그것은 구별된 것들의 정당한 위치를 부여하기 위해 하나 됨을 지양한다. 아직 구별된 것으로 정립되지 않은 구별된 것들의 하나 됨은 그의 해체로 자기를 몰아낸다. 이리하여 구별된 것(성자, 곧 대자를 가리킴)은 현존에, 실존에 이르게 된다. 그러나 통일성에게도 그의 정당한 위치가 주어진다. **정립되어 구별된 것**(대자를 가리킴)이 다시금 **지양되기 때문이다.** 구별된 것은 통일성으로 돌아가야 한다. 구별된 것의 진리는 하나 안에 있는 것(in Einem zu sein)이기 때문이다. 하나 됨은 이 운동을 통해 진정으로 구체적인 것이 된다"(1966a, 114).

4. 여기서 우리는 대자의 측면에서 **정신의 부정성**을 볼 수 있다. 정신은 자기 자신, 곧 즉자에 대해 부정적인 동시에 그 자신에 의해 있게 된 대자에

대해서도 부정적이다. 헤겔에 의하면, 정신은 특수한 규정을 갖지 않은 공허한 것, 추상적인 일자(das Eine)가 아니라 특수한 규정을 가진다. 곧 자기의 하나 됨을 부정하고, 자기의 즉자를 대자로 정립한다. 대자는 즉자에 대해 "다른 것" 혹은 "다르게 존재함"이다. "다르게 존재함"은 정신의 즉자에 대해 부정적인 것이다. 따라서 정신은 대자의 부정적인 것을 부정함으로써 대자와 즉자를 중재하며, 중재를 통해 즉자와 대자가 완전히 일치하는 절대 진리의 세계, 곧 즉대자의 세계에 이르고자 하는 규정을 가진다.

　　대상 세계 속에는 정신 자신과 일치하지 않는 "다른 것", "부정적인 것"이 있다. 그러므로 정신은 대자의 세계가 자기 앞에 있는 것으로 만족하지 않는다. 그는 자기 자신과 완전히 일치하며, 그 속에서 자기 자신을 완전히 볼 수 있는 절대 지식의 세계에 이르고자 한다. 이리하여 자기 자신에 대한 정신의 지식과 곧 대상 세계의 **구별**이 일어난다. 정신은 이 구별 속에서 자기 자신에 대한 지식과 대상 세계가 일치하지 않음을 인식한다. 곧 대상 세계는 "아직도 그의 참된 방식에 따른 대상이 아님"을 인식한다(1968a, 61). 대상 세계는 아직도 "시간적인 것, 우연한 것, 변화될 수 있는 것, 지나가버리는 것", 따라서 "참으로 긍정적인 것"이 아니라 "자기를 지양하는 것, 부정하는 것"이기 때문이다(1966e, 104, 또한 이에 관해 153, 1969d, §386 주해). 그러므로 정신은 대상 세계의 부정적인 것을 부정하고, 자기 자신과 완전히 일치하는 세계, 곧 "절대 지식"의 세계에 이르고자 한다. 세계사는 "정신이 그가 무엇인가에 대한 지식에 어떻게 이르렀는가를, 그리고 여러 가지 상이한, 따라서 제약된 영역에서 이것을 어떻게 이루어놓았는가를" 보여준다(1966e, 183).

　　정신은 참 자기에 대한 완전한 앎, 곧 **절대 지식**에 이르기 위해 대상 세계의 부정적인 것을 부정한다. 대상 세계는 부정적인 것의 부정을 통해 더 높은 진리의 세계로 고양된다. 정신은 특정한 대상 세계의 주어진 상태에 머물지 않고, 대상 세계의 모든 유한성과 제한성을 극복함으로써 끊임없이 더 높은 진리의 세계로 나아가고자 한다. 따라서 그것은 대상 세계에 대해 **모순되는 것, 대립하는 것, 곧 대상 세계의 부정적인 것에 대한 부정성으로** 존재하게 된다. 정신은 바로 이 부정성을 뜻한다. 그것은 끊임없이 더 높은 진리의 세계로 고양됨으로써 참된 자기 자신에 대한 절대 지식에 이르는 자기활동 내지 운동으로 존재한다. 세계사의 목적은 정신의 "절대 지식", 곧 참된 자기 자신에 대한 완전한 앎에 있다. 곧 "정신이 참으로 존재하는 바, 그의 지식에 도달하고, 이 지식을 대상화시키며, 이것을 현존하는 세계로 실현하고, 그 자신을 생성하는 데" 있다(1966e, 74).

5. 헤겔은 부정의 부정을 통해 절대 지식의 세계에 이르는 정신의 활동 과정을 정신의 "되어감"으로 파악한다. 정신은 보편자, 절대자 등으로 완결된 존재, 새로운 변화가 불가능한 결정되어 있는 자가 아니다. 그는 생명이 없는 자, 곧 죽은 자가 아니다. 보편자, 절대자 등은 구체적 생명이 없는 추상적인 것이다. "정신으로서의 하나님"은 자기를 대상 세계로 외화하고, 대상 세계와의 관계 속에서 본래의 자기 자신으로 돌아가는 자, 자기 자신으로 되어가는 자다(과정철학의 신관과 동일함).

정신은 자기 자신으로 돌아가는 활동을 통해 새로워진다. 따라서 정신의 자기 자신으로 돌아감은 "새로운 정신의 시작"이다. "새로운 정신의 시작은 다양한 형성의 형식들(Bildungsformen)의 폭넓은 변혁의 산물이고, 사라져버린 수많은 길과 수많은 노력 및 수고의 대가다." 그 과정에서 등장하는 형태들은 새롭게 발전하고, 새로운 형태로 지양된다(1952, 16).

정신은 부정과 고양, 자기 자신으로 돌아감을 통해 자기를 무한한 활동성으로 증명한다. 정신의 본질적 규정은 자기 자신의 부정과, 자기의 대자로 정립된 대상 세계의 부정적인 것의 부정에 있다. "그것은 모든 특수한 내용을 폐기하는 데 있다. 정신은 보편적인 것, 제한되지 않은 것, 가장 내적인 무한한 형식 자체다. 그것은 모든 제한된 것을 폐기한다"(1952, 178).

정신의 타자인 대상 세계는 정신의 현존 및 현상양태지만, 그것은 "세상적인 것"이고, "시간적인 것, 우연한 것, 가변적인 것, 허무한 것"이다. 그 속에는 정신 자신에게서 구별되는 것, 정신 자신과 일치하지 않는 "다른 것" 곧 부정적인 것이 있기 때문에, 정신은 대상 세계에 대해 "부정적인 것", "모순" 내지 "대립"으로 현존하게 된다.

6. 헤겔은 이것을 먼저 하나님의 창조에서 발견한다. "하나님의 절대적 활동의 **한** 측면인 창조는 그의 본질에 대한 하나님의 부정적 관계이며, 하나님은 이를 통해 자기 자신의 타자를 세운다. 따라서 그것은 그의 타자에 대한 부정적 관계다." 곧 하나님은 창조를 통해 자기에게 대칭하는 자기의 타자를 세우며, 이 타자와 부정적으로 관계한다. 헤겔은 이 부정적 관계를 "타자와 그 자신의 영원한 화해", "영원한 사랑"으로 파악한다(1970b, 282, § 10. 뉘른베르크 시대의 문헌에서).

헤겔은 정신의 부정성의 뿌리를 그 자신에 대한 정신의 지식(앎)에서 발견한다. 정신은 자기 자신에 대해 아는 바, 곧 자기 자신에 대한 지식을 자기의 대상으로 세운다. "정신은 자기지식을 통해 자기가 존재하는 바로부터 구별된 그 자신을 세운다. 그는 그 자신을 자기에 대해 (für sich, 대자적으로) 세우고, 자기 안에서 자기를 발전시킨다." 자기를 아는 정신의 "이 지식이 정신의 현실이다. **내가 나를 아는 한에서만, 나는 존재한다**"(Ich bin nur, insofern ich mich weiß, 1966a, 149). 정신은 대자의 현실 속에서 자기 자신을 보며 자기 자신을 안다. 이 앎 곧 지식을 통해 "즉자에 있어 존재하는 것과 정신의 현실 사이에 **새로운 구별이**" 발생한다. 정신의 대자와 정신 그 자신 사이에는 완전히 일치하지 않는 부분, 곧 "다름"이 있기 때문이다.

따라서 정신은 그의 대자적 현실에 대해 부정적인 것으로 있게 된다. 그는 대자의 현실의 부정적인 것을 부정하고, 이 현실을 보다 더 높은 진리의 세계로 지양하는(혹은 고양하는) 변증법적 활동으로 존재한다. 정신은 자기 자신에 대한 지식, 곧 자기지식을 통해 자기를 자신의 대자로부터 구별하고, 이 구별 속에서 대자의 부정적인 것을 부정하는 부정성으로 있게 된다. 따라서 자기 자신에 대한 정신의 지식은 정신의 부정성의 뿌리라고 말할 수 있다.

　헤겔은 이것을 다음과 같이 설명하기도 한다. 자기를 대상 세계로 외화한 정신은 "아직까지 자신의 참된 방식에 따라 자기의 대상이 아님을", 곧 자기의 진리가 완전히 실현되지 않았음을 인식한다. 그러므로 정신은 "그가 즉대자적으로(an und für sich) 존재하는 바"를 알고자 한다. 그는 "자신의 진리 가운데 있는 자기를 자기 자신에 대해 현상으로(zur Erscheinung)" 나타내고자 한다(1968a, 61). 그는 자기의 진리를 실현코자 하며, 참된 자기 자신에 대한 지식, 곧 절대 지식에 이르고자 한다. 그는 이에 대립하는 요소, 곧 대상 세계의 부정적인 것을 부정할 수밖에 없다. 정신은 대상 세계의 부정적인 것의 부정을 통해 절대 지식을 향해 나아가는 변증법적 활동이며, 이 변증법적 활동이 역사를 구성한다. 정신의 변증법적 활동은 부정적인 것을 부정할 수밖에 없는 정신의 부정성에 근거한다. 정신의 부정성이 없을 때, 변증법적 활동은 불가능하게 된다. 그러므로 변증법의 동인은 정신의 부정성에 있다고 말할 수 있다. 헤겔의 표현을 따른다면, "참으로 변증법적인 것은 부정적인 것에 있다"(1969a, 51).

7. 여기서 질문이 제기된다. 왜 정신은 자기 자신과 일치하고자 하는 세계, 그 속에서 자기 자신을 완전히 알 수 있는 세계를 이루고자 하는가? 왜 그는 대상 세계의 부정적인 것을 부정하고 자기 자신으로 돌아가고자 하는

가? 헤겔의 이 말은 상식적 차원에서 이해되기 어렵다.

헤겔의 이 말을 쉽게 이해할 수 있는 길은 헤겔 철학의 종교적·신학적 전제를 회상하는 데 있다. 하나님은 자기 자신을 자신의 아들 예수로 대상화시키고 아들 예수와 하나가 된다. 그는 아들 예수와의 일치 속에서 자기 자신을 알고, 이 앎(지식) 속에서 예수의 유한성과 제한성을 인식한다. 그는 아들 예수의 유한성과 제한성, 곧 부정적인 것을 부정함으로써 자기 자신에 대한 완전한 앎, 곧 절대 지식의 세계로 나아가고자 한다.

절대 지식을 신학적으로 표현한다면, 하나님이 "모든 것 안에서 모든 것"(고전 15:28)이 되는 세계라 말할 수 있다. 하나님이 "모든 것 안에서 모든 것"이 되는 세계란 하나님이 무한한 사랑의 영 안에서 대상 세계의 모든 것과 완전히 화해된 세계(골 1:20, "만물을…자기와 기꺼이 화해시켰습니다"), 따라서 하나님이 그 속에서 **자기 자신을 완전히 알 수 있는 세계**를 가리킨다(요한계시록은 이 세계를 더 이상 어둠이 그 속에 없는 빛의 세계, 곧 "새 예루살렘"에 비유함). 세계사는 하나님의 절대 지식의 세계를 향한 **정신의 변증법적 활동**이다. 이 활동을 가능케 하는 것은 "정신으로서 하나님"의 부정성에 있다. 보편자 곧 "정신으로서의 하나님"은 "절대적 부정성…그의 부정을 동시에 지양하고, 그리하여 긍정적으로 나타나는 활동적 부정(tätige Negation)"이다(1966b, 144).

II
"모든 존재자는 그 자신에게 모순된다"

1. 부정성을 존재 규정으로 가진 대상 세계

1. 우리는 이 책 제3부에서 인간을 포함한 대상 세계의 모든 사물이 신적 정신의 현실 내지 현상양태임을 고찰한 바 있다. 세계의 모든 유한한 사물은 신적 정신의 대자(Fürsichsein)다. 그러나 그것들은 세상적인 것과 혼합되어 있기 때문에 불완전하며 제한된 것이다. 그것들은 신적 정신 곧 하나님 자신과는 "다른 것"(das Andere) 곧 타자다. 그러므로 신적 정신은 주어진 현상양태에 머물 수 없다. 그는 자기를 자기의 현상양태로부터 구별하고, 현상양태의 특수성과 제한성, 곧 부정적인 것을 부정함으로써 자기 자신에 대한 참 지식에 이르고자 한다.

이로 인해 대상 세계는 **부정성**을 자기의 존재 규정으로 갖게 된다. 대상 세계의 모든 사물 안에 있는 신적 정신은 그것들에 대해 부정적인 것, 모순되는 것으로 현존한다. 따라서 세계의 모든 사물 속에는 "자기 아닌 것", 곧 그 자신에 대한 모순이 숨어 있다. 그것들은 보편적인 것이 아니라 특수한 것이며, 제약된 것이다. 그것들은 주어진 상태에 존속할 수 있는 것이 아니라 자기의 부정적인 것을 부정함으로써 더 높은 진리의 세계로 고양되어야 할 내적 규정을 가진 것이다. 그것들의 본질은 주어진 현실에 "존속함"에 있지 않고, 새로운 현실로 "넘어감"에 있다. 부정적인 것의 부정, 곧 부정성이 모든 사물의 내적 본성이다. 헤겔은 이 부정성을 가리켜 "그들 자신을 움직이는 영혼, 모든 자연적 생동성과 정신적 생동성 일반의 원리"라고 말한다(1969a, 52).

헤겔에 따르면, 정신의 부정성은 세계의 시간 자체 속에 숨어 있다. "시간은 감성적인 것 안에 있는 부정적인 것이다.…시간은 부정적인 것의 부식재(das Korrosive des Negativen)다. 정신은 모든 특수한 내용을 해체하는 바로 이것이다. 그는 보편적인 것, 제한되지 않은 것, 가장 내적이고 무한한 형식 자체다. 그는 모든 제한된 것을 부정한다"(1968a, 178). "시간은 부정성의 규정을 포함한다"(153). 시간 속에 있는 모든 것은 시간의 부정성의 법칙을 벗어날 수 없다.

2. 헤겔은 시간을 포함한 세계의 모든 유한한 것을 부정 자체와 동일시한다. "**유한한 것은 그 자체 부정이다.** 그 자신에게 부정적인 것은 부정적인 것으로서 그의 지양이다. 곧 부정으로 정립되어 있고, 그러므로 자기 자신을 지양하며, 긍정(Affirmation)이 되는 부정이다. 그러나 이 긍정적인 것은 부정적인 것으로서 자신의 부정을 통해서만이 존재한다"(1966b, 146). 자신 안에 주어진 부정성으로 말미암아, 세계의 "유한한 사물은 몰락해야 할 규정(Bestimmung zu fallen)을 가진다. 그것들의 존재는 그것들 자신을 지양하는 것이다"(ihr Sein ist sich selbst aufhebend. 212).

헤겔은 자신의 문헌 도처에서 세계의 모든 유한한 사물의 부정성을 반복하여 이야기한다. 그는 『하나님의 존재 증명 강의』에서 이 부정성을 다음과 같이 말한다. "세상적인 것"(das Weltliche)은 "시간적인 것, 우연적인 것,

변화될 수 있는 것, 지나가버리는 것으로 규정되어 있다. 그것의 존재는 만족스러운 것, 참으로 긍정적인 것이 아니다. 그것은 그 자신을 지양해야 하는 것, 부정해야 하는 것으로 규정되어 있다." 그것은 "비존재(Nichtsein)의 가치"를 가질 뿐이다. "그것의 규정은 자기의 비존재, 자기의 다른 것, 따라서 자기의 모순(Widerspruch), 자기의 해체, 사라짐(Vergehen)을 그 자신 안에 내포한다"(1966e, 104).

달리 말해, "세상적인 실존은…절대적이며 영원한 것이 아니다. 오히려 그것은 그 자체에 있어 무적인 것(nichtig)이다. 그것은 존재를 갖지만, 그 자신을 위한 존재가 아니다―바로 이 존재는 우연적인 것으로 규정되어 있다"(1966e, 121). "우연적인 것은 그 자신에 있어 모순이다. 그것은 자기를 해체하는 것(das sich Auflösende)이다"(119). 그것은 자기를 해체함으로써 다른 것으로 "넘어가는 것"(das Übergehende)이다. "우연적인 것으로 규정되어 있는 세계는 그의 비존재(Nichtsein)를 가리킨다. 곧 자기의 진리로서의 자기와 다른 것(das Andere ihrer als ihre Wahrheit)을 가리킨다"(122).

세계의 모든 "유한한 것의 존재는 긍정적인 것(das Affirmative)이 아니다. 오히려 그것은 그 자신을 지양함(sich Aufheben)이다. 이 지양을 통해 무한한 것이 세워지고 중재된다"(1966e, 153). 한마디로 요약한다면, 세계의 모든 유한한 사물은 무한한 것에 대칭하는 독립적인 것이 아니라 무한한 것의 계기, 무한한 것의 현상으로서 무한한 것으로 넘어가야 할 부정성을 자신의 본성으로 가진다. 따라서 무한한 것과 유한한 것, 신적 본성과 인간적 본성, 신적인 것과 세상적인 것의 통일성은 유한한 사물들을 현 상태에서 긍정하는 긍정적 통일성이 아니라 그것들의 부정을 요구하는 "부정적 통일성"이다(Pannenberg 1972, 97).

3. 헤겔의 변증법은 세계의 모든 유한한 사물의 부정성을 전제한다. 세계의

모든 사물의 본성인 부정성으로 말미암아 더 높은 진리의 세계로 고양되는 변증법적 활동이 일어난다. 모든 사물의 본성에 속하는 "부정성의 힘으로 말미암아 모든 사물은 자신의 모순에 붙들려 있다. 참으로 존재하는 바에 이르기 위해 그것은 아직 존재하지 않는 것이 되어야 한다. 모든 존재자가 자기 자신에게 모순된다는 것은 그의 본질이 그의 실존의 주어진 상태에 모순된다는 것을 의미한다. 그의 참된 본성은…지금 그가 처한 현존 방식을 '초월하여' 다른 현존 방식으로 넘어갈 것을 강요한다"(Marcuse 1972, 116).

일반적으로 변증법은 "사물 자체에 속하지 않은 외적인 것, 부정적 행동"으로 생각된다(1969a, 51). 이에 반해 헤겔은 변증법이 사물 자체에 속한 것이라고 본다. 왜냐하면 모든 유한한 사물들의 "실재는 부정을 내포하기" 때문이다(122). 모든 사물의 실재 속에 내포되어 있는 부정적인 것 때문에, 그것들은 끊임없는 부정의 부정 곧 변증법을 삶의 법칙으로 가진다. 따라서 "헤겔의 변증법적 과정은 포괄적인 존재론적 과정"이다(Marcuse 1972, 275. 이로써 헤겔은 "변증법적 운동을 모든 존재의 운동으로…'역사의 과정에 대한 하나의 추상적이고, 논리적이며, 사변적인 표현'으로 만들었다고 K. Marx는 비판함, 위의 책 277. 그러나 필자는 Hegel의 변증법의 형이상학적·존재론적 성격을 부인하고 그것을 사회적 계급투쟁의 변증법으로 국한시킨 Marx의 입장에 동의할 수 없다. 부정성은 사회의 계급적 상황에만 있는 것이 아니라 인간의 본성에 깊이 뿌리 내리고 있는 것이기 때문이다. 필자는 부정성의 가장 사악한 뿌리는 인간의 악한 본성에 있다고 생각한다).

여하튼 헤겔에 따르면, 유한한 모든 사물은 부정성을 자신의 본성으로 갖기 때문에 그것들의 "존재"(Sein)는 "무"(Nichts)다. 곧 존재는 그 속에 있는 부정적인 것의 부정으로 말미암아 아직 존재하지 않는 "다른 것"으로 지양될 수밖에 없는 것이다. 모든 존재는 언젠가 존재하지 않을 바의 것, 곧 무다. 거꾸로 비존재는 끊임없이 존재가 된다. 이런 점에서 "순수한 존재와 순수한 무는 동일한 것(dasselbe)이다." 존재는 무로 넘어가고, 무는 존재로 넘어가는 이 "활동" 곧 "하나가 다른 하나로 직접적으로 사라지는 활동이 그것들의 진리다"(1969a, 83).

『논리학』에 나오는 헤겔의 이 생각에서 세계의 모든 사물은 "유한한 것의 무"로 규정된다. 그것은 "유한한 것의 무로, 그것의 부정으로서 우리에게 나타난다. 그러나 그것은 오직 그의 부정된 것을 통한 부정으로서 (als Negation durch sein Negiertes) 존재한다. 부정된 것은 그의 타자다. 따라서 유한한 것은 자신의 타자를 자기 안에 가진다.…그것은 그에게 대립되어 있다. 이 대립을 좀 더 깊이 관찰할 때, 그것이 사라진다는 것을 볼 수 있다. 왜냐하면 유한한 것은 그 자신 안에서 자기의 타자이기 때문이다"(1966b, 134).

여기서 세계의 모든 유한한 것은 아직 존재하지 않는 바의 것으로 끊임 없이 부정되고 지양되어야 할 변증법적 법칙 속에 있는 것으로 나타난다. "유한한 것은 참된 것이 아니다. 그것은 존재해야 할 바의 것(was er sein soll) 이 아니다. 그것은 자기의 내용, 관념에 모순된다. 그것은 멸망할 수밖에 없다." 실존하는 모든 것은 그 속에 관념을 갖고 있다. 유한한 것은 관념의 형식이다. 관념의 형식은 "유한한 것이며, 관념의 실존은 일면적이며 제한되어 있는 것이다. 내적인 것으로서의 관념은 내용과 일치하는 절대적 형식을 얻기 위해 이 형식을 깨뜨리며, 일면적인 실존을 파괴할 수밖에 없다." 자기를 실현하기 위해, 제한된 형식과 실존을 깨뜨리는 관념의 "변증법" 속에 역사를 "이끌어가는 것"(das Fortleitende)이 있다(1966a, 126).

모든 유한한 것이 자기 아닌 것, 곧 비존재로 넘어가는 변증법적 과정 속에 있다면, 인간이 가진 어떤 진리도 결코 완결된 것이라 볼 수 없다. 그 속에는 부정적인 것이 내포되어 있다. "진리는 주조된 동전이 아니다. 그것은 완결된 것으로 주어져서 호주머니에 집어넣을 수 있는 것이 아니다"(1952, 33. Lessing의 『나단』, III.6.에서 유래하는 말이다). 어떤 사물이 진리가 아닌 거짓으로 아는 것은 그 사물에 대한 지식이 "그의 실체와 비동일성(Ungleichheit) 속에 있음을 말한다. 바로 이 비동일성은 구별(Unterscheiden) 일반이며, 본질적 요소다. 이 구별로부터 그의 동일성이 나오며, 이 되어버린 동일성(gewordene Gleichheit)이 진리다." 그렇다 하여 비동일성이 버려지는 것은 아니다(34).

4. 부정성은 세계의 유한한 사물들 자신의 본성이기 때문에 유한한 사물들의 부정과 지양은 단순히 외부로부터 추가적으로 오는 것이 아니라 **유한한 사물들 자체로부터** 일어나는 것이다. 그것들은 그 자체에 있어 부정적이며 일시적이다. 그것들은 불완전한 것이기 때문이다. 불완전한 것은 그 자신에게 반대되는 것, 곧 "완전한 것을 씨앗으로, 충동으로 그 자신 안에 갖고 있다.…자기 안에서 자기 자신에게 반대되는 것(Gegenteil in ihm seiner selbst)으로서의 불완전한 것은…**지양되고 해체될 수밖에 없는 모순이다.** 불완전한 것은 자연성과 감성, 자기 자신의 이질성의 껍질을 깨뜨리고, 의식의 빛으로, 곧 자기 자신으로 오고자 하는 충동이며 맥박(Impuls)이다"(1968a, 157).

　여기서 세계의 모든 사물은 완전한 것을 자기에게 대립하는 것으로 가진, 그러므로 부정되고 지양될 수밖에 없는 "모순"으로 파악된다. 그것들은 자기들 자신의 실체에 모순된다. 따라서 세계의 모든 유한하고 불완전한 사물들의 부정과 지양은 유한한 사물들 자체로부터 일어난다. 그것들은 자신의 존재 자체에 있어 부정되고 지양되어야 할 "모순"이다. 달리 말해 부정성은 **유한한 사물들의 존재 규정이다.** 파악하는 사유에 있어서 "부정적인 것은 내용 자체에 속하며, 그 내용의 **내재적 운동과 규정**인 동시에 이 운동의 **전체로서 긍정적인 것이다**"(1952, 49).

부정성의 존재 규정은 신적 정신으로 소급된다. 부정적인 것을 부정함으로써 세계를 더 높은 진리의 세계로 고양시키고자 하는 신적 정신이 세계의 모든 사물 속에 현존한다. 세계의 모든 사물은 이 신적 정신의 현존 내지 현상양태다. 이 양태 속에 있는 신적 정신으로 말미암아 세계의 모든 사물이 언젠가 내부로부터 해체되고, 새롭게 발전될 수밖에 없다. "정신은 바로 이것이다. 즉 정신은 모든 특수한 내용을 해체하는 것이다"(1968a, 178). 모든 것이 부정적인 것의 부정을 통해 더 높은 진리의 세계로 변화되어야 한다. 세계의 모든 사물은 아직 궁극적인 목적에 도달하지 못했다. 그것들은 정신이 자기 자신으로 돌아가는 변증법적 활동의 계기일 뿐이다.

5. 헤겔은 우주론적 하나님 존재 증명과 연관하여 세계 현실의 부정성을 다음과 같이 설명한다. 우주론적 하나님 존재 증명의 출발점이 되는 세계의 모든 현실은 "시간적인 것, 우연적인 것, 변화되어야 할 것, 지나가버리는 것(Vergängliche)"이다. 그것은 "지양되어야 하는 것, 부정되어야 하는 것"이다(1966e, 104). "유한한 것의 존재는 긍정적인 것이 아니다. 오히려 그것은 자기 자신을 지양함으로써 무한한 것이 세워지고 중재되어야 하는 것이다." 우주론적 하나님 존재 증명의 문제점은 "유한한 것을 시작과 출발점으로 갖기만 하는 것이 아니라 그것을 참된 것, 긍정적인 것으로 지키며 존속케 하는 것이다." 이리하여 "유한한 것이 유한한 것으로서 무한하게 된다"(153).

헤겔에 따르면, "유한한 것의 존재는 그 자신의 존재가 아니다. 오히려 그것은 그의 타자, 곧 무한한 것의 존재다.…그것은 무한한 것에 대칭하여 독립적으로 존재하지 않는다. 오히려 그것은…무한한 것의 계기일 뿐이다.…그의 실존은 현상에 불과하다. 곧 유한한 세계는 현상일 뿐이며, 무한한 것의 절대적 힘이다." "그것의 실존은 현상에 불과하다.…유한한 세계는 현상일 뿐이라는 이것이 무한한 것의 절대적 힘이다"(1966e, 153).

서유석 교수의 설명에 의하면, "전통적으로 '무한자'라 할 때는 유한자와 분리된 것, 유한자가 아닌 것, 유한자를 넘어선 피안적인 것으로 이해되어 왔다.…이러한 유한·무한의 대립은 칸트에게서도 여전히 보존되고 있다. 헤겔은 이러한 '유한에 대립하는 무한'을 '악무한'(schlechte Unendlichkeit, 필자의 번역에 의하면 '나쁜 무한')이라 하여 '진정한 무한'과 구별한다." 헤겔에 따르면 "진무한" 곧 참된 무한은 "유한과 무한의 통일성"이며, 이 통일성 안에서 일어나는 "유한자의 내적 변증법"이다(서유석 1985, 187-188).

2. 참으로 "이성적인 것"은 부정적인 것의 부정에 있다

1. 헤겔에 따르면, "무한한 것의 절대적 힘"은 자기 자신 안에 머물러 있는 데 있지 않다. 오히려 그것은 자기의 즉자를 유한한 것으로 대상화(혹은 외화)시키고, 자기의 "현상"인 유한한 것의 "부정적인 것의 부정을 통해" 유한한 것을 무한한 것으로 고양시키며, 자기 자신을 완성하는 데 있다. "유한한 것의 존재"는 부정되고 지양됨으로써 "무한한 것의 존재"가 된다. 이런 뜻에서 "존재는 유한한 것뿐 아니라 무한한 것으로 규정될 수 있다"(1966e, 152). 유한한 것의 "규정과 본성"은 주어진 상태에 머무는 데 있지 않고 무한한 것을 향해 "없어지는 데 있다. 존재하지 않게 되는 데 있다"(zu vergehen, nicht zu sein, 115).

따라서 헤겔은 "유한한 것을 철저히 고정된 것(Festes), 절대적인 것으로 간주하는 사유의 겸손은 가장 나쁜 덕목"이라고 비판한다. "유한한 것은… 참된 것이 아니다. 그것은 철저히 넘어감이며, 자기를 넘어섬(Übergehen und Übersichhinausgehen)"이다.…그의 즉자에 있어 영원한 것, 곧 정신은 무적인 것의 폐기(Vernichtigen des Nichtigen)이며, 썩은 것이 자기 자신 안에서 썩도록 하는 것이다(Vereiteln des Eiteln in sich selbst zu vollbringen)"(1969d, § 386).

여기서 세계의 모든 것은 지금의 상태에 머물 수 있는 것이 아니라 지금의 상태를 넘어서야 하는 것으로 규정된다. 마르쿠제의 표현에 의하면, 모든 유한한 것, 곧 현실적인 것은 주어진 현존을 "넘어"(hinaus) 가야 할 내적 규정을 가진다. 현실적인 것의 주어진 현존은 완성되지 않았고, 순수하지 못하기 때문이다. 이런 점에서 현실적인 것의 현존은 언제나 "아직 있지 않은 것"이다(Marcuse 1968, 116).

2. 헤겔은 『종교철학 강의』에서 부정성의 원리를 좀 더 쉽게 설명한다. 그에 따르면, 하나님은 자기 자신을 외화하여 자기를 자기에 대한 타자로 세운다. 그는 이 타자 안에 거하며, 그 속에서 자기 자신을 본다. 그러나 타자는 하나님 자신과는 "다른 것" 곧 타자다. 그러므로 하나님은 타자 안에 머물 수 없다. 그는 타자의 다름을 부정하고, 자기 자신에 이르고자 한다. 타자는 이를 통해 신적 정신 곧 하나님의 개념과 일치하는 존재로 고양된다. "하나님은 자기 자신 안에 있는 이 운동이며, 오직 이를 통해 살아 계신 하나님이다. 따라서 유한한 것의 존속은 고정되어서는 안 된다. 오히려 그것은 지양되어야 한다." 유한한 것은 하나님과는 "다른 것"이기 때문에 "스스로 자기를 해체한다.…그는 스스로 멸망한다." 이런 점에서 "유한한 것은 존재자가 아니다. 이와 마찬가지로 무한자는 고정되어 있지 않다"(ebenso ist das Unendliche nicht fest, 1966b, 147).

무한성에는 두 가지가 있다. 참된 무한성과 오성의 나쁜 무한성이 있다. 나쁜 무한성은 유한한 것이 자기를 절대화하고 무한하게 존속하고자 하는데 있다. 유한한 것은 자기를 무한한 것의 계기로 생각하지 않고, 스스로 무한한 것이 되고자 한다. 이에 반해 "참된 무한성에서 유한한 것은 신적인 삶의 계기로 나타난다. 이를 통해 하나님에 대한 (유한한 것의) 다름이 사라지고, 하나님은 그 속에서 자기 자신을 인식한다. 그는 이를 통해 자기의 결과(Resultat)로서의 자기를 자기 자신을 통해 유지한다"(1966b, 147).

여기서 헤겔은 무한한 하나님의 존재와 세계의 유한한 존재자들을 분리시키는 것을 거부하는 동시에 양자를 구별 없이 하나로 용해시켜버리는 것을 거부한다. 오히려 그는 양자를 결합하면서 구별하고, 구별하면서 결합하는 변증법적 활동 속에서 파악하고자 한다. 그래서 그는 "유한한 것은 존재자가 아니다. 이와 마찬가지로 무한자는 고정되어 있지 않다"고 말한다. 헤겔에 따르면, 이 규정들은 "과정의 계기들일 뿐이다." 여기서 "이다"(ist)는 활동성을 뜻할 뿐이다. 단순한 문장들로써 묘사될 수 없는 결합과 구별, 구별과 결합의 변증법적 활동 속에서 유한한 존재자들은 무한한 신적 정신을 향해 부정되어야 할 규정을 얻게 된다. 유한한 존재자들의 이 부정은 보다 더 높은 진리의 세계를 향한 변화와 고양을 뜻한다. 따라서 부정적인 것의 부정은 긍정적인 것의 생성을 뜻한다.

헤겔은 "개념과 존재"를 통해 부정성의 원리를 설명하기도 한다. 세계의 유한한 사물들은 "개념과 존재"가 일치하지 않고 분리된 가운데 있다. 양자가 분리되지 않고 일치하는 사물은 아무것도 없다. "개념과 존재의 비분리성"(Untrennbarkeit des Begriffs und des Seins)은 "하나님의 경우에만" 있다. 유한한 사물들의 유한성은 그것들의 개념과 존재가 일치하지 않는 데 있다 (1966a, 223). 따라서 존재는 개념을 향한 모순성과 부정성을 자신의 본질로 가진다. 개념에 대해 존재는 언제나 다시금 부정되어야 할 모순적인 것이다. 모든 존재자는 끊임없이 부정되어야 할 모순을 내포한다.

3. 부정적인 것의 부정을 통해 긍정적인 것이 생성된다는 점에서 "부정적인 것은 긍정적이기도 하다"(1969a, 49). 여기서 헤겔은 두 가지 긍정을 구

별한다. 첫째 긍정은 **"나쁜 긍정"**(schlechte Affirmation)이다. 나쁜 긍정은 유한한 것이 반복되는 것을 말한다. 곧 "이전의 유한한 것을 다시 생성하여 유한한 것이 다른 유한한 것을 세우는 등, 나쁜 무한한 것으로 세우는 데 있다.···이 긍정은 참되지 못한 실존들의 축적일 것이다.···이를 통해 유한한 것은 전혀 변화되지 않는다." 유한한 것이 "다른 것"으로 넘어가지만, 이 "다른 것은 다시 유한한 것이다.···다른 것으로 넘어감, 이 나쁜 긍정은 한 특수성의 지루한 반복일 뿐이다."

둘째 긍정은 **"참된 긍정"**이다." "참된 긍정"은 유한한 것이 다른 유한한 것으로 교체되는 데 있지 않고 "유한한 것이 변화되는" 데 있다. 유한한 것의 "참된 넘어감"은 다른 유한한 것으로 "교체"(Wechsel)되는 데 있지 않고 더 높은 진리의 세계로 변화되는 데 있다(1966b, 212-213). 유한한 것은 정신의 현존 및 현상양태다. 그것은 정신에 의해 정립된 정신의 타재다. 따라서 "정신은 유한한 것이 존속하도록 허락하지 않는다"(214). 그는 유한한 것의 유한성을 지양함으로써 그것을 무한한 것으로 고양시킨다. 정신은 이 활동을 통해 자기의 즉자와 일치하는 세계, 곧 즉자와 대자가 완전히 일치하는 세계로 돌아간다. "하나님은 자기 자신 안에 있는 이 운동이며, 그는 오직 이를 통해 살아 활동하는 하나님이다. 그러므로 유한성의 존재는 영속될 수 없다. 그것은 지양되어야 한다. 하나님은 유한한 것을 향한 운동이며, 이를 통해 유한한 것의 지양으로서 자기 자신 안에 있는 활동이다"(1966b, 147).

4. 여기서 우리는 **"이성적인 것은 현실적이요, 현실적인 것은 이성적이다"**라는(1955, 14, 1969d, 38) 헤겔의 유명한 명제를 한 걸음 더 깊이 성찰할 수 있다. 어떤 의미에서 이성적인 것은 현실적이요, 현실적인 것은 이성적인가? 이것은 현실적인 것 자체가 이성적이라는 뜻인가? 만일 그렇다면, 헤겔의 변증법은 불가능하게 될 것이다. 현실적인 것은 더 이상의 변화를 필

요로 하지 않는 절대적인 것이 되어버릴 것이다. 정신의 발전은 더 이상 필요하지 않을 것이다.

어떤 의미에서 이성적인 것은 현실적인 것인가? 우리는 이 질문에 대한 해답을 정신의 자기 외화에서 찾을 수 있다. 하나님의 신적 정신은 자기를 대상 세계로 외화한다. 대상 세계는 신적 정신의 현상이다. 그러므로 신적 정신의 이성적인 것이 현실적인 것으로 현존하고, 현실적인 것은 이성적인 것으로 현존한다고 말할 수 있다.

그러나 부정성의 원리에서 볼 때, 모든 현실적인 것은 그 속에 부정적인 것을 담지하고 있다. 그것은 신적 정신의 현존 내지 현상양태지만, 신적 정신 자체가 아니다. 그것은 신적 정신에 대해 "다른 것" 곧 타자다. 헤겔은 이 타자성을 언제나 다시금 강조한다. 신적 정신에 대한 현실적인 것의 타자성은 신적 정신 자체와 일치하지 않는 부정적인 것이 현실적인 것 속에 담지되어 있음을 말한다. 곧 자기 자신에 대한 "모순"이 내포되어 있음을 말한다. 따라서 헤겔은 언제나 다시금 현실적인 것 속에는 "자기 자신에게 모순되는 것"이 포함되어 있다고 말한다.

"자기 자신에게 모순되는 것"이 현실적인 것 속에 내포되어 있다면, "이성적인 것은 현실적이요, 현실적인 것은 이성적이다"라는 헤겔의 말은 "현존하는 것의 무조건적 타당성을" 뜻하지 않는다. 그것은 "결코 비이성적 현실에 대한 무조건적 긍정이 될 수 없다"(박정훈 2016, 145). 오히려 그것은 현실적인 것 속에서 이성적인 것이 실현되어야 한다는 당위성을 시사한다. 앞 문장은 "'현실의 합리화'에 대한 거부를, 뒤 문장은 '이성의 현실화'의 당위성에 대한 촉구를 표명하고 있다"(131, 각주 4). 김준수 교수도 이와 같이 해석한다. "이성적인 것은 현실적이요, 현실적인 것은 이성적이다"라는 헤겔의 말은 "주어진 현상태를 신성화하는 논리와는 거리가 멀며 오히려 변혁의 요구를 함축"한다(김준수 2006, 논문 초록에서).

헤겔의 부정성의 원리에서 볼 때, 참으로 "이성적인 것"은 **부정적인 것의 부정**에 있다. 부정적인 것이 부정될 때, 현실적인 것은 이성적인 것으로 변화되는 변증법적 운동이 일어나게 된다. 현실적인 것이 부정적인 것의 부정을 거부하고, 자기의 현 상태를 이성적인 것이라 주장할 때, 그것은 비이성적인 것, 맹목적인 것이 되어버린다. 이성적인 것이 현실적인 것이 되고, 현실적인 것이 이성적인 것이 될 수 있는 길은 부정적인 것의 부정에 있다. 현실의 부정적인 것이 부정될 때, 이성적인 것이 현실적인 것이 되고, 현실적인 것이 이성적인 것이 된다. 참으로 이성적인 것은 부정적인 것의 부정에 있다.

실존의 세계에서 이성적인 것과 완전히 일치하는 현실적인 것은 아무것도 없다. 모든 현실적인 것 속에는 "비이성적인 것", "모순"이 숨어 있다. 따라서 이성과 현실의 완전한 일치는 세계 어디에도 없다. 그것은 미래에 도달해야 할 하나의 관념일 뿐이다. 그렇다면 "이성적인 것은 현실적이요, 현실적인 것은 이성적이다"라는 헤겔의 말은 무엇을 뜻하는가? 한마디로 그것은 현실적인 것이 이성적인 것으로 변화되어야 한다는 **변증법적 당위성**을 가리킨다. 이성적인 것과 일치하지 않는 현실적인 것은 이성적인 것으로 변화되어야 한다. 현실적인 것 속에 숨어 있는 부정적인 것이 부정됨으로써 이성적인 것으로 고양되어야 한다는 변증법적 당위성이 헤겔의 말 속에 숨어 있다.

여기서 헤겔이 말하는 "현실"이란 단순히 세계 속에 실존하는 모든 것을 뜻하지 않는다. 그것은 이성적인 것을 향해 지양되어야 할 규정을 가진 세계를 가리킨다. 예를 들어, 이 세계에 완전히 이성적인 국가는 존재하지 않는다. 국가가 국민 위에 군림하지 않고 도리어 국민을 섬기며, 모든 국민의 존엄성과 자유를 실현하는 국가로 변화될 때, 그것은 참된 의미의 현실이 된다. 어떤 국가의 형식도 완전히 이성적이지 않다. 그러므로 어떤 국가도 현실적이지 않다.

5. 헤겔에 따르면, "현실적인 것" 곧 현실의 세계는 신적 정신 자체와 일치하지 않는다. 그 속에는 "죽음과 슬픔과 울부짖음과 고통"이 도처에 있다. 죄악이 그 속에 만연하다. 이 모든 부정적인 것이 부정될 때, 현실적인 것은 이성적인 것이 되고, 이성적인 것이 현실적인 것으로 될 수 있다.

헤겔에 의하면, "불완전한 것은 그 자신 속에 있는 그의 반대(Gegenteil)로서 실존한다." 그것은 지양되고 해소될 수밖에 없는 모순이며…자연성과 감성과 자기 자신의 이질성(Fremdheit)을 깨뜨리고 의식의 빛으로, 즉 "자기 자신으로 돌아가고자 하는 충동"이다(1968a, 157). 현실적인 것은 이 충동에 따라 자연성과 이질성을 부정하고 자기 자신으로 돌아가는 한에서 이성적이다.

여기서 우리는 이성적인 것과 현실적인 것은 신적 정신과 유한한 현실과 마찬가지로 서로 결합되는 동시에 구별되며, 구별되는 동시에 결합되는 변증법적 과정에 있음을 볼 수 있다. 헤겔의 『논리학』에 따르면, 무한한 것과 유한한 것의 화해와 통일성은 결코 **구별 없는 통일성**이 아니다. 오히려 그것은 **구별 속에 있는 통일성**이다. 이것은 성부-성자-성령 삼위일체 하나님이 구별 속에서 하나를 이루는 것에 상응한다. 양자의 통일성은 "무한한 발전 과정의 용수철"과 같다. 무한한 것은 유한한 것에 대립하는 것으로 고정되어 있는 것이 아니라 "유한한 것을 넘어가는 것으로"(als das Hinausgehen über das Endliche) 현존한다. 그것은 "유한한 것의 부정"이다. 현존의 유한한 것은 "넘어서 가게 될 수밖에 없는 것(worüber hinausgegangen werden muß), 그 자신에 있어 자기의 부정"으로 존재할 뿐이다. 이 부정이 "무한성이다"(1969a, 156. 곧 하나님은 유한한 것의 피안으로서의 무한자가 아니라 유한한 것의 끊임없는 부정으로서의 무한자로 현존한다. 여기서 무한자 하나님은 유한한 것에서 구별된다).

6. 무한한 것과 유한한 것, 신적 정신과 유한한 현실의 미묘한 관계, 곧 통일성 안에서의 구별, 구별 안에서의 통일성은 관념(Idee)과 현실적인 것의 관계에도 나타난다. 헤겔이 말하는 관념은 "개념과 객체성" 혹은 개념과 존재의 통일성을 말한다. 그런데 관념은 현실적인 것이 도달해야 할 미래의 "목적" 내지 "피안"에 불과한 것이 아니라 현실적인 것 안에 있다. 현실적인 것은 "관념을 그 자신 안에 가지며 그것을 표현한다." 그러나 현실적인 것 안에 있는 관념은 양자의 구별 없는 동일성, 헤겔의 표현을 빌린다면 "추상적 동일성"을 뜻하지 않는다. 오히려 현실적인 것의 부정과 지양에 있다. 유한한 현실의 사물들은 유한하기 때문에, "그것들의 개념의 실재를 그것들 자신 안에서 완전히 갖지 않으며, 오히려 이것을 필요로 하기 때문이다"(1969b, 464-465). 관념과 현실, 하나님의 정신과 유한한 세계 현실의 이 미묘한 구별을 무시하고 헤겔을 "동일성의 철학자"라고 규정하는 것은 적절하지 않다. 판넨베르크가 말하듯이, 헤겔이 말하는 무한과 유한, 신적 정신과 유한한 현실의 통일성은 "부정적 통일성"(negative Einheit)이라 말할 수 있다(Pannenberg 1972, 97).

부정적인 것의 부정은 고통스러운 것이다. 세계사는 고통이 없는 단순한 진보의 과정이 아니다. 그것은 유한한 것의 부정, 곧 죽음을 통해 발전한다. 세계의 모든 유한한 것이 "정신으로서 하나님"의 현존 내지 현상양태라면, 유한한 것의 죽음은 그들 안에 있는 정신, 곧 하나님 자신의 죽음으로 경험된다.

III
정신의 부정성의 구체적 형태들

앞서 기술한 바와 같이, 헤겔에 따르면 세계의 모든 사물은 정신의 현존 내지 현상양태로 생각된다. 현상양태는 현상되는 내용과 구별되며, 내용 자체와 일치하지 않는 요소들, 곧 부정적인 요소들을 자신 안에 지닌다. 곧 유한한 것은 무한한 것의 현상양태이기 때문에, 무한한 것을 나타내는 동시에 그것을 가리는 요소를 지닌다. 따라서 정신의 모든 양태는 부정성을 그것들 자신의 본성으로 갖게 된다. 이 부정성의 구체적 형태를 살펴본다면 다음과 같다.

1. 가장 먼저 부정되어야 할 인간 존재

1. 성서에 따르면 하나님은 영 곧 정신이다(요 4:24). 영 혹은 "정신으로서의 하나님"은 인간을 자기의 형상으로 창조한다. 따라서 인간도 영 곧 정신을

자기의 본질로 가진다. 그는 하나님을 닮은 정신적 존재다. 인간과 짐승의 차이는 인간의 정신에 있다. 하나님이 인간이 되신 것은, 인간이 그의 형상에 따른 정신적·영적 존재이기 때문이다. 그러므로 "정신으로서의 하나님"의 가장 직접적 현존 내지 현상양식은 정신적 존재인 인간이다. 인간은 특수성 속에 있는 정신이다. 그는 정신의 가장 직접적 타재다.

그러나 인간은 육을 가진 육적 존재이기도 하다. 따라서 그는 짐승들과 마찬가지로 육적 본능과 충동을 느낀다. 그는 육체의 자연성과 제약성을 벗어날 수 없는 제한된 존재다. 신학적으로 말한다면, 그는 죄성에 묶여 있는 존재다.

그러므로 헤겔은 인간은 자신의 자연적 본성에 있어 "선하지 않으며", 정신의 신적 본성과의 "일치 속에 있지 않다"고 말한다. "그의 벌거벗은 자연성은 비정신성(Ungiestigkeit)이다. 그는 이것을 벗어버림으로써 이 일치의 보증, 곧 믿음에 이를 수 있다.⋯그는 자신의 자연성에서의 해방을 통해 비로소 하나님과의 일치에 이를 수 있다"(1968c, 733).

달리 말해, 인간이 본래의 자기, 하나님과의 일치 안에 있는 존재로 회복되고자 한다면, 그는 자신의 자연성 곧 죄성을 끊임없이 부정해야 한다. 그의 육체적 자연성과 직접성, 본능과 충동, 곧 부정적인 것을 부정해야 한다. 신적 정신의 부정성이 가장 먼저 나타나야 할 존재는 인간이다. 가장 먼저 자기를 부정해야 할 존재는 인간이다. 그는 신적 정신에 상응하는 정신적 존재이기 때문이다. 짐승은 자기의 자연성 내지 비정신성을 부정할 수 없다. 짐승은 정신적 존재가 아니기 때문에 주어진 자연성에 묶여 있는 반면, 인간은 자기의 자연성을 부정하고, 하나님과의 통일성 안에 있는 더 높은 진리의 세계로 고양되어야 할 존재다.

헤겔에 따르면, 인간 존재의 이 규정은 그리스도의 성육신에서 계시된다. "정신으로서의 하나님"은 자기를 인간의 존재, 곧 자기 자신과 "다른 것"으로 대상화시킨다. 이를 통해 하나님 자신이 자기를 제약한다. 곧 하나님 자신이 그 자신을 유한한 인간과 결합한다. 하나님의 아들이 유한한 인간이 된다. 예수는 하나님인 동시에 유한한 인간, 곧 "하나님-인간"이다. 그는 아버지 하나님과의 통일성 안에 있다. 그러나 그는 아버지 하나님과 구별되는 "타자" 곧 "다른 것"으로서의 통일성 안에 있다. 그러므로 이 통일성은 고정된 물체와 같은 것이 아니라 "하나님-인간" 예수의 부정적인 것이 부정됨으로써 이르게 되는 변증법적 과정이다.

따라서 하나님과 인간의 통일성은 유한한 인간 자체가 곧 하나님이라는 동일성을 뜻하지 않는다. 예수를 통해 하나님과의 통일성 안에 있게 된 인간은 하나님 자신과는 "다른 존재" 곧 "타자"이기 때문에 "이 통일성은 하나님이 인간이요, 인간이 하나님이라는 뜻으로 단순하게 이해되어서는 안 된다. 오히려 인간은 자기 정신의 자연성과 유한성을 지양하고, 자기를 하나님께로 고양하는 한에서만 하나님이라는 뜻으로 이해되어야 한다. 진리에 참여하고 있고, 그 자신이 신적 관념의 계기라는 것을 아는 인간은 자기의 자연성을 버려야 한다. 자연적인 것은 부자유한 것이며 비정신적인 것이기 때문이다"(1968c, 734).

하나님은 스스로 유한한 인간 존재가 되심으로써 유한한 인간을 무한한 존재로 승화했다. 그러므로 "하나님은 유한한 것이고, 나는 무한한 것이다." 그러나 이것은 유한한 인간이 곧 하나님이라는 것을 뜻하지 않는다. 이제 인간은 자기의 유한성을 무한성으로 지양해야 한다. "유한한 것으로 그 자신을 지양해야 할 존재로서의 내(Ich) 안에서, 하나님은 그 자신으로 돌아간다. 그는 이 돌아감(Rückkehr)으로서 존재한다"(1966b, 148).[1]

---

1) 원문. "Gott ist ebenso auch das Endliche, und Ich bin ebenso das Unendliche; Gott kehrt im Ich als in dem sich als Endliches Aufhebenden zu sich zurück und ist Gott

2. 정신의 본질적 활동은 사유에 있다. 인간은 자연의 짐승들과는 달리 사유하는 존재다. 감성적 느낌, 자연적 욕구와 충동은 짐승에게는 물론 인간에게도 있다. 그러나 사유는 오직 인간에게만 있다. 그는 정신적 존재이기 때문이다. 따라서 인간은 사유를 통해 짐승과 구별된다. 짐승들은 자기의 느낌(감정)과 욕구와 충동을 즉시 행동으로 옮기는 충동적 존재, 직접적 존재다. 짐승의 경우, 욕구 및 충동을 느끼는 것과 이를 충족하고자 하는 행동 사이에 사유의 중재가 존재하지 않는다.

이에 반해 인간의 경우, 자연적 욕구 및 충동과 행동 사이에 사유의 중재 과정이 있다. 그는 자연적 욕구와 충동을 행동으로 옮기기 전에 사유를 통해 욕구와 충동을 성찰하고, 어떻게 행동해야 할 것인가를 결단한다. 그는 사유를 통해 자기의 자연적 본능과 충동을 억제함으로써 자기의 직접성과 자연성을 극복하고, 자기를 정신적인 존재로 형성해야 한다. 이런 점에서 "정신으로서의 인간은 (짐승과 같은) 직접적 존재가 아니라 그 자신 안으로 돌아간 존재(ein in sich Zurückgekehrtes, 자기를 성찰하는 존재)다.…그의 활동은 직접성을 넘어서는 것, 그것을 부정하는 것, 이로써 자기 안으로 돌아감(Rückkehr in sich)에 있다"(1968a, 57-58).

정신적 존재, 사유하는 존재로서 인간은 자기의 자연적 욕구와 충동을 억제하고, 보편적 가치와 목적을 지향해야 한다. 그는 욕구와 충동에 따라 행동하지 않고 오히려 그것을 절제하며, 사유가 제시하는 보편적 가치에 따라 행동해야 한다. 그의 "자아는…무한한 것에 이를 수 있기 위해 확고한 것, 절대적인 것으로 정립되어 있는 유한성을 포기해야 한다"(1966b, 122). 이런 점에서 인간은 정신적 존재다.

신학적으로 말한다면, 옛 사람은 죽고, 새 사람으로 다시 태어나야 한다

---

nur als diese Rückkehr."

(롬 6:6). 옛 사람을 벗어버리고 새 사람을 입어야 한다(엡 4:22-24). 어둠의 자녀를 벗어버리고, 빛의 자녀로 변화되어야 한다. 헤겔은 이것을 다음과 같이 말한다. "우리는 나의 자아가 유한한 것으로, 비존재적이라는 것을 직접적으로 인정한다. 유한한 것은 그 자신에게 비존재적인 것(das Nichtige)이요, 그러므로 자기 자신을 지양하는 것(das sich selbst Aufhebende)이다.…무한한 것으로 상승하는 유한한 것은 추상적 동일성일 뿐이고, 자기 자신 안에서 공허한, 비진리의 가장 높은 형식이며, 거짓과 악이다. 따라서 개체성은 사실상 자기를 부정해야 하는 것(das sich Negierende)이고, 이리하여 진리를 향해 자기를 포기하는 자아는 사실상 자기를 지양하는 특수한 주체성이라는 입장이 제시되어야 한다"(1966b, 141).

3. 헤겔은 식물의 씨앗에 비유하여 인간을 **삼중의 존재**로 파악한다. 먼저 씨앗이 있다. 씨앗은 식물로 성장한다. 그것은 "식물의 모든 삶의 결과(Resultat)"이기도 하다. 이에 상응하여 인간도 1) 직접성의 존재, 가능성의 존재, 2) 교육을 통해 참다운 인간으로 형성되는 존재, 3) 삶의 모든 활동의 결과다. 자연의 짐승들과 달리 "인간은 그가 존재해야 할 바의 것으로 자기 자신을 만들어야 한다. 그는 정신이기 때문에 스스로 모든 것을 획득해야 한다. 그는 자연적인 것을 벗어버려야 한다." 그는 "그 자신의 결과다"(1968a, 58).

헤겔은 인간 존재의 삼중성의 원형을 삼위일체 하나님에게서 발견한다. 그는 삼위일체 하나님의 형상에 따라 창조된 정신적 존재이기 때문이다. 하나님이 1) 그 자신 속에 감추어져 있는 추상적 존재로서의 아버지, 2) 아버지 하나님의 타자로서의 아들, 3) 아들 안에서 자기를 보고 자기를 아는 "영원한 사랑"의 삼위일체적 존재인 것처럼 인간도 삼위일체적 존재가 되어야 한다(1968a, 58-59). 자기의 자연적·육체적 본능과 충동, 그 속에 숨어 있는 죄성을 부정하고 삼위일체 하나님의 형상으로 변화되어야 한다. 헤겔은 **삼위일체 하나님이 사랑이신 것처럼 인간도 사랑의 존재로 변화되어야** 함을 시사한다. "인간은 그가 되어야 할 바의 존재로 되어야 한다"는 것은 이것을 말한다.

4. 정신의 본질적 활동은 사유에 있다. 거꾸로 말해, 사유는 정신의 본질적 활동이다. 그것은 모든 특수성을 넘어 보편적인 것을 파악하는 "보편적인 것"의 자리다. 그것은 "보편적인 것" 자체이며, "인간 본성의 뿌리"다. 인간의 부정성은 바로 **사유**에 있다. "부정적인 것의 이 무서운 힘이 사유의 에너지다"(1952, 29). 사유는 "바로 이 부정성이다. 그러나 가장 내적인 무한한 형식 자체이며, 따라서 모든 존재자 일반, 먼저 유한한 존재, 특수한 형태가 그 속으로 폐기된다"(1968a, 178). 도대체 사유가 "보편적인 것의 자리"요, 부정성 자체라는 말은 무슨 뜻인가?

어떤 대상에 대해 사유할 때, 우리는 대상의 특수한 것들을 넘어서서 보편적인 것을 파악하고자 한다. 경험적인 것들을 넘어서서 본질적인 것에 이르고자 한다. 특수한 것, 경험적인 것을 넘어서는 보편적인 것, 본질적인 것이 사유를 통해 파악된다. 이리하여 사유는 특수한 것들, 직접적이고 제한된 것들을 부정한다. 이런 점에서 사유는 보편적인 것의 "자리"요, 부정성 자체다. 특수한 것들을 넘어 보편적인 것에 이르고자 하는 인간의 사유는 인간 안에 있는 신적 정신 자신의 활동이다. "순수한 절대적 존재는 오직 사유 안에 있다. 그것은 유한한 것의 피안에 있는 순수한 사유 자체이며…부정적 본질(das negative Wesen)일 뿐이다"(1952, 408).

기독교 종교에서 "하나님은 존재하는 바 그대로 계시된다. 그가 즉자에 있어 존재하는 대로 그는 거기에 있다. 그는 정신으로서 존재한다. 하나님은…오직 자기 안에 있고, 그 자신일 뿐이다. 그는 정신이기 때문이다. 이 사변적 지식은 계시종교의 지식이다. 사변적 지식은 그를 사유로서 혹은 순수한 본질로서 알며, 이 사유를 존재로서 그리고 현존으로서 그리고 자기 자신의 부정성으로서 안다"(1952, 530). 사유한다는 것은 대상의 특수한 것, 부정적인 것을 부정하고, 더 높은 진리로 넘어가는 것을 말한다. 이런 뜻에서 사유는 부정성 자체다. 그것은 신적 정신의 활동이다.

5. 헤겔은 정신의 본질적 활동인 사유를 다음과 같이 설명하기도 한다. "직접성 바깥으로 나감(Hinausgehen)"이며, "이 직접성의 부정"에 있다. 정신은 사유의 부정을 통해 그가 참으로 존재하는 바에 대한 지식에 도달한다 (1968a, 178). "감성적인 것을 넘어서는 사유의 고양, 유한한 것을 넘어 무한한 것을 향한 사유의 밖으로 나감, 일련의 감성적인 것을 깨뜨림으로써 초감각적인 것을 향한 비약(Sprung), 이 넘어감이 오직 사유다. 만일 이와 같은 넘어감이 이루어지지 않아야 한다면, 사유하지 말아야 할 것이다. 사실 짐승들은 이러한 넘어감을 행하지 않는다. 그들은 감성적 지각과 직관에 머문다. 그러므로 그들은 종교를 갖지 않는다"(1969d, § 50, 각주 75). 요약한다면, 정신의 고유 활동인 사유는 주어진 현실의 부정적인 것을 부정함으로써 주어진 것에서 아직 주어지지 않은 것, 제한된 것에서 절대적인 것, 거짓된 것에서 참된 것으로의 "넘어감"이다.

사유의 결과로서 나타나는 것이 사상이다. 헤겔에 따르면 사유와 마찬가지로 "사상은 바로 이 부정성이다." 그러나 그것은 가장 내적인 것, "모든 존재자들, 먼저 유한한 존재, 특수한 형태가 그 속에서 해체되는 무한한 형식 자체다"(1968a, 178). 객관적인 것, 곧 "주어진 것, 직접적인 것"은 사상에 대해 아무런 제한이 될 수 없다(179). "어떤 제한된 형태도 사상에 대해…자기를 자유롭게 할 수 없다"(180-181). 사상은 존재하는 모든 것을 절대시하지 않고 이를 해체한다. 이 해체가 사상의 활동이다(71).

해체할 수 없는 것이 있다면, 그것은 사상일 뿐이다. "모든 제한된 것을 해체하고 자기 자신을 발전시키는 것, 자기 자신 안에서 제한되지 않은 것"은 사상뿐이다. 정신은 사상의 활동을 통해 참된 자기에 대한 지식에 도달하며, 이 지식을 대상 세계로 대상화시킨다. 세계사는 사상의 활동을 통해 자기를 정신으로 파악하는 총체성으로 자기를 고양하는 정신을 나타낸다 (1968a, 74 이하).

그러나 헤겔에 따르면, 사상 속에도 부정적인 것이 내포되어 있다. 따라서 어떤 사상도 완전할 수 없고, 절대화될 수 없다. 인간의 모든 사상은 정신의 변증법적 자기활동의 일시적 계기에 불과하다. 『정신현상학』에 의하면, 모든 사상 속에는 참된 것과 참되지 못한 것이 함께 내포되어 있다. 곧 "참된 것과 거짓된 것이 특수한 사상들에 속한다"(1952, 33). 따라서 "감성적 현존"은 물론 사상도 유동적인 것(flüssig)이다. "순수한 사유, 이 내적인 직접성이 그 자신을 계기로 인식함으로써 혹은 자기 자신의 순수한 확실성이…그의 자기 정립의 고정된 것(das Fixe ihres Sichselbstsetzens)을 포기함으로써 사상은 유동적으로 된다"(31). 그러므로 모든 사상은 언제나 다시금 부정되고, 새로운 사상으로 변화될 수밖에 없다. 이를 통해 학문의 발전이 가능케 된다. 학문의 발전과 함께 현실의 발전과 변화가 일어난다.

6. 『철학사 서설』에 의하면, "사유는 삶의 자연적 방법의 부정이다." 어린아이의 자연적 상태가 교육을 통해 부정되듯이, 정신은 자기의 자연적 형태를 성찰하고 이를 부정한다. "그 결과 현존하는 세계, 현실의 인륜, 삶의 힘 속에 있는 정신이 부정된다. 사상은 정신의 실존의 근본적 방식과 단순한 관습과 단순한 종교 등을 공격하고 이를 동요시킨다. 이리하여 멸망의 시대(Periode des Verderbens)가 등장한다"(1966a, 151).

헤겔은 사상의 활동인 부정과 지양을 "유지와 변용(Verklären)"으로 이해한다. "사상의 활동은 지양하는 것이기 때문에 그것은 유지와 변용이기도 하다." 주어진 현실은 사상의 부정과 지양을 통해 폐기되어 없어져버리는 것이 아니라 더 높은 진리의 세계로 변화되는 것이기 때문이다. "한편으로 정신은 현실, 곧 존재하는 바의 존속을 지양한다. 이와 동시에 그는 그가 단지 있었던 바(was er nur war)의 본질, 사유, 보편적인 것을 획득한다"(1968a, 71).

2. "이성의 간계" 속에 있는 세계사적 인물들

1. 헤겔에 따르면, 세계사적 인물들 내지 영웅들은 기존의 현실을 부정하고, 신적 정신의 미래를 현재 속으로 앞당겨오는 인물들이다. 기존의 현실속에 현존하는 신적 정신이 이 현실에 만족하지 않고, 그것을 더 높은 진리의 세계로 고양시키고자 하기 때문이다. 이에 세계사적 인물들은 주어진 현실로부터 자신들의 목적을 세우지 않고, 더 높은 진리의 세계로 발전하려는 정신으로부터 자신들의 목적을 세운다.

따라서 세계사적 인물들의 관심은 주어진 현실을 지배하는 자들의 관심과 충돌하게 된다. 그들이 이루고자 하는 것, 그들이 투쟁하는 것은 "그들의 세계, 그들의 시대의 진리"다. 그것은 그 시대에 실현되어야 할 "보편적인 것"이다(1968a, 98). 그들은 그 시대의 "내부에 이미 존재하는 것"을 통찰하고, 이 통찰에서 행동한다. 그들은 "그들의 시대의 필연적이며, 바로 다음에 이루어질 단계" 곧 "새로운 것"을 앞당겨온다(104).

"세계사적 인물들이 추구하는 목적은 사실상 그들 안에 현존하는 그 시대정신의 목적이다. 그들이 목적하고 수행하는 것은 자기 자신의 생각에서 나온 자의적인 것이 아니라 그 시대의 정신이 요청하는 "올바른 것, 필연적인 것"이다. 그들은 "자신들 내면에 계시되어 있는 것, 시간적으로 무르익은 것, 필연적인 것"을 안다(1968a, 97). 그들이 앞당겨오는 "보편적인 것"은 "특수하고 특별한 것과 그것의 부정으로부터 귀결된다"(105).

구체적으로 예를 들자면, 로마 제국의 카이사르는 당시 공화정의 진실을 잘 알고 있었다. 그는 공화정은 거짓이고, 키케로는 헛소리를 하며, 공화정의 형태는 황제의 통치제도, 곧 제정(帝政)의 형태로 대체되어야 한다는 것을 알았다. 그는 제정의 형태가 필연적인 것임을 알고 있었다. 그가 행한 것은 그 당시 로마 공화정이 진정으로 필요로 하는 것이었다. 따라서 카이사르는 집권층인 원로원과 충동할 수밖에 없었다. 그는 원로원의 앞잡이였던 브루투스에게 살해되었지만, 그 시대의 로마가 진정으로 필요로 하는 것을 실현하고자 한 인물이었다.

2. 세계사적 인물들은 그들 자신의 관심과 목적을 추구하는 것처럼 보이지만, 사실은 "보편적 관념 속에 있는 계기들"이다(1968a, 98). 그들은 신적 정신 자체가 아니라 신적 정신의 수행자들에 불과하다. 따라서 그들의 관심과 목적은 유한성과 개별성에서 완전히 자유로울 수 없다. 그들의 "유한하고 개별적인 목적들" 속에 숨어 있는 "단순하고 특수한 것으로서의 주체적인 것(das Subjektive als bloß Partikuläres)은 보편적인 것에 복종해야 한다"(102). 그들의 격정 속에 숨어 있는 "특수한 관심"을 통해 보편적인 것이 활동한다. 보편적인 것은 "특수한 것과 특별한 것으로부터 그리고 그것의 부정으로부터 귀결된다. 특수한 것은 세계사 속에서 그 자신의 관심을 가진다. 그것은 유한한 것이며, 유한한 것으로서 **멸망할 수밖에 없다**"(105).

그 시대의 정신이 요청하는 보편적인 것이 세계사적 인물들을 통해 실현되지만, 실현된 것 속에는 또다시 부정적인 것이 숨어 있다. 그러므로 보편적인 것은 실현된 것에 만족하지 않고, 그것을 절대 진리의 세계를 향해 고양하고자 한다. 이를 위해 보편적인 것은 이미 실현된 것의 자기 부정과 변화를 요구하게 된다. 보편적인 신적 정신의 요구 앞에서 세계사적 인물들은 그 시대의 세계정신의 도구로서 자기의 사명을 끝내고 역사 속으로 사라진다.

3. 여기서 헤겔은 "이성의 간계"(List der Vernunft)에 대해 말한다. 그에 따르면, 세계사적 인물들은 자신의 목적을 이루기 위해 삶을 바친다. 그들의 격정과 투쟁 속에서 보편적인 것이 활동한다. 그들이 가진 "격정의 특수한 관심은 보편적인 것의 활동과 분리될 수 없다." 그들이 가진 관심의 "특별한 것과 특수한 것으로부터, 그리고 이 특수한 것의 부정으로부터 보편적인 것이 귀결된다. 특수한 것은 세계사에서 그 자신의 관심을 가진다. 그것은 유한한 것이며, 유한한 것으로서 멸망할 수밖에 없다. 그것은 서로 싸우다가 한쪽이 멸망하게 되는 특수한 것이다. 특수한 것의 바로 이 싸움과 멸망 속에서 보편적인 것이 귀결된다."

특수한 것은 상처를 받고 역사의 무대에서 사라지지만, "보편적인 것은 아무런 방해도 받지 않는다. 대립과 투쟁과 위험에 자기를 내어주는 것은 보편적 관념이 아니다. 보편적 관념은 공격과 해를 당하지 않고 배면에서 자기를 지키며, 격정에 싸인 특수한 것을 싸움에 내보내어 자기를 소모하게 한다. 우리는 이것을 이성의 간계라 말할 수 있다." 보편적인 것은 자기를 위해 특수한 것을 활동하게 하고, 해를 당하게 함으로써 자기를 지키고 자기를 실현한다는 것이다. "대개의 경우 특수한 것은 보편적인 것에 대해 너무 약하다. (그러므로) 개인들은 희생되고 포기된다." 그래서 카이사르는 그 시대의 필연적인 것을 이루기 위해 싸우다가 희생되고 말았다. 많은 세계사적 인물이 자기의 수(壽)를 다하지 못하고 비극적인 죽음을 당했다. 마케도니아의 알렉산드로스 대왕도 그중 한 사람이었다. "그러나 필연적인 것은 유지되었다." 자유의 보편적 관념은 "외적 사건 아래에" 숨어 있으면서 자기를 실현했다(1968a, 105).

4. "이성의 간계"에 따르면, 세계사적 인물들은 "그들의 목적과 이 목적의 만족을 희생하고, 그들의 모든 행복을 필연성의 왕국에…이로써 우연성에 내맡긴" 것처럼 보인다. 그들은 목적을 위한 "수단의 범주 아래" 있는 것처럼 보인다. 그러나 헤겔은 이들을 단순히 목적을 위한 수단으로만 보는 것을 반대한다. 일반적으로 수단이라 할 때, 그것은 "목적에 전혀 참여하지 못하는 단순한 외적인 것"으로 생각된다. 그러나 자연의 사물들, 수단으로 사용되는 무생물마저도 "목적에 상응하며, 목적과 공통된 것을 그 안에 지니고 있다."

이와 마찬가지로 세계사적 인물들도 "이성의 목적 자체에 참여하며, 이를 통해 그들 스스로 자기목적(Selbstzweck)이 된다.…인간들, 개인들은 목적의 내용에 따라 자기목적이기도 하다." 목적의 내용에 따라 인간이 "자기목적"인 것은 "오직 인간 안에 있는 신적인 것을 통해" 가능하다(1968a, 106). 곧 정신적 존재인 인간은 신적 정신이 그 안에 있는 신적 정신의 현존 내지 현상양태이기 때문에 그 자체로서 목적성을 가지며, 그 자신의 존재와 무관한 외적 목적을 위한 수단으로 간주될 수 없다.

헤겔이 말하는 "이성의 간계"는 하나님과 세계, 하나님의 정신과 인간의 정신, 신적 본성과 인간적 본성의 관계에 대한 중요한 통찰을 보여준다. 자기를 자기의 타자로 외화하고, 타자 안에서 타자와 한 몸을 이루고 있는 정신은 이 타자에 대해 "더 높은 것", "은폐되어 있는 정신"으로 존속한다. "은폐되어 있는 정신"은 "아직도 땅 아래 있는 현실을 자극하며, 자기를 실현하고자 한다." 이 정신에 대해 현재의 세계는 "하나의 다른 씨앗을 자기 안에 품고 있는 껍질일 뿐이다"(1968a, 97). 정신은 이 껍질을 깨고, 새로운 현실로 발전하고자 하는 "다른 씨앗"으로서 이 껍질 속에 숨어 있다.

여기서 우리는 자기 자신을 자기의 타자로 외화하고, 타자 안에서, 타자와 "한 몸"(통일성)을 이루는 정신의 **구별성 내지 객관성**을 볼 수 있다. 자기를 대상으로 외화한 정신은 이 대상에 대해 "더 높은 것", "은폐되어 있는 정신"으로 존속하기 때문이다. 따라서 정신과 세계, 신적 정신과 인간의 정신, 신적 본성과 인간적 본성, 주체와 객체의 통일성은 양자의 구별이 없는 범신론적 일치(*hen kai pan*)가 아니라 **구별 속에서의 일치, 일치 속에서의 구별**이라 말할 수 있다.

따라서 헤겔은 자신이 본래 극복하고자 했던 플라톤의 이원론을 극복하지 못했다는 비판을 받게 된다(Lakebrink 1969, 86). 그는 플라톤의 "원상"과 "모상"(Urbild-Abbild), 주체와 객체의 이원론을 극복하지 못했다는 것이다. 라케브링크(프라이부르크 대학교 가톨릭 신학교수)의 이 해석은 헤겔의 생각에 적중하지 못한 것으로 여겨진다. 헤겔은 무한자와 유한자, 정신과 대상의 구별, 주체와 객체를 "일치 안에서의 구별"로 생각하기 때문이다.

뢰비트는 이 문제를 다음과 같이 해석한다. "헤겔은 유한자와 무한자 혹은 주체와 객체가…다르다는 것을 부인하지 않는다. '이것을 모르는 사람이 어디에 있겠는가?' 그러나 이러한 규정들이 다른 동시에 분리될 수 없다는 것을 통찰하는 것은 다른 문제다"(Löwith 1953b, 220). 헤겔은 양자를 "다른 동시에 분리될 수 없는" 것으로 보는 점에서 양자를 동일시하는 스피노자와 다르다고 슐츠 교수는 해석한다(Schulz 1957, 92 이하).

3. 민족정신과 국가의 현실들

1. "정신으로서의 하나님"은 민족정신으로 현존한다. 민족정신은 정신의 역사적 현존 내지 현상양태다. 정신은 이 양태를 통해 자기 자신의 개념을 존재로 실현한다. 이로써 민족정신은 자기의 규정을 성취한다. 그러나 민족정신 안에, 민족정신으로 현존하는 "정신은 특수한 민족정신에서 구별된다. 민족정신이 자신의 전성기에 도달하는 순간, 정신은 자신의 참된 개념과 민족정신의 현실이 일치하지 않음을 인식한다.

민족정신이 자신의 목적을 이루고 전성기에 도달했을 때, 정신은 더 이상 활동하지 않는다. "민족정신이 자기의 활동을 관철했을 때, 생동성과 관심이 중단된다"(1968a, 68). 개인들은 공공의식을 상실하고, "자기 안으로 물러나 자신의 목적들을 추구한다.…이것은 민족의 멸망을 말한다"(71). 자신의 목적을 앞세우는 개인들로 말미암아 민족정신은 활력을 잃어버리고 쇠퇴한다. 그것은 청년기와 장년기를 거쳐 노년기로 접어든다. 그것은 "더 높은 원리의 재료로서 봉사하며, 더 높은 원리가 다스리는 다른 민족의 속국이 되어버린다." 여기서 우리는 모든 민족정신의 일시성 내지 허무성을 볼 수 있다. 전성기에 이르렀을 때, 그것은 멸망의 길을 걷게 되고, "세계사에 대한 의미를 상실하며, 정신이 그 자신에 대해 파악한 최고 개념의 추진자이기를 중단한다."

민족정신의 이와 같은 허무성은 개탄스러운 것이지만, "우리는 정신의 관념의 더 높은 관념 속에서 그것을 필연적인 것으로 인식할 수 있다." 정신은 한 민족정신이 흥왕했다가 다른 민족정신으로 지양되는 이 허무성을 통해 참된 자기 자신에 대한 앎, 곧 절대 지식에 이르고자 하는 "자신의 절대적인 궁극적 목적을 성취한다"(1968a, 69). 개별의 민족정신은 다른 민족정신으로 대체되지만, "보편정신은 죽지 않는다"(71). 개별의 민족정신은 궁극적인 목적을 향한 보편정신의 자기발전의 과정 속에서 "한 새로운 단계"로서의 필연성을 가진다. 그것은 자신의 죽음을 통해 더 높은 민족정신의 원리로 지양된다. 따라서 "한 민족정신의 죽음은 생명으로 넘어감이다." 이 넘어감은 자연의 세계에서 볼 수 있는 동일한 질서의 반복이나 회전운동이 아니라 보편정신이 "저급한 규정들로부터 더 높은 원리들을 향해 나아가는" 발전이다(73).

우리는 이것을 개인의 가정 공동체에서도 볼 수 있다. 한 가정이 부와 풍요를 얻게 되었을 때, 가정의 자녀들이 안락함과 무위도식과 타락에 빠진다. 노동을 하지 않아도 한평생 먹고 살 수 있는 재산이 있기 때문이다. 이와 마찬가지로 한 민족이 자기의 목적을 이루었을 때, 그 민족의 정신, 곧 민족정신은 생동성을 상실하고 안락과 향락과 타락에 빠진다. 이리하여 한 민족이 등장하여 전성기에 도달했다가 쇠퇴와 사멸에 빠진다. 절대정신은 이 민족정신을 떠나 새로운 민족정신으로 옮겨간다. 그는 새로운 민족정신을 통해 그 자신을 새로운 현실로 발전시켜나간다.

2. 헤겔은 『철학적 학문의 백과전서』에서 민족정신의 부정성을 다음과 같이 말한다. 한 민족정신은 자연의 필연성(Natur-Notwendigkeit)을 내포하며, 외적 현존 속에 있다(1969d, § 483). 따라서 민족정신의 실체는 "특수한 것이며 제한된 것이다"(§ 549, 550). 그것은 "우연성에 붙들려 있다." "인륜성 속에서 **사유하는 정신**" 곧 보편적 신적 정신은 "민족정신으로서 그의 국가와 국가의 시간적 관심들, 법과 인륜의 체계 안에 그가 가지고 있는 유한성을 자기 속으로 지양하며(aufhebt)", 자기의 참 본질에 대한 지식을 향해 "자기를 고양한다(erhebt). …그러나 세계사의 사유하는 정신은 특수한 민족정신들의 제한성과 그 자신의 세계성을 벗어버림으로써 자기의 구체적 보편성을 붙들며, 자기를 절대정신의 지식으로 고양한다"(§ 552).

민족정신들은 보편적인 신적 정신의 이 활동으로 인해 언젠가 지나가버릴 수밖에 없다. 이것은 "자연의 본성에 속한다"(1968a, 67). 제한성을 가진 특수한 민족정신은 세계사에 대한 의미를 상실하고 멸망할 수밖에 없다. 그 시대의 가장 높은 개념의 추진자로서의 위치를 잃어버리고, 역사의 뒤안길로 사라진다.

한마디로 개별의 민족정신은 제한되어 있다. "제한된 정신으로서 그의 독자성은 (보편적 신적 정신) 아래에 있는 것(ein Untergeordnetes)이다. 그것은 일어나는 모든 일이 특수한 민족정신들의 변증법, 곧 **세계 심판**(Weltgericht)을 나타내는 **보편적 세계사** 속으로 넘어간다"(1969d, § 548).

3. 인륜, 법, 정치체제 등 국가의 삶의 모든 현실은 정신의 현상양태로서 정신의 껍질과 같다. 그 속에는 보편적인 것이 있다. "그러나 이 보편적인 것에 대해 **두 번째의 보편적인 것**이 있다"(1968a, 96). 두 번째의 보편적인 것은 국가의 삶의 현실 속에 있는 기존의 보편적인 것, 곧 민족정신에 "대립하는 것", 부정적인 것으로 나타난다. 그러나 "대립하는 것" 곧 부정적인 것은 외부로부터 오는 것이 아니라 민족정신 자신 안에 있다. 민족정신 자체 안에 있는 부정적인 것이 그 내부로부터 나타날 뿐이다. 부정적인 것이 외부로부터 오지 않고, 민족정신 "내부로부터" 나오기 때문에 한 민족의 자연적 사멸은 "자기 자신을 죽임"(Tötung seiner selbst)으로 나타난다. "이리하여 부정적인 것은 내부로부터의 사멸로 나타난다"(70).

민족정신의 부정과 멸망은 다음과 같은 원인으로 말미암아 일어난다. 개인들은 공동체의 보편적 관심과 목적을 추구하지 않고, 그들 자신의 **사적 관심과 욕구**를 추구한다. 이리하여 개인들이 이전에 추구했던 공동체의 보편적 목적이 사라진다. 그들은 자신들의 사적 삶에 몰두하며, 자신들의 사적 욕구의 충족에 혼신을 다한다. 개인과 개인, 개인과 공동체의 분리가 일어난다. 현존하는 인륜과 법과 가능성 사이에 충돌이 일어나고, 이 충돌은 민족의 삶의 기초를 파괴한다. 이리하여 민족정신의 붕괴가 내부로부터 일어난다. 자연적인 것처럼 보이는 민족정신의 붕괴는 사실상 **민족의 내적 분열의 결과다**. 부정적인 것은 외부로부터 오는 것이 아니라 내부로부터 나오는 것이다(1968a, 70 이하, 177 이하).

4. 한 민족의 멸망은 외부로부터 오는 힘과 폭력으로 말미암아 일어나는 것처럼 보인다. 그러나 외적인 폭력은 단순한 현상일 뿐이다. 멸망의 깊은 원인은 민족정신 자체에 있다. 민족정신이 약화되지 않았다면, 외적인 힘과 폭력은 힘을 쓰지 못하게 된다. 한 민족정신의 약화와 멸망의 궁극적 원인은 그 속에 숨어 있는 보편적 정신에 있다. 한 민족정신 속에서 현실화된 보편적 정신은 이 민족정신과 동일화되지 않는다. 그것은 특정한 민족정신으로 소멸되지 않는다. 오히려 민족정신 안에서 자기를 구별하고 "**자기를 사유한다**"(1968a, 71), 자기를 사유하는 것, 곧 정신의 자기성찰 속에서 민족정신은 보편적 정신에서 구별되고, 자신의 타당성을 상실한다. 이로 인해 한 민족의 멸망은 그 민족 내부로부터 일어나게 된다.

　　한 민족은 보편적 원리에 따른 "기본 목적"을 가질 때, 세계사적 의미를 가질 수 있다. 이때 그 민족은 정신에 의해 생성된 "인륜적·정치적 질서" 일 수 있다. 그러나 온 국민이 사적 욕심으로 가득할 때, 그 민족은 흔적 없이 사라지게 된다. 그가 남기는 흔적은 "사멸과 파멸일 뿐이다." 이것을 고대 그리스인들은 크로노스(Kronos, 시간)의 신화를 통해 이야기 한다. 시간의 신 크로노스는 자기가 낳은 아이를 스스로 잡아먹는다. 곧 시간 속에 있는 모든 것을 지배한다. 자기가 낳은 아이를 스스로 잡아먹는 크로노스 곧 "시간의 지배"는 이를 가리킨다(1968a, 176). 정신의 보편적 원리를 따르지 않는 민족은 시간 자체에 의해 먹혀버리는 운명을 피할 수 없다는 진리가 이 신화 속에 숨어 있다.

하나의 민족정신이 완성의 단계에 도달할 때, "그 민족정신은 찢어지고 분열된다." 그 민족은 보편적 의지를 이루고자 하는 법을 파괴한다. 법이 없는 세상이 되어버린다. 이때 절대정신은 다른 민족의 정신으로 옮겨간다. 다른 민족이 세계사적 민족으로 등장한다. "이 민족에 대해 그 전의 민족은 민족이기를 중단하며, 그에게 항복할 수밖에 없다"(Riedel 1973, 404). 세계사적 의미를 상실한 민족은 다시 한번 세계사적 인물이 될 수 없다. 그것은 한 번으로 그친다. "세계사적으로 한 민족은 한 번만 지배적인 민족일 수 있다." 정신의 역사 속에서 "단 하나의 업무"가 그에게 주어질 수 있기 때문이다(1968a, 180).

5. 국가는 민족정신의 구체적 형태다. 그러므로 민족정신이 쇠퇴할 때, 국가는 "제한된 것", 따라서 **부정되어야 할 것**으로 자기의 정체를 드러낸다. 한 민족정신이 그의 전성기에 도달할 때, 그 민족정신 자체로부터 "부정적인 것"이 나타난다(1968a, 69). 이 부정적인 것은 바로 국가의 부정적인 것이다. 민족정신의 구체적 형태인 국가도 절대정신 곧 하나님 앞에서 "제한된 것", "세상적인 것"에 불과하다(96).

여기서 헤겔은 국가를 신격화하지 않는다. 오히려 그는 국가를 더 높은 진리를 향해 언제나 다시금 지양되어야 할 변증법적인 것으로 파악한다. 국가 곧 "인륜적 전체, 국가의 독립성은 우연성에 내맡겨져 있다"(Riedel 1973, 40). 따라서 국가는 "지속적인 개선"을 필요로 한다. 국가의 형태 속에서 나타나는 세계정신은 국가에 대해 "더 높은 것"으로 존속한다 (Rosenkranz 1858, 116). 그러므로 국가는 그의 "높은 속성들에도 불구하고 고정되어 있는 궁극적인 것이 아니며 가장 높은 것도 아니다. 그 위에는…역사가 있고, 이 역사 속에서 국가도 우연성의 유희에 내맡겨지며, 보편적 정신 곧 세계정신은…세계 심판으로서의 세계사(Weltgeschichte als Weltgericht) 속에서 자기의 권리를 행사한다"(Küng 1970, 381. "세계 심판으로서의 세계사"는 Schiller에게서 유래함).

정신의 부정성 앞에서 국가의 절대성은 근거를 상실한다. 그 당시 헤겔이 속했던 프로이센 왕국도 절대성을 상실한다. 헤겔이 국가 절대주의를 주장했다는 해석도 근거를 상실한다. 그는 결코 국가를 절대화시킨 국가 절대주의자가 아니었다. 그에 따르면, 국가는 "그보다 더 높은 보편적인 것을 자기 위에" 가진다. 국가는 자기보다 더 높은 신적 정신, 곧 하나님 앞에서 더 높은 진리의 세계를 향해 끊임없이 지양되고 변화되어야 할 것으로 드러난다.

헤겔에 따르면, 지상의 어떤 국가도 정신의 개념과 일치하지 않는다. 어떤 국가도 하나님 나라가 아니다. 그것은 하나님 나라에서 구별되는 "세상적 나라"다. 헤겔은 그것이 "세상의 영역"으로서 "비신적인 것, 거룩하지 못한 것"(Ungöttliches, Unheiliges)이라고 분명히 말한다(1966a, 200). 그러므로 "헤겔은 하나님 나라를 국가로부터 분리시킬 뿐 아니라 하나님 나라를 국가 위에 세운다. 그는 근본적으로 그보다 더 높은 것이 있을 수 없는 영역에 하나님 나라를 세운다"(Theunissen 1970, 373). 국가는 자기 위에 있는 신적 정신 앞에서 상대화된다. 프로이센 국가도 마찬가지다.

본질적으로 중요한 것은 "그 자신의 더 높은 개념을 향한 정신의 계속적 형성, 계속적 나아감, 자기를 고양함(Fortbildung, Weiterschreiten, Sicherheben)에 있다. 정신의 이 고양은 "현실의 기존하는 방법의 내려놓음, 분쇄, 파괴와 결부된다"(1968a, 96). 곧 기존하는 국가의 통치가 새롭게 개혁될 때, 정신의 발전이 가능하다. 현실은 정신의 발전을 통해 더 높은 진리의 단계로 고양될 수 있다.

6. 국가는 국민의 삶의 영역들의 총화를 가리킨다. 따라서 국가의 부정성은 국가 안에 있는 모든 **삶의 영역들의 부정성**을 뜻한다. 국가체제, 통치기구, 법, 인륜, 가정, 산업, 경제, 학문, 예술, 종교 등 삶의 모든 영역 속에 숨어 있는 부정적인 것이 부정되고, 정신이 자기 자신을 그 안에서 투명하게 볼 수 있는 진리의 세계, 헤겔의 표현을 따른다면 "정신의 개념과 일치하는" 세계로 고양되어야 한다. 하나님을 아는 지식과 하나님의 정의가 그 안에 충만한 하나님의 현존 및 현상양태로 변화되어야 한다. 세계의 모든 것이 삼위일체 하나님의 현상양태라는 말은 삼위일체 하나님, 곧 정신의 현상양태로 변화되어야 할 **당위성**을 가리킨다.

헤겔은 이 당위성을 『정신현상학』에서 다음과 같이 암시한다. "정신은 한 민족의 인륜적 삶이다." 그는 이 문장에서 "한 민족의 인륜적 삶"을 정신과 동일시하는 것처럼 보인다. 하지만 헤겔은 이 문장의 부문장에서 "그는(정신은) 직접적 진리인 한에서"(insofern er die unmittelbare Wahrheit ist)라는 조건을 제시한다. 곧 정신은 "직접적 진리 안에 있는 한에서 한 민족의 인륜적 삶"이라는 뜻이다. 헤겔은 그 아래의 문단에서도 다음과 같은 조건을 제시한다. "살아 생동하는 인륜적 세계는 그의 **진리** 안에 있는 정신이다." 그러나 한 민족의 삶 속에 있는 정신의 "직접적 진리"는 진리 자체와 일치하지 않는다. 그 속에는 "직접적인 것" 곧 부정적인 것이 내포되어 있기 때문이다. 그러므로 정신은 "직접적 진리" 속에 있는 "아름다운 인륜적 삶을 지양하고, 일련의 형태들을 통해 자기 자신의 지식에 도달할 수밖에 없다"(1952, 315). 곧 한 민족의 인륜적 삶 속에 있는 "직접적 진리"는 그 속에 부정적인 것을 내포하기 때문에, 정신은 그 민족의 삶의 형태를 지양하고 새로운 형태로 발전함으로써 자기 자신의 지식 곧 "절대 지식"으로 나아갈 수밖에 없다는 것이다.

"세계정신의 이 업무 속에 있는 국가들, 민족들, 개인들은 그들의 특수하고 특별한 원리 위에서 일어난다. 이 원리는 그들의 국가체제와 그들의 상태의 폭넓은 다양성 안에서 전개되고 현실이 된다.…이와 동시에 그들은 (정신의) 저 내적 업무의 무의식적 도구들과 지체들이고, 여기서 이 형태들은 **지나가버린다.** 그러나 즉대자적 정신(Geist an und für sich)은 그의 더 높은 다음 단계로 넘어감을 준비하며 이를 위해 작업한다"(1955, § 344). 여기서 국가와 민족과 개인은 그 형태에 있어 영원히 존속할 수 있는 것이 아니라 부정적인 것의 부정을 통해 "지나가버리는" 것, 일시적인 것, 잠정적인 것으로 규정된다.

7. 정신의 부정성의 원리에서 볼 때, 세계의 모든 것은 부정성을 존재 규정으로 가진다. 완전하고 완결된 것이 아니라 불완전한 것, 더 높은 진리의 세계로 부정되고 지양되어야 할 것으로 드러난다. 그러므로 세계의 모든 사물은 자기 자신에 대해 모순적이다. 즉 모든 사물은 그 자신 속에 모순을 포함하고 있다. 개인의 정신은 물론 민족정신도 부정성을 그의 존재 규정으로 가진다.

그러나 헤겔에 의하면 세계의 모든 것이 부정적인 것은 아니다. 그 속에는 부정적인 것과 긍정적인 것이 함께 있다. "현상의 **일부는 무적이고** (nichtig), **일부는 긍정적이다.**" "한 부분은 부정적인 것이며, 한 부분은 긍정적인 것이다"(1968a, 105). 알곡과 가라지가 함께 있는 것과 같다. 따라서 헤겔이 말하는 부정은 존재하는 현실 전체의 파괴와 폐기를 뜻하지 않는다.

여기서 우리는 헤겔이 말하는 부정적인 것의 부정을 좀 더 자세히 관찰할 필요가 있다. 헤겔에 의하면, 인간을 포함한 세계의 현실은 정신의 현존 내지 현상(Erscheinung)이라는 점에서 긍정적인 것이다. 그것은 신적 정신의 현상양태다. 그러나 이 현상양태는 외적인 자연적 연관성과 우연성 아래 있다. 그러므로 그것의 "한 부분은 부정적인 것이요, 한 부분은 긍정적인 것이다." 현상 내지 양태는 절대적인 것이 아니다. 그것은 절대적인 것이 그 자신을 나타내는 형태다. 그 속에는 절대적인 것과 일치하는 부분도 있고, 일치하지 않는 부분도 있다. 따라서 부정적인 것의 부정은 주어진 현실 전체의 부정이 아니라 그 속에 있는 부정적인 것의 부정을 뜻할 뿐이다. 곧 전체적 부정이 아니라 부분적 부정이다.

여기서 헤겔은 주어진 현실 전체를 뒤엎고자 하는 혁명을 거부하는 것으로 보인다. 모든 인간의 자유와 평등과 박애를 부르짖었던 프랑스 혁명이 피비린내 나는 테러와 숙청과 공포정치로 변모하는 것을 보면서, 헤겔은 인간이 주체가 된 혁명에 대해 깊은 회의감을 가진 것으로 보인다. 이리하여 그는 총체적 부정이 아니라 "부정적인 것의 부정"을 말한다. "자기에게 모순되는 것"(das sich Widersprechende), 그러므로 부정되어야 하는 것은 "추상적인 무(Nichts)로 폐기되는 것이 아니라 본질적으로 그의 **특수한** 내용의 부정으로 폐기되는 것일 뿐이다. 전적 부정이 아니라 자기를 해체하는 **특수한 것의 부정**(Negation der bestimmten Sache)이다. 따라서 그것은 **특수한 부정**이다"(1969a, 49). 헤겔의 이 말에 비추어볼 때, "모든 것을 뒤엎어버리겠다"는 생각은 헤겔이 말하는 부정의 개념을 벗어난다.

정신은 모든 사물의 부정과 지양을 통해 자기 **자신**으로 돌아가고자 한다. 여기서 헤겔은 역사 속에 **현존하는** 정신과 역사의 마지막에 도달하게 되는 "**결과**"(Resultat)**로서의** 정신을 구별한다. 그는 역사의 마지막에 이르게 될 결과로서의 정신을 가리켜 "나중에 오는 더 높은 것"(das spätere Höhere), "숨어 있는 정신"(der verborgene Geist)이라 규정한다(1968a, 97). "나중에 오는 더 높은 것", "숨어 있는 정신"은 모든 사물의 "모순"으로서 모든 사물 안에 있다.

그러므로 모든 사물의 **개념과 존재**는 일치하지 않는다. 자신의 개념과 현실적 존재가 일치하는 사물은 이 세상 그 어디에도 존재하지 않는다. 따라서 헤겔은 세계의 유한한 사물들에 있어 "개념과 존재의 비분리성"을 거부한다. 양자의 비분리성은 "오직 하나님의 경우에만" 가능하다. 유한한 사물들의 유한성은 개념과 존재가 다르다는 점에 있다(1966b, 223). 그러므로 세계의 모든 사물은 개념과 존재의 일치를 향해 부정되고 지양될 수밖에 없다. 신적 정신의 부정성으로 말미암아 세계의 모든 사물이 변증법의 법칙 속에 있게 된다.

세계사의 모든 유한한 것이 부정적인 것의 부정을 통해 "지나가버린다는" 점에서, 세계사는 세계 심판이라 말할 수 있다(Weltgeschichte – Weltgericht, 1955, § 340). 세계사는 "절대정신의 해골 골짜기"와 같다(Schädel-stätte des absoluten Geistes, 1952, 564). 하지만 신적 정신은 이 해골 골짜기 속에서 자기를 전개하고 자기를 실현한다. 세계의 모든 유한한 것이 부정되고 지나가버리는 "이 정신들의 유한성의 현상하는 변증법"으로 말미암아 "보편적 정신, 세계의 정신이 제한되지 않은 것으로서 자기를 생성한다." 따라서 세계사는 세계 심판에 불과한 것이 아니라 "보편적 정신의 펼침(Auslegung)과 실현(Verwirklichung)"이기도 하다(1955, § 342).

IV

역사의 내적 법칙인 변증법, 그 신학적 뿌리

1.우리는 앞서 고찰한 내용을 다음과 같이 간단히 요약할 수 있다. 정신은 그 본질에 있어 부정성이다. 대상 세계는 부정성을 그 본질로 가진 정신의 현존양태 내지 현상양태다. 헤겔의 표현을 따른다면, 그것은 정신의 즉자의 대자 혹은 "다르게 있음"(Anderssein)이다. "다르게 있음" 속에는 즉자와 일치하지 않는 "다른 것" 곧 부정적인 것이 있다. 따라서 대상 세계는 그의 부정적인 것이 부정될 수밖에 없는 부정성을 그 자신의 존재 규정으로 가진다. 부정적인 것이 부정됨으로써 대상 세계가 "정신의 개념에 일치하는" 세계를 향해 지양 내지 고양되는 변증법적 과정이 곧 세계사다. 여기서 역사는 부정적인 것의 부정을 통해 더 높은 진리로 고양되는 변증법적 과정으로 나타난다. 변증법은 역사의 내적 법칙이다. 헤겔의 역사철학에서 변증법은 역사의 영혼과 같다. 여기에 헤겔의 변증법적 역사 이해가 나타난다.

헤겔은 역사의 내적 법칙인 변증법을 이렇게 설명한다. "구체적인 것" 곧 세계의 모든 사물은 "그 자신 안에서 구별되어 있다. 그러나 [그것은]

먼저 즉자에 있어 구별되어 있을 뿐이다. 곧 기초와 능력과 가능성(Anlage, Vermögen, Möglichkeit)에 있어 구별되어 있을 뿐이다. 구별된 것은 아직도 통일성 안에 있다. 곧 그것은 구별된 것으로서 아직 정립되지 않았다. 그것은 자신 안에서 구별되어 있지만", 현실적으로 아직 구별되지 않은 "단순한" 상태에 있다. 헤겔은 이 상태를 세계의 모든 구체적 사물이 자기 자신 안에서 모순되는 상태로 파악한다. 곧 "모순"을 자기 안에 가진 것으로 파악한다. "그것은 자기 안에서 자기에게 모순된다."

모든 사물은 이 모순으로 말미암아 "자기의 기초로부터, 이 내적인 것으로부터(곧 자기 자신으로부터) 자기를 둘로 곧 구별성으로 내보낸다 (treibt...zur Zweiheit, zur Unterschiedenheit)." 이로써 그것은 자기의 통일성을 지양한다. "구별된 것으로 아직 정립되지 않는 구별들의 통일성은 자기를 해체하도록 한다. 이리하여 구별된 것이 현존하게 된다. 곧 실존하게 된다." 그러나 "구별된 것"은 자신 속에 있는 부정적인 것으로 말미암아 "다시 지양된다. 그것은 통일성으로 돌아갈 수밖에 없다. 구별된 것의 진리는 통일성 안에서 존재하는 데 있기 때문이다. 통일성은 이 운동을 통하여 참으로 구체적이다"(1966a, 114).

2. 우리는 위의 인용문에서 변증법의 세 가지 요소를 볼 수 있다. 1) 모든 사물은 "그 자신 안에서 구별되어 있다." 달리 말해 "그것은 자기 자신 안에서 모순된다." 2) 모든 사물은 "자기를 둘로 곧 구별성으로 내보낸다." 3) 그것은 부정적인 것의 부정을 통해 "통일성으로 돌아간다."

여기서 변증법은 대상 세계를 파악하기 위해 그것들에게 적용되는 인식론적 방법이나 외적 법칙이 아니라 대상 세계의 존재 규정 내지 삶의 법칙으로 생각된다. 대상 세계의 모든 사물은 그 속에 자기 아닌 것, 곧 모순을 내포한다. 그것들은 신적 정신의 "대자" 혹은 "타자"(다르게 존재함)로서 정신 자체로부터 구별되기 때문이다. 모든 사물은 이 내적 모순과 구별로 말미암아 주어진 상태에 머물 수 없다. 그것들의 부정적인 것이 부정됨으로써 자기 아닌 것 곧 타자로 지양된다. 모든 사물은 계속되는 지양을 통해 본래의 통일성으로 돌아가고자 한다. 헤겔은 이 활동의 내적 법칙을 가리켜 변증법이라 부른다.

여기서 다음과 같은 질문이 제기된다. 왜 정신은 자기의 대자의 현실에 머물지 않고, 대자로부터 자기를 구별하고, 대자의 부정적인 것을 부정해야만 하는가? 왜 그는 자신의 타자에 대한 "부정"으로 관계하는가? 자기의 타자의 부정적인 것을 부정할 수밖에 없는 정신의 부정성은 도대체 어디로부터 오는 것인가? 왜 세계의 모든 사물은 그 자신 속에서 구별되어야만 하는가? 왜 그것들은 자신 속에 모순을 가지는가? 왜 구별된 것은 다시 통일성으로 돌아가고자 하는가? 한마디로 헤겔의 변증법은 어디로부터 오는 것인가?

이 질문은 헤겔 철학의 신학적 뿌리를 인식할 때 쉽게 대답될 수 있다. 정신의 부정성에 기초한 헤겔의 변증법의 뿌리는 **삼위일체론**에 있다. 곧 성령 안에 있는 아버지 하나님과 그의 아들 예수의 관계에 정신의 부정성과 변증법의 뿌리가 있다. 헤겔의 변증법은 하나님의 삼위일체를 세계의 모든 사물과 세계사의 내적 법칙으로 적용한 것이다. 달리 말해 헤겔의 변증법은 하나님의 삼위일체적 삶을 세계의 모든 사물의 변증법적 활동으로 풀이한 것이다. 이것을 설명하기 전에 먼저 삼위일체가 무엇인가를 고찰하기로 하자.

1. 변증법의 뿌리: 삼위일체 하나님의 사랑

1. 기독교의 삼위일체론에 따르면, 아버지 하나님(Ansich)은 자기 자신을 아들 예수(Fürsich)로 외화한다(성서에 따르면 "자기를 비워서", 빌 2:7). 무한한 사랑의 영 곧 성령 안에서 성부 하나님은 자기를 비우고, 자기를 성자 예수로 외화 내지 타재시킨다. 그는 사랑의 영 안에서 성자 예수와 하나로 결합한다. "말씀이 육신이 되었다"(요 1:14, *ho logos sarx egeneto*)는 것은 이것을 가리킨다. 깊은 사랑의 영 안에서 성부는 성자 안에 있고, 성자는 성부 안에 있다. 성부와 성자는 하나다. "아버지와 나는 하나다"(요 17:11). 무한한 사랑의 영 곧 성령(거룩한 영) 안에서 양자는 하나다.

헤겔은 이 생각을 청년기 문헌에서 다음과 같이 말한다. 예수는 "하나님을 자기의 아버지라 부른다. 그는 이를 통해 자기를 하나님과 같이 만들었다." 특히 요한복음에서 예수는 "아들에게 자기 자신 안에 있는 생명을 갖도록 주신 하나님과 자기의 일치를" 강조한다. "자기와 아버지는 하나다. 그는 하늘에서 내려온 빵이다"라는 예수의 말씀은 "신성 안에 있는 아버지와 아들의 본질의 하나 됨(Wesenseinheit)"을 나타낸다고 헤겔은 말한다(1971, 377).

그러나 사랑하는 자와 사랑받는 자가 사랑 안에서 하나이면서 서로 구별되듯이 아버지 하나님과 그의 아들 예수는 하나이면서 서로 구별된다. 양자 사이에는 "다름"이 있다. 아들은 영원한 아버지 하나님 앞에서 유한한 존재, 언젠가 죽을 수밖에 없는 허무한 존재, 시간과 공간에 제한되어 있는 존재다. 그 속에는 부정되어야 할 부정적인 것이 있다. 따라서 "본질의 하나 됨" 속에서 성부는 성부로, 성자는 성자로 구별된다.

사랑은 구별을 극복하고 하나 됨, 곧 일치를 지향한다. 그러므로 아버지 하나님은 아들의 유한성과 허무성과 제한성 곧 "부정적인 것"을 부정하고, 더 이상 부정적인 것이 없는 양자의 완전한 일치(an und für sich)로 돌아가고자 한다. 헤겔의 표현을 따른다면, "자기 자신으로" 돌아가고자 한다. 이리하여 "구별-구별의 지양-하나 됨"의 끊임없는 활동이 일어나게 된다. 기독교는 아버지 하나님, 그의 아들 그리고 양자를 구별하는 동시에 하나로 결합시키는 무한한 사랑의 영 사이에 일어나는 이 활동을 가리켜 하나님의 삼위일체라 부른다. 곧 세 신적 인격들은 셋으로 구별되면서 하나이고, 하나인 동시에 셋으로 구별되는 끊임없는 활동 내지 운동이란 것이다. 헤겔이 말하는 정신의 부정성과 이에 기초한 변증법의 뿌리는 바로 여기에 있다. 앞서 기술한 것처럼 변증법의 뿌리는 삼위일체 하나님의 존재에 있다.

2. 일반적으로 삼위일체는 셋이 하나이고, 하나가 셋이라고 생각된다. 그러나 질문이 제기된다. 셋이 어떻게 하나이고, 하나가 어떻게 셋인가? 세 신적 인격(삼위)이 하나(일체)라는 것을 어떻게 설명할 수 있는가? 헤겔은 이 질문에 대해 다음과 같이 대답한다. 삼위일체는 숫자로 설명될 수 없는 것이다. 수학 공식은 "참되고 구체적인 하나 됨"을 나타내기에는 불충분하고 부적절하다(수학 공식이 세계를 구원할 수 없다). 하나님의 삼위일체는 "1 + 2 = 3"과 같은 수학 공식으로 표현될 수 없다. 여기서 3은 1과 2의 "단순한 더하기"(bloße Addition)에 불과한 것으로 1과 2의 "나쁜 결합"이고, 셋의 참된 "하나 됨의 나쁜 형식"이다. 셋이 하나이고, 하나가 셋이라는 것은 수적으로 파악할 수 있는 것이 아니다. "수적으로 헤아리는 것은 나쁜 습관이다"(1966aa, 214). 여기서 헤겔은 삼위일체를 셋이 하나이고 하나가 셋이라고 보는 통속적 이해를 거부한다.

헤겔에 따르면, 기독교가 가르치는 하나님은 유일신이 아니라 성부, 성자, 성령의 삼위일체 하나님이다. 삼위일체란 성부와 성자 그리고 이들을 하나로 결합시키는 동시에 구별하는 성령, 이 세 가지 신적 인격이 깊은 사랑 안에서 하나가 되는 동시에 서로 구별되며, 구별 속에서 하나를 이루어가는 변증법적 관계를 가리킨다. 그것은 인간의 논리와 언어로 표현하기 어려운 "하나님의 신비다. 그 내용은 신비적이다. 다시 말해 사변적이다"(1966d, 69).

헤겔은 이 생각을 이미 프랑크푸르트 시대에 말한다. "하나님의 아들은 사람의 아들이기도 하다. 특수한 형태 속에 있는 신적인 것이 한 인간으로서 나타난다. 무한한 것과 유한한 것의 관계성은 분명히 하나의 거룩한 비밀이다. 이 관계성은 삶 자체이기 때문이다"(1971, 378). "아버지에 대한 아들의 관계를 가리키는 예수의 본질은…오직 믿음을 가지고 파악될 수 있다"(382).

헤겔은 삼위일체의 신비성을 『종교철학 강의』에서 다음과 같이 말하기도 한다. "우리가 삼위일체 하나님이라고 부르는 것은 순수한 사변적 내용이다. 다시 말해 하나님의 **신비**다. 하나님은 정신, 절대적 활동성, 순수한 행동(*actus purus*)이다. 다시 말해…자기에게 대상적인, 자기에게 객관적인 신성…아들, (아들을) 낳음(Erzeugung)이다"(1966d, 57). 무한한 사랑 안에서 일어나는 정신의 이 활동을 수학 공식으로 나타낸다는 것은 불가능하다. "셋은 하나와 같다"(drei gleich eins)라는 수적 표현은 "흔히 말하는 것처럼 가장 딱딱하고 가장 비이성적인 요구로 보인다." 수학 공식에 있어서 "셋" 곧 삼위는 "하나(Eins)의 절대적 독립성, 절대적 분리, 분열" 속에 있는 것으로 전제된다. 그러나 깊은 사랑 안에서 "하나"는 "그 자신 안에서 변증법적인 것이지 독립적인 것"이 아니다(60).

3. 헤겔에 따르면, 기독교는 하나님의 삼위일체를 아버지-아들, 아버지가 아들을 낳는다 등의 감각적·인간적 관계로 표현한다. 그러나 이것은 "어린아이 같은 관계, 어린아이 같은 형식"이다. 이 표현은 삼위일체 하나님

을 "상으로 나타낸 것에 불과하다"(1966d, 72). 프랑크푸르트 시대 때부터 헤겔은 아버지-아들 사이의 삼위일체적 관계를 어린아이 같은 유치한 관계로 생각한다. "아들로서 아버지에 대한 예수의 관계는 어린아이 같은 관계다"(1971, 381). "아버지와 아들의 관계는 (자연의) 유기체적 생명에서 취한 것으로, 표상의 방식으로 사용된다. 이 자연적 관계는 상으로 나타낸 것에 불과하다. 그러므로 그것은 본래 표현되어야 할 것과 결코 완전하게 일치하지 않는다"(1966d, 70, 주해).

그럼 하나님의 삼위일체를 나타낼 수 있는 보다 더 적절한 길은 무엇인가? 프랑크푸르트 시대의 헤겔은 『기독교의 정신과 그 운명』(1798-1800)에서 이 문제를 집중적으로 다룬다. 이 책에서 아버지 하나님과 그의 아들의 삼위일체적 관계는 사랑의 영 안에서 이루어지는 "살아 있는 자들의 생동적인 관계"다. "하나님의 아들은 아버지와 동일한 본질을 가진다." 헤겔은 이 생동적인 삼위일체적 관계를 나타낼 수 있는 길을 **부분과 전체의 비유**와 세 개의 큰 가지를 가진 **나무의 비유**에서 발견한다.

이 문헌에 따르면, 개별자는 "전체의 부분에 불과한 것이 아니며 전체는 개별자 바깥에 있지 않다. 오히려 개별자 자체가 바로 전체다.…전체는 부분들과 다른 것이라는 것은 객관적인 것들, 죽은 것들에게만 해당한다. 이에 반해 살아 있는 것에서 전체의 부분은 바로 하나인 동시에 전체다.… 죽은 것의 나라에서 모순인 것은 생명의 나라에서는 모순이 아니다." 세 개의 큰 가지로 이루어진 하나의 나무는 세 개의 가지로 구별되지만, 개별의 가지 자체가 나무다. "전체가 거기서 나오는 각 부분이 동시에 전체이고 생명이다.…세 개의 가지를 가진 한 나무는 이들과 함께 **하나의** 나무를 만든다. 나무의 각 아들, 각 가지는…그 스스로 한 나무다"(1971, 376). 그러므로 요한복음에서 예수는 "자기 자신 안에 있는 생명을 아들에게 주신 하나님과 자기의 하나 됨을" 말한다. 그는 "자기와 아버지는 하나다. 자신은 하늘에서 내려온 빵이다"라고 말한다(377).

4. 그러나 자연의 사물을 통하여 삼위일체 하나님을 설명하는 것은 한계가 있다. 하나님은 자연에 속한 자연의 사물이 아니기 때문이다. 자연의 사물은 하나의 비유로서 도움을 줄 수 있지만, 영적(정신적) 존재인 하나님의 삼위일체를 순수한 형태로 나타내지 못한다. 헤겔은 순수한 형태를 정신의 개념에서 발견한다. 성서 말씀에 따르면 "하나님은 정신(영)이다"(요 4:24). 따라서 삼위일체를 순수하게 나타내는 것은 정신의 개념이다.

헤겔은 이것을 다음과 같이 말한다. 그리스도는 "하나님의 아들"인 동시에 "사람의 아들"이다. 사람의 아들로서 그는 하나님에게서 구별된다. 그러나 하나님의 아들로서 그는 하나님과 하나다. 그리스도와 그의 아버지는 하나다. 그들은 하나이면서 둘로 구별되고, 구별되면서 하나다. 구별 속에서 하나 됨(Einheit im Unterschied)이 정신이다. 바로 여기에 "살아 있는 자들의 살아 있는 관계, 동일한 생명"이 있다. "무한한 것과 유한한 것의 연관성은 분명히 하나의 거룩한 비밀이다. 이 연관성은 생명 자체이기 때문이다"(1971, 378). 생명은 살아 움직이는 것, 곧 활동성이다. 하나님 곧 정신은 바로 이 활동성이다. 우리는 활동성으로서의 "무한한 생명을 정신이라 부를 수 있다.…정신은…대립 속에 있는 다양한 것의 살아 움직이는 일치(Einigkeit)이기 때문이다"(421).

헤겔은 이 문장에서 하나님의 삼위일체를 삶의 활동성 혹은 정신의 개념으로 나타낸다. 삼위일체 하나님은 고정되어 있는 일자(Eins)가 아니라 성부-성자-성령의 삼위일체적 활동성 혹은 "대립 속에 있는 다양한 것의 살아 움직이는 일치"다. 헤겔은 이 활동성을 가리켜 정신이라 부른다. 그래서 그는 "정신은… 삼위일체다"라고 말한다(1966a, 214, Der Geist ist..Dreiheit). "삼위일체만이 정신으로서 하나님의 규정이다"(1966b, 42). "하나님은 정신이다. 다시 말해 우리가 삼위일체 하나님이라 부르는 것이다"(1966d, 57). "정신으로서의 하나님은 오직 삼위일체라 불리는 것이다"(184). "삼위일체 하나님은 죽은 추상물(Abstraktum)이 아니다. 오히려 그는 자기 자신과 관계 하고, 자기 자신 가운데 있으며, 자기 자신으로 돌아가는" 활동성을 말한다 (225. 이에 관해 위 제2부 III. 2. 참조).

5. 그런데 성서는 "하나님은 사랑이다"라고 말한다(요일 4:8, 16). 헤겔은 이 에 근거하여 "정신으로서의 하나님" 곧 삼위일체 하나님을 **사랑**으로 파악 한다. "하나님은 사랑이다"(1966d, 75). 구별 속에 있는 "아들과 하나님, 그들 의 차이들 속에서 그들 자신에 대해 동일한 이 절대적 하나 됨(일치 혹은 통일 성), 이것이 영원한 사랑이다"(57). 헤겔은 정신 곧 하나님을 "사랑으로" 이 해한다(Theunissen 1970, 58).

  "정신"이 삼위일체 하나님을 가리킨다면, 정신은 곧 "사랑이다"라고 말 할 수 있다. 정신과 사랑을 동일시하는 진술들이 헤겔의 문헌 곳곳에 나타 난다. "거룩한 정신은 영원한 사랑이다"(1966d, 75), "하나님은 정신이다.… 참 하나님은 자기를 자기 자신과 중재하는 이 사랑이다"(1966e, 28), "하나님 은 정신이다 혹은 사랑이다(이것은 똑같은 것이다)"(1966a, 179), 하나님은 "**정신 으로서의 하나님 혹은 사랑으로서의 하나님**"(Gott als Geist oder als Liebe)이라 불리기도 한다(1966b, 221), "**하나님은 정신이다**.…참된 하나님은…이 **사랑 이다**"(1966e, 28). 헤겔은 이에 근거하여 삼위일체를 적절히 설명할 수 있는 또 하나의 개념을 사랑에서 발견한다.

  헤겔은 사랑이 세 개의 가지와 하나의 나무와 같은 자연의 사물들이나, 아버지-아들-성령이라는 신인동형론적 표상보다 삼위일체를 더 적절히 나타낼 수 있다고 생각한다. 자연의 사물들이나, 아버지-아들-양자의 일치 라는 감각적 표상보다 "**사랑이 더 적절할 것이다**"(1966d, 72). "하나님은 영원한 사랑이다. 기독교 종교는 이 삼위성(Dreifaltigkeit)을 통해 다른 종교들 위에 있다"(1968a, 59).

하나님의 활동의 많은 형식 중 하나는 사랑이다. 사랑은 다음과 같이 묘사될 수 있다. "나는 내 안에 있지 않고 타자 안으로 소멸된다. 그러나 나는 그 속에서 나의 지식과 의욕(Wollen)을 가짐으로써 내 자신이고, 내 자신 가운데 있다. 이 관념을 나타내는 더 높은 표현은 우리가 정신이라 부르는 것이다.…이 내용은 이제 기독교 교회의 이론으로서 삼위일체(Dreieinigkeit)로 표현된다"(1968c, 722).

사랑은 사랑하는 자와 사랑받는 자가 상호 구별 속에서 한 몸이 되고 서로의 하나 됨을 찾아가는 끊임없는 활동성이다. 그것은 "정신의 일치성이다"(Einigkeit des Geistes, 1971, 363). 그러나 이 일치성은 고정되어 있는 상태가 아니다. 그것은 끊임없이 등장하는 차이와 구별을 극복함으로써 늘 새롭게 쟁취되는 변증법적 활동이다. 사랑은 고정되어 있는 것, 고정되어 있기 때문에 생명이 없는 물체와 같은 것이 아니다. 그것은 서로의 차이와 구별을 극복하고, 끊임없이 새롭게 일치를 이루어나가는 활동 내지 생동성이다.

사랑은 고정되어 있는 단순한 "있음"(ist)이 아니라 상호 구별 속에서 일치를 찾는 끊임없는 활동성 내지 생동성이다. 너와 내가 하나가 되는 동시에 구별되고, 구별되면서 더 높은 하나 됨으로 발전하는 변증법적 활동이다. 사랑으로서의 하나님 곧 정신은 "순수한 행위, 절대적 활동성, 과정, 활동, 삶"이다(Küng 1970, 444). 그는 "이 과정, 운동, 삶이다"(74). "정신으로서의 하나님"은 수염 달린 "아버지"가 아니라 **사랑의 변증법적 활동성**이다. "하나님은 사랑이다. 다시 말해 이 구별함과 이 구별의 무성(Nichtigkeit)" 곧 "구별된 것의 지양"이다(1966d, 75).

6. 유대교와 이슬람교는 유일신론을 믿는 반면에, 기독교는 삼위일체 하나

님을 믿는다. 곧 성부 하나님, 성부 하나님의 타자인 성자 하나님, 이 타자 속에서 자기를 아는 것(Sichwissen im Anderen)을 뜻하는 성령 하나님, 곧 성부-성자-성령의 삼위일체 하나님을 믿는다(1968a, 58 이하). "타자 속에서 자기를 아는 것"은 사랑을 가리킨다. 내가 나를 네 안에서 알고, 네가 너를 내 안에서 아는 것이 사랑을 뜻한다. 사랑은 "하나가 다른 것 안에서 자기 자신 가운데 있음"을 말한다(daß das Eine in dem Anderen bei sich selbst ist, 1966a, 113). 성부, 성자, 성령으로 구별되지만, 각자가 타자 안에 있고, 타자 안에서 자기를 "아는" 삼위일체 하나님은 사랑이다. **삼위일체는 하나님의 사랑을 가리킨다.**

사랑은 부정성을 전제한다. 사랑은 두 사람을 구별하고 둘로 나누는 것을 부정하며 끊임없이 하나 됨을 추구하는 부정의 행위의 연속이다. 사랑 안에는 두 사람을 나누고 그들의 하나 됨을 파괴하고자 하는 요소를 끊임없이 부정하고, 양자를 더 깊은 하나 됨으로 고양시키고자 하는 부정성이 내포되어 있다.

따라서 사랑은 끊임없는 자기 부정 속에서 이루어진다. 나를 부정하고 너를 위해 존재하고자 한다. 나를 죽이고(부정하고) 너를 위해 존재하고자 한다. 곧 "타자를 위한 존재"(Sein für das andere)가 되고자 하는 것이 사랑이다. 하나님의 성육신은 타자를 위한 존재가 되고자 하는 사랑의 극치를 나타낸다. 하나님이 인간의 육을 취하며, 십자가의 죽음을 함께 당했다는 것은 자기 자신을 부정하고 타자를 위해 존재하고자 하는 하나님의 깊은 사랑을 나타낸다. 하나님의 자기 부정 속에 하나님의 깊은 사랑이 있다. 그러므로 요한1서 4:8과 4:16은 "하나님은 사랑이다"라고 말한다. 헤겔이 말하는 정신의 부정성의 뿌리는 **사랑이신 하나님의 삼위일체**에 있다.

7. 여기서 우리는 사랑과 정신의 두 개념이 내용에 있어 일치한다는 것을

볼 수 있다. 두 개념 모두 하나님의 삼위일체적 활동 내지 운동을 가리킨다. 따라서 헤겔은 사랑과 정신은 "같은 것"이라고 말한다. 그는 삼위일체 하나님을 사랑이라 부르기도 하고, 정신이라 부르기도 한다. "하나님은 정신 혹은 사랑이다[그것은 하나다]"(Gott ist Geist oder Liebe [das ist Eins], 1966a, 179). "정신으로서의 하나님은 삼위일체라 불리는 그것일 따름이다. 그는 자기를 나타내는 것, 그 자신을 대상화시키며 이 대상화 속에서 그 자신과 동일하게 존재하는 것, 곧 영원한 **사랑**이다"(1966d, 184).

헤겔의 『하나님의 존재 증명에 대한 강의』에 따르면, 사랑은 고정되어 있지 않다. 고정되어 있는 것, 활동하지 못하는 것은 죽은 것과 마찬가지다. 사랑은 나와 네가 구별되면서, 서로의 하나 됨 속에서 나를 네 안에서 아는 끊임없는 생동성 내지 변증법적 활동성이다. 사랑이 있는 곳에는 생동성이 있다. 이리하여 나와 너의 두 가지 계기들(성부, 성자)이 그 안에 있는 "제3의 것" 곧 사랑의 생동성 내지 활동(성령)이 있다(1966e, 113). 나와 너, 나와 너 사이에 있는 사랑의 생동성, 이 셋은 셋으로 구별되는 동시에 하나다. 그들은 상호 구별 속에서 하나 됨 속에 있다. 헤겔은 바로 이 삼위일체, 곧 사랑을 가리켜 "영" 곧 "정신"이라 부른다.

8. 헤겔은 이것을 다음과 같이 말하기도 한다. "**정신으로서의 하나님** 혹은 **사랑으로서의 하나님**은 이것이다. 곧 하나님이 자기를 구별하여 세계, 곧 자신의 아들을 있게 하고, 자기의 타자를 가지며, 이 타자 안에서 자기 자신을 가지고, 자기 자신과 동일하다는 것이다"(1966b, 221). 하나님이 예수 안에서 인간의 육이 되었다는 성육신 교리는 삼위일체 하나님의 진리를 감각적 표상으로 나타낸다.

삼위일체 하나님은 우리가 눈으로 보고, 손으로 만질 수 있는 물체적 아버지, 물체적 아들이 아니다. 헤겔에 따르면, 삼위일체 하나님은 상호 구별과 하나 됨의 부단한 활동성 곧 사랑이다. "정신으로서의 하나님"은 바로 이 활동성 곧 사랑의 변증법적 운동이다. 그러므로 헤겔은 "정신으로서의 하나님"을 "사랑으로서의 하나님"이라 부른다. 헤겔 철학의 중심 개념인 영 곧 정신은 바로 삼위일체 하나님의 **사랑의 변증법적 활동**을 가리킨다.

헤겔은 "정신"과 "사랑"의 동일한 의미를 다음과 같이 말하기도 한다. "아들은 아버지의 타자다.⋯그러나 타자는 하나님이며, 신적 본성의 모든 충만함을 가진다. 이 타재는 영원히 그 자신을 정립하는 것, 영원히 그 자신을 지양하는 것이다. 그 자신을 정립하는 것, 타재를 지양하는 것, 이것이 **사랑이고 정신이다**"(1966d, 140).

여기서 우리는 다음의 사실을 볼 수 있다. 곧 헤겔의 변증법은 정신 혹은 사랑의 개념 속에 담겨 있는 삼위일체의 변증법적 활동을 철학적으로 표현한 것이란 점이다. 따라서 헤겔의 변증법의 뿌리는 사랑 혹은 정신으로 표현되는 삼위일체에 있다. 헤겔의 변증법은 "그의 하나님 개념과 결합되어 있다"는 말은 이를 가리킨다(Simon 1985, 548). 그러나 좀 더 정확히 말한다면, 그것은 하나님의 삼위일체적 사랑에 있다.

우리는 이에 관한 그의 생각이 이미 청년 시대에 준비되어 있었다는 사실을 스위스 베른 시대의 문헌 『종교와 사랑에 관한 기획들』(1797/98)에서 볼 수 있다. "사랑 안에는 아직도 분리된 것이 있다. 그러나 분리된 것이 아니라 일치된 것으로 있다. 생동하는 것이 생동하는 것을 느낀다." 사랑하는 자들은 "살아 움직이는 전체다. 그들은 독자성과 자신의 삶의 원리를 가진다"(1971, 246). "사랑의 이 결합은 실로 완전하다. 그러나 그것은 분리된 것이 대칭하여(entgegengesetzt) 하나는 사랑하는 자이고, 다른 하나는 사랑을 받는 자라는 범위에서만 완전할 뿐이다"(249). 헤겔은 이 문장에서 사랑 안에 있는 결합과 분리, 분리와 결합의 변증법을 암시한다.

이 생각은 프랑크푸르트 시대의 문헌 『기독교의 정신과 그 운명』에서 한결 더 심화된다. "인간은 사랑 안에서 자기 자신을 타자 안에서 다시 발견한다. 사랑은 삶의 결합이기 때문에 분리, 발전, 삶이 형성된 다면성 (gebildete Vielseitigkeit)을 전제한다. 삶이 더 많은 형태 속에서 생동적이 될 수록, 그것은 더욱더 많은 점에서 자기를 결합하고 느끼며, 사랑은 더 깊어 진다…"(1971, 394-395).

헤겔의 제자 로젠크란츠(Rosenkranz)의 보도에 의하면, 예나 시대의 헤 겔은 "사랑이 하나님 개념에 대해 보다 더 적절하고, 더 잘 이해될 수 있는 개념"이라 보았지만, "그보다 더 깊은 개념은 정신"이라 보았다(1970a, 536). 왜 사랑의 개념보다 정신의 개념이 더 적절한가? 우리 인간에게 "사랑"이 란 개념은 자연적·육체적 요소와 결합되어 있기 때문이다. 따라서 헤겔은 사랑의 개념 대신에 정신 개념을 자신의 철학의 중심 개념으로 세운다. 그 러나 내용적으로 헤겔의 정신의 개념은 하나님의 삼위일체적 사랑, 곧 사 랑의 변증법적 활동을 가리킨다.

9. 필자의 견해에 의하면, 하나님의 삼위일체를 극단적 형태로 보여주는 것 은 예수의 십자가의 죽음에서 계시되는 하나님의 사랑이다. 예수의 죽음은 단지 한 인간 예수의 죽음이 아니라 인간인 동시에 하나님의 아들로서의 예수와 하나로 결합되어 있는 아버지 하나님과 성령 사이에 일어난 삼위일 체적 사건이다(이에 관해 Moltmann 1972, 제6장 참조). 따라서 헤겔의 변증법의 가장 깊은 뿌리는 예수의 **십자가의 죽음**에 계시되는 하나님의 **삼위일체 사 랑**에 있다.

예수는 십자가의 죽음 속에서 그가 "나의 아버지"라 부르는 하나님과 가장 깊이 구별되는 동시에 가장 깊은 사랑 안에서 하나가 된다. 그의 죽음 은 깊은 사랑의 영 안에서 일어난 삼위일체적 사건이다. 헤겔은 이것을 다 음과 같이 설명한다. "이 죽음은 가장 높은 사랑이다. 사랑은 신적인 것과 인간적인 것의 이 동일성이다." 하나님이 자기를 유한한 인간 존재로 낮추신 "이 유한화(Verendlichung)는 그리스도의 죽음에서 정점에 이른다." 그리스도의 죽음에서 가장 깊은 사랑을 볼 수 있다. 이런 점에서 그리스도의 죽음은 "사랑의 가장 높은 직관"이다(그의 죽음 속에서 가장 높은 사랑을 볼 수 있다). 그의 죽음은 "절대적 사랑 자체의 직관이다.···이 절대적 극단들의 무서운 결합이 사랑 자체다"(1966d, 158). "죽음 및 죽음의 고통"은 "최고의 유한성"이고 "최고의 부정"이다. 하나님의 가장 깊은 자기 외화는 "하나님은 죽었다, 하나님 자신이 죽었다"는 "무섭고 공포스러운 표상"에 있다. "그러나 이 죽음은···최고의 사랑이기도 하다"(157-158).

우리는 헤겔의 이 말을 다음과 같이 풀이할 수 있다. 십자가의 죽음 속에서, 성부는 성령 안에서 죽어가는 성자와 구별되는 동시에 가장 깊이 하나가 된다. 그는 죽음이라는 마지막 한계, 곧 "최고의 유한성", "최고의 부정"을 자기 자신의 것으로 수용한다. 바로 여기에 사랑의 심연이 있다. 그리스도의 죽음은 사랑의 심연을 계시한다. 그의 죽음은 죽음의 고통을 함께 당하는(erleiden) 삼위일체적 사랑의 깊이를 보여준다. 하나님의 "절대적 사랑의 가장 높은 직관"이 그 속에 담겨 있다.

헤겔은 이것을 『정신현상학』에서 다음과 같이 말한다. 즉자(das Ansichseiende)는 "자기 자신을 외화하고, 죽음 속으로 들어간다. 그는 이를 통해 절대적 본질을 자기 자신과 화해시킨다. 그는 이 운동 속에서 자기를 정신(영)으로 나타낸다. 추상적 존재(즉자를 말함)는 그 자신에게 외화되었다. 그것은 자연적 현존과 자기와 동일한 현실을 가진다. 그의 타재 혹은 그의 감성적 현재는 두 번째의 다르게 됨(Anderswerden)을 통해 회수된다(zurückgenommen). 그리고 지양된 현재로서 정립된다. 본질은 이를 통해 그 속에서 자기 자신이 되었다. 현실의 직접적 현존은···(정신에 대해) 낯선 것 혹은 외적인 것이기를 중단한다. 그러므로 이 죽음은 정신으로서 그의 소생(Erstehen)이다"(1952, 540).

10. 예수의 죽음이 어떻게 그의 소생으로 생각될 수 있는가? 그 이유는 인간 예수 안에 주어진 모든 자연적인 것, 유한한 것, 제한된 것이 예수의 죽음을 통해 부정되고, 예수와 그의 아버지 하나님의 완전한 하나 됨이 회복되기 때문이다. 예수의 죽음은 "자연적인 유한성, 직접적 현존의 지양, 외화의 지양, 제한(Schranke)의 지양"이다(1966d, 159). 예수는 이 지양을 통해 아버지 하나님과 완전한 일치에 도달한다. 철학적으로 말한다면, 즉자와 대자가 완전히 일치하는 즉대자의 보편적 진리에 이른다.

헤겔은 이것을 다음과 같이 말한다. "자기 자신이 취한 중재자의 죽음은 그의 **대상성**(Gegenständlichkeit) 혹은 그의 특수한 대자적 존재의 지양이다. 이 **특수한** 대자적 존재는 보편적 자기의식이 되었다.…중재자(예수)의 죽음은 그의 자연적 측면 혹은 그의 특수한 대자적 존재만의 죽음에 불과하지 않다. 본질로부터 벗어난, 이미 죽은 껍질이 죽을 뿐 아니라 신적 존재의 추상성이 죽는다." "하나님 자신이 죽었다"는 것, 곧 "신적 본질의 추상성의 죽음은 불행한 의식의 고통스러운 느낌(감정)이다"(1952, 546). 그러나 하나님은 예수 안에서 일어난 자신의 죽음을 통해 인간 예수 안에 있는 특수성과 제한성을 지양하고, 더 높은 진리의 보편성으로 고양한다.

하나님은 "죽은 신적 인간 혹은 '인간적인 하나님"(der gestorbene göttliche Mensch oder menschliche Gott)의 죽음을 통해 "이 자연적 의미"를 벗어버리며, "이 개별자의 비존재로부터 그의 교회 공동체 안에서 살고, 그 속에서 매일 죽고 매일 부활하는 정신의 보편성으로 변용된다"(1952, 543, 545). 곧 하나님은 그리스도의 죽음을 통해 그 자신이 그리스도 안에서 취한 "자연적 의미"를 벗어버린다. 그는 "이 개별자" 곧 그리스도의 "비존재"를 극복하고, 그리스도인들의 공동체 안에서 산다. 그는 이 공동체 안에서 "매일 죽고 매일 부활하는" 영적 보편성으로 변용된다(우리는 이것을 로마 가톨릭교회가 매일 지키는 미사에서 감각적 형태로 볼 수 있다).

몰트만은 삼위일체의 신비를 다음과 같이 해석한다. "하나님이 자기 자신의 타자 속에서 자기를 외화하는(äußert) 것처럼 자기를 자기 자신과 반대되는 것으로 떼어낸다(외화한다, ent-äußert). 그리스도의 죽음 속에서 '하나님의 죽음'이 계시된다. 그러므로 우리는 예수의 역사적 성 금요일을 하나님의 '사변적 성 금요일'에 대한 원상으로 이해할 수밖에 없다. 세계사 자체는 '절대정신의 해골 골짜기'다.… '하나님 자신'이 십자가에서 죽는 동시에 이 죽음 속에서 여전히 영원한 하나님으로 존속한다면, 그리스도의 죽음은 '이 죽음의 죽음, 부정의 부정이다.… 하나님이 그에게 낯선 자(성자)와 자기를 동일화하고 그를 죽게 하는 여기에 무한한 사랑이 있다"(Moltmann 2005, 355).

기독교가 고백하는 삼위일체 하나님은 "그리스도의 죽음" 곧 "하나님의 죽음" 속에서 가장 깊이 드러나는 사랑을 교리적으로 나타낸다. 헤겔은 십자가에서 성부-성자-성령 사이에 일어난 "하나님의 죽음" 곧 "죽음의 죽음, 부정의 부정"을 뜻하는 "그리스도의 죽음"에서(167) 변증법의 뿌리를 발견했던 것으로 보인다. 그리스도의 죽음은 "부정적인 것의 부정적인 것"이었다. 그래서 헤겔은 다음과 같이 말한다. "정신은 부정적인 것의 이 부정적인 것으로서 정신일 뿐이다." "가장 높은 사랑"은 "그 자체에 있어 부정적인 것의 부정적인 것, 이 절대적 화해, 하나님에 대한 인간의 대립의 지양이다.…이것이 역사의 전체다"(1966d, 163-164).

2. 세계사의 "낚싯바늘"인 삼위일체

1. 왜 헤겔은 하나님의 삼위일체를 정신 혹은 사랑의 개념으로 풀이하는
가? 그것은 삼위일체라는 종교적 표상의 한계를 극복하기 위함이다. 헤겔
에 따르면, "삼위일체 하나님" 곧 아버지-아들-성령이란 공식은 인간이 아
닌 하나님을 인간의 관계로 나타낸 종교적 표상이다. 아버지 하나님, 하나
님의 아들, 하나님이 인간의 육을 취했다, "아버지가 아들을 낳는다", "아들
이 하늘로 올라갔다", "하늘에 있는 아버지 하나님의 보좌 오른편에 앉아
있다" 등의 말들은 인간의 자연적 관계에서 온 감각적 표상이다.

이 표상들은 "영적인 것이 아니다"(1952, 541). "아버지가 아들을 낳
았다"는 것은 "사유의 관계(Denkverhältnis)가 아니라 자연적 관계"에 속한다
(1968a, 134). 그것은 하나님을 인간의 형태로 나타내는 "어린아이 같은(유치
한) 형식"이다. 하나님은 인간이 아니다. 따라서 아버지, 아들 등은 진리 자
체가 아니라 진리를 나타내는 표현 양식일 뿐이다(여성신학도 이렇게 생각함).
그것은 진리를 나타내는 동시에 유한하고 자연적이며 감성적인 요소들(아
버지, 아들 등)로 인해 진리를 가리는 양면성을 가진다.

"삼위일체"라는 종교적 표상의 근본 문제는 **신인동형론**에 있다. 성서
에 따르면, 하나님은 인간이 아니다. 하나님은 창조자이며, 인간은 그의 피
조물이다. 그러므로 하나님은 십계명의 제2계명에서 사람을 포함한 피조물
의 형상으로 자기의 상을 만들어 섬기는 것을 엄격하게 금지한다(출 20:4).
그럼에도 성서는 하나님을 인간의 상으로 나타낸다. 그래서 아버지 하나님,
아버지 하나님의 아들 예수, 인간의 영과 동일한 형태를 가진 성령 하나님
을 고백한다. 우리는 이를 가리켜 신인동형론(Anthropomorphismus)이라 부
른다. 곧 인간이 아닌 하나님을 인간(anthropos)의 형태(morphē)로 표상한다
는 것이다.

2. 그래서 "아버지 하나님"이라 할 때, 우리는 눈과 귀와 코와 입과 수염을 가진 인간 아버지를 연상한다. 우리는 그를 인간처럼 기뻐하기도 하고, 분노하기도 하는 분으로 생각한다. 그러나 하나님은 인간이 아니다. 따라서 아버지, 아들 등의 인간적 표상은 삼위일체 하나님의 진리를 나타내기 위한 감각적·자연적 표현 양식에 불과하며 진리 자체가 아니다. 고대 그리스 철학자 크세노파네스에 따르면, 만일 사자가 신들을 가진다면, 그는 신들을 사자로 표상할 것이다. 그러나 사자는 그렇게 할 수 없다. 따라서 사자에게는 종교가 없다(1966c, 148).

경건한 신학자들은 헤겔의 생각을 "이단"이라고 크게 노할지 모른다. 그러나 하나님이 인간이 아니라는 것은 부인할 수 없는 사실이다. 인간이 아닌 하나님을 가리켜 "아버지" 혹은 "아들"이라 부르는 것은 사실상 모순이다. 정말 하나님이 인간 아버지라면, 하나님은 우리 인간이 그를 아버지의 상으로 만들어 섬기는 것을 허용해야 했을 것이다. 그러나 그는 세상에 있는 어떤 피조물의 상을 자기의 상으로 만들어 섬기는 것을 엄격히 금지한다. 아버지 상으로 만들어 섬기는 것도 금지한다. 하나님은 인간 아버지가 아니기 때문이다. 따라서 예를 들어 하나님 "아버지"는 하나님에 관한 진리 자체가 아니라 진리를 나타내기 위한 표현 수단에 불과하다. 오늘날 여성신학은 바로 이 점을 지적하면서, 남성중심주의적 하나님 표상을 수정할 것을 강력히 요구한다.

3. **종교적 표상의 중요한 문제점**은 그것이 나타내야 할 진리의 내용을 제대로 나타내지 못하는 데 있다. 성서는 하나님을 세계의 주, 곧 만유의 주라고 고백한다. 모든 것이 그에게서 나와 그에게로 돌아가는 세계의 통치자다. 모든 것이 결국 하나님의 섭리와 통치 안에 있다. 이 하나님을 아버지, 아들 이란 종교적 표상으로 나타낼 때, 하나님의 이 진리는 뒤로 물러나고, 아버

지, 아들이란 표상이 경배와 찬양의 대상이 되어버린다. 세계사에 대한 하나님의 섭리와 통치는 사라지고, 하나님은 절대자, 보편자, 전지전능자, 하늘의 주 등의 종교적 경배의 대상으로 머물게 된다. 그는 구체성 내지 구체적 규정을 갖지 않은 **추상적 존재**로 머물게 된다. 하나님의 삼위일체에 담겨 있는 세계사적 의미는 사라지고, 아버지-아들-거룩한 영(성령)이라는 신인동형론적·감각적 표상이 예배와 경배의 대상이 된다.

헤겔은 이 문제를 베른 시대에 절감했다. 이 시대의 한 문헌(『기독교의 실증성』의 부록)에 의하면, "그리스도인들은 하나님이 가장 높으신 분이요, 하늘의 주, 온 땅을 다스리는 주, 생명 없는 것과 생명 있는 자연에 대한 주이며, 심지어 영들(정신들)의 세계에 대한 주라는 것을 하나님 자신의 계시를 통해 알고 있다.…그가 명령한 방식으로 이 왕을 경외하지 않는 것은 결국 배은망덕이요 범죄다. 이것이 모든 교회의 체계다"(1971, 212).

나중에 헤겔은 이 문제점을 『정신현상학』 서론에서 다음과 같이 암시한다. "하나님은 영원한 자다 혹은 인륜적 세계질서 혹은 사랑이다" 등의 문장에서, 하나님은 "하나의 무의미한 소리, 단순한 이름"일 뿐이다(1952, 22). 하나님이 "감각적으로 직관된 혹은 표상된 자아", "순수한 주체, 공허하고 막연한 일자(das leere begrifflose Eins)를 가리키는 이름으로서의 이름"이 되지 않도록 하기 위해 "**하나님이란 이름을 피하는 것이 유익할 것이다.**" 하나님은 "단지 정체되어 있는 주체로(nur als ruhendes Subjekt) 있을" 뿐이다 (54).

4. 헤겔은 이 문제를 해결하기 위해 종교적 표상을 철학적 개념과 사상으로 나타낸다. "하나님이란 이름을 피하고", 하나님을 "정신" 혹은 "영"으로 표현하며, 성부-성자-성령 사이에 일어나는 삼위일체적 사랑의 활동을 정신의 활동으로 나타낸다. 그는 "하나님이 아들을 낳았다"(행 13:33; 히 1:5; 5:5)

라는 표상과 아버지 하나님이 "아들을 세상에 보낸다"(요 3:15)는 종교적 표상을 정신이 자기의 즉자를 대자로 외화 혹은 대상화한다고 표현한다. 혹은 "신적 정신이 그 자신을 아는 것, 그 자신을 대상으로 세우는 것"(Das Sichwissen, Sich-zum-Gegenstand-Machen)이라 표현하기도 한다. 이것은 "아버지가 아들 안에서 그 자신을 안다는 것을 말한다. 아들은 아버지와 동일한 본성을 갖기 때문이다"(1966a, 185). 정신의 즉자를 대자로 외화 혹은 대상화한 것이 정신으로서의 인간, 인간의 의식과 사유, 세계사적 영웅들, 민족정신, 민족정신이 구체화된 국가와 국가의 삶의 현실들이다.

심지어 헤겔은 **자연의 세계**도 정신의 대자로 파악한다. "살아 생동하는 전체"(ein lebendiges Ganzes)인 자연의 "진리와 궁극적 목적"은 정신이다. 자연은 관념이 "먼저 생동적인 것으로 존재하기" 위해 그의 직접성과 외면성으로부터…그 자신 속으로 들어가며…나아가 (생동적인 것의) 이 특수성을 지양하고 "자기를 정신의 실존으로 생성하는" "운동"이다(1969d, § 251). 한마디로 세계의 모든 것이 삼위일체 하나님을 가리키는 정신의 대자 혹은 타재다.

세계의 모든 것이 정신의 대자 혹은 **타재**(다르게 존재함)라는 것은 정신과 대상 세계 사이에 구별, 곧 **다름**(Differenz)이 있음을 말한다. 사랑하는 자와 사랑받는 자가 깊은 사랑의 영 안에서 깊이 하나가 되는 동시에 너와 나로 구별되는 것과 마찬가지다. 따라서 즉자는 대자 속에 부정적인 것으로 현존한다. 그것은 대자에 대해 부정성이다. 즉자의 이 부정성으로 말미암아 대자 역시 부정성을 자신의 속성으로 가진다. 대자 속에는 즉자와 일치하지 않는 것, 곧 **부정적인 것**이 내포되어 있다. 하나님의 아들 예수 안에 인간의 유한성과 제한성, 곧 부정적인 것이 있었던 것처럼 정신의 대자에 해당하는 대상 세계의 모든 사물 속에는 부정적인 것이 있다(이에 관해 아래 IV, "역사의 원동력인 신적 정신의 부정성" 참조).

5. 그러므로 정신은 그의 대자 곧 대상 세계의 부정적인 것을 끊임없이 부정함으로써 대상 세계를 자기 자신과 일치하는 세계로 혹은 "정신의 개념과 일치하는" 세계로 고양시킨다. 신학적으로 표현한다면, 하나님이 "모든 것 안에서 모든 것"이 되는 세계, 하나님의 의지가 모든 것을 결정하는 하나님 나라로 고양시킨다. 헤겔은 이것을 다음과 같이 설명하기도 한다.

"정신은 세 가지 형식, 세 가지 요소"로 관찰될 수 있다. 첫 번째는 "그 자신 안에, 그 자신 가운데 있는 존재, 보편성의 형식"이고, 두 번째는 "현상, 특수화(Partikularisierung), 타자에 대한 존재의 형식"이며, 세 번째는 "현상으로부터 자기 자신으로 돌아감의 형식"이다. "이 세 가지 형식 속에서 신적 관념이 전개된다. 정신은 신적인 과정, 자기 구별과 구분(Dirimieren)과 이 구분을 그 자신 속에 거두어들임(Zurücknehmen)의 과정이다. 따라서 정신은 세 가지 형식의 각 형식 속에서 신적인 역사로 관찰되어야 한다"(1966d, 65).

정신의 이 "신적 역사"가 곧 세계사다. 세계사는 정신 혹은 사랑이신 삼위일체 하나님이 자기의 즉자를 대상 세계로 대상화시키고, 대상 세계의 부정적인 것의 부정을 통해 자기 자신과 일치하는 세계를 이루어나가는 정신의 **변증법적 활동**이다. 정신의 변증법적 활동은 삼위일체 하나님의 사랑의 변증법적 활동을 철학적으로 표현한 것이다. 세계사의 내적 원리이고, 모든 사물들의 내적 법칙인 헤겔의 변증법은 **성부-성자-성령 삼위일체 하나님의 변증법적 사랑의 활동을 철학적 개념의 형태로 나타낸 것이다**(동일한 해석에 관해 Schweitzer 1964, 238).

6. 헤겔에 따르면, 삼위일체 하나님은 종교적 표상에 머물러 있어서는 안 된다. 그는 세계사를 섭리하고 다스리는 "살아 생동하는 실체" 곧 역사의 변증법적 활동으로 이해되어야 한다. 이런 뜻에서 실체는 "사실상 **주체인**

존재다." 그것은 "자기 자신을 정립하는 운동 혹은 자기 자신과 함께 다르게 됨의 중재(Vermittlung des Sichanderswerdens mit sich selbst)다. 주체로서 그것은 순수하고 **단순한 부정성**이며…단순한 것이 둘로 나누어짐(Entzweiung)이다.…참된 것은 그 자신의 되어감이고, 자기의 끝을 자기의 목적으로 전제하고 그것을 시작으로 가지며, 오직 (자기 자신을) 전개함으로써 존재하고, 자기의 끝인 원운동이다. 하나님의 삶은…자기 자신과의 사랑의 유희(Spielen)로 생각될 수 있다"(20).

그러나 여기서 심각한 신학적 문제가 제기된다. 삼위일체 하나님이란 종교적 표상을 변증법적 활동이라는 철학적 개념으로 파악할 때, 과연 하나님이 인격성을 가진 존재라고 볼 수 있는가? 세계사의 변증법적 활동이 우리가 신뢰하고 우리의 삶을 맡길 수 있는 믿음의 대상이 될 수 있는가? 여기서 하나님은 세계사의 변증법적 활동으로 폐기되지 않는가? 하나님은 없어지고, 변증법적 활동만 남게 되지 않는가? "헤겔의 종교의 변증법에서 종교의 완성"은 "종교의 종언" 혹은 "종교의 해체"가 아닌가?(이정은 2014, 3) 우리는 이 문제에 대해 아래 제3절에서 고찰하고자 한다.

여하튼 헤겔에 따르면, 삼위일체 하나님은 수염 달린 아버지, 남자의 생식기를 가진 아들이 아니다. 그는 역사의 변증법적 활동으로 현존한다. 역사는 변증법을 원리로 가진다. 변증법이 삼위일체 하나님의 사랑의 활동을 표현한 것이라면, 역사는 하나님의 삼위일체를 원리로 가진다. 따라서 헤겔은 삼위일체를 "세계사가 그 주위를 맴도는 낚싯바늘" 곧 세계사의 원리로 파악한다.

하나님은 삼위일체 되신 자(der Dreieinige)로 알려짐으로써 오직 정신으로 인식된다. 이 새로운 원리가, 세계사가 그 주위를 맴도는 낚싯바늘이다. 여기까지 그리고 여기서부터 역사가 일어난다.…그리스도인들은 하나님이 무엇인지 알고 있다. 그들은 그가 삼위일체라는 것을 안다(1968c, 722).

위의 인용문에 따르면, 1) 하나님은 삼위일체 하나님이며, 2) 삼위일체 하나님은 정신으로 인식된다. 정신은 변증법적 활동성을 말한다. 3) 따라서 정신 곧 삼위일체 하나님은 정신의 변증법적 활동성으로 현존한다. 이리하여 삼위일체는 종교적 표상에 머물지 않고, 세계사의 원리로 작용하게 된다. 그것은 세계사의 "새로운 원리, 세계사가 그 주위를 맴도는 낚싯바늘"이 된다.

3. 삼위일체의 종교적 표상은 폐기되어야 하는가?

1. 그러나 하나님의 삼위일체를 세계사의 변증법적 법칙으로 풀이하는 것은 삼위일체의 종교적 표상을 폐기하는 것이 아닌가? 삼위일체 하나님이 변증법이기 때문에 세계사의 법칙으로 폐기되는 것은 아닌가? 이정은 교수가 지적하듯이(이정은 2014, 4), 이것은 "종교의 철학화", "종교의 세속화", "종교의 폐기"가 아닌가? 뢰비트를 비롯한 일련의 학자들이 해석하듯이, 헤겔은 기독교의 종교적 표상을 철학적 개념으로 지양함으로써 기독교 종교와 신학을 철학으로 해체한 것이 아닌가? 우리는 이 문제에 대해 아래와 같이 대답할 수 있다.

　헤겔이 종교적 표상이 말하고자 하는 바를 철학적 개념으로 옮긴 것은 사실이다. 그렇다고 해서 그는 종교적 표상 자체를 부인하지 않는다. 오히려 그는 종교적 표상을 철학적 사상과 개념에 대한 근거와 전제로 인정하며, 심지어 그것이 필요하다고 말한다. 종교적 표상 속에는 "아직 사상으로서 정립되어 있지 않지만", "본질적 내용이 사상(Gedanke)의 형식으로 정립되어 있기" 때문이다(1966b, 115. 자세한 내용에 관해 110-118). 그렇다면 헤겔은 종교의 존속 필요성을 인정했다고 말할 수 있다.

헤겔은 이 문제를 신화와 종교 일반을 통해 설명한다. 신화 내지 종교들이 나타내는 신들의 형태는 그가 나타내고자 하는 내용의 "껍질"에 불과하지 않다. 오히려 그 형태 속에는 "내용이 계시되어 있다.…신화와 종교의 표상은 본질적으로 (내용을) 가리는 것(Verhüllung)일 뿐 아니라 그것을 드러냄(Enthüllung)이기도 하다"(1966a, 56-57). 곧 신화와 종교의 표상은 자연적·감각적 요소 때문에 절대자에 대한 진리를 가리는 동시에 그것을 드러내는 긍정적 측면을 갖기도 한다는 것이다.

2. 헤겔은 이와 연관하여 신인동형론의 제한성을 말하는 동시에 그 타당성을 인정한다. 신인동형론은 하나님이 아닌 하나님을 인간의 형태로 나타내기 때문에 하나님 자신을 완전하게 드러내지 못하는 제한성을 갖는다. 예를 들어, "하나님의 진노는 인간적 지각(menschliche Empfindung)이다." "인간적 지각"이 하나님에게 부여된다. 이와 같은 문제점이 있지만, 신인동형론은 자연적 표상 속에 있는 "정신적인 것"을 나타내는 긍정적 측면을 지닌다. 그것은 단지 "자연적 표상"을 사용하지만, 자연적 표상을 통해 정신적 진리를 표현한다.

물론 자연적·감성적 표상과 순수한 정신적 사상, 이 두 가지를 깨끗하게 나누는 것은 "매우 어려운 일"이다. 하나님에 관한 다양한 신인동형론적 진술들은 감성적 요소들을 가진 표상들에 불과한 것이 아니라 하나님에 관한 보편적 "사상"을 나타내기 때문이다. 따라서 종교는 "완전히 보편적인 것을 나타내는 명제들을 포함한다." "하나님은 전능한 분이다"라는 명제가 이에 속한다(1966a, 171).

그러나 신인동형론에서 볼 수 있는 것처럼 종교적 표상들이 나타내는 보편적 사상, 곧 순수한 진리의 내용은 자연적·감성적 요소들과 혼합되어 있다. 철학은 이 진리의 내용을 자연적·감성적 요소 없이 순수한 사상과 개념의 형태로 나타낸다. 여기서 종교적 표상은 철학적 사상과 개념에 대한 근거가 된다. 만일 종교적 표상을 폐기할 경우, 그 속에 담겨 있는 순수한 보편적 진리의 내용이 함께 폐기된다. 그렇게 될 경우, 철학적 사상과 개념 자체가 성립할 수 없다. 자신의 근거가 사라져버렸기 때문이다.

3. 구체적으로 말해, 하나님의 삼위일체라는 종교적 표상이 폐기될 경우 헤겔의 변증법은 그 기초를 잃어버리게 된다. 이리하여 그것은 폐기될 수밖에 없다. 성립될 수 있는 근거가 없어졌기 때문이다. 삼위일체 하나님이란 종교적 표상이 있을 때, 이 표상 속에 담겨 있는 변증법이라는 진리의 내용을 말할 수 있게 된다. 삼위일체의 종교적 표상이 폐기될 경우 변증법은 하나의 세속적인 논리학의 법칙으로서 반드시 있어야만 할 필연성을 상실한다. 그것은 인간의 판단에 따라 인정될 수도 있고 부인될 수도 있는 것이 되어버린다.

그러므로 헤겔은 『정신현상학』에서 삼위일체의 종교적 표상이 유지되어야 함을 시사한다. 철학적 사상과 개념을 통해 삼위일체의 진리를 보편적으로 실현할 때, "초월적인 요소가 남아 있었을 뿐 아니라 오히려 더 굳게 확립되었다"(1952, 161). 이 문장에서 "초월적인 요소가…더 굳게 확립되었다"는 말은 삼위일체의 종교적 표상이 "더 굳게 확립되었다"는 것을 뜻한다. 곧 종교적 표상으로서 하나님의 삼위일체가 "세계사의 주위를 맴도는 낚싯바늘"로 기능한다는 것을 말한다.

특히 마르크스주의 계열의 무신론자들은 삼위일체의 종교적 표상을 제거하고, 변증법을 인간과 세계의 모든 사물들 자신의 내재적 본성으로 파악한다. 우리는 이것을 블로흐의 철학에서 볼 수 있다. 블로흐에 따르면,

보다 더 나은 내일, 곧 모든 피조물이 굶주림을 당하지 않고 자유와 평등 속에서 평화롭게 살 수 있는 미래를 기다리며, 이 미래를 향해 나아가고자 하는 본성을 가진다. 곧 그것들이 "주어진 것"을 지양하고 "아직 주어지지 않은 것"으로 "넘어가고자" 하는 변증법적 본성을 가진다. 더 이상 새로운 희망이 없는 양로원의 노인들도 편지 배달부를 기다리며 살아간다. 인간이 사유한다는 것은 주어진 것을 "넘어감"을 뜻한다(Denken ist Überschreiten).

인간과 세계의 모든 사물의 변증법적 본성에 대한 블로흐의 분석은 타당하다. 그러나 모든 사물의 본성인 변증법이 종교적 근거 곧 삼위일체라는 종교적 표상을 상실할 때, 그것은 올바른 방향과 목적을 상실하게 된다. 한마디로 그것은 맹목적인 것이 될 수 있다. 그것의 방향과 목적은 인간 자신이 결정할 수 있는 것으로 되어버리기 때문이다. 이리하여 변증법은 "신적 이성이 다스리는" 이성적인 세계를 가져오는 것이 아니라 지옥과 같은 세계를 초래하는 것일 수도 있다. 인간의 사유는 이성적인 세계를 향해 "넘어서는 것"이 아니라 한계를 모르는 인간의 이기적 욕망을 충족시키는 도구로 변질될 수 있다. 20세기에 인류가 경험한 공산주의, 사회주의는 돈을 하나님처럼 섬기는 자본주의 세계보다 더 나은 세계를 이루고자 했다. 모든 인간의 자유와 평등이 있는 세계를 실현하고자 했다. 그러나 예외 없이 무서운 독재체제로 변모했다. 역사가 증명하는 이 사실은 종교적 표상을 배제한 세속적 변증법이 초래한 결과를 보여준다.

4. 몰트만은 헤겔을 다음과 같이 비판한다. 즉 헤겔은 신학과 철학, 신앙과 지식을 화해시키기 위해 그리스도의 "계시 사건의 역사적 실사성(Historizität)"을 폐기하고, 이것을 "영원한 사건"으로 이해했다는 것이다(Moltmann 1969, 9). 그러나 "계시의 사건"이 "영원한 사건"으로 파악될 때, 계시의 역사적 사실성이 폐기된다고 볼 수 없다. 오히려 그것은 "영원한 사건"의 역

사적 근거로 전제된다. 계시 사건의 역사적 사실성이 폐기될 경우, "영원한 사건"은 자신의 근거를 상실하고, 더 이상 존재할 수 없게 된다.

1962년 하이델베르크 헤겔 학술대회에서 뢰비트는 신학과 철학, 종교적 표상과 철학적 사상 및 개념의 헤겔적 화해는 기독교의 지양을 초래한다고 말했다(Löwith 1964, 213). 사실 많은 신학자가 이렇게 생각한다. 그러나 뢰비트의 이 말은 헤겔 자신의 의도와는 거리가 멀다. 헤겔은 최소한 자신의 의도와 관련해 기독교의 종교적 표상을 폐기하려 한 것이 아니라 종교적 표상 속에 숨어 있는 진리를 철학적 사상과 개념을 통해 보편타당한 것으로 드러내고자 했다. 예를 들어 "삼위일체 하나님"이란 매우 종교적인 표상, 교회 내에서도 거의 언급하지 않는 이 표상 속에 숨어 있는 세계사적 의미를 실현하고자 했다. 따라서 헤겔은 기독교 "종교의 필연성"을 증명하는 것이 자신의 철학의 과제라고 말한다(1966d, 9).

헤겔은 종교적 표상의 필연성을 인정한다. 왜냐하면 종교적 표상 속에는 진리의 내용이 숨어 있고, 이 내용은 철학적 사상 및 개념의 근거이기 때문이다. 인간이 아닌 하나님을 인간의 형태로 나타낼 때, 하나님의 진리 자체를 완전히 나타내지 못함은 사실이다. 그러나 헤겔은 "그렇게 하는 것은 옳다" 곧 하나님을 인간의 형태로 나타내는 것은 옳다고 말한다. 인간의 형태 속에는 하나님을 나타내는 진리의 요소가 있기 때문이다. 또한 인간은 "그 속에 정신이 실존하는 유일한 형태이기" 때문이다(1966c, 148). 따라서 하나님을 인간의 형태로 나타내는 종교적 표상은 폐기될 수 없다.

헤겔에 따르면, 인간은 자연의 짐승들과 구별되는 "정신적 존재"다. 하나님 역시 정신이다. "정신은 정신에 대해서만 존재한다." 그렇다면 하나님을 자연의 어떤 짐승의 형태로 나타내는 것보다는 인간의 형태로 나타내는 것이 가장 적절하다. "정신적 존재"로서의 인간과 "정신으로서의 하나님" 사이에는 친화성이 있기 때문에, 하나님을 신인동형론적 표상으로 나타내는 것은 불가피하다.

5. 헤겔은 사유와 종교의 관계에서도 종교적 표상 형식의 필요성을 인정한다. 사유와 종교의 관계의 첫 번째 단계에서 사유는 "종교 내에서" 이루어지며, 종교의 본질적 내용과 형태와 결합되어 있다. 그것은 종교를 자신의 기초로 가지며, 절대적 전제로 가진다. 이 단계에서 사유는 종교에 대해 부자유하며, 독립적이지 못하다. 두 번째 단계에서 사유는 자기를 강화하여 자기 자신에게 근거하며, 종교에 대립한다. 세 번째 단계에서 사유는 "종교 안에서 그 자신을 인식하며", 종교를 "자기 자신의 계기로 파악한다"(1966a, 189-190).

달리 말해, 첫 번째 단계에서 사유는 종교의 표상 형식에 묶여 있다. 두 번째 단계에서 사유는 종교적 표상 형식에 대립하여 자신의 독자성을 주장한다. 세 번째 단계에서 사유는 종교의 표상 형식 속에서 그 자신을 인식하고, 그것을 "자기 자신의 한 계기로 파악한다." 세 번째 단계에서 종교의 표상 형식은 사유의 "한 계기로" 인정된다. 그것은 "모든 사람을 위한 진리의 형식이다"(1966a, 193).

결론적으로 헤겔은 종교적 표상을 폐기하려 한 것이 아니라 그 속에 숨어 있는 세계사적 차원의 진리를 철학적 사상과 개념의 형태로 표현하려 한 것이고, 이 진리를 실현하고자 한 것이라고 말할 수 있다. 그는 성부-성자-성령 하나님의 "삼위일체"라는 종교적 표상에서 **사랑의 변증법적 활동**을 발견하고, 이 활동을 세계사의 변증법적 원리로 적용했다. 헤겔은 이를 통해 삼위일체의 세계사적 의미를 드러내고, 세계사의 과정을 하나님과 세계의 **화해의 역사, 하나님의 섭리와 통치의 역사**로 파악하고자 했다. 그는 세계사를 인간의 욕망이 결정하는 인간의 역사가 아니라 "정신으로서의 하나님"이 다스리는 "정신의 역사"로 드러내고자 했다. 이리하여 삼위일체는 아버지, 아들 등의 종교적 표상과 그리스도인의 믿음과 예배의 차원을 넘어 "세계사가 그 주위를 맴도는 낚싯바늘"의 의미를 갖게 된다. 곧 세계사의 원리로서 기능하게 된다. 이를 가리켜 종교적 표상의 폐기, 기독교 종교의 해체와 폐기라고 말할 수는 없을 것이다.

4. "정-반-합"은 헤겔의 변증법이 아니다

1. 헤겔의 변증법을 생각할 때, 우리는 정-반-합(These-Antithese-Synthese)의 공식을 연상한다. 수많은 학자가 "정-반-합"의 공식을 가지고 헤겔의 변증법을 설명한다. 곧 정(正)이 있는데, 정에 대해 반(反)이 등장하여 서로 투쟁하다가 서로 양보하고 타협하여 적당한 선에서 합(合)을 이루는 것이 헤겔의 변증법이라고 생각한다. 헤겔을 가리켜 독일 나치즘의 인종주의 및 전체주의의 사상적 선구자로 규정했던 카를 포퍼(Karl Popper 1902-1994)도 정-반-합의 공식을 가지고 헤겔의 변증법을 설명한다.

그러나 정-반-합의 공식은 헤겔의 변증법을 제대로 나타내지 못한다. 필자가 읽은 헤겔의 문헌에서 헤겔은 정-반-합의 공식을 가지고 변증법을 설명한 적이 없다. 그는 정-반-합의 공식에 대해 몇 번 언급한 적은 있지만, 이 공식을 가지고 자기의 변증법을 설명하지 않는다. 피히테가 말한 정-반-합의 공식은 헤겔의 변증법을 적절히 나타내지 못하기 때문이다.

왜 정-반-합의 공식은 헤겔의 변증법을 적절히 나타내지 못하는가? 먼저 정-반-합의 공식에서 "반"은 "정"의 바깥에서 오는 것으로 상정되기 쉽다. 그러나 헤겔의 변증법에서 "반"은 "정"의 내부에 포함되어 있는 것으로 생각된다. 그것은 "정"에 대한 "모순" 내지 "부정적인 것"으로서 "정" 안에 있다. 또 "합"(Synthese)이란 개념은 "정"과 "반"을 합한 것, "정"과

"반"이 더 이상 구별되지 않고 하나로 용해되어버린 것으로 생각되기 쉽다. 곧 "구체적 통일성"이 아니라 "추상적 통일성" 안에 있는 것으로 생각되기 쉽다. 이것은 헤겔의 변증법의 진의가 아니다. 따라서 헤겔은 정-반-합이란 공식을 가지고 자기의 변증법을 설명하지 않는다.

필자가 이해한 헤겔의 변증법은 부정적인 것의 부정을 말한다. 정-반-합이 아니라 "부정적인 것의 부정"(Negation des Negativen, 1966e, 104 등)이 헤겔의 변증법을 보다 더 적절히 나타낸다. 헤겔의 변증법은 정신의 자기 외화를 통해 정신의 대자로 세워진 대상 세계의 모든 것 속에 내포되어 있는 부정적인 것의 부정을 통해 대상 세계의 현실이 절대 진리의 세계를 향해 끊임없이 고양되며(Erhebung), 이를 통해 정신이 자기 자신으로 "돌아가는 것"(Rückkehr)을 말한다.

2. 헤겔의 변증법을 적절하게 나타내는 다른 하나의 개념은 "지양"(Aufhebung)이란 개념이다. 독일어 "Aufhebung"은 제거하다(beseitigen), 고양하다(들어올리다, erheben), 보존하다(bewahren)의 세 가지 의미로 사용된다. 그것은 1) 대상의 부정적인 것을 제거하여, 2) 대상을 더 높은 진리의 세계로 들어올리고, 3) 제거된 것이 사라지지 않으며, 전체를 이루는 계기로서 보존됨을 뜻한다. 그것은 현실의 죄악과 불의를 제거함으로써, 현실을 하나님 나라의 현실로 들어올리고, 제거된 것들을 망각하지 않으며, 역사의 계기로서 그것의 의미를 하나님의 영원한 기억 속에 보존하는 것을 말한다.

헤겔의 변증법을 정-반-합의 공식보다 더 적절하게 나타내는 개념을 헤겔의 문헌에서 찾아본다면, 먼저 "중재"(Vermittlung)의 개념에서 찾을 수 있다. 헤겔이 말하는 중재는 현존하는 것의 부정적인 것이 부정됨으로써 더 높은 진리로 변화 내지 고양되는 것을 뜻한다. 다른 하나의 개념은 "넘어감"의 개념이다. "넘어감"은 부정적인 것의 부정을 통해 현재의 주어진 상태에서 아직 주어지지 않은 진리의 세계로 넘어가는 것을 뜻한다. 종합적으로 말해, 헤겔은 부정적인 것의 부정, 지양, 중재, 넘어감 등의 개념을 통해 자신의 변증법을 설명하지, 정-반-합의 공식을 가지고 자신의 변증법을 설명하지 않는다.

3. 헤겔은 "정-반-합"이 아니라 부정적인 것의 부정이 자신의 변증법을 적확히 나타낸다는 것을 예수 그리스도의 존재를 통해 보여준다. 예수 그리스도는 하나님인 동시에 인간이고, 인간인 동시에 하나님이다. "참 하나님"(vere deus)인 동시에 "참 인간"(vere homo) 곧 "하나님-인간"(Gottmensch)이다. 그러나 "하나님"이라는 "정"과 "인간"이라는 "반"은 서로 혼합되어 "합"을 이루지 않는다. 헤겔에게 "합"이란 말은 참된 통일성, 곧 "구체적 통일성"을 나타내지 못한다. 그리스도에게서 정과 반, 곧 신성과 인간성은 분명히 구별된다. 그러나 정과 반은 분리되지 않는다. 오히려 "반" 안에 있는 부정적인 것이 끊임없이 부정됨으로써 "정"과 "반"이 구체적 통일성(하나됨)을 이루어나가는 운동 속에 있다. "통일성 안에서의 구별", "구별 안에서의 통일성"에 참된 통일성이 있다.

　이 운동을 추진하는 "엔진"은 정과 반의 "합"이 아니라 양자의 구별 속에서 일어나는 부정적인 것의 부정이다. 부정적인 것의 부정은 예수 그리스도의 죽음에서 극단적으로 나타난다. 아버지 하나님은 자기 자신, 곧 자기의 즉자를 그의 아들로 대상화시킨다. 이리하여 하나님의 아들이 인간으로 이 땅에 오시게 된다. 이 땅에 오신 예수는 하나님의 아들인 동시에 인간 곧 "하나님-인간"이다. 그는 하나님의 아들이지만, 인간의 유한성과 시간적·공간적 제한성, 곧 부정적인 것을 가진다. 그는 인간 실존의 모든 운명을 자신의 것으로 가진다. 예수의 죽음은 예수 안에 있는 부정적인 것의 부정이다. 예수는 죽음을 통해 인간 예수 안에 있는 부정적인 것이 부정됨으로써 하늘로 고양되어(사도신경의 "하늘에 오르사"), 아버지 하나님과 함께 있게 된다("하나님 우편에 앉아 계시다"). 예수 그리스도의 죽음과 부활은 대상 세계의 모든 것 안에서 일어나야 할 부정적인 것의 부정 곧 "지양"을 나타낸다. 그의 죽음을 통해 하나님의 아들의 자연적 유한성과 제한성이 부정된다. 그의 죽음은 "죽음의 죽음"이며, "부정의 부정"이다.

헤겔은 예수의 죽음 속에서 일어난 부정적인 것의 부정을 정신의 부정으로 나타낸다. 자기의 즉자를 대자 곧 대상 세계로 외화한 정신은 대상 세계의 부정적인 것을 부정하고, 대상 세계를 더 높은 진리의 세계로 고양하며, 이를 통해 자기 자신을 실현하고, 자기 자신으로 돌아간다. 부정적인 것의 부정을 통해 일어나는 정신의 이 변증법적 활동이 세계사를 구성한다. 대상 세계의 모든 것은 부정적인 것이 부정됨으로써 더 높은 진리의 세계로 고양되는 변증법적 운동 속에 있다. "이 변증법은 주관적 사유의 외적 행동이 아니라" 대상 세계의 모든 사물들 "자신의 영혼"이다(eigene Seele, 1955, §31 주해). 곧 변증법은 세계의 모든 사물의 삶의 내적 원리다. 역사의 원리는 변증법에 있다. 변증법의 모체는 하나님의 삼위일체에 있다. 따라서 헤겔은 하나님의 삼위일체는 "세계사가 그 주위를 맴도는 낚싯바늘"이라고 말한다(1968c, 722).

삼위일체는 성부-성자-성령이 하나로 혼합되어버리는 것, 곧 정과 반의 합을 뜻하지 않는다. 그것은 참된 의미의 삼위일체가 아니다. 삼위일체는 성부-성자-성령이 서로 구별되면서 구별을 절대화시키려는 부정적인 것의 부정을 통해 일치를 이루어나가는 변증법적 활동을 말한다. 따라서 헤겔의 변증법의 핵심은 크게 오해될 수 있는 정-반-합의 공식이 아니라 부정적인 것의 부정을 통해 구별 속에서의 일치에 이르고자 하는 정신의 활동, 곧 삼위일체 하나님의 사랑의 삶에 있다.

4. 앞서 고찰한 바와 같이, 성부-성자-성령의 삼위일체는 인간이 아닌 하나님을 인간의 형태로 나타낸 종교적 표상이다. 진리 자체가 아니라 진리를 나타내는 신인동형론적·생물학적 표현 방식이다. 만일 여성들이 성서를 기록했다면, 하나님을 어머니와 딸과 사랑의 영으로 표상했을 것이다. 헤겔은 삼위일체의 표상 속에 숨어 있는 진리를 **사랑** 혹은 **정신의 변증법적 자기활동**이라는 철학적 개념으로 나타내고, 이 개념을 통해 삼위일체의 진리를 세계사의 보편적 차원에서 실현하고자 한다.

헤겔에 따르면 하나님의 삼위일체는 종교적 표상과 개인의 주관적 믿음과 예배의 차원에 머물러서는 안 된다. 그것은 세계사의 변증법적 원리로서 자기의 자리를 회복해야 한다. 세계의 모든 것이 하나님의 것이기 때문이다. 세계사는 하나님의 **삼위일체에 내포된 진리의 변증법적 전개 과정**이다. 따라서 변증법의 뿌리는 삼위일체에 있다. 보다 더 구체적으로 말한다면, 그것은 삼위일체 하나님의 사랑 곧 신적인 영(정신)에 있다. 좌파 마르크스주의자 블로흐도 이를 인정한다. "**헤겔의 변증법의 원형은 삼위일체론에 있다**"(Bloch 1962, 337). "헤겔의 사고와 그의 전 체계는 삼위일체 신앙에 의해 지배"된다(Schweitzer 1964, 321). 삼위일체론에 담긴 변증법적 활동을 찾아내고, 이를 세계사의 변증법적 원리로 파악한 것은 헤겔의 위대한 공헌이라 평가할 수 있다.

V
정신의 부정성에 기초한 "발전의 원리"

1. 정신의 부정성의 원리에 따르면, 그 시대의 정신이 자기의 규정을 성취할 때, 그 시대는 전성기에 도달한다. 전성기에 이를 때, 필연적으로 쇠퇴기가 오고, 쇠퇴기는 멸망에 이른다. 멸망을 통해 "하나의 다른 단계, 하나의 다른 정신의 등장"이 일어난다. 부정적인 것이 부정됨으로써 새로운 것, 긍정적인 것이 나타난다. 이리하여 세계는 신적 정신의 개념에 보다 더 가까운 세계로 발전한다. 이를 통해 **역사의 발전**이 일어난다. 헤겔이 『역사철학강의』에서 말하는 "발전의 원리"는 이것을 말한다(1968a, 151 이하).

헤겔은 이것을 민족정신을 통해 구체적으로 설명한다. 한 민족정신이 국가의 형태를 통해 전성기에 이를 때, 그것은 그 안에 있는 부정적인 것으로 말미암아 쇠퇴하고, 결국 부정적인 것의 부정을 통해 멸망에 이른다. 이를 통해 새로운 민족정신이 등장하게 된다. "개별의 민족정신은 멸망을 다른 민족의 원리로 만든다. 이로써 그는 자기를 완성한다. 이리하여 민족들의 원리들의 발전, 생성과 폐기가 일어난다"(1968a, 65). 한 민족정신은 멸망을 통해 "더 높은 원리의 재료로서" 봉사하며, 한 새로운 원리가 다스리는 다른 민족의 속주가 된다(69). 죽음 다음에 새로운 생명이 따른다. 이것은 매우 힘든 과정이다(70).

2. 그러나 한 민족정신의 멸망과 죽음은 완전히 없어져버림을 뜻하지 않는다. 오히려 그것은 더 높은 민족정신으로의 "지양"을 뜻하고, 지양은 "고양"을 뜻하며, 고양은 새로운 것(Novum)을 향한 발전을 뜻한다. 부정되는 것은 완전히 없어져버리지 않고 더 높은 것으로 고양되고 변용된다. 부정적인 것의 지양은 "보존과 변용"(Erhalten und Verklärung)을 뜻한다(1968a, 71, 93). "사상을 통한 이 해체(Auflösung)는 필연적으로 새로운 원리의 등장이기도 하다. 보편자로서의 사상은 해체한다. 그러나 이전의 원리는 이 해체 속에서 사실상 **보존된다.** 단지 그것의 본래 규정 속에서 존재하지 않을 뿐이다.…그 이전의 원리는 보편성을 통해 변용되어 있다"(179).

따라서 결과로 나타나는 것 속에는 그 이전의 것이 없어지지 않고 포함되어 있다. 정신의 역사 속에서 모든 것이 없어지지 않고 보존된다. 그러나 "부정의 결과로 나타나는 것"은 이전의 것과는 다른 **"새로운 것, 더 이상의 다른 규정"**이다(1968a, 179). 헤겔은 『논리학』에서 이것을 다음과 같이 말한다. "새로운 개념"은 "이전 것보다 더 높고 풍요로운 개념", "부정 혹은 대립되는 것으로 말미암아 더 풍요롭게 된" 개념이다. 그러나 그것은 "이전의 것을 포함한다. 그러나 이전의 것 이상의 것이며, 자기에게 대립하는 것과 자기 자신의 통일성이다"(1969a, 49).

여기서 역사의 발전은 이전의 단계가 완전히 폐기되고, 전혀 새로운 단계가 등장하는 비약을 뜻하지 않는다. 오히려 역사의 발전은 이전에 있었던 단계의 "변용" 혹은 더 높은 단계로의 고양으로 생각된다. 이는 비약적 발전이 아니라 점진적 발전이라 말할 수 있다. 발전에 대한 헤겔의 이런 생각은 헤르더(J. G. Herder, 1744-1803)의 생각에 반대된다. 헤르더는 발전을 어떤 사물이 그 이전의 것에서 변용 내지 고양되는 것으로 생각하지 않는다. 역사의 모든 것은 "모든 사물의 영원하고 직접적 뿌리인 하나님으로부터 직접 나온다." 따라서 "모든 것은 똑같이 하나님에게 가깝다. 모든 것이 그 자신의 독특한 방법으로 하나님의 본질을 반영한다"(Störig 1974, 308-309).

3. 그러나 헤겔은 역사의 점진적 발전을 더 높은 **질적 발전**으로 파악한다. 헤겔에 따르면, 한 민족정신 속에서 "자기를 사유하기에" 이른 신적 정신은 사유를 통해 자기를 기존의 민족정신으로부터 분리시킨다. 이 분리 속에 "하나의 **더 높은 원리의 시작**"이 있다(1968a, 71). 신적 정신은 이 분리에 머물지 않고 새로운 민족정신과 결합한다. 이 결합은 이전의 민족정신의 원리의 회복이나 반복이 아니라 "새로운 원리의 발흥(Aufgehen)"을 가져온다. "결합 속에 더 높은 원리가 있다"(72). 더 높은 새로운 원리의 등장과 함께 정신의 역사의 발전이 이루어진다.

　헤겔은 새로움과 질적 변화가 있는 정신의 역사를 **자연의 과정**과 비교한다. 자연 속에도 변화가 일어난다. 무한히 다양할 정도의 변화가 일어난다. 계절의 변화, 건기와 우기의 변화와 함께 자연 전체가 변화한다. 그러나 자연에는 질적 변화가 없다. "언제나 반복되는 하나의 원운동이 있을 뿐이다. 이 원운동 속에는 "종의 유지"와 "실존의 동일한 방법의, 동일한 형식의 반복"이 있을 뿐이다. 따라서 "자연의 해 아래"에는 새로운 것이 일어나지 않는다. 그래서 "자연의 형태들의 다양한 유희는 지루함을 초래한다." 자연의 변화 속에는 "새로움"이 없기 때문이다. 그러나 "정신의 해" 아래에서는 형편이 다르다. 거기에는 새로운 변화와 진보가 있다. "정신적 기초 위에서 일어나는 변화 속에만 **새로움**이 나타난다"(1968a, 149).

4. 헤겔은 이 문제와 연관하여 레싱의 진보 사상을 경계한다. 헤겔에 따르면, 역사란 "더 나은 것, 더 완전한 것을 향한 진보"라는 생각은 일반적으로 잘 알려진 생각이다. "완전성의 충동"이 모든 사물의 원리로 생각된다. "이 새로운 원리는 변화 자체를 하나의 법칙으로 만든다." 그러나 "완전성"이란 말은 "변화 일반과 마찬가지로 거의 규정이 없는 것(Bestimmungsloses)이다. 그것은 목적과 목표가 없다. 그것이 지향하는 더 나은 것, 더 완전한 것은 전혀 규정되지 않은 것이다"(1968a, 149-150).

"정신의 과정은 진보다"라는 "진보의 표상"은 만족스럽지 못하다. 이 표상에 따르면, "인간은 완전성을 가진다. 곧 항상 더 완전하게 될 수 있는 현실적 가능성을 가진 동시에 필연성을 가진다. 여기서 기존의 것(der Bestand, 기존의 국가체제, 법 등을 말함)이 가장 높은 것으로 생각되지 않는다. 오히려 변화가 가장 높은 것으로 보인다." "완전하게 됨"이 최고의 가치로 생각된다. 그러나 여기서 "완전하게 됨이란 매우 불확실하며(unbestimmt), 단지 변화만을 말할 뿐이다. 변화에 대한 기준이 없으며, 기존의 것이 어떤 면에서 옳은 것, 실체적인 것인지에 대한 그 기준도 없다.…어떤 목적도, 어떤 특수한 궁극적 목적도 주어져 있지 않다." "항상 더 많은 지식들, 더 정교한 교육"과 같은 비교급의 "양적인 것"을 말하지만, "도달해야 할 목표를 말하지 않는다. 단순한 "양적인 것은 사상이 없는 것(das Gedankenlose)"이다. 그러므로 진보를 말할 때, 우리는 "도달해야 할 목표"가 무엇인가를 알아야 한다(1968a, 150). 역사의 진보가 단순히 양적 진보가 아니라 질적 진보가 되기 위해서는 도달해야 할 역사의 목적이 무엇인가를 알아야 한다. 역사의 목적을 알 때, 역사의 변화는 "질적 변화"로 인식될 수 있다.

헤겔은 그것을 정신의 자기활동으로서의 역사에서 발견한다. 정신의 활동은 "즉자 속에 현존하는 전제"를 가진다. 정신은 자기의 즉자 속에 있는 것을 외화하여 그것을 실존케 한다. 이를 통해 나타나는 "그의 생성물들,

변화들은 질적인 변화로 표상되고 인식될 수밖에 없다"(1968a, 150). "세계사를 자기의 무대로, 소유와 그의 실현의 장(Feld)으로 가진 정신은 우연한 것들의 외적 유희 속에서 활동하는 그런 존재가 아니다. 오히려 그는 그 자체에 있어 절대적으로 규정하는 것(das absolut Bestimmende)이다"(151). 역사는 우연한 일들의 유희의 장이 아니라 정신의 자기활동의 장이다. 그러므로 역사는 정신을 통해 주어지는 목적, 곧 모든 인간의 "자유의 실현"을 궁극적인 목적으로 가진다. 정신은 이 목적을 향해 우연한 일들을 "사용하며 지배한다"(151). 정신의 역사 속에서 일어나는 변화는 이 목적을 향한 "질적 변화"다.

5. 헤겔이 말하는 역사의 발전과 진보는 기계적인 것이 아니라 부정적인 것의 부정을 통해 이루어지는 변증법적 운동을 통한 발전과 진보다. 헤겔은 정신의 자기현상, 자기 전개로서의 역사 발전의 과정을, 목적을 향한 힘든 투쟁의 과정으로 파악한다.

　자연의 유기적 사물들 속에도 발전이 있다. 자연의 생명체들도 다른 사물들과 관계하며, "지속되는 변화의 과정" 속에서 생존한다. 이 변화는 "유기적 원리와 이 원리의 형태의 유지" 속에서 이루어진다. 그래서 자연의 유기적 개체들도 "자기 자신을 생산하며, 그 자체에 있는 바로 자기를 만든다"(macht sich zu dem, was es an sich ist). 신적 정신도 마찬가지다. 그러나 자연의 발전은 "그 자신으로부터 변화되지 않는 내적 원리에서 나온다." 그것은 "모순이 없고, 방해가 없는 직접적 방법으로 이루어진다. 이에 반해 정신의 경우는 다르다"(1968a, 151). 정신의 영역에서의 발전은 부정적인 것의 부정의 힘든 노력과 투쟁을 통해 이루어진다. 자기의 규정을 실현하는 정신의 활동은 "의식과 의지를 통해 중재된다."

　정신은 중재의 과정 속에서 자기를 대상화시키고, 대상화된 자기 자신과의 투쟁 속에서 발전을 이루어나간다. "이리하여 정신은 그 자신 속에서 자기에게 대립한다(entgegen). 그는 자기 자신을 자기의 목적에 대한 참으로 절대적 방해물로 극복해야 한다." 자연의 유기적 사물들의 발전은 동일한 것이 유지되는 "조용한 생성"(ruhiges Hervorgehen)임에 반해, 정신의 역사에서 발전은 "자기 자신에 대한 힘들고 무한한 투쟁이다"(1968a, 151-152). 투쟁의 과정을 통해 "특수한 내용을 가진 목적"이 이루어진다. "이 목적은 정신이다. 실로 그것은 자기의 본질에 따른, **자유의 개념에 따른** 정신이다. 이것이 **발전의 기본 대상**이다. 따라서 발전의 주요 원리는 그의 의미와 의의를 얻게 된다"(152). 여기서 역사의 발전은 **자유의 완전한 실현**이란 목적을 향한 발전으로 나타난다.

6. 헤겔은 이 문제와 연관하여 정신의 발전과 자연의 발전을 반복해서 비교한다. 자연의 발전 과정에서 개체는 종(種)을 유지하기 위해 끊임없이 반복되는 "교체에 예속되어 있다." 하나의 개체가 다른 개체로 교체됨으로써 종이 유지된다. 개체는 바뀌지만, 종의 유지라는 법칙은 변하지 않고 반복된다. 우주의 행성은 자기의 자리를 계속 바꾸지만, 그의 궤도는 변하지 않고 정해져 있다. 동물의 종들도 마찬가지다. 동물의 개체는 죽고, 새로운 개체가 태어나지만, 동물의 종은 변화하지 않고 계속 유지된다. 여기서 "변화는 하나의 원운동, 동일한 것의 반복이다. 모든 것이 원운동 속에 있다.…자연 속에서 죽음으로부터 생성되는 생명은 또 하나의 개체 생명이다." 개체의 죽음은 종이 새로운 개체 속에서 유지되는 것으로 끝난다. 거기에는 질적 변화가 없다. 따라서 "종의 유지는 실존의 동일한 방법이 동일한 형식으로 반복되는 것(gleichförmige Wiederholung)에 불과하다"(1968a, 153).

정신의 영역에서는 전혀 다르다. 자연의 종들 속에는 진보가 없는 반면, "정신에 있어서는 모든 변화가 진보(Fortschritt)다.… 자연은 자기를 파악하

제4부 | 정신의 부정성에 기초한 변증법적 과정으로서의 역사

지 못한다. 그러므로 자연에게는 그의 형태들의 부정적인 것이 없다." 자연에도 진화의 단계들이 있지만, 이 단계들 속에는 질적 변화가 없다. "이에 반해 정신의 영역에서는 더 높은 형태가 그 이전의 낮은 형태의 변화를 통해 생성되는 현상이 나타난다." 이전의 형태는 더 이상 실존하지 않게 된다. 새로운 형태는 "그 이전의 형태의 변용(Verklärung)이다." 이리하여 "정신적 형태들의 나타남(현상)이 시간 속에서 일어나게 된다. 관념이 공간 속에서 자연으로서(als Natur) 자기를 전개하는 것처럼, 세계사는 시간 속에서 일어나는 **정신의 전개**(Auslegung)다"(154).

자연 속에서 생명이 죽고 새로운 생명이 태어나는 것은 "동일한 것의 반복일 뿐이다. 그것은 언제나 동일한 원운동과 함께 일어나는 지루한 역사다. (그래서) 태양 아래 아무런 새로운 것도 일어나지 않는다(고 말한다). 그러나 정신의 태양에서는 다르다. 정신의 태양의 과정, 운동은 자기반복이 아니라⋯**본질적으로 진보다**"(1968a, 70).

7. 진보의 과정에서 "정신은 그의 무한한 가능성으로부터, 단지 가능성으로부터 시작한다. 이 가능성은 그의 무한한 내용을 즉자로서, 목적과 목표로서 내포한다. 그는 오직 그의 결과에 이르러 이 목적에 도달하며, 이 결과는 그의 현실이다.⋯이리하여 불완전한 것으로부터 완전한 것으로 나아가는 것으로서의 전진(Fortgang)이 실존 속에 나타난다"(1968a, 157).

여기서 헤겔은 불완전한 것을 "단지 불완전한 것"으로 생각하지 않고(Hegel의 표현을 따른다면 "추상적으로" 생각하지 않고) "자기 자신의 반대(Gegentel)" 곧 "완전한 것을 씨앗(Keim)으로, 충동(Trieb)으로 그 자신 속에 가진" 것으로 본다. 세계의 모든 사물은 "완전한 것"을 자기 자신의 "모순"으로, 내적 "충동"으로 갖고 있다. 이 모순으로 인해 완전한 것을 향한 발전, 곧 변증법적 운동이 일어나게 된다. 이 변증법적 운동은 자연 속에서 볼 수 있는 주어진 법칙에 대한 무의식적 복종 속에서 일어나는 무의식적인 것이 아니라 인간의 인식과 의지 속에서 일어나는 의식적인 것, 인식되는 것이다. 목적이 없는 동일한 삶의 방식의 반복과 단순한 "종의 유지"가 아니라 "자유의 원리"의 실현을 그 목적으로 가진다.

8. 역사의 현실이 끊임없는 발전의 과정 속에 있다면, 이 현실을 정신 자체와 동일시하는 것은 불가능하다. 발전의 과정 속에 있는 어떤 현실도 완성된 것, 궁극적인 것이 아니기 때문이다. 따라서 어떠한 역사적 현실도 자기를 절대화시킬 수 없다. 정신은 역사의 현실로 현존하는 동시에 이 현실로부터 구별된다.

헤겔은 이것을 자신의 철학의 목적을 통해 설명한다. 종교적 이원론에서, 세계는 하나님으로부터 분리된 유한하고 제약된 것, 나쁘고 악한 것으로 간주된다. 곧 그것은 "미쳤고 어리석은 사건"으로 생각된다. 그러나 세계 속에서 "아무런 긍정적인 것, 참된 것을 보지 못하고, 어디서나 나쁜 것만 보는 것"은 타당하지 않다. 이것은 세계에 대한 모욕과 수치라고 볼 수 있다. 이와 같이 모욕과 수치를 당한 세계 속에서 "신적 관념의 현실"을 인식함으로써 "모욕을 당한 현실의 정당성을 회복하는(rechtfertigen)"데 헤겔 철학의 목적이 있다(1968a, 77).

헤겔에 따르면, "신적 관념의 현실"은 이성 안에 있다. "참으로 선한 것, 보편적인 신적 이성은 자기 자신을 실현하는 힘이기도 하다. 이 선한 것, 그의 구체적 표상 안에 있는 이 이성이 하나님이다. 단순한 관념 일반이 아니라 활동성(Wirksamkeit)으로서의 선한 것은 우리가 하나님이라고 부르는 것이다." 그러므로 "이성 안에는 신적인 것이 있다. 이성의 밑바닥에 놓여 있는 내용은 신적 관념이요, 본질적으로 하나님의 계획이다"(78). "하나님의 계획"은 세계사에 대한 "섭리의 계획"을 말한다. "세계사는 섭리의 계획을 나타낼 뿐이라는 것이…철학의 통찰이다. 하나님이 세계를 다스린다. 그의 통치의 내용, 그의 계획의 집행이 세계사이며, 이 계획을 파악하는 것이 세계사 철학의 과제다"(1968a, 77).

9. 헤겔의 이 생각에서 하나님은 세계사 속에서 자기의 섭리의 계획을 집행하는 "활동성" 혹은 "보편적인 신적 이성", "자기를 실현하는 절대적 힘"으로 생각된다. 하나님은 신적 이성의 활동성 자체다. 그는 "자신의 구체적 표상 속에 있는 이성"이다. 그런데 헤겔은 "구체적 표상 속에 있는 이성"을 "관념의 인지"(Vernehmen der Idee), 어원학적으로 말해, "진술된 것(Logos)의 인지─참된 것의 인지"로 파악한다. "이성 안에서 인지되는 것"은 하나님 자신이 아니라 "하나님의 진리, 하나님의 모상(Abbildung)이다." 이것이 곧 "창조된 세계"다(1968a, 78). 여기서 관념을 인지하는 신적 이성과 신적 이성에 의해 인지되는 창조된 세계가 구별된다. "하나님의 모상"으로서의 창조된 세계는 하나님 자신이 아니라 하나님 자신의 원상에서 구별되는 모상일 뿐이다. 이리하여 헤겔은 하나님과 세계를 밀접하게 관계시키는 동시에 양자를 구별한다.

그러므로 어떤 학자는 헤겔이 플라톤의 이원론을 극복하지 못하고 하나님과 피조된 세계의 이원론을 유지한다고 해석한다(예를 들어 Lakebrink 1969, 162. 이에 관해 Gadamer 1971, 86 이하). 그러나 헤겔이 플라톤적인 이원론을 유지했다고 보는 것은 타당하지 않다. 그는 양자를 구별과 일치의 변증법적 관계 속에서 보기 때문이다. 우리는 이것을 다음과 같은 헤겔의 문장에서 볼 수 있다. 하나님은 세계를 말씀으로 창조했다. "하나님은 말씀한다. 그는 단지 자기 자신만을 말할 뿐이다(er spricht nur sich selbst aus). 그리고 그는 자기를 말하며, 자기를 인지하게 하는 힘이다"(1968a, 78). "자기 자신을 말한다"는 것은 산모가 자기 생명을 자기의 태아에게 부어 넣듯이 하나님이 "자기 자신을 부어 넣는다"는 것을 말한다. 곧 구별 속에 있는 두 편의 하나 됨을 말한다.

10. 우리는 이와 같은 정황을 헤겔의 이성 개념에서 볼 수 있다. 헤겔에 따르면, "이성이 세계사 안에 있다—특수한 주체의 이성이 아니라 신적인 절대 이성이 그 안에 있다." 신적인 절대 이성은 "자기 자신을 현존으로 생성하며 자기를 집행한다(ausführt)." 이성의 자기집행이 곧 세계사다. 따라서 "세계사는 이성의 상(Bild)이며 행위다.…세계사에서 이성은 자기를 증명할 뿐이다. 세계사는 이 하나의 이성의 현상이며, 자기를 그 속에서 계시하는 특수한 형 중 하나다. 그것은 원상의 초상이다"(1968a, 29-30).

　여기서 이성은 세계사 안에서 활동하며 세계사를 통해 자기를 나타낸다. 세계사는 이성 자체의 활동이다. 그러므로 세계사는 "이성의 현상"이다. 그러나 세계사는 이성 자체가 아니라 "원상의 초상"으로서 원상인 이성, 곧 하나님으로부터 구별된다. 따라서 세계사의 어떤 현실도 하나님과 자기를 동일시할 수 없다. 그것은 결국 하나님의 초상에 불과하며, 이 초상 속에는 원상과 일치하지 않는 부정적인 것이 언제나 내포되어 있다. 초상 안에 내포된 부정적인 것은 언제나 다시금 원상을 향해 부정되어야 한다. 이때 역사의 발전이 가능하게 된다. 역사의 발전은 오직 부정적인 것의 부정을 통해 가능하다.

　따라서 역사의 어떤 현실도 더 이상의 발전을 필요로 하지 않는 완결된 것이 아니다. 그것은 언제나 다시금 새롭게 변화되어야 한다. 그것은 현존하는 모든 대상적인 것에 대해 하나의 "다른 것"으로 파악되어야 한다. "지금 여기에" 있는 현실은 이미 완성된 것이 아니라 더 높은 진리의 세계를 향해 지양되어야 하며, 미래에 완성될 것으로 생각되어야 한다(Glockner 1965, 145 이하).

헤겔의 표현을 따른다면, 세계의 어떤 사물도 그 개념과 존재가 일치하지 않는다. 세계의 모든 "사물의 유한성은 개념과 개념의 규정 그리고 그것의 존재가…다르다는 점에 있다"(1966b, 223). 자기를 자기 바깥에 있는 대상으로 외화한 정신은 언제나 다시금 "더 높은 방법으로 그에게 **오고 있는 것으로서의 현상형태**를 그에게 부여하기" 때문이다(61). 따라서 세계의 모든 사물은 더 높은 것으로 지양되고 발전해야 할 변증법적 법칙 속에 있다.

11. 헤겔은 역사의 발전 과정을 "**중재**"로 생각한다. "발전 속에는…중재가 포함되어 있다. 하나는 다른 것과 관계하는 한에서 존재할 뿐이다. 즉자(Das, was an sich ist)는 자기를 발전시키고자 하는 충동, 곧 실존하며 실존의 다른 형식으로 넘어가고자 하는 충동을 지닌다. 그리고 실존은 오직 기초의 중재로 존재한다. (중재되지 않은) 직접적인 것은 현실적으로 존재하지 않는다." 그러므로 헤겔은 "직접적인 지식, 직관 등에 대한" 당시의 "많은 잡소리들"(viel Gerede)을 거부한다. "우리가 직접적 지식 등이라고 부르는 모든 것 속에는 중재가 현존한다"(1966a, 107). 따라서 역사의 발전 과정은 중재의 과정이라 말할 수 있다.

세계의 모든 사물이 중재를 통한 발전의 과정 속에서 발생하고, 부정적인 것의 부정을 통해 더 높은 진리로 넘어간다(지양된다). 헤겔에 따르면, 이 넘어감은 부분적으로 직접적인 것이기도 하고, 부분적으로 수많은 단계의 중재를 통해 일어나는 것이기도 하다. 여하튼 발전의 과정 속에 있는 모든 사물은 서로 구별되지만, "정신의 세계"라는 하나의 유기체를 이룬다. 모든 것이 한 유기체의 지체들이다.

헤겔은 이것을 자연의 유기체들을 통해 설명한다. 하나의 씨앗이 식물로 발전했다가 새로운 씨앗으로 넘어간다. 이를 통해 생성된 새로운 씨앗은 중재된 것이다. 이전의 씨앗과 새로운 씨앗 사이에는 "뿌리, 줄기, 잎, 꽃

등"이 있다. 새로운 씨앗은 그것들의 중재를 통해 생성된다. "이것은 하나의 발전된, 중재된 과정이다." 중재의 과정을 이루는 "뿌리, 줄기, 가지들, 잎들 그리고 꽃"은 전체 발전 과정의 "단계들"로서 "서로 다르다." 이것들의 그 무엇도 "참된 식물이 아니다." 그것들은 실존 형태에 있어 서로 모순된다. 그러나 이 모든 계기가 합하여 하나의 식물을 이루며, 식물의 생동성을 유지한다. "이 하나의 것, 단순한 것은 모든 상태들(계기들)을 통해 존속한다. 이 모든 규정, 계기들은 절대 필연적이며, 이 모든 계기로부터 생성된 것, 곧 열매와 새로운 씨를 목적으로 가진다"(1966a, 107-108).

역사의 발전에 대한 헤겔의 이 생각에 따르면, 세계사의 그 무엇도 무의미하지 않다. 모든 것이 신적 정신 곧 하나님의 삶을 이루는 계기들로 인정된다. 모든 것이 다르게 보이지만, 하나로 결합되어 단 하나의 정신적 세계를 이룬다. 헤겔은 이것을 꽃에 비유한다. 꽃은 다양한 성분을 가진다, 색깔, 냄새, 맛, 형태 등이 모두 다르다. 그러나 이 모든 것은 하나 안에 있고, 어느 것도 없어서는 안 될 유기적 통일성 속에 있다. 그것들은 나뉘지 않는다. 냄새는 여기에, 색깔은 저기에 있지 않다. 색깔, 냄새 등 모든 것이 서로 구별되지만, 결합되어 하나 안에 있다(1966a, 115).

12. 헤겔은 역사의 발전 과정을 정신이 자신 속으로 더욱 깊어지는 과정(Vertiefung)으로 파악한다. "정신은 자기 자신을 알고자 할 수밖에 없다. 그 자신을 바깥에 세우며, 그 자신을 대상으로 갖고자 할 수밖에 없다. 그는 자기가 무엇인가를 알며, 그 자신을 완전히 소진하여 그 자신에게 완전히 대상으로 된다. 그는 그 자신을 전적으로 드러내며(enthülle) 자기의 가장 깊은 데로 내려가서 그것을 드러낸다. 정신이 더 높이 발전할수록, 그는 더 깊어진다.…바로 이 발전은 정신이 그 자신 속으로 깊어지는 것(Vertiefen)이다. 그는 자기의 깊음을 의식으로 가져온다(의식하게 한다). 이 경우에 정신의 목

적은 정신이 자기 자신을 파악하고, 자기에게 더 이상 은폐되지 않는 데 있다. 이에 도달하는 길이 정신의 발전이다"(1966a, 111).

인간의 사유를 포함한 역사의 모든 단계가 정신의 발전의 단계들이다. 모든 단계는 다르다. 뒤에 오는 단계는 앞의 단계보다 "더 구체적이다." 가장 낮은 단계는 가장 추상적인 것이다. 헤겔은 이것을 어린이에 비유한다. 어린이는 어른에 비해 가장 추상적이다. 어린이들은 "감성적 직관들로 가득하며, 사상에 있어 빈곤하다." "그들은 성장과 교육을 통해 감성적 직관 대신에 사상이 발전하고 구체화된다. 그러나 나중에 오는 발전 단계들은 이전의 단계들을 전제하며, 이 단계들을 발전시킨다. 다음에 오는 발전의 모든 단계는 그 이전의 단계보다 더 풍요롭고 더 구체적이다"(1966a, 112). 여기서 헤겔은 역사의 비약적 발전을 말하기보다는 **점진적 발전**을 말한다. 그러나 이 생각은 역사의 "새로움"에 모순되는 것처럼 보인다.

VI

"미네르바의 부엉이"의 비상을 시작하는 철학

1. "사상으로 파악된 그의 시대"로서의 철학

1. 헤겔에 따르면, 사유의 활동은 정신의 변증법적 자기활동이다. 그런데 정신의 자기활동은 인간의 사유에서는 물론 대상 세계에서도 일어난다. 사유는 물론 대상 세계 역시 하나님의 자기 외화로 말미암아 있게 된 하나님의 현존 내지 현상양태다.

그렇다면 철학적 사유는 대상 세계와 내적 일치성을 갖게 된다. 하나님의 변증법적 자기활동은 대상 세계 속에서 현실적으로 일어나는 것이 사유에서는 사상과 개념의 형태로 일어난다. 따라서 철학적 사유의 논리 구조는 대상 세계의 현실적 구조와 일치성을 갖는다. 한마디로 철학적 "사유의 논리"는 대상 세계의 "존재의 논리"이기도 하다. 논리학에 나타나는 개념들은 대상 세계의 논리적 구조의 표현이다. 헤겔의 논리학은 대상 세계로부터 분리된 추상적인 것이 아니라 대상 세계의 논리적 구조를 하나의 통일된 개념적 체계로 나타내고자 한 것이다.

여기서 논리학의 법칙들과 대상 세계의 법칙들의 내적 일치성을 볼 수 있다. 헤겔 자신의 말을 따른다면, "모든 실재"(Realitäten)인 세계정신은 존재로 되어가는 과정에 있을 뿐이며, 이 되어감은 그에게 본질적이다. 아니 정신은 되어감 자체다. 헤겔은 이것을 자신의 『정신현상학』에서 다음과 같이 말한다. "이 실체, 곧 정신은 그가 즉자에 있어 존재하는 것으로 되어감이다"(1952, 558).[1] 정신의 이 "되어감"이 역사의 과정을 구성한다.

2. 정신의 이 "되어감"은 "지식"으로 나타나기도 한다. "현상하는 지식"은 바로 정신의 되어감의 표현인 동시에 이 되어감 자체다. "현상하는 지식의 학문"이(1952, 564) 바로 논리학이라면, 논리학의 법칙과 현실의 법칙, 논리학의 구조와 현실의 구조는 내적 일치성을 갖게 된다. 세계의 모든 현실이 논리학의 구조를 가진다. 따라서 모든 현실은 "철학적으로" 곧 논리적으로 관찰될 수 있다. 역사도 마찬가지다. 헤겔의 제자 에르트만(J. E. Erdman)은 이를 가리켜 "범논리주의"(Panlogismus)라고 말한다(Überweg 1923, 74).

　헤겔이 뜻하는 세계 현실의 논리적 구조, 논리적 법칙은 무엇인가? 그것은 현실 세계의 부정적인 것을 부정하고, 절대 진리의 세계를 향해 발전하는 변증법적 구조다. 세계의 모든 것이 변증법적 법칙, 변증법적 구조 속에 있다. 따라서 변증법적 법칙은 헤겔의 학문적 체계 전체에 일관된다. 그의 논리학은 물론 자연철학과 정신철학과 역사철학도 변증법적 논리 법칙에 따라 기술된다. 논리학은 순수존재로부터 본질을 거쳐 개념에 이르는 "개념의 변증법"을, 자연철학은 무기물로부터 화합물을 거쳐 유기물에 이르는 "자연의 변증법"을, 정신철학은 주관적 정신으로부터 객관적 정신을 거쳐 절대정신에 이르는 "정신적 변증법"을, 역사철학은 역사의 유년 시대

---

1) 원문. "Diese Substanz aber, die der Geist ist, ist das Werden seiner zu dem, was er an sich ist."

로부터 청장년 시대를 거쳐 노년 시대에 이르는 "역사적 변증법"을 내적 구조로 가진다. 역사도 변증법적 구조를 갖기 때문에, 헤겔은 자신의 『정신현상학』에서 역사를 가리켜 "파악된 역사"라고 말한다(1952, 564).

3. 일반적으로 자연의 영역은 정신의 영역에 속하지 않은 것으로 간주된다. 그러나 헤겔에 의하면, 자연도 정신 곧 "정신으로서 하나님"의 타재 혹은 대자다. 자연도 하나님의 현존양태에 속한다. 이것은 신학자들에게 매우 위험한 생각으로 들릴 수 있지만, 헤겔 당시의 독일 낭만주의에서 이 생각은 일반적인 것이었다. 헤겔의 친구 셸링도 그렇게 생각했다. 셸링 역시 정신과 물질, 정신과 자연의 분리를 극복하고자 했다. 그에 따르면, 인간의 영혼은 물론 물질적 현실과 자연도 "세계정신"인 하나님의 자기표현이다. 정신은 눈으로 볼 수 없는 자연이라면, 자연은 눈으로 볼 수 있는 정신이다. 우리는 자연 속에서 그것을 질서 있게 배열하는 정신을 볼 수 있다. 자연 속에 있는 세계정신은 인간의 의식 속에도 있다. 헤겔 역시 "그 시대의 아들"로서 그 시대의 통찰을 수용했다.

헤겔에 의하면, 자연의 기초를 이루는 것은 관념(Idee)이다. 다윈에 따르면, 자연의 발전은 자연적으로 일어나는 것으로 생각된다. 헤겔은 이 생각을 거부한다. 자연의 발전은 "자연적 것이 아니라 자연의 기초가 되는 **내적 관념에 있어서의 발전이다**"(1969d, § 13). 자연 속에 숨어 있는 관념의 발전으로 말미암아 자연의 발전이 일어난다. 따라서 헤겔은 당시의 자연과학적 진화론을 반대한다. 그에 따르면, 우리는 자연을 "단계들의 체계"(System der Stufen)로 봐야 한다. 하나의 단계는 다른 단계로부터 필연적으로 나온다. "그러나 하나의 단계는 다른 단계로부터 자연적으로 생성되는 것이 아니라 자연의 근거인 내적 관념 속에서" 나오는 것으로 봐야 한다(1955, § 249).

자연은 물론 모든 정신적 현상도 변증법적 법칙 안에 있는 것으로 파악된다. 헤겔의 정신철학은 변증법적 법칙 안에 있는 정신적 현상들을 다룬다(§ 13). 주관적 정신으로서 개인의 영혼, 의식, 정신, 객관적 정신의 발현으로서의 인륜과 가족, 시민사회, 국가의 삶 등도 변증법의 논리 구조를 가진 것으로 다루어진다. 절대정신의 삶의 형식인 종교, 예술, 철학도 마찬가지다. 절대정신의 정점을 이루는 헤겔의 철학사는 정신의 변증법적 발전의 역사를 나타낸다. 철학사와 세계사는 물론 국가들의 정치사도 구조적 일치성을 가진다. 따라서 현실 세계의 변증법적 활동이 철학에서는 사유의 변증법적 활동으로 나타난다. 뢰비트는 이를 가리켜 **"철학과 현실 일반의 화해"**라고 말한다(Löwith 1953a, 59).

4. 철학과 삶의 현실이 내적 일치성을 가진다면, 철학은 삶의 현실을 반영하는 거울이라 말할 수 있다. 철학은 그 시대의 삶의 현실 속에서 일어나는 정신의 변증법적 활동을 사상의 형식으로 나타내는 학문이라 말할 수 있다. "모든 철학은 그 시대의 철학이며, 정신적 발전의 전체 고리의 지체다. 그것은 자기 시대와 일치하는 관심들의 만족을 보증할 수 있을 뿐이다"(1966a, 141).

그렇다면 철학은 역사의 새로운 발전을 위해 아무것도 기여할 수 없는 학문, 단지 주어진 현실을 사유와 사상의 형식으로 반복하는 학문에 불과한가? 철학은 그 시대와 일치하는 관심을 만족시킬 수 있을 뿐인가? 그것은 세계 현실에 대해 아무 새로운 것도 말할 수 없는가? 철학의 논리학적 구조는 그 시대를 넘어서는 새로운 것을 말하지 못하는 대상 세계의 현실적 구조의 사상적·개념적 표현에 불과한가?

5. 헤겔은 이 질문에 대해 먼저 그렇다고 대답한다. 철학은 새로운 사상을 통해 주어진 현실을 부정하고 새로운 현실을 불러일으키는 학문이 아니라

주어진 현실을 사상의 형식으로 나타내는 학문에 불과하다. 곧 "그의 시대의 철학", "회색에 회색을 칠하는" 학문이라는 것이다.

헤겔은 『철학사 서설』에서 이것을 다음과 같이 말한다. "철학은 그가 등장하는 시대의 정신과 일치한다. 그것은 그의 시대를 넘어서지 못한다. 그것은 그 시대의 본질적인 것의 의식에 불과하다. 혹은 그 시대 속에 있는 것의 사유하는 지식(das denkende Wissen)에 불과하다"(1966e, 149). 그의 『법철학』에 따르면, 철학은 "사상들 안에 파악되어 있는 그의 시대"다(ihre Zeit in Gedanken erfaßt, 1955, 16). 달리 말해, 철학은 그 시대를 사상의 형식으로 파악한 것에 불과하며 그 시대를 넘어서지 못한다는 것이다. 헤겔은 이를 가리켜 "회색에 회색을 칠한다"고 말한다. "회색에 회색을 칠한다"는 것은 철학이 그 시대에 대해 무언가 새로운 것을 제시하는 것이 아니라 단지 그 시대 상황과의 일치 속에서 그 상황을 철학적 개념으로 다시 나타내는 것에 불과하다는 뜻이다. 철학은 정신의 "한 뿌리에서 나온 가지들" 중 하나이며, "정신의 모든 형태의 한 측면"으로 "그 시대의 정신과 동일하기" 때문이다(1966a, 148, 149).

6. 헤겔은 이것을 철학과 정치적 상황의 연관성을 통해 설명한다. 그에 따르면, "철학의 역사적 형태는 정치적 역사와 필연적 연관성 속에 있다"(1966a, 152). 한 민족이 생존의 일차적 욕구들을 해결하고 생명의 위기를 극복할 때, 민족의 내적 결속이 와해되기 시작한다. 각자는 공동의 이익을 생각하기보다 자신의 이익을 앞세운다. 보편적인 것에 대한 관심은 약화되고, 사적인 관심이 공동체를 지배한다. 이리하여 "한 민족이 그의 구체적 삶을 벗어날 때, 외적 실존과 생명의 내적인 것 사이의 튼튼한 끈이 끊어졌을 때 철학이 등장한다.…그것은 한 민족의 인륜적 삶이 해체되고, (인간의) 정신이 사상의 영역으로 도피하여 자기를 위해 내적인 것의 왕국을

찾으려 할 때 등장한다"(153). 삶이 분열되고, 삶의 직접적 현실과 사상이 나뉠 때, 그리하여 "민족의 멸망과 사멸의 시간이" 시작될 때, 인간은 자기의 내면으로 도피하여 철학을 하기 시작한다.

헤겔은 그 사례를 고대의 역사에서 발견한다. 고대 그리스 세계에서 "공적 일들에 대한 (개인들의) 참여가 더 이상 있지 않게 되었을 때, 소크라테스와 플라톤이 등장했다. 정치적 삶과 현실이 그들에게 더 이상 만족을 주지 못했다. 그래서 그들은 그 만족을 사유와 사상 속에서 찾는다. 로마 제국의 본래적 삶인 공화정의 멸망과 함께 로마 제국의 황제들의 전제주의 시대, 곧 로마 제국의 불행의 시대에, 한마디로 로마 제국의 정치적·인륜적·종교적 삶이 흔들리게 되었을 때 로마에 철학이 확산되었다(1966a, 153).

7. 철학은 그와 같은 정치적 상황을 사유와 사상의 형식으로 나타내는 것에 불과하다. 그것은 어지러운 현실을 사유와 사상의 형식으로 나타내는 거울과 같다. 그것은 정신의 삶의 형태 중 특별한 것이 아니라 많은 형태 중 한 형태에 불과하다. 모든 측면들, 나무 가지들, 형편들, 전체의 상황들은 동일한 특수성의 표현에 불과하다.…그러므로 정치적 역사가 철학의 원인이라고 말할 수 없다. 하나의 나뭇가지가 나무 전체의 원인일 수 없다. 오히려 모든 가지(철학을 포함한 정신의 모든 형태)가 하나의 공통된 뿌리를 갖고 있다. 곧 "그 시대의 정신"을 갖고 있다(154). 따라서 철학은 그가 속한 시대에 대해 무언가 새로운 것을 제시하는 기능을 갖지 않고 그 시대를 사상의 형식으로 파악하며, 이를 나타내는 기능을 가질 뿐이다. 헤겔은 이를 가리켜 철학은 "회색에 회색을 칠할" 뿐이라고 말한다. 따라서 블로흐는 헤겔을 다음과 같이 해석한다. 마르크스와 엥겔스는 헤겔의 논리학의 기본 개념들을 수용했고, 이를 유물론적으로 응용했다. 그러나 마르크스와 엥겔스에게서도 논리적 범주는 현실 세계에서 분리된 추상적인 것이 아니라 사실상 현

실 세계의 "현존 양식들"(Daseinsformen)이었다. 마르크스와 엥겔스가 말하는 사회는 물론 "역사적으로 등장한 모든 사회는 그의 고유한…(논리적) 범주의 체계를 소유하고 있다." 헤겔도 마찬가지였다. 그의 논리학도 그 당시 사회를 지배하는 "범주들의 수집"에 불과했다(Bloch 1962, 162 이하). 즉 헤겔의 논리학의 기본 개념들은 그 당시 사회를 지배하는 범주들에 불과하다. 그렇다면 철학은 "회색에 회색을 칠하는" 학문을 뜻하게 된다. 그것은 사유와 사상의 형식을 통해 그 시대를 반영하는 거울과 같다는 것이다.

그런데 헤겔은 "**철학은 자유로운 행위다**"라고 말한다(1966a, 152). 곧 철학은 주어진 상황에 묶여 그 상황을 사상의 형식으로 반영하는 것이 아니라 그 상황을 넘어 "자유롭게" 사유하고, 자유로운 사유를 통해 새로운 시대를 앞당겨오는 학문이라는 것이다.

여기서 우리는 헤겔 철학의 또 하나의 양면성을 볼 수 있다. 한편으로 헤겔은 철학을 그 시대를 넘어서지 못하고 그 시대 상황을 거울처럼 반영하는 학문, 곧 "회색에 회색을 칠하는" 학문이라고 말한다. 이와 동시에 그는 철학을 가리켜 "자유로운 행위"의 학문이라고 말한다. 이로 인해 철학의 기능에 대한 학자들의 해석이 양립하게 된다.

블로흐는 이 양극성 앞에서 철학을 "회색에 회색을 칠하는" 학문으로 해석한다. 그러나 이 해석은 적절하지 않다. 그 이유는 철학을 "자유로운 행위"의 학문으로 보는 진술들이 헤겔 문헌 도처에 거듭해서 나타나기 때문이다. 주어진 현실의 상황을 넘어 "새로운 것"을 불러오는 철학적 사유의 기능에 대한 언급이 그의 문헌 도처에 나타난다. "사유한다"는 것은 곧 자유를 뜻하기 때문이다.

2. 새로운 시대를 가리키는 미네르바의 부엉이

1. 이 문제와 연관하여 헤겔의 『법철학』 서문에 나오는 "미네르바의 부엉이"(Eule der Minerva, 1955, 17)에 대한 해석도 양면성을 보인다. "미네르바의 부엉이"는 이미 시작된 기존하는 현실의 어둠을 확인하는 것에 불과한 것으로 해석되기도 하고, 그 어둠 속에서 새로운 시대를 내다보는 새로운 시대의 선구자로 해석되기도 한다.

헤겔은 『철학사 서설』에서 이 문제를 자세히 논구한다. 앞서 기술한 바와 같이, 철학은 정신이 그 시대에 형성한 "모든 형태의 한 측면이다." 그것은 "그 시대의 정신과 일치한다.…(그러므로) 철학은 그 시대 위에 있지 않다. 그것은 그 시대의 본질적인 것의 의식 혹은 그 시대에 있는 것의 사유하는 지식일 뿐이다. 이와 마찬가지로 개인도 자신의 시대 위에 있지 않다. 그는 자기 시대의 아들이다.…철학은 본질적인 면에서 자기 시대를 뛰어넘을 수 없다"(1966a, 149). "모든 철학은 그 시대의 철학이다. 그것은 정신적 발전의 모든 고리의 지체다"(143).

그런데 헤겔은 그 아래 문단에서 이와 상반되는 내용을 말한다. 즉 "철학은 형식에 따라 그 시대 위에 있기도 하다"는 것이다. "철학은 그 시대의 실체적인 것(das Substantielle)의 사유이기 때문이다"(1966a, 149). 철학은 그 시대의 정신을 거울처럼 반사하기만 하는 것이 아니라 그 시대의 "근본적인 것"을 안다. 그러나 이 지식은 아직 사유의 형식에 따른 것에 불과하다. 헤겔은 그런 점에서 "철학은 형식에 있어 그 시대 너머에 있기도 하다"고 말한다.[2]

약간 이해하기 어려운 표현들이 있지만, 이에 관한 헤겔 자신의 말을 들

---

2) 원문. "Philosophie steht aber auch über die Zeit, nämlich der Form nach."

어보자. 그 시대의 본질적인 것에 대한 정신의 "앎(지식) 자체는 정신의 현실이다.…그것은 그 이전에 아직 있지 않았던 정신의 자기지식(Selbstwissen)이다.…이 지식은 정신의 발전에서 하나의 새로운 형식이다.…정신은 자기지식을 통해 자기인 바의 것으로부터 자기를 구별한다. 그는 자기를 자기안에서 발전시킨다. 이것은 정신의 즉자와 그의 현실 사이의 새로운 차이를 포함한다. 이리하여 새로운 형태가 등장한다. 철학은 이미 그 자체에 있어 정신의 더 발전된 규정(weitere Bestimmtheit) 혹은 성격이다. 그것은 나중에 현실로서 등장하는 정신의 내적 탄생지다"(1966a, 149-150). 철학은 "정신의 더 발전된 규정", "정신의 내적 탄생지"로서 그 시대를 먼저 형식적 측면에서 넘어서는 학문, 곧 옛 시대의 종결을 알리는 동시에 새로운 시대의 시작을 내다보고 이를 가리키는 "미네르바의 부엉이"와 같은 학문이라 말할 수 있다.

2. 헤겔에 따르면 철학은 사유의 활동이다. 이 활동은 바로 정신의 자기활동이다. 그런데 "이 활동은 부정을 본질적 계기로 포함한다." 달리 말해, 사유는 기존의 것에 대한 부정을 자신의 본질적 계기로 가진다. 그것은 기존의 것을 있는 그대로 수용하지 않고 그것을 부정할 때 보다 더 보편적인 것, 곧 진리에 이를 수 있다. 따라서 철학적 사유는 단지 주어진 현실의 반영에 불과한 것이 아니라 이 현실을 부정하고 새로운 현실로 발전하는 기능을 가진 것이다.

    헤겔은 철학적 사유의 이 기능을 『세계사 철학 강의』에서 다음과 같이 말한다. "하나의 정신적 형태에서 다른 형태로 넘어감은 이것이다. 곧 이전의 보편적인 것이 그에 대한 사유를 통해 하나의 특수한 것으로서 지양되는 것을 말한다"(1968a, 96). 헤겔의 이 문장에서 사유는 기존의 보편적인 것을 지양하는 것으로 나타난다. 그러므로 사유는 단지 주어진 현실의 반영이 아니라 이 현실을 지양하고, 정신의 더 높은 형태로 넘어가는 변증법적 기능을 가진다. 따라서 사유는 "실존하는 현실을 동요케 하고 깨어지게 하는(schwankend, gebrochen, 96)" 기능을 가진다고 말할 수 있다.

이와 같은 기능을 가진 "사유는 삶의 자연적 방법의 부정이다." 그것은 "자연적인 부정"을 통해 보다 더 높은 사상으로 발전한다. "정신의 실존의 본질적 방법"으로서의 사상은 "단순한 인륜, 단순한 종교 등을 공격하고, 그것을 동요시킨다. 이리하여 사멸의 시대가 등장한다"(1966a, 151). 여기서 철학적 사유와 사상은 기존하는 세계를 동요케 하고, 새로운 시대를 앞당겨오는 것으로 나타난다. 사유의 활동을 자신의 본질로 가진 철학은 "자유로운 사상의 발전이다"(118). 철학의 역사는 대상 세계의 부정적인 것을 부정하고, 절대 진리의 세계를 향해 나아가는 "정신의 발전의 역사"다(118).

3. 어느 시대를 막론하고, 그 시대가 멸망에 이를 때, 철학이 "회색에 회색을 칠하면서" 등장하여 전성기를 이룩한다. 외부 세계가 혼란과 비참에 빠질 때, 철학자들은 사유의 세계로 퇴각하여 철학의 꽃을 피운다. 예를 들어 이오니아 세계가 멸망할 때, 이오니아 철학이 발전했다. 로마 제국에서도 공화정이 몰락할 때, 로마의 철학이 시작되었다. 그 찬란했던 로마의 황제 통치 제체가 무너질 때, 고대 그리스 철학이 신플라톤주의자들과 알렉산드리아인들을 통해 정점에 이르렀다. 중세기가 몰락할 때, 고대 그리스 철학이 되살아났다.

헤겔은 이와 같은 역사적 사실에 근거하여 다음과 같이 추론한다. "민족의 인륜적 삶이 해체되고, 정신이 사상의 영역으로 도피하여 내면의 왕국을 찾을 때, 철학이 등장한다." "삶의 분열, 직접적 현실과 사상의 분리, 이에 대한 성찰이 일어날 때, 철학이 등장한다. 그것은 시작하는 멸망의 시대, 민족들의 멸망의 시대들이다. 정신이 사상의 영역으로 도피했기 때문에, 철학이 형성된다"(1966a, 153). 그것은 "회색에 회색을 칠한다." 그런 점에서 철학은 "사치스러운 것"(Luxus)이다. 그것은 "없어도 좋은 것이다"(entbehrlich, 152).

하지만 철학은 단지 회색에 회색을 칠하는 것이 아니라 회색을 칠하면서 그 시대의 "실체적인 것"을 파악한다. 그것은 그 시대의 정신이 참으로 희망하는 것을 파악하고, 이를 사유와 사상의 형태로 나타낸다. 앞서 인용한 바와 같이 "철학은 자유로운 행위다"(1966a, 152). 자유로운 행위는 주어진 것에 머물지 않고 이를 넘어서서 새로운 것을 불러일으킬 수 있을 때 가능하다. 그것은 회색에 회색을 칠하면서 새로운 색깔을 가리킬 수 있을 때 가능하다. 이것이 불가능할 경우 자유로운 행위는 불가능하다.

헤겔 자신이 말하듯이, 철학은 자유로운 사유의 방법과 이 방법에 의한 자유로운 사상을 그의 대상으로 가진 자유로운 학문 곧 "자유로운 행위"다. "부정적인 것의 무서운 힘"이 "사유, 순수한 자아의 에너지"다(1952, 29). 달리 말해 부정적인 것을 부정하는 힘이 철학적 "사유의 에너지"다. 따라서 철학은 옛 시대의 종결을 알리는 동시에 "부정적인 것의 무서운 힘"으로 말미암아 새 시대의 여명을 알릴 수 있다. 철학은 그 시대에 머물러 있지 않고, "그 시대를 넘어서기도 한다"(1966a, 149). 헤겔은 철학이 주어진 것에 머물러 있는 학문이 아니라 주어진 것을 넘어서는 학문임을 말한다.

4. 여기서 우리는 헤겔이 자신의 『법철학』에서 말하는 "미네르바의 부엉이"를 새롭게 해석할 수 있다. "미네르바"는 본래 로마 신화에 나오는 공예, 작업, 예술의 여신을 말한다. "미네르바의 부엉이"는 여신 미네르바를 늘 동반하는 신화적 새(Vogel)로서 지혜를 상징한다. 많은 학자가 헤겔이 말하는 미네르바의 부엉이를 소극적으로 해석한다. 황혼녘에 비상을 시작하는 미네르바의 부엉이는 **이미 시작된** 그날의 끝남을 알려주는 소극적 기능

을 가질 뿐이라고 해석된다. 따라서 철학은 이미 끝나가는 그 시대를 사유와 사상의 형식으로 다시 한번 나타내 보이는 기능, 곧 "회색에 회색을 칠하는" 기능을 가질 뿐이다. 그것은 "사상으로 파악된 그 시대"일 뿐이다.

이에 반해 우리는 미네르바의 부엉이를 적극적으로 해석할 수 있다. 황혼녘에 비상을 시작하는 부엉이는 어둠의 시간이 지난 다음에 올 새 날을 알고 있다. 그것은 지난 하루의 시간을 종료하는 어둠 속에서 새로운 날이 태동하고 있음을 예시한다. 그래서 부엉이는 커다란 눈을 가진다. 따라서 황혼녘에 비상을 시작하는 미네르바의 부엉이는 그 시대의 종료를 알리는 동시에 새로운 시대의 태동을 투시하고 이를 예고하는 의미를 가진다. 그런 점에서 미네르바의 부엉이는 명철과 지혜를 상징한다. 그것은 어둠 속에서 새로운 미래를 투시한다. 밤이 깊었지만, 부엉이는 낮이 가까이 왔음을 내다본다(롬 13:12 참조. "밤이 깊고, 낮이 가까이 왔습니다"). 커다란 눈을 가진 부엉이가 새로운 미래를 내다보지 못하고, 이미 시작된 밤의 어둠을 알려줄 뿐이라면, 그래서 "회색에 회색을 칠할" 뿐이라면, 미네르바의 부엉이는 지혜의 상징이 될 수 없을 것이다.

"미네르바의 부엉이"에 대한 필자의 해석은 필자가 박사학위를 받을 때, 스승 몰트만 교수가 필자에게 선물한 납으로 만든 둥근 "미네르바 부엉이" 메달과 연관된다. 필자는 이 메달을 받으면서 부엉이처럼 큰 눈을 가지고 새로운 시대를 미리 투시하며, 그것을 알리는 학자가 되어야 한다는 암시를 받았다. 이에 근거하여 필자는 "미네르바의 부엉이"를 그 시대의 어두움을 넘어 그 어둠 속에

몰트만 교수가 선사한 미네르바의 부엉이

서 태동하는 새로운 시대를 미리 내다보며 그것을 가리키는 것으로 해석했다. 몰트만 교수는 필자가 단지 주어진 시대를 반영하면서 과자 부스러기를 얻어먹는 학자가 아니라 새로운 시대의 여명을 예고하는 학자가 되기를 바라는 마음에서 이 메달을 선사했을 것이다. 필자는 이에 진심으로 감사한다. 미네르바의 부엉이는 자기 앞에 주어진 어둠만을 보는 것이 아니라, 그 어둠 안에서 태동하고 있는 새로운 내일의 여명을 투시한다. 그래서 미네르바의 부엉이는 그 큰 눈과 함께 비상을 시작한다. 미네르바의 부엉이의 비상은 새로운 정신과 새로운 시대의 태동을 예시하는 적극적 의미를 가진다.

5. 이와 같이 미네르바의 부엉이의 비상을 적극적으로 해석할 때, 철학은 이미 끝나가는 "회색에 회색을 칠하는" 학문이 아니라 이미 시작된 어둠을 반영하는 동시에 그 너머에 있는 새로운 시대를 예고하고, 이를 앞당겨오는 적극적 의미를 갖는다. 우리는 철학의 적극적 의미를 "사상"에 대한 헤겔의 생각에서 볼 수 있다.

헤겔에 따르면 사상은 부정성 자체다. 그것은 "모든 존재자, 먼저 유한한 존재, 특수한 형태가 그 속으로 해체되는 가장 내적이며 무한한 형식 자체다"(1968a, 178). "보편적인 것으로서의 사상은 해체하는 것이다"(Der Gedanke als Allgemeines ist auflösend, 179). 사상을 통한 해체로 말미암아 "새로운 것"이 등장한다면, 사상은 단지 주어진 현실의 거울에 불과한 것이 아니라 새로운 현실을 앞당겨오는 기능을 가진 것이다. "사유의 산물"로서 등장하는 새로운 사상은 "기존하는 것이 사유되고, 이를 통해 보편성으로 고양되는"(179) 형식이다. 기존의 것이 보편성으로 고양된다는 것은 기존의 것 속에 있는 부정적인 것이 부정됨으로써 보편적인 것으로 변화됨을 뜻한다.

헤겔에 따르면, 사유와 사상은 외적인 것과 관계하지 않고 자기 자신과 관계한다. 그것들은 모든 외적인 것으로부터 자유롭다. 철학은 외적인 것에 의존하지 않는 자유로운 사상을 자기의 대상으로 가진다. 자유로운 사상은 자유로운 사유를 통하여 생성된다. 따라서 철학은 자유로운 **사유**와 **사상**의 **학문**이다. "오직 철학에서만 순수하게 사유될 수 있다. 그러므로 오직 철학에서만 자연적 규정들로부터 자유롭게, 개체성들(Partikularitäten)로부터 자유롭게 사유된다"(1966a, 92).

혜겔은 철학이 자유로운 사유를 통해 생성되는 자유로운 사상을 그의 대상으로 갖기 때문에 그 시대의 모든 권위로부터 자유로운 학문이라고 말한다. "**철학은 모든 권위로부터 자유롭다.** 그것은 자유로운 사상의 원리를 관철한다. 이와 함께 철학은 자유로운 사상의 개념에 도달하며, 자유로운 사상으로부터 출발한다." "이 자유로운 사상"은 "종교, 민중종교, 교회 등의 권위와 대립한다. 철학의 역사는…이 권위에 대한 **자유로운 사상의 투쟁**을 나타낸다." 그러나 투쟁이 마지막은 아니다. "철학은 이 투쟁의 화해를 가능케 해야 한다. 화해를 이끌어와야 한다. 여기에 철학의 절대 목적이 있다"(1966a, 196).

6. 시대를 넘어설 수 있는 철학의 기능은 궁극적으로 "정신으로서의 하나님"에게 근거한다. 성서의 증언에 따르면 "정신으로서의 하나님"은 새로움의 창조자다. "내가 이제 새 일을 하려고 한다"(사 43:19), "내가 모든 것을 새롭게 한다"(계 21:5). 새로움의 창조자인 하나님이 가장 직접적으로 관계하는 것은 인간의 사유다. 인간의 사유는 정신으로서의 하나님이 가장 직접적으로 활동하는 장소이기 때문이다. 그것은 가장 직접적인 하나님의 현상양태다. "하나님은 그의 본질에 있어 사상, 사유 자체다"(1966e, 111). 사상과 사유의 활동으로 현상하는 하나님 곧 정신은 주어진 현실을 넘어서는 "새로움"의 근원이다. 그는 "모든 특수한 내용을 해체한다. 그는 보편적인

것, 제한되지 않은 것(das Unbeschränkte), 가장 내적이고 무한한 형식 자체이며, 모든 제한된 것을 끝내버린다"(1968a, 178). 현존하는 어떤 권위도 "사상을 제한할 수 없다." 현존하는 모든 것은 "사유하는 주체와 무한한 성찰에 대한 차단기(Schranke)로" 존속할 수 없다(179).

그러므로 철학적 사유와 사상은 그가 속한 시대를 넘어설 수 있는 능력을 가진다. 자유롭게 사유하고 자유로운 사유를 통해 새로운 사상에 이른다는 것은 기존의 것을 "넘어서는 것"을 뜻한다. 블로흐는 헤겔의 이 통찰을 자신의 것으로 수용하여 사유는 곧 "넘어감"(Überschreiten)이라고 말한다(『희망의 원리』 참조). 철학이 기존의 것을 넘어서는 사유와 사상의 학문이라면, 그것은 기존의 것에서 자유로운 "자유의 학문"이라 말하지 않을 수 없다.

헤겔은 이 생각을 『철학적 학문의 백과전서』에서 다음과 같이 말한다. 경험적 대상들을 다루는 "경험적 학문들"은 개별의 경험적 대상들을 인지하는 데 머물지 않는다. 그것들은 경험적 대상들의 보편적 규정들, 종들, 법칙들을 발견함으로써 "철학에게 재료를" 제공한다. 그것들은 철학이 받아들일 수 있는 "특수한 것의 내용"을 준비한다. 여기서 경험적 대상들도 사유한다. 철학은 이들 경험적 학문들의 도움으로 발전한다. 그러나 그것은 경험적 학문들이 발견하는 것과 경험된 사실들을 단지 "확인하는 대신에…그것들의 내용들에 사유의 자유(선험적인 것)의 가장 본질적 형태를 부여한다"(1969d, §11 주해). 여기서 철학은 경험적 학문들에게 "사유의 자유의 가장 본질적 형태"를 부여하는 학문으로 나타난다.

7. 헤겔은 "자유의 학문"으로서의 "철학"을 "무한한 것으로 넘어감"으로, 초감성적인 것을 향한 "비약"으로 파악한다. "철학은 세계사에서 사유하는 정신이다. 이 정신은 자유롭다"(1966a, 124). 감성적인 것을 넘어서는 사유의 고양, 유한한 것을 넘어 무한한 것으로 나아감(Hinausgehen), 감성적인 것과

작별하고 초감성적인 것으로 넘어가는 비약, 이것이 바로 사유다. "이 넘어감이 사유다(dies Übergehen ist nur Denken). 이와 같은 넘어감이 이루어지지 않아야 한다면, 사유하지 말아야 할 것이다. 동물들에게는…이러한 넘어감이 없다. 그들은 감성적 지각과 직관에 머물러 있다. 그러므로 동물들에게는 종교가 없다"(1969d, § 50, 주해). 이에 반해 인간은 정신적 존재다. 그는 사유하는 존재다. 사유한다는 것은 외적인 것, 비본질적인 것을 넘어 보편적인 것으로 "넘어서는 것"을 뜻한다. 따라서 사유의 학문으로서 철학은 주어진 시대를 넘어설 수 있는 학문이다.

뢰비트도 헤겔을 이와 같이 해석한다. 그에 따르면, 헤겔 자신도 **시대를 넘어설 수 있는** 철학의 능력을 인정했다. 곧 사유의 형식으로 그 시대를 파악하는 철학은 "이미 그의 시대를 넘어서 있기도 하다. 그것은 그 시대의 사회적·역사적 상황들의 단순한 표현에 불과하지 않다"(Löwith 1973, 5).

그러나 철학 자신도 부정성의 원리 아래에 있다. 새로운 시대와 함께 등장한 새로운 철학은 이 시대가 전성기에 이르렀을 때 자기의 소임을 다하고 새로운 철학으로 지양된다. 세계의 모든 사물과 마찬가지로 철학도 유한한 것이다. "그것의 형식은 유한한 것이고, 그의 실존은 일면적이고 제한된 것이다." 이 실존 속에 있는 관념은 이것을 "지양할 수밖에 없다." 그러나 모든 철학은 "전체, 곧 관념의 필연적이며 지나가버리지 않는 계기들로서" 보존된다(1977a, 126). "어떤 철학적 원리도 없어지지 않는다. 오히려 모든 원리는 그 이후에 오는 것 속에서 유지된다." 모든 원리가 그 시대의 필연적인 것으로 인정된다. 꽃잎들이 열매를 통해 부정되지만, "마지막에 오는 열매는 자기 이전의 모든 것을 포괄하는" 것과 같다. 철학의 역사는 이 원리들의 "제한성, 부정적인 것을 보여주는 동시에 그것들의 긍정적인 것을 보여준다. 여기서 부정적인 것을 보여주는 것이 가장 어려운 일이다"(127).

8. 그런데 헤겔이 말하는 철학은 단지 좁은 의미에서 철학만을 뜻하는 것이 아니라 이성과 사유에 근거한 모든 **학문과 종교를 포함하는 포괄적 개념** 이다. 모든 학문은 이성적 사유의 기능에 기초하기 때문에 넓은 의미에서 "철학적 학문들"이다. 인간의 행동과 인륜적 계명과 의무, 국가체제와 국가의 법 등을 연구하는 사회과학, 자연의 법칙들과 힘들과 종(種)들, 사물의 원인들을 탐구하는 자연과학, 이 모든 학문은 "철학과 사유를 공유한다. 이러한 면에서 사유된 모든 것이 철학이라 불릴" 수 있다(1966a, 158).

고대 그리스 철학자들은 자연을 연구한 사람들이었다. 그래서 그들은 "고대 **자연철학자들**"이라 불린다. 오늘날 자연과학으로 분류되는 뉴턴의 물리학은 영국에서 철학이라 불리었다. "영국에서 자연과학은 철학으로 이해되었다"(161). 한마디로 이성과 사유에 기초한 모든 학문은 넓은 의미에서 철학이라고 말할 수 있다. 종교학이나 신학도 철학적 학문에 속한다. 미국의 많은 대학이 인문학은 물론, 신학, 공학 등의 박사학위를 수여할 때, 철학박사 학위를 수여하는 것은 이에 근거한다.

9. 헤겔은 이 생각을 다음과 같이 설명한다. "각 사람은 스스로 사유할 수밖에 없다. 아무도 다른 사람을 위해 대신 사유할 수 없다. 다른 사람을 대신해서 먹고 마실 수 없는 것과 같다. 이 계기와 사유를 통해 생성되는 형식, 보편적 법칙들, 기본 명제들,˙기본 규정들의 형식은⋯철학이 앞서 말한 학문들과⋯공동으로 갖는 것이다. 이 형식이 이 학문들에게 철학이란 이름을 부여했다." 물론 철학과 다른 학문들, 곧 "특수한 학문들"은 구별된다. 특수한 학문들은 유한한 세계의 특수한 대상들을 연구한다. 한때 교회는 이 학문들이 사람들을 하나님으로부터 분리시킨다고 비난했다. 그것들은 "땅에 속한 것, 유한한 것만을 대상으로 갖기" 때문이다. 그러나 특수한 학문들은 "자기사유(Selbstdenken)의 계기를 가진다. 이 계기는 철학에 속한 것이며,

그것들 안에 언제나 본질적인 것으로 남아 있다." 그러므로 다른 학문들은 "철학과 인척 관계에 있는 학문들이다"(1968a, 155-156).

모든 학문이 철학과 공통된 요소를 가지며 "철학과 인척 관계에" 있다면, 모든 학문은 그 시대정신의 열매들인 동시에 "자유의 학문들"로서 미네르바의 부엉이와 같은 성격을 지닌다. 그것들은 그 시대정신의 열매들로서 그 시대를 반영하는 동시에, 그 시대를 넘어 새로운 시대를 가리키는 선구자의 기능을 지닌다. 헤겔은 모든 학자가 새로운 시대를 투시하고 이를 가리키는 **미네르바의 부엉이**들이어야 함을 암시한다.

제5부

자유의 역사로서의 세계사

헤겔의 역사철학에서 자유는 매우 중요한 위치를 차지한다. 그것은 그의 철학의 중심 개념인 정신 개념과 거의 동등한 위치에 있다고 말할 수 있다. 정신의 본질인 활동성은 자유를 전제하기 때문이다. 정신의 활동성은 자유 그 자체다. 따라서 자유 없는 정신은 헤겔의 역사철학에서 생각될 수 없다. 정신이 있는 곳에는 반드시 자유가 있다. 헤겔의 이 생각은 "하나님의 영(정신)이 있는 곳에는 자유가 있다"라는 성서 말씀과 일치한다(고전 3:17). 역사가 "정신의 역사"라면, 역사는 자유의 관념이 실현되는 "자유의 역사"라고도 말할 수 있다.

자유로운 정신이 헤겔 철학의 중심 개념이라면, 헤겔 철학은 "자유의 철학"이라고 말할 수도 있다. 그의 역사철학은 물론 체계 전체가 "자유의 철학"의 성격을 지닌다. "주체적 정신은 그의 개념에 따라 자기를 발전시킨다"라는 헤겔 철학의 전제는 인간 자유의 실현과 결합되어 있다(Seeberger 1961, 600 이하). "인간의 자유, 그것의 철학적 관철(Durchdringung)"이 "헤겔의 기본 명제"다(Marsch 1968, 68).

헤겔은 자신의 청년 시절 때부터 자유에 대한 관심을 가졌다. 그는 스위스 베른에서 가정 교사 생활을 하던 20대부터 기독교 종교와 자유의 관계에 관심을 가진다. 이 관심은『민중종교와 기독교에 대한 단편』(1793/1794)에 다음과 같이 나타난다. "민중종교는…자유와 결합되어 있다"(Volksreligion… geht Hand in Hand mit der Freiheit, 1971, 41).

헤겔은 베른 시대의 다른 한 문헌에서 다음과 같이 말한다. "영원한 일치가 우리 가운데서 다스릴" 때, 개인들의 "어떤 힘도 더 이상 억압받지 않을 것이다. 정신들의 보편적 자유와 평등이 다스릴 것이다—하늘에서 보내심을 받은 더 높은 정신이 우리 가운데 이 새로운 종교를 세워야 한다. 이 종교는 인류의 마지막 가장 위대한 업적일 것이다"(1971, 236).[1]

자유에 대한 헤겔의 관심은 독일 남부 슈바벤 지역 출신 학자들과 맥을 같이한다. 헤겔의 친구 휠덜린은 "자유, 거룩한 목적"에 대해 말했고, 셸링은 "철학의 알파와 오메가로서의 자유"에 대해, 실러는 "자유의 나라인 이성의 나라"에 대해 말했다. 헤겔의 여동생 크리스티안네도 자유로운 사회에 대한 동경 속에서 당시 진보 성향의 인물들과 교류했다. 헤겔은 이들과의 연결 속에서 자유의 실현을 자신의 철학의 중요한 구성 요소로 수용한다. 그는 "**철학한다는 것은 자유롭게 사는 것을 배우는 것을 뜻한다**"는 것을 자기의 크레도(Credo)로 갖고 있었다(Vieweg 2019, 17).

---

1) 원문. "Keine Kraft wird mehr unterdrückt werden. Dann herrscht allgemeine Freiheit und Gleichheit der Geister! – Ein höherer Geist, vom Himmel gesandt, muß diese neue Religion unter uns stiften, sie wird das letzte größte Werk der Menschheit sein."

I
"자유의 의식의 진보와 그 실현"

1. 앞서 고찰한 바와 같이 정신은 부정성 자체다. 그것은 주어진 현실에 만족하지 않고, 그 속에 있는 부정적인 것을 부정함으로써 이 현실을 정신의 개념과 일치하는 더 높은 진리의 세계로 고양시키고자 한다. 정신은 이를 통해 자기를 전개하고 자기를 실현하며 자기 자신으로 돌아간다. 정신은 이 모든 활동에 있어 세계의 그 무엇에도 의존하지 않는다. 그의 모든 활동은 강요되지 않고 자발적으로 일어난다. 따라서 정신은 자유롭다. 그것은 본질적으로 자유로운 정신, 곧 자유의 정신이다.

정신의 부정성은 자유를 전제한다. 헤겔은 정신이 가진 "무한한 부정성의 규정"을 자유와 동일시한다(Lasson 1920, 3). 모든 것에서 자유로운, 따라서 부정적인 것을 부정할 수 있는 정신의 활동이 세계사를 구성한다면, 세계사는 정신의 자유가 실현되는 **자유의 역사**라고 말할 수 있다. "시간 속에 있는 정신의 전개"(1968a, 154))로서의 세계사는 자유의 역사다. "세계사는 자유의 의식의 진보다"(Fortschritt im Bewußtsein der Freiheit, 63). "세계시는…자유에 대한 정신의 의식의 발전과 이 의식에 의해 일어난 실현의 발전을 나타낸다. 발전은 자유의 계속되는 규정들의 단계적 발전 과정이다"(167). 역사의 "발전"은 자유의 의식과 이 의식으로 말미암아 일어나는 자유의 실현의 발전을 뜻한다. 신적인 것과 인간적인 것, 신적인 것과 세상적인 것, 영원한 것과 시간적인 것의 통일성과 화해는 자유의 실현을 목적으로 가진다. 따라서 헤겔의 "절대적 화해의 원리"는 "자유의 원리"라고 말할 수 있다.

2. 여기서 헤겔은 자신의 **역사철학의 주요 관심 내지 목적**을 보여준다. 신적 정신으로부터 출발하는 헤겔의 역사철학의 중요한 목적은 **모든 인간의 자유의 실현**에 있다. 역사의 목적은 신적 정신의 자기활동으로 말미암아 생성되는 "정신적 세계", 정신 "그 자신의 개념과 일치하는" 세계, 정신이 그의 진리를 실현한 세계(1968a, 61)가 이루어지는 데 있다. 이 세계는 모든 인간의 자유가 실현된 세계를 말한다. 만일 세계의 모든 것이 "정신으로서의 하나님"으로 말미암아 이루어진다면, 그 세계는 선하신 하나님의 뜻에 따라 모든 인간의 자유가 실현된 세계일 수밖에 없다. 모든 인간의 자유가 실현되지 않은 세계는 "정신으로서의 하나님"이 섭리하고 통치하는 "정신적 세계" 곧 하나님 나라가 아닐 것이다. 따라서 헤겔이 말하는 "정신적 세계"는 모든 인간의 자유가 실현된 세계다.

자유의 역사는 그리스도 안에서 시작되었다. 고대 동양의 세계는 최고의 통치자 한 사람만이 자유롭다고 믿었다. 고대 그리스인과 로마인들은 소수의 사람들만이 자유롭다고 믿었다. 이에 반해 모든 사람, 곧 "인간은 인간으로서 자유롭다"는 생각은 그리스도 안에서 계시되었다. 이로써 모든 사람의 자유가 실현되는 역사가 시작되었다. 따라서 그리스도는 자유의 역사의 출발점이다.

인종과 민족, 사회적 출신 성분, 남녀의 구별을 초월하여 모든 사람이 하나님 앞에서 똑같고(평등하고), 모두 하나님의 은혜와 축복으로 초대받은 존재라는 사실이 기독교 종교에서 계시되었다. 따라서 기독교 종교는 "자유의 종교"다(1966d, 35). "기독교의 원리"는 모든 인간의 평등과 자유의 원리를 말한다.

세계사는 그리스도 안에서 시작된 자유의 역사가 실현되는 과정이다. 헤겔은 이것을 제시하는 것이 『세계사 철학 강의』의 목적이라고 말한다. "정신의 실현"으로서의 "세계사 전체는 정신의 실현과 자유의 개념의 발전이며, 국가는 자유의 세상적 실현이다"(1968d, 937), "세계사는 (자유의) 발전 과정이며, 정신의 현실적 되어감(Werden)이다. 이것이 역사 속에서 참된 신정이며, 하나님의 정당화다. 나는 세계정신의 이 과정을 여러분에게 제시하고자 했다"(938).

1. 자유 자체인 신적 정신

1. 헤겔은 정신과 자유를 분리될 수 없는 것으로 본다. 정신의 본질적 규정은 활동성에 있다(1968a, 74). 정신의 활동은 외적 필연성으로 말미암아 강요된 것이 아니라 "자유로운 활동"이다. 정신은 철저히 자기 자신과 관계한다. 그래서 헤겔은 "하나님은 자유로운 활동성이다"라고 말한다(1966e, 27). 외적 강요 없이 순수히 자발적으로 활동하며, 이 활동에 있어 자기 자신과 관계한다는 것은 자유롭다는 것을 뜻한다. 따라서 "정신은 활동성이다"라는 말은 "정신은 자유다"라는 말과 마찬가지다. 자유가 없는 활동, 의존과 강요로 말미암아 일어나는 활동은 예속일 따름이다. 그러므로 헤겔은 "정신의 본질"은 자유라고 말한다(64). 그는 정신과 자유의 불가분리의

관계를 정신과 물질을 비교함으로써 설명한다. "물질의 실체가 중량"이라면, "정신의 실체는 자유다"(1968a, 55).

우리는 정신과 자유의 일치 관계에 대한 근거를 먼저 "주님은 영(정신)이다. 주님의 영(정신)이 계신 곳에는 자유가 있다"라는(고후 3:17) 성서 말씀에서 발견할 수 있다. 이 말씀은 구약성서의 자유의 정신으로 소급된다. 구약성서의 하나님은 본질적으로 출애굽의 해방과 자유의 하나님이다. 따라서 그는 희년 계명에서 노예의 해방과 자유를 명령한다(레 25:10). 장차 올 메시아는 "압제당하는 자를 해방하는" 자로 생각된다(사 58:6).

구약성서의 자유의 정신은 신약성서로 이어진다. 신약성서에서 예수도 자유를 요구한다. "포로 된 자에게 자유를…"(눅 4:18). 예수는 율법의 멍에에서 인간을 해방하고 인간의 자유를 회복하는 자로 나타난다. 사도 바울 역시 자신의 칭의론을 통해 율법의 멍에에서 인간의 자유를 선언한다. 그는 인간이 하나님의 의롭다 하심, 곧 칭의를 받을 수 있는 길은 율법 조항들(예를 들어 할례의 계명)을 지키는 데 있지 않고 그리스도의 죄 용서를 믿는 믿음에 있다고 말한다.

나아가 바울은 모든 피조물의 자유를 선언한다. "그것은 곧 피조물도 썩어짐의 종살이에서 해방되어서 하나님의 자녀가 누릴 영광된 자유를 얻으리라는 것입니다"(롬 8:21). 모든 피조물의 자유는 인간에게서 시작되어야 한다. 그래서 바울은 "그리스도께서 우리를 해방시켜주셔서 자유를 누리게 하셨다"라고 말한다(갈 5:1, 또한 5:13; 고전 9:19 참조). 이와 같이 성서는 자유의 정신을 구성요소로 가진다. 튀빙겐 대학교에서 신학을 공부한 헤겔은 성서에 나오는 자유의 정신을 잘 알고 있었던 것으로 보인다. 그래서 그는 베른 시대의 문서 『기독교의 실증성』에서 예수를 "율법의 멍에에서의 자유"를 실현하고자 했던 자로 파악한다(1971, 228).

2. 정신은 그의 본질에 있어 활동하는 자다. 그것은 모든 사물의 근저에 놓여 있는 정체된 "실체"가 아니라 활동하는 "주체"다. 정신의 활동성은 그에게 필연적인 것이다. 그러나 그것은 완전히 자발적인 것, 곧 자유로운 것이기 때문에 정신의 활동성은 자유로운 활동성일 수밖에 없다. 그의 활동성은 "자유로운 활동성"이다. 자유로운 활동성이 곧 정신이라면, 정신은 자유 자체라고 말할 수 있다. 따라서 "정신의 개념과 일치하는" 세계는 모든 인간의 자유가 있는 세계를 말한다. "**자유에 대한 사유**가 기본 동기로서 그의 생애 전체를 관통한다"(Vieweg 2019, 18).

헤겔은 『철학적 학문의 백과전서』에서 "자유와 정신 그리고 하나님"이 하나로 결합되어 있음을 시사한다. "**자유, 정신, 하나님**"은 경험주의가 말하는 인식의 영역에 속하지 않은 "대상들"이다. 경험주의는 "감각 혹은 경험 속에 없었던 것은 사유 안에 없다"고 말한다(nihil est in intellectu, quod non fuerit in sensu). 사변철학은 이 명제를 부인하지 않는다. 그러나 세계의 원인자인 이성(Nus) 혹은 정신은 "그의 뿌리와 자리를 오직 사유에 가지고 있다." "자유, 정신, 하나님"도 그들의 자리를 사유에 가지고 있다. "사유 속에 없었던 것은 감각 혹은 경험 속에 없다"(nihil est in sensu, quod non fuerit in intellectu)는 명제는 이들에게 해당한다. 일반 학문들이 다루는 경험적 대상들은 유한한 것인 반면에 "자유, 정신, 하나님"은 "그 **내용**에 있어 무한한 것"이다(1969d, §8).

헤겔에 따르면, 물질의 실체가 중량에 있다면, "정신의 실체는 자유다." 일반적으로 자유는 정신의 속성 중 한 속성이라고 언급된다. 그러나 철학은 "정신의 모든 속성이 오직 자유를 통해 성립되며, 자유를 위한 수단일 뿐이라고 가르친다." 헤겔 자신의 입장에 의하면, "자유는 정신의 유일한 참된 것이다"(1968a, 55). 달리 말해, 자유는 정신의 속성 중 한 속성이 아니라 정신의 본질에 속한다. 정신은 그 본질에 있어 **자유로운 활동성**이기 때문이다. 정신의 활동성은 바로 정신의 자유를 말한다. 헤겔은 그 어떤 외적인 것에 의존하지 않는 정신의 활동의 자유를 다음과 같이 분석한다.

3. **자유의 첫 번째 요소**는 자기의 즉자를 대자로 외화함으로써 "정신적 세계"를 형성하는 활동, 곧 정신의 자기 **외화** 내지 자기분리에 있다. 헤겔은 『정신현상학』에서 정신의 자유의 첫 번째 요소를 정신의 자기 외화에서 발견한다. 정신이 자기를 감성적 의식의 시작 단계(Anfänglichkeit)로 외화하는 것은 정신의 "가장 높은 자유"다(1952, 562).

정신은 어떤 점에서 자기 외화에 있어 자유로운가? 정신이 자기의 즉자를 외화할 때, 그는 자기 아닌 어떤 다른 것에 의존하지 않는다. 그는 어떤 외적인 동기 부여 때문이 아니라 자기 자신의 내적 본성 때문에 자기를 외화한다. 그는 어떤 다른 것을 외화하지 않고 자기 자신을 외화한다. 그는 오직 자기 자신과 관계할 뿐이다. 또한 정신의 자기 외화는 정신 자신의 본질에 속한다. 그것은 강요된 것이 아니라 철저히 자발적인 것이다. 그런 점에서 정신은 자기 외화에 있어 자유롭다.

우리는 이것을 헤겔이 말하는 "즉자"의 개념에서 구체적으로 볼 수 있다. 헤겔에 따르면, 즉자는 "감싸여져 있는 것(Eingehülltes), 식물의 씨, 기초(Anlage), 가능성"을 말한다. 그것은 아리스토텔레스가 말하는 *dynamis* 곧 "가능성" 혹은 *potentia* 곧 "그것으로부터 발전되는 모든 것이 내포되어 있는 기초"를 말한다. 그것은 아직 "단순한 것", "참된 것이 아니라 추상적인 것이다."

헤겔은 즉자를 식물의 씨에 비유한다. 씨는 하나의 점과 같은 단순한 것이다. 그러나 이 단순한 것 속에 나무의 모든 자질이 들어 있다. 나무줄기와 가지들, 잎들과 색깔, 냄새, 맛 등이 씨앗 속에 내포되어 있다. 그러나 이들은 아직 실현되지 않았다. 씨앗은 아직 나무가 아니다. 발전을 통해 나타날 다양한 것이 아직 실존하지 않는다. 그것은 아직 실존하지 않는 모든 다양성을 내포하고 있는 "완전히 단순한 것"이다. 그러나 이 "단순한 것" 속에 모든 것이 잠재되어 있다(1966a, 101-102).

따라서 "즉자는 이미 자기 자신 안에서 구체적인 것이며, (정신의) 발전은 즉자를 정립하는 것이다. 그러므로 어떤 낯선 것, 새로운 것도 첨가되지 않는다.…발전은 이 근원적인 내적인 것을 나타나게 할 뿐이며 그 속에 이미 포함되어 있는 구체적인 것, 곧 발전을 통해 대자적인 것이 되며(für sich selbst wird), 자기 자신을 이 대자로 몰아가는 이 구체적인 것을 밖으로 정립할 뿐이다"(1966e, 114).

모든 것이 즉자 안에 잠재되어 있기 때문에, 정신은 외화될 내용을 자기 바깥에, 자기 앞에 갖지 않는다. 오히려 정신 자신이 자기의 내용이다. 그는 자기를 자기 자신의 내용으로 규정한다. 그는 자기 자신으로부터, 자기 **자신과 함께** 시작한다. 헤겔은 이것을 다음과 같이 말한다. "정신은 자신에 대한, 자기가 본질적으로 존재하는 바의 것, 그의 본성인 바의 것에 대한 특수한 표상을 자기에게 만든다. 그는 정신적 내용만을 가질 수 있다. 정신적인 것이 바로 그의 내용이고, 그의 관심이다.…그는 자기의 내용을 자기 앞에(자기 바깥에) 발견하는 것이 아니라 자기를 자기의 대상으로, 자기 자신의 내용으로 만든다.…이리하여 정신은 자신의 본성에 있어 자기 자신 가운데 있다. 달리 말해 그는 자유롭다"(1968a, 54).

4. 따라서 정신의 자기 외화를 통해 있게 되는 것은 오직 정신 자신의 산물이다. 정신은 "그의 시작"인 동시에 "그의 산물"이다(1968a, 55). "자기를 생성하고, 자기를 자기 자신의 대상으로 만들고, 그 자신에 대해 아는 것, 이것이 정신의 업무다"(55). 정신은 한 민족의 모든 행위 속에서 자기 자신을 생성하고, 자기 자신을 실현한다. 민족의 다양한 삶의 영역들, 곧 종교,

예술, 철학을 포함한 학문, 국가체제와 법 등은 "정신 자신의 전개"일 뿐이다(65). 정신은 "자기 자신의 생성(Hervorbringungen), 자기 자신의 산출(Produktion)과 실현"을 추진한다(68). 즉자 속에 "이미 있었던 것 외에 아무것도 나오지 않는다"(1966a, 103). 따라서 정신의 변증법적 자기활동은 자기 외부에 있는 그 무엇에도 의존하지 않는다. 한마디로 그는 자유롭다.

달리 말해, 정신이 대자로 자기를 외화할 때 오직 자기 자신과 관계하며, 자기 아닌 어떤 외적인 것에 전혀 의존하지 않는 데 정신의 자유의 첫 번째 요소가 있다. "자기를 다시 발견하기 위해 자기를 외화하는 것이 관념, 곧 정신의 본성이다. 바로 이 활동이 자유라는 것이다.…다른 것에 의존하지 않는 것이 자유다"(1966a, 110). 헤겔은 이 생각을 다음과 같이 요약한다. 정신은 "자유 속에서 그 자신에 대한 무한히 부정적인 관계"(in der Freiheit unendlich negative Beziehung auf sich)다. 그것은 "그 자신에 대해 존재하는 것"(Für-sich-sein), 곧 자기의 즉자를 외화함으로써 자기 자신에 대한 대자로 존재하는 것이다. 따라서 정신의 자기 외화는 완전히 자발적인 것이다. 바로 여기에 정신의 자유가 있다(1955 §321).

헤겔의 제자 로젠크란츠에 따르면, "만일 정신이 스스로 자기 자신을 (대상적 타자로) 세우지 못한다면, 그는 자유롭지 못할 것이다"(Rosenkranz 1840, 157). 절대자 정신은 그 자체 속에 자기 외화, 둘로 나누어짐을 자기의 본성으로 가진다. 만일 절대자 속에 둘로 나누어짐이 없다면, 그것은 자유롭지 못할 것이다. 절대자는 자기를 둘로 나누고 다르게 존재하게 됨으로써 자기의 절대적 자유를 증명한다(Litt 1953, 290).

5. 정신의 자유의 두 번째 요소는 대자의 부정적인 것의 부정과 자기 자신으로 돌아감에 있다. 곧 정신의 자유는 대자의 부정적인 것을 부정하고, 대자를 더 높은 진리의 세계로 고양하며, 자기 자신으로 돌아가는 데 있다.

만일 그렇게 할 수 없다면, 정신은 대자의 주어진 현실에 묶여버릴 것이다. 그는 자유롭지 못할 것이다. 신적 정신의 자유는 활동이 없는 "정적 존재에 있는 것이 아니라 자유를 폐기하고자 위협하는 것을 끊임없이 부정하는 데 있다"(1968a, 55).

정신은 자기의 즉자에 대한 지식과 자기의 진리에 도달하기 위해 한편으로 대자의 특수성을 부정하는 동시에 보편적인 것을 파악하고, 새로운 특수성을 대자에게 부여한다. 그것은 이 과정을 통해 자기 자신으로 돌아가기까지 자기의 특수성의 부정적인 것으로 존속하며, "특수성들의 사멸로서"(als Verderben der Bestimmtheiten) 나타난다. 이와 같이 정신은 자기 외화에 있어 자유로울 뿐 아니라 대자의 특수성, 곧 부정적인 것을 부정하고, 자기 자신으로 돌아오는 활동에 있어서도 자유롭다. 여기서 신적 정신의 자유는 "무한한 부정성의 규정"과 동일시된다. 이 부정성은 정신의 본질에 속한다 (Lasson 1920, 3).

정신은 부정적인 것의 부정을 통해 어떤 다른 목적에 도달하지 않고 자기 자신으로 돌아간다. 그것은 자기 자신으로부터 시작하여 자기 자신으로 돌아간다. 시작과 마지막, 알파와 오메가가 동일하다. 정신은 알파에서 시작하여 오메가에 이르는 모든 과정에서 어떤 다른 것과 관계하지 않고, 철저히 자기 자신과 관계한다. 궁극적인 목적에 있어서도 마찬가지다. 정신이 도달하고자 추구하는 중심점은 정신 바깥에 있지 않고 자신 안에 있다. 그것은 자기 자신 안에 있는 중심점을 추구한다. "정신은 자기의 중심점을 추구함으로써 자신의 자유를 완전케 하고자 추구한다. 이 추구는 정신에게 본질적이다"(1968a, 55). 바로 여기에 정신의 자유가 있다.

6. 정신의 자유의 세 번째 요소는 모든 활동 속에서 정신이 언제나 "자기 자신 가운데 있음"(Beisichselbstsein)에 있다. "자기 자신 가운데 있음이 바로

자유다"(1968a, 55). 정신은 대자를 향한 자기 외화, 대자의 부정적인 것의 부정과 자기 자신으로 돌아가는 이 모든 활동 속에서 자기 바깥에 있지 않고, 언제나 자기 자신 가운데 있다. "정신의 자유는 자기 가운데(bei sich) 있고, 자기 자신을 인지함에 있다." 그의 본성은 타자 안에서 "자기 자신을 발견하고, 그 속에서 자기를 그 자신과 결합하며, 그 속에서 자기를 가지며 자기를 향유하는 데 있다"(1966a, 175-176). 바로 여기에 정신의 자유가 있다.

"물질은 자기의 실체를 자기 바깥에 갖고 있다. 이에 반해 정신은 자기 자신 가운데 있음이요, 이것이 바로 자유다. 내가 내 바깥에 있는 그 무엇에 의존할 경우, 나는 자유롭지 못하다. 나는 내 바깥에 있는 것 없이는 존재할 수 없기 때문이다. 내 바깥에 있는 다른 것에 의존하지 않고 "내 자신 가운데 있을 때, 나는 자유롭다"(1968a, 55).

헤겔은 이것을 자연의 사물들과 비교하여 설명한다. "중량이 물질의 실체인 것처럼, 자유는 정신의 실체다." 물질은 자기의 중심점을 얻고자 하는 충동을 가진 반면, 정신은 중심점을 자기 안에 갖고 있다. 정신도 중심을 얻고자 하지만, 그 중심점은 자기 안에 있는 그 자신이다. 그의 통일성은 자기 바깥에 있지 않고, 항상 자기 안에 있다. 그는 자기 안에, 자기 자신 가운데 있다. 물질은 그의 실체를 그 바깥에 갖는 반면, 정신은 자기 자신 가운데 있음이요, 바로 이것이 자유다. 왜냐하면 "내가 (내 바깥에 있는 다른 것에) 의존할 경우, 나는 내가 아닌 다른 것과 관계하며, 내 바깥에 있는 것(Äußeres) 없이는 존재할 수 없기 때문이다. 내가 내 자신 가운데 있을 때, 나는 자유롭다"(1968a, 55).

"정신이 자기의 중심점을 얻고자 추구할 때, 그는 자신의 자유를 완성하고자 추구한다. 이 추구는 정신에게 본질적이다." 정신은 "활동적이다. 활동성이 정신의 본질이다. 그것은 정신의 생성물이고, 자기의 시작이며, 자기의 끝이기도 하다. 정신의 자유는 휴식하는 존재에 있지 않고, 끊임없는 부정, 곧 자유를 폐기하고자 하는 것의 부정에 있다. 자기를 생성하고, 자기를 자기 자신의 대상으로 만들며, 자기에 대해 아는 것이 정신의 일이다. 정신은 철저히 자기 자신과 관계하고, 모든 활동에 있어 자기 자신 가운데 있다. 이런 점에서 정신은 자유롭다. "자유는 정신의 유일한 참된 것이다"(1968a, 55).

헤겔은 언제나 자기 자신과 관계하는 정신의 활동성을 『철학사 서설』에서 다음과 같이 설명하기도 한다. "정신은 자기의 즉자를 자기에 대한 대상으로 만들고, 스스로 이 대상으로 존재하며, 그의 대상과 함께 하나가 되어 함께한다. 그는 이를 통해 자신의 타자 안에서 자기 자신 가운데 있다. 그가 생성하는 것, 그의 대상은 정신 자신이다. 그는 그의 타자 안에서 자기에게로 돌아옴(Zusichkommen)이다. 정신의 발전은 나누어짐, 자기를 쪼갬인 동시에 그 속에서 자기에게로 돌아옴이다"(Auseinandergehen, Sichauseinanderlegen, darin zugleich ein Zusichkommen, 1966a, 109).

7. 이에 반해 자연의 사물들은 언제나 자기 바깥에 있는 것과 관계하며 이에 의존한다. 그것들은 자기 바깥에 있는 것에 의존하기 때문에 자유롭지 못하다. 그것들은 자기 바깥에 있는 것에 얽매여 있다. 이에 반해 "자유로운 정신은 필연적으로 자기 자신과 관계한다." 그는 자기에 대한 자신의 지식에 따라 자기를 생성하고 자기를 실현한다. 그는 자유로운 정신이기 때문이다. 만일 그렇지 않다면, 그는 (자기 아닌 것에) 의존적일 것이고, 자유롭지 못할 것이다. 정신은 자기 자신을 자기의 대상으로 세우고, "그 대상성을 자기의 것으로 삼는다.…그는 이 대상성 안에서 자기 자신을 의식함으로써 행복하게 된다. 대상성이 (정신의) 내적 요구에 상응하는 바로 거기에 자유가 있다"(1968a, 74).

정신이 "자기 자신 가운데" 거하면서 자기 자신을 추구한다면, 정신의

"자기 자신 가운데 있음"은 정적인 것이 아니라 자기 자신을 추구하는 운동을 가리킨다고 말할 수 있다. 이 운동이 정신의 "본질적인" 것이다(1968a, 55). 그렇다면 정신의 자유는 운동에 있다고 말할 수 있다. 이 운동이 "정신의 실체"라면, 정신의 자유는 정신의 실체다. 정신의 자유는 "자기 자신에 대한 하나님의 참된 관계를 나타내지 못하고, 타자 곧 세계에 대한 관계를 나타내는" 술어에 불과한 것이 아니라(1966d, 76) "정신의 실체"를 가리키는 것이다. "정신의 실체는 자유다"(1968a, 64). 그것은 정신의 "가장 고유한 본성"이다(62). 그것은 "정신으로서 하나님"의 삶 전체를 가리킨다. 정신으로서의 하나님은 절대적 사랑이기 때문이다. 사랑이 있는 곳에 자유가 있다. 참으로 사랑하는 자가 자유롭다.

토이니센 교수는 "타자 안에서 정신이 자기 자신 가운데 있음"을 정신의 모든 활동의 "결과"로 파악한다. 그것은 "정신의 자기 자신으로 돌아감(혹은 회귀[Rückkehr])의 열매"다(Theunissen 1970, 96). 그러나 정신의 "자기 자신 가운데 있음"은 정신의 활동의 마지막에 오는 "열매"가 아니라 정신의 모든 활동을 가리킨다. 정신은 그의 모든 활동에 있어 자기 자신 가운데 있다. 헤겔의 논리를 따를 때, 만일 정신이 자신의 모든 활동에서 "자기 자신 가운데" 있지 않다면, 그는 자유롭지 못할 것이다. 그는 "다른 것"에 의존할 수밖에 없기 때문이다. 정신은 자신의 활동 마지막에만 자유롭지 않고 자신의 활동 전체에 걸쳐 자유롭다. 정신의 활동성 자체가 바로 자유를 뜻한다.

8. 헤겔은 모든 활동에서 자기 자신과 관계하며 "자기 자신 가운데" 있는 것을 "자기 자신 안에 있는 하나님의 생명"으로 보는 동시에, 세계 안에 있는 모든 사물, "모든 살아 있는 것, 연약한 것과 높은 것"의 "발전의 개념"으로 본다. 이 발전은 "자기를 구별함, 현존케 함, 타자를 위한 존재가 됨이고, 그 속에서 자신과 동일하게 머무는 것(mit sich identisch Bleiben)이다. 이것

은 (하나님) 아들의 다른 형식 속에서 세계의 영원한 생성(Erzeugung der Welt, in anderer Form des Sohnes)이고, 그 자신 속으로 정신의 영원한 돌아감이며— 절대적 운동인 동시에 절대적 안식이고—그 자신과의 영원한 중재다." 정신이 자기 자신 가운데 머물면서 자기 자신으로 돌아가는 이것이 "정신의 최고의 목적"이며, "하늘과 땅에서 일어나는 것은 이 목적에 도달하기 위해 일어난다. 자기 자신을 발견하고, 대자적으로 되며, 자기를 자기 자신과 결합하는 이것이 하나님의 영원한 생명이다.…자기를 다시 발견하기 위해 자기를 외화하는 이것이 정신, 곧 관념의 본성(Natur des Geistes, der Idee)이다"(1966a, 110).

이 모든 활동에서 "어떤 다른 것에 의존하지 않는 것, 폭력을 당하지 않는 것, 다른 것에 연루되지 않는 것이 자유다. 정신은 자기 자신으로 돌아옴으로써 자유로운 자로 존재한다. 이것이 그의 절대적인, 그의 가장 높은 목적이다. 이리하여 그는 참으로 자기의 소유가 된다.…여기서 다음의 내용이 추론된다. 곧 정신은 어떤 다른 요소 안에서 이 목적에 도달하지 않는다." 그는 오직 자기 안에 있는 자기의 목적에 도달한다. 바로 여기에 정신의 자유가 있다(1968a, 110).

9. 요약한다면, 정신의 자유의 근거는 그의 모든 활동에 있어 **어떤 다른 것에 의존하지 않으며, 자기 자신 가운데 있음**에 있다. 정신의 "즉자는 이미 자기 자신 안에서 구체적이며, (정신의) 발전은 즉자를 정립하는 것이다. 따라서 어떤 낯선 것, 새로운 것도 첨가되지 않는다.…발전은 이 근원적인 내적인 것을 나타나게 할 뿐이며 그 속에 이미 포함되어 있는 구체적인 것, 곧 발전을 통해 대자적이 되고, 자기 자신을 이 대자로 몰아가는 이 구체적인 것을 밖으로 정립할 뿐이다"(1966e, 114). 정신은 자기 자신으로부터 시작하여 자기 자신으로 돌아가고, 모든 활동 속에서 자기 자신 가운데 머문다.

이와 같이 그의 모든 활동에 있어 외적인 것에 의존하지 않고, 오직 자기 자신과 관계하는 여기에 정신의 자유가 있다. 여기서 정신의 활동성, 곧 "하나님의 삶"은 "자유 자체"로 파악된다(Lakebrink 1969, 76).

헤겔에 따르면, 인간의 정신은 신적 정신과의 통일성 안에 있다. 그것은 신적 정신의 현존 내지 현상양태다. 따라서 인간 역시 그의 정신이 "어떤 다른 것에 의존하지 않는다"는 점에서 자유롭다. 어떤 다른 것에 의존하는 한, 그는 자유롭지 못하다. 정신의 본질은 사유에 있다. 사유는 어떤 다른 것, 자기 아닌 낯선 것에서 자유롭다. 인간은 사유한다. 그러므로 그는 자유롭다(Descartes의 *cogito ergo sum*을 바꾸어 말한 것임).

따라서 헤겔은 자유의 "기본 규정"을 다음과 같이 말한다. "정신은 그 자신을 사유한다." 그는 사유 속에서 "자신의 특수성 속에서 그 자신을 보편적인 것으로 직관한다. 각자는 자신의 개체성 안에서 그 자신을 보편적인 것으로 안다. 그의 존재는 보편적인 것으로서 보편적인 것 안에 있는 데 있다. 그의 존재는 그의 보편성이고, 그의 보편성은 그의 존재다. 보편성은 (오직 그 자신과 관계하는) 그 자신에 대한 이 관계다. 어떤 다른 것, 낯선 것에 있지 않고…그 자신 가운데 있음이다.…그 자신 가운데 있음이 자아의 무한성-인격성이다." 바로 여기에 자유의 "기본 규정"이 있다. "자기 자신을 파악하는 정신에게 자유의 이 규정이 그의 존재를 형성한다"(1966a, 233).

우리는 헤겔이 말하는 정신의 "자유의 이 규정"을 사랑의 개념에서 볼 수 있다. 헤겔에 따르면, 정신은 곧 사랑이다. 정신으로서의 "하나님은 정신 혹은 사랑이다(이것은 하나다)"(1966a, 179). 하나님의 삼위일체적 활동을 감성적 형식으로 말한다면 "사랑"이고, "좀 더 높은 표현"으로 말한다면 "정신" 이다(1968c, 722). 사랑과 정신은 표현 형식에 있어 구별되지만, 내용적으로 같은 것, 곧 "하나다." 따라서 우리는 왜 정신이 자유 자체인지, 그 까닭을 사랑의 개념에서 볼 수 있다.

그 까닭을 설명한다면, 참 사랑은 자유 자체다. 그것은 어떤 외적 요인이나 강요로 말미암아 일어나지 않는다. 그것은 자기 아닌 어떤 외적인 요소에 의존하지 않는다. 만일 그것이 외적 요소의 강요로 인해 일어난다면, 그것은 참 사랑이 아니다. 그것은 외적 요소 내지 필요로 말미암아 강요된 것 혹은 조작된 것일 뿐이다. 참 사랑은 아무런 외적 조건 없이 순수히 자발적으로, 곧 자유롭게 일어나며, 그 자체 가운데 머문다. 자기 외의 어떤 다른 외적인 것도 허용하지 않는다. 정신은 바로 이 사랑의 변증법적 활동이다. 따라서 정신은 그의 모든 활동에 있어 자유롭다. 그는 자유 자체다. 자유는 정신의 본질에 속한다. 따라서 정신과 자유는 동전의 양면처럼 분리될 수 없다. "주님의 정신(영)이 있는 곳에 자유가" 있듯이(고후 3:17), "주님의 정신이 있는 곳에 사랑이 있다"고 말할 수 있다. 주님의 영 곧 정신은 사랑의 영이기 때문이다.

일반적으로 자유와 필연성은 대립하는 것으로 생각된다. "정신이 자유롭다고 할 때, 그는 필연성에 예속되어 있지 않다"고 생각한다. 그 반면에 "그의 의욕과 사유 등은 필연성을 통해 규정되어 있다"고 할 때, 그는 "자유롭지 않다"고 생각한다. 여기서 자유와 필연성은 대립 속에 있다. 헤겔은 "그러나 참된 것은 대립들의 통일성에 있다"고 말한다. 따라서 "정신은 그의 필연성 속에서 자유롭고, 필연성 속에서 자신의 자유를 가진다. 마찬가지로 우리는 정신의 필연성은 그의 자유에 있다고 말해야 한다"(1966a, 116). 사랑 안에서 자유와 필연성의 대립은 사라진다. 참으로 사랑하는 자는 필연성 속에서 자유롭게 행동하고, 자유 속에서 필연적으로 행동한다. 그는 필연성과 자유의 대립을 초월한다. 정신의 자유도 양자의 대립을 초월한다. 신적 정신은 사랑이기 때문이다.

2. 자유의 의식의 실현으로서의 세계사

1. 헤겔은 자유의 역사에서 중요한 점은 자유를 의식하는 것, 곧 **자유에 대한 정신의 의식**에 있다고 지적한다. 자기가 자유롭다는 것을 의식하는 것과 의식하지 못하는 것은 전혀 다르다. 정신은 그 자체에 있어 자유롭지만, 만일 정신이 그것을 의식하지 못한다면 그는 "노예일 것이고 노예상태로 만족할 것이다.…정신은 그 자체에 있어 항상 자유롭지만, 정신을 자유롭게 만드는 것은 자유에 대한 지각이다." 곧 자기의 자유를 지각할 때, 정신은 현실적으로 자유롭게 된다(1968a, 55-56).

세계사가 자유 자체인 정신이 자기를 대상 세계로 실현하는 과정이라면, 그것은 "자유의 의식"이 발전되는 "단계들의 과정"이라 말할 수 있다(1968a, 155). 세계사는 "자기의 자유에 대한 정신의 의식과 이 의식에 의해 초래된 실현의 발전" 과정을 나타낸다(167). 따라서 헤겔의 세계사의 원리는 "자유와 해방의 원리"라고 볼 수 있으며, 세계사는 "하나님의 자기해방의 과정"과 동일시될 수 있다(Iljin 1946, 301).

세계사는 이 발전 과정을 여러 가지 단계, 곧 자기 자신을 의식하는 정신의 규정들이 그 속에 있는 단계들로 나타낸다. 자신의 자유에 대한 정신의 의식이 이 단계들을 통해 발전하고, 자유는 이 의식을 통해 실현된다. 20세기 초의 유명한 교회사가 제베르거에 따르면, 헤겔에게 인간 자유의 실현은 "주체적 정신이 그의 개념에 따라 자기를 발전시킨다"는 전제와 결합되어 있다(Seeberger 600 이하).

세계사는 정신의 자유 의식이 실현되는 **수단**에 불과한 것이 아니라 "자기 자신을 의식하는 자유" 개념의 규정들의 과정이다. 그것은 그 자신의 특유한 원리를 가진 다양한 단계들로 이루어진다. 특정한 단계에서 자유에 대한 자기의 의식을 실현한 정신은 이 단계의 특수성과 제한성을 지양하고, 끊임없이 더 높은 단계의 자유의 의식으로 넘어간다. 자유는 주어진 단계에서 더 높은 단계를 향해 끊임없이 나아가는 활동 속에 있다.

2. 여기서 헤겔은 "인간은 그 자체에 있어 자유롭다"는 사실과 이 사실을 의식하고 아는 것을 구별한다. 모든 인간이 태어나면서부터 자유롭다는 것은 사실이다. 그러나 자기의 존재가 그 자체로 자유롭다는 사실을 의식하지 못할 때, 그는 여전히 자유롭지 못한 존재로 존속케 된다. 헤겔은 이것을 다음과 같이 말한다. "인간은 모두 이성적이다.…인간은 자유롭다. 이것이 그의 본성이다. 이것은 인간의 본질에 속한다. 그렇지만 많은 민족이 노예제도를 갖고 있었고, 지금도 갖고 있다. 그럼에도 그들은 만족한다. 예를 들어 동양인들도 사람이고, 그들은 그 자체에 있어 자유롭다. 그러나 현실적으로 그들은 자유롭지 못하다. 그들에게는 자유의 의식이 없기 때문이다. 오히려 그들은 종교와 정치적 관계들의 전제주의를 허락한다." 그 원인은 동양인들 역시 인간으로서 자유롭지만 자신의 자유를 의식하지 못하는 데 있다. "인간은 단지 그 자체에 있어 자유롭다는 것과, 자유로운 개인으로 존재하는 것이 그의 개념이고 그의 규정이며 그의 자유라는 것을 아는 것" 사이에는 엄청난 차이가 있다. 그것은 세계사의 변화에 결정적 영향을 준다(1966a, 105). 인간은 자기가 존재 자체에 있어 자유롭다는 것을 "알 때에만 자유롭다"(106).

정신의 자유는 인간이 그것을 의식할 때 비로소 실현될 수 있다. 따라서 정신은 자유를 의식하게 하고자 한다. 헤겔은 자유를 의식하게 하고자 하는 정신의 활동을 필연적인 것으로 본다. 자유는 "자기를 의식으로" 발전시키고자 하는 "무한한 필연성을 자기 안에 포함한다." 인간은 자유를 의식하게 될 때, 이 의식을 실현하고자 한다. 본래 그 개념에 있어 자유는 "자기에 대한 지식을 현실화시키고자" 하는 필연성을 가진다. 자유는 "자기에게, 자기 자신이 수행하는 목적이요, 정신의 유일한 목적이다"(1966a, 63-64). 그러 므로 역사 속에서 자유의 관념의 실현은 필연적이다.

3. 왜 헤겔은 자유의 관념이 역사 속에서 **"필연적으로"** 실현된다고 보는가? 그 이유는 자기의 자유를 실현하고자 하는 정신의 충동에 있다. 헤겔의 『법 철학』에 따르면, "자유로운 정신의 절대적 규정, 달리 말해 자유로운 정신 의 절대적 충동은 그의 자유가 그에게 대상이 되는 것이다"(1955 § 27). 곧 정신은 자기의 자유가 관념의 차원에 머물지 않고, 그것을 대상 세계 속에 서 실현하고자 하는 충동을 가진다.

　앞서 기술한 대로 정신은 활동성 자체다. 활동성은 바로 자유를 뜻한다. 따라서 "정신의 실체는 자유다." 자유가 정신의 실체이기 때문에, 정신은 자기의 자유에 대한 그의 의식을 실현하고자 하는 충동을 가진다. 정신은 정신 자신과 일치하는 세계, 자기를 그 안에서 완전히 볼 수 있는 세계를 이루고자 한다. 달리 말해, 자기 자신을 대상 세계로 실현하고자 한다. 이 세계는 정신의 자유가 완전히 실현된 세계다. 정신은 바로 이 세계를 지향 하는 운동이다. 따라서 정신의 활동은 자유 의식의 실현을 동반한다.

　정신의 자기활동이 곧 세계사다. 따라서 자유에 대한 정신의 의식은 세 계사 속에서 필연적으로 실현된다. 역사철학의 목적은 하나님의 정신의 자 기활동과 함께 필연적으로 실현되는 자유의 관념을 관찰하고 그 발전 과정 을 다양한 역사적 특수성 속에서 나타내는 데 있다. 곧 헤겔은 정신의 "자 유의 원리"를 드러내고, 이 원리의 세계사적 실현을 드러내는 데 세계사 철 학의 목적이 있다고 말한다.

　이로써 역사의 과정에서 그의 목적이 주어진다. 그것은 주체의 자유다. 곧 자 기의 양심과 인륜성을 갖는 것이다. 주체는 무한한 가치를 가지며, 이 극단성의 의식에 도달하는 것을 실현하고자 하는 보편적 목적들을 그 자신에 대해 가진다. 세계정신의 목적의 이 본질적인 것은 각 사람의 자유를 통해 이루어진다 (1968a, 64).[1]

4. 여기서 우리는 헤겔의 역사철학의 또 하나의 방법적 전제를 발견한다. 곧 **자유의 관념은 역사 속에서 필연적으로 실현된다**는 방법적 전제에서 세계사를 관찰한다는 것이다. 헤겔은 이것을 다음과 같이 말한다. "기독교 시대에 신적 정신이 세계 속으로 들어와 이제 완전히 자유롭고 실체적 자유를 자기 안에 가진 개인 속에서 그의 자리를 가진다"는 이것에 "역사의 선험적인 것"(das Apriorische der Geschichte), 곧 세계사 철학의 전제가 있다 (1968a, 157).

"이성의 범주에 따라" 역사를 관찰할 때, 우리는 "본질적인 것을 이른바 비본질적인 것에서 분리하고 이를 들어내야" 한다. 우리는 이것을 행할 수 있기 위해서는 "본질적인 것을 **알아야** 한다." 세계사 전체를 관찰할 때 우리가 전제하는 이 "본질적인 것"은 "자유의 의식과 이 의식의 발전에 있어 이 의식의 특수성들(Bestimmtheiten)이다"(1968a, 169). 곧 헤겔은 자유의 의식이 특수한 형태들을 통해 발전한다는 것이 역사 관찰의 본질적 대상이고, 역사 관찰의 전제임을 시사한다.

여기서 우리는 헤겔의 역사철학의 기본 명제인 "**절대적 화해의 원리**"가 자유의 실현을 그 내용으로 가진다는 사실을 볼 수 있다. 헤겔에 따르면,

---

1) 원문. "Des Geistes Substanz ist die Freiheit. Sein Zweck in dem geschichtlichen Prozesse ist hiermit angegeben: die Freiheit des Subjekts, daß es sein Gewissen und seine Moralität, daß es für sich allgemeine Zwecke habe, die es geltend mache, daß das Subjekt unendlichen Wert habe und auch zum Bewußtsein dieser Extremität komme. Dieses Substanzielle des Zweckes des Weltgeistes wird erreicht durch die Freiheit eines jeden."

기독교 시대에 신적 정신이 세계 속으로 들어왔다. 이제 신적 정신이 "완전히 자유롭고, 본질적 자유를 그 자신 안에 가진 개인 안에서 그의 자리를 잡은" 이것이 "주체적 정신과 객체적 정신의 화해"다(1968a, 157). 곧 인간의 주관적 정신과 하나님의 객관적 정신의 화해와 일치는 인간이 자유롭게 되는 것과 결합되었다는 것이다.

따라서 하나님과 세계의 화해는 인간에게 해방과 자유를 의미한다(M. Theunissen 1970), "정신으로서의 하나님"이 세상적인 것과 화해할 때, 인간의 자유가 필연적으로 실현되고, 또 실현되어야 한다. 신적 본성과 인간적 본성, 하나님과 인간, 하나님과 세계, 무한한 것과 유한한 것, 보편적인 것과 특수한 것, 객체와 주체의 화해는 자유가 있는 세계가 이루어지기 시작했음을 말한다. 종교적 표상으로 말한다면, 하나님의 아들 그리스도는 화해의 주체다. 그의 삶과 죽음을 통해 신적인 것과 세상적인 것의 화해가 일어난다. 이 화해를 이룬 그리스도 곧 "주님이 계신 곳에 자유가 있다"(고후 3:17).

5. 헤겔은 『세계사 철학 강의』 서두에서 "하나님의 섭리가 세계를 다스린다"는 것을 "역사철학의 기본 전제"로 제시했다(위 제2부 I.). 여기서 세계사는 하나님의 "섭리의 계획"이 실현되는 과정으로 생각된다. 세계사 속에서 실현되는 "섭리의 계획"은 모든 인간의 자유를 실현하고자 하는 정신의 계획을 말한다. "하나님의 섭리"가 다스리는 세계의 역사는 "그의 자유에 대한 정신의 의식과 이 의식에 의해 초래된 실현의 발전"을 나타낸다(1968a, 167). "섭리의 계획"이 실현되는 과정으로서의 세계사는 모든 인간의 자유가 실현되는 과정이다.

여기서 우리는 "하나님의 섭리"가 자유의 실현과 결합되어 있음을 볼 수 있다. "하나님의 섭리가 세계사를 다스린다"는 헤겔의 역사철학의 기본 전제는 자유의 의식이 세계사 속에서 실현된다는 전제와 하나로 결합되어 있다. 하나님과 세계의 화해-하나님의 세계 섭리-자유의 의식의 실현, 이 내용들이 헤겔의 역사철학에서 결합되어 있다. 하나님의 화해, 섭리 등의 종교적·신학적 조항들이 인간의 자유의 실현이라는 구체적 내용을 갖는다. 신적 이성이 다스리는 세계, "정신의 개념과 일치하는" 세계는 모든 인간의 자유가 실현된 세계를 말한다. 바로 여기에 역사의 궁극적인 목적이 있다.

II
자유의 역사의 중심인 그리스도

1. 자유의 원리를 계시하는 그리스도의 성육신

인간의 자유에 대한 헤겔의 생각은 어디에서 유래하는가? 그것은 프랑스 혁명에서 오는 것인가? 그것의 뿌리는 무엇인가? 물론 헤겔이 튀빙겐 슈티프트에서 신학과 철학을 공부할 때 일어난 프랑스 혁명은 자유에 대한 그의 생각에 결정적 자극제가 되었음은 틀림없다. "프랑스 혁명이야말로 자유를 〈국가의 사상적 원리〉로 고양시켰으며, 자유를 〈인간과 시민의 권리〉속에서 자연법으로 정립했다." 그러나 헤겔은 "프랑스 혁명이 공포정치와 자기파괴적 현실로" 발전하는 것을 보면서 자유에 대한 자신의 사상의 근거를 보다 "더 깊은 차원에서" 찾아야 했다(서유석 1985, 195).

1. 서유석 교수가 시사하는 자유의 사상의 "더 깊은 차원"은 무엇인가? 그는 이에 대한 설명을 생략한다. 필자는 이 문제가 종교적·신학적 문제이기 때문에 서유석 교수가 이것을 생략한 것으로 추측한다. 필자가 읽은 헤겔에 의하면, 서유석 교수가 시사하는 "더 깊은 차원"은 그리스도의 성육신에

있다. 인간의 자유에 대한 헤겔의 생각은 "공포정치와 자기파괴적 현실로" 발전한 프랑스 혁명이 아니라 그리스도의 **성육신**에서 계시되는 "신적 본성과 인간적 본성의 통일성"에 그 뿌리를 가진다. 헤겔의 문헌을 살펴보면, 그는 프랑스 혁명에 근거하여 자유를 이야기한 적이 없다.

헤겔에 따르면, 프랑스 혁명의 "시작과 근원"은 "의지의 자유"에 대한 사상에 있다. "의지의 자유"는 "인간을 인간 되게 하는 것이며, 정신의 기본 원리다.…프랑스에서 이 원리는 루소를 통해 세워졌다. 인간은 의지다. 그는 자기의 의지인 바를 의욕하는 한에서만 자유롭다. 자유로운 의지의 원리 속에는 의지는 자유롭다는 본질이 있다. '나는 원하기 때문에 원한다'(Ich will, weil ich will)는 문장으로, 나는 모든 것을 요약할 수 있다"(1968d, 921).

헤겔은 이와 같은 의미를 가진 "의지의 자유는 행동 속에 있는 정신의 자유이며, **개신교회의 원리로부터 나온다**"고 말한다. 그에 따르면, "즉대자적으로 존재하는 의지의 자유는…하나님의 자유, 정신의 자유…그의 본질에 따른 보편적 정신의 자유다. 이것보다 더 높은 것이 없다"는 사상에서 프랑스 혁명은 시작되었다. 따라서 자유에 대한 헤겔의 사상은 프랑스 혁명에 그 뿌리를 갖지 않고 "보편적 정신의 자유"가 그 속에서 계시되는 그리스도의 성육신에 그 뿌리를 가진다. 우리는 이것을 아래 인용문에서 볼 수 있다.

기독교 종교는 "인간은 인간으로서 자유롭다"는 이 원리를 감정과 표상의 형식으로 진술한다.…이 원리는 인간은 인간으로서, 각 사람은 신적 은혜와 자비의 대상이라는 데 있다. 각 사람은 그 자체에 있어 주체이고 무한하며 절대적인 가치를 지닌다. 이 원리를 좀 더 자세히 말한다면, 기독교 종교는 신적 본성과 인간적 본성의 통일성에 관한 교리, 직관을 포함하고 있다. 이것은 그리스도를 통해 계시되었다. 인간과 하나님, 주관적 관념과 객관적 관념이 여기서(그리스도에게서) 하나다(1966a, 245-246).

이 인용문에 따르면, "하나님과 인간"이 하나가 되었다는 것, 곧 그리스도의 성육신은 "신적 본질과 인간적 본질의 통일성"을 말한다. 이제 인간은 신적 정신, 곧 하나님으로부터 분리된 존재가 아니라 하나님과 결합한 존재, 신적 본성이 그 안에 있는 존재로 밝혀진다. 바로 여기에 인간의 무한한 가치와 자유가 있다. "인간은 인간으로서 자유롭다"는 원리, 곧 "자유의 원리"가 그리스도의 성육신 안에서 종교적 표상의 형식으로 계시되었다. 인간은 "유한한" 존재인 동시에 "하나님의 형상이고 그 자신 안에 있는 무한성의 원천이다. 그는 자기목적이며, 그 자신 안에 무한한 가치를 지닌다"(1968c, 745). 이 "절대적 관념"이 기독교 종교를 통해 계시되었다. 이런 점에서 기독교는 "자유의 종교"다.

따라서 판넨베르크는 자유의 원리의 궁극적 근거를 그리스도의 계시에서 발견한다. 인간의 "주체적 자유는 인간과 하나님의 통일성에 근거한다. 이것은 그리스도를 통해 계시되었다. 기독교를 통해 열린 자유는 하나님에 대한 인간의 참여에 근거하기 때문에…인간으로서 인간의 보편적 자유와 기독교의 성육신 교리는 헤겔에게 분리될 수 없이 결합되어 있다"(Pannenberg 1972, 82). 세계사는 신성을 향한 "인간의 고양의 역사"다. 이 역사는 "주어진 것으로부터 인간의 해방의 역사"와 상응 관계에 있다(Marsch 1964, 264).

2. 헤겔은 그리스도 안에서 계시된 자유의 원리를 다음과 같이 이해한다. 하나님은 그리스도 안에서 인간으로 자기를 낮추시고(외화하고), 인간의 육을 자기의 것으로 취한다. 하나님이 인간의 형태로 나타난다. 영원한 것이

인간의 육을 입고 나타난다. 이로써 신적 본성과 인간적 본성, 영원한 것과 시간적인 것, 절대적인 것과 제한된 것이 화해되고 결합된다. 하나님과 인간이 하나가 된 그리스도, 곧 "하나님-인간"(Gottmensch) 안에서 천하다고 하는 인간의 육이 영원하고 절대적인 것으로 수용된다. 제한된 인간의 존재가 영원한 것, 보편적인 것과 결합된다. 이로써 인간의 무한한 가치가 드러난다. 인간은 더 이상 신적인 것에서 분리된 속된 존재나 무가치한 존재가 아니라 신적 본성과 결합되어 있는 고귀한 존재, 헤겔의 표현을 따른다면 "보편적 존재", "정신적 존재"다.

헤겔은 여기서 모든 인간적·사회적 차이가 사라진다고 말한다. 모든 인간적·사회적 차이를 떠나 **"인간은 인간으로서"** 무한한 가치를 가진 보편적 존재다. 신학적으로 말한다면, 유대인이나 그리스인이나, 노예나 자유인이나, 남자나 여자나 차이가 없다. "모든 사람이 그리스도 예수 안에서 하나다"(갈 3:28).

따라서 모든 인간은 동등하며 동등하기 때문에 모두 자유롭다. 어떤 인간도 다른 인간을 억압하거나 노예로 만들 수 없다. 그리스도의 성육신 안에 계시되는 하나님과 인간의 화해, 곧 신적인 것과 인간적인 것의 통일성은 모든 인간의 평등과 자유를 의식하게 한다. 여기서 모든 인간의 평등과 자유에 대한 의식이 눈을 뜨게 된다. 그러므로 헤겔은 모든 인간의 자유에 대한 의식이 기독교를 통해, 좀 더 정확히 말한다면, 그리스도 안에서 일어난 하나님의 성육신을 통해 세상에 들어왔다고 말한다. 따라서 인간의 자유에 대한 헤겔의 사상은 그리스도의 성육신에서 계시되는 하나님과 인간의 화해에 그 뿌리를 가진다고 말할 수 있다.

헤겔이 애호했던 베르타 폰 트로트(Bertha Von Trott)의 "과일을 파는 소녀"

3. 헤겔에 따르면, 인간은 하나님과 인간의 화해 속에서 자신의 인격성의 무한한 가치와 자유를 의식하게 된다. "모든 인간은 인간으로서 무한한 가치를 지닌다", "모든 인간은 인간으로서 자유롭다"라는 기독교의 원리는 그리스도의 성육신에 계시되는 신적인 것과 인간적인 것의 통일성에 그 뿌리를 가진다. 인간은 인간으로서 신적인 것과 통일성 안에 있는 무한한 가치를 가진 존재라는 사실이 그리스도의 성육신에서 계시된다. 그의 인격성은 무한한 가치를 가진다는 사실이 신적인 것과의 통일성 안에 나타난다.

모든 인간은 누구를 막론하고 신적인 것과의 통일성 안에 있는 보편적 존재다. 모든 인간의 무한한 가치와 보편적 존재가 그리스도의 성육신에서 계시되는 여기에 자유의 뿌리가 있다. 기독교 종교는 이 뿌리를 "사상의 순수한 형식으로" 나타내지 않고 "감정과 표상의 형식으로" 나타낸다. 곧 그것은 "사람은 사람으로서…하나님의 은혜와 자비의 대상이다. 각자가 그 자신에 대한 주체이고, 무한하고 절대적 가치를 가진다"라는 형식으로 모든 인간의 자유를 나타낸다(1966a, 245).

헤겔에 따르면, 그리스도의 성육신 앞에서 인간의 모든 차이는 상대화된다. 성육신 안에 계시되는 하나님의 사랑은 인간을 차별하지 않는다. 그것은 인간의 성별, 사회적 신분과 지위, 인종, 민족의 차이를 초월하여 모든 사람을 평등한 하나님의 자녀로 인정한다. 모든 사람, 곧 사람이면 누구나 하나님의 화해와 구원의 은혜로 초대한다. 하나님과 인간, 신적 본성과 인간적 본성의 화해가 그리스도 안에서 **모든 사람에게 똑같이** 이루어졌다. 모든 사람이 그리스도를 통해 모든 인간적·사회적 차이를 초월하여 하나님과 화해되었다. 이로써 모든 사람이 인간적·사회적 차이와 차별에서 해방되며 동등한 가치를 가진 존재, 서로에 대해 자유로운 존재로 드러난다.

그러므로 헤겔은 다음과 같이 말한다. "모든 인간은 하나님 앞에서 자유롭다. 그리스도는 인간을 **해방했다.** 그는 인간을 하나님 앞에서 동등하게 만들었고, 기독교적 자유로 해방했다. 이 규정들에 따르면, 자유는 출생, 지위, 교육 등에 의존하지 않는다"(1966a, 63).

모든 인간의 자유는 그리스도인들의 공동체 속에 가시적으로 나타난다. 이 공동체에 속한 모든 그리스도인은 "그리스도의 몸"이라는 한 유기체에 속한 평등한 지체들이다. 기능에 있어 차이가 있을 뿐 존재에 있어 아무 차이가 없다. 유대인이나 이방인이나, 남자나 여자나, 노예나 로마 제국 시민이나, 모든 사람이 똑같은 하나님의 자녀들이다(갈 3:28). "유대 사람이든지 그리스 사람이든지, 종이든지 자유인이든지, 모두 한 성령으로 세례를 받아서 한 몸이 되었고, 또 모두 한 성령(거룩한 정신)을 마시게 되었습니다.…지체는 여럿이지만, 몸은 하나입니다"(고전 12:13, 20). 따라서 모든 그리스도인은 동등한 가치와 동등한 자유를 가진다.

4. 2019년에 예나 대학교의 피벡 교수는 헤겔 탄생 250주년을 기념하여 방대한 헤겔 연구서를 출간했다. 그에 따르면, "헤겔 철학이 그 위에 세워진 두 가지 기본 기둥(Grundpfeiler)은 **이성과 자유**다. 그의…삶의 길과 사유의 길의 핵심(Kernimpulse)은 자유에 대한 사유에 있다. 프리드리히 횔덜린은 '거룩한 목적인 자유'에 대해, 셸링은 '철학의 알파와 오메가인 자유'에 대해, 실러는 '자유의 왕국인 이성의 왕국'에 대해 말했다. 슈바벤 정신의 이 친척들과 연결하여…헤겔의 크레도는 다음과 같다. **철학한다는 것은 자유롭게 사는 것을 배우는 것이다**"(Vieweg 2019, 17).

피벡 교수에 의하면, 7월 14일 프랑스 혁명 기념일이 오면, 헤겔은 매번 빠지지 않고 샴페인 한 잔을 마시며 이날을 축하했다. 그 정도로 "철학자 헤겔은 정치적 인물(politicus)이었다." 그는 "프랑스 혁명의 기본 사상의 열정적 변호자"였다. "자유에 대한 사유가 그의 모든 삶의 기본 동인(Grundmotiv)으로 관철된다"(18). 그가 쓴 『정신현상학』은 "자유의 교과서"

였다(22).

피벡 교수의 이 말은 헤겔 철학의 한 단면을 잘 보여준다. 그러나 필자의 생각에 의하면, 피벡 교수의 헤겔 해석은 일면적이다. 인간의 자유 문제가 헤겔 철학에서 중요한 요소임은 사실이다. 헤겔 철학의 중심 개념인 정신은 자유와 분리될 수 없이 하나로 결합되어 있기 때문이다. 정신의 활동성은 **자유에 대한 의식을 실현하는 활동성**을 말한다. 따라서 정신의 자기 활동으로서의 역사는 "자유의 역사"를 뜻한다.

5. 그런데 앞서 기술한 바와 같이, 헤겔이 말하는 모든 인간의 자유는 그리스도의 성육신에 기초한다. 그리스도의 성육신은 정신으로서의 하나님이 인간의 육과 자기를 결합했음을 보여준다(계시한다). 유한한 인간의 본성이 영원한 하나님의 신적 본성과 결합된다. 이로써 인간은 하나님 앞에서 **존엄한 존재**로 드러난다. 그는 "자기의 무한성의 의식"에 도달한다(1966b, 275). 자기의 무한성을 의식하는 여기에 인간의 존엄성이 있다.

모든 인간이 존엄하다면, 어떤 인간도 다른 인간을 억압하거나 착취할수 없다. 모든 인간은 평등하고, 평등하기 때문에 서로에 대해 자유롭다. 여기에는 어떠한 인간적·사회적 차별도 있을 수 없다. 인간은 "그 자체로서" 다른 사람들과 평등하고 자유롭다. "인간은 그 자체로서 자유롭다"는 자유의 의식이 기독교를 통해 세상에 들어왔다. 모든 사람은 **하나님 앞에서 똑같이**(평등하게) 자유롭다는 사실이 계시되었다. 따라서 기독교는 "자유의 종교"다(1966d, 35). 헤겔은 이 모든 생각을 다음과 같이 말한다.

이 종교는 **자유의 종교**다.⋯구별, 다르게 존재함의 부정(Negation des Unterschiedes, Andersseins)은 오직 자유 가운데서 가능하다. 이것은 화해의 형식으로 나타난다. 화해는 차이들이 대립하는 것과 함께 시작한다. 곧 그에

게 낯선 것이 되어버린 세계(entfremdete Welt)를 자기에 대칭하여 가진 하나
님—자기의 본질에 대해 낯선 것이 되어버린 세계. 화해는 이 분리, 이 나누어
짐의 부정이다.…그러므로 화해는 자유이며 쉬고 있는 것이 아니라 낯설게 됨
(Entfremdung)의 운동을 사라지게 하는 활동성이다. 화해, 진리, 자유, 이 모
든 것은…일면성에 빠지지 않고서는 한 문장으로 진술할 수 없는 것이다.…이
것을 하나의 특수한 형식으로 말한다면, 신적 본질과 인간적 본질의 통일성의
표상이 종교 안에 나타난다. 그러나 이 통일성은 보다 더 정확한 규정을 필요로
한다. 하나님이 인간이 되었다. 이것은 하나의 계시다(1966d, 36).

헤겔의 자유의 사상의 뿌리는 바로 여기에 있다. 곧 모든 인간의 존엄성과
평등과 자유를 계시하는 그리스도의 성육신에 있다. 기독교는 그리스도의
성육신에 기초한다. 따라서 "기독교는 노예적 굴종의 율법적 종교가 아니
라 인간의 현실적 자유의 원리를 실현하는 계기를 자신 안에 지니고 있는
해방의 종교다. 유대적인 종교적 율법과 노예제를 기반으로 하는 고대의
사회 현실에서 예수가 역사 속에 출현함으로써 인간은 자연적 충동의 존재
로만이 아니라 인격의 원리를 지닌 존재, 즉 '인격의 자유'를 지닌 존재로"
드러난다(유덕수, 2001, 6).

이 자유는 "신적 본성과 인간적 본성의 통일성" 곧 하나님과 인간, 하나
님과 세계의 화해에서 오는 것이며 "하나님이 인간이 되었다"라는 성육신
의 사건에서 계시된 것이다. 하나님의 성육신에서 계시되는 자유는 즉자에
불과하다. 그러나 이 즉자로 말미암아 해방과 화해가 실현되기 시작한다.

2. 자유의 역사의 중심인 그리스도

1. 그리스도는 세계의 모든 것에서 자유로운 정신, 곧 하나님의 아들이다. 그는 자유로운 하나님의 아들로서 "사람의 아들"이 되고, 사람의 모든 제한성과 자연성을 자기의 것으로 취하며, 자기의 생명을 십자가의 죽음에 내어준다. 그리스도의 이 사건, 곧 성육신과 십자가의 죽음은 외적인 의존이나 필연성의 강요로 말미암은 것이 아니라 완전히 자발적인 것, 자유로운 것이다. 바로 여기에 신적인 사랑이 있고, 사랑의 영(정신)이 있는 곳에 자유가 있다. 자기 자신을 자기의 대자로 대상화시키는 신적 정신의 활동은 외적인 것에서 완전히 자유로운 자발적인 것이다. 사랑은 모든 외적인 것에서 자유로운 자유 자체다.

하나님의 아들의 성육신과 그의 죽음은 자유와 필연성의 대립을 넘어선다. 일반적으로 자유가 어떤 외적인 것으로 말미암은 순수히 자발적인 것이라면, 필연성은 외적인 것으로 말미암아 일어날 수밖에 없는 강요된 것, "그렇게 할 수밖에 없는 것"을 뜻한다. 아버지 하나님이 자기의 아들을 십자가의 죽음에 내어줄 때, 그는 외적인 필연성이나 강요 때문이 아니라 그의 무한한 사랑 때문에 자발적으로 그렇게 한다. 그의 행위는 사랑에서 나오는 순수히 자발적이고 **자유로운 행위**인 동시에 사랑으로 말미암아 그렇게 할 수밖에 없는 **필연적 행위**다. 여기서 자유와 필연성은 일치한다. 사랑에 있어서 자유와 필연성은 모순되지 않는다. 양자는 동전의 양면과 같다. 따라서 헤겔은 정신의 자기활동에 있어 자유와 필연성은 전혀 모순되지 않는다고 거듭 말한다.

2. 헤겔은 세상의 그 무엇에도 예속되지 않은 자유로운 존재로서, 인간의 육을 입고 자기를 희생하는 그리스도의 사랑에서 참 자유를 발견한다. 그

는 이것을 『종교철학 강의』에서 다음과 같이 말한다. 기독교는 "**진리의 종교**"다. 그리스도의 성육신에 계시되는 진리는 "오직 정신으로서의 하나님"(Gott nur als Geist)에 있다. "정신으로서의 하나님"은 "타자에 대해 존재하는 것, 자기를 계시하는 것이다." 그는 자기를 외화시켜 자기에게 대상으로 존재하는 자로서 자기를 계시한다. "계시되는 것은 그가 타자에 대해 존재한다는 것이다"(daß er für ein anderes ist, "타자를 위해 존재한다"고 번역될 수도 있음. Bonhoeffer가 말한 "타자를 위한 존재"가 여기에 나타남). 바로 여기에 진리가 있다. 이 진리가 바로 정신의 자유를 말한다. "따라서 이 종교는 **진리의 종교요, 자유의 종교다**. 진리는 대상적인 것 안에서 낯선 것과 관계하지 않는 데 있다"(1968a, 35).

3. 여기서 우리는 자유의 두 가지 측면을 볼 수 있다. 첫 번째 측면은 **소극적 측면**으로서 자유는 타자에게 예속되거나 의존하지 않는 것, 예속이나 의존으로 말미암은 제한과 억압을 당하지 않는 것을 말한다. 두 번째 측면은 **적극적 측면**으로서 "타자에 대해", "타자를 위해" 존재하는 것을 말한다(Hegel의 표현에 따르면 Sein für das andere). 곧 타자 없이 자기 홀로, 타자와 관계없는 단자처럼 존재하지 않고 타자에 대해, 타자를 위해 존재하는 사랑에 적극적 의미의 자유가 있다.

　자유의 이 두 가지 측면은 서로 모순되지 않는다. 참 자유는 타자에게 예속되거나 의존하지 않는 자유로운 존재로서 타자를 위해 타자를 섬기며 자기를 내어주는 데 있다. 우리는 자유의 이 두 가지 측면이 그리스도 안에서 하나로 결합되어 있음을 볼 수 있다. 그리스도는 우리 인간에게 의존하지 않는 자유로운 신적 존재로서 인간의 육으로 자기를 제한하여 자기의 생명을 내어주었다. 자유로운 존재가 자기를 부자유한 존재로 만들었다. 그는 하나님의 사랑 자체였다. 그가 바로 진리였다. 바로 이 사랑, 곧 진리에 참 자유가 있다. 슈바벤 사람 헤겔은 그리스도의 성육신과 십자가의 죽음에 대한 깊은 사색 속에서 자유의 이 두 가지 측면을 파악한 것으로 보인다. 여기서 우리는 루터의 "그리스도인의 자유"의 두 측면이 다시 나타나는 것을 볼 수 있다(김균진 2018, 377).

- 그리스도인은 모든 것에 대한 자유로운 주인이요, 그 무엇에게도 예속되어 있지 않다(Christianus homo, omnium dominus est liberrimus, nulli subiectus).
- 그리스도인은 철저히 모든 사람의 종이요, 모든 사람에게 예속되어 있다(Christianus homo, omnium servus est officiosissimus omnibus subiectus).

4. 헤겔에 따르면, "인간의 자유의 관념"(1968a, 53)은 기독교를 통해 이 세계 속에 들어왔다. "정신 혹은 인간은 인간으로서 자유로우며, 정신의 자유가 정신 본유의 본성이다"라는(62) 의식이 기독교를 통해 눈을 뜨게 되었다.

고대 동양인들은 "정신 혹은 인간은 그 자체로서…자유롭다는 것을 알지 못했다. 그들은 그것을 알지 못하기 때문에 자유롭지 못하다. 그들은 한 사람만 자유롭다고 생각한다." 이 한 사람의 자유는 자의와 포악함과 어리석은 격정으로 변질한다. "따라서 이 한 사람은 자유로운 사람, 한 인간이 아니라 독재자일 뿐이다." 고대 그리스인들에게서 "자유의 의식"이 눈을 뜨게 되었다. 이리하여 그들은 자유롭게 되었다. 그러나 그들은 고대 로마인들과 마찬가지로 "인간 그 자체가 자유롭지 않고 몇 사람들만 자유롭다고 생각했다. 플라톤과 아리스토텔레스도 인간이 그 자체로서 자유롭다는 것을 알지 못했다. 그러므로 그리스인들은 노예들을 가지고" 있었다. 그들의 삶과 아름다운 자유는 노예와 결부되어 있었을 뿐 아니라 "그들의 자유 자체는 우연적이고 충분히 성찰되지 못한 것이었으며, 허무하고 제한된 꽃

과 같은 것이었다…." 서로마 제국이 게르만족에게 멸망당한 후, 서유럽에
세워진 게르만 국가들의 기독교 종교를 통해 "인간은 인간으로서 자유롭다
는 의식에" 도달했다(1968a, 62), 곧 "모든 인간은 하나님 앞에서 자유롭고,
그리스도는 인간을 자유롭게 했으며, 하나님 앞에서 동일한 존재로 (만들었
고), 기독교적 자유로 해방했다는 이론이 등장했다." 여기서 자유는 "출생,
사회 계급, 교육 등과 무관한 것이다"(1966a, 63).

이리하여 "노예제도는 있을 수 없다", "사유재산은 자유롭다"는 생각
이 기독교를 통해 등장했다. "완전한 인격적 자유, 완전히 자유로운 사유재
산"은 기독교적 원리를 가진 국가에서 가능했다. 기독교 종교의 "보편적 원
리는…, 단 하나의 영(정신), 진리가 있다는 것이고, 개인들은 무한한 가치
를 가진다는 것이며, 은혜를 얻도록 절대적 영성(Geistigkeit)으로 수용되어
야 한다는 것이다." 그 결과 "개인은 그의 인격성에서 무한하며, 자기의식
일반으로 자유로운 존재로" 인정받게 되었다. "동양의 종교들에는 이 원리
가 없었다. 기독교에 이르러 비로소 인간은 인격적으로 자유롭게 되었다.
곧 사유재산, 자유로운 사유재산을 소유할 능력을 갖게 되었다"(1968a, 136-
137).

5. 그러므로 헤겔은 "기독교의 원리"를 "자유의 원리"와 동일시한다. "기독
교의 원리"에 따르면 "세계사는 자유의 의식에 있어서의 진보다―우리가
그 필연성에 있어서 인식해야 할 진보." 고대 동양인들은 "단 한 사람만
이 자유롭다고 알았다. 고대 그리스와 로마 세계는 몇 사람들만 자유롭다
고 알았다. 이에 반해 우리는 모든 사람이 그 자체에 있어 자유롭고, **인간은
인간으로서 자유롭다**는 것을 알고 있다"(1968a, 63). 고대의 종교들은 자연
을 하나님으로 간주했다. 그러나 "자연을 하나님으로 간주하는 민족은 자
유로운 민족일 수 없다. 하나님을 자연 위에 있는 정신으로 간주할 때, 이

민족 자신이 정신이 되며 자유롭게 된다"(126). "자연 위에 있는 정신" 곧 그리스도 안에서 계시되는 "정신으로서의 하나님"을 통해 자유의 의식이 눈을 뜨게 된다.

그러나 자유의 의식에 눈을 뜨게 되었다 하여 삶의 모든 현실이 자유롭게 되는 것은 아니다. 그리스도 안에서 계시된 "자유의 원리" 곧 "인간은 인간으로서 자유롭다"는 원리는 "즉자"에 불과하다. 이 원리를 나타내는 신적 본성과 인간적 본성의 "이 통일성은 즉자일 뿐이다." 이 즉자, 곧 자유의 원리는 "영원히 생성되는 운동" 곧 "오직 즉자를 통해 가능한 **해방과 화해**"를 통해 현실적으로 실현되어야 한다(1966d, 36).

헤겔은 이것이 또 하나의 새로운 과제라고 말한다. 이 과제를 해결하기 위해서는 "오랜 시간의 힘든 노력이 필요하다." 곧 오랜 투쟁이 필요하다. 국가 통치자들이 기독교 종교를 수용했지만, 노예제도가 즉시 중단되지 않았다. 자유가 제대로 실현되지도 않았고, 국가체제와 통치기구가 이성적으로 형성되지도 않았으며, "자유의 원리에 근거하지도 않았다." 따라서 헤겔은 자유의 원리를 세속의 영역에 적용하고, 이 원리에 따라 세속의 상황을 형성하는 것이 역사의 오랜 과정을 통해 해결될 문제라고 말한다(1968a, 62).

세계사는 그리스도 안에 계시된 "자유의 원리"가 세계 속에서 구체적으로 실현되는 투쟁의 과정이다. 이 과정의 중심은 그리스도에게 있다. 세계사는 그리스도를 중심으로 그리스도 이전의 시대와 그리스도 이후의 시대로 구별된다. "그리스도 탄생 이전의"(ante Christum natum) 시대가 그리스도 안에서 계시된 자유의 원리를 "손으로 더듬어 찾는" 시대라면, "그리스도 탄생 이후의"(post Christum natum) 시대는 그것을 세계사의 차원에서 "실현을 추구하는" 시대다(Theunissen 1970, 97). 따라서 자유의 역사로서 세계사의 중심은 "인간은 인간으로서 자유롭다"는 자유의 원리가 그 속에 계시된 그리스도다.

헤겔에 따르면, 세계사의 목적은 그리스도 안에서 계시된 자유의 의식, 곧 "인간은 인간으로서 자유롭다"는 의식을 세계의 현실에 적용하고, 이 의식을 완전히 실현하는 데 있다. 세계사는 자유의 원리가 필연적으로, 그러나 힘든 노력과 투쟁 속에서 실현되는 과정이다. "우리는 이것을 그의 필연성 속에서 인식해야 한다"(1968a, 63). 세계사 철학의 주요 과제는 그리스도의 "계시 안에서 등장한···자유의 원리를 세계 속에 적용하고, 이 자유의 원리가 구성하는 세계의 상태를 생성하는 데 있다"(Rohrmoser 1964, 240).

이런 점에서 그리스도가 세계사의 중심이다. 이 세상에서 십자가의 처형을 당한 자가 세계사의 중심이 되었다. "가장 낮은 자"가 "가장 높은 자"가 되었다. 이로써 높은 자들의 자리는 절대성을 주장할 수 있는 근거를 상실한다. 그들의 자리는 지배의 자리가 아니라 섬김의 자리, 예수처럼 자기의 생명을 내어주는 자리가 되어야 한다는 사실이 드러난다. 헤겔은 바로 여기에 세계사의 "결정적인 일", "혁명적인" 일이 있다고 말한다. "세력이 있는 모든 것은 중요하지 않은 것, 주목할 가치가 없는 것으로 정립되었기 때문이다"(1968d, 720, 740).[1]

---

1) 원문. "denn alles sonst Geltende ist als ein Gleichgültiges, nicht zu Achtendes gesetzt."

III
국가 안에 있는 자유의 현실들

앞서 우리는 국가 안에 있는 모든 현실이 정신의 현존양태 내지 현상양태임을 고찰했다. 이 현실들은 정신의 현실들이다. 그런데 정신은 자유를 자신의 본질로 가진다. 그는 자유의 정신이다. 그렇다면 국가 안에 있는 모든 현실은 정신의 자유를 실현하는 수단 내지 매체(Mittel)라고 말할 수 있다.

그러나 헤겔은 수단 내지 매체라는 표현이 적절하지 않다고 말한다. 수단 내지 매체는 그것이 전하고자 하는 내용 자체에 속하지 않은 "외적인 것"으로 생각되기 때문이다. 필자의 견해에 의하면, 수단 내지 매체란 개념보다 "현실"(Realität) 내지 "현존"(Dasein) 혹은 "장소"(Platz)란 개념이 적절하다. 곧 국가의 모든 현실은 자유가 그 속에서 실현되는 자유의 현실, 현존 혹은 장소라 말할 수 있다.

1. 인간의 의식과 사유, 세계사적 인물들

1. 헤겔에 따르면, 정신의 자유가 실현되는 가장 직접적 현실 내지 장소는 **인간의 의식**에 있다. 인간의 의식은 신적 정신이 자기 자신을 자기의 타자로 대상화시킨 가장 직접적인 대상이다. 그것은 정신의 "타자"이며, "정신의 현존"이다(1968a, 54). 정신이 자유 자체라면, 그의 현상양태에 속한 인간의 의식은 정신의 자유가 실현되는 "장소"라고 말할 수 있다. 자신의 자유로운 존재에 대한 정신의 앎이 인간의 의식을 구성한다.

정신은 자기 자신에 있어 항상 자유롭다. 그는 자유 자체다. 그러나 이것은 추상적인 것이며, 구체적 규정 내지 의미가 결여된 것이다. 인간의 의식 속에서 자신의 자유에 대한 정신의 의식이 현실화된다. 따라서 인간의 의식은 자유로운 정신의 현실 내지 현존이다.

앞서 언급한 바와 같이, 헤겔은 "인간이 인간으로서 자유롭다"는 사실과 이 사실을 의식하는 것, 곧 자기가 자유롭다는 것을 아는 것을 구별한다. 인간은 인간으로서 자유롭지만, 그것을 의식하지 못하고 알지 못할 때, 그는 자유롭지 못하다. 따라서 인간은 그 자체에 있어 자유롭다는 즉자적 사실은 인간에 의해 의식되어야 한다. 그래야 자유가 현실적으로 실현될 수 있다.

이 즉자적 사실에 대한 의식은 인간이 자기 자신을 대상으로 세우고, 그 자신에 대한 의식 곧 자기의식을 가질 때 눈을 뜨게 된다. 세계사에서 이것이 일어난 최초의 사람들은 기독교 세계의 유럽인들이다. "유럽인은 그 자신에 대해 안다. 그는 그 자신에 대해 대상이다. 그가 안다는 이 규정이 자유다. 그는 그 자신을 자유로운 존재로 안다.⋯인간은 자기를 알 때 자유롭다"(der Mensch ist frei, wenn er sich weiß, 1966a, 105-106).

2. 여기서 우리는 다음과 같이 질문할 수 있다. 인간이 자기 자신을 의식하고 자기를 안다고 해서 현실적으로 자유로운가? 자기 자신에 대한 의식과 지식에 자유가 있다는 헤겔의 이야기는 공허한 것이 아닌가? 그가 말하는 자유는 자기의식과 자기지식에 있는 공허한 자유가 아닌가? 헤겔은 이에 대해 다음과 같이 대답한다. "나는 내 자체에 있어 자유롭다. 그러나 나는 자기 자신에 대해서도 자유롭다. 내가 **자유로운 자로서 실존하는 한**에서만, 나는 존재한다"(1966a, 106).

헤겔은 이 문장에서 인간의 자기의식과 자기지식에 있는 자유는 "실존하는" 자유, 곧 대상 세계에서의 현실적 자유로 발전되어야 함을 시사한다. 먼저 의식과 앎(지식)이 있어야 그 의식과 앎이 실현될 수 있다. 의식과 앎은 자유가 선취되는 장소다

여기서 우리는 다음의 사실도 유의할 필요가 있다. 곧 헤겔이 말하는 인간의 자유는 자연인으로서 인간의 본성 내지 자연에 근거하지 않고 신적 정신 곧 "정신으로서의 하나님"에게 근거한다는 사실이다. 그것은 "정신으로서의 하나님"과의 관계에서 근거되고 또 파악된다. 궁극적으로 그것은 예수 그리스도의 성육신과 화해로 말미암아 가능케 된 것이다.

따라서 헤겔이 말하는 자유는 **개인의 자의나 방종**으로 생각될 수 없다. 곧 "내가 원하는 것을 계속하거나 중단하는 것", "내가 원하면 행하는 것, 내가 원하지 않으면 그만 두는 것"을 뜻하지 않는다. 곧 내가 원하는 바에 따라, 내 마음대로 행하는 것을 뜻하지 않는다. 참 자유는 수백 채의 아파트를 소유하거나, 수십에서 수백 명의 성적 상대를 바꿀 수 있는 타락을 뜻하지 않는다. 그것은 자유가 아니라 방종이며, 자기를 욕망의 노예로, 그 속에 숨어 있는 사탄의 노예로 만드는 행위다.

헤겔이 말하는 자유는 "정신으로서의 하나님" 안에 있는 자유를 뜻한다. 하나님을 떠날 때, 그것은 인간을 인간 아닌 인간으로 타락시키는 방

종이 될 수 있다. 따라서 헤겔은 다음과 같이 말한다. 참된 자유는 "**개념을 통해 규정되는 자유**"다. "개념을 통해 규정되는 자유"란 신적 정신을 통해 근거되는 자유, 신적 정신과 일치하는 자유임을 말한다(곧 하나님의 뜻과 일치하는 자유). 그러므로 이 자유는 "주관적 의지와 자의(Willkür)를 원리로 갖지 않는다. 오히려 그것은 보편적 의지에 대한 통찰과 자유의 체계는 그 계기들(구성원들)의 자유로운 발전이라는 것을 원리로 가진다"(1968a, 144).

3. 인간 안에 있는 보다 더 궁극적 자유의 현실은 **사유**에 있다. 어떤 점에서 사유 속에 자유의 현실이 있는가? 헤겔에 따르면, 우리는 사유할 때 어떤 외적인 것에 의존하지 않는다. 우리는 우리 자신 가운데 있다. 우리는 외적인 것으로부터의 독립 속에서, 곧 자유 속에서 사유한다. 곧 외적인 것, 부분적인 것을 배제하고 본질적인 것, 보편적인 것을 찾는다. "모든 이질성이 사라지고, 정신이 절대적으로 자유로우며, 자기 자신 가운데 있는 영역은 사유뿐이다"(1966a, 111). 우리는 사유 속에서 본질적인 것, 보편적인 것과 관계함으로써 우리 자신을 보편적인 존재, 외적인 것, 비본질적인 것에서 자유로운 존재로 인식한다. 따라서 사유한다는 것은 자유롭다는 것을 뜻한다. 헤겔은 이것을 다음과 같이 말한다.

> 사유한다는 것은 어떤 사물의 보편성의 형식을 찾는 것을 말한다. 자기를 사유한다는 것은 보편적인 것의 규정을 자기에게 부여하는 것, 자기를 보편적인 것으로 아는 것을 말한다. 곧 나는 보편적인 것, 무한한 것임을 아는 것을 말한다—혹은 자기를 자기 자신과 관계하는 자유로운 존재로 생각하는 것을 말한다. 바로 여기에 실천적·정치적 자유의 계기가 포함되어 있다(1966a, 225).[1]

---

1) 원문. "Denken heißt, etwas in die Form der Allgemeinheit bringen. Sich denken

인간은 자연의 짐승들과는 달리 사유하는 존재다. 여기서 헤겔은 인간을 본질적으로 "사유하는 존재"로 파악한다. 짐승들에게는 직접적 욕구와 감성적 지각이 있지만, 사유가 없다. 인간도 직접적 욕구와 감성적 지각을 가진다. 그러나 인간에게는 사유가 있다. 그는 사유할 수 있는 존재다. 인간과 짐승의 근본 차이는 사유에 있다. "사유는 활동성이다. 사유의 이 활동성이 인간의 특징을 나타낸다. 인간은 모든 것 안에서 사유하며 존재한다. 그러나 인간은 예를 들어 지각, 직관, 욕구, 환상에 있어 **순수하게 사유하며** 존재하지 않는다." 이것들 속에는 감성적인 것, 외적인 것이 개입되어 있기 때문이다. "오직 철학에서만 순수하게 사유된다. 그러므로 오직 철학에서만 모든 자연적 규정들로부터 자유롭다. 개별성(Partikularitäten)에서 자유롭게 사유된다"(1966a, 92).

헤겔에 따르면, 정신이 그의 자유에 이를 수 있는 길은 "오직 사유에" 있다(1966a, 110). 사유의 활동은 어떤 다른 것, 외적인 것에 의존하지 않고, 그 자신과 관계하며, 그 자신 가운데서 일어나기 때문이다. 따라서 "사유 속에는 직접적으로 자유가 있다. 그것은 보편적인 것의 활동이고, 추상적인 자기 자신과 관계하는 것(Sichaufsichbeziehen)이며…규정이 없는 자기 자신 가운데 있음(bestimmungsloses Bei-sich-sein)이기 때문이다"(1969d, § 23, 주해. 그러나 인간의 사유가 정말 외적인 것에 전혀 의존하지 않고 "자기 자신 가운데" 있는지 질문하지 않을 수 없다). 인간의 "내면성의 정점은 사유다. 사유는 오직 자기 자신과 관계하는 보편적인 것을 가짐으로써 그 자신에 있어 자유롭다. 만일 인간이 사유하지 못한다면, 그는 자유롭지 못하다(1968d, 914).

---

heißt also, sich die Bestimmung des Allgemeinen geben, sich als ein Allgemeines wissen— wissen, daß ich ein Allgemeines, Unendliches sei—oder sich als ein sich auf sich beziehendes, freies Wesen denken. Darin ist eben das Moment der praktischen, politischen Freiheit enthalten."

4. 여하튼 헤겔에 의하면, 사유한다는 것은 주어진 현실에 머물지 않고, 이 현실을 언제나 다시금 넘어 본질적인 것, 새로운 진리에 도달한다는 것을 뜻한다. 따라서 사유는 현실의 주어진 모든 것에서 자유롭다. 그것은 자유로운 신적 정신의 활동 자체다. 따라서 사유한다는 것은 신적 정신처럼 자유롭다는 것을 뜻한다. 사유는 자유 자체다. 사유는 "그의 자유의 추상적 의식 속으로" 퇴각하여 "그의 독립 속에서", 자기 앞에서 "정당화되지 않는 모든 것의 타당성을 거부한다―사유는 **모든 권위를 거부하고**, 그 자신 속에서 추상적으로 철저하게 있고자 한다"(1966e, 9).

　　따라서 "자유는…사유와 동일한 뿌리를 가진다. 짐승은 사유하지 못한다. 오직 인간만이 사유한다. 그러므로 오직 인간만이…자유를 가진다. 그의 의식은 이것을 포함한다. 곧 개인은 자기를 인격으로, 다시 말해 자신의 개체성 안에 있는 자기를 자기 안에서 보편적인 것으로 파악한다. 이는 그가 모든 특수한 것에서 추상화할 수 있고 포기할 수 있는 능력을 가진 존재로, 이로써 자기를 그 자신에 있어 무한한 것으로 파악한다는 것이다"(1968a, 175).

5. 짐승들은 사유의 능력이 없기 때문에 자기의 본능과 주어진 자연의 질서에 묶여 있다. 그들에게는 자유가 없다. 자유가 없기 때문에 죄책감도 없다. **자유는 사유하는 존재로서의 인간에게만 있다.** 사유한다는 것은 곧 자유롭다는 것을 말한다. 자유가 없을 때, 사실상 사유는 불가능하기 때문이다. 따라서 "사유는…자유롭다." "사유가 그 자신에 대해 자유롭게 될 때, 비로소 의지의 자유가 시작된다"(1966a, 229).

　　그러므로 정신은 인간의 "사유 안에서" 자유의 목적에 도달한다(110). 보편적인 것, 본질적인 것에 이르고자 하는 사유는 "바로 자기의식의 자유"다(226). 완전한 자유의 의식에 이르는 길은 오직 사유에 있다. 인간은 감각적 직관이나 감정에 있어 완전히 자유롭지 못하다. 그는 "나 아닌 다른 것에서 완전히 자유롭지 못하다." 그는 나 아닌 다른 것을 대상으로 갖고, 감각적으로 직관되거나 느껴지는 대상에 의존하며, 자신의 직관 능력과 감정의 형식에 의존한다. "나는 이 모든 것에서 완전히 내 자신 가운데 있지 않다." 이에 반해 사유는 주어진 대상, 직관과 감정에서 자유롭다. "사유는 그 자신과 관계하고, 그 자신 가운데 있기 때문에 정신은 자유롭다"(83). "나 아닌 것들의 모든 이질성이 사라지고, 정신이 절대적으로 자유롭게 되는 자기 자신 가운데 있는 영역은 사유뿐이다"(111).

　　헤겔에 따르면, 사유는 어떤 사물의 "보편성의 형식을" 찾는 활동이다. "자기를 사유한다는 것은 보편적인 것의 규정을 자기에게 부여하는 것, 자기를 보편적인 것으로 아는 것을 뜻한다. 곧 나는 하나의 보편적인 것, 무한한 것임을 아는 것을 말한다. 혹은 자기를 자기와 관계시키는 존재, 자유로운 존재로서 자기를 사유하는 것을 말한다. 헤겔은 바로 여기에 실천적·정치적 자유의 계기가 내포되어 있다"고 말한다(1966a, 225).

6. 정신의 자유가 그 속에서 실현되는 또 하나의 현실은 **세계사적 인물들** 내지 **영웅들**에게 있다. 세계사적 인물들은 주어진 현실의 부정적인 것을 부정하고 새로운 정신의 세계를 세움으로써 자유의 개념의 더 높은 단계를 실현한다. 자유의 개념의 더 높은 단계는 이전의 것과는 다른 새로운 세계 상황을 초래한다. 따라서 세계사적 인물들은 주어진 현실에 모순될 수밖에 없다. 그들은 주어진 현실의 관심과 목적에 따라 행동하지 않는다. 오히려 그들은 "이전에는 아직 없었던" 새로운 원천으로부터 행동하고, 이 원천으로부터 "새로운 세계 상황"을 불러온다. 정신은 이 새로운 세계 상황 속에서 이전보다 더 높은 자유의 원리에 도달한다. 세계사적 인물들은 이 새로운 원리를 자기 자신으로부터 창조하는 것처럼 보인다.

그러나 헤겔에 의하면, 이 원리는 영원히 현존하며, 세계사적 인물들에 의해 세워질 뿐이다. 이들 세계사적 인물들은 때가 무르익어 실현될 수밖에 없는 자유의 새로운 원리를 세울 뿐이다. 그들은 자신들의 세계가 참으로 원하는 것이 무엇인가를 통찰하고, 그 시대에 가장 옳은 것, 가장 좋은 것, 곧 그 시대가 참으로 요청하는 것을 행할 뿐이다. 자유의 역사는 이들을 통하여 한 단계 더 높이 발전한다. "다른 사람들은 세계사적 인물들에게 복종할 수밖에 없다. 그들은 이렇게 느끼기 때문이다"(1968a, 98).

7. 세계사적 인물들을 통한 자유의 역사는 결코 순탄하지 않다. 그것은 세계사적 인물들의 뜨거운 격정과 투쟁과 자기희생을 통하여 이루어진다. 그것은 자연의 유기적 생명의 세계에서 볼 수 있는 "무난하고 투쟁이 없는 단순한 생성이 아니라 자기 자신에 대한 혹독하고, 그들 자신이 원하지 않는 노동"을 요구한다(1968a, 152). 따라서 세계사적 인물들은 거의 대부분 행복한 사람들이 아니었다. 그들의 최후는 대개 비참했다. 마케도니아의 알렉산드로스 대왕은 35세의 나이에 세상을 떠났고, 로마의 카이사르 등 수많은 세계사적 인물들이 자객에 의해 살해되는 운명을 당했다. 자유의 역사는 이들의 격정과 투쟁 속에서 발전했다.

세계사적 인물들에 대한 헤겔의 해석은 매우 의심스럽다. 과연 자유의 의식이 모든 세계사적 인물들을 통해 발전하고, 더 높은 자유가 실현되었는가? 세계사적 인물들에 의해 정복을 당한 민족들의 편에서 볼 때, 이 세계사적 인물들은 그들에게 더 높은 자유를 실현한 인물이 아니라 오히려 그들의 자유를 파괴한 인물들로 보이지 않을까? 서구인들의 편에서 볼 때, 콜럼버스는 아메리카 대륙의 새로운 땅을 발견한 세계사적 인물로 보이겠지만, 아메리카 대륙의 원주민들은 그를 자신들의 땅을 빼앗은 원수로 볼 것이다.

스탈린과 히틀러도 분명히 세계사적 인물이었다. 그러나 스탈린과 히틀러로 말미암아 죽임을 당한 수천만 명의 군인과 민간인들, 그들의 유족들 그리고 600만 명의 유대인들의 입장에서 볼 때, 그들은 자유의 전사가 아니라 정신병자나 미치광이로 보일 것이다. 따라서 헤겔 생존 당시에 비판가들은 세계사적 인물에 대한 헤겔의 해석을 비웃었다고 한다. 백마를 탄 나폴레옹이 프랑스 군대를 이끌고 독일 예나에 입성할 때, 더 높은 단계의 자유를 독일 민족에게 실현해줄 세계정신이 백마를 타고 있었느냐고 비아냥거렸다는 것이다. 이 일화는 헤겔의 획일주의적·보편주의적 역사해석의 일면성을 보여준다.

2. 종교와 예술과 철학
- 자유의 학문으로서의 철학

앞서 우리는 국가의 모든 삶의 영역이 정신의 현존양태 내지 현상양태임을 고찰했다. 그런데 정신이 "자유의 정신"이라면, 국가의 삶의 모든 영역은 자유의 현실이라고 말할 수 있다. 이 영역들은 정신의 자유가 실현되는 장소다. 자유에 대한 정신의 의식은 국가의 삶의 영역들 속에서 현실화된다. 국가의 모든 삶의 영역이 그 시대의 동일한 "자유의 원리" 속에 있는 자유로운 정신의 자기활동이며 자기현상이기 때문이다.

헤겔이 이 영역 중 가장 중요시하는 영역들은 종교와 예술 그리고 철학이다. 종교는 종교적 표상과 예배의 형식으로써 자유의 현실을 나타낸다. 종교가 "정신 안에 있는 객체적인 것과 주체적인 것의 결합"을 종교적·감성적 표상과 예배의 형식으로 나타낸다면, 예술은 이것을 종교보다 더 감성적 형식으로 나타낸다. 그것은 사람의 눈으로 볼 수 있는(anschaulich) 직관의 형식으로 나타낸다. 철학은 "가장 높고, 가장 자유로우며, 가장 지혜로운 형태"다(1968a, 125). 헤겔은 자유의 현실로서 예술에 대해 『세계사 철학 강의』에서 상론하지 않는다. 이에 따라 우리는 여기서 자유의 현실로서 종교와 철학에 대해서만 고찰하고자 한다.

1. 헤겔에 따르면, 국가의 삶의 모든 영역 중 **종교**는 국가의 기초가 되는 영역이다. 종교는 신적인 본성과 인간적 본성, 절대적인 것과 특수한 것, 영원한 것과 시간적인 것의 통일성을 종교적·감각적 표상의 형태로 나타냄으로써 자유의 관념을 직접적 보편성 속에서 나타내기 때문이다. 종교에서 인간은 절대정신을 의식하며, "이 의식 속에서 인간의 의지는 자기의 특수한 관심을 포기한다." 그는 예배 속에서 "자기의 소유와 자기의 의지와 자기의 지각을 포기하고", 절대자와 하나로 연합하며, 절대자와의 통일성 속에 있게 된다. 예배 속에서 인간의 "개별적 의식은 그 자신과 신적인 것의 통일성(Einheit seiner mit dem Göttlichen)을 얻는다"(1968a, 126).

인간은 신적인 것, 곧 하나님과의 통일성 속에서 모든 인간적·세상적 조건을 초월한 인간으로서의 자유로운 자신의 존재를 의식한다. 모든 인간은 절대자 하나님 앞에서 인간으로서 동일하기 때문이다. 헤겔의 표현을 따른다면, "각 (사람의) 개체성이 신적 본질 속에서 자기를 긍정적인 것으로 알고, (각 사람의) 주체성이 신적 본질 자체 속에서 직관되는 오직 거기에만 의식적 자유가 있다"(1968a, 127).

2. 바로 이 자유가 종교의 예배 속에서 인지된다. 기독교의 예배는 인간의 본성과 신적인 본성의 통일성이 감각적으로 인지되고, 이를 통해 "인간이 인간으로서 자유롭다"는 의식이 눈을 뜨게 되는 장소다. 따라서 자유의 관념이 현실화되는 국가의 삶의 형태 중 종교는 가장 높은 "정점에 서

있다"(1968a, 124). 종교는 자유의 관념이 그의 보편성 속에서 나타나는 첫 번째 장소다. 종교는 이런 점에서 국가의 기초이며, "국가는 종교에 근거한다." "종교는 국가의 원리와 밀접한 관계를 맺는다"(127).

여기서 헤겔은 "교회와 국가의 대립"을 극복하고, "교회와 국가의 화해의 원리"를 실현하고자 한다. 그는 교회와 국가의 화해에서 교회를 국가의 기초로 파악하지만, 교회가 국가 위에 있다고 보지 않는다. 따라서 헤겔은 국가가 "더 이상 교회 다음에 있지 않으며, 교회 아래에 있지 않다. 그리고 교회는 우선권을 갖지 않는다"고 말한다. 그러나 그는 "국가가 종교와 동일한 공통의 원리를 가진다"고 말한다. "국가는 이미 특정한 종교로부터 생성되었다. 그것은 종교와 동일한 공통의 원리를 가진다. 국가는 종교를 갖기 때문에 정치적·예술적·학문적 삶을 가진다"(1968a, 129). 헤겔의 이 말은 국가는 종교에 나타나는 자유의 정신적 관념에 따라 형성되어야 함을 말한다. 국가는 종교에 계시되는 자유의 관념을 객관적 현실로 실현해야 한다.

3. 헤겔이 가장 중요시하는 자유의 현실은 **철학**에 있다. 철학은 사유를 기본 활동으로 가지며, 사유의 결과로서 얻게 되는 사상을 그 대상으로 가진다. 헤겔에 따르면, 자유의 관념이 자기를 실현하고 계시하는 가장 순수한 형식은 사상에 있다.

그런데 헤겔은 "사상이 그 깊은 데에 있어 화해자다"라고 말한다(die Tiefe des Gedankens ist die Versöhnerin, 1968a, 256). 사유의 과정과 사상을 통해 신적인 관념과 세계의 현실이 화해되고, "정신과 일치하는 세계"가 이루어지며, 인간의 각 주체가 "자기의 주체적 자유의 의식"을 갖게 되기 때문이다(257). 따라서 "화해자"로서의 사상은 "자유의 중재자"임을 뜻한다. 또 헤겔은 사상을 "부정성"이라고 말한다. "사상은…부정성이다. 그러나 존재하는 모든 것, 먼저 유한한 존재, 특수한 형태가 그 속으로 해체되는 무한한 형식 자체다"(1968a, 178). 사상은 특수한 것, 개별적인 것에 머물지 않고 보편적인 것과 관계한다. 그것은 특수한 것, 개별적인 것의 부정과 해체를 통해 자유의 더 높은 단계에 이르게 된다. 그러므로 사상의 부정성은 더 높은 자유를 향한 부정성이라 말할 수 있다. 자유는 사상의 부정성을 통해 더 높은 단계로 발전한다.

4. 철학은 사상을 탐구하는 학문이다. 철학의 대상은 사상이다(1966a, 82). 그것은 사유의 과정을 통해 새로운 사상을 얻고자 한다. 사유의 결과로서 나타나는 것이 사상이다. 달리 말해 사상은 "사유의 결과" 혹은 "사유의 생성물"이다(96). 그것은 "구체적인 것"이다. "구체적인 것이 진리다. 이 진리는 오직 사유를 통해 생성된다." "구체적이다"라는 말은 자기 홀로 존재하는 고독한 단자로서 정체되어 있는 것이 아니라 "생동적이며, 자기를 자기 자신 안에서 움직이며 있음"을 뜻한다(sich in sich selbst bewegend ist, 100).

바로 여기에 사상의 자유가 있다. 사상은 외적인 대상에 의존하지 않는 자유로운 사유를 통해 생성되며, 자기 자신 안에서 활동한다. "그것은 자기 자신과 관계하며, 자기를 자기 자신으로부터 규정한다. 그는 자기를 자신으로부터 규정함으로써 자기를 실현한다. 그의 규정은 자기 자신을 생산하며 그 속에 실존하는 데 있다. 그는 자기 자신 안에서의 과정이다. 그는 활동성과 생동성을 가지고, 자기 안에 여러 가지 관계를 가지며, 자기를 자기의 차이들 속에 세운다. 그것은 자기를 움직이는 사상일 뿐이다"(1966a, 82). 이와 같이 사상은 외적인 대상에 의존하지 않고 자기 자신 안에서 활동하는 것이기 때문에, "사상은 그 자체에 있어 자유롭고 순수하다"(83). "사상, 곧 그 시대의 원리는 모든 것을 삼투하는 정신이다"(119). 그것은 정신의 자유의 구체적 형태다.

5. 철학은 대상의 현상을 관찰하지 않고 "대상의 본질" 곧 사상을 파악하고자 한다. 그것은 대상의 특수한 것과 관계하지 않고, 보편적인 것 곧 사상과 관계한다. 대상의 표상은 제한된 것, 가변적인 것, 일시적인 것인 반면에 "본질은 보편적인 것, 영원한 것, 언제나 그렇게 있는 것(was immer so ist)을 말한다." 철학은 대상의 표상을 관찰하지 않고, "대상의 본질을 관찰한다. 이 본질이 사상이다. 철학은 사상 자체를 대상으로 가진다"(1966a, 83).

구체적 예를 든다면, 하나님에 대한 우리의 표상은 다양하다. 곧 "우리는 하나님을 다양한 방법으로 표상한다. 그러나 하나님의 본질은 보편적인 것, 언제나 머무는 것(das immer Bleibende), 모든 표상을 관통하는 것이다.…보편적인 것은 사유의 산물이다. 갈망(Begehren)과 같은 것의 경우에 그 속에 있는 보편적인 것은 많은…감성적인 것과 혼합되어 있다. 이에 반해 우리는 사유에 있어서 오직 보편적인 것과 관계한다. 사유의 대상이 된다는 것은 보편적인 것으로부터 끄집어내지는 것임(dem Allgemeinen Herausgenommen)을 뜻한다. 이리하여 우리는 사유의 산물 곧 사상을 갖게 된다"(1966a, 84).

사유의 산물인 사상은 대상 자체가 아니라 대상 위로 고양된 것을 말한다. "참된 것은 대상의 본질, 곧 보편적인 것이다. 대상은 보편적인 것이기 때문에 객관적인 것이다. 그것은 이럴 수도 있고 저럴 수도 있는 것이 아니다. 그것은 변화될 수 없는 것이다. 철학은 보편적인 것을 대상으로 가진다. 우리가 대상을 사유함으로써 우리 자신이 보편적 존재가 된다. 따라서 **철학만이 자유롭다.** 우리는 철학에서 어떤 다른 것에 의존하지 않고, 우리 자신 가운데 있기 때문이다. 부자유는 우리가 우리 자신 가운데 있지 않고 어떤 다른 것 가운데 있음을 말한다. 사유하는 자는 그 자신 가운데 있다. (그러므로) 그는 자유롭다. 철학은 보편적인 것을 대상으로 가짐으로써 주체의 변화성에서 자유롭다"(1966a, 83-84).

따라서 철학은 **자유의 학문**이라 말할 수 있다. 그것은 자유로운 사유의 활동이고, "자유로운 사상의 발전", "자기의 활동에 있어 방해를 받지 않는 사상의 발전"이다(1966a, 118). 그것은 정신의 자유의 현실이라 말할 수 있다. "철학은 자유로운 행위다"(ein freies Tun, 152). 우리는 어떤 사물에 대한 우리의 감각적 지각이나 직관, 의욕과 환상(Phantasie)에 있어 감각적·감성적 요소에 의존한다. 그러나 "오직 철학에서 순수하게 사유될 수 있다. 그러므로 우리는 오직 철학 속에서 모든 자연적인 규정들로부터 자유롭고, 개별성들로부터 자유롭다"(1966a, 92).

사유는 모든 외적인 요소에서 자유롭다. 어떤 대상에 대해 사유할 때, 우리는 "어떤 다른 것에 의존하지 않고, 우리 자신 가운데 있다." 따라서 "철학만이 자유롭다"(84). "철학은 모든 권위로부터 자유롭다. 그것은 자유로운 사상의 원리를 관철한다"(196). 그 이유는 다음의 사실에 있다. "철학은 세계사 속에서 사유하는 정신이다. 사유하는 정신은 자유롭다. 그것은 개별성들로부터 거리가 멀다"(1966a, 124).

6. 헤겔은 "자유의 학문"으로서 철학의 특성을 다음과 같이 말한다.

철학은 내재적이고 현재적이며 현존하는 사유이고, 주체들 안에 있는 자유의 현재(Gegenwart)를 내포한다. 사유되는 것, 인식되는 것은 인간의 자유에 속한다. 철학은 자기 속에 자유의 원리가 현존함으로써 세상적인 것의 편에 서 있다. 그것은 세상적인 것을 자기의 내용으로 가진다. 그래서 철학은 세상의 지혜(Weltweisheit)라 불리었다.…물론 철학은 신적인 것이 세상적인 것 안에 현존하고, 인륜적인 것, 법적인 것이 자유의 현실 속에 그의 현재를 가지며 또 가져야 한다는 것을 요구한다.…하나님의 계명, 곧 하나님의 의지가 인간의 감정에 있다면, 그것은 인간의 의지, 인간의 이성적 의지 속에도 내포되어 있다. 철학은 신적인 것을 인식한다. 또 이 신적인 것이 세상적인 것의 영역에서 어떻게 적용되고 실현되는가를 인식한다. 따라서 철학은 사실상 세상의 지혜이기도 하다. 그러므로 철학은 국가의 편에서 종교적 통치권의 교만에 대항한다. 다른 한편, 철학은 세상의 통치권의 자의와 우연성에 대립한다(1966a, 201).

위 문장에 따르면, 신적 의지를 인식하는 철학은 "종교적 통치권의 교만"에 대해서는 물론 "세상의 통치권의 자의와 우연성"에 대립하는 자유의 학문이다. 철학은 단지 "회색에 회색을 칠하는" 학문이 아니라 다가오는 밤의 어둠 그 너머에 있는 새로운 아침의 여명을 투시하며 비상을 시작하는 "미네르바의 부엉이"와 같다. 미네르바의 부엉이가 비상을 시작할 때, 자유의 현실이 어둠 속에서 나타나기 시작한다. 미네르바의 부엉이는 자유의 전령이다. 철학은 미네르바의 부엉이와 같다. 철학은 정신의 자유를 사유와 사상의 형태로 나타낸다면, 종교는 그것을 종교적 표상의 형태로, 예술은 예술적 직관의 형태로 나타낸다.

7. 여기서 한 가지 질문이 제기된다. 헤겔이 말하는 철학적 사유와 사상의 자유는 현상 세계에서 동떨어진 자기 자신 안에서 활동하고 자기를 생산하는 **추상적 사유와 사상의 자유**가 아닌가? 마르크스에 따르면, 헤겔이 말하는 사유는 현실에서 동떨어진 완전히 추상적인 것이다. 그것은 "눈과 귀 등을 가진 사회와 세계와 자연 속에서 살고 있는 주체로서의 인간의 본질의 나타냄(Wesensäußerung)"이 아니라 이 주체로부터 추상화된 "눈도 없고, 이도 없으며, 귀도 없고, 모든 것이 없는 사유 안에서 움직이는 사유"다(Marx 2004, 343/4).

따라서 "자유의 학문"으로서 철학이 다루는 사유의 자유, 사유의 결과로서 얻게 되는 사상의 자유는 "눈과 귀 등을 가진 사회와 세계와 자연 속에서 살고 있는 주체로서의 인간"의 자유가 아니라 "눈도 없고 이도 없으며, 귀도 없고…사유 안에서 움직이는 사유"의 자유가 아닌가? 이 자유는 삶의 구체적 현실에서 완전히 동떨어진 추상적인 것이 아닌가?

위의 인용문에 따르면, "철학은 신적인 것이 세상적인 것 안에 현존하고, 인륜적인 것, 법적인 것이 그의 현재를 **자유의 현실** 속에 가지며 또 가져야 한다고 요구하는" 학문이다. 곧 자유의 현실을 "세상적인 것" 안에서 이룰 것을 요구하는 학문이다. 철학은 "종교적 통치권의 횡포"와 "세상적 통치권의 자의와 우연성"에 대한 대립 속에서 자유를 앞당겨오는 학문이다. 그렇다면 헤겔이 말하는 자유는 결코 현실에서 분리된 사유와 사상의 추상적 자유가 아니라 사회적·정치적 자유를 내포한다고 말할 수 있다. 사유와 사상을 통한 철학의 자유는 현실의 사회적·정치적 자유와 결합되어 있다.

우리는 이것을 자유에 대한 헤겔의 많은 문헌 자료에서 볼 수 있다. 헤겔은 정신이 자기의 자유를 의식할 때 정치적 자유가 실현되기 시작한다는 것을 암시한다. "역사적 측면에서 정신의 이 등장은 **정치적 자유**가 꽃피는 것과 결합되어 있다. 개인이 그 자신을 개인으로 느낄 때, 주체가 그 자체로서 보편성 속에서 자기를 알 때" 혹은 인격성이 자기 안에 무한한 가치를 가지고 있음을 의식하게 될 때, "정치적 자유, 국가 안에 있는 자유가 시작된다"(1966a, 225).

이와 관련하여 헤겔이 말하는 개인의 자유는 **사회적 차원**을 가진다는 점에 유의할 필요가 있다. 자기를 "보편적 존재"로 아는 사람에게는 다른 사람들도 그와 동등한 "보편적 존재"로 인식될 수밖에 없다. 그렇지 않다면 "보편적 존재"가 아니다. 헤겔은 이것을 다음과 같이 말한다. "다른 사람들도 나와 같은 보편적 존재들이기 때문이다. 내가 다른 사람들의 자유를 인정하고, 다른 사람들을 통해 자유로운 존재로 인정되는 한에서 나는 자유롭다. 현실적 자유는 많은 자유로운 사람들을 전제한다. 자유는 오직 **많은 사람들 가운데서 현실적이고 실존하는 자유다.** 이로써 자유로운 사람들에 대한 자유로운 사람들의 관계가 있게 된다"(1966a, 234).

8. 헤겔의 이 말에 의하면, 개인의 자유는 "많은 사람들"의 자유, 곧 사회 전체의 자유와 함께 가능하다. 그것은 "자유로운 사람들" 상호 간의 자유로운 관계 속에서 가능하다. 나의 자유는 다른 사람의 존엄성과 자유를 훼손하지 않는 범위에서 허용되어야 한다. 여기서 헤겔은 단지 사유와 사상 안에서의 추상적 개인의 자유가 아닌 이웃과의 사회적·정치적 관계에서 가능한 자유를 말한다.

또한 헤겔이 **노예제도와 전쟁을 반대한다**는 점도 유의할 필요가 있다. 모든 인간이 하나님 앞에서 무한한 가치를 가지며, 모든 인간이 하나님의 동등한 은혜와 자비로 초대를 받았다면, 노예제도는 있을 수 없다. 무고한 젊은이들의 생명을 죽음으로 내몰고, 포로를 노예로 삼는 전쟁도 있을 수 없다. "인간은 노예가 되어서는 안 된다. 어떤 민족도, 어떤 정부도 노예를 얻기 위해 전쟁을 해서는 안 된다. 이 지식과 함께 자유는 (모든 인간의) 권리다.…특권이 아니라 그 자체에 있어서의 권리—생명과 동일한 개념이다"(1966a, 63-64). "내가 노예일 수 없다는 것은 나의 가장 내적인 존재이고, 나의 본질이며, 나의 범주다. 노예제도는 나의 의식에 대립한다"(234). 자유는 특정한 사람들의 "특권"(Privilegium)이 아니라 모든 사람에게 주어진 "권리"다. 그것은 "생명과 동일한 개념"(identischer Begriff mit Leben)이다(63-65).

여기서 우리는 헤겔이 결코 현실적 자유를 외면한, 단지 사유와 사상 안에서의 추상적 자유를 주장하지 않았음을 볼 수 있다. 인간의 자유는 어디까지나 사회적·공동체적 개념이다. 사회적 관계를 떠난 자유는 생각될 수 없다. 사유와 사상 안에서의 자유는 이미 사회적·정치적 자유이기도 하다. 사유하는 인간은 이미 사회-정치적 관계 속에 있기 때문이다.

헤겔에 따르면, 인간이 "자유롭다는 것은 그의 본성에 속한다. 이것은 인간의 본질에 속한다." "자유로운 개인으로 존재하는 것이 그의 본성이다"(1966a, 105), "자유로운 자로 실존하는 한에서만 나는 존재한다"라는 (106) 헤겔의 말은 정치-사회적 자유를 내포한다. 서유석 교수도 이를 인정한다. 헤겔에 있어 자유는 "단순한 심리현상이나 태도(psychische Haltung)라기 보다는 동시에…전체적인 사회제도의 실현과도 관련된다"(서유석 1985, 196).

한국의 어떤 지식인은 헤겔이 노예제도, 제국주의와 식민주의, 인종차별주의와 침략 전쟁을 조장했다고 학술강연에서 헤겔을 난타한다. 이진경 교수에 의하면, "서구 이성의 사고를 서구의 제국주의적 확장에 연결하는 이 '편협한 태도'는 조만간 사라질 무지의 소산"으로 간주된다(이진경 2009, 57).

우리는 이 문제에 대해 주관적으로 추론할 것이 아니라 헤겔의 "자유의 원리"에 비추어 판단해야 할 것이다. 헤겔의 자유의 원리는 "인간은 인간으로서 자유롭다"는 것을 말한다. 이 말은 인간의 출신, 교육 정도, 인종, 성별을 떠나 인간이면 누구든지 자유롭다는 것을 말한다. 흑인이든 백인이든, 남자든 여자든 모든 인간이 자유롭다면, 노예제도, 인종차별주의, 식민주의와 제국주의, 성차별주의는 거부된다. 이 모든 것은 자유의 원리에 역행하기 때문이다. 헤겔에게 자유는 모든 인류에게 주어진 "생명" 곧 "본질적 존재"와 같은 것이다. 따라서 헤겔은 자신의 문헌 여러 곳에서 노예제도를 거부한다. "인간은 똑같다, 노예제도는 참을 수 없는 것이다." "인간은 그 자체에 있어 신적 관념을 자기 안에 담지하기" 때문이다(1966d, 131). 헤겔은 이런 생각을 자신의 『세계사 철학 강의』에서 다음과 같이 말한다.

모든 사람은 그가 노예일 수 없다는 것을 안다. 그들은 이것을 자신들의 본질로 안다.…노예일 수 없다는 이것이 우리의 본질이다. 우리는 우리의 존재의 근거로서 자유만을 안다. 이 규정은 지나가버리는 일시적인 것이 아니다. 우리의 존재의 모든 다른 규정, 곧 나이, 직업 등은 일시적이며 변할 수 있는 것이다. 그러나 자유의 규정은 (변하지 않고) 존속한다. 내가 노예일 수 없다는 이것은 나의 가장 깊은 내적 존재이고, 나의 본질이며, 나의 범주다. 노예제도는 나의 의식을 역행한다(1968d, 234).

3. "자유의 현실"인 국가와 개인의 자유

1. 헤겔에 따르면, 자유의 궁극적 현실은 국가에 있다. 정신의 자유의 의식은 국가를 통해 실현된다. "국가는 자유의 실현이다"(1968a, 116). 국가는 "자유가 그 속에서 자기의 객체성을 유지하고 이 객체성을 향유하며 사는 세계사의 특수한 대상이다"(115).

자유의 관념은 인간의 의식 속에 현존한다. 따라서 인간의 의식은 자유의 현실이다. 그러나 자유의 현실로서의 의식은 외적 실존의 조건 속에서 생존하는 개인의 의식이 아니라 "한 민족의 의식"이다. 한 민족의 의식은 개인이 왈가왈부할 수 있는 것이 아니라 개인의 의식에 대해 이미 전제된 "보편적 실체"로 현존하는 것이며, 어떤 개인도 그것을 넘어설 수 없는 성격의 것이다(1968a, 59 이하). "특수한 민족의식"은 정신이 자기의 자유에 대한 의식을 실현하고, 자유의 현실을 얻게 되는 자리다. 국가는 이 민족의식의 구체적 형태다. 따라서 국가는 정신의 자유의 궁극적 현실이라 말할 수 있다.

헤겔에 따르면, 자유의 보편적 관념 곧 신적 정신의 "절대적인 궁극적 목적(Endzweck)"으로서의 자유의 관념과 이 관념을 실현하는 "수단"은 구별된다. 달리 말해, 자유의 보편적 관념과 이 관념을 실현하는 현실들은 구별된다. 국가는 이 두 가지 계기가 "객관적 통일성"을 이루는 "자유의 현실이다." 곧 자유의 개념의 "객관적 측면"과 "주관적 측면", 이것들의 "결합(Vereinigung)의 객관적 실존이 국가다"(1968a, 124).

여기서 국가는 정신의 자유 의식을 현실적으로 실현하는 주체로 등장한다. 개인의 주체적 자유와 보편적 의지는 국가의 형태 속에서 일치에 도달한다. 국가의 본질은 양자가 일치를 이루는 "인륜성"에 있다. 세계사의 현실적 주체는 국가들이고 세계사는 국가들의 역사다. 블로흐에 의하면, 본질적으로 헤겔이 말하는 역사는 "정치적 국가의 역사"다. "역사가 '자유의 의식의 진보'로서 진행된다면, 역사는 국가의 삶을 중심으로 가질 수밖에 없다. 헤겔에 따르면, 국가에서 자유는 객관적 특수성에 도달한다"(Bloch 1962, 233).

2. "자유의 실현"으로서의 국가와 개인의 자유는 어떤 관계에 있는가? 이 문제에 대한 헤겔의 생각은 명확한 결론을 내리기 어려운 **미묘한 양면성**을 보인다. 어떤 결론도 정당성을 주장하기 어려울 정도다. 우리는 이런 어려움을 의식하면서 헤겔의 진의(!)를 추적해보고자 한다. 필자의 해석이 틀렸을 수도 있다.

헤겔에 따르면, 국가는 "보편적 관념이고, 보편적인 정신적 삶이다. 개인들은 출생을 통해 신뢰성 속에서 습관적으로 국가와 관계하고, 국가 안에서 자신들의 본질과 자신들의 현실, 자신들의 지식과 의욕을 가진다. 이로써 그들은 자기의 가치를 인식하고 그 자신을 유지한다." 여기서 두 가지 측면이 구별된다. 곧 "국가의 **보편적 실체**… 절대 권력, 민족의 독립적 정신"이 한편에 있고, "**그 자체로서의 개체성, 주체적 자유**"가 다른 한편에

있다. 여기서 헤겔은 자유의 "보편적 관념"의 구현체로서의 국가와 개인의
주체적 자유를 구별한다(1968a, 243).

여기서 우리는 질문할 수 있다. 왜 헤겔은 자유의 "보편적 관념"의 구현
체로서의 국가와 개인의 주체적 자유를 구별하는가? 그 이유는 무엇일까?
필자의 판단에 의하면, 그 이유는 먼저 헤겔이 국가의 보편적 관념에 흡수
될 수 없는 개인의 자유와 존엄성을 확보하고자 함에 있다. 헤겔은 개인의
존엄성과 자유를 무시하고 개인을 전체의 부품으로 간주하는 전체주의를
배격한다. 그래서 그는 다음과 같이 말한다. 세계사에서 문제되는 중심점은
서로 구별되는 이 양편이 "절대적 일치(Einigkeit), 참된 화해 속에 있는 관계
에 있다. 곧 자유로운 주체가 정신의 객관적 방법으로 몰락하지 않고, 도리
어 그의 독립된 권리에 이르는 화해의 관계에 있다"(1968a, 244).

이와 같이 헤겔은 개인의 권리와 자유를 옹호하는 동시에 보편적 자
유의 관념의 구현체로서 국가의 존재의 필연성과 그 정당성을 지키고자
한다. 헤겔에 따르면, 국가 없는 개인은 있을 수 없다. 개인은 오직 국가의
틀 안에서 자기를 유지할 수 있고, 자기를 지킬 수 있다. 따라서 루소의 국
가계약설이 말하는 것처럼, 국가는 수많은 개인들로 환원될 수 없다. 개인
들의 권리와 자유가 보장되는 동시에 개인들에게 대칭하는 국가의 존재가
보장되어야 한다. 헤겔은 이러한 관심에서 개인의 주체적 자유를 말하는
동시에 자유의 보편적 관념의 구현체로서의 국가를 구별한다.

3. 헤겔은 이 두 가지 극을 구별하면서 국가의 보편적 자유와 개인의 주체
적 자유의 일치를 이상으로 제시한다. 개인의 주체적 자유와 국가의 보편
적 자유, 주체적 의지와 보편적 의지는 대립 속에 있어서는 안 된다. 양자는
화해 내지 일치를 이루어야 한다. 국가의 인륜성은 양자의 완전한 일치에
있다. 헤겔은 국가를 바로 이 인륜성 자체와 동일시한다. 국가는 바로 인륜

성 자체 혹은 "인륜적 전체"(das sittliche Ganze)다. 그것은 인륜적 자유의 구체적 형태다.

하지만 헤겔에 따르면, 국가의 보편적·인륜적 자유는 개인의 주체적 의지와 자의를 원리로 갖지 않는다. 오히려 그것은 국가 자체의 보편적 의지에 대한 통찰을 원리로 가진다. 따라서 국가의 보편적·인륜적 자유는 개인들의 **주체적 자유의 제한**을 전제한다. 개인의 주체적 자유가 국가의 보편적·인륜적 자유에 의해 제한될 때, 개인의 참된 자유가 실현될 수 있다.

구체적으로 개인의 참된 자유는 **국가의 법에 대한 복종**을 통해 실현될 수 있다. 국가의 "법은 정신의 객체성이며, 그의 진리 안에 있는 의지다. 법에 복종하는 의지만이 자유롭다. 그는 자기 자신에게 복종하고, 자기 자신 가운데 존재하며 자유롭기 때문이다. 국가 곧 조국은 현존의 공통성이기 때문에 인간의 주체적 의지는 법에 복종함으로써 자유와 필연성의 대립이 사라진다. 본질적인 것으로서의 이성적인 것은 필연적이다. 우리는 그것을 법으로 인정하고, 우리 자신의 본질의 실체로서의 국가를 따름으로써 자유롭게 된다. 이리하여 객체적 의지와 주체적 의지가 화해되며, 단 하나의 동일하고 투명한 전체를 이룬다"(1968a, 115).

따라서 헤겔이 말하는 국가의 인륜성, 곧 국가의 보편적 의지와 개인의 자유의 일치는 국가의 보편적 의지 곧 **법에 대한 개인의 복종**을 전제한다고 볼 수 있다. 국가의 인륜성은 국가의 보편적 의지 곧 국가의 법에 대한 개인의 복종에 근거된 인륜성이라 해석할 수 있다. 그러므로 헤겔은 다음과 같이 말한다. "자기가 자유로운 자이기를 원하는 민족은 자기의 욕망, 자기의 특수한 목적과 관심들을 보편적 의지 곧 법 아래에 종속시켜야 한다"(1966a, 229), "법과 규례와 같은 보편적이고 본질적인 대상들을 알고 원하며, 이 대상들과 일치하는 현실 곧 국가를 형성하는 거기에 자유가 있다"(1968a, 162-163).

따라서 헤겔은 정신의 자유는 국가에서 "그의 객체성을 얻으며 이 객체성을 향유하며 산다"고 말한다. 국가의 "법은 정신의 객체성이고, 그의 진리 안에 있는 의지이기 때문이다"(1968a, 115). "국가는 자유의 실현이라는 것이 우리의 개념"이다(116). 인간의 참 자유는 국가에서 실현된다. 이를 위해 개인의 자유는 국가의 법에 의해 제한되어야 한다. 인간은 "정신적 존재"이지만 그의 "자연적 의지"에 있어서 "이기적이고", 그의 "의지는 본성상 악하기" 때문이다(daß der Wille von Natur böse ist). 인간의 "욕심(Begierde)의 의지는 자유롭지 못하다." 그러므로 인간은 국가의 법이 반영하는 "본질적 의지를 원할 때" 자유롭게 될 수 있다(1966b, 275).

4. 헤겔은 이와 같은 생각에 근거하여 "인간은 태어나면서부터 자유롭다"는 루소의 생각을 반대한다. "태어나면서부터 자유롭다"는 것은 인간이 원시상태에 있었던 "그의 자연적이며 직접적인 실존 속에서" 자유롭다는 것을 뜻한다. "그의 자연적 권리들을 소유하고, 자기의 자유를 아무 제한 없이 행사하고 이를 향유하는" 이른바 "자연의 상태"(Naturzustand)가 태초에 있었다고 생각된다. 인간의 타고난 본성의 상태, 곧 자연의 상태는 이상적인 상태로 생각된다.

하나님이 아담과 히브리어로 말한 인류 최초의 파라다이스는 온 자연이 "하나님의 창조의 밝은 거울처럼 열려 있고", "또한 신적 진리가 인간에게 열려 있었으며", "하나님에 관한 직접 계시된 종교적 진리들의 인식"이 있는 곳으로 표상된다. 셸링과 슐레겔(Schlegel)에 의하면, 모든 학문과 예술이 우리에게 전해진 인류 최초의 원시 민족이 있었다. 우리는 그 잔재를 고대 시대의 여러 민족들의 전설에서 볼 수 있다는 것이다(1968a, 158-159).

헤겔에 따르면, "최초의 완전성의 상태"에 대한 이와 같은 생각의 근저에는 "인간은 동물적 몽매함(tierische Dumpfheit)과 함께 시작하지 않았을 것"이라는 표상이 숨어 있다. 이 표상에 따르면, 인간이 동물적 몽매함으로 부터 자기를 발전시킬 수는 없었을 것이다. 우리는 이것을 지금도 동물의 세계에서 볼 수 있다. 동물 중 자기의 자연적 몽매함을 벗어난 동물은 존재 하지 않기 때문이다.

그러나 헤겔에 의하면, 인간은 "인간적 몽매함으로부터 자기를 발 전시킬 수 있었다. 동물적 인간성은 동물성(Tierheit)과는 전혀 다른 것 이다"(1968a, 161). 인간에게는 자기 자신을 의식할 수 있는 능력이 있는 반 면, 동물은 "자기 자신을 의식할 수 있는 가능성을 갖지 않는다. 따라서 동 물은 자신의 몽매한 상태를 벗어나지 못한다. 인간은 자기 자신을 의식할 수 있는 정신을 가진 정신적·이성적 존재다. 그러나 어린아기에게서 볼 수 있는 것처럼, 정신은 인류의 "자연의 상태"에서 자기 자신을 의식하지 못한 상태에 있다. 자연의 상태에 있었던 인간 곧 "자연적 인간"은 "욕망의 인간, 야성(Roheit)과 자기 추구의 인간, 의존과 공포의 인간", "자연에 대한 의존 속에 있는" 인간이었다(1966d, 97).

헤겔에 따르면, "직접적인 것과 자연적인 것의 이상으로서의 자유는 직 접적인 것과 자연적인 것으로서 존재하지 않는다. 오히려 그것은 먼저 얻 어야 하는 것, 획득되어야 하는 것이다. 그것은 지식과 의욕의 훈육(Zucht) 의 오랜 중재를 통해 얻을 수 있는 것이다. 따라서 헤겔은 자연의 상태는 완전한 자유가 있는 상태가 아니라 "불법과 폭력과 억제되지 않은 자연적 충동과 비인간적인 행위와 지각의 상태"라고 주장한다(1968a, 117). 그것은 "사나움의 상태"(Zustände der Wildheit, 116)이고, 정신이 아직 현실적으로 존 재하지 않는 "부자유와 감성적 직관의 상태"였다.

그것은 우리가 그 속에 영원히 머물러 있어야 할 이상적인 상태가 아니 었다. 스피노자의 표현에 따르면, 자연의 상태는 우리가 "거기에서 나와야 하는" 상태였다(Exeundum est e statu naturae, 117). 헤겔은, 그것은 개인이 지켜야 할 법이 없고, 법에 따른 개인의 자유의 제한이 없는 상태, 본능적 충동과 이 충동에 따른 삶의 상태였고 "자연성의 상태, 동물의 상태"였다고 말한다(1966d, 115. 그러나 "동물의 상태"가 오히려 문명화된 인간의 상태보다 더 나은 상태가 아닌지 질문해볼 수 있다. "동물의 상태"는 무한한 비축의 욕망과 핵무기가 없기 때문이다).

5. 자연의 상태 다음에 오는 부족사회는 "가족 관계"에 기초한다. 그 구성원들은 가족 관계 속에서 자신들의 법적 관계와 특수한 관심들 및 자기 추구를 포기하고 하나가 된다. 그들은 독립적 인격으로서 살지 않고, "감정의 하나 됨 안에서 서로 간의 사랑과 신뢰와 믿음 안에서" 살아간다. 그들은 자기의 인격성을 서로 포기하거나(부모의 경우) 아니면 그 인격성을 아직 얻지 못한(아이들의 경우) 상태에 있다(1968a, 118-119). 따라서 가족 구성원들의 하나 됨, 곧 통일성은 인격적 독립성을 가진 인격적 주체들의 자기의식과 지식 속에서 이루어진 통일성이 아니라 "감성적으로 느껴지는 통일성, 자연의 방법에 머물러 있는 통일성이다"(119).

여기서 헤겔은 가족을 시민사회의 기본 단위체로서 매우 중요시한다. 가족에 대한 그의 생각은 당시의 세계에서 매우 진보적인 통찰들을 보여준다. 가족은 단순한 계약 공동체가 아니라 자연적 인륜성의 형식이다. 그 속에는 자유로운 의지의 공동체성이 있고, 하나로 결속되는 인격들의 권리와 의무의 평등이 있다. 결혼 당사자들의 자유로운 결단으로부터 그들의 결합이 이루어진다. 그들은 이 결합 속에서 동등한 권리를 가진 주체로 인정된다.

가족은 세 가지 차원으로 구성된다. 첫 번째 차원은 사랑에 기초한 삶의 공동체성이고, 두 번째 차원은 권리와 소유와 책임의 법적 공동체성이며, 세 번째 차원은 인륜적 삶의 공동체성과 양육의 공동체성이다. 가정의 인륜성은 먼저 감정을 통한 상호 인정과, 파트너와 관계 속에서 일어나는 자기제한에 있다. 각자는 자발적 자기제한 속에서 자기 자신을 알며 행복을 느낀다. 이와 동시에 가족은 자발적 계약의 법적 기초에 서 있다. 이런 점에서 가족은 하나의 인격이며, 국가의 인륜적 뿌리가 된다. 자녀는 부모의 소유물이나 노예가 아니라 그 자체에 있어 자유인이다. 그들은 독립적이고 자유로운 인격으로 양육되어야 할 권리를 가진다.

국가와 마찬가지로 가족도 하나의 "인륜적 전체"다. 그러나 가족의 인륜성은 독립된 인격들을 통해 구성되는 인격적 인륜성이 아니라 본능적 사랑에 기초한 자연적·본능적 인륜성이다. 그것은 "그 구성원들이 자유로운 의지를 가진 개인들로서, 인격으로서 관계하지 못하는 데 있다. 그러므로 가족은 역사가 거기에서 생성되는 발전에서 분리된다"(1968a, 162). 가족 구성원들 사이의 사랑은 자기의식을 가진 독립적 주체로서 함께 나누는 인격적인 사랑, 구체적인 사랑이 아니라 혈연관계(Blutverwandtschaft)에 기초한 것으로 자연적 본능에 속한다. 가족 관계에서도 각자는 자기를 "전체의 지체"로 인식한다. "각자는 자기 자신을 위해 일하지 않고 가족 전체를 위해 일한다"(119).

6. 그러나 가족 구성원들은 자기를 아직 독립된 인격으로 의식하지 못하기 때문에 참된 의미의 자유를 갖지 못한다. 참된 의미의 자유는 국가에 있다. 그것은 자기를 독립된 인격으로 인식하며, 국가의 법의 보편적 의지를 알고 이에 복종하는 인격적 자유이기 때문이다. 이에 관한 헤겔의 말을 직접 들어보자.

가족도 인륜적 전체다.…여기서도 각 지체는 자기를 전체의 지체로 안다. 그는 자기를 위해 이기적으로 일하지 않는다. 오히려 그는 전체 가족을 위해 일한다. 그러나 국가의 정신은 (가족의) 이 인륜성, 가족을 지키는 죽은 조상들 (Penaten)의 정신과 다르다. 그것은 사랑과 지각의 형식을 가진 정신이 아니라 의식과 의욕과 앎의 형식을 가진 정신이다. 국가는 이 보편적인 것을 자연의 세계로 가진다.···국가는 법을 가진다. 이것은 국가의 인륜성이 단지 직접적 형식으로 있는 것이 아니라 (각 개인들이) 아는 것으로(als Gewußtes), 보편적인 것의 형식으로 있음을 말한다. (각 개인들이) 이 보편적인 것을 안다는 것, 이것이 국가의 정신적인 것을 구성한다. 개인은 법에 복종하며, 이 복종 속에서 자기의 자유를 가진다는 것을 안다. 여기서 그는 자기 자신의 의지와 관계한다. 이리하여 (각 개인들이) 의욕하고 아는 통일성(gewollte und gewußte Einheit)이 있게 된다. 국가 안에 개인들의 독립성이 현존한다. 그들은 아는 사람들(Wissende)이기 때문이다. 다시 말해, 그들은 자신들의 자아를 보편적인 것에 대칭시킨다. 가족 안에는 이 독립성이 현존하지 않는다. 그 구성원들을 하나로 묶는 것은 자연적 본능이다. 그들은 국가 안에서 비로소 자기 안에서 **성찰되어(reflektiert)** 존재한다. 국가 안에서 이 분리가 등장한다. 곧 개인들에게 대상적으로 존재하는 것이 그들에게 대칭해 있으며, 이에 대해 개인들이 자기의 독립성을 갖는 것이다. 국가가 **그 자체에 있어 구체적인 것**인 이것이 이성적인 것이다(1968a, 119-120).[2]

---

2) 원문. "Die Familie ist auch ein sittliches Ganze.··· Auch hier weiß jedes Glied sich als Glied des Ganzen. Es arbeitet nicht selbstsüchtig für sich, sondern für die ganze Familie. Aber der Geist des Staates ist von dieser Sittlichkeit, dem Geiste der Penaten, verschieden. Es is der Geist nicht in der Form der Liebe, der Empfindung, sondern des Bewußtseins, des Wollens und Wissens. Der Staat hat dies Allgemeine als eine Naturwelt vor sich;··· Aber zu einem Staate gehören Gesetze, und das heißt, daß die Sitte nicht bloß in der unmittelbaren Form, sondern in der Form des Allgemeinen als Gewußtes da ist. Daß dies Allgemeine gewußt wird, macht das Geistige des Staates aus. **Das Individuum gehorcht den Gesetzen und weiß daß es in diesem Gehorsam seine Freiheit hat; es verhält sich also darin zu seinem eigenen Willen.**

우리는 위 인용문의 핵심 내용을 다음과 같이 정리할 수 있다. 국가의 법은 모든 사람이 원하는 보편적인 것을 나타낸다. 이에 대한 앎 속에서 법의 보편적 의지가 각 개인 자신의 의지로 수용된다. 법에 대한 복종 속에서 각 개인은 참 자유와 독립성을 가진다. 그들은 보편적인 것에 대칭하는 독립적 존재로서 보편적인 것을 "아는 사람들"이기 때문이다. 헤겔은 각 개인이 법의 보편적 의지를 알고 법에 대한 자발적 복종 속에서 자기의 참 자유와 독립성을 갖는 국가를 가리켜 "그 자체에 있어 구체적인 것" 혹은 "인륜성"이라 부른다. 헤겔의 철학에서 국가 없는 인간의 자유는 생각될 수 없다. 자기를 자유로운 주체로 의식하는 인간은 "국가를 자신의 무한한 본질의 현실(Aktualität)로서 인정하고, 그 자신의 현실로서의 국가 안에서 만족을 발견할 수 있다"(Rohrmoser 1964, 244).

그러나 헤겔이 궁극적으로 기대하는 것은 개인의 자유를 자의적으로 제한하는 경찰국가가 결코 아니다. 오히려 그것은 자유의 현실로서의 국가와 개인의 자유 간의 조화와 일치에 있다. 그래서 헤겔은 가장 좋은 국가는 개인에게 가장 많은 자유를 허락하는 국가라고 말한다.

7. 우리는 지금까지 기술한 바에 근거하여 자유의 현실로서의 국가와 개인의 자유 간의 관계를 다음과 같이 정리할 수 있다.

So ist hier gewollte und gewußte Einheit. **In dem Staate ist also die Selbständigkeit der Individuen vorhanden**; denn sie sind Wissende, d.h. sie setzen ihr Ich dem Allgemeinen gegenüber. In der Familie ist diese Selbständigkeit nicht vorhanden; es ist ein Naturtrieb, der ihre Mitglieder bindet. Erst im Staate sind sie als in sich reflektiert da. Im Staate tritt diese Trennung ein, daß, was den Individuen gegenständlich ist, ihnen gegenübergesetzt ist und sie ihre Selbständigkeit dagegen haben. Dies ist das Moment der Vernünftigkeit, daß der Staat **ein in sich Konkretes** ist."

1) 모든 인간은 하나님 앞에서 자유롭다. 출생, 민족, 인종, 성별, 교육과 사회적 지위 여하를 떠나서 모든 인간은 "인간 그 자체로서" 자유롭다. 여기에는 어떤 인간적·사회적 차이도 인정되지 않는다. 따라서 모든 인간은 평등하다. 모든 인간의 평등을 포함하는 이 원리 곧 "자유의 원리"가 예수 그리스도를 통하여 계시되었다.

2) 그러나 개인의 자유는 "내가 원하는 것이면 무엇이든지 할 수 있고, 원하지 않으면 그만 둘 수 있다"는 무절제한, 곧 절제가 없는 자의와 방종을 뜻하지 않는다. "국가에서 자유와 자의는 구별되어야 한다"(1966a, 200). 자의와 방종은 참 자유가 아니다. 자의와 방종은 다른 사람에게 피해를 주며, 국가의 보편적 의지를 파괴하기 때문이다. 그것은 공동체를 파괴하고 멸망시킨다. 따라서 개인의 자유는 국가의 보편적 의지와 일치해야 한다. 참된 자유는 자기 마음대로 행동할 수 있는 데 있지 않고 보편적 의지와 일치하는 데 있다.

3) 법의 보편적 의지와 개인의 사적 의지의 일치는 각 개인이 법의 보편적 의지를 알고 이에 복종함으로써 이루어진다. 법에 대한 복종 속에서 개인의 의지와 국가의 보편적 의지가 일치하게 되며, 양자가 일치하는 바로 거기에 참 자유가 있다. 법에 대한 복종을 통해 양자의 일치가 이루어지지 않을 때, 개인의 자유는 자의와 방종으로 변질할 것이다. 각 개인이 자기 마음대로 행동할 수 있는 것을 자유로 생각하게 될 것이다. 헤겔에 따르면, 인간은 "정신적 존재"로서 신적 정신의 현존 내지 현상양태다. 이와 동시에 그의 "의지는 **본성상 악하다**"(1966b, 275). 악한 본성을 벗어날 수 없는 각 개인들이 자기 마음대로 행동할 때, 개인들 사이에 갈등과 충돌이 불가피할 것이다. 국가는 혼란의 아비규환이 될 것이며 결국 멸망에 이를 것이다.

4) 따라서 법을 통한 개인의 자유의 제한은 불가피하다. 모든 개인이 법 앞에서 자기의 자유를 제한하고 법의 보편적 의지를 따를 때, 모든 개인들 사이에 참된 자유가 가능하다. 따라서 **법에 대한 복종 속에 자유가 있다.** 그러나 헤겔이 말하는 법에 대한 복종은 개인의 의지를 역행하는 것이 아니라 "보편적인 것"이 무엇인지를 알고, 이를 원하는 사람들의 자발적 복종, 헤겔의 표현을 따르면, 국가의 법의 보편적 의지를 "알고 원하는" 사람들의 복종을 뜻한다.

5) 그러나 헤겔이 말하는 국가의 법은 개인들의 의지를 무시하고 개인의 자유를 자의적으로 제한하는 것이 되어서는 안 된다. 곧 주체에 대립하는 경직된 "객관적인 것"이 되어서는 안 된다. 그것은 모든 개인이 자발적으로 수용하고 복종할 수 있는 "보편적인 것"이어야 한다. 헤겔의 표현을 따른다면, "이성적인 것의 표현"이어야 한다(1966a, 200). 국가의 법은 다양한 충동과 욕구와 관심을 가진 모든 개인들 사이에 질서와 평화를 세우며, 이를 통해 모든 개인들 **공동의 자유**를 가능케 하는 수단이다. 법의 목적은 바로 여기에 있다. 따라서 국가의 법은 국가 공동체를 유지하고, 모든 개인들 사이의 보편적 자유를 가능케 하는 틀 안에서 개인의 자유를 허용해야 한다.

　헤겔에 따르면, **"국가는 자유의 실현이다"**(1968a, 116). **"가장 좋은 국가는 가장 많은 자유가 있는 국가"**다(1968a, 142). 그러나 "가장 많은 자유"는 자기 마음대로 행동할 수 있는 무제한의 자유 곧 "방종"(Unbändigkeit)을 뜻하지 않는다. 공동체의 존속을 고려하지 않는 무제한의 방종은 참 자유가 아니다. 그것은 인간을 자유롭게 하는 것이 아니라 욕심과 정욕의 노예로 만드는 것이다. 한마디로 "욕심의 의지는 자유롭지 못하다"(1966b, 275). 헤겔이 말하는 "가장 많은 자유"는 개인의 무절제한 방종을 뜻하는 것이 아니라 국가 공동체의 질서와 평화가 유지되면서 모든 사람의 공동의 자유가 실현됨을 말하는 것이다. 국가는 국민 각 사람의 자유를 최대한 보장하여 사회의 창조적 발전을 유도하는 동시에, 공동체 전체의 규범을 벗어나는 방종은 규제되어야 한다.

우리는 이 생각을 다음과 같은 헤겔의 문장에서 볼 수 있다. "다른 사람들도 나와 동등하다. 나와 마찬가지로 다른 사람들도 보편적인 자들이기 때문이다. 내가 다른 사람들의 자유를 인정하고, 다른 사람들을 통해 자유롭다고 인정되는 한에서만 나는 자유롭다. 현실적 자유는 많은 자유로운 사람들을 전제한다. 자유는 많은 사람들 가운데서만 현실적이고 실존하는 자유다. 이로써 자유로운 사람들에 대한 자유로운 사람들의 관계가 설정되며, 인륜성의 법들이 설정된다. (개인의) 자유로운 의지는 (국가의 법들의) 보편적 의지 안에 있는 규정들을 원할 뿐이다"(1966a, 234).

8. 헤겔이 말하는 세계사는 국가들의 역사다. 국가의 형성과 함께 세계사가 시작된다. 세계사는 "국가 간의 갈등이 구체적으로 조정되고 판결되는 실재적 연관"이다(서유석 1985, 193). 각 시대의 국가들이 그 나름대로 "자유의 실현"이라면, 세계사의 시작은 자유 의식의 발전과 이 의식의 실현의 시작이다. 세계사는 국가의 형태 속에서 실현되는 **자유의 역사**다. 세계사적 국가들은 자유의 역사의 단계들이다. 각 단계는 "다른 단계들과 구별되는 그의 특수하고 특유한 원리"를 가진다(1968a, 167).

이 원리는 국가의 모든 삶의 영역들을 결정하며, 이 영역들 속에서 표현된다. 인륜, 법, 종교, 예술, 철학 등은 그 시대의 자유 의식의 구체적 현실들이다. 그 중심점은 법을 가진 국가다. "역사가 '자유의 의식 진보'로서 진행된다면, 이 역사는 국가의 삶을 중심으로 가진다. 헤겔에 따르면, 자유는 국가 안에서 객관적 특수성에 도달한다." 따라서 "정치적 국가의 역사"가 역사의 "머리"(Primat)다(Bloch 1962, 233).

헤겔 문헌 편집자 라손은 헤겔이 "국가의 인륜성 안에서" 인륜성이 완성된다고 보았다고 주장한다. 이리하여 그는 "자유의 개념이 하나님과 하나가 된 자기의식의 자유의 관념에 이르기까지 자유의 개념이 전개될 수 있는 길을 차단했다"고 해석한다(Lasson 1920, 8). 필자는 라손의 이 해석이 타당하지 않다고 생각한다. 물론 자유 의식의 발전과 그 실현을 방해하고 차단하는 국가도 있음은 사실이다.

헤겔의 논리에 따르면, 이러한 국가는 인륜적 국가가 아니라 비인륜적 국가다. "자유의 실현"이 아니라 자유의 차단이다. 이러한 국가는 폐기되어야 한다. 그러나 "자유의 개념"이 실현될 수 있는 **현실적 방법**은 국가의 법의 보편적 의지와 개인의 주체적 의지가 일치하는 "인륜적 국가"에 있다고 생각할 수밖에 없다.

무정부주의자들은 국가를 거부한다. 그들의 경험에 의하면, 국가는 개인들로 구성되고 개인들에 의해 유지됨에도 불구하고 개인의 자유를 제한하고 억압한다. 통치자들은 개인들에게서 받아낸 세금으로 풍요를 누리고, 축재하며, 전쟁을 통해 개인의 생명을 집단적으로 죽음으로 내몬다. 따라서 국가 제도는 철폐되어야 한다는 것이 무정부주의의 기본 신념이다.

그러나 이 땅 위에서 국가 제도가 더 이상 존재하지 않을 때 인류 전체의 자유와 평등이 이루어질 수 있을까? 정의와 자비가 가득한 이상적 세계가 이루어질 수 있을까? 필자의 소견에 의하면 결코 그렇지 않을 것이다. 국가 대신에 새로운 형태의 집단들이 형성되어 투쟁하게 될 것이다. 이 집단들은 보편적 가치를 갖지 못한 특수한 관심에 따라 형성될 가능성이 높다. 이 집단들의 투쟁은 지금까지 인류가 경험하지 못한 무서운 잔인성을 가질 수 있다. 따라서 헤겔은 국가를 자유의 실현의 수단으로 간주하고, 세계사를 국가의 역사로 파악한다. 그러나 헤겔은 개인의 기본 권리와 자유를 억압하는 전체주의 국가를 거부하고, 국가의 본질은 "자유의 실현"에 있다고 말한다.

9. 헤겔은 국가를 통한 자유의 실현에서 교육과 더불어 종교적 예배를 중요시한다. 여기서 그가 말하는 "예배"는 "성례전, 교회의 행위와 의무들은 물론, 영혼 안에서 일어나는 활동을 포함한다(1966b, 229). 앞서 언급한 바와 같이, 인간은 정신적 존재인 동시에 자기 자신을 추구하는 이기적 존재다. 헤겔의 표현을 따른다면, 그는 "유한한 존재"다. 유한한 것은 악하다. 그는 자연성과 악에 붙들려 있는 존재, 곧 자유롭지 못한 존재다.

이와 같은 인간이 참으로 자유롭게 될 수 있는 길, 인륜적 존재가 될 수 있는 길은 자신의 "특수한 의지, 그의 욕정과 자연적 충동을 포기하는"데 있다. 그는 "자기의 특수한 의지, 자신의 욕정과 자연적 충동을 포기해야" 한다. 그러나 이것은 자연적 충동의 뿌리를 뽑아버리는 것이나, "의지의 생동성을" 죽이는 것을 뜻하지 않는다. 단지 자연적 충동이나 의지의 생동성의 내용(Gehalt)이 정화되는 것, 곧 "그 내용이 인륜적 의지와 일치하도록" 함을 뜻한다(1966b, 276).

인간의 자연적 충동이나 의지의 생동성의 내용이 "인륜적 의지와 일치" 되는 길은 종교의 예배에 있다. 예배 속에서 "내 안에서 하나님과 내가 결합하고, 나를 하나님 안에서 알며, 하나님이 내 안에서 자기를 안다"(1966b, 227-228). 이리하여 하나님과 나의 분리가 극복되고, 양자는 통일성 안에 있게 된다. 곧 "절대자와의 통일성의 회복"이 일어난다(229). 절대자 곧 하나님과의 통일성이 회복될 때, 인간의 특수한 개별성이 극복되고, 인간은 자기 자신을 추구하는 개별성(Einzelheit)을 버리고 보편성의 존재가 된다. 신학적으로 말한다면, 인간은 하나님과 연합된 존재가 된다. 이리하여 인간의 악이 지양된다.

예배의 목적은 여기에 있다. 곧 자연성과 악에서 자유로운 존재가 되는데 있다. 그러므로 "예배를 통해 (인간의) 악이 지양되어야 한다"(1966b, 275). 인간은 악이 지양됨으로써 "올바르고 인륜적인 인간" 곧 자유로운 인간이 된다. 악과 더불어 인간의 "자연성"(Natürlichkeit)이 지양되어야 한다. "자연성, 곧 직접적 마음"은 "정신을 자유롭지 못하게 하는" 요소이기 때문에 포기되어야 한다. "이 자연성은 존재해야 하는 것이 아니라 존재하지 말아야하는 것이다. 그리고 인간의 존재 전체가 정신 안으로, 그의 자유 안으로 옮겨져야 한다. 그는 자기를 그렇게 만들어야 한다.…마음이 깨지고, 자연적의지, 자연적 의식이 지양되어야 한다"(277). 이때 인간은 신적 정신의 보편적 의지와 일치하는 보편적 존재가 될 수 있다. 그는 참 자유인이 될 수 있다.

10. 그런데 신적 정신의 보편적 의지는 법을 통해 반영된다. 달리 말해, "법은 신적 의지다"(1966b, 305). 따라서 보편적이고 인륜적인 존재, 참 자유인이 될 수 있는 길은 국가의 법에 복종하는 데 있다. 여기서 우리는 종교적자유와 정치적 자유가 하나로 결합되는 것을 볼 수 있다. 곧 예배를 통해정신의 보편적 의지와 일치함으로써 얻게 되는 종교적 자유와 국가의 법에복종함으로써 얻게 되는 정치적 자유가 일치한다. "자유의 원리"를 계시하는 종교와 "자유의 실현"으로서의 국가가 결합된다. 정신의 보편적 의지와국가의 법이 결합되고, 그리스도인의 종교적 자유와 국가의 법에 대한 복종을 통해 얻게 되는 정치적 자유가 결합된다.

따라서 헤겔은 종교와 국가를 일치하는 것으로 본다. "양자는 그 자체에 있어 동일하다"(1966b, 303). 여기서 "동일하다"는 것은 구별 속에서 결합되어 있음을 말한다. 우리는 이것을 다음과 같은 헤겔의 말에서 볼 수 있다.

> 종교에 있어 인간은 하나님 앞에서 자유롭다.…그는 예배 속에서 (하나님과 인간의) 분리를 지양함으로써 자유롭다. 국가는 세상 안에 있는, 현실 속에 있는 자유일 뿐이다.…**자유의 한 개념이 종교와 국가 안에 있다.** 이 하나의 개념은 인간이 가지고 있는 가장 높은 것이며, 그것은 인간에 의해 실현된다. 하나

님에 관해 나쁜 개념을 가진 민족은 나쁜 국가, 나쁜 정부, 나쁜 법들을 가진다 (1966b, 303).

"자유의 한 개념이 종교와 국가 안에" 있다면, 그래서 국가의 법은 자유를 실현코자 하는 하나님의 "신적 의지"라면, 다음과 같이 말할 수 있다. "법들과 통치권과 국가체제는 **하나님으로부터** 온 것이다.…인륜성과 정의의 이 법들은 인간의 행동에 대한 영원하며 변할 수 없는 규칙들(Regeln)이다. 이 것들은 자의적인 것이 아니라 오히려 종교가 지속되는 것만큼 지속되는 것이다." 달리 말한다면, "(국가의) 법들과 통치권을 따르며, 국가를 유지하는 세력들을 따르는 것은 하나님께 복종하는 것이다." 헤겔은 이 문장을 한편으로 타당하다고 보는 동시에, 다른 한편 추상적인 것, 곧 위험스러운 것으로 본다. 이 문장은 통치권의 "자의와 독재와 억압"을 가능케 할 수 있다. 통치자가 자기를 "하나님의 직접적 계시"라고 주장할 수 있다(1966b, 304).

그러나 프로테스탄트 국가에서는 "사제와 평신도의 차이가 존재하지 않는다. 사제들은 하나님의 계시를 소유할 수 있는 특권을 상실했다. 이리하여 통치자의 신적 권위의 원리에 반하여 평신도에게도 주어지는 권위의 원리가 세워졌다." 국가의 법들이 "신적 의지로 말미암아" 있게 되었음은 사실이지만, "이 신적 의지를 인식하는 것 역시 하나의 중요한 국면이다. 이것은 개별적인 것이 아니라 모든 사람에게 오는 것이다." 곧 국가의 법들이 하나님의 보편적 의지를 반영한다는 것은 "모든 사람에게" 인식될 수 있어야 한다. 이것이 모든 사람에 의해 보편적으로 인식되지 않을 때, 국가의 법들은 복종을 요구할 수 있는 권위를 상실한다. 따라서 "법들이 신적 의지라는 이 진리에 있어 특별히 중요한 것은 이 법들이 어떤 것인가를 규정하는 일이다." 이를 위해 "무엇이 이성적인가"를 인식하는 일이다. 헤겔은 이것을 특별히 "사상의 형성"(Bildung des Gedankens)을 과제로 가진 "철학의 업무"라고 말한다(1966b, 305). 철학을 통해 국가의 법이 이성적이라는 사실이 밝혀지고, 모든 사람에 의해 인식되어야 한다. 이때 국가의 법은 정당성을 주장할 수 있고, 개인들은 이 법에 복종함으로써 자신의 자유에 이를 수 있다.

11. 지금까지 우리는 자유를 본질로 가진 신적 정신으로부터 시작하여 모든 인간의 자유의 실현 과정으로서의 세계사에 대해 고찰했다. 현실적으로 자유의 실현은 국가를 통해 이루어진다. 그러나 이 실현의 궁극적 원인자는 신적 정신 곧 하나님이다. 자유의 실현은 "정신으로서의 하나님"의 변증법적 자기활동으로 말미암아 일어난다.

블로흐는 헤겔의 이 구상에 대해 이의를 제기한다. 블로흐에 따르면, 헤겔은 인간의 자유를 위해 하나님에게 논리적 필연성의 법칙을 부과했다. "이 하나님, 곧 헤겔의 하나님은 최소한 자기 자신의 포로다"(Bloch 1968, 377). 헤겔은 인간의 자유를 실현하기 위해 하나님을 변증법적 논리의 포로로 만들어버렸다는 것이다.

헤겔의 변증법을 생각할 때, 블로흐의 비판은 매우 적확한 것처럼 보인다. 하나님의 존재가 범논리주의적 변증법의 포로가 된 것처럼 보인다. 그러나 헤겔의 진술을 충실히 따를 때, 블로흐의 비판은 타당하지 않다고 볼 수 있다. 헤겔에 따르면, 변증법은 하나님 바깥으로부터 하나님에게 부여된 외적 "법칙"이 아니다. 만일 그것이 하나님 자신에게 속하지 않은 외적 법칙이라면, 하나님은 변증법의 "논리적 필연성의 포로"가 되었다고 말할 수 있을 것이다. 그러나 변증법은 하나님 자신의 삼위일체적·내적 삶의 규정을 나타낸 것이다. 그것은 삼위일체 하나님 자신의 본질에 속한다. 변증법은 절대적 "사랑"인 하나님 자신의 삼위일체적·변증법적인 삶의 표현이다. 따라서 헤겔은 자신이 하나님을 변증법의 "논리적 필연성의 포로"로 만들었다는 블로흐의 해석에 동의하지 않을 것이다.

제6부

세계사의 발전 과정과 목적

이제 헤겔은 "세계사는 자유의 역사"라는 관점에서 세계사의 과정과 목적을 관찰한다. 세계사의 과정에 대한 관찰은 『세계사 철학 강의』 제1권 부록에서 시작하여 제2, 3, 4권의 방대한 분량에 달한다. 제2, 3, 4권은 헤겔이 자신의 손으로 쓴 강의록에 기초한다. 작은 글자체로 인쇄된 940쪽의 방대한 강의록을 자신의 손으로 직접 썼다는 사실은 헤겔의 학문적 열정과 그의 책임에 대한 성실함을 보여준다.

이 강의록에는 고대부터 근대에 이르기까지 존재했던 많은 민족과 나라들의 지리적 정보, 역사적·문화적 배경, 정치적·종교적 상황 등에 관한 수많은 정보가 기록되어 있다. 그러나 이 책의 목적은 헤겔이 세계의 "역사"를 기술하는 데 있지 않고 역사에 관한 "철학" 곧 "역사철학"을 기술하는 데 있다. 또 헤겔의 『세계사 철학 강의』가 한국어로 번역되어 있다. 따라서 여기서 우리는 중요한 것으로 보이는 내용만 간단히 고찰한 다음, 세계사의 목적에 관한 철학적 내용으로 넘어가고자 한다.

I
자유의 역사로서 세계사의 발전 과정

헤겔에 따르면, 세계사는 지구 동쪽에서 시작하여 서쪽으로 흐른다. 동쪽이 세계사의 시작이고, 서쪽은 세계사의 끝이다. 이것은 하늘에 있는 외적·물질적 태양이 동쪽에서 떠서, 서쪽으로 지는 것과 같다. 이에 상응하여 "자기의식의 내적 태양"이 동쪽에서 시작하여 더 높은 광채를 펼치게 된다. 세계사는 분방한 인간의 "자연적 의지"가 "보편적인 것과 주체적 자유로" 도야되는 과정이다(1968a, 243).

여기서 헤겔은 다시 한번 국가와 개인의 관계를 설명하면서 역사의 발전 과정의 시작을 기술한다. 그에 따르면, 국가는 "보편적 관념, 보편적인 정신적 삶"이다. 개인은 출생하면서부터 신뢰와 습관 속에서 국가와 관계하며, 국가 안에서 "그들의 본질과 그들의 현실, 그들의 지식과 의욕을 가진다. 그들은 국가 안에서 자기에게 가치를 부여하며, 이를 통해 자기를 보존한다."

여기서 중요한 문제는 1) "자신 안에서 번성한 정신, 절대적 힘, 백성의 독립적 정신인 국가의 보편적 실체"와 2) 개인들의 "개체성 그 자체, 주체적 자유"다. 개인의 "주체적 자유"와 "국가 안에서 발전되는" "실체적 자유"(substantielle Freiheit)는 구별된다. 국가의 "단순한 실체적 자유에 있어 계명과 법은 그 자체로 확정적인 것(Festes)이다. 이에 대해 주체들(개인들)은 완전한 굴종 속에서 관계한다." 국가의 법은 개인 자신의 의지에 상응할 필요가 없다. 개인은 "자신의 의지와 자신의 통찰 없이 부모에게 복종하는 어린이와 같은 상태에 있다." 그러나 개인은 외적 현실로부터 자기 안으로 퇴각하여 자기를 성찰하게 되고 자기의식을 갖게 된다. 이로써 국가의 외적 현실과 개인 사이에 간격과 대립이 있게 된다.

세계사의 중심 문제는 간격과 대립 속에 있는 이 두 가지 측면, 곧 개인의 주체적 자유와 국가의 실체적 자유, 개인의 주체적 정신과 절대적 정신이 "절대적 일치, 참된 화해"를 이루는 데 있다. 곧 개인의 "자유로운 주체가 정신의 객관적 방법으로 몰락하지 않고, 도리어 그의 독립된 권리에 이르며, 이와 동시에 절대정신, 객관적…일치가 그의 절대적 권리를 얻는 화해"가 세계사의 중심 문제다(1968a, 244).

여기서 세계사는 국가의 절대정신 속에서 자기의 주체성을 의식하지 못했던 인간이 국가의 외적 현실로부터 자기 자신 속으로 퇴각하여 자기의 주체성과 주체적 자유를 의식하게 되고, 국가의 실체적 자유와 일치를 이루는 과정으로 생각된다. 헤겔은 이 도식에 따라 세계사를 1. 고대 동양의 시대(세계사의 유·소년기), 2. 고대 그리스 시대(청년기), 3. 로마 제국 시대(장년기), 4. 게르만 시대(노년기)로 구별한다(어떤 문헌에서는 그리스와 로마 제국을 청·장년기로 하나로 묶어 3단계로 구별하기도 함). 고대 동양 시대 이전의 역사는 역사 이전의 시대, 곧 "전역사"(Vorgeschichte)로서 본래적 의미의 역사 관찰에서 제외된다. 그러나 헤겔은 역사 관찰에서 제외된 전역사의 대표적인 예를 아프리카 대륙에서 발견하고 그 특징을 다음과 같이 기술한다. 하지만

이 특징은 오늘의 것이 아니라 헤겔이 접한 약 250년 전의 것임을 유의해야 하겠다.

1. 역사 이전의 아프리카 대륙

1. 우리는 헤겔이 아프리카에 파송된 선교사들을 통해 아프리카에 관한 상당히 많은 정보를 가지고 있었음을 그의 강의록 원고에서 볼 수 있다. 그는 아프리카 대륙을 세 지역으로 구별한다. 첫 번째 지역은 사하라 사막 이남의 길고 협소한 해안 지역 곧 "본래적 아프리카"를 말하고, 두 번째 지역은 사하라 사막 북쪽에 위치한 "유럽적 아프리카" 곧 지중해 연안의 유럽적 북아프리카를 말하며, 세 번째 지역은 아시아로 연결되는 나일강 유역을 말한다.

헤겔은 아프리카 대륙의 대표적 특징이 사하라 사막 이남의 본래적 아프리카에 있다고 본다. 이 지역에는 "자신의 역사적 관심이 없다. 사납고 야만적인 사람들이 있을 뿐이다." 그곳은 "자기를 의식하는 역사의 날 저너머에서 밤의 어둠 속에 싸여 있는 어린이의 땅(Kinderland)이다"(1968a, 214). 이 지역은 지리적으로 또 기후적으로 고립된 상태에서 유럽과 전혀 관계가 없는 미지의 땅으로 남아 있다. 그러나 유럽인들과의 접촉을 통해 성격이 변화하기 시작한다(이를 가리켜 Hegel이 아프리카에 대한 유럽의 식민주의와 제국주의를 지지했다는 것은 지나친 억측이다).

아프리카 북부 지역도 산맥으로 말미암아 차단되어 있는 것으로 보인다. 해안 지역은 수백 년 전부터 유럽인들에게 점령되었다. 그러나 그곳은 15년 전 이후부터 내륙으로 진출할 수 있었지만, 유럽인들에게 낯선 열악한 지리적·기후적 조건으로 폐쇄 상태를 벗어나지 못하고 있다. 헤겔은 이 지역을 중심으로 아프리카 대륙의 특징들을 기술한다. 아프리카의 이 중심 부분에서 역사는 발생할 수 없었다. 그곳에는 우연한 것들, 놀라운 것들이 있을 뿐이며, 사람들이 따를 수 있는 "목적과 국가가 없고, 주체성이 없다. 서로를 파괴하는 일군의 주체들이 있을 뿐이다"(1968a, 216).

2. 전체적으로 아프리카의 흑인들은 보편적인 것에 대한 인식이 없다. 그 자체로서 존재하며 타당성을 가진 종교와 국가가 없다. 흑인들의 특징은 하나님, 법과 같은 "확실한 객관성"을 의식하지 못하는 점에 있다. 그들은 개별적인 것과 보편적인 것을 구별하지 않는다. 그들은 절대적 존재를 알지 못한다. (그들에게는) "그의 직접성 안에 있는 인간"이 있을 뿐이다. "흑인은 완전한 사나움과 분방함 속에 있는 자연적 인간을 나타낸다. 그를 파악코자 한다면, 유럽적인 모든 표상을 버려야 한다. 정신적 하나님, 인륜적 법을 생각할 수 없다"(1968a, 217).

아프리카는 전체적으로 인간과 신과 자연이 하나로 결합되어 있는 "무죄의 상태"(Stand der Unschuld), "자연의 상태"에 있다. 그것은 죄를 지어도 죄인 줄 모르는 "동물적 상태"와 같다(218). 일반적으로 종교는 "가장 높은 존재", "객관적인 존재, 결정하며 절대적인 존재"를 인정하고, 그 앞에서 인간이 자기를 "약한 존재, 낮은 존재로 낮추는 더 높은 힘"을 인정할 때 성립된다. 달리 말해, "종교는 인간보다 더 높은 존재가 있다는 의식과 함께 시작한다. 이 의식이 흑인들에게는 없다"(219).

바로 여기에 아프리카 종교의 첫 번째 특징이 있다. 그들에게 신은 천둥처럼 위협하는 존재일 뿐이다. 따라서 그들은 "신에 대한 경외"를 알지 못한다. "개인의 정신에 대립하는 보편적 정신에 대한 인식"이 그들에게는 없다. 무당은 신적 힘이 그 속에 집중되어 있는 존재, 그러므로 요술을 부릴 수 있는 인물로 생각된다. 그는 노래와 격한 춤과 도취시키는 나무뿌리와 음료를 통해 자기 자신을 마취시키고, 신을 대신하여 명령을 내린다. 만족스럽지 못할 때, 그는 참여한 사람들, 대개의 경우 자신의 친척이 되는 사람들에게 사람을 죽여 인육을 먹으라고 명령한다.

여기서 무당은 인간에게 명령을 내릴 수 있는 가장 높은 존재가 된다. 그는 최고의 능력이 있는 자로 간주된다. 때로 사제는 수일 동안 도취경 속에서 거칠게 날뛰고 사람을 도살하여 그 피를 마시며, 곁에 있는 사람들에게도 그것을 마시라고 준다. 물론 순화된 경우도 있다(1968a, 221).

3. 아프리카 종교의 두 번째 특징은 물신숭배(Fetisch)에 있다. Fetisch란 개념은 요술(Zauberei)을 뜻하는 feitizo라는 포르투갈어에서 유래한다. 그것은 특정 짐승이나 바위나 목상들(한국의 천하대장군 지하여장군 목상을 연상할 수 있음) 속에 신이 있다고 믿고, 이를 숭배하는 것을 말한다. 바위나 나무 등의 물신들은 사실상 인간이 만들어 세운 것에 불과하다. 인간이 그것들을 세우기도 하고 폐하기도 한다. 사람들은 가뭄이나 흉작을 당하면 그것들을 때리거나 파괴한다. 물신은 사실상 인간의 손 안에 있다. 그것은 엄밀한 의미의 신적·종교적 대상도 아니고, 예술적인 것은 더욱 아니다. 물신은 그것을 세운 인간의 자의에 내맡겨져 있는 피조물에 불과하다(1968a, 222).

죽은 자들에 대한 숭배도 아프리카 종교의 중요한 요소다. 아프리카의 종교는 죽은 조상들의 영혼이 살아 있는 자들에게 복을 줄 수도 있고, 질병이나 죽음을 줄 수도 있는 힘을 가진다는 믿음 속에서 죽은 조상을 물신처럼 섬긴다. 그들은 효력이 없으면 죽은 조상들의 뼈를 버리기도 하고, 그들을 욕보이기도 한다. 그들은 살아 있는 자들에 대한 죽은 자들의 힘을 인정하지만, 존경하지는 않는다. "흑인들은 그들의 죽은 자들에게 명령하며, 그들에게 마법을 걸기 때문이다"(223).

4. 아프리카 흑인들의 중요한 특징은 객관적 대상 혹은 "객관성에 대한 의식", "정신으로서의 신에 대한 의식"의 결핍에 있다. 인간의 "자의가 절대적인 것, 유일하게 확실한 객관성"이다. 이로 인해 "인간에 대한 완전한 멸시", "인간의 무가치"가 흑인들의 의식을 지배하게 된다. 인육을 먹는 습관의 뿌리가 여기에 있다(1968a, 224).

노예제도는 인간의 무가치, 인간에 대한 멸시의 필연적 산물이다. 노예제도는 유럽인들이 알고 있는 아프리카 모든 종족의 보편적 현상이다. 그것은 자연적인 것으로 생각된다. 헤겔에 의하면, "노예제도 그 자체는 불의한 것이다. 인간의 본질은 자유이기 때문이다." 그러나 이 의식에 도달하기까지는 시간이 필요하다. 따라서 헤겔은 노예제도를 갑자기 없애버리는 것보다는 점차 철폐하는 것이 적절하다고 말한다(226).

헤겔에 의하면 "노예제도는 있어서는 안 된다." 그것은 그 자체로서 불의한 것이기 때문이다. "노예제도는 이성적인 국가 안에 존재하지 않는다." 이것은 국가의 이상이고 의무 사항(Soll)이다. 그러나 의무 사항이 실현되기까지 시간이 걸린다. "인간이 자유롭다고 하여 본질적으로 자유롭다고 간주되는 것은 전혀 기대할 수 없다." 그리스인과 로마인들에게서도 그것을 기대할 수 없었다. 따라서 아테네의 시민들만이 자유인이었다. 모든 인간적·사회적 차이를 초월하여 "인간은 인간으로서 자유롭다는 것이 우리의 보편적 표상이다"(226). 이 의식을 흑인들에게서는 발견하기 어렵다. 그들의 윤리 의식은 매우 약하다. 그래서 "남자들이 여자를 팔고, 부모가 자식을 팔며, 거꾸로 자식이 부모를 팔기도 한다"(1968a, 227).

인간에 대한 멸시는 "죽음의 멸시는 물론 생명의 멸시"로 이어진다. 인간이 무가치한 것처럼, 생명도 무가치한 것으로 간주된다. 따라서 "흑인들은 자신들의 명예가 손상되거나 왕의 벌을 받으면 쉽게 자기의 목숨을 끊는다. 스스로 목숨을 끊지 않는 것은 비겁함으로 간주된다." 그들은 이렇게 생명을 멸시하는 것, 자기의 목숨을 끊어버리는 것을 위대한 용기라고 생각한다(227-228. 일본 사무라이들의 할복자살 참조).

5. 아프리카 흑인들의 통치 방식은 "감성적 자의"가 지배하는 가부장적 방식으로서 윤리성이 희박했다. 이성적인 법이나 헌법을 여기서는 기대할 수 없다. 가족 윤리도 매우 약하여 일부다처가 보편화되어 있었다. 이리하여 부모들 상호 간은 물론 부모와 자녀들, 자녀들 상호 간에 무관심이 지배한다. 자의를 억제할 수 있는 윤리적 장치(Fessel)가 존재하지 않는다. 개인들을 묶을 수 있는 결합체 곧 이성적 법에 기초한 국가가 생성될 수 없다. 개인의 자의를 억제할 수 있는 외적인 힘 곧 부족을 다스리는 족장 자신이 자의적이다. 족장의 "전체주의", "독재자의 자의"가 개인들의 "감성적 야만성"(sinnliche Roheit)을 억제할 수 있는 유일한 장치다. 그러나 독재자 자신의 자의를 억제할 수 있는 법적 장치는 존재하지 않는다. 독재자는 단지 그의 부하들이나 사형 집행자에 의해 살해됨으로써 그의 자의가 종식될 수 있다. 그러나 살해한 자들 자신도 자의를 벗어나지 못하는 악순환에 빠진다.

어떤 지역에서는 부족의 모든 처녀가 왕의 소유다(여기서 Hegel은 족장을 왕이라 부름). 여자를 얻고자 하는 남자는 왕에게 대가를 주고 사야 한다. 아프리카 내륙에서는 큰 왕국들이 발견되는데, 포르투갈인들의 전언에 의하면, 이십만 명의 남자들이 전쟁에 투입되기도 한다. 아이오(Eyio)족의 왕은 수십만 명의 기병을 갖고 있었다. 8일간 계속되는 피투성이의 싸움에서 수십만 명이 죽음을 당한다. 승리자는 모든 것을 파괴하고 피정복자를 잔인하게 도륙한다. 아샨티(Aschanti)족의 경우 전쟁이 끝나면 축제를 벌이고, 인간의 피를 갖고 왕의 어머니의 뼈를 씻는다. 다호마이(Dahomey)족의 왕이 죽으면, 왕궁의 모든 기자재가 파괴되고, 살육이 일어난다. 왕의 여자들은 노예들에 의해 죽임을 당한다. 6분 내에 500명의 여자들이 살해되기도 한다. 사회적 결속이 와해되고, 살인과 도적질이 도처에서 일어난다.

어떤 왕국의 한 공주는 자기를 왕좌에서 추방한 어머니와 싸우다가 여자들의 왕국을 세운다. 그녀는 어머니와 자기 아들에 대한 사랑을 거부하고, 운집한 군중 앞에서 자기 아들을 절구통에 넣어 죽인 다음 그 피를 자기 몸에 바른다. 그리고 박살이 난 아이들의 피를 항상 비치할 것을 명령한다. 모든 여자들은 갓 태어난 남자 아기를 죽여야 한다. 임신한 여자들은 마을 바깥에 거주해야 하고, 잡목들 사이에서 분만해야 한다. 이웃 부족을 죽이고 인육을 먹도록 지시한다(233).

결론적으로 아프리카 흑인들의 특징은 윤리적 "방종"(무절제)에 있다. 감성적 자의의 무서운 에너지 속에서 윤리는 힘을 얻지 못한다. 아프리카 흑인들의 땅에는 발전과 역사가 없다. 카르타고를 중심으로 한 지중해 연안의 북아프리카의 발전은 아시아와 유럽의 영향으로 소급된다. 한마디로 아프리카는 "자연적 정신 속에 붙들려 있는 무역사적인 것, 폐쇄된 것이다"(1968a, 234).

위에서 기술한 아프리카에 대한 헤겔의 평가는 매우 부정적이다. 그러나 헤겔이 묘사하는 아프리카의 특징은 약 250년 전의 것임을 유의할 필요가 있다. 어떤 식자는 아프리카에 대한 헤겔의 매우 부정적 소개를 근거로 헤겔이 흑인 노예제도와 식민주의를 정당화했다고 지적한다. 그러나 헤겔은 이 문헌에서 이를 정당화한 적이 없다. 그는 단지 자기가 수집한 자료에 근거하여 아프리카의 상황을 기술했을 뿐이다. 이것은 고대 동양 세계에 대한 그의 기술에도 해당한다.

2. 고대 동양 세계의 유·소년기

세계사는 국가가 형성되기 시작한 "동방으로부터 서방으로 진행된다. 유럽은 세계사의 끝이고, 아시아는 시작이다." 역사는 구슬처럼 반복되는 원운동이 아니라 시작과 끝을 가진다. 그 시작은 아시아다. 이것은 외적·물질적 태양이 동쪽에서 떠서 서쪽으로 지는 것과 같다. "그러나 더 높은 광채를 확산시키는 자기의식의 내적 태양은 서쪽에서 뜬다"(1968a, 243).

세계사의 첫 번째 단계는 고대 동양 세계의 시대다. "여기서 역사는 자의에서 독립된 독자적이며 실체적인 힘의 의식과 함께 시작된다"(1968b, 267). 헤겔은 이 시대를 가리켜 역사의 "유년기"(Kindesalter)라 부른다(1968a, 245). 혹은 아침의 여명이 시작되는 시대로 묘사하기도 한다(1968b, 267). 그러나 헤겔이 말하는 유년기는 사실상 유·소년기라 말할 수 있다. 고대 중국과 몽고 시대를 유년기로, 그리스-로마 시대로 넘어가기 전의 페르시아, 이집트 시대를 가리켜 "소년기"로 보기 때문이다. 헤겔은 고대 동양의 세계를 1. 고대 중국과 몽고, 2. 인도, 3. 페르시아, 4. 서아시아 곧 중동, 5. 이집트로 구별하여 기술한다.

"신정적 전제정치"(theokratische Despotie)의 중국과 몽고 시대, "신정적 귀족정치"(theokratische Aristokratie)의 인도 시대, "신정적 군주정치"(theokratische Monarchie)의 페르시아와 이집트 시대로 구별하기도 한다. 이 단계를 거치면서 정신의 자기의식이 눈을 뜨기 시작한다.

1. 헤겔은 고대 동양의 전체적 특징을 정신이 그의 자연성에 묶여 있는 상태, 곧 자연과 결합되어 자기의 주체성을 아직 의식하지 못하는 상태로 파악한다. 이 시대에는 "내적인 것과 외적인 것, 정신적인 것과 자연적인 것이 아직 분리되어 있지 않다"(1968b, 269).

헤겔은 그 구체적 형태를 먼저 "가부장의 상태"(das patriarchalische Verhältnis), 곧 가족 공동체에서 발견한다. 국가는 "가부장의 상태"에 기초하기 때문이다. "개인"은 가족 안에서 전체인 동시에 전체의 한 계기다. 개인은 공동의 목적 안에서 산다. 이 목적은 가족 구성원들 공동의 "대상"으로서 "가족의 수장" 곧 가장(家長) 안에 현존한다. 가장의 의지가 곧 가족 전체의 의지다. 그가 가족 구성원들을 책임지고 돌보며 보편적 목적에 따라 유지한다. 가족 구성원들은 "이 목적과 가장 안에 있는 그것의 현존과 가장의 의지를 넘어서고자 하지 않는다. 이것이⋯한 민족의 의식의 처음 방법이다"(1968a, 244).

2. 가족과 마찬가지로 국가 안에서 각 "주체는 아직 자기의 권리에 이르지 못하며, 법이 없는 직접적 인륜성이 지배한다." 이 시대는 "역사의 유년기"에 해당한다고 볼 수 있다. 이 시기는 두 가지 측면으로 나뉜다. 첫 번째 측면은 "가족 관계에 근거한 국가, 경고와 훈육을 통해 전체를 유지하는 부성적 보호(väterliche Fürsorge)의 국가"다. 그 속에서 인간의 자기의식으로 말미암은 대립이 아직 눈을 뜨지 못한다.

두 번째 측면은 변화되지만 새로운 변화 없이 주어진 상태가 지속되는 것, 곧 "그 자신으로부터 자기를 변화시킬 수 없는 지속의 왕국(Reich der Dauer)이다." 이것이 고대 중국의 왕국들의 형태다. 끊임없는 갈등과 투쟁 속에서 왕국들이 교체되지만, 새로운 "진보"가 없다. "장엄한 멸망의 반복"이 있을 뿐이다. 새로운 지배자의 힘과 용기를 통해 과거의 영광이 물러나고 "새로운 것"이 등장하지만, 이 새로운 것도 "쇠퇴와 멸망의 동일한 바퀴"를 벗어나지 못한다. 쉼 없는 변화가 일어나지만, "진보가 없다. 그러므로 고대 동양의 역사는 '비역사적 역사'다"(1968a, 245). 이리하여 세계사는 중앙아시아로 넘어간다. 곧 세계사의 "소년기"(Knabenalter) 곧 페르시아, 이집트 시대가 시작된다(245). 고대 동양의 국가는 자연에 묶여 있기 때문에 변화가 없는 "죽은" 것임에 반해, 페르시아 시대에 이르러 "역사의 활동이 시작된다"(1968c, 530).

3. 전체적으로 고대 동양의 세계에서는 "외적인 것과 내적인 것, 법과 통찰 (Gesetz und Einsicht)이 아직도 하나다." 그러므로 종교와 국가는 구별되지 않고 하나로 결합된 상태에 있다. 정신성 그 자체와 세속의 나라 간의 차이가 아직 등장하지 않았다. 따라서 정치와 종교가 결합된 신정체제(Theokratie)가 지배한다. "하나님 나라가 세속의 나라이고, 세속의 나라가 하나님 나라다." 하나님은 이 시대에 자연의 세계에서 구별되는 인격적 존재가 아니라 자연과 혼합되어 있는 "추상적 신"으로 나타난다. 따라서 자연이 신으로 숭배된다.

자연과 신의 존재가 구별되지 않고 하나로 결합되어 있는 것처럼 인간과 자연, 인간과 통치자가 구별되지 않고 하나로 결합된다. 각 사람이 자기의 주체성과 자유를 의식하지 못하기 때문이다. "정신은 그 자체 속에 주체적 자유의 나라를 아직 세우지 못했다." 그것은 자연적인 것과 직접적 통일성 안에 있기 때문에 자유롭지 못하다. 인륜적 법은 개인 자신의 지식이 아니라 타율적으로 그에게 부과된 것이다. 개인은 법에 대해 복종하지만, 자유롭게 복종하지 않고 "그저 복종할 뿐이다. 그에게 의지의 법은 독재자의 법이다"(1968b, 269-270).

4. 따라서 고대 동양의 세계, 특히 중국에서 "민족정신 곧 실체는 개인들에게 대칭한다. 그것은 한 인간의 형태로 현존한다." 인간의 형태가 "가장 높고 가치 있는 형태의 방법"이기 때문이다. "특히 한 인간이 주체다." 개인은 아직 자기의 주체적 자유를 얻지 못했고, "도리어 실체에 속한 우연적 부분

들(Akzidenzen an der Substanz)"로 자기를 인식한다. 이 실체는 스피노자가 말하는 "추상적 실체가 아니라" 개인들의 "자연적 의식에 대해 우두머리의 형태로" 현존하는 것이다. "모든 것이 그에게 속한 것으로" 생각된다.

우두머리 곧 황제가 법이다. 그가 유일한 법의 제정자다. 법 제정권을 가진 단 하나의 통치자가 있을 뿐이다. 법의 제정자로서 그는 백성들에게 대칭한다. 그는 신적인 존재다. "신이 세속의 통치자이며, 세속의 통치자가 신이다. 양자는 하나 안에 있는 통치자다. 신-인간(Gottmensch)이 여기서 통치한다." "신-인간"인 최고의 "우두머리가 곧 국가다(1968a, 249). 우리는 이것을 신정(Theokratie)이라 부른다. 바로 여기에 "동양 세계의 원리"가 있다 (246).

이 원리에 따르면, 최고의 통치자 곧 황제 한 사람만이 자유롭다. 그 외의 사람들은 그에게 복종해야 할 존재로 생각된다(1966d, 235). 황제는 "국가 종교의 머리이고, 학문과 문학의 정점에 서 있다. 그는 가장 존엄스러운 자, 가장 박식한 자다. 그는 모든 것을 가장 잘 안다." 백성들은 가족의 인륜적 관계를 벗어나지 못하며, "독립적이고 시민적 자유를 얻을 수 없는 어린이들"과 같다(1968b, 290). 왕국 전체의 정의와 번영과 안전이 "계급체제의 전체 고리의 가장 높은 지체"인 황제 한 사람의 결단에 달려 있다(291). 따라서 왕자들은 어릴 때부터 엄격한 학문적·인격적 교육과 신체적 단련을 받는다. 그들은 매년 황제 앞에서 시험을 받아야 한다. 그러나 모든 황제가 인륜적 인격자들은 아니었다. 그들 역시 자의를 벗어날 수 없었다.

5. 고대 동양의 세계에서 지배적인 것은 두려움 곧 "공포와 독재"다. 사람들은 공포 속에서 살든지 아니면 공포를 통해 통치한다. 종이 되든지 아니면 통치자가 되든지 둘 중 하나 밖에 없다. 통치자의 의지는 그의 특수한 관심에 근거한다. 그는 자기의 특수한 목적을 위해 모든 백성에게 희생을

요구할 수 있다. "통치자의 의지는 자의다. 그는 유한한 목적에 붙들려 단지 공포를 통해 다스리기 때문이다. 공포가 동양의 지배적 범주다"(1966a, 230).

고대 동양의 거대하고 웅장한 건축물들, 예를 들어 거대한 황실, 신전, 피라미드와 스핑크스 등은 최고 통치자의 거대한 힘과 권력을 나타낸다. 이 건축물들이 보여주는 것은 "그 자신 속에 확고히 응집되어 있고, 환상과 자연의 모든 풍요로움을 쥐고 있는 권력이다.…동양 국가들의 화려한 건축물들은 모든 이성적 규정들이 그 속에 있는 실체적 형태들이지만, 주체들 (개인들)은 우연적 부분들(Akzidenzen)로 남아 있다." 로마 제국에서 볼 수 있는 독재자가 아니라 "족장(Patriarch)으로서 최고 정점에 서 있는 지배자"가 개인들의 중심을 차지한다. 거대한 건축물들에 집약되어 있는 최고 지배자의 막강한 힘을 그 누구도 벗어날 수 없다. 그 앞에서 누구도 자기의 독립성을 주장할 수 없다. 그것을 주장하는 자에게는 죽음이 있을 뿐이다. 이 건축물들은 "절제되지 않은 자의"(unbändige Willkür)와 결합되어 있고, 거칠고 잔인한 자의(고문, 독살 등)가 그 속에서 일어나기도 한다(1968a, 247-248).

이집트 시대는 고대 그리스 시대로 넘어가는 다리 역할을 한다. 짐승과 인간의 양면성을 보이는 그러나 대개 여성의 형태를 가진 이집트의 스핑크스는 "이집트의 정신"을 대변한다. 그것은 "동물적인 것, 자연적인 것"을 벗어나기 시작하지만, 그것을 완전히 벗어나지 못한 정신의 상태를 보여준다(1968b, 460). 아테나(Athena) 여신이 이집트에서 그리스로 왔다는 고대 그리스 신화는 아테네인들의 뿌리가 이집트에 있음을 보여준다. 곧 그것은 이집트와 그리스의 연관성을 나타낸다(510).

고대 동양을 가리켜 세계사의 유·소년기라고 보는 헤겔의 해석은 우리 동양인들에게 분개심을 일으킬 수 있다. 그러나 우리는 이것을 철학적 역사해석의 한 유형으로 간주하고, 이 해석을 "불온 문서"라고 거부하기보다

는 우리 동양인들이 유의해야 할 점이 무엇인가를 성찰하는 것이 지혜로운
행동일 것이다.

3. 고대 그리스의 청년기

1. 페르시아-이집트 시대가 끝나면서 세계사는 청·장년기(Jugend- u.
Mannesalter), 곧 그리스-로마 시대로 넘어간다. 먼저 청년기에 해당하는 그
리스 시대가 시작된다. 지혜와 용기의 여신 "팔라스(Pallas, 아테나 여신의 애칭)
가 이집트에서 그리스로 왔다"는 신화는 세계사가 이집트에서 그리스로 넘
어왔음을 나타낸다(1968b, 510).

    헤겔은 고대 그리스에 대해 매우 우호적이다. 인간은 그리스 시대에 이
르러 자기의식을 갖게 되며, 자기의 개체성(Individualität)에 눈을 뜬다. 델포
이의 신전에 기록되어 있는 가르침 곧 "너 자신을 알라"(Gnothi seauton)는 글
귀가 이를 나타낸다. 각 사람은 자기의식을 가져야 한다! 이 글귀는 고대
이집트와 그리스의 연관성을 잘 나타내는 동시에 "그리스 정신"을 가장 짧
게 요약한다(510).

    그리스 정신은 그리스의 지형과 연관되어 있다. 거대한 대륙과 산맥들
을 가진 아시아의 지형에 반해, 그리스의 크고 작은 섬들과 강들과 계곡들
의 "거대한 (지형적) 다양성"은 실체와 연결된 "독립적 개체성"이 생성될 수
있는 기초가 된다(1968c, 533-534). 또한 고대 동양의 세계는 "가족적 민족
성"(familienhafte Nationalität)을 그 기초로 가진 반면, 고대 그리스는 다양한 종
족과 비그리스적인 이질적 가족들의 "혼합"을 가진다. 그리스 정신은 고대
페르시아, 시리아, 페니키아, 유대교, 이집트의 정신적 유산들의 결합이었다.

    그리스 정신의 정상을 나타내는 고대 아테네 도시는 다양한 지역과 종

족으로부터 도피한 가족과 개인들의 집합체였다(1968b, 535). 그리스 다음에 오는 로마 제국도 여러 민족의 복합체였다. 이리하여 "개체성이 그 속에서 발전되는 직접적 인륜성이"이 고대 그리스 세계에 등장하게 된다. 단 하나의 통일된 국가 대신에, 긴장관계 속에서 공존하는 여러 도시 국가들이 등장하며 각자의 주체성과 독립성을 주장한다.

2. 이리하여 개인의 주체성과 자유에 대한 의식이 고대 그리스 세계에서 처음으로 눈을 뜬다. 고대 시리아인들의 번영, 페니키아인들의 근면과 용기, 유대교의 순수한 사상들, 이집트인들의 내적·종교적 욕구, 이 모든 것의 구체적 통일성을 이룬 것은 그리스인들이었다. 그리스인들은 이를 통해 "자기를 의식하는 자유의 원리를 발전시켰다. 이 원리는 다음의 내용을 내포한다. 곧 보편적 본성을 가진 목적이 세워진다. 이 목적은 개인들의 주체적 목적이기도 하다. 각자는 이 목적을 위해 활동하고자 하며, 이 목적이 존속하고 실현됨으로써 자기의 가치와 존엄성을 인식한다는 것이다"(1968b, 514).

혜겔은 이와 같은 인식을 얻게 되는 것을 정신이 수면 상태에서 깨어나 자기를 외적인 것에서 구별하고, 자기의식에 눈을 뜨는 것에 비유한다. "여기서 개체성의 원리, 주체적 자유가 시작된다.…동방 세계의 두 가지 극단, 곧 주체적 자유와 실체성이 여기서는 하나로 결합되어 있다. 자유의 나라, 곧 방종한 자연적 자유가 아니라 보편적 목적을 가진 인륜적 자유의 나라, 자의, 곧 특수한 것(das Besondere)을 앞세우지 않고 민족의 보편적 목적을 자기보다 앞세우며, 이 목적을 원하고 이 목적에 대해 아는 자유의 나라가 여기에 있다"(1968a, 249).

고대 동양의 세계에서 "인륜적 실체와 (개인의) 주체"는 조화되지 않고 대칭한다.…인륜적인 것은 주체에 대해 독재자이고, 단 하나의 사랑의 의지를 통해 활동하는 것으로 나타난다. 부자유한 주체들이 이 한 사람에게 대칭한다.…그들은 그리스 세계에서 조화 속에서 연합되어 있다. 인륜성은 주체와 하나이며, 주체의 목적들은 (인륜적) 덕목이다. 인륜적인 것은 보편적인 것이 그 안에 자기의 실존을 가진 국가로 나타난다. 이 실존은 개인에게 대칭하지만, 개인의 목적은 그 자체가 (보편적인 것의) 이 본질이다. 이 본질은 개인 자신의 관심이요, 주체는 이 관심 속에서 자기 의식적 자유를 가진다." 개인은 국가의 보편적 의지를 존중하고 그것에 복종한다. 그는 자신의 의지를 갖지만, 이 의지는 "객관적인 것 곧 국가"를 그 내용으로 가진다. 개인의 의지를 통해 국가의 "이 외적인 것이 유지된다." 달리 말해, "국가의 보편적 목적이 곧 개인의 주체적 목적이다." 국가의 보편적 목적은 개인에게 낯선 것, 이질적인 것이 아니라 개인이 알고 또 원하는 것이다. 그것은 개인에 의해 실현된다. "개인은 이 보편적 목적의 실현 속에서 그 자신의 존엄성을 안다"(1968c, 527-528. 여기서 Hegel은 고대 그리스 세계를 너무 이상화시킨다. 마치 유토피아 세계를 보는 듯하다).

3. 이와 같은 세계가 이루어지는 것은 정신이 잠자는 상태에서 깨어나기 때문이다. 잠에서 깨어난 "정신의 구체적 삶의 신선함"이 여기에 있다. 고대 "그리스 정신은 자연적 삶의 신선함(Lebensfrische)의 구체적 정신이다." "정신의 참된 환생(Wiedergeburt)이 비로소 그리스에서 발견될 수 있다.… 그리스는 세계 지혜의 어머니다. 곧 인륜적인 것과 법적인 것이 신적인 것의 세계에서도 계시된다는 의식, 세계도 타당성을 가진다는 의식의 어머니다"(1968c, 528).

　이 의식과 함께 "정신적 삶의 청년기적 신선함"이 나타나게 된다. "구체적이지만 아직 감성적인 정신의 생동성이 여기에 있다. 정신적인 것에서 태어났지만, 아직 감성적 현재를 가진 생동성이 있다"(고대 그리스 신화의 신들의 감성적 생동성을 연상할 수 있음). 고대 동양의 "감성적·정신적 직관"이 여기에 나타나지만, 이 직관은 "개체성에서 생성된 것이 아니라 정신으로부터 생성된" 것이다. 그것은 "정신적인 것을 원리로 부여하는 신적 자연성으로부터 시작한다.…국가, 가족, 법, 종교는 개체성의 목적들이기도 하다. 그리고 개체성은 오직 이 목적들을 통해" 개체성으로 있게 된다(1968b, 529).

4. 그러나 그리스 세계의 개체성은 자연적 감성과 미개성을 완전히 벗어나지 못한다. 우리는 이것을 그리스 신화의 신들에게서 볼 수 있다. 이 신들은 인간으로부터 엄격히 구별되는 참된 신들이 아니라 이상화된 인간으로서 자연성을 벗어나지 못한 상태에 있다. 그래서 식욕과 성욕이 왕성하고 격정에 사로잡히기도 한다. 고대 그리스 신화와 철학은 엄밀한 의미의 "피안"을 알지 못한다. "사유와 존재의 대립"이 존재하지 않기 때문에, 객관적 존재의 세계에 대한 "사유의 회의"가 존재하지 않는다(1966a, 249).

이에 상응하여 그리스적 인륜성 내지 인륜성은 자연적 통일성을 완전히 벗어나지 못한 상태에 있다. 그것은 아직도 자연적 인륜성의 성격을 가진다. 우리는 이것을 그리스 신화의 신들의 세계에서 볼 수 있다. 이들의 인륜성은 인간의 인륜성을 크게 넘어서지 못한다. 개체성과 자유에 대한 의식이 깨어나지만, 보편적 정신과의 자연적 통일성을 완전히 탈피하지 못한다.

따라서 그리스 세계에서 "현실적 자유는 제한성에 묶여 있었다." 그 결과 그리스에는 노예제도가 있었다. "몇 사람들" 곧 아테네인, 스파르타인은 자유로웠지만, 자유를 박탈당한 포로와 노예들이 있었다. 고대 동양 세계에 있었던 노예제도가 고대 그리스에서도 계속된다. "그리스적 자유의 원리는 제한성을 내포한다"(1966a, 235).

헤겔은 이와 같은 특징을 가진 고대 그리스 시대를 호메로스(Homer)의 시에 나오는 아킬레우스가 트로이 전쟁을 승리로 이끈 초기, 알렉산드로스 대왕이 나타내는 "가장 아름답고 가장 자유로운 개체성"의 중기, 알렉산드로스 대왕 사망 후 그리스 세계의 분열과 로마 제국 시대에 일어난 몰락의 말기로 구별한다. 곧 그는 발흥의 시대, 승리와 행복의 시대, 몰락의 시대로 구별한다. 역사의 최고봉에 도달했을 때, 멸망이 시작된다. "가장 높은 정상은 멸망의 시작이다"(1968c, 531). 승리를 얻었을 때, 내적 분열과 멸망이 시작된다. "민족의 인륜적 정신"이 해체되고, "개체성"은 "그의 실체에" 대립한다. 이로써 고대 그리스의 청년기는 로마 제국의 "장년기"로 넘어간다.

4. 로마 제국의 장년기

1. 헤겔은 세계사의 장년기에 해당하는 로마 제국의 역사를 세 단계로 구별한다. 곧 그는 1) 국가 형성과 민족 강화의 왕정시대(Königtum), 2) 세계 정복의 "가장 아름다운 시대"였지만 전제주의로 끝남으로써 멸망을 준비한 공화정시대(Republik), 3) 외적으로 찬란하지만 내적으로 깨져 게르만족의 침공으로 멸망한 제정시대(Kaiserreich)로 구별한다(1968c, 686-687).

상식적으로 장년기는 청년기보다 더 성숙한 것으로 생각된다. 그러나 헤겔이 묘사하는 로마 제국의 장년기는 고대 그리스의 청년기보다 정신적으로 뒤떨어진 시대로 나타난다. 자유의 의식이 발전한 것이 아니라 도리어 퇴보한 것으로 묘사된다. 그래서 세계사의 두 번째 시대, 곧 청·장년기를 묘사할 때, 헤겔은 청년기에 해당하는 그리스 세계만 제시하고, 장년기곧 로마 시대를 제외해버릴 때도 있다.

그러나 로마 시대는 고대 동양의 유·소년기에 비하면 진보한 것으로 묘사된다. 고대 동양이 전제주의(Despotismus)가 지배한 시대라면, 로마 제국은 원로원을 중심으로 한 귀족정치(Aristokratie)가 지배한 시대로 파악된다.

헤겔은 이에 비해 고대 그리스는 민주주의가 "정치적 삶의 기본 규정"이 었다고 말한다(1968c, 662).

2. 헤겔은 로마 제국의 건국 자체에 대해 부정적이다. 로마 제국은 힘과 폭력을 통해 "만들어진 것, 폭력적인 것"으로 규정된다. 헤겔에 따르면, "이 국가의 시작은 가족이 아니었고, 평화로운 삶을 향한 혼합이 아니다. 오히려 한 무리의 도적떼들(Räuberbande)이 폭력을 목적으로 결합한 것 이었다.…도적들과 도적떼 같은 양치기들이 규합하여 모든 이웃에 대립 했다"(1968c, 665). 헤겔에 따르면, 모든 역사가는 다음의 사실에 동의한다. 곧 양치기들은 필요에 따라 도적으로 변신했는데, 이들 양치기들이 두목 들을 중심으로 로마의 일곱 언덕(테베레강 동쪽 연안에 위치)을 배회하며 순찰 했고, 로마는 "도적들의 국가"(Räuberstaat)로 구성되어 주변의 부족들을 병 합했다는 것이다. 따라서 역사가 리비우스(Livius)는 로마가 "도덕적 도적 질"(moralische Räuberei)을 일삼았다고 말했다(666).

로마를 건국한 로물루스는 자기 동생 레무스와 함께 테베레강 하류 지 역에 살던 양치기들의 우두머리였다. 두 형제는 인근 알바롱가의 왕을 죽 이고, 로마라고 불리게 된 그 땅에 도시를 세운다. 부근의 양치기와 농민 들이 그들을 따른다. 양치기들은 여자를 거느릴 수 없었기 때문에, 새로 건립된 로마에는 여자가 매우 부족했다. 로물루스는 여자를 얻기 위해 이 웃 사비니족을 잔치에 초대하고 그들의 여인들을 강탈한다. 이 사건은 처 음 로마를 건립한 사람들이 도적떼였음을 보여준다. "로마는 도적떼 같 은 양치기들과 잡다한 무뢰한들이 모여 형성되었다"(1968c, 668). 로마의 윤 리성의 기초는 "엄격한 규율", 공동의 "목적을 위한 헌신" 그리고 "폭력" 이었다. 시민들의 호의적 성찰, 자유롭고 윤리적인 결속 대신에 강요된 복 종과 용맹이 "로마의 덕"이었다(667). "지배와 군사적 폭력"(Herrschaft und

Militärgewalt)이 "로마의 원리였다."

건국자 로물루스의 중요한 업적은 전쟁을 통해 인근 부족들의 영토를 차지하고 그들을 통합시킨 일이었다. "100명의 병사로 편성된 백인대(百人隊: 켄투리아) 제도를 고안해낸 것도 바로 로물루스였다. 이것은 로마 군단의 최소 단위이자 핵으로서 로마가 존재하는 한 백인대 제도도 계속 존속하게 된다"(시오노 나나미 2007, 46).[1] 헤겔에 따르면 로마 제국은 전쟁과 정복과 약탈에 기초했다. 모든 시민은 각자의 비용으로 병역 의무를 감당해야 했다. 그래서 평민들은 세습 귀족에게 엄청난 빚을 짊어지게 되고, 이로 인해 일어난 평민과 귀족들의 대립은 로마 제국의 멸망의 원인이 된다(1968c, 669).

로마를 건국한 양치기들의 도적떼 기질이 로마 제국의 기초가 되었다. 로마의 부(富)는 자체의 산업을 통해 얻은 것이 아니라 도적질한 것이었다. 곧 정복한 속주들과 노예제도를 통해 얻은 것이었다. 로마의 예술품들은 그들 자신이 만든 것이 아니라 그리스에서 빼앗아온 것이었다. 예술과 학문을 장려하기 위해 수많은 그리스 노예들이 로마로 끌려갔다. 에게해의 델로스(Delos)섬은 노예매매의 중심지로, 하루에 약 10,000명의 노예들이 매매되었다고 한다. 로마의 시인들, 문학가, 공장 경영인, 어린이 교육자들은 그리스인이었다(1968c, 710-711).

3. 헤겔의 표현에 따르면, 로마 제국은 그리스의 도시국가 아테네처럼 "개인들의 나라"가 아니라(1968a, 251) 개인에 앞서, 개인 위에 군림하는 "보편

---

1) 시오노 나나미의 『로마인 이야기』는 로마에 대해 매우 우호적이다. 그 책에는 검투사들의 비극적인 삶과 죽음, 기독교 박해, 순교자의 비참한 죽음 등 로마 제국의 잔인성은 거의 반영되어 있지 않다. 이에 비해 Hegel은 로마의 건국자들을 "도적떼"이며, 로마는 "도적들의 국가"라고 말한다. 배은숙, 『로마 검투사의 일생』(2013, 글항아리)은 검투사들의 비참한 삶을 상세히 전해준다. 그리스도인들의 박해에 관해서는 Rodney Stark, 『기독교 승리의 발자취』(2020, 새물결플러스)의 제8장을 참조하라.

성, 그 자체로서 존재하지만 추상적 보편성 안에 있는 목적"이었다. 이 보편성은 주체적 개인들이 알고 스스로 원하는 것이 아니라 그들에게 복종을 요구하는 권위적인 것, 이질적인 것이었다. "보편적인 것" 곧 국가의 보편적 의지가 "개인들을 예속시켰고, 개인들은 그 속에서 자기를 포기해야 했다." 개인들은 이를 통해 "그들 자신의 보편성 곧 인격성을" 얻었지만, 그 보편성과 인격성은 어디까지나 국가의 보편적 의지 안에서만 허용될 수 있는 제한된 것, 형식적인 것이었다. 따라서 로마 제국에는 "명랑함과 기쁨 대신에 엄격하고 하기 싫은 노동"이 있을 뿐이었다(251).

물론 원로원을 중심으로 형성된 귀족 계층과 로마 제국의 시민권을 가진 시민들은 노예들과 비교될 수 없는 자유를 갖고 있었다. 그러나 개인의 독립적 주체성과 주체적 자유는 억압 상태에 있었다. 국가의 보편적 목적과 질서에 통합된 "법적 인격들"이 있을 뿐이었다. 로마 제국이 속주로 삼은 민족들도 동일한 운명에 처해 있었다. 로마 제국의 "보편성 아래에서 그들의 구체적 형태들은 억압되고…이 보편성에 통합되었다"(1968a, 251). "로마는 그의 만신전(Pantheon) 안에 모든 신과 모든 위대한 정신들의 개체성을 모아놓고 그들을 무력화하며 폐기시켜버렸다. 그것은 세계의 심장을 깨버렸다." 고대 페르시아 제국은 개인의 "모든 생동성"을 허용했던 반면에 로마 제국은 그것을 질식시켰다(1968c, 661).

로마는 뛰어난 법 체계를 갖고 있었다. 통치계급과 시민들의 자의는 법을 통해 통제되었다. 그들은 제국의 "법적 인격"으로서 법적 질서에 따라 살아야 했다. 따라서 고대 그리스에서는 학문과 예술이 크게 발전했던 반면, 로마 제국에서는 법이 크게 발전되었다. 때로 귀족계층에 대한 평민들의 반란으로 법질서가 파괴되는 일이 있었지만, 제국은 국가의 법에 대한 의식 때문에 평정을 되찾을 수 있었다. 평민들은 제국에 대한 존중 때문에 군인으로서 충성을 맹세했고 이 맹세를 지켰다. 평민과 귀족의 평화로운 관계 유지를 위해 리키니우스 황제(Licinius, 308-324)의 법전이 가장 중요한 역할을 했다. "국가의 법에 대한 기본 존중"이 제국을 유지했다(1968c, 673).

4. 그러나 로마 제국의 법질서 곧 국가체제, 국가의 법은 개인들 자신의 의지와 일치하는 것이 아니라 그들 위에 있는 복종의 대상이고 목적 자체였다. 개인들은 국가의 보편적 목적을 위해 봉사했지만, "기쁜 자유 속에서" 봉사한 것은 아니었다. 국가의 보편적 목적은 각 사람이 "자기를 바쳐야만 하는 경직된 것"이었다(1968a, 250). 그것은 "모든 개체성이 그 아래 예속되어야 할 저항할 수 없는 것"이었다(1968c, 661). 그러므로 국가의 보편적 목적을 위한 개인들의 봉사는 자발적인 것, 기쁜 것이 아니라 의무감에서 나온 중압적 노동이었다. 따라서 로마 제국의 통일성은 "추상적 통일성"이었다(672).

헤겔은 로마 제국과 그리스의 차이를 다음과 같이 묘사한다. 그리스 세계는 "아름다움의 나라, 자유로운 인륜성의 나라"였다.⋯그리스적 원리는 그의 기쁨 속에 있는 정신성(Geistigkeit), 그의 명랑함과 향유 속에 있는 정신성을 우리에게 보여준다. 물론 그리스의 정신은 "자연적 요소와 개인들의 특수성"을 벗어나지 못했지만, 개인들의 삶의 자유로움과 기쁨이 그 속에 나타난다. 이에 반해 로마 제국에서 개인들은 "국가의 목적"을 위한 "그들의 인륜적 삶에 있어 희생되어야 할" 것으로 생각된다.

그러므로 로마 세계는 "슬픔에 잠긴" 세계, 우울한 세계다(1968c, 661). 개인과 국가의 "이 추상적 통일성, 국가와 함께하며 국가에 대해 전적으로 복종하는 것에 로마 제국의 위대함이 있다. 그것의 특징은 국가와 개인들, 국가의 법과 국가의 명령과 개인들의 통일성 안에서의 이 엄격한 경직성(Starrheit)에 있다"(1968c, 672). 그러나 헤겔은 관습(Sitte)과 법을 구별하고, 법의 원리를 세운 점에 로마인들의 위대함이 있다고 말한다(675).

5. 제정 초기, 곧 아우구스투스 황제 때 기독교가 로마 세계에 등장한다. 제정기는 "전쟁의 천재"라 불리는 카이사르를 통해 외적으로 가능케 되었고, 그의 양자 아우구스투스를 통해 내적으로 시작되었다. 그러나 제정 말기에 이르러 로마 제국은 멸망으로 치닫는다. 헤겔은 로마의 멸망을 초래한 요소를 아래 세 가지로 구별한다.

1) 첫 번째 요소는 제국 자체의 내적 분열에 있다. 제국은 황제권 계승 분쟁과 군대의 개입, 면세 특권을 통한 지배층의 치부, 사적 관심과 소유욕, 자영농들의 몰락과 소작농의 증가, 관리들의 부패, 통치권의 현금 뿌리기로 인한 인플레이션, 극심한 빈부격차 등으로 말미암아 쇠퇴일로를 걷는다. 헤겔의 표현에 따르면, "국가 유기체는 사적 인격들의 원자들로 해체되었다.……우리는 더 이상 정치적 육체를 보지 못하고, 한 사람의 통치자와 사적 인격들만 볼 뿐이다. 정치적 육체는 흉한 냄새를 풍기는 기생충으로 가득한 게으른 시체다. 이 기생충들은 사적 인격들이다"(1968c, 716). 제국 "전체는 정신이 없는 것, 본질이 없는 현상, 많은 기생충의 활동만이 있는 시체"였다(718).

2) 두 번째 요소는 정신의 퇴각에 있다. "정신은 더 높은 것으로서의 그 자신 속으로 퇴각한다." 이것은 철학과 기독교를 통해 일어난다. 이 둘은 "로마의 본질에 대한 혁명적인 것"이었다. 특히 기독교는 "단지 부정적인 것이 아니라 그다음의 세계사적 원리가 거기에서 나오는 긍정적인 것"이었다(1968c, 718-719).

3) 세 번째 요소는 "야만족" 곧 게르만족의 대이동이었다. 4세기 후반, 중앙아시아에 살던 훈족의 침입으로 게르만족들의 대이동이 시작된다. 이들

은 로마 제국으로 스며들어와 용병으로 활약하기도 한다. 475년 서로마 군대를 장악한 오레스테스 장군은 황제 네포스(474-480)를 폐위하고, 15세에 불과한 자신의 아들 로물루스를 새 황제로 세운다. 그는 제국의 첫 황제 아우구스투스의 이름을 아들의 이름에 첨가하여 "로물루스 아우구스투스"라고 칭한다. 사람들은 아무것도 스스로 결정할 수 없었던 소년 황제를 아우구스투스가 아닌 "아우구스툴루스" 곧 "작은 아우구스투스"라고 조롱한다. 476년 게르만의 용병 대장 오도아케르는 오레스테스를 처형하고, 그의 아들 아우구스툴루스를 폐위한다(이때 황제 네포스는 로마에 있지 않고, 480년까지 지금의 크로아티아에 체류하면서 황제의 위를 유지했음). 이로써 서로마 제국은 멸망한다. 멸망은 오랫동안 진행되어온 과정의 정점에 불과했다.

6. 멸망을 향한 오랜 과정 속에서 로마 제국은 "더 높은 정신적 세계를 위한 기초를 준비한다." 카이사르가 새로운 시대를 개방하고, 첫 황제 아우구스티누스가 제국을 통치할 때, "기독교 종교, 세계사의 이 결정적 사건이 등장했다." 곧 "세계의 구원"이 탄생한다(1968c, 720). "하나님인 인간, 인간인 하나님" 예수 그리스도의 탄생과 함께 무한한 것과 유한한 것, 신적 본성과 인간적 본성의 "화해와 해방"의 "새로운 원리"가 시작된다(721). 이 새로운 원리의 뿌리는 "삼위일체적 존재"(der dreieinige)인 "정신으로서의 하나님"을 말한다(734). "이 새로운 원리는 세계사가 그 주위를 맴도는 낚싯바늘이다"(722).

   "화해와 해방"의 새로운 원리가 하나님-인간 예수 그리스도 안에서 계시되었다(나타났다). 그러나 그것은 모든 사람 안에서 실현되어야 한다. 따라서 "그리스도는 자신의 공동체와 모든 사람의 마음속에 들어온다. 그런 점에서 그는 정신(영)이며, 거룩한 정신(성령)이다"(1968c, 738). 그는 무엇을 먹을지 입을지 염려하지 마라, 너의 소유를 팔아 가난한 사람들에게 나누어

주라고 가르친다. 이 가르침을 따를 경우, 빈자들이 부자가 될 것이다. 이 가르침이 기록된 "복음서만큼 **혁명적으로** 말하는 것은 그 어디에도 없을 것이다." 기존의 모든 타당한 것이 허물어져버린다(740).

예수가 계시하는 "화해와 해방"은 모든 인간의 자유에 대한 관념을 내포한다. 인간은 하나님과 결합되어 있는 존재, 따라서 "무한한 가치"를 가진 자유로운 존재로 드러난다. 모든 사람이 "하나님의 은혜와 신적인 목적의 대상이다. 하나님은 모든 사람이 행복하게 되기를 원한다." 유대인이든 그리스인이든, 불행하게 태어났든 행복하게 태어났든, 아무 차이가 없다. 당시 남성 중심의 세계에서 남자와 여자가 동등하다고 선언된다("남자와 여자가 없다." 갈 3:28). 주인과 노예도 그리스도 안에서 하나라고 선언된다. 따라서 당시 로마 제국의 경제적 기반이 되는 노예제도는 원칙적으로 거부된다. 노예제도는 "기독교 안에서 불가능하다." "기독교가 현실적으로 있는 곳에는 노예제도가 발생할 수 없다"(745-746). 당시의 세계에서 이것이야말로 참으로 "혁명적인" 것이었다.

기독교는 초기 단계에 로마 제국의 박해를 당하지만, 차츰 로마 제국에서 힘을 얻게 된다. 그것은 313년 콘스탄티누스 황제(306-337)의 밀라노 칙령을 통해 공인을 받고, 지배종교로 발전하기 시작한다. 기독교의 영향 속에서 콘스탄티누스 황제는 노예를 해방하고, 검투사 싸움과 채무자에 대한 매질을 금지한다. 이와 같이 기독교는 로마 제국의 정신성을 해체한다. 로마 제국은 멸망하지만, 로마 제국의 국가종교가 된 기독교는 존속한다.

로마 제국 시대의 이스라엘 민족은 "보편적인 것"을 "참된 것, 초감성적인 것"으로 파악했다. 보편자는 감성적인 것과 혼합되지 않은 "사유의 하나님", "일자"(das Eine)로 생각된다. 그러나 "이 순수한 통일성은 특별한 한 민족과의 배타적 관계"에 빠진다. 유대인들의 종교는 보편자가 감성과 혼합되는 것을 거부했지만(곧 하나님에 대한 모든 감성적 상[Bild]을 거부함), 모든 개체성을 넘어서는 "보편성"을 파악하지 못함으로 말미암아 정체에 빠진다 (1968c, 726). 그것은 한 특수한 민족의 종교로서 명맥을 이어가게 된다.

5. 게르만 세계의 노년기

신체적으로 노년기(Greisenalter)는 신체 기능들이 약화되는 쇠퇴기로 이해된다. 그러나 헤겔은 정신의 역사에서 노년기는 쇠퇴기가 아니라 자유의 역사가 성숙에 이르는 성숙기를 뜻한다고 말한다. 신체적 노년기는 쇠퇴(Schwäche)를 뜻하는 반면, "정신의 노년기"는 성숙(Reife)을 뜻한다. 헤겔에 따르면 게르만 세계에서 세계사의 노년기가 시작된다. 이 시대의 원리는 "정신성과 정신적 화해" 혹은 "절대적 화해의 원리"에 있다(1968a, 253, 254).

게르만 세계는 "신적 인격성으로서의 주체성의 의식과 의욕이 세계 속에 있는 각 주체 안에서 나타나는" 세계, 각 사람의 주체성과 신성이 화해된 세계를 말한다. 그것은 개인이 그 자체에 있어 자유로운 동시에 국가의 보편적 의지와 일치하는 세계, 곧 "구체적 자유의 나라"다(1968a, 254).

각 사람이 신성과 화해되어 있는 "구체적 자유의 나라"는 그리스도 안에서 계시된다. 그리스도 안에서 하나님과 인간의 화해가 일어났다. 그러나 "즉자에 있어" 실현된 화해는 "또한 대자적으로"(auch für sich) 실현되어야 한다. 곧 원칙에 있어 일어난 것은 현실적으로 실현되어야 한다. 이를 위해 그것은 "무서운 대립과 함께 시작할 수밖에 없다." "정신적 원리"와 "난폭하고 거친 세속성"이 서로 대립하여 싸우게 된다(1968a, 255). 따라서 "구체적 자유의 나라"가 시작되기까지는 오랜 시간이 걸린다. 게르만 세계는 화해의 원리를 가진 기독교와 함께 시작되었다. 그러나 이 원리가 현실적으로 실현되기까지는 오랜 시간을 요하게 된다.

처음에 세속성이 종교 권력에 의해 억압을 당한다. 그러나 중세기의 역사가 보여주는 것처럼, 정신적 권력은 세속성으로 타락하여 자신의 힘을 잃어버린다. 양편의 멸망으로부터 야만성이 사라지고 "정신은 더 높은 형식…이성적인 사상, 자유로운 사상의 형식"을 발견한다"(1968a, 255). 이것은 루터의 종교개혁을 통해 일어난다. 그때까지 양편의 투쟁이 불가피했다.

1. 게르만족은 로마 제국에서 야만족이라 불리었다. 신약성서가 말하는 "야만인"은 게르만족을 가리킨다(롬 1:14; 골 3:11). 유럽 남부의 그리스인들과 로마인들은 뛰어난 문화와 문명을 갖고 있었고, 특히 로마는 우수한 국가체제와 법질서, 뛰어난 군사 조직과 용병술을 갖고 있었다. 로마의 카이사르는 "전쟁의 귀재"라 불리었다.

이에 반해 유럽 중부와 북부의 게르만족은 남부의 문명 세계에서 분리되어 있었다. 그들에게는 모든 부족을 통합하는 국가체제와 법질서도 없었고, 종교다운 종교도 없었다. 큰 바위 위에서 태양을 섬기는 종교 행위가 있을 정도에 불과했다. 체계적인 군대 조직과 용병술도 없었고, 웅장하고 아름다운 왕궁이나 신전도 없었다. 살인은 벌을 받아야 할 범죄로 간주되지 않았다. 그것은 벌금을 냄으로써 해결될 수 있는 문제에 불과했다. 헤겔의 표현에 따르면, 고대 게르만족의 상태는 "야만적인 우둔함, 혼란과 모호함"이었다(barbarische Stumpfheit, Verworrenheit u. Unbestimmtheit, 1968d, 782).

그러나 로마 제국은 유럽의 거의 모든 나라를 정복했지만, 게르만족은 끝까지 정복하지 못했다. 게르만족의 용맹스러움도 그 원인이었지만, 독일의 거대한 삼림 속에서 여러 종족으로 분산되어 있었기 때문에 집중 공격이 불가능했던 것도 한 원인이었다. 또 회전(會戰, 넓은 들판에서 질서 있게 정렬된 양 진영의 군대가 서로 만나 전투를 하는 것)에 익숙한 로마 군단의 용병술은 깊은 삼림 속에 혹은 높은 나무 위에 숨어 있다가 갑자기 뛰어내려 급습하는 야만적 게르만족에게는 먹혀들지 않았다.

야만인이라 불리던 게르만족들이 결국 로마 제국을 멸망시키고 그 영토에 왕국들을 세운다. 오늘의 프랑스는 게르만족에 속한 프랑크족이 세운 국가다. 앵글로 색슨족은 지금의 영국에, 노르만족은 스칸디나비아에, 반달족은 스페인과 북아프리카의 비옥한 땅에 왕국을 세운다. 이로써 게르만 시대가 시작된다. 헤겔은 게르만 세계를 게르만족에 의한 로마 제국의 멸망에서 신성 로마 제국의 첫 황제 카를 5세까지의 제1기, 중세기의 제2기, 종교개혁 이후의 제3기로 구별한다.

2. 게르만족은 로마 세계를 정복했지만, 그들에게는 문화가 없었다. 따라서 게르만족은 로마의 국가체제 및 법 체제, 문물과 종교를 수용할 수밖에 없었다. 그들은 로마 제국의 국가종교였던 기독교를 자신의 종교로 수용했다. 이리하여 "게르만 세계는 외적으로 로마 세계의 연장처럼 보인다"(1968d, 759). 그들은 외적으로 로마 세계의 계승자였다.

그러나 게르만족은 로마인들과 구별되는 내적 특징을 갖고 있었다. 헤겔은 그들의 가장 중요한 특징이 개인의 자유 의식에 있었다고 말한다. 헤겔에 따르면, 일찍부터 로마인들도 이를 인정한다. 최근까지도 자유가 독일인들의 정신적 기치(Panier)가 되었다. 게르만족에게 중요한 것은 공동체가 아니라 개인이었다. 곧 "개인의 긍정적 존속"이 중요한 문제였다. "공동체는 개인 위에 있는 지배자가 아니었다." 게르만족의 동맹은 "개인들의 자유로운 의지에서 생성되었다." 그들은 "개인들의 자발적 참여와 자유로운 동지들의 가입"에 기초했다.

그러므로 게르만족이 세운 국가들은 내적으로 매우 느슨한 것이었다. "그들에게 국가와 정치 체제의 기초는 자유의 발전이었다"(1968d, 758). 따라서 헤겔은 게르만족의 국가는 보편적인 것이 아니라 사적 관심을 추구하는 "사적 단체들"의 결합에 불과한 것이라고 말한다. 자신의 이익을 추구하는 무한히 많은 사적 단체를 수집해놓은 것이 국가의 삶의 가장 중요한 형식이다. 사회는 보편적 규약과 법의 기반을 얻지 못하고, 사적 권리와 사적 의무들로 분산되어버린다. 모든 사람, 모든 단체가 따라야 할 "보편적 기본법이란 존재하지 않는다." 국가의 관념에 대한 결핍과 사적 득실에 대한 관심 때문에 보편성을 가진 국가가 성립되기 어렵다(787. 지금도 독일은 자치권을 가진 16개 주로 구성되어 있음). 여하튼 헤겔은 로마 제국의 계승자로 등장한 게르만 세계 곧 유럽의 특징이 "모든 관계의 개체화"(Partikularisierung aller Verhältnisse, 789), "개체화된 주체성"(vereinzelte Subjektivität, 794)이라고 말한다.

3. 게르만 세계 곧 유럽의 "개체화된 주체성"에 반대되는 세력이 동양에서 일어난다. 그것은 중동 지역에 등장한 이슬람교였다. 헤겔에 따르면, 이슬람교의 세계에서 정신성과 정신적 화해의 원리가 눈을 뜨기 시작한다. 그러나 "내적 세계의 의식으로서의 정신"과 "사상을 통한 가장 높은 자의 의식으로서의 정신"이 분리된 상태에 있다. 그러므로 이슬람교의 세계는 그 자체에 있어 내적으로 분열되어 있다. 유대교와 마찬가지로 그것은 개인의 주체성과 자유를 인정하지 않는다. 단 하나의 존재, 최고의 절대자가 있을 뿐이다. 개인의 소유는 인정되지 않는다. 모든 사적인 것, 개체적인 것, 특수한 것을 파괴하는 광신주의(Fanatismus)가 지배한다. "이 종교는 개종과 정복과 황폐화의 원인이 된다"(1968d, 790).

이슬람교에 대한 헤겔의 평가는 매우 부정적이다. 만일 한 이슬람교인이 헤겔의 세계사 철학 강의록을 읽는다면, 그는 정말 이 강의록을 "불온문서"라고 말할 것이다. 헤겔에 따르면, 이슬람교는 광신주의를 그 본질로 가진다. 이슬람교의 광신주의의 특징은 "구체적인 것을 폐허화시키며 파괴하는" 데 있다. 그것은 "정복을 통해 지배권과 부에 이르며 지배자 가족의 권리와 개인들의 결속에 이른다. 그러나 이 모든 것은 우연적인 것이며 모래 위에 세운 것이다. 그것은 오늘 있다가 내일 없어지기도 한다." "한 이슬람교인이 교활하다면, 그보다 더 교활한 것은 없을 것이다." 잔인함과 간교함, 관대함과 용기에 있어서도 마찬가지다. 통치자가 사랑하는 노예에게 모든 찬란한 것과 힘과 영광을 그의 발 앞에 두기도 하지만, 그를 무자비하게 죽여버리기도 한다(1968d, 793-794).

이슬람교는 피정복 지역의 예술과 학문을 파괴한 다음 자신의 예술과 학문을 크게 발흥시키기도 한다. 개종하지 않는 자는 죽임을 당한다. 나중에 정책을 완화하여 개종하지 않는 자에게는 일 인당 매년 일정액을 바치게 한다. 즉시 항복한 도시들에게는 모든 소유의 1/10을 바치게 한다. 필요에 따라 2/10를 요구하기도 한다(795. 일본 통치 시대의 50-60%의 소작료에 비하면 매우 신사적임). 이슬람 세력은 인도네시아, 티베트 등 아시아 지역과 아프리카 내륙까지 확장되지만, 유럽에서는 기독교의 저항으로 극히 한 부분에서만 세력을 유지할 수 있었다. 세계사는 결국 게르만 시대로 넘어갈 수밖에 없었다.

4. 유럽을 향한 이슬람 세력의 확장을 저지한 중요한 인물은 신성 로마 제국의 카를 대제(Karl der Große, 768-814)의 할아버지였고, 사라센을 격파한 카를 마르텔(Karl Martell)이었다(그의 이명 Martellus는 망치를 뜻함). 800년 12월 25일에 열린 황제 대관식에서 교황 레오 3세는 마르텔의 손자 카를 대제에게 "서로마 제국 황제의 관"을 씌워준다. 이로써 카를 대제는 사실상 "로마의 황제요, 그의 제국은 옛 로마 제국의 연장"이 된다. 이와 더불어 그는 "로마 교회(가톨릭교회)의 보호자"가 된다(1968d, 799). 그는 "이 거대한 왕국을 체계화된 국가로 형성했다"(800). 황제의 소재지는 주로 아헨(Aachen)에 있었다.

카를 대제의 통치 기간에 벌써 성직자들의 타락 현상이 나타나기 시작한다. 주교들은 대성당과 이에 속한 신학 교육기관과 학교들을 소유한다. 성직자들의 소유는 세속의 통치자들이 간섭할 수 없는 독자적인 것이 된다. 성직자들은 국가가 요구하는 의무에서 자유롭게 되며, "범죄자를 위한 도피처"로 전락한 교회와 수도원들을 세운다. "주교들은 주교들로 구성된 법원의 재판을 받는다"(1968d, 802). 신성 로마 제국은 여러 나라로 나뉘어 명맥만 유지하게 된다. 황제는 제국의 간판에 불과하고, 제국에 속한 지역 국가들(특히 영국, 프랑스, 스페인)의 왕들과 독일의 제후들이 실권을 장악한다.

　루터의 종교개혁 당시에 황제는 황제 선출권을 가진 7명의 선제후들(Kurfürsten)에 의해 선출되었다. 따라서 황제에게는 실권이 없었다. 재산도 없었고, 재산이 없으니 자신의 군대도 유지할 수도 없었다. 제국의 우두머리는 왕이나 황제가 아니라 제후들이었다(813). 따라서 황제는 제후들의 도움을 얻기 위해 각 지역의 제후들을 방문해야 했다. 군대가 필요할 경우, 그는 제후들에게 군대의 파견을 요청하는 형편이었다. 그는 중앙집권제를 세우고자 했지만, 중앙집권제는 제후들과 50여개에 달하는 자유 제국도시 통치자들의 반대로 무산되었다.

5. 헤겔의 표현에 따르면, 유럽의 중세기는 "무서운 밤"의 시대 곧 암흑기였다. 그것은 자유의 역사가 중지된 상태였다. 그러나 개인의 주체성과 개체성이 눈을 뜨게 되면서(Occam의 유명론 참조) 교황 독재체제에 대한 투쟁이 일어나게 된다. 새로운 과학적 인식과 기술의 발전, 아메리카 대륙의 발견, 그리스 예술과 고전의 재발견은 "오랜 폭풍 뒤에 처음으로 아름다운 날을 예고하는" 새 시대의 "여명"과 같았다(1968d, 871).

　그러나 교회는 여전히 깊은 타락 속에 있었다. 거대한 세속의 소유를 가진 교황은 "정치와 음모에 있어 세속의 제후들과 조금도 다르지 않았다. 그는 정치적 목적을 위해 파면을 이용하고, 세속의 모든 재화에 대한 세속의 권력을…요구했다. 교황의 자리는 폭력으로 얻을 수 있는 것이었다. 교황과 반교황(Gegenpäpste), 주교와 반주교(Gegenbischöfe)가 선출되었다.…교회에 마지막 충격을 준 것은 면죄부 장사였다"(1968d, 873).

6. 중세의 암흑기에 종지부를 찍고 자유의 역사를 시작한 대표적 인물은 루터였다. "오직 믿음으로" 구원을 얻을 수 있다는 루터의 핵심 이론은 "하나님의 중재자"로 자처하는 성직자 계급의 철폐, 성직자 계급과 교황 독재로부터 모든 인간의 해방과 자유를 뜻했다. 그것은 성상 숭배, 마리아 숭배, 그리스도의 몸과 피로 변한 빵과 포도주 숭배, 이 모든 외적인 것과 결합되어 있는 교회의 "돈 장사"의 철폐를 뜻했다. 그것은 교황 제도의 철폐, "자유의 원리"의 실현을 뜻했다. 헤겔의 표현을 따른다면, "모든 외적 관계들(alle Verhältnisse der Äußerlichkeit)이 철폐된다. 사제들과 평신도 사이에 더 이상 차이가 존재하지 않는다.…각자는 자기 자신에 있어 화해의 사역을 이루어야 한다." 이로써 "믿음 안에 있는 참된 주체성"이 회복된다(1968d, 880). 이런 점에서 세계사의 노년기는 엄밀히 말해 루터의 종교개혁과 함께 시작했다고 말할 수 있다(Hegel은 종교개혁의 배경, 과정, 정치적 결과, 프랑스 혁명에 이르기까지 그 이후의 발전에 대해 상세한 정보를 전해준다).

　　종교개혁을 계기로 게르만 세계에서 정신의 "절대적 화해의 원리"가 현실적으로 실현되기 시작한다. 엄밀한 의미에서 세계사의 "노년기"는 종교개혁 이후부터 시작된다. 정신의 절대적 화해는 먼저 각 사람이 자신의 주체성을 의식함으로써 시작된다. 자기의 주체성을 의식함으로써 개체적인 것과 보편적인 것의 대립이 발생한다. 이 대립을 극복하고, 개체적인 것과 보편적인 것이 구별 속에서 일치를 이루는 데 정신의 화해가 있다. 개체 곧 "개인의 인격성은 이 화해를 통해 즉대자적으로 존재하는 보편성으로 정화되며, 즉대자적인 인격적 주체성으로 변용된다. 이것이 신적 인격성이다.

그것은 세계 속에서 나타나야 한다. 그러나 즉대자적인 보편적인 것으로서 (als an und für sich Allgemeines) 나타나야 한다"(1968a, 251).

헤겔에 따르면 "보편적인 것"은 "하나님의 현상"인 국가의 보편적 의지에 있다. 따라서 정신의 절대적 화해는 개인이 국가의 보편적 의지에 대칭하는 자신의 주체성과 자유를 의식하는 동시에 국가의 보편적 의지와 일치하는 데 있다. 이것은 결코 국가의 보편적 의지가 개인들을 예속시키는 것을 뜻하지 않는다. 오히려 개인의 주체성과 국가의 보편적 의지가 일치하는 것 곧 "인륜성"을 뜻할 뿐이다. 정신의 절대적 화해의 목적은 인륜성을 회복하는 것, "구체적 자유의 나라"(1968a, 254)를 이루는 데 있다. 이 세계가 종교개혁 이후의 게르만 세계에서 이루어지기 시작한다. 게르만 세계에서 자유의 정신적 나라와 세속 나라의 화해가 이루어진다. 자유의 정신적 나라가 세속의 나라에서 실현된다. 교회와 국가 간의 대립도 사라진다. 이런 점에서 헤겔은 게르만 세계를 역사의 노년기 곧 성숙기라 부른다.

세계사의 과정에 대한 헤겔의 고찰은 게르만의 노년기에 속한 종교개혁 및 프랑스 혁명에 대한 고찰과 함께 끝난다. 헤겔은 약 1,000쪽에 달하는 이 방대한 고찰의 마지막에서 그 목적 내지 의도를 다음과 같이 말한다. 세계사의 과정에 대한 이 고찰의 "의도는 전 세계사는 정신의 실현과 정신의 개념의 발전에 불과하며, 국가는 자유의 세속적 실현이라는 것을 보여주는 데 있었다"(1968d, 938).

여기서 많은 학자가 헤겔을 비판한다. 헤겔은 그가 살고 있던 게르만 세계 곧 프로이센 국가를 세계사의 목적, 세계사의 완성이라 봄으로써 이 국가를 절대화했다는 것이다. 이들의 비판에 의하면, 프로이센 국가 이후에 더 이상의 새로운 역사는 없다, 세계사는 종말에 도달했다는 것이다. 우리는 이 문제를 아래서 고찰하고자 한다.

II
세계사의 목적은 무엇인가?

헤겔에 따르면, 세계사는 자기를 전개하고 자기를 실현하는 정신의 자기활동이다. 그런데 정신은 이성적이다. 그것은 이성 자체다. 따라서 헤겔은 정신과 이성을 동일시한다. "**정신과 이성은 똑같은 것이다**"(1968a, 175). 정신은 세계사 속에서 이성으로서 활동한다. 따라서 헤겔은 "이성이 세계를 다스린다"고 자신의 『세계사 철학 강의』 서두에서 말한다(28).

이성은 맹목적일 수 없다. 곧 그것은 아무런 목적 없이 행동할 수 없다. 이성적인 사람은 아무런 목적 없이, 곧 맹목적으로 행동하지 않고 특정한 목적에 따라 행동한다. 바로 여기에 인간과 짐승의 차이가 있다. 짐승은 충동에 따라 맹목적으로 행동한다. 그에게 목적이 있다면, 생존과 종족 번식의 자연적·직접적 목적이 있을 뿐이다. 이에 반해 인간은 생존과 종족 번식을 넘어서는 이성적·정신적 목적에 따라 행동한다. 그는 정신적 존재, 이성적 존재이기 때문이다. 따라서 헤겔은 이성 곧 정신이 다스리는 세계사는 목적을 가진다고 『세계사 철학 강의』 서두에서 말한다. "우리는 역사 속에서 보편적 목적, 세계의 궁극적인 목적을 찾아야 한다.…우리는 이것을 이 성을 통해 파악해야 한다"(1968a, 29). 그럼 헤겔이 말하는 세계사의 목적은 무엇인가?

1. 대상 세계와 일치하는 정신의 절대 지식

1. 헤겔은 『세계사 철학 강의』에서 세계사의 목적을 다음과 같이 매우 다양하게 묘사한다.

- "보편적이며 신적인 이성" 혹은 하나님의 "섭리"가 다스리는 세계 (1968a, 36-39), "하나님이 다스리는" 세계(77).
- 정신이 "즉대자적으로 존재하는 바를 스스로 아는 것", "그 자신을 나타내는 것", "자기 자신의 개념과 일치하는(dem Begriffe seiner selbst gemäß ist) 정신적 세계를 생성하는 것, 자기의 진리를 완성하고 실현하는 것"(1968a, 61).
- "정신이 자기 자신의 의식에 도달하는 것 혹은 세계를 그 자신과 일치하게 만드는 것(die Welt sich gemäß mache)", "정신이 참으로 그가 존재하는 바의 지식에 도달하는 것 그리고 이 지식을 대상화하며 그것을 현존하는 세계로 실현하고, 자기를 객관적인 것으로 생성하는 것"(74).
- "정신이 자기 자신을 의식하며, 현실적 정신이 되는" 세계를 형성하는 것(131), 이리하여 정신이 "자기 자신을 파악하며(erfasse), 자기에게 더 이상 숨겨져 있지 않은(sich nicht mehr verborgen)" 것(1966a, 111), "그 자신을 대상적으로 만들며 그 자신을 파악하는 것"(181).

- "자유에 대한 정신의 의식의 발전"으로 말미암은 모든 인간의 자유의 실현 혹은 "자유 개념의 실현"(167, 1968d, 937).
- 정신이 "자기 자신으로 돌아가는 것(회귀), 그 자신을 대상으로 만드는 것"(1968a, 181).
- "인간이 거룩하게 되는 것", "진리를 영광스럽게 하는 것", "모든 것 안에서 하나님을 인식하는 것" 혹은 "하나님을 영광스럽게 하는 것"(181).
- 정신이 "세계를 다스리며 또 다스렸다"는 것을 현실적으로 인식함으로써 "하나님께 영광을 드리며 진리를 영광스럽게 하는 것"(182).
- 인간의 주체성과 신성의 "절대적 화해의 원리"가 실현되는 것(254), 인간의 주체가 "보편적인 것과 일치함"으로써 "구체적 자유의 나라"가 실현되는 것(254).
- "정신이 그 자신을 자연으로써 자기와 일치하는(ihm angemessen) 세계로 형성하는 것"(256).
- "역사에서 하나님의 참된 신정, 정당화"의 실현(1968d, 938).
- 모든 날에 일어나는 모든 것이 "하나님으로부터 올 뿐 아니라 하나님 없이 일어나지 않으며, 오히려 하나님 자신의 일"인 세계(938) 등이다.

역사의 목적에 대한 이 모든 생각을 총괄하는 개념을 찾는다면, "절대 지식"(das absolute Wissen)의 개념에서 찾을 수 있다(철학계에서는 "절대지"라고 번역함). 정신의 "절대 지식"은 무엇을 말하는가? 그것은 정신의 즉자와 대자가 완전히 일치하는 세계 혹은 "정신의 개념과 일치하는" 세계, 정신의 개념과 완전히 일치하기 때문에 정신이 그 속에서 자기 자신을 완전히 투명하게 볼 수 있고, 자기를 완전하게 아는 세계를 가리킨다.

달리 말해 "절대 지식"은 정신에 의해 정립된 대상 세계가 그의 모든 자연성과 제한성과 직접성을 벗어나서 정신과 완전히 하나가 된 상태, 정신이 그 속에서 완전한 자기의식에 도달한 상태를 말한다. 헤겔은 이를 가리켜 "절대 지식 혹은 자신을 정신으로 아는 정신"이라고 말한다(1952, 565: der sich als Geist wissende Geist). 절대 지식은 세계사의 여러 단계 속에서 얻게 되는 지식들을 통해 도달된다. 절대 지식에 이르기까지의 모든 지식은 절대 지식의 역사적 계기들로서 불완전하고 부정적인 것이다. 따라서 "지식은 그 자신뿐만 아니라 자기 자신의 부정적인 것 혹은 자신의 한계를 안다"(563).

절대 지식에 관한 헤겔의 생각들은 성부 하나님과 그의 아들 예수의 관계를 연상할 때 쉽게 이해될 수 있다. 절대자 아버지 하나님(성부)은 자기 자신을 자기의 아들(성자)로 대상화한다. 양자는 깊은 사랑 안에서 하나인 동시에(동일한 본성) 구별된다. 곧 양자는 동일한 동시에 다르다. 이 다름을 부정하고 양자가 완전히 일치할 때, 아버지 하나님은 자기 자신을 자신의 아들 안에서 완전하게 볼 수 있다. 헤겔은 이 관계를 정신과 대상 세계에 적용하여 정신이 그 자신에 의해 세워진 대상 세계와의 완전한 일치 속에서 자기 자신을 완전하게 "아는 것"을 가리켜 "절대 지식"이라고 말한다.

2. 헤겔은 이 생각을 아래와 같이 다양하게 개진한다. 정신의 모든 활동은 그 자신에 의해 세워진 대상 세계의 현실, 곧 정신의 타자 속에서 자기 자신을 알게 되는 것을 목적으로 가진다. 자기를 대상 세계로 세운 정신은 이 대상 세계 속에서 자기 자신에 대해 아는 바를 실현하고, 자기 자신을 그 속에서 완전하게 아는 세계를 이루고자 한다. "그 자신을 아는 것이 정신에 대한 최고의 것이다.…그는 이것을 이룰 수밖에 없고 또 이룰 것이다"(1968a, 65). 자기 자신을 대자로서 외화한 정신의 목적은 "그 자신을

아는 것, 어떻게 그가 즉대자적으로 존재하는가를 아는 것을 추구하며, 자기의 진리 속에 있는 그 자신을 자기 자신에 대해 현상하게 하는 것을 추구하는 데 있을 뿐이다"(61).

"가장 높은 계명, 정신의 본질은 자기 자신을 인식하고, 존재하는 바 그대로의 그 자신을 알고 생성하는 데 있다"(75). 이를 위한 정신의 활동이 세계사의 과정이다. 세계사는 "정신의 그 속에서 자기 자신, 자기의 진리를 알고 실현하는" 과정을 나타낸다. "세계사의 목적은 정신이 그가 진정으로 존재하는 바에 대한 지식에 도달하고, 이 지식을 대상화하며, 현존하는 세계로 실현하고, 그 자신을 객관적인 것으로 생성하는 데 있다"(74).

자기를 대상 세계로 외화한 정신의 본질적 규정은 대상 세계 속에서 자기를 파악하고 자기를 인식하는 데 있다. "정신은 이것이다. 곧 자기를 대상화시키고 자기를 파악하는 것이다"(1968a, 181). "자기를 파악하는 것은 그 자신을 사유하면서 파악하는 것"(181), 곧 "절대적인 것 자체의 파악"을 뜻한다(182, Erfassen des Absoluten selbst). 정신은 그 자신을 사유하고 파악함으로써 대상의 특수성(Bestimmtheit), 곧 부정적인 것을 지양하고 "절대적인 것의 의식"에 도달한다. 이 의식 속에 정신의 자기인식이 있다. 정신의 "절대목적은 그가 자기를 인식하고, 자기에 대해 존재하며, 자기를 파악하고─즉자적으로 존재하는 바의 대상으로 자기에게 존재하며, 완전한 자기인식에 도달하는 것이다"(1966a, 71).

세계사는 "정신이 어떻게 그가 존재하는 바의 인식에 도달했고 그것을 다양한…영역들 속에서 생성했는가를 나타낸다"(1968a, 183). 그것은 "어떻게 정신이 점차적으로 진리를 의식하고 의욕하게 되었는지" 보여준다. 정신의 이 노동은 정신이 참으로 존재하는 바의 자기 자신을 대상 속에서 완전하게 알 때 완성된다.

3. 헤겔은 정신의 활동의 궁극적인 목적으로서의 절대 지식을 세계사적 민족들을 통해 설명한다. "특수한 인륜적 삶과 종교와 예술과 학문과 정치 체제를 가진 세계사적 민족들은 정신이 그 자신을 대상으로 외화하고, 대상 속에서 그 자신을 파악하며, 자기 파악을 통해 얻게 된 보편적인 것을 실현하고, 이를 통해 자기 자신에 대한 완전한 지식에 이르는 단계들이다. 그것들은 특수한 단계를 표현하고, 세계사의 시대들을 나타내는 형성물(Gebilde)이다." 달리 말해 그것들은 "정신이 그 자신에 대해 발견했고, 그것을 실현하고자 노력한 원리들"이다(1968a, 76). "정신이 그 자신을 알고 인식하는 것이 그의 행위다. 그러나 이 행위는 한 번으로(곧 예수의 사건 한 번으로) 완성되는 것이 아니라 (세계사의) 단계들의 과정 속에서 완성되는 것이다." "그는 자기가 존재하는 바를 알기까지…쉴 수 없다"(73).

정신이 대상 세계 속에서 자기를 알 때, 대상 세계의 부정적인 것이 드러나고 정신을 통해 부정된다. 대상 세계는 이를 통해 정신과 좀 더 일치하는 단계로 고양된다. 정신은 이 새로운 단계 속에서 자기를 보다 더 분명하게 의식하게 되고, 자기를 알게 된다. 세계가 정신과 좀 더 완전하게 일치하게 될 때, 정신은 자기 자신을 좀 더 분명히 의식하게 되고, 좀 더 분명한 자신의 앎을 얻게 된다. 헤겔은 이것을 다음과 같이 말한다. "정신이 자기 자신의 의식에 도달하는 것과 세계를 그 자신과 일치하도록 만드는 것, 이 두 가지는 하나다"(1968a, 74).

4. 정신이 "자기의 개념을 그 자신으로부터 생성하고, 그것을 대상화시키며, 이리하여 그의 존재가 되는 것(so sein Sein werde)"은 정신이 "대상성"(Gegenständlichkeit) 곧 대상 세계를 그 자신과 일치하는 "그 자신의 것으로 만드는 것"을 뜻한다. 헤겔은 이를 가리켜 "대상성 속에서 정신이 자기 자신을 의식하게 되는 것"이라고 말하기도 한다(1968a, 74). 정신은 "즉대자

적으로 존재하는 바의 자기를 <u>스스로</u> 알고자 노력할 뿐이다. 그는 진리 속에 있는 자기를 자기 자신에 대해 나타내고자" 한다. 이것은 "정신 자신의 개념과 일치하는 정신적 세계를 생성하고, 자기의 진리를 완성하며 실현하는 것"과 결합되어 있다(1968a, 61). 자기를 정신으로 아는 **정신의 완전한 자기의식**에 이른 것이 정신의 모든 노동의 목적이다. 이 목적은 정신이 세계의 모든 현실이 되고, 모든 현실이 정신 안에 있는 것, 이리하여 "정신이 **현실적 정신이 되는 것**"을 그 내용으로 가진다(131).

여기서 "정신"을 세속적 의미의 인간의 정신 혹은 민족의 정신으로 생각할 때, 위에 제시된 역사의 목적은 심각한 문제를 갖게 된다. 모든 인간의 정신은 다르다. 민족정신도 각각의 민족에 따라 다르다. 그렇다면 도대체 어떤 인간의 정신, 어떤 민족의 정신과 일치하는 세계가 이루어져야 하는가? 특정한 인간이나 민족의 정신과 일치하는 세계가 **세계사의 보편적인 궁극적 목적**이 될 수는 없지 않은가? 따라서 세계사의 보편적 목적을 얘기하는 것은 불가능하지 않은가?

5. 우리는 이 질문에 대해 다음의 사실에 유의해야 한다. 즉 헤겔의 철학에서 정신은 하나님을 뜻한다는 사실이다. 헤겔이 말하는 "정신의 개념과 일치하는 정신의 세계"는 하나님의 개념과 일치하는 하나님의 세계, 곧 **하나님 나라**를 뜻한다. 하나님 나라가 이루어지는 바로 여기에 역사의 궁극적인 목적이 있다. 헤겔은 이 목적을 이성이 다스리는 세계, 종교적 형식으로 말한다면 하나님의 섭리가 다스리는 세계, 하나님을 "모든 것 안에서 인식할" 수 있는 세계라고 말한다.

헤겔에 따르면, "이성이 세계를 다스린다"는 것을 진리의 종교적 형식으로 말한다면 "하나님의 섭리가 다스린다"고 말할 수 있다(1968a, 38, 41). 이 세계는 "하나님을 모든 것 안에서 인식할"(Gott in allem zu erkennen) 수 있는 세계다(42). 역사의 궁극적인 목적은 이성이 다스리는 이성적인 세계, 하나님을 모든 것 안에서 인식할 수 있는 세계가 이루어지는 데 있다.

헤겔은 이 문제와 연관하여 하나님에 대한 인식 불가능성을 강력히 반대한다. 그에 따르면, "기독교 종교는 인간에게 하나님의 본성과 본질을 나타낸 종교다. 그리스도인으로서 우리는 하나님이 무엇인가를 안다. 하나님은 더 이상 미지의 존재가 아니다.…그리스도인들에게 하나님의 신비가 알려졌다. 이로써 세계사에 대한 열쇠가 우리에게 주어졌다. 여기에는 섭리와 섭리적 계획에 대한 분명한 인식이 있다. 섭리가 세계를 다스렸고 다스린다는 것, 세계 속에서 일어나는 것은 신적 통치 안에서 규정되어 있고, 이 통치와 일치한다는 것이 이 종교의 주요 이론이다.…이것이 즉대자적으로 존재하는 완전히 보편적인 궁극적 목적이다"(1968a, 46). 그러나 헤겔은 이 궁극적인 목적을 종교적 "표상"으로 보고, 이 표상을 "이성이 세계를 다스린다"는 철학적 명제로 설명한다. 여기서 "절대 지식"의 세계는 이성 곧 섭리가 다스리는 세계, 신적 통치가 이루어진 세계로 나타난다. 헤겔은 이를 가리켜 "정신과 일치하는" 혹은 "정신의 개념과 일치하는" 세계라 말하기도 한다.

2. 모든 인간의 자유의 실현

1. 위에서 우리는 절대 지식이 "정신의 개념과 일치하는" 세계가 이루어지며, 그 지식은 개인이 "그 자신 가운데 있는" 삶의 현실, "제한된 정신 속에 들어 있는 대립이 사라진" 현실을 그 내용으로 가진다는 점을 고찰했다. 이러한 세계는 모든 사람의 자유가 실현된 세계라고 말할 수 있다. 우리는 그 이유를 다음과 같이 설명할 수 있다.

정신의 본질은 활동성이며, 활동성의 본질은 자유다. 따라서 헤겔은 자유가 정신의 본질이라고 말한다. 정신은 곧 자유다. "정신의 개념과 일치하는" 세계가 이루어지는 것이 역사의 목적이라면, 이 세계는 모든 사람의 자유가 있는 세계일 수밖에 없다.

또 인간이 "그 자신 가운데 있는" 삶의 현실 역시 모든 사람의 자유가 있는 현실을 뜻한다. 인간이 그 어떤 인간에 의해서도 억압과 폭력과 불의를 당하지 않고, 이 모든 것에서 자유로울 때, 그는 "그 자신 가운데" 있을 수 있다. 이 모든 부정적인 것에서 자유롭지 못할 때, 인간은 자기를 억압하고 폭력과 불의를 행하는 자에게 묶여 있게 된다. 인간으로서 그의 본래성은 파괴된 상태에 있다.

완전한 자유는 "제한된 정신" 곧 부정적인 것을 내포하는 모든 인간 속에 있는 "대립이 사라질" 때 실현될 수 있다. 모든 인간의 부정적인 것이 부정되지 못하고, 그들 사이에 반목과 대립이 지속되는 한 모든 인간의 완전한 자유는 실현될 수 없다. 따라서 "제한된 정신 속에 들어 있는 대립이 사라진" 역사의 궁극적 목적은 모든 인간의 완전한 자유가 실현된 세계라고 말할 수 있다. 세계사는 모든 인간의 완전한 자유의 실현을 목적으로 가진다. 그것은 "'목적론적으로' 자유의 실현을 지향한다"(Simon 1985, 538).

위에서 고찰한 내용, 곧 인간이 거룩하게 되고, 하나님이 영광스럽게 될 수 있는 길도 자유의 실현에 있다. 인간이 다른 인간에 의해 억압과 폭력과 불의를 당하는 한, 그는 거룩한 존재일 수 없다. 하나님이 영광스럽게 되는 것도 불가능하다. 헤겔의 철학에서 "종말론적 구원의 실현"은 "자유의 실현"과 결합되어 있다(Cornehl 1961, 157). 자유 없는 인간의 성화, 하나님의 영광, 인간의 구원 등의 신학적 개념들은 헤겔의 표현을 따른다면 "추상적인 것"이다.

2. 따라서 헤겔의 철학에서 세계사의 목적은 모든 인간의 자유의 실현을 그 내용으로 가진다. 신적 본성과 인간적 본성의 화해, 신적 정신과 인간 정신의 통일성, 이 통일성을 통해 인간의 정신이 신적 정신으로 고양되는 것, 이 모든 헤겔 철학의 내용들은 자유의 실현을 그 내용으로 가진다. 세계사가 자유에 대한 정신의 의식과 이 의식의 실현 과정이라면, 세계사는 자유의 실현을 그 목적으로 가진다. 신적 정신이 "그 자신으로부터" 생성하며 대상화하는 개념은 자유를 그 내용으로 가진다. 자유는 "정신의 실체"이기 때문이다(1968a, 64). 따라서 정신의 개념은 "자유의 개념"이다(174). 다양한 규정을 통해 자기의 개념을 실현하고자 하는 정신의 활동은 자유의 개념을 국가의 형태로 실현코자 하는 활동이다.

헤겔에 따르면, 자유의 실현은 인간의 주체와 보편적인 것이 화해하고 하나가 되는 데 있다. 곧 그것은 양자의 통일성에 있다. 역사의 목적으로서 인간 주체의 자유는 "자연적 의지의 방종(무절제)"이 아니라(1968a, 243) 보편적인 것과의 화해와 일치에 있다. 그것은 보편적인 것과의 화해와 일치 속에서 보편적인 것을 현실 속에서 실현하는 데 있다. 세계사는 인간의 자연적 의지가 "방종으로부터 보편적인 것과 주체적 자유로" 교화되는 과정이다. 그 궁극적인 목적은 인간 주체가 그의 주체적 자유 속에서 보편적인 것을 실현하고, 보편적인 것이 자유로운 인간 주체를 통해 현실화되는 데 있다. 인간의 주체적 자유와 보편적인 것은 더 이상 대립하지 않는다.

달리 말해, "하나님, 신적인 것과 특수자로서의 주체"는 대립 속에 있지 않다. 양자는 화해 속에 있다. "구체적 자유의 나라"는 양자의 화해 속에 있다. 화해 속에서 인간의 "주체와 보편적인 것이 일치하는 한에서만" 인간은 "그 자신에게 자유롭다"(1968a, 254). 그가 자신의 주체적 자유 속에서 생성하는 것은 보편적이다. 이와 동시에 보편적인 것은 인간의 자유로운 활동을 통해 실현된다.

헤겔에 따르면 "세계사의 중심 문제"는 양편이 절대적 일치, 참된 화해 속에 있는 상태, 곧 자유로운 주체가 정신의 객관적 방법으로 폐기되고 오히려 그의 독립적 권리를 얻으며, 이와 동시에 절대적 정신, 객관적 일치성이 그의 절대적 권리에 도달한 상태를 생성하는 데 있다(244). 여기서 그 자신을 보편적 존재, 무한한 존재로 파악하는 인간 주체는 보편적 목적을 그 자신의 목적으로 가진다. 그는 "무한한 가치"를 가진다(1968a, 64). 그는 이 목적의 실현을 통해 그 자신을 만족시킨다.

헤겔은 1826/27년 겨울학기 강의록에 다음과 같은 내용을 첨가한다. "우리는 세계정신이 원하는 궁극적인 목적을 다음과 말할 수 있다. 그 자체로서의 주체는 인격적 자유를 가지며, 그 자신 속에 양심을 가진다. 이와 동시에 그의 인륜적 상태로부터 그 자신을 만족시키려는 특수한 관심을 가진다.…주체성은 실체적 목적을 실현한다. 이 목적은 모든 사람의 무한한 독립성을 통해 실현된다"(1968a, 264).

3. 우리는 일반적으로 자유를 정치적 자유로 생각하기 쉽다. 곧 정치적 독재와 감시와 억압에서 해방되어 자유롭게 되는 것으로 이해하기 쉽다. 그러나 헤겔 철학에서 자유는 포괄적인 의미를 가진다. 첫째, 그것은 **인격적 차원**을 가진다. 곧 인간의 주체가 "보편적인 것"과 하나로 결합됨으로써 자연성과 직접성을 벗어나 자기의 보편성을 의식하는 **보편적 존재**가 되는 것을 뜻한다(254).

"보편적 존재가 된다"는 말은 무엇을 뜻하는가? 그것은 도에 통달한 도사와 같은 존재가 되는 것을 말하는가? 헤겔의 철학에서 "보편적인 것"은 하나님의 신적 의지를 말한다. 따라서 "보편적 존재가 된다"는 것은 인간이 하나님의 신적 의지와 하나가 됨으로써 자기의 인간적 자연성과 직접성을 벗어버리는 것, 죄성을 벗어나 신적 의지 곧 하나님의 뜻을 실행하는 자가 됨을 뜻한다. 바로 여기에 인간의 자유가 있다. "의식된 자유는 각 (사람의) 개체성이 신적 본질 속에서 긍정적으로 알려지며, 주체성이 신적 본질 자체 속에서 직관되는 거기에만 있다"는 헤겔의 말은(1968a, 127) 각 사람이 "신적 본질"과 결합되어 신적 의지를 행하는 거기에 참 자유가 있음을 말한다.

둘째, 헤겔이 말하는 자유의 개념은 **사회적·공동체적 차원**을 가진다. 한마디로 그것은 헤겔 자신의 표현을 빌린다면 **"인간이 거룩하게 되는 것"**이라 말할 수 있다(daß der Mensch geheiligt werde, 1968a, 181). 이것은 무엇을 뜻하는가? 인간이 거룩하게 되는 길은 정치적 억압에서 해방되는 동시에 죄로부터 벗어나는 데 있다. 정치적으로 자유로울지라도 이웃에게 죄를 지을 때 인간은 자기 자신을 추한 존재로 만들어버린다. 죄는 인간을 추하게 만든다. 그것은 인간을 자유롭게 만드는 것이 아니라 죄의 유혹에 끌려다니는 죄의 노예로 만든다. 그것은 인간을 무한한 소유욕과 성욕과 권력욕과 명예욕의 노예로 만든다. 그것은 다른 사람의 생명과 공동체를 파괴하는 동시에 자신의 생명을 파괴하는 기능을 가진다. 헤겔이 말하는 자유는 죄를 거부하고 하나님의 거룩한 의지를 행함으로써 자기를 거룩하게 하는 데 있다. 바로 여기에 인간의 자유가 있다. 헤겔이 말하는 자유는 결코 자기 마음대로 할 수 있음, 곧 무절제한 방종을 뜻하지 않는다.

또한 인간이 거룩하게 되는 길은 인간으로서의 가치를 인정받는 데 있다. 헤겔 자신이 말하는 바와 같이 모든 인간은 하나님 앞에서 동등한 가치를 가진다. 출생, 종족, 교육, 사회적 신분, 직업, 성별을 떠나 인간은 "인간으로서" 동등하다. 따라서 모든 인간은 서로에게 자유롭다. 동등한 가치를 갖기 때문에 어떤 인간도 다른 인간에 의해 억압을 당하거나 차별을 당할 수 없다. 모든 사람은 다른 사람의 가치를 존중해야 한다. 인간이 거룩하게 되는 길은 다른 사람의 가치를 존중해주고 그 자신이 자기의 가치를 존중받는 데 있다. 바로 여기에 인간의 자유가 있다. 역사의 궁극적인 목적은 이와 같은 세계가 이루어지는 데 있다.

3. 자기 자신을 향한 정신의 회귀

1. 헤겔은 세계사의 목적을 정신이 자기 자신으로 돌아가는 것 곧 **회귀**(Rückkehr)라고 거듭 이야기한다. 곧 자기를 대상 세계로 외화한 정신이 대상 세계의 부정적인 것을 부정하고, 자기 자신과 일치하는 세계 속에서 자기 자신을 알게 되는 이 모든 정신의 활동은 정신의 자기 자신에로의 회귀라는 것이다. 헤겔은 이것을 『정신현상학』에서 다음과 같이 말한다. 정신은 "자기를 회복하는 동일성"(sich wiederherstellende Gleichheit) 혹은 "그 자신 안에서 일어나는 타자 안에서의 성찰"(Reflexsion im Anderssein in sich)이다. 이것이 "참된 것"(das Wahre)이다. 그것은 "자기 자신의 되어감(Werden seiner selbst)이고, 자기의 끝을 자기의 목적으로 전제하며, 그것을 시작으로 가지는…원이다"(1952, 20).

하나의 원은 출발점과 종착점, 시작과 끝이 동일하다. 역사가 하나의 원 혹은 원운동이라면, 역사는 출발점으로 돌아가는 운동 곧 회귀를 뜻한다. 그래서 헤겔은 다음과 같이 말한다. "정신은 본질적으로 그의 활동성의 결과다. 그의 활동성은 직접성을 넘어서는 것(Hinausgehen über die Unmittelbarkeit), 이 직접성을 부정하는 것이며, 그 자신으로의 회귀다"(1968a, 72-73).

정신이 자기 자신으로부터 시작하여 자기 자신으로 회귀하는 것이 역사라면, 역사는 하나의 **원운동**이라 말할 수 있다. 헤겔은 이것을 다음과 같이 설명한다. "하나님의 삶"을 가리키는 정신의 "이 보편적 운동"은 "정신의 형태들의 연속(Reihe)"으로 이루어지는데, 이 연속은 하나의 직선이 아니라 "원으로, 그 자신으로의 회귀로 표상되어야 한다. 이 원은 수많은 원을 가진다. 하나의 발전은 언제나 많은 발전의 운동이다. 이 연속의 전체는 그 자신으로 넘어가는 발전들의 결과다. 개별의 특수한 발전은 전체의 한 단계다. 그것은 발전 속에 있는 진행(Fortgang)이다. 그러나 이 진행은 "(추상적인) 무한한 것으로 나아가지 않고 자기 자신으로 돌아간다"(1966a, 111).

달리 말해, 정신의 모든 활동은 "자기 자신을 향한 정신의 길이다"(1966b, 71). 자기 자신으로 돌아가는 정신의 활동은 "다양한 단계의 원운동"이다(1968a, 183). "그가 생성하는 것, 그의 대상은 그 자신이다. 그는 그의 타자 속에서 그 자신으로 돌아옴(Zusichkommen)이다." 정신의 이 활동은 "자기 자신 안에서 일어나는 하나님의 삶"이고, "세계의 영원한 생성"이며, "정신이 그 자신으로 영원히 돌아감이다. 그것은 절대적 운동이며, 이 운동은 절대적 안식(Ruhe)이기도 하다"(1966a, 109-110).

우리는 이 생각을 이미 예나 시대의 『정신현상학』에서 볼 수 있다. "살아 생동하는 실체" 곧 "주체"로서의 정신은 자기 자신을 자기의 대상으로 세우는 활동이고, 대상과 자기 자신의 중재의 활동이며, "자기 자신의 되어감"(Werden seiner selbst)이다. 정신의 이 활동은 "자기의 끝을 자기의 목적으로 전제하며 시작으로 가진…원이다"(1952, 20).

"정신은 그 자체에 있어 운동이고…정신의 즉자에서 대자로, 실체에서 주체로의…변화(Verwandlung)다. 그것은 그 자신으로 돌아가는 원(der in sich zurückgehende Kreis)인데, 이 원은 그의 시작을 전제하고, 그 시작을 오직 끝에서 도달한다"(559). 정신이 도달하는 "결과"는 "시작과 동일한 것이다. 시작이 목적이기 때문이다"(22).

2. 위에서 고찰한 정신의 절대 지식을 향한 세계사의 과정은 정신이 자기

자신에게로 돌아가는 하나의 원 내지 원운동으로 파악된다. "정신의 개념은 자기 자신으로의 돌아감, 자신을 대상으로 만드는 것이다. 이 전진은 무한한 것으로의 무규정적인 것(Unbestimmtes)이 아니라 하나의 목적을 가진 것이다. 곧 자기 자신에로의 돌아감이다." 헤겔은 이 돌아감의 과정을 하나의 "원운동"으로 생각한다. "그것은 하나의 원운동이다. 정신은 자기 자신을 찾는다"(1968a, 181). 정신의 자기활동이 자기 자신에게로 돌아가는 하나의 원운동이라면, 정신의 자기활동의 시작과 끝, 곧 **알파와 오메가가 동일하다**고 말할 수 있다. 이 원운동은 정신으로부터 시작하여 정신에게로 돌아간다. "끝은 그의 시작으로 돌아간다"(1966a, 109). 헤겔은 이 말을 자신의 문헌에서 수를 헤아릴 수 없을 정도로 반복하여 말한다.

이진경 교수에 의하면, "사회나 역사로 전환된(외화된) 절대정신은 역사의 발전 과정을 통해 그리고 그 속에서 자기발전 과정을 통해 자기 자신에 대한 인식에 도달"한다. "이로써 절대정신은 다시 자기에게로 복귀('자기 내 복귀')"한다. "이런 의미에서 역사는 절대정신의 실현이란 목적을 향해 발전해가는 '목적론적 과정'"이라고 할 수 있다(이진경 2008, 177).

자기 자신으로 복귀하는 과정을 통해 정신의 자유가 실현된다. 자유의 실현으로서의 세계사는 정신이 자기 자신으로 돌아가는 운동이다. "정신이 자신의 중심점을 추구한다면, 그는 자기의 자유를 실현하고자 추구한다. 이 추구는 그에게 본질적인 것이다.…그는 활동적인 것이다. 활동성이 그의 본질이다. 그는 자기의 산물이다. 이리하여 그는 그의 시작이며 그의 끝이다"(1968a, 55).

일반적으로 시작은 마지막 결과, 곧 끝과 다른 것으로 생각된다. 그러나 헤겔에 의하면 시작과 끝은 동일하다. 헤겔은 이것을 다음과 같이 말한다. "정신은 단지 시작하는 것으로 파악될 수 없다. 오히려 그는 자기 자신을 생성하는 것, 그의 목적, 그의 결과다. 따라서 결과되는 것(das, das hervorkommt)은 시작하는 것에 불과하다"(1968a, 131). 정신의 자기활동의 원운동 속에서 현상하는 모든 것은 정신 자신 속에 포괄되어 있다. 그러므로 "정신의 특수성으로서 한 민족의 모든 행위들 속에서 정신은 단지 자기 자신을 실현하고, 자기 자신을 향유하며, 자기를 파악할" 뿐이다(64-65). 정신이 대상 세계의 부정적인 것의 부정을 통해 획득할 수 있는 것은 "단지 그가 **있었던** 바의 보편적인 것"(das Allgemeine dessen, was er nur war)이다(71). 세계사적 민족들의 특수성들 속에서 나타나는 정신은 단 "일자"(Einer)로서 "어디에나 현존한다"(allgegenwärtig, 60).

여기서 우리는 다음의 사실을 주목하고자 한다. 곧 헤겔이 말하는 역사의 원운동의 시작과 마지막, 알파와 오메가는 "**정신의 개념과 일치하는**" 세계, 정신의 "**절대 지식**"이 있는 세계, "**자유의 원리**"가 완전히 실현된 세계라는 점이다. 여기서 **역사의 종말**(eschaton) 곧 "마지막"을 세계의 대파멸과 폐기(annihilatio mundi)로 보는 묵시론적 종말론은 거부된다. 역사의 종말은 "정신과 일치하는" 세계, "이성이 다스리는" 세계가 이루어지는 데 있다. 곧 지금의 세계가 끝나버리는 것(finis)이 아니라 목적(telos)에 도달하는 것을 뜻한다.

3. 헤겔에 따르면, 정신의 활동과 연관되는 모든 것은 정신 자신에게로 소급된다. 관계되는 모든 것은 "그 자신에 불과하다"(1968a, 73). 그는 "우연성들의 외적 유희 속에서 활동하는 그런 존재가 아니라…그 자체에 있어 절대적으로 규정하는 자(an sich das absolut Bestimmende)"다. 그는 자기를 자기 안에서 규정한다. 그는 "자기 자신을 만드는 바의 것일 뿐이다(nur dies, zu was er sich selbst macht). 그는 자기를 그의 즉자에 있는 바의 것으로 만든다"(151). 그 자신을 만드는 바의 것은 정신의 즉자와 동일하다.

달리 말해, 정신의 자기 외화로 말미암아 세워지는 대상 세계의 사물들은 정신의 즉자 안에 있는 것에 불과하다. 정신은 자기가 아닌 어떤 외적인 것을 자기의 대상으로 세우지 않고 자신의 즉자 안에 있는 것을 대상으로 세운다. 그런 점에서 대상은 바로 "그의 대상"이다. 이런 점에서 정신은 자유롭다. 그는 그 어떤 외적인 것에 의존하지 않고, 오직 자기 자신과만 관계하기 때문이다. "정신은 이것이다. 곧 그것은 그 자신을 생성하며, 그 자신을 존재하는 바의 자기로 만드는 것이다." 이런 점에서 정신은 "오직 자기 활동성"(Selbsttätigkeit)이다. 그의 존재는…그 자신을 생성했고, 그 자신에 대해 있게 되었으며, 자기 자신을 통해 그 자신을 만들었다는 것이다.…[1] 세계사는 그 속에서 정신이 자기 자신을, 자기의 진리를 알고 실현하는 계단의 과정이다." 그의 존재는 자기 자신을 통해 자기를 자기에 대해 생성하는 "절대적 과정"이다(74).

4. 헤겔은 자기 자신으로부터 시작하여 자기 자신으로 돌아가는 정신의 원운동을 **정신 자신 안에서** 일어나는 것으로 생각한다. 정신의 모든 활동은 정신 바깥에서 일어나는 것이 아니라 정신 안에서 일어나는 것이다. 모든 활동은 정신 자신으로부터 일어나는 정신 자신의 활동이기 때문이다. 헤겔은 이것을 다음과 같이 말한다. 정신은 "자기 안에서 자기 자신에 대칭한다. 그는 자기 자신을 자기의 목적에 대한 참으로 적대적 방해물로서 극복해야 한다. 이 발전은…**정신 안에** 있는 엄격하고 무한한 자기 자신에 대한 투쟁이다"(1968a, 151-152). 여기서 헤겔은 세계사의 모든 것이 정신 안에서 일어나는 것으로 파악한다.

　　헤겔은 『종교철학 강의』에서 이것을 다음과 같이 말한다. 하나님은 하

---

1) 원문. "Sein Sein ist…dies, sich hervorgebracht zu haben, für sich geworden zu sein, durch sich selbst sich gemacht zu haben."

나님이기 위해 "유한한 것을 결여할 수 없다.…그는 유한한 것을 원한다. 그는 유한한 것을 자기에게 하나의 타자(자기와 다른 것)로 세우고 이를 통해 그 자신이 하나의 타자가 된다." 그러나 "이 다르게 존재함(혹은 타제)은 자기 자신의 모순이다." 그러므로 하나님은 이 다름 속에 있는 부정적인 것을 폐기한다. "하나님은 그 속에서 자기 자신을 인식하며, 이를 통해, 그는 자기 자신을 통해 그 자신을 자기의 결과로서 얻게 된다." 하나님은 이 운동이다. 그런데 이 운동은 하나님 "자기 자신 안에서" 일어난다. "하나님은 자기 자신 안에 있는 이 운동이다. 그는 오직 이를 통해 단 한 분 살아 계신 하나님이다.…하나님은 유한한 것을 향한 운동이요, 이를 통해 유한한 것의 지양으로서 자기 자신 안에 있는 운동이다"(1966b, 146-147). 정신에 대해 모순되는 것도 정신 안에 있다. 정신의 즉자는 "자기 자신 안에서 자기에게 모순된다"(114).

혜겔이, 정신의 모든 활동이 정신 안에서 일어난다고 생각하는 이유는 무엇인가? 그 이유는 세계사를 정신으로부터 오고, 정신에 의해 결정되는 "정신의 역사"로 파악하고자 함에 있다. 세계사의 그 무엇도 정신 바깥에서, 정신이 없이(ohne Geist) 일어나지 않는다. 모든 것이 정신으로부터 오고, 정신 안에 있으며, 정신으로 돌아간다. 모든 것은 정신이 하는 일이다. 모든 것이 정신 안에 있다. 혜겔은 이것을 다음과 같이 표현한다. "발생했고 모든 날에 발생하는 것은 하나님으로부터 오고 하나님 없이 오지 않으며, 오히려 본질적으로 하나님 자신이 하시는 일이다"(1968d, 938).

5. 여기서 다음과 같은 질문이 제기될 수 있다. 만일 세계의 모든 것이 보편적·신적 정신이 하는 일이라면, 인간의 자유로운 활동이 부인되지 않는가? 인간이 그의 자유로운 의지에서 행하는 모든 일이 정신 자신이 행하는 일이라면, 인간은 정신의 의지에 따라 움직이는 기계 부품과 같은 부자유한

존재가 아닌가?

또 하나의 심각한 문제는 세계사의 모든 것이 하나님 곧 정신으로부터 오고, 정신이 없이는 일어나지 않는다면, 세계사 속에서 일어나는 모든 죄악과 고난도 정신으로부터 오는 것인가? 정신의 범논리주의와 보편주의에 따른 헤겔의 역사 해석에서 죄악과 고난의 문제는 어떻게 설명될 수 있는가? 세계의 모든 죄악과 고난도 정신의 자기활동으로 말미암아 일어나는 정신의 계기들인가? 이로써 역사에 있어서 "신정과 하나님의 정당화"가 이루어졌다고 말할 수 있는가? 이 문제에 대한 상세한 토의는 지면상 다른 기회로 미루고자 한다.

III

프로메테우스인가 미네르바의 부엉이인가?

- 헤겔 철학의 종말론적 문제

1. "해 아래 새로운 것은 없다"

1. 헤겔 연구자들 사이에서 토의되는 보다 더 중요한 문제는 역사의 "새로움"에 관한 종말론적 문제다. 역사철학에서 이 문제는 중요한 의미를 지닌다. 역사의 새로움이 없고, 지금 있는 것은 과거에 있었던 것의 연장이며, 미래에 있을 것은 지금 있는 것의 연장에 불과할 경우, 역사는 새로운 미래가 없는 폐쇄된 것으로 생각된다. 역사는 새로움을 기대할 수 없는 시간의 연장에 불과한 것이 되어버린다. 그것은 새로운 미래를 향해 열려 있는 것이 아니라 원운동처럼 폐쇄된 것으로 생각된다. 여기서 역사의 "새로움"에 관한 문제는 역사의 개방성과 질적 변화의 가능성에 관한 문제와 관계되어 있다.

역사의 새로움과 개방성의 문제는 인간의 삶의 태도와 직결된다. 역사의 새로움과 개방성이 인정되지 않고, 역사는 돌고 도는 것, 지금 있는 것이 영원히 "되어가는 것"(*fieri*)으로 생각될 때, 인간의 삶은 새로운 것을 향한 의욕과 개혁의 정신을 상실케 된다. "해 아래 새 것이 없다", "모든 것이

늘 그렇다"는 체념 속에서 주어진 상황에 순응하며 살게 된다. 주어진 현실에 대한 순응과 평화 유지가 최고의 덕목이 된다. 그것은 새로운 미래에 대한 꿈과 동경을 말살하고, 자연의 짐승처럼 인간을 주어진 질서에 순응하는 존재로 만들어버린다.

그 반면에 역사에는 새로움이 있고, 역사는 새로움을 향해 열려 있는 것, 새로운 질적 변화가 가능한 것으로 생각될 때, 역사는 새로운 미래가 현재 속으로 "오는 것"(advenire)으로 생각되고, 인간의 삶은 새로운 변화를 향한 의욕과 창의력을 얻게 된다. 체념과 절망을 벗어나 현재 속에 숨어 있는 부정적인 것을 부정하고, 새로운 삶의 세계를 이루고자 하는 개혁의 정신과 힘을 얻게 된다. 역사의 "새로움"의 문제는 이와 같은 문제점 때문에 역사철학에서 중요한 문제로 다루어진다.

우리가 알고 있는 세계의 많은 종교 사상들은 역사를 반복되는 원운동으로 보는 회귀론적 역사관을 가진다. 이것을 대표적으로 보여주는 신화가 고대 그리스의 프로메테우스 신화다. 불을 훔쳐 인간에게 가져다준 죄로 프로메테우스는 카프카스산 정상에 묶여 독수리에게 간을 쪼아 먹히는 벌을 받는다. 쪼아 먹힌 간은 다시 회복되고, 독수리가 와서 다시 그 간을 쪼아 먹는 반복이 계속된다. 역사는 동일한 것의 반복 내지 원운동이라는 역사관이 여기에 나타난다. 블로흐가 자신의 책에서 말하는 "프로메테우스적인 것"은 동일한 것이 반복되는 원운동으로서의 역사를 가리킨다.

알베르 카뮈의 『시시포스 신화』도 동일한 역사관을 보여준다. 신의 노여움을 산 시시포스는 두 눈을 빼앗기고, 발목은 쇠사슬에 묶여 바윗돌을 높이 쌓다가 무너져내리는 바윗돌에 치여 피를 흘리며 다시 그 바윗돌을 쌓는 벌을 받는다. 두 발목이 쇠사슬에 묶여 있기 때문에, 그는 이 무서운 벌을 벗어나지 못하고 끝없는 반복 곧 원운동을 계속한다. 이에 반해 구약성서는 하나님을 아는 지식과 정의가 가득한 메시아 왕국을 약속하며, 신약성서는 "이제는 죽음과 슬픔과 울부짖음과 고통이 없는" "새 하늘과 새 땅"을 약속한다. 여기서 "고고학"(Archäologie)과 "종말론"(Eschatologie), 프로메테우스와 미네르바의 부엉이 간의 대립이 일어난다.

2. 위에서 우리는 헤겔의 역사철학도 역사를 하나의 "원" 혹은 "원운동"으로 파악한다는 점을 고찰했다. 역사의 과정은 과거에 있었던 알파로 회귀한다. 이 원운동의 알파와 오메가, 시작과 끝은 동일하다. 그것은 "자기의 끝을 자기의 목적으로 전제하며 시작으로 갖는다"(1952, 20). 정신 활동의 "끝은 그의 시작으로 돌아간다." "정신은 자유롭기 때문에 그 안에서는 시작과 끝이 일치한다"(1966a, 109). 역사는 과거에 있었던 것, 동일한 것의 반복으로 생각된다. 블로흐는 여기에 "프로메테우스적인 것"이 다시 등장한다고 해석한다(Bloch 1968, 62 참조). 시작과 끝, 시작과 목적이 동일하다면, **역사에는 새로움이 없다**고 볼 수 있다. 원운동처럼 역사는 출발점에서 시작하여 출발점으로 돌아가는 것이기 때문이다. 그 속에는 질적으로 새로운 미래가 없다. 새로움과 새로운 미래가 없기 때문에, 역사는 폐쇄된 것, 새로운 질적 변화가 없는 것이 되어버린다. 태초에 있었던 죄의 타락 이전의 "원상태"(Urstand)를 향한 "단순한 원운동이기 때문에, 철저하게 돌입하는 새로운 것은 언제나 다시금 과거에 있었던 것으로 간주된다(rückdatiert)." "내가 모든 것을 새롭게 하노라"는(계 21:5) "모든 것이 매우 좋았더라"(창 1:4)로 돌아간다. 곧 새 창조는 과거에 있었던 것으로 되돌아간다(Bloch 1968, 63. 유대인 철학자 Bloch 역시 성서에 정통했음을 볼 수 있음).

헤겔에 따르면, 대상 세계의 모든 것이 정신의 즉자 속에 포괄되어 있다. 따라서 새로운 것처럼 보이는 세계의 모든 것은 정신의 즉자 속에 있던 것의 전개에 불과하다. 그렇다면 역사 속에는 새로움과 새로운 질적 변화가 없게 된다. 아래 인용문은 헤겔의 이 생각을 다시 한번 보여준다.

즉자는 이미 자기 자신 안에서 구체적이다. 발전은 즉자 속에 있는 것의 정립이기 때문에 아무 이질적인 것, 새로운 것이 첨가되지 않는다. 발전하지 못한 것, 은폐되어 존재했던 것이 단지 구별된 것으로서(als Unterschieden) 나타날 뿐이다. 발전은 이 근원적인 내적인 것을 나타나게 할 뿐이며, 이미 그 속에 내포되어 있던 구체적인 것을…드러내어 세울 뿐이다(1966a, 114).[1]

헤겔에 따르면, 정신의 자기활동에서 나타나는 "차이는 즉자의 발전일 뿐이다." 역사의 마지막에 정신이 인식하는 것은 어떤 새로운 것이 아니라 "존재하는 바의 자기인식"(Erkenntnis dessen, was er ist)에 불과하다(1968a, 183). 헤겔의 이 생각은 개념과 개념의 규정들에 관한 그의 생각에도 나타난다. 개념은 고정된 것이 아니라 "자기를 규정하고, 실존하며, 타자에 대해 존재하고, 구별 속에 있는 그의 계기들을 생성하며, 자기를 펼치는 활동성이다. 이 차이들은 개념 자신이 그 자신 속에 가지고 있는 규정들일 뿐이다(1966b, 71).

3. 헤겔은 역사에 새로움이 없다는 생각을 씨앗의 비유를 통해 설명하기도 한다. "씨앗은 단순한 것, 형식이 없는 것.…그러나 그것은 자기를 발전시키고자 하는 충동을 가진다. 그것은 단지 그의 즉자에 머무는 것을 견딜 수 없다." 자기를 발전시키고자 하는 "충동은 모순이다." 곧 그것은 즉자로 존재하면서 즉자로 존재하지 않으려는 모순이다. 즉자는 이 모순으로 말미암아 분해된다. 곧 "씨앗은 그 자신을 그 자신으로부터 다양한 실존으로(뿌리, 줄기, 가지, 잎 등으로) 정립한다."

---

1) 원문. "Da das Ansich schon in sich selbst konkret ist und die Entwicklung überhaupt das Setzen dessen ist, was an sich ist, so kommt nichts Fremdes, Neues hinzu.…"

그러나 씨앗에서 나오는 다양한 것은 씨앗 속에 들어 있는 것과 "다른 것이 아니다." "어떤 형태와 색깔과 냄새와 꽃을 얻을 것인지" 씨앗 속에 모두 들어 있다. 씨앗에서 생성된 모든 것은 씨앗 속에 미리 들어 있었던 것에 불과하고 새로운 씨앗으로 돌아간다. "씨앗은 자기 자신을 생성하고, 다시 그 자신에게로 돌아가는 것을 목적으로 가진다." 즉자적으로 존재하는 것은 "완전히 그 자신 속에서 규정되어 있다. 그것은 그 자신을 분산하고, 그 자신을 처음의 통일성으로 다시 거두어들인다." 달리 말해 "정신은 **자신의 즉자를 자기에 대한 대상으로 세운다**"(1966a, 108-109).

자기의 즉자를 자기의 대상 곧 대자로 세웠다면, 대자는 새로운 것이 아니다. 그것은 즉자 안에 있었던 것이 대상화된 것에 불과하다. 씨앗이 새로운 씨앗으로 돌아가는 하나의 원운동이듯이 정신의 역사도 정신 자체 안에서 일어나는 하나의 원운동이다. 여하튼 여기서 헤겔은 역사를 과거에 있었던 것이 전개되는 새로움과 질적 변화 없이, 동일한 것이 반복되는 식물의 씨앗의 원운동에 비유한다. 그는 자신의 문헌 수많은 곳에서 정신의 역사는 과거에 있었던 것으로 돌아간다는 생각을 말한다. 세계사의 모든 것이 과거에 있었던 것의 전개에 불과하다면, 엄밀한 의미에서 역사의 새로움과 질적 변화를 말할 수 없게 된다. 그래서 헤겔은 "해 아래에 새로운 것은 없다"고 말한다(1968a, 70, Unter der Sonne geschieht nichts Neues, 전 1:9).

4. 블로흐는 헤겔 철학이 지닌 이 문제의 원인을 **플라톤의 상기론**에서 발견한다. 플라톤에 의하면 "모든 지식은 다시 상기하는 것"에 불과하다. 곧 영원 전에 있었던 것, "무역사적 영원한 것"을 "다시 상기하는 것"(Wiedererinnerung)에 불과하다. 그러므로 "본질(Wesenheit)은 과거에 있었던 것(Ge-wesenheit)과 일치하며", 미네르바의 부엉이는 삶의 한 형태가 낡아져버렸을 때, 황혼이 시작된 다음에야 비상을 시작한다. 많은 "원들로 구

성된 원" 안에서 이루어지는 헤겔의 변증법은 플라톤이 말한 "상기의 유령 (Phantom der Anamnesis)의 방해를 받아 골동품 보관실(Antiquarium)로 쫓겨났다"(Bloch 1970, 7). 이로 인해 헤겔의 철학에서는 과거에 "있었던 것이 (역사 속에서) 발생하는 것을 압도하고, (정신의 즉자 속에) 되어 있었던 것들의 수집이 미래의 범주들, 투쟁의 최전방(Front), 새로움을 방해한다"(6).

『희망의 원리』제1권에 나오는 블로흐의 이 해석은 헤겔의 역사철학의 뇌관을 건드리는 문제다. 세계사의 모든 것이 영원 전에 있었던 것으로 돌아가는 것에 불과하다면, 헤겔의 변증법은 세계사에 새로운 변화를 일으키는 것이 아니라 영원 전에 있었던 것을 불러오는 것에 불과하게 된다. 새로운 변화처럼 보이는 것도 영원 전에 있었던 것의 반복일 뿐이다. 그렇다면 우리는 세계사의 새로운 종말론적 미래를 말할 수 없게 된다. 세계는 새로운 미래를 갖지 못한 "과거에 있었던 것의 반복", 폐쇄된 "원운동"을 뜻하게 된다. 하이데거가 말하듯이, 새로운 미래는 사라지고 영원한 것의 "현재"(parusia)가 있을 뿐이다. 이와 같은 세계는 창문이 없는 세계, 질식할 수밖에 없는 세계일 것이다.

그러나 정신의 회귀와 역사의 원운동에 대해 말할 때, 헤겔은 한 번도 플라톤의 상기론을 언급하지 않는다. 세계사는 플라톤의 영원한 이데아의 자기활동이며 자기 전개라는 이야기는 헤겔의 문헌 어디에서도 발견되지 않는다. 오히려 헤겔은 "하나님을 영광스럽게 하는 것"(Gott die Ehre geben)을 세계사의 "절대적인 궁극적 목적"으로 제시하면서(1968a, 182), 세계사는 신적 정신 곧 하나님의 "현상"이며, 세계사를 구성하는 모든 계기들은 하나님의 "현재 속에" 있다고 말한다(183). 따라서 그가 말하는 정신의 회귀와 역사의 원운동은 플라톤의 상기론에서 유래하는 것이 아니라 하나님이 세계사의 시작과 끝, 알파와 오메가라는 성서 말씀에서 유래하는 것이다.

2. "이 새로운 것은 어디에서 오는가?"

1. 그런데 헤겔은 자신의 『세계사 철학 강의』에서 엉뚱하게 역사의 "새로
움"을 이야기한다. 그는 "해 아래에 새로운 것이 없다"고 말했는데, 그것은
새로운 것, 다른 것을 이야기한다. 세계사는 기존의 정신의 원리가 사유와
사상을 통해 해체되고, 새로운 원리가 등장하는 발전의 과정이다. "사상을
통한 이 해체는 필연적으로 하나의 **새로운 원리**의 생성이기도 하다." 이전
의 원리가 새로운 원리로 해체될 때, 그 해체 속에는 "이전의 원리가 유지
된다." 단지 그 규정이 다를 뿐이다. 새로운 원리 속에는 "**새로움, 곧 하나
의 다른,** 이전의 것을 넘어서는 규정(eine andere weitere Bestimmung)이 있다."
따라서 정신은 이전의 것과는 "다른, 이전의 것을 넘어서는 관심들과 목적
들을 가진다." 헤겔은, 이전에 있었던 "원리의 변형(Umbildung)은" 이전의
것과는 "다른, 그것을 넘어서는 내용의 규정들" 곧 새로운 규정들을 가져
온다고 말한다(1968a, 179).

　　헤겔에 따르면 정신의 원리는 민족정신으로 구체화된다. 한 민족정신
은 그 시대의 정신의 원리의 구체적 형태다. 그러나 모든 민족정신은 그 속
에 부정적인 것을 내포하기 때문에 제한되어 있다. 따라서 그것은 언젠가
다른 민족정신으로 대체될 수밖에 없다. 이리하여 새로운 민족정신이 세계
사의 대표적 민족정신으로 등장한다. "민족 안에서 참된 관심들이 새롭게
발생해야 한다면, 한 민족의 정신은 **새로운 것**(ein Neues)을 의욕할 수밖에
없다. 그러나 이 새로운 것은 어디에서 오는가?"(1968a, 180)

　　여기서 헤겔은 분명히 역사의 "새로움"을 시사한다. 정신의 역사는 현
존하는 새로운 민족정신의 원리가 기존의 민족정신의 원리를 "넘어서는
것"(Hinausgegangensein)으로 생각된다. 기존의 것을 "넘어선다"는 것은 "새
로운 것"이 있음을 전제한다. 만일 새로운 것이 없다면, 기존의 것을 넘어

설 필요가 없을 것이다.

2. 헤겔은 역사에 새로움과 질적 발전이 있음을 자연의 세계와 비교하여 설명한다. 자연 속에도 자기 자리를 바꾸는 행성의 운동이 있고, 한 생명체가 다른 생명체로 교체된다. 이를 통해 생물의 종이 유지된다. 그러나 자연의 질서는 변하지 않는다. 그 속에는 변화가 없다. 자연 속에서 볼 수 있는 변화는 "원운동이며, 동일한 것의 반복이다. 모든 것이 원들 안에 있고, 오직 이 원들 안에서 개체 가운데 변화가 있다. 자연 속에서 죽음으로부터 생성되는 생명은 다시금 동일한 생명일 뿐이다.…종의 유지는 실존의 동일한 방식이 동일한 형식으로 반복되는 것(gleichförmige Wiederholung)에 불과하다"(1968a, 153).

그러나 헤겔은 정신의 영역에서는 다르다고 말한다. 정신의 영역에서 일어나는 변화는 자연의 세계에서 볼 수 있는 "표면에 있어서의 변화"가 아니라 질적 변화 곧 "개념에 있어서"(im Begriffe)의 변화다. 종은 자연 속에서 진보를 알지 못한다. 이에 반해 "정신에 있어서 모든 변화는 진보다"(153). 곧 자연의 영역에는 새로움이 없기 때문에 진보가 없는 반면, "정신의 형태에서는" 새로움이 있기 때문에 질적 변화와 진보가 있다는 것이다.

자연 속에서 생명이 죽고 새로운 생명이 태어나는 것은 "동일한 것의 반복일 뿐이다." 그래서 태양 아래 아무 새로운 것도 일어나지 않는다고 한다. 그러나 정신의 태양에서는 다르다. 정신의 태양의 과정, 운동은 자기 반복이 아니라…본질적으로 진보다"(1968a, 70). 여기서 헤겔은 "자연의 해"와 "정신의 해"를 구별한다. 자연의 "해 아래에는 새로운 것이" 없지만, "정신의 해" 아래에는 새로운 것이 있다는 것이다.

그 밖에도 헤겔은 언제나 다시금 "새로움"에 대해 얘기한다. 예를 들어,

세계사적 인물들은 세계사 속에 "새로운 것"을 가져오는 것을 그들 자신의 목적으로 가진다(1968a, 104). 갈리아(지금의 프랑스 지역)와 브리타니아 일부를 정복하고 게르만족을 개방시킨 로마의 카이사르는 "새로운 세계를 발견했다"(1968c, 712). 그는 황제가 다스리는 "새로운 세계"를 열었다(720).

3. 여기서 우리는 헤겔 철학이 지닌 또 하나의 **양면성**을 발견한다. 한편으로 헤겔은 역사를 출발점에서 시작하여 출발점으로 돌아가는, 그래서 시작과 끝, 알파와 오메가가 동일한 원운동으로 본다. 역사는 정신의 즉자로부터 시작하여 즉자로 되돌아가는 회귀라는 것이다. 다른 한편, 그는 역사를 정신의 활동의 자기반복이 아니라 "새로움"이 그 속에서 일어나는 "발전" 내지 "진보"라고 본다.

이 양면성은 자연의 운동에 대한 정신의 운동의 구별에서 다시 한번 나타난다. 헤겔에 따르면, 인간의 정신적 세계는 물론 자연도 정신의 자기 외화를 통해 있게 된 정신의 대자다. 그러나 자연은 그 자신을 자기로부터 구별하지 못한다. 그 속에는 자기의식과 지식이 없다. 따라서 자연의 사물들 속에는 "부정적인 것이 없다"(1968a, 154). 부정적인 것이 없기 때문에 "자연의 변화들은 반복일 뿐이며, 그의 운동은 원운동일 뿐이다"(1966a, 36). 자연에는 "궁극적 목적"이란 것이 없다.

이에 반해 정신의 운동은 원운동이 아니라 자기 자신을 알고, 자기가 아는 바를 대상으로 외화하며, 대상의 부정적인 것의 부정을 통해 일어나는 변증법적 변화이며 진보의 운동이다. 그것은 "궁극적 목적"을 향한 운동이다. 종합적으로 말해, 한편으로 헤겔은 정신의 운동을 자기 자신으로 돌아가는 원운동이라 말하는 동시에, 자연의 원운동과는 다른 "궁극적 목적"을 향한 변화와 진보의 운동이라 말한다. 우리는 이 양면성을 어떻게 해석해야 하는가?

이 문제는 헤겔 철학 전체의 문제다. 헤겔의 철학을 지배하는 것은 과거에 있었던 것, 곧 정신의 즉자로 돌아가는 회상적(retrospectiv) 사고인가 아니면 미래의 새로운 것을 지향하는 예시적(prospektiv) 사고인가? 과거 지향적 "고고학"이 그의 사고의 원리인가 아니면 미래 지향적 "종말론"이 그 원리인가? 이 문제는 많은 헤겔 연구자에게서 뜨거운 감자와 같은 문제로 다루어진다.

4. 필자는 우리가 이 문제에서 헤겔의 어느 한 진술에 근거하여 결론을 내리기보다는 그의 철학 전체의 중심적 원리, 곧 변증법의 원리에 근거하여 결론을 내려야 한다고 생각한다. **변증법의 원리**에서 볼 때, 역사는 폐쇄되어 있는 원운동 혹은 회전운동이 아니라 새로운 미래의 목적을 향해 개방되어 있는 것으로 생각된다. 변증법의 원리는 역사의 새로움과 질적 변화를 전제한다. 만일 이것이 전제되지 않고, 역사는 영원히 반복되는 원운동에 불과하다면, 변증법 곧 부정적인 것의 부정은 불필요하게 된다. "해 아래 새 것이 없다"고 생각하기 때문에 우리는 머리를 숙인 채 주어진 현실에 순응하며 살아야 할 것이다. 블로흐가 말하듯이, 헤겔의 변증법은 "골동품 보관실"로 들어가야 할 것이다.

변증법 곧 부정적인 것의 부정, 더 높은 진리의 세계를 향한 지양과 고양 앞에서 역사의 노년기인 게르만 세계도, 프로이센 왕국도 절대성을 주장할 수 없다. 지상의 어떤 국가도 자기를 역사의 목적이라고 자만할 수 없다. 모든 민족의 모든 국가들은 역사의 새로운 원리로 지양될 수밖에 없는 정신의 변증법적 활동의 한 계기에 불과하다. 헤겔의 변증법적 원리는 세계의 모든 것을 상대화시키는 역사의 새로움을 전제한다. 그것은 역사의 질적 변화를 가능케 하는 원동력이다.

5. 그 밖에도 우리는 헤겔이 자신의 문헌 곳곳에서 끊임없이 역사의 새로움과 질적 변화를 전제하고 있다는 사실을 볼 수 있다. 그의 『정신현상학』 서론에 의하면, "우리 시대는 하나의 새로운 시대에로의 탄생과 넘어감의 시대다." 출생의 시간까지 태아는 엄마의 뱃속에서 오랜 시간 조용히 영양분을 섭취하며 점차 성장한다. 그러나 엄마의 뱃속에서 나와 처음으로 호흡하게 될 때, 태아는 발전의 점차적 과정을 깨뜨리고 하나의 새로운 생명으로 나타난다. 헤겔은 이것을 가리켜 "하나의 질적 비약"(ein qualitativer Sprung)이라 부른다. 곧 모태에서 점차 성장하던 생명과는 질적으로 다른 새로운 생명으로 등장한다는 것이다. 이와 같이 정신도 "이전 세계의 건축물의 한 부분을 해체하면서 천천히 그리고 조용히 새로운 형태로" 성숙한다. 이전의 건축물이 차츰 부서지다가, "번개처럼 갑자기 새로운 세계의 구조물(Gebilde)이" 세워진다(1952, 15-16).

헤겔은 『정신현상학』 마지막 문단에서도 "새로운 세계"에 대해 말한다. 그는 정신의 "자기 안으로 돌아감"(Insichgehen) 속에서 버림을 받지만 회상 속에서 보존되는 현존, 곧 사라져버렸지만 정신의 기억 속에서 영원히 사라지지 않고 보존되는 "현존"은 "하나의 새로운 현존, 하나의 새로운 세계요 정신의 형태"라고 말한다(1952, 563-564).

또한 헤겔은 자연의 영역과 정신의 영역을 비교하면서 역사의 새로움과 질적 변화를 인정한다. 한 그루의 나무는 싹과 잎을 내고 꽃을 피우며 열매를 맺는다. 나무는 이 과정을 언제나 다시 반복한다. "자연 안에서 일어나는 이 반복은 동일한 것의 반복일 뿐이다. 그것은 동일한 원운동의 지루한 역사다. 해 아래에서 아무런 새로운 것도 일어나지 않는다. 그러나 정신의 태양은 다르다. 그것의 과정, 운동은 동일한 것의 반복이 아니라…본질적으로 진보(Fortschreiten)"다(1968a, 70). 곧 자연의 영역에는 동일한 것의 반복이 있을 뿐이고 새로움이 없는 반면, 정신의 영역에서는 새로운 진보가 있다는 것이다. 정신은 그 자신을 대상화함으로써 존재의 특수성을 갖게 된다. 그러나 그는 "자기 존재의 특수성을 파괴한다." 이리하여 그는 "자기의 원리에 새로운 규정을 부여한다"(72). 세계사는 정신의 자기활동에 있어 기존하는 존재 규정이 파괴되고, 새로운 존재 규정이 등장하는 과정이다.

이 생각은 역사의 "발전의 원리"와 연관하여 다시 나타난다. 자연 속에서 일어나는 변화는 무한히 다양할지라도 "언제나 반복되는 하나의 원운동을 보여줄 뿐이다. 자연 속에서는 해 아래서 아무런 새로운 것도 일어나지 않는다.…정신적 기초 위에서 일어나는 변화들 속에만 새로운 것이 생성된다"(1968a, 149).

6. 헤겔은 인류의 역사에서 가장 결정적 새로움을 하나님의 성육신과 예수의 가르침에서 발견한다. "때가 차서" 하나님의 아들이 인간의 육을 입고 이 세상에 인간으로 왔다. 그의 성육신은 세계사에서 "혁명적인 것"이었다. 그것은 하나님과 인간, 하나님과 세계가 화해된 "새로운 세계" 곧 "하나님 나라"가 시작되었음을 말한다. 따라서 그리스도는 하나님 나라를 가르쳤다. 이 모든 것은 하나님의 즉자 속에 잠재되어 있던 것, 곧 예정되어 있었던 것의 전개에 불과할 것이다. 그러나 그것은 우리 인간에게 예기하지 못한 "혁명적인 것" 곧 "새로운 것"이다. 그러므로 헤겔은 그리스도께서 가르친 하나님 나라는 "새로운 것, 하나의 새로운 세계"라고 말한다(1966d, 150).

이 "새로운 것" 곧 하나님 나라는 "현존하는 것에 대한 부정의 규정을 그 자체 안에 가진다." 이것은 "인간의 의식과 믿음에서" 외적 세계의 "규정들에 대한 논쟁적 측면, 혁명적 태도다. 현존하는 것은 변화된다. 종교와 세계의 이전의 상황, 지금까지의 상태는 이전처럼 존속할 수 없다"(1966d,

150-151). 한마디로 현존의 세계는 "정신과 마음들이 하나님과 화해되어 있는" 세계, 하나님이 그 속에서 다스리는 하나님 나라로 변화되어야 한다 (155). 헤겔은 이 하나님 나라를 "정신의 개념과 일치하는" 세계, 정신이 자기를 완전히 아는 "절대 지식"의 세계라고 묘사한다.

절대 지식의 세계는 예수 그리스도 안에서 계시되는 하나님과 인간, 하나님과 세계의 **화해**가 완성된 세계를 말한다. 이 화해는 그리스도의 삶과 죽음과 부활을 통해서만 일회적으로 이루어졌다. 그러나 그것은 과거의 사건으로 머물지 않고, 미래에 완성되어야 할 역사의 "궁극적 목적"으로 우리 앞에 서 있다. 따라서 헤겔은 언제나 다시금 미래에 성취되어야 할 역사의 "절대적인 궁극적 목적", "세계사의 목적"에 대해 말한다. 그는 『세계사 철학 강의』 서두에서부터 "궁극적 목적"의 범주에 대해 말한다. "목적"은 언제나 미래적인 것, 새로운 것이다. 그리스도 안에서 과거에 일어난 화해는 미래에 완성될 미래적인 것, 역사의 새로움으로 우리 앞에 서 있다.

3. 프로메테우스를 흡수하는 미네르바의 부엉이
– 정신의 회귀와 원운동에 대한 종말론적 해석

1. 역사가 미래의 새로움을 향한 과정이라면, 우리는 헤겔의 **회귀**와 **원운동**을 어떻게 이해해야 하는가? 헤겔에 따르면, 역사는 우리 인간에게 매우 긴 시간의 길이로 보인다. 인간은 영원하고 무한한 존재가 아니라 생명의 시간이 제한되어 있는 유한한 존재이기 때문이다. 그러나 정신에게 "시간의 길이는 철두철미 상대적인 것이다.…정신에게 시간의 길이란 존재하지 않는다"(1968a, 257).

우리는 이 문장에 근거하여 **하나님의 시간**과 **인간의 시간**을 구별할 수 있다. 우리 인간은 시간을 과거, 현재, 미래로 구별한다. 과거는 지나간 것으로, 미래는 아직 오지 않은 것으로, 현재는 과거에서 미래로 넘어가는 "순간"으로 생각한다. 그러나 신적 정신에게는 이 구별이 없다. 신적 정신에게 모든 시간은 언제나 **현재**다. 그에게 역사의 시간적 길이는 한순간과 같다. 정신은 역사의 "모든 곳에 현존하며" "불멸하기" 때문이다(182). 따라서 "그가 있지 않았거나 있지 않을 한때는 없다. 그는 지나갔거나, 아직 있지 않은 적이 없다. 오히려 그는 오직 현재적이다"(1968a, 182).[2]

헤겔에 따르면, 역사를 관찰할 때 우리는 "먼저 과거로서의 역사와" 관계한다. 여기서 과거의 역사는 지나간 것으로 간주된다. 그러나 정신에 대해 과거는 지나가버린 것이 아니라 현재다. "참된 것은 즉대자적으로 영원하다. 그것은 어제나 내일이 아니라 철저히 현재적이다. 절대적 현재의 의미에서 그것은 '지금'(itzt)이다." 따라서 세계사 속에 있었던 모든 계기는 없어지지 않고, 정신 안에서 현재적이다. 곧 "절대적 현재의 의미에서 'itzt'이다"(1968a, 182). 그 무엇도 폐기되지 않고 "정신의 현재적 깊이 안에" 보존된다. "정신은 과거의 모든 단계를 자기 안에 갖고 있다. (그러므로) 역사에 있어서 정신의 삶은 다양한 단계의 원운동이다." 이 원운동 속에서 일어나는 모든 것은 정신 자신에 대해 언제나 현재적이다. 역사 속에서 일어나는 그 무엇도 "영원히 없어지지 않는다"(ewig unverloren). "정신은 자기 뒤에 가진 것처럼 보이는 계기들을 자신의 현재적 깊이 속에 갖고 있다"(1968a, 183). 역사 안에서 일어난 모든 것, 역사 전체가 정신 안에서 현재다.

2. 역사에 대한 헤겔의 이 생각은 상식적으로 말이 안 되는 신화적인 것으로 들릴 수 있다. 그러나 헤겔이 말하는 "정신으로서의 하나님"(Gott als

---

2) 원문. "er ist nicht vorbei und ist nicht noch nicht, sondern er ist schlechterdings itzt."

Geist)을 연상할 때, 그의 생각은 쉽게 이해될 수 있다.

"천 년이 지나간 어제"(시 90:4)와 같은 영원한 하나님에게 세계사의 기나긴 시간은 한순간과 같다. 모든 것이 그에게는 현재다. 따라서 세계의 그 무엇도 하나님께는 지나가버리지 않는다. 그 무엇도 자기를 하나님 앞에서 숨길 수 없다. 세계의 그 무엇도 폐기되지 않고 하나님의 영원한 품 안에 있다. 하나님 곧 정신이 역사의 "알파와 오메가이며, 시작과 끝이다." 시작과 끝, 알파와 오메가는 동일하다. 따라서 하나님께 역사는 하나님 자신으로부터 시작하여 하나님 자신으로 돌아가는 "회귀"의 과정이며, 하나의 원운동과 같다고 말할 수 있다.

우리는 하나님에 관한 이 생각을 다음과 같은 헤겔의 문장에서 볼 수 있다. "우리는 하나님을 보편자라고 불렀다.···이 보편자는 시작점이며 출발점인 동시에 지속적 통일성이다. 그는 차이들이 거기로부터 나오는 기초에 불과하지 않다. 오히려 모든 차이가 이 보편자 안에 포괄되어 있다. 그러나 이 보편자는 행동하지 않는 추상적 보편자가 아니라 절대적 품(Schoß)이며 무한한 원천(Quellpunkt)이다. 이 품, 이 원천으로부터 모든 것이 나오고, 모든 것이 그 속으로 돌아가며, 영원히 그 속에 보존된다. 이 기본 규정이 실체로서 하나님의 규정이다"(1966b, 194).

3. 그러나 인간은 하나님이 아니다. 그는 세계사 어디에나 있는 무소부재의 존재가 아니다. 그는 시간적으로, 공간적으로 제약된 존재다. 지금 이 순간에 있으면서 과거에도 있을 수 있고, 미래에도 있을 수 있는 존재가 아니다. 여기에 있고 저기에도 있을 수 있는 존재가 아니다. 그는 지금 이 순간에만 있을 수 있고, 여기에만 있을 수 있다. 따라서 유한한 인간에게 역사의 시간은 과거, 현재, 미래로 구별된다. 그에게 과거부터 미래에 이르는 역사의 과정은 기나긴 시간으로 경험된다. 그러므로 헤겔은 정신이 기나긴 시간의

과정을 거쳐야 한다고 말한다.

달리 말해, 신적 정신은 전체 역사를 자기 안에 담고 있다. 역사의 과거, 현재, 미래가 모두 그에게는 현재다. 그러나 과거는 우리 인간에게 지나가버린 것으로 경험되는 반면, 미래는 우리가 아직 경험하지 못한 것, 알지 못하는 것으로서 **우리 앞에** 놓여 있는 것으로 경험된다. 하나님께 역사의 시작과 끝은 하나이지만, 유한하고 제약된 인간에게 역사의 끝은 우리 인간이 도달해야 할 **미래의 목적**, 곧 "절대적인 궁극적 목적"(der absolute Endzweck) 혹은 "세계사의 목적"으로 머물러 있다(1968a, 182, 256). 우리 인간에게 역사는 원운동이 아니라 미래의 궁극적 목적을 향한 선(線)으로 경험된다. 그래서 우리는 역사의 궁극적 목적을 미래에 도달해야 할 미래의 것으로 생각한다. 역사는 과거에 있었던 것으로 돌아가는 것이 아니라 미래를 향한 과정으로, 우리가 아직 경험하지 못한 **새로운 가능성**을 가진 것으로 생각된다.

우리는 이것을 인간의 일반적 습성에서 볼 수 있다. 우리 인간은 일반적으로 아직 주어지지 않은 **새로운 내일**을 기다리는 습성을 가진다. 우리는 현재가 괴로울지라도 더욱 나은 내일을 기대하며 오늘을 살아간다. 내일의 새로운 것에 대한 막연한 기대 속에서 매일 신문을 펴든다. 블로흐가 자신의 『희망의 원리』에서 말하듯이, 인간의 삶, 그것은 아직 주어지지 않은 내일에 대한 기다림이며 희망이다. 비록 내일의 삶이 우리를 실망시킬지라도, 우리는 내일에 대한 기다림 속에서 오늘을 살아간다. 인간의 이와 같은 삶의 태도는, 역사는 과거로 돌아가는 원과 같은 것이 아니라 미래를 향해 열려 있는, 미래를 향해 나아가는 과정임을 시사한다.

4. 모든 것을 자기의 영원한 현재 속에 담고 있는 신적 정신에게 역사는 그속에 새로움이 없는 "회귀" 혹은 "원운동"일 수 있다. 그러나 시간적으로

또 공간적으로 제약된 인간, 곧 지금 이 순간에만 존재할 수 있고 주어진 여기에만 존재할 수 있는 인간에게 역사는 새로운 가능성을 가진 "변화와 발전", "전진"으로 생각된다. 하나님께는 "회귀"인 것이 우리 인간에게는 미래를 향한 "전진"으로 생각된다. 이런 점에서 세계사는 "전진과 회귀"의 양면성을 가진다고 말할 수 있다(Riedel 1973, 398 이하). 혹은 헤겔의 철학은 "고고학과 종말론"의 양면성을 가진다고 말할 수 있다(Theunissen).

하지만 헤겔 자신도 정신의 회귀가 우리 인간에게 미래를 향한 전진이란 점을 잘 알고 있었다. 따라서 헤겔은 역사를 가리켜 "정신의 개념과 일치하는" 세계를 향한 "전진", "앞으로 나아감", "진보"라고 말한다. 전진, 발전 혹은 진보는 과거에 있었던 것보다 더 나은 것, 더 완전한 것, 곧 새로운 것을 전제한다. 역사의 과정은 과거에 있었던 것으로 되돌아가는 원운동의 지속이 아니라 "불완전한 것으로부터 완전한 것을 향한" "전진"이다(1968a, 157). 헤겔이 말하는 변증법에 기초한 "발전의 원리"는 이미 주어진 과거가 아니라 아직 주어지지 않은 새로운 미래를 향한 전진 혹은 "앞으로 나아감"으로서의 역사관을 보여준다.

만일 우리 인간에게도 역사는 과거를 향한 원운동이라면, 과거는 이상적인 세계여야 할 것이다. 기독교가 말하는 이른바 태초의 "원상태"(Urzustand)는 모든 것이 완전한 자유와 진리 가운데 있는, 이른바 파라다이스와 같은 것이어야 할 것이다. 그러나 헤겔은 "원상태" 혹은 "자연적 상태"를 "불법과 폭력과 억제되지 않은 자연적 충동과 비인간적인 행위와 지각의 상태"라고 말한다(1968a, 117). 원상태 곧 "최초의 상태"는 "자연성의 상태, 동물의 상태"다(1966d, 115).

정신의 변증법적 활동은 이와 같은 원상태의 세계로 돌아가는 것이 아니라 "정신의 개념과 일치하는" 세계, 정신이 자기를 완전히 볼 수 있고, 모든 인간의 자유가 실현된 절대 지식의 세계를 지향한다. 이 세계를 지향하는 정신의 변증법적 활동, 곧 역사는 태초에 있었던 원상태로 돌아가는 것이 아니라 새로운 미래를 지향하는 것이다. 그것은 자연의 세계에서 볼 수 있는 영원한 반복, 곧 하나의 원과 같이 완결되어 있는 것이 아니라 새로운 가능성과 함께 미래를 향해 개방된 것이다. 역사를 구성하는 정신의 활동은 동일한 질서를 영원히 반복하는 자연의 영역과는 다른, 정신의 영역에 속한 것이기 때문이다.

5. 역사의 모든 시간이 정신 자신에게는 하나의 점과 같은 것, 곧 영원한 현재라면, 정신의 자기활동은 정신 자신에게는 "무시간적 질서"일 수 있다. 정신에게는 모든 것이 현재적이기 때문이다. 그러나 유한한 인간에게 정신의 자기활동은 "시간적 질서" 속에서 일어난다. 그것은 무시간적 현재가 아니라 시간적인 것이며 역사적인 것이다. 그것은 언제나 시간성과 역사성을 가진다. "정신의 역사성"이 정신의 "본질적 실존 양태"다(Franz 1938, 337).

판넨베르크 교수의 제자 코르넬에 의하면 헤겔의 철학에서 역사의 종말은 완전히 현재화되었고, "종말론의 제거"가 일어났다(Cornehl 1971, 157). 그러나 이 해석은 일면적이다. 영원한 하나님에게는 역사의 시작과 마지막이 하나다. 하나님 자신이 역사의 알파와 오메가이고, 역사 전체가 하나님의 영원한 현재 속에 있기 때문이다. 따라서 "종말의 완전한 현재화", "종말론의 제거"가 하나님에게 있다고 말할 수 있다.

그러나 인간은 하나님이 아니다. 정신적 존재로서 인간은 "정신으로서의 하나님"과 통일성 가운데 있는 동시에 하나님에게서 구별된다. 그는 "구별 속에서의 통일성" 안에 있을 뿐이다. 하나님에게서 구별되었고 유한하고 제약된 존재인 인간에게 역사의 종말은 그가 아직 경험하지 못한 미래로 남아 있다. 세계는 모든 인간의 자유가 실현되고, 온 세계가 "정신과 일치하게" 될 **미래의 목적을 향한 개방성** 속에 있다. 헤겔의 변증법적 원리는

"종말의 완전한 현재화", "종말론의 제거"를 거부하고, 미래의 궁극적인 목적을 향해 현재를 개방한다.

우리는 미래의 목적을 향한 역사의 개방성을 이미 예나 시대의 『정신현상학』에서 볼 수 있다. 곧 "시작"과 "끝", 알파와 오메가에 대한 그의 생각에서 엿볼 수 있다. 헤겔에 따르면, "시작"은 구체적으로 전개된 것이 아니라 "일반적인 것에 불과하다"(nur das Allgemeine). "참된 것은 전체다(Das Wahre ist das Ganze). 그러나 전체는 그의 발전을 통해 완성되는 존재다." 달리 말해 그것은 "비로소 끝에서야 진실로 있게 되는 결과(Resultat)다.…절대적인 것은 본질적으로 결과로서 파악되어야 한다"(1952, 21).

달리 말해 "참된 것"은 "시작"에 있는 것이 아니라 마지막 곧 끝에 도달하게 되는 "결과"다. 이 "결과"는 전체의 "발전을 통해" 이루어진다. 따라서 우리는 과거에 있었던 "시작"을 지향하지 않고 오히려 힘든 노력과 투쟁과 발전을 통해 도달할 수 있는 미래의 "결과"를 지향한다. 정신은 미래의 "결과" 곧 역사의 목적을 향한 힘이다.

6. 헤겔은 이 생각을 참나무 그리고 참나무의 몸체와 가지들과 잎들에 비유하여 설명한다. 한 그루의 참나무는 몸체가 성장하여 힘을 얻고, 이 몸체에서 가지들이 뻗어나가며, 가지들로부터 무성한 잎들이 자람으로써 형성된다. 우리는 한 그루의 참나무가 있기까지 그 과정들을 볼 수 없다. 단지 모든 과정의 결과로서 우리 앞에 있는 참나무만 볼 수 있을 뿐이다. "참된 것"은 모든 과정을 포함하는 "결과" 곧 한 그루의 참나무라는 "전체"에 있다. 헤겔은 참나무의 성장 과정에서 이 전체가 과거에 있는 것이 아니라 미래에 있는 것, 곧 **미래적인 것**임을 시사한다. 따라서 그는 자기의 학문이 "자신의 시작에서 완성되지 않는다"고 말한다. "새로운 정신의 시작은 형성된 다양한 형식들의 광범위한 변혁들의 **산물**이다"(1952, 16). 이 "산물"은

정신의 자기활동의 과정에서 미래에 완성될 미래적인 것일 수밖에 없다. 여기서 헤겔은 역사의 목적이 과거에 있는 것이 아니라 미래에 있음을 시사한다.

따라서 헤겔은 자신의 『세계사 철학 강의』에서 끊임없이 "**세계의 궁극적 목적**"(1968a, 29, 45 등), "**즉대자에 있어서의 궁극적 목적**"(Endzweck an und für sich, 36, 또한 182, 256)에 대해 이야기한다. 원운동에는 궁극적 목적이 있을 수 없다. 시작과 끝이 동일하며, 모든 것이 현재적이기 때문이다. 거기에는 참된 미래가 없다. 이에 반해 "궁극적 목적"은 미래적인 것, 곧 앞으로 도달해야 할 바의 것이다. 헤겔이 거듭 말하는 역사의 "궁극적 목적" 혹은 "마지막 목적"은 미래를 전제한다. 이것은 우리 인간에게 역사란 과거에 있었던 것으로 회귀하는 원운동이 아니라 미래를 향한 운동임을 시사한다. 유한한 인간에게 "궁극적 목적"은 고고학적 개념이 아니라 종말론적인 개념이다.

그러나 헤겔의 철학에서 역사의 목적은 단지 미래에 머물러 있지 않다. 이 목적은 부정적인 것의 부정을 통해 현실화되는 과정 속에 있다. 절대정신은 이 과정을 통해 자기를 실현한다. 그 속에서 역사의 목적이 현재화된다. 그것은 **미래적인 동시에 현재적이며, 현재적인 동시에 미래적이다.** 세계사는 현재적인 동시에 미래적인 이 목적의 완전한 실현을 향한 변증법적 과정이다. 헤겔은 이 과정을 "세계의 생성", "계속적 창조"(creatio continua), "신적 역사" 혹은 "정신의 역사"라고 부르기도 한다. 인간을 위시한 세계의 모든 사물이 "정신의 역사"의 변증법적 과정에 참여한다.

7. 여기서 우리는 헤겔의 "위장된 언어"를 다시 회상할 수 있다. 역사는 과거에 있었던 알파로 회귀하는 원운동이란 헤겔의 진술은 복고주의자들과 비밀경찰을 안심시키기 위한 위장된 언어 내지 **연막전술**이 아니었을까?

우리는 이 가능성을 배제할 수 없다. 복고주의자들은 앞을 향한 새로운 변화와 발전을 위험시하고 옛것으로 회귀하는 것을 좋아하기 때문이다. 여기서도 우리는 나무 한 그루만 보지 않고 숲 전체를 보면서 개별의 나무를 파악하는 지혜가 있어야 할 것이다. 문장 한 줄만 보지 않고, 과연 헤겔의 진의(!)가 무엇인가를 행간에서 찾아야 할 것이다.

그러나 헤겔이 정신의 역사의 회귀와 원운동을 얘기하는 것은 그가 단지 연막전술을 펴기 위한 것이 아니라 성서가 말하는 알파와 오메가의 동일성을 나타내고자 함에 있다고 볼 수 있다. 성서 말씀에 따르면, 하나님이 세계사의 알파와 오메가다(계 1:8; 21:6; 22:13). 그가 세계의 "시작과 끝"이다(계 22:13). 알파와 오메가, 시작과 끝이 동일하다면, 세계사는 알파를 향한 회귀 내지 원운동으로 생각된다. 이 생각은 세계사의 모든 것은 결국 하나님께 속하며, 하나님이 세계사의 전적 통치자임을 말한다. 그것은 세계사에 대한 하나님의 전적 통치를 말하면서, 하나님에 대한 전적 신뢰와 복종을 요구하는 의미를 가진다.

역사의 모든 시간을 그의 영원한 "현재적 깊이" 속에 담지하고 있는 하나님께 역사의 과정은 알파로 돌아가는 회귀 내지 원운동일 따름이다. 그러나 역사의 과정 한가운데 있는 인간에게 알파는 미래적인 오메가로 서 있을 따름이다. 따라서 역사는 인간에게 알파를 향한 회귀나 원운동이 아니라 아직 주어지지 않은 새로운 미래를 향한 운동으로 경험된다. 역사의 모든 시간을 자신 안에 영원한 현재로 가진 하나님께 역사는 "그 자신 안에서 완성된 '원운동'과 같다. 하지만 그것은 세계의 특수한 현실에 대해 개방되어 있는 역사의 미래를 의미한다. 역사 속에 있는 하나님의 존재는 이 역사의 운동으로서 현존한다. 그러나 아직 이 운동 가운데 처한 세계의 특수한 현실은 하나님의 존재를 그 자신 앞에 가지며, 그의 자기 전개와 그 자신으로 돌아감(Rückkehr)을 세계를 향한 그의 오심으로써 경험한다"(김균진

1978, 30). 따라서 역사에 대한 우리 인간의 경험을 지배하는 것은 과거를 지향하는 "고고학"이 아니라 미래를 지향하는 "종말론"이라 말할 수 있다.

8. 우리는 이 사실을 헤겔이 그의 『세계사 철학 강의』 서두에서 말한 역사철학의 "네 가지 범주"에서 볼 수 있다. "변화"(Veränderung), "젊어짐"(Verjüngung), "궁극적 목적"(Endzweck), "부정적인 것"(das Negative)의 네가지 범주의 내용을 분석할 때, 이 범주들은 과거 지향의 "고고학적" 범주들이 아니라 미래 지향의 "종말론적" 범주들이란 사실을 발견할 수 있다. 그것들은 프로메테우스적인 것이 아니라 미네르바의 부엉이와 연관된 범주들이다. 그것들은 헤겔 철학을 지배하는 메시아적 정신을 반영한다.

헤겔은 첫 번째 범주인 **"변화"**에서 역사 안에서 일어나는 모든 사물의 일시성, 잠정성을 말한다. "역사에서 가장 풍요로운 형태, 가장 아름다운 삶도 멸망한다, 우리는 귀중한 것의 폐허 가운데서 다닌다. 우리의 관심을 끄는 가장 고귀한 것, 가장 아름다운 것도 역사에서 사라진다. 그것은 지나가버리는 것(vergänglich)이다. 모든 것은 지나가버리는 것처럼 보인다. 아무것도 영속하지 않는 것처럼 보인다"(1968a, 34-35).

세계사의 모든 것이 지나가버리는 것, 허무한 것이라면, 세계사의 어떤 사물도, 어떤 민족이나 국가, 역사의 어떤 단계도 절대성을 주장할 수 없다. 모든 사물은 보편적인 것, "정신과 일치하는" 세계를 향해 지양될 수밖에 없는 부정성을 자신의 존재 규정으로 가진다. 모든 것은 그 속에 자기 아닌 것을 내포한다. 따라서 모든 것은 미래를 향한 개방성 속에 있다.

헤겔은 두 번째 범주인 **"젊어짐"**의 범주에서 프로메테우스적인 것을 거부하고, 이성이 다스리는 세계, 곧 모든 것 안에서 하나님을 인식할 수 있는 세계를 향한 역사의 고양과 발전을 이야기한다. 헤겔에 따르면, "변화는 죽음으로부터 새로운 생명이 생겨나는 것"과 결합되어 있다. 기존의 것이 죽을 때 새로운 생명이 생성하고 변화가 일어난다. 이리하여 역사는 젊어지게 된다.

그러나 헤겔은 이 "젊어짐"을 질적 변화가 없는, 똑같은 생명이 다시 나타나는 것으로 생각하지 않는다. 그것은 참된 젊어짐이 아니라 동일한 것의 교체와 반복에 불과하다. 헤겔은 이것을 불사조 피닉스에 비유한다. 피닉스는 500년, 600년마다 스스로 자기 몸을 불태워 죽고, 그 재에서 다시 태어난다. 그러나 피닉스의 새로운 생명은 전에 있었던 생명의 형태로 되돌아감에 불과하다. 여기서 역사는 과거에 있었던 것으로 되돌아가는 영원한 회귀의 반복에 불과하다. 그것은 영원한 원운동이다.

헤겔은 이것이 정신의 삶이 아니라고 잘라 말한다. 정신은 단지 젊어져서 다시 등장하는 것이 아니라 "고양되고 변용되어(erhöht und verklärt) 등장하는 것이다.…그는 자기 실존의 껍질을 벗어버리고 단지 하나의 다른 껍질로 넘어가지 않고 이전의 형태의 재로부터 더 순수한 형태로 등장한다. 이것이 정신의 두 번째 범주다. 정신의 젊어짐은 동일한 형태로 돌아감(Rückgang)이 아니다. 그것은 그 자신의 맑아짐이며 처리(Läuterung und Verarbeitung)다"(1968a, 35). 여기서 역사는 과거로 돌아가는 것, 동일한 것의 반복이 아니라 더 높은 진리의 세계를 향한 정신의 고양과 변용의 과정으로 이해된다.

헤겔은 세 번째 범주에서 이전의 형태에서 새로운 형태로 자기를 정화하고 고양하는 정신의 활동의 "궁극적 목적"을 질문한다. 그는 이 질문의 범주를 "이성 자신의 범주"라고 말한다. "이성 자신의 범주"는 세계사를 다스리는 것은 "우연이나 외적이며 우연적인 원인들"이 아니라 이성임을 말한다. 곧 그것은 "이성이 세계를 다스리며 따라서 세계사를 다스린다"는 것을 말한다. 종교적 표상의 형식으로 말한다면, 그것은 하나님의 "섭리가 세계를 다스린다"는 것을 말한다.

하나님의 섭리가 세계를 다스린다면, 하나님은 세계의 "모든 것 안에서" 인식될 수 있다. 세계사의 목적은 하나님의 섭리가 세계를 다스리고, 세계의 "모든 것 안에서 하나님을 인식하며, 모든 것 안에서 그에게 영광을 돌리는 것, 주로 세계사의 무대 위에서 그렇게 하는" 데 있다(42). 여기서 역사는 과거에 있었던 것으로 돌아가는 것 혹은 동일한 것의 반복이 아니라 이성이 다스리는 세계, 종교적으로 말한다면 하나님의 섭리가 다스리는 세계, 따라서 "모든 것 안에서 하나님을 인식"할 수 있는 **미래의 목적을 향한 과정**으로 이해된다.

네 번째 범주인 **"부정적인 것의 범주"**는 미래 지향성을 그 본질로 가진 종말론적 범주다. 그것은 역사의 새로움과 새로운 미래를 전제한다. 만일 역사의 새로움과 새로운 미래가 없다면, 부정적인 것의 부정은 불필요할 것이다. 머리를 숙이고 주어진 현실에 머물러 있어야 할 것이다.

9. 결론적으로 헤겔의 철학을 지배하는 것은 동일한 질서의 영원한 회귀와 원운동을 가리키는 "프로메테우스적인 것"이 아니라 어둠의 현실 속에서 미래의 새로운 빛의 세계를 내다보며 비상을 시작하는 "미네르바의 부엉이"다. 그것은 플라톤의 상기론이 아니라 "이성이 다스리는" 이성적인 세계, 신적 "정신과 일치하는" 세계, 곧 모든 인간의 자유와 정의가 있는 "새 하늘과 새 땅"을 **향한 메시아적 기다림과 희망의 정신**이다. 그것은 플라톤적인 "고고학"이 아니라 성서의 "종말론" 곧 메시아니즘이다. 과거에 대한 회상이 아니라 미래를 향한 기다림이다. 이에 반해 블로흐는 "프로메테우스적인 것"이 헤겔의 철학을 지배한다고 해석한다. 필자의 입장에서 볼 때, 블로흐의 해석은 타당하지 않다. 그의 해석은 헤겔의 숲 전체를 보지 않는다.

헤겔의 역사철학은 블로흐가 그 자신의 철학의 원리로 삼았던 메시아니즘의 정신으로 가득하다. 헤겔이 강조하는 모든 사물의 "모순"의 원리,

부정적인 것의 부정에 기초한 변증법의 원리, "발전의 원리", "자유의 원리"는 "프로메테우스적인 것"을 압도한다. 미네르바의 부엉이가 프로메테우스를 흡수한다. 어둠과 혼돈의 세계에 대한 체념과 좌절, 불의한 현실에 대한 순응이 아니라 신적 정신의 맑은 이성이 다스리는 빛의 세계, 신적 정신과 일치하는 세계에 대한 메시아적 기다림과 희망이 헤겔 철학의 생명선을 이룬다.

블로흐의 『희망의 원리』는 헤겔 철학의 이 원리를 계승했다. 하지만 블로흐는 "정신으로서의 하나님"을 거부했고, 하나님 없는 사회주의 국가에서 메시아니즘의 실현을 기대했다. 그리하여 그는 제2차 세계대전이 끝나자 사회주의 국가인 동독으로 돌아갔다. 그러나 그가 기대했던 사회주의 국가가 블로흐의 재입국을 거절한 것은 역사의 아이러니라고 말하지 않을 수 없다.

4. 게르만 세계를 넘어서는 역사의 새로운 미래

1. 많은 학자가 헤겔이 게르만 세계를 역사의 종말로 생각했다고 비판한다. 여기서 "종말"(eschaton)은 "목적" 혹은 "완성"(telos)을 뜻한다. 그래서 헤겔은 게르만 세계를 역사의 목적 혹은 완성으로 보았다는 것이다. 만일 게르만 세계가 역사의 목적과 완성이라면, 역사에는 더 이상의 새로움이 없을 것이다. 정신의 역사는 게르만 세계에서 끝난 것이 될 것이다.

헤겔에 따르면, "정신적인 것이 하늘에 있는 그의 실존을 땅 위의 차안과 더불어 세속성으로 낮춘다.…이리하여 현재는 그의 야만성과 불의한 자의를 벗어버렸고, 진리는 그의 피안과 그의 우연적 힘을 벗어버렸다. 이리하여 참된 화해가 객관적으로 되었다. 이 화해는 국가를 이성의 상(Bild)과 현실로 전개한다"(1955, § 360). 헤겔의 이 말은 당시의 프로이센 왕국에서 역사가 완성에 이르렀다는 인상을 주기에 충분하다. "국가들의 역사"로서 의 세계사는 프로이센 국가에서 완결되었다고 말할 수 있을 것이다.

세계사가 프로이센 왕국에서 완성에 도달했다면, 세계사는 더 이상의 새로운 미래를 갖지 않을 것이다. 역사에서 새로운 질적 변화는 불필요할 것이다. 프로이센 왕국이 영원한 "천년왕국"으로서 지속되어야 할 것이다. 그래서 어떤 학자는 헤겔의 철학에서 역사는 "종말론적 구원의 충만한 소 유"에 도달했다. 이제 세계사는 그의 "목적에 도달했다"고 말한다(Cornehl 1971, 142, 145).

뢰비트도 이와 같이 해석한다. 그에 따르면, 헤겔은 "'전체'인 바의 '진 리'가 그의 완전한 전개에 도달한 역사적 전체를 완성했다. 참된 전체는 끝 없이-무한한 진보 속에서 발전하는 것이 아니다. 오히려 시작이 그의 끝에 서 투명하게 된다"(Löwith 1962, 8-9). 곧 헤겔은 게르만 세계의 프로이센 국 가에서 모든 것이 완성된 것으로 보았다는 것이다.

또 어떤 학자는 이렇게 말한다. 헤겔은 그의 말년에 이를수록 더욱더 다 음과 같은 생각으로 기울어졌다. 곧 "역사의 발전은 물론 철학의 발전도 이 제 종착점에 도달했다는 것이다." "헤겔은 단 한 사람의 자유에서 시작하여 (전제주의) 소수의 사람들의 자유를 거쳐 모든 사람의 자유로 인도하는 세계 사의 목적이 당시 프로이센 국가에서 아직 이루어지지 않았다는 것을 보지 못했다"(Störig 1974, 326).

이진경 교수에 따르면, 헤겔은 "자기가 살던 시대를 절대정신이 완성되 는 시대라고 정의하며, 프로이센 국가를 그 실현을 책임지는 국가로 간주" 했다. 이로써 "철학은 '종말'을 고하게" 되었다(이진경 2008, 185).

나종석 교수에 따르면, "헤겔은 역사가 궁극 목적에 도달했다고 생각 했다(이런 뜻에서 세계는 종말에 도달했다)." "헤겔의 시대는 세계의 궁극 목적이

'보편적이며 의식적 방식으로' 출현한 시대다. 헤겔이 세계사를 기술한 때는 세계가 궁극 목적에 도달한 때다"(나종석 2016). 그렇다면 역사의 목적과 완성은 프로이센 국가에 있다. "헤겔의 역사철학에는" 프로이센 국가를 넘어서는 "미래에 대한 지평이 존재하지 않는다"(나종석 2007, 37).

2. 과연 헤겔은 게르만 세계의 프로이센 국가에서 세계사가 목적에 도달했다고 보았는가? 그는 프로이센 국가에서 세계사가 완성되었고 종결되었다고 보았는가? 이로써 그는 프로이센 국가를 절대화했는가? 그는 프로이센 국가를 넘어서는 역사의 새로운 미래는 없다고 생각했는가?

우리는 이 문제에 대해 다시 한번 "숲 전체를 보면서" 결론을 내려야 할 것이다. 우리는 부정성의 원리와 이에 기초한 헤겔의 변증법에서 이 문제에 대한 답을 얻어야 할 것이다. 부정성의 원리와 변증법에 따르면 세계의 모든 것은 그 속에 부정적인 것을 내포한다. 인간의 세계에 완전한 것은 있을 수 없다. 프로이센 국가도 예외가 될 수 없다. 프로이센 국가 역시 세상적인 것이기 때문이다. 그것은 "정신의 개념과 완전히 일치하는" 세계가 아니다. 따라서 프로이센 국가가 역사의 종말, 곧 역사의 목적 내지 완성일 수 없다. 프로이센 국가 역시 정신의 역사의 **한** 계기에 불과하다.

어떤 학자는 헤겔은 "역사 속에서 변증법이 보수적 원리라기보다는 혁명적 원리라는 것을 오인했다"며 그를 비판한다(Störig 1974, 326). 우리는 이 비판에 대해 다음과 같이 질문할 수 있다. 헤겔은 자기의 변증법의 원리가 하나의 혁명적 의미를 가진다는 것을 보지 못했을까? 그는 "부정의 부정"이 혁명적 의미를 가진다는 것을 보지 못했을까? 헤겔은 이것을 보지 못할 정도로 머리가 나쁜 사람은 아니었을 것이다.

헤겔이 사망한 후에 프랑스의 오귀스트 콩트, 생시몽 등의 실증철학 (positive Philosophie)은 이 점을 잘 파악했다. 실증철학의 입장에서 볼 때, 헤겔 철학의 제반 원리들은 "지금까지 객관적 진리라고 인정되던 모든 것을 비판하도록" 했다. "그의 철학은 '부정했다.' 달리 말해, 모든 반이성적이며 비이성적인 현실을 배척했다." 헤겔은 주어진 현실을 맹목적으로 수용하지 않고, "자율적 이성의 기준으로" 이를 측정하고자 했다. 이것은 기존의 질서에 대한 위협이었다. 헤겔의 변증법은 실증철학자들에게 "주어진 것의 모든 파괴적 부정들의 원형(Prototyp)으로 보였다.…그것은 '혁명의 원리'를 내포한다(Stahl). 현실적인 것은 이성적이라는 헤겔의 말은 이성적인 것만이 현실적이라는 뜻으로 이해되었다." 그러므로 헤겔 사후에 프로이센의 왕 프리드리히 빌헬름 4세(Friedrich Wilhelm IV)는 "헤겔주의의 '불화의 씨앗'(Drachensaat)을 제거하기" 위해 셸링을 베를린 대학교 교수로 초빙했다. 당시의 정치 권력자들에게 헤겔의 변증법은 구체적 형식을 가진 국가를 정당화하기는 고사하고, 오히려 그것을 파괴하는 도구로 보였기 때문이다 (Marcuse 1972, 284-285).

3. 이와 같은 위험성을 가진 헤겔의 변증법의 원리에서 볼 때, 헤겔이 당시의 프로이센 국가를 역사의 목적의 완성으로 보았다는 것은 불가능하다. 헤겔은 비밀경찰을 통해 학문과 언론의 자유를 억압하고 비판적 인물들을 공직에서 추방하고 제거하는 프로이센 국가를 역사의 목적의 완성이라고 볼 정도로 우둔한 인물이 아니었다. 헤겔의 『법철학』의 마지막 명제에 나오는 문장, 곧 "현재는 그의 야만성과 불의한 자의를 벗어버렸고, 진리는 그의 피안과 우연적 폭력을 벗어버렸다. 이리하여 참된 화해가 객관적으로 되었다. 이 화해는 국가를 이성의 상(Bild)과 현실로 전개한다"라는 문장은 (1955, § 360) 헤겔 당시의 프로이센 국가를 가리키기보다는 **미래의 이상적 국가**를 시사한다. 헤겔은 프로이센 국가의 "야만성과 불의한 자의"를 잘 알고 있었기 때문이다.

여기서 우리는 다시 한번 헤겔의 숲 전체를 보면서 그의 진의(!)가 무엇인가를 파악해야 할 것이다. 헤겔은 역사의 성숙기에 도달한 게르만 세계역시 "부정적인 것"을 내포하고 있음을 잘 알고 있었다. 그는 이 부정적인 것 때문에 항상 몸조심을 해야만 했다. 그는 게르만 세계 역시 "정신의 개념과 일치하는" 세계를 향해 개방되어 있는 한 계기에 불과하다는 것을 알고 있었다. 따라서 그는 왕정 대신에 민주적 공화정을 이상적인 정치체제로 생각했다.

헤겔 좌파가 비판하듯이, 헤겔은 **철학의 역사**도 게르만 세계에서 완성된 것이 아니라 정신의 계속적인 자기활동 속에서 새로운 형태로 발전할 것이란 점 역시 잘 알고 있었을 것이다. 그는 자신의 철학 체계가 결코 철학사의 마지막이라고 생각하지 않았을 것이다. 헤겔 자신이 "철학한다"는 것은 자유롭게 사유하는 자유의 행위란 점을 말했기 때문이다.

4. 우리는 이것을 **철학과 그 시대의 관계**에 대한 헤겔의 진술에서 발견할 수 있다. 헤겔에 따르면, 철학은 "그 시대의 본질적인 것"(das Substantielle der Zeit)을 사유하고 그것을 안다. 철학은 이 "사유"와 "지식으로서" "그 시대를 넘어선다." 이 지식은 "정신의 자기지식"(Sichwissen des Geistes, 자기 자신에 대한 정신의 앎)인데, 이 자기지식은 "그 이전에는 아직 존재하지 않던 것이었다.…이 지식은 정신의 발전에서 하나의 새로운 **형식**을 가져오는 것이다. 정신은 자기지식을 통해 지금 존재하는 자기로부터 자기를 구별한다. 그는 자기를 자기에 대해 정립하고, 자기를 자기 안에서 발전시킨다. 이 것은 정신의 즉자와 그의 현실 사이의 **새로운 차이**를 포함한다. 철학은… 나중에 현실로서 등장하는 정신의 내적 출생지(die innere Geburtsstätte des Geistes)다"(1966a, 149-150).

철학이 "정신의 내적 출생지"라면, 게르만 시대의 철학도 "정신의 내적 출생지"일 것이다. 정신의 내적 출생지에서 또다시 새로운 **삶의 현실이** 등 장할 것이다. 이로 인해 그 자신의 철학 체계를 넘어서는 새로운 형태의 철학이 등장할 것이다. 변증법의 원리 앞에서 헤겔 자신의 철학 체계도 절대화될 수 없기 때문이다. 헤겔의 철학 속에 숨어 있는 이 생각을 철저히 이행한 인물들은 헤겔 좌파였다.

헤겔은 게르만 세계를 넘어서는 역사의 새로운 미래를 북아메리카에 대한 언급에서 시사한다. 그는 세계사 철학 강의록의 "부록"(Anhang)과 1826/27년 겨울학기 "첨가문"(Zusätze)에서 게르만 세계를 넘어서는 "새로운 세계"(Die neue Welt), "지금 형성되고 있는 미래의 세계(Welt der Zukunft)"에 대해 이야기한다(1968a, 198 이하, 265). 이 세계는 아메리카, 특히 북아메리카를 가리킨다. 헤겔이 게르만 세계를 역사의 목적으로 절대화했다고 비판하는 학자들은 이 점을 간과해서는 안 될 것이다.

헤겔에 따르면, 우리는 유럽 세계에 대칭하는 새로운 세계 북아메리카에서 "산업과 인구의 증가, 시민사회적 질서와 견고한 자유를 통한 번영을 보고 있다"(1968a, 204). 북아메리카에는 국가를 하나로 묶는 "교회의 통일성이 없다." 종교의 문제는 각자의 취향에 달려 있다. 이에 따라 종교의 자유가 있는 동시에 수없이 많은 이단 집단이 발생할 수 있고, "종교적 통일성"이 사라질 수 있는 위험성도 있다. 국가는 공화정을 가지며, 대통령의 임기는 4년으로 제한되어 있다. 사유재산의 보호가 확실하다(206-207).

헤겔은 북아메리카에서 "미래의 땅"을 발견한다. "세계사적 중요성이 여기서 계시될" 이 땅은 "늙은 유럽의 역사적 무기 창고에 싫증을 느끼는 모든 사람에게 동경의 땅"이다(209). 그러나 헤겔 자신은 "지금 있는 것, 영원한 것"과 관계하겠다고 말한다(210). 베를린에서 살아남아야 할 헤겔로서는 이렇게 말할 수밖에 없었을 것이다.

5. 그러나 헤겔의 부정성의 원리와 이에 근거한 변증법에 따르면, 북아메리카도 역사의 궁극 목적이 될 수 없다. 땅 위에 있는 어떤 국가도, 어떤 민족도 역사의 궁극 목적과 동일시될 수 없다. 인간이 형성한 모든 것 속에는 부정적인 것이 내포되어 있기 때문이다. 땅 위에 있는 어떤 국가에서도 자유의 완전한 실현은 이루어질 수 없다. 어떤 국가도 하늘나라가 아니기 때문이다. 땅 위에 있는 모든 민족 안에서 자유의 완전한 실현은 정신과 완전히 일치하는 세계, 정신이 "절대 지식"에 도달한 세계에서 이루어질 미래로 남아 있다. 따라서 헤겔은 "역사의 종결을 예견"한 적이 없다고 말할 수 있다. 자유는 "전 지구적으로" 실현되지 않았기 때문이다(남기호 2019, 72).

부정성의 원리에 기초한 헤겔의 변증법 앞에서 어떤 민족과 국가도 자기를 역사의 종말과 동일시할 수 없다. 헤겔의 변증법은 모든 거짓된 힘과 권위의 절대화를 거부하고, 역사의 궁극적 목적을 향해 세계의 모든 체제를 상대화시킨다. 그것은 우리가 아직 경험하지 못한 새로운 세계, 곧 "정신의 개념과 일치하는" 세계를 향해 모든 것을 개방한다. 여기서 프로이센 국가도, 헤겔의 철학 체계도 예외가 될 수 없다. 역사의 목적 곧 **정신의 개념과 일치하는** 세계는 당시의 프로이센 국가가 아니라 모든 것이 "하나님으로부터 오고 하나님 없이 오지 않으며, 오히려 본질적으로 하나님 자신이 하시는 일"(1968d, 938)로 나타나는 세계다. 헤겔은 바로 여기에 역사의 종말이 있다고 자신의 『세계사 철학 강의』 마지막 문장에서 시사한다.

박정훈 교수가 말하듯이, 헤겔이 말하는 "역사의 종말"이란 헤겔 "자신의 시대에 역사가 종료될 것이라는 시대 진단이 아니라 단지 헤겔의 시대까지 이른 세계정신의 역사의 마지막 단계를 지칭할 뿐이다"(박정훈 216, 150). 『세계사 철학 강의』에 두 번 등장하는 이 개념은 "모두 헤겔 자신이 고찰한 세계사의 진행 과정상 마지막 단계인 기독교-게르만 세계의 유럽사를 뜻"할 뿐이다(150, 각주 38). 따라서 헤겔 철학에서 역사는 프로이센 국가에서 종료에 이른 것이 아니라 이 국가를 넘어서는 새로운 미래를 향해 열려 있는 것이다. "역사의 종말"은 땅 위에 있는 모든 거짓된 힘과 권위를 상대화시키고, 진리의 세계를 향한 자기 부정과 변화를 요구하는 혁명적 의미를 가진다. 종말의 혁명적 의미 앞에서 프로이센 국가의 힘과 권위도 상대화된다. 프로이센 국가도 하늘나라가 아니기 때문이다.

6. 헤겔에 따르면, 종말의 혁명적 의미는 그리스도의 죽음에서 극단적으로 계시된다. 그리스도의 죽음은 "한 범죄자의 죽음, 십자가의 가장 불명예스러운 죽음이다.…그러나 여기서 시민적 명예의 박탈(Entehrung)…가장 낮은 것으로 표상되는 것이…가장 높은 것이 된다. 이리하여 가장 낮은 것으로 생각되던 것이 가장 높은 것이 된다. 기존하는 것, 인정받는 것(das in Meinung Geltende)에 대한 **완전한 혁명의 직접적 표현**이 여기에 있다. 실존의 불명예가 가장 명예로운 것이 됨으로써 인간의 공동생활의 모든 기반이 근본에서부터 공격을 당하고 동요되며 해체된다. 십자가는 우리의 교수대에 상응한다. 명예의 박탈의 이 상징이 높이 든 기치로 고양되고 휘장이 되었다면, 곧 하나님 나라를 긍정적 내용으로 가진 기치가 되었다면…국가의 삶과 시민사회적 존재는 그들의 가장 깊은 근거에서부터 내적 신뢰성을 상실하며, 그 본질적 기초를 잃게 된다"(1966d, 161-162). 그리스도의 부활은 이 기치의 긍정적 내용, 곧 하나님 나라가 새롭게 시작되었음을 뜻한다. 부활은 "죽음의 죽음, 무덤, 스올의 극복, 부정적인 것에 대한 승리"를 뜻한다 (163).

헤겔의 논리를 따를 때, 세계사는 그리스도 안에 계시되는 "혁명적인 것"이 실현되는 과정이다. 그것은 부정적인 것의 부정을 통해 "정신의 개념과 일치하는" 세계, 곧 하나님 나라의 실현을 향한 변증법적 과정이다. 이 과정의 마지막 목적은 인간으로서 인간의 가치와 자유가 실현되며, 이성이 다스리는 **이성적인 세계**가 이루어지는 데 있다.

　이성적인 세계, 곧 신적 정신과 일치하는 세계가 이루어질 때, "**신정과 하나님의 정당화**"가 완성될 것이다(1968a, 48, 1968c, 938 참조). 역사의 모든 부정적인 것은 신적 정신에게 "예속된 것, 극복된 것으로서 사라질 것이다.⋯악이 그의 곁에서, 그와 동등하게 자기를 주장하지 못했다"는 사실이 드러날 것이다(1968a, 48). 악하고 횡포한 자, 비이성적인 자가 세계를 다스리는 것 같지만, 그들은 바람처럼 사라지고, "진리가 영광스럽게" 될 것이다.

　헤겔은 세계사의 "궁극적 목적"을 종합적으로 다음과 같이 묘사한다. 세계사의 목적은 "정신과 일치하는" 세계가 형성되는 데 있다. 각 사람의 주체가 "정신에 대한 자기의 개념을⋯현실 속에서 발견하고", 그의 주체적 자유와 이성적 존재를 실현하는 데 있다(1968a, 256-257). 이때 "**인간이 거룩하게 되며**"(daß der Mensch geheiligt werde), "**하나님이 영광스럽게**" 될 것이다(Verherrlichung Gottes). 이것이 "정신과 역사의 가장 가치 있는 목적이다"(181). 모든 개별자가 절대자를 "유일한 참된 것"으로 인식할 것이며, 모든 것이 절대자의 의식에 따라 세워질 것이다. 절대자의 의식이 "모든 것을 다스리며 다스렸다"는 것을 인식하게 될 것이다. 이것을 인식한다는 것은 "하나님께 영광을 돌린다 혹은 **진리를 영광스럽게 한다**는 것을 말한다. 이것이 절대적인 궁극적 목적이다.⋯하나님의 영광 속에서 개인의 정신도 자기의 영광을 가진다"(182).

　개인의 정신이 "하나님의 영광 속에서⋯자기의 영광을" 가질 수 있는 길은 **자신의 행위를 통해** 하나님을 영광스럽게 할 때 가능하다. "하나님의 영광을 위한 그의 행위가 절대적으로 필요하다." 자신의 행위로써 하나님을 영광스럽게 할 때, 개인은 자기의 참된 존재를 얻게 된다. 그는 곧 "그 자신 가운데" 있게 된다. 개인의 "제한된 정신 속에 들어 있는 모순은 사라질 것이다. 여기서 자연적인 죽음도 등장하지 않을 수 있다"(1968a, 182). 헤겔은 이 문장에서 "자연적 죽음"이 없는 세계, 곧 **"영원한 생명"**의 세계를 역사의 궁극적인 목적으로 제시한다. 이 목적에 이르기까지 존재했던 역사의 모든 "계기들"은 없어지지 않고, 정신의 영원한 "현재적 깊이 안에" 보존될 것이다(183).

오늘 우리에게 헤겔 철학은 무엇을 말하는가?

- 책을 끝내면서 -

헤겔의 역사철학을 고찰하는 긴 여정이 이제 끝났습니다. 약 50년 전에 읽었던 헤겔의 문헌들을 부분적으로 다시 읽으며 열심히 한다고 했지만, 원하는 만큼 제대로 책을 쓰지 못했다는 아쉬움이 큽니다. 헤겔의 동일한 생각들이 가끔 다양한 연관에서 다시 기술되는 경우도 있었습니다. 그러나 헤겔 자신도 자기의 생각을 수없이 반복한다는 사실에 제 스스로를 위로하고 싶습니다. 컴퓨터를 가지고 책을 쓰다 보니, 앞에서 쓴 내용을 잊어먹고 다시 쓰는 일이 반복되어 애를 먹었습니다.

헤겔의 역사철학을 충실히 고찰하는 것은 그 자체로서 의미 있고 필요한 일이라 생각됩니다. 헤겔 철학의 핵심을 잘 파악하신 어느 교수님이 말하듯이, 헤겔 철학은 "절정에 선 근대철학"이며(이진경 2008, 184), 그의 역사철학이 후대에 미치는 영향은 막중하기 때문입니다. 그러나 과거의 것을 고찰하는 데 머물지 않고, 그것이 오늘 우리에게 무엇을 말하는가를 짚어보는 것이 중요하다고 생각됩니다. 사실 우리가 과거의 역사를 공부하는 것은 그것이 오늘 우리에게 무엇을 말하는가를 파악하기 위해서지요. 한국의 어떤 지식인은 헤겔이 식민주의와 제국주의를 지지했다고 비판하면서, 헤겔 철학은 일고의 가치가 없다, 헤겔의 책들이 한국어로 번역된 것이 부끄럽다고 말합니다. 그러나 저는 헤겔의 철학 속에서 우리 시대가 유의해야 할 많은 중요한 통찰들을 볼 수 있었습니다. 그중에서 몇 가지를 말씀드리고 싶습니다.

1. 오늘 우리의 현실에 가장 중요한 것은 헤겔의 변증법적 사고에 있다고 생각됩니다. 많은 학자가 헤겔의 변증법을 정-반-합의 공식을 가지고 설명하지만, 헤겔 자신은 이 공식을 가지고 자기의 변증법을 설명한 적이 없습니다. 헤겔 변증법의 핵심은 "부정적인 것의 부정", 부정적인 것의 "지양"과 절대 진리를 향한 "고양"에 있다고 말할 수 있습니다.

　이 세계 속에 있는 모든 사물 속에는 언제나 "부정적인 것"이 있습니다. 옳지 못한 것, 경우에 틀린 것, 거짓된 것, 불의한 것, 비인간적인 것, 악한 일들이 독버섯처럼 곳곳에 숨어 있습니다. 우리 사회는 정치, 경제, 사회, 교육 등 사회 모든 영역 속에 숨어 있는 부정적인 것들로 인해 갈등과 대립과 고통 속에 있습니다. 심지어 거룩하다는 종교의 영역, 노동자의 권익을 옹호한다는 노동조합의 영역, 시민운동의 영역에도 부정적인 것이 내포되어 있습니다. 정의를 외치던 사람들이 부패에 빠지기도 하고, 나의 이념을 실현하기 위해 불의한 방법과 수단을 사용하기도 하며, 내가 이루고자 하는 숭고한 이념과 목적 앞에서 나 자신의 타락과 불의는 넘어가도 좋다고 생각하는 사람들도 있습니다.

　헤겔의 변증법에 따르면, 이 모든 부정적인 것들은 부정되어야 합니다. 부정적인 것이 부정되어야 긍정적인 것이 나올 수 있습니다. 좌절과 포기는 해결책이 아닙니다. 그것은 사태를 더욱 악화시키고, 영악한 자들에게

회심의 미소를 선사할 뿐입니다. 우리는 끝까지 부정적인 것을 부정하고, "정신의 개념에 일치하는" 세계, "이성이 다스리는" 세계를 이루고자 각자의 자리에서 노력해야 한다는 것을 헤겔 철학은 시사합니다. 헤겔의 변증법은 정과 반이 타협하거나 양보하여 합을 이루는 것을 뜻하는 것이 아니라 부정적인 것의 부정에 근거한 변화와 고양을 뜻한다는 것을 유의할 필요가 있습니다.

2. 저는 "이성이 세계를 다스린다"는 헤겔의 말을 읽으면서, "정말 우리 세계가 이성이 다스리는 세계, 이성적인 세계가 되었으면 좋겠다"는 생각을 금할 수 없었습니다. "이성이 세계를 다스린다"는 헤겔의 말은 지금 우리의 세계는 "이성이 다스리는 세계다"라는 것을 말하는 것이 아니라 "이성이 다스리는 세계가 되어야 한다"는 당위성을 시사합니다. 인간의 이기적 욕망이 다스리는 세계가 아니라 "신적 이성"이 다스리는 세계가 되어야 한다는 것이지요.

반면 지금 우리의 세계는 이성이 다스리는 세계가 아니라 인간의 이기적 욕망이 지배하는 세계로 보입니다. 인간의 자기중심적 욕망으로 인해 온 세계가 파멸과 죽음의 위협을 당하고 있습니다. 어느 공동체를 막론하고 갈등과 분열과 고통이 있습니다. 사회 양극화는 더욱 심화될 뿐입니다. 지금 온 세계를 위협하고 있는 코로나바이러스19는 비이성적 세계, 돈과 쾌락에 눈이 먼 인간 세계, 자연을 역행하고 파괴하는 현대문명에 대한 자연의 대반격으로 보입니다.

우리의 세계가 이성이 다스리는 세계가 될 수 있는 길은 어디에 있을까요? 저는 먼저 우리 인간이 이성적 존재가 되어야 한다고 생각합니다. 현실적으로 이 세계를 다스리는 존재는 인간입니다. 인간이 이성적 존재가 될 때, 세계는 이성이 다스리는 세계가 될 수 있을 것입니다. 자연을 파괴하여 자기 자신의 생명이 죽음의 위협을 당하게 하는 것도 인간이요, 세계 어디에서도 볼 수 없는 길이 50cm의 투표용지를 만드는 것도 우리 인간이기 때문입니다.

우리 인간이 이성적 존재가 될 수 있는 길은 무엇인지 생각해봅니다. 그 길은 먼저 인간 자신 안에 있는 "부정적인 것의 부정"에 있다고 헤겔은 말합니다. 부정적인 것의 부정은 먼저 인간 자신에게서 일어나야 한다는 것입니다. 악하고 이기적인 인간 본성이 부정되고 선한 본성으로 지양되어야 한다는 것이지요.

그러나 우리 인간은 태생적으로 이기적인 존재입니다. 그에게는 선한 본성도 있지만, 악하고 이기적인 본성을 벗어버릴 수 없습니다. 이와 같은 인간이 자기의 부정적인 것을 완전히 부정하는 것은 천상에서나 가능하겠지만, 우리는 최선을 다하는 수밖에 없습니다. 끊임없이 자신의 이기적 본성을 절제하고, 자기를 이성적인 존재로 고양시켜야 할 것입니다. 헤겔이 말한 대로, 자연의 짐승들처럼 충동에 따라 행동하지 않고, 자기를 절제하는 이성적인 사람, "정신적인 존재"가 되어야 할 것입니다. 가지면 가질수록 더 많이 갖고 싶은 무한한 소유욕, 아무리 채워도 채워지지 않는 무한한 성욕, 힘과 권력에 대한 무한한 욕심, 이 부정적인 것을 부정해야 합니다. 안중근 의사의 말씀대로, 재물을 보면, 먼저 정의를 생각해야 합니다. 더 많은 돈과 소유가 우리를 행복하게 하지 못한다는 사실을 깨달아야 합니다. 지나치게 많은 돈은 자녀들에게 안전하고 행복한 삶을 보장하는 것이 아니라 오히려 무분별한 돈 잔치, 더 깊은 쾌락과 마약, 끝내 자살 충동으로 끌고 간다는 사실을 알아야 합니다.

삶의 참 기쁨과 행복은 소유에 있지 않고 손을 펴서 베풀고 나누는 데 있음을 우리 모두 잘 알고 있습니다. 그런데 모두 잘 알고 있는 이 일을 행하지 않고 욕심과 정욕의 노예가 되어버리는 여기에 문제의 뿌리가 있는

헤겔의 역사철학

것 같습니다. 헤겔의 "부정의 원리"는 욕심과 정욕의 무한성이라는 이 "부정적인 것"의 노예가 되지 않고, 우리 자신을 절제하면서 이성적인 사람이 되어야 한다는 것을 시사합니다. 자신의 부정적인 것을 부정하는 끈질긴 작업이 없을 때, 인간은 타락의 심연에 빠질 것입니다. 이 세계는 구원의 탈출구를 발견할 수 없을 것입니다. 눈에 보이지 않는 미생물로 인해 특히 가난하고 힘없는 사람들이 떼죽음을 당하고, 세계 경제가 무너지는 악순환이 반복되리라 생각됩니다. 학자들이 경고하는 바와 같이, 백신을 발견하여 지금의 바이러스를 퇴치하면, 새로운 변종 바이러스가 등장할 것입니다.

3. 헤겔은 이 문제와 연관하여 각 사람이 보편적인 것 혹은 보편자와 화해하고, 보편자와 하나가 되어야 한다고 말합니다. 보편자의 의지를 행하는 보편적 존재가 되어야 한다는 것입니다. 여기서 헤겔이 말하는 보편자는 먼저 국가의 법에 나타나는 보편적 의지를 뜻합니다. 헤겔의 이 생각은 국가의 법이 특정 집단이나 정당의 정치적 관심에 따라 결정되지 않고, 국민이 원하는 보편적 의지를 나타내는 것이어야 함을 요구합니다. 이와 동시에 개인은 국가의 법이 반영하는 보편적 의지를 따를 것을 요구합니다. 법이 제시하는 보편적 의지를 무시하고 개인의 욕심과 이익을 추구하지 말아야 한다는 것입니다. 정의를 외치던 사람들이 정권을 잡았을 때, 부패하지 말아야 한다는 것입니다.

헤겔이 말하는 보편자는 궁극적으로 "정신으로서의 하나님"을 말합니다. 따라서 각 사람은 하나님과 하나가 되어야 하며, 하나님이 원하는 일, 곧 하나님의 의지를 행해야 한다는 것입니다. 헤겔은 이와 같은 인간을 가리켜 신적 정신과 통일성 속에 있는 "정신적 존재"라고 말합니다. 인간은 정신적 존재이기 때문에, 정신적 존재가 되어야 한다는 것입니다. 신적 이성이 다스리는 이성적 존재가 되어야 한다는 것입니다. 헤겔은 이를 가리켜 "하나님과 인간의 통일성"이라 말합니다.

헤겔의 철학에서 이성적 존재는 단지 인간적 이성이 개발된 존재, 인간적 이성을 따르는 존재가 아니라 참 이성적 존재인 "정신으로서의 하나님"과의 연합(통일성) 속에서 하나님의 의지를 행하는 존재를 뜻합니다. 이성, 곧 "로고스"이신 하나님의 의지를 행하는 자가 참으로 이성적인 인간이고, 보편적·정신적 존재라는 뜻이 헤겔의 철학 속에 담겨 있습니다.

인간의 이성을 개발하여 이성의 음성을 따르는 것도 필요합니다. 오늘 우리의 세계는 상식을 벗어난 비이성적인 사람들로 말미암아 혼돈을 벗어나지 못하는 상태에 있습니다. 가난한 사람들이 얼마씩 투자한 수백억, 수천억 원의 돈을 사취하여 그들의 눈에서 피눈물을 흘리게 하는 인간 이하의 인간, 비이성적인 인간들이 있습니다.

그러나 인간의 욕심과 욕정 앞에서 이성은 너무도 힘이 약합니다. 무한한 소유욕과 성욕 앞에서 인간의 이성은 힘없이 무너져버리는 게 상례입니다. 자기의 쓰레기를 자기가 처리하는 것이 "이성"이며 "양심"이란 사실을 알면서도, 쓰레기를 슬그머니 내버리는 것이 인간입니다. 인간의 이성은 인간의 이기적 욕망과 욕구를 교묘하게 정당화시켜주는 시녀 역할을 하기도 합니다. 이성이 발전한 사람일수록, 더 영악하게 이기적인 경우가 허다합니다. 따라서 헤겔 철학은 모든 이성의 근원이신 신적 이성, 곧 "정신으로서 하나님"께로 돌아갈 것을 시사합니다. 인간의 이성은 모든 이성의 참 근원이신 "정신으로서의 하나님" 앞에서 자기의 기능을 제대로 행사할 수 있기 때문입니다.

4. 우리는 자유의 문제가 헤겔 철학의 중요한 주제에 속한다는 것을 볼 수 있었습니다. 그의 정신철학은 "자유의 철학"이라고 말할 정도로 정신과 자유는 하나로 결합되어 있습니다. "인간은 인간으로서 자유롭다", "인간은

인간으로서 무한한 가치를 가진다"는 헤겔의 명제는 오늘 우리의 시대에도 변할 수 없는 진리라고 생각됩니다. 헤겔은 인간이 인간으로 보이지 않고 돈 가치에 따라 평가되는 우리 세계의 타락한 가치관을 지적합니다.

"인간은 인간으로서 자유롭다"는 말은 모든 인간적·세상적·사회적 차이를 떠나 인간은 인간이기 때문에 자유롭다는 뜻입니다. 여기에는 어떤 가치의 차이도 인정되지 않습니다. 인종과 민족, 피부색, 소유와 교육의 차이, 사회적 지위, 남녀의 성별을 떠나 인간은 인간으로서 자유롭고 동등한 가치를 가진다는 것입니다.

따라서 헤겔이 인종차별주의, 식민주의, 제국주의를 조장했다는 세간의 비판은 근거가 없다고 생각됩니다. 그것은 하나의 추론이며 해석일 뿐입니다. 헤겔은 자신의 문헌 어디에서도 이것을 인정한 적이 없고 이에 대해 언급한 적도 없습니다. 인종차별주의, 식민주의, 제국주의는 헤겔이 말한 "자유의 원리"에 모순됩니다. 모든 인간은 인간으로서 동등한 가치를 가지며, 모든 인간의 자유가 실현되는 것이 세계사의 목적이라면, 인종차별주의, 식민주의, 제국주의는 원칙상 인정될 수 없습니다. 그것은 헤겔이 말한 "화해와 해방"의 기독교 원리에 어긋납니다. 그것은 로마의 황제 아우구스투스가 통치할 때 태어난 "세계의 구원"에 역행하는 것입니다.

헤겔이 흑인 노예제도를 정당화 내지 조장했다는 한국의 어느 지식인의 비판 역시 타당하지 않습니다. "인간은 인간으로서 자유롭다", "무한한 가치를 가진다"는 자유의 원리는 노예제도를 정면으로 거부합니다. 헤겔은 노예제도를 철폐하는 데 시간이 걸릴 것이라고 말할 뿐 노예제도를 찬성한 적이 없습니다. 오히려 그는 노예제도를 인간의 본성에 역행하는 것으로 적극 반대합니다. 이에 관한 헤겔 자신의 말을 들어봅시다. "기독교 종교를 통해 진리 가운데 있는 하나님의 절대 관념을 의식하게 되었다." 이 관념에 따르면, 인간은 "유한한" 존재인 동시에 "하나님의 형상"이다.

"그는 자기목적이며, 그 자신 속에 무한한 가치를 가진다." "그는 자기의식이다"(1968c, 745).

이 생각을 현실에 적용할 때 가장 먼저 귀결되는 것은 "**노예제도의 추방**(Verbannung der Sklaverei)이다. 기독교에서 노예제도는 있을 수 없다.…각 사람은 하나님의 은혜와 신적인 궁극적 목적의 대상이다. 하나님은 모든 사람이 행복하게 되기를 원한다. 모든 특수성을 떠나서…인간은 인간으로서 무한한 가치를 가진다. 이 무한한 가치는 출생과 조국 등의 모든 특수성을 지양한다. 유대인이든 그리스인이든, 유복하게 태어났든 불행하게 태어났든, 그는 인간으로서 인정된다"(1968c, 745-746).

5. 헤겔의 국가관 역시 오늘 우리에게 시사하는 바가 크다고 생각됩니다. 여러 학자들 내지 지식인들이 헤겔을 가리켜 프로이센 국가를 절대화시킨 국가 절대주의자라고 비판합니다. 그러나 국가에 대한 헤겔의 생각을 충실히 고찰할 때, 이 비판은 너무 단순하다고 생각됩니다. 물론 헤겔의 국가관에는 비판받을 수 있는 소지가 있는 것이 사실입니다. 국가를 절대정신, 곧 "하나님의 현상"으로 보는 그의 국가관은 매우 위험한 생각으로 보입니다. 그렇다 하여 헤겔이 국가 절대주의를 주장했다는 결론은 단견이라 생각합니다. 헤겔은 개인을 억압하고 희생시킬 수 있는 국가 절대주의나 전체주의를 설파하지 않았습니다.

국가는 "하나님의 현상"이라는 헤겔의 생각은 국가는 하나님의 보편적 의지를 나타내어야 한다는 당위성을 시사합니다. 헤겔은 국가도 현실적으로 인간에 의해 건립되고 인간에 의해 운영되기 때문에 그 속에 "부정적인 것"이 있음을 지적하고, 부정적인 것을 부정할 것을 요구합니다. 그는 부정적인 것의 부정을 통해 정신의 절대 진리를 향해 변화되고 고양될 것을 요구합니다. 헤겔은 그것이 신적 이성의 지배 속에서 이성적인 국가가 되어야 함을 시사하면서 국가의 자의를 거부합니다.

국가를 이성적인 국가로 만들 수 있는 주체는 국가 통치자들입니다. 정치인들과 공직자들입니다. 헤겔은 그들에게 요구합니다. 너희는 이성적인 사람이 되어라. 이성적으로 행동하고, 이성적으로 나라를 통치하라! 자기의 사적 이익을 추구하기보다 "보편적인 것" 곧 민족의 운명을 염려하라! 정치를 자기 이익 추구의 수단으로 삼지 마라! 그럴 자신이 없으면 정치에서 손을 떼라! 모든 공직은 국민으로부터 오고, 국민 세금으로 유지되는 국민을 위한 봉사직일 뿐이다!

6. "인간은 인간으로서 자유롭다", "무한한 가치를 가진다"는 헤겔의 생각은 오늘 우리의 세계에 대해 중요한 의미를 가진다고 생각됩니다. 그것은 모든 인간적·사회적·세상적 차이를 떠나 인간을 인간으로 대하고 존중할 것을 요구합니다. 인간을 하나의 부품과 같은 것으로 보고, 충분히 써먹은 부품은 해고하고 새 부품으로 바꾸면 된다는 생명 경시를 거부합니다. 40세, 45세 정도까지 기가 다 빠지도록 부려먹고 해고해버리면, 해고된 사람과 그의 가정은 어떻게 되겠습니까? 자기 자식이라면 그렇게 하겠습니까? "인간은 인간으로서 자유롭다", "무한한 가치를 가진다"는 헤겔의 사상은 인간의 생명의 권리를 지켜줄 것을 요구합니다. 더 많은 돈과 섹스에 눈이 멀어버린 기업인이 아니라 인간성 있는 기업인, 윤리와 도덕이 있는 기업인이 될 것을 요구합니다. 그것은 모든 형태의 인간의 노예화, 아동과 청소년과 여성의 성 노예화를 거부하고, 힘없는 사람들의 생명을 보호할 것을 요구합니다.

이와 동시에 헤겔의 자유의 원리는 모든 형태의 독재를 거부합니다. 사회주의적 전체주의, 독재체제를 거부합니다. 인간이 인간으로서 자유롭고 동등한 가치를 가진다면, 특정한 정당이 영구적으로 국가를 지배하는 전체주의, 독재체제는 허용될 수 없습니다. 그것은 모든 인간의 자유와 동등한 가치에 모순됩니다. 동등한 자유와 가치를 가진 국민이 곧 국가이고, 정치 권력은 국민에게 속한 것이기 때문입니다.

헤겔의 자유의 원리는 정치적 독재는 물론 종교적 형태의 독재도 거부합니다. 이른바 "교주"란 있을 수 없습니다. 목욕탕에 들어가면 교주도 벌거벗은 인간으로서 다른 사람들과 다를 바가 없습니다. 하나님 앞에서 모두 같은 죄인입니다. 따라서 헤겔은 모든 사람이, 신적 정신이 그 안에 있는 정신적 존재, 이성적 존재로서의 주체 의식, 자기의식을 가질 것을 시사합니다. 자기를 주체로 의식한다는 것은 자기를 자기가 아닌 모든 것에서 구별하고, 정신적·이성적 존재로서 자기의 가치와 자유를 의식하는 것을 뜻하기 때문입니다.

7. 헤겔의 자유의 원리는 새로운 것이 아닙니다. 그것은 근대의 많은 사상가들이 얘기했던 것입니다. 종교개혁가 루터는 로마 가톨릭교회(천주교)의 독재와 착취에 저항하여 모든 인간의 자유를 주장했습니다. 근대의 계몽주의자들도 이를 주장했습니다. 그 여파 속에서 프랑스 혁명이 일어났고, 근대의 "자유의 역사"가 일어났습니다.

그런데 오늘 우리의 세계, 특히 자본주의 세계에서 자유가 큰 문제로 부상하고 있습니다. 그것은 자유를 개인의 억제되지 않은 방종으로 생각하는 데 있습니다. 곧 "내가 원하는 것은 무엇이든지 할 수 있다"는 것으로 생각하는 점에 있습니다. "내가 원하는 것을 할 수 없다"는 것을 자유의 제한이며, 인간의 가치와 존엄성에 대한 훼손이라 주장하는 사람들도 있습니다.

사실 오늘 우리는 우리 사회에서 자기가 원하는 대로 행동하는 사람들을 쉽게 발견할 수 있습니다. 공동체의 미래를 생각하지 않고 자기 마음대로, 자기가 원하는 대로, 자기가 하고 싶은 대로 행동하는 사람들을 볼 수 있습니다. 그러나 자기의 이익과 편리함과 쾌락을 위해 공동의 선과 질서를 파괴하는 사람들로 인해 온 세계가 신음하고 있습니다. 바다는 물론 지구의 우주 공간도 이기적 인간이 남긴 쓰레기장으로 변모하고 있습니다.

오늘의 자본주의 사회에서 자유는 크게 오해되고 있습니다. 그것은 무한 경쟁의 자유, 약육강식의 자유, 아무리 많은 재산을 소유해도 만족할 줄 모르는 무한한 소유욕의 자유, 아무리 깊은 성적 쾌락을 경험해도 만족할 줄 모르는 무한한 성욕의 자유로 생각되고 있습니다. 인간을 참 자유인으로 만들 수 있는 "사랑에의 자유"는 그늘 속에 묻혀버린 것처럼 보입니다.

사회주의 체제에서도 자유는 크게 오해되고 있습니다. 사회주의 사회에서 자유는 최고 통치자 한 사람이 모든 인민의 자유를 억압할 수 있는 자유, 특정 집단이 영구히 집권할 수 있는 자유로 생각됩니다. 최고 통치자 한 사람만이 자유인이고, 그 밖의 사람은 종이라는 고대 동양에 대한 헤겔의 지적은 현대의 사회주의 체제에 해당한다고 생각됩니다. 헤겔은 이와 같은 자유는 참된 의미의 자유가 아니라 방종 내지 무절제라고 말합니다.

8. 전 세계에서 지금 일어나고 있는 성 혁명 운동 역시 자유를 방종 내지 무절제로 오해한다고 생각됩니다. 인간은 자유로워야 한다, 자유로울 때 인간의 존엄성이 유지된다, 그러므로 인간의 성행위에 어떤 제약도 있어서는 안 된다, 그것에 제약을 두는 것은 인간의 자유와 가치와 존엄성에 대한 침해라는 생각이 오늘날 성 혁명 운동의 전제입니다. 그래서 동성 간의 성행위(동성애)는 물론 심지어 아버지와 딸, 어머니와 아들, 남형제와 여형제 사이의 성행위, 미성년자와의 성행위, 동물과의 성행위(수간), 복수의 성 상대와의 동시적 성행위, 남녀의 성적 정체성의 상대화, 어린이 포르노 등 이 모든 것이 허용되어야 한다고 주장합니다. 인간의 성행위는 동물들의 그것과 마찬가지로 "자연스러운 것"이기 때문에 여기에 어떤 제약도 있어서는 안

된다고 생각합니다.

그러나 오늘날 성 혁명 운동에서 말하는 인간의 성행위는 "자연스러운 것"이 아니라 자연을 역행하는 것으로 보입니다. 우리는 이것을 동물의 세계에서 볼 수 있습니다. 우리가 알고 있는 동물들은 대개 시간적 간격을 가지고 성 상대를 바꾸는 일은 있지만, 동종 간에 일대일의 성 행위를 합니다. 어떤 동물은 한평생 한 명의 성 상대를 가집니다. 우리는 동물의 세계에서 혼음이란 것을 발견하기 어렵습니다. 그들의 성행위는 종족 보존을 위한 발정기에 제한되어 있습니다. 미성년 암컷과의 성행위, 다른 종들과의 성행위는 동물의 세계에서 발견되지 않습니다. 암컷이 수컷이 되고 수컷이 암컷이 되는 성적 정체성의 변용을 볼 수 없습니다. 한마디로 오늘의 성 혁명 운동은 인간에게 주어진 자연성을 허물어버리는 것으로 보입니다. 인간의 성에 있어서 어떤 질서와 규범도 인정하지 않으려 합니다. 인간의 무한한 성적 욕망 그 자체를 자유로 생각하고, 성적 질서와 규범을 자유에 대한 침해라고 거부합니다.

인간의 성은 영적·정신적 차원을 가지고 있습니다. 그것은 단지 종족 보존의 수단에 불과한 것이 아니라 두 인격이 하나가 되는 사랑의 깊이를 경험하는 것이고, 그 속에서 새로운 생명의 환희와 힘을 얻을 수 있는 길이기도 합니다. 그러나 돈과 마찬가지로 인간의 성도 그 속에 마력을 가지고 있습니다. 그것은 인간에게 자유와 기쁨을 주는 동시에 인간을 성욕의 노예로 만들어버릴 수 있는 힘을 가지고 있습니다. 아무리 많은 돈을 소유해도 만족이 없는 것처럼, 아무리 많은 성 경험을 가져도 만족하지 않는 것이 인간의 성욕입니다. 수많은 성 상대를 경험하고, 갖가지 방법을 동원하여 깊은 쾌락을 느껴도 만족하지 못하며, 더 깊은 쾌락을 찾고 또 찾다가 결국 마약에 빠지고, 그래도 만족이 없기 때문에 자살 충동에 빠진다고 합니다. 자기가 자기를 피가 나도록 때리는 자기 학대증에 빠지기도 한다고

헤겔의 역사철학

합니다. 정의, 평화, 진리 등의 올바른 가치관, 세계의 미래와 목적에 무관심한 단말적 존재가 되어버린다고 합니다. 성적 쾌락이 그의 정신을 지배하기 때문입니다. 이와 같은 결과를 초래하는 성적 자유는 자유가 아니라 한마디로 방종이고, 인간을 타락시키는 독약과 같은 것이라고 말할 수밖에 없습니다. 그래서 헤겔은 절제가 없는 방종(Unbändigkeit)은 자유가 아니라고 말합니다.

9. 왜 자유가 방종으로 변질할까요? 인류는 자유를 얻기 위해 싸웠는데, 이 자유가 방종으로 변질되는 까닭은 무엇일까요? 그 원인은 우리 인간 속에 깊이 뿌리내리고 있는 악한 본성에 있다고 생각됩니다. 종교적으로 말한다면, 무한한 사랑이며 생명의 근원이신 하나님을 버렸기 때문이라 생각됩니다. 하나님이 없을 때, 인간의 자유는 그의 악한 본성으로 말미암아 끝없는 탐욕과 욕정과 방종으로 변질될 수밖에 없는 것이 우리 인간이라 생각됩니다.

이 책 서두에서 기술한 것처럼, 현재 예나 대학교 교수인 피벡에 따르면 "이성과 자유"가 헤겔 철학의 "기본 기둥"이요, "자유롭게 사는 것을 배우는 것"이 "헤겔의 크레도"라고 합니다(Vieweg 2019, 17). 여기서 피벡 교수는 정치적·사회적 자유를 말하고 있습니다. 그는 개인의 정치적·사회적 자유를 철저히 억압한 옛날 동독 공산주의 체제를 경험했기 때문입니다. 그러나 지금 우리는 하나님 없는 인간의 이성, 하나님 없는 인간의 자유가 어떤 결과를 초래하는지를 우리의 눈으로 보고 있습니다.

정치적·사회적 자유도 필요합니다. 그러나 아무리 많이 소유해도 만족할 줄 모르는 탐욕에서의 자유, 죄와 거짓과 불의와 악행에서의 자유, 자기를 절제할 수 있는 자유, 악한 본성에서의 자유도 필요하지 않습니까? 자기의 소유를 나눌 수 있는 자유, 사랑에의 자유가 가장 큰 자유가 아닐까요?

이 자유가 어떻게 가능할까요? 우리 안에 깊이 뿌리박고 있는 이 악한 본성에서 어떻게 자유로울 수 있을까요?

혜겔은 이 질문에 대해 다음과 같이 대답합니다. 곧 인간의 참 자유는 보편자 곧 "정신으로서의 하나님"과 연합할 때, 그리하여 하나님처럼 "정신적 존재", "이성적 존재", "보편적 존재"가 될 때 가능하다는 것입니다. 그래서 혜겔은 신적 본성과 인간적 본성, 신적 정신과 인간 정신의 "구별 안에서의 통일성"을 끊임없이 말합니다. 인간의 참 자유는 신적 정신 곧 하나님과 연합되어 있을 때, 타락과 방종으로 변질하지 않고 본래의 형태를 갖게 된다는 것입니다.

참 자유는 "내가 원하는 것은 무엇이나 할 수 있는" 것이 아니라 하나님의 계명에 따라 자기를 절제하고, 사랑과 공의를 행하는 데 있다고 생각됩니다. 이것이 인간을 인간답게 하고, 삶의 보람과 기쁨을 선사하며, 우리 사회를 인간성 있는 사회로 바꿀 수 있습니다. 혜겔은 이 자유가 우리의 영(정신)이 신적인 영과 결합되어 있을 때 가능하다는 것을 시사합니다. 그래서 혜겔도 "주님의 영(정신)이 계신 곳에 자유가 있다"라는(고후 3:17) 성서 구절을 어디에선가 인용했습니다.

10. 지금 우리의 세계는 코로나바이러스19로 인해 세계대전을 능가하는 위기에 빠져 있다고 합니다. 벌써 수십만 명이 죽었고, 세계 경제 전체가 거의 마비 상태에 빠졌습니다. 앞으로 더 많은 사람이 죽을 것이며, "식량대란"이 일어날 수 있다는 예보가 나오고 있습니다.

한 가지 이상한 것은 바이러스가 자연의 짐승들에게는 아무런 피해를 주지 않고 인간에게만 피해를 준다는 사실입니다. 코로나바이러스19의 근원적 감염자는 박쥐라고 하는데, 박쥐가 떼죽음을 당했다는 소식은 들을 수 없습니다. 박쥐는 마스크를 쓰지 않고, 손을 씻지도 않는데 말입니다. 유독 인간만이 떼죽음을 당합니다.

왜 인간만이 떼죽음을 당할까요? 짧은 소견인지는 모르지만, 인간에 의해 오염되고 파괴당한 자연이 자기를 유지하기 위해 바이러스를 인간에게 보내는 것이 아닌가 하는 생각이 듭니다. 인간이 보다 더 많은 돈을 벌기 위해 보다 더 많이 생산하고, 보다 더 많이 소비하며, 보다 더 많은 폐기물을 자연에 내다버리고, 더 많은 자연이 파괴 및 오염되며, 이 악순환을 자연이 더 이상 견딜 수 없기 때문에 일어나는 결과가 아닌가 생각됩니다. 자연의 순환과정과 생명 체계를 파괴하는 현대문명의 마지막 귀결이 아닐까요?

보다 더 깊은 원인을 찾는다면, 인간의 무한한 욕망에 있다고 생각됩니다. 곧 "그날에 필요한 것만 취해야 한다"는 삶의 기본 진리를 무시하고, 무한한 소유의 욕망에 사로잡혀 자연을 파괴하고 자연의 생명들을 멸종시키는 인간의 욕망에 문제의 뿌리가 있는 것 같습니다.

성서는 "그날에 필요한 것만 취해야 한다"는 삶의 진리를 시각적으로 보여줍니다. 이집트에서 400여 년간 노예 생활을 하던 고대 이스라엘 백성이 모세의 인도로 이집트를 탈출할 때, 먹을 것이 없었습니다. 최소한 100만 명 가까운 사람들과 짐승 떼에게 먹을 것이 충분할 리 없었습니다. 그때 하나님이 이스라엘 백성에게 만나를 주면서 "각자 먹을 만큼씩만" 거두고, "아침까지 그것을 남겨두지 말라"고 명령합니다. 곧 비축하지 말라는 것입니다. 그런데 이스라엘 백성이 이 명령을 무시하고 필요한 것보다 더 많이 거두어서 아침까지 비축해두었을 때, "벌레가 생기고 악취가 풍겼다"는 것입니다(출 16:13-20). 곧 부패가 생겼다는 얘기지요.

자연의 짐승들은 "그날에 필요한 것만" 취합니다. 배만 부르면 포획을 중단합니다. 그들에게는 비축이란 게 없습니다. 비축을 모르기 때문에 자연의 세계에서는 나눔이 저절로 이루어집니다. 그러나 우리 인간은 아무리 배가 불러도, 수백억 원의 돈을 가져도 만족하지 않고 더 많이 비축하려고 합니다. 억을 가지면 십억을, 십억을 가지면 백억을, 백억을 가지면 천억을 바라보게 됩니다. 아파트 한 채를 가지면 두 채를 갖고 싶고, 두 채를 가지면 세 채, 네 채를 갖고 싶어 합니다. 끝없는 부족감과 불만족, 결국 상호 불신과 치열한 경쟁 사회가 되고, 자연이 파괴되고, 지구 온난화가 일어납니다. 돈을 벌려고 생활 폐기물을 바다에 내버리고, 폐기물을 먹은 바다의 생물들이 억울한 죽음을 당합니다. 과학 기술이 발전할수록 범죄도 더욱 지능화됩니다. 경제가 발전할수록 사람들은 더욱 탐욕스럽게 되고 영악해집니다. 무절제한 성관계로 인해 임신한 생명을 죽이고, 인간의 생명마저 돈으로 보입니다. 돈이 하나님처럼 되어버립니다. 오늘의 범세계적 재난은 인간의 이 모든 죄악이 초래한 벌이 아닐까요? 눈에 보이지 않는 "죄와 벌"의 인과율이 힘을 발하고 있는 것 같습니다.

여하튼 오늘 우리 세계의 현실을 보면서 구원의 길이 어디에 있는지 저는 곰곰이 생각해봅니다. 돈을 무한히 소유한다고 구원이 이루어질까요? 과학 기술의 발전이나 학교 교육과 이성의 개발을 통해 세계의 구원이 가능할까요? 내가 원하는 대로 행할 수 있는 자유가 구원의 길이 될 수 있을까요?

물론 과학 기술도 필요하고, 보다 더 이성적인 학교 교육도 필요합니다. 그러나 헤겔이 말하듯이 "하나님-인간"이신 예수 그리스도에게 "세계의 구원"이 있다는 결론 외에 다른 길이 저에게는 보이지 않습니다. 헤겔도 이것을 보았다고 생각됩니다. 그래서 헤겔은 "세계사의 결정적인 일"이 그리스도의 오심과 함께 일어났다고 말합니다(1968d, 720). "목숨을 부지하려고 무엇을 먹을까 또는 무엇을 마실까 걱정하지 말고, 몸을 감싸려고 무엇을 입을까 걱정하지 말아라"(마 6:25), "네가 완전한 사람이 되려고 하면, 가서 네 소유를 팔아서 가난한 사람에게 주어라. 그리하면 네가 하늘에서 보화를 차지하게 될 것이다"(마 19:21)라는 예수의 말씀이 기록된 복음서보다

"더 혁명적인" 것은 어디에도 없다고 말합니다(1968d, 740).

물론 이것은 종교적 얘기입니다. 사실 예수의 말씀을 글자 그대로 실행한다는 것은 현실적으로 거의 불가능합니다. 노숙자라 할지라도 최소한 덮고 잘 담요 하나는 있어야 하는 게 인간 삶의 현실이니까요.

그러나 저는 예수의 말씀과 삶 속에 구원의 유일한 탈출구가 있다고 생각합니다. 사회주의도 해결할 수 없고, 자본주의도 해결할 수 없는 "역사의 수수께끼"를 해결할 수 있는 길이 여기에 있다고 생각됩니다. 예수는 우리에게 이 길을 자신의 죽음으로 열었습니다. 그는 십자가의 죽음을 당했고, 십자가의 죽음을 당함으로써 "만왕의 왕"이라는 영광스러운 왕관을 얻었습니다. 이로써 그는 우리 모든 사람이 지향해야 할 참 인간의 모습을 보여줍니다. 그것은 "십자가가 없다면 왕관도 없다"(nulla crux, nulla corona)는 진리라고 하겠습니다.

11. 마지막으로 오늘 우리의 세계는 미래가 없는 것 같습니다. 일찍이 하이젠베르크(W. Heisenberg)가 자신의 자서전에서 얘기한 대로 오늘 우리의 세계는 나침반이 고장 난 상태에서 대양을 표류하는 한 척의 선박처럼 보입니다. 목적과 방향을 상실하고 이리 부딪치고 저리 부딪치며 언제 부서질지 모르는 상태에 있습니다. 위대한 세계를 이룰 수 있다고 생각했던 인간은 눈에 보이지도 않는 극세의 미생물 앞에서 꼼짝 못하는 상태에 있습니다. 학자들은 지금의 바이러스가 극복되면, 또 다른 변종이 나타날 것이라고 예고합니다.

본래 코로나(corona)는 라틴어로 "왕관"을 뜻합니다. 왜 바이러스19가 코로나라고 불릴까요? 바이러스19로 인해 공기가 맑아지고 자연이 회복되기 때문이 아닐까, 자연과 공생하는 삶의 방식과 경제 체제를 인간에게 요구하기 때문이 아닐까 하는 생각이 듭니다. 코로나바이러스19로 인해 세계 경제가 침체에 빠진 지 3개월 정도밖에 되지 않는데, 푸른 하늘을 볼 수 있게 되었고, **이산화탄소가 25% 감소되었으며**, 고래를 위시한 바다의 어류의 개체수가 증가했다고 합니다. 도시에 자동차가 다니지 않기 때문에 사슴들, 캥거루들이 도시에 들어오기도 한다는 보도는 그동안 우리 인간이 경제 성장이라는 마귀에게 붙들려 자연을 얼마나 괴롭히고 파괴했는지를 보여줍니다. 헤겔의 자연철학은 자연도 신적 정신의 "타자"로서 가치와 존엄성을 가진다는 것을 시사합니다.

여하튼 오늘 우리의 세계를 보면서, 세계는 아무 목적도 없는 그저 "주어진 것"일 뿐이요, 주어진 것에 순응하며 사는 길밖에 없다고 생각하기 쉽습니다. 모든 것을 포기해버리고 체념 속에서 "주어지는 대로" 살아가려는 마음을 갖기 쉽습니다.

이에 대해 헤겔의 역사철학은 "정신의 개념과 일치하는" 세계, 곧 하나님의 자비와 정의가 모든 것을 결정하는 미래의 세계에 대한 기다림과 희망의 정신을 보여줍니다. 따라서 저는 프로메테우스의 후예가 되지 말고, 미네르바의 부엉이가 되기를 독자님들에게 권유합니다. 이와 연관하여 헤겔은 우리 인간이 자연의 짐승과 구별되는 "정신적 존재"이며 이성적으로 "사유하는 존재"임을 강조합니다. 그는 이성이 모든 것을 다스리는 이성적인 세계를 이룰 것을 요구합니다. 그 외에도 헤겔의 역사철학은 많은 것을 시사하지만, 독자님들의 상상력에 맡기고 싶습니다. 부족한 이 책을 읽어주신 독자님들께 깊이 감사드립니다.

헤겔의 역사철학

1. 헤겔 문헌

* 헤겔 문헌 목록은 필자가 사용한 문헌의 출판년도 순으로 작성됨.

Hegel, G. W. F.(1907), *Theologische Jugendschriften, hrsg.* von H. Nohl, Tübingen.

_____(1952), *Phänomenlogie des Geistes*, hrsg. von J. Hoffmeister, PhB 114, 6. Aufl., Hamburg.

_____(1955), *Grundlinien der Philosophie des Rechts*, hrsg. von J. Hoffmeister, PhB 1241, 4. Aufl., Hamburg.

_____(1961), *Briefe von und zu Hegel*, hrsg. von J. Hoffmeister, Bd. IV, 2. Aufl., Hamburg.

_____(1966a), *Einleitung in die Geschichte der Philosophie*, hrsg. von J. Hoffmeister, PhB 166, Hamburg.

_____(1966b), *Vorlesungen über die Philosophie der Religion*, Bd. I, 1. Teil: *Begriff der Religion*, PhB 59, Hamburg.

_____(1966c), *Vorlesungen über die Philosophie der Religion*, Bd. II, 2. Teil: *Die bestimmte Religion*, PhB 61, Hamburg.

_____(1966d), *Vorlesungen über die Philosophie der Religion*, Bd. II, 3. Teil: *Die absolute Religion*, PhB 63, Hamburg.

_____(1966e), *Vorlesungen über die Beweise vom Dasein Gottes*, PhB 64, Hamburg.

_____(1968a), *Vorlesungen über die Philosophie der Weltgeschichte*, Bd. I: *Die Vernunft in der Geschichte*, 5. Aufl., PhB 171a, Hamburg.

_____(1968b), *Vorlesungen über die Philosophie der Weltgeschichte*, Bd. II: *Die orientale Welt*, 2. Aufl., PhB 171c, Hamburg.

_____(1968c), *Vorlesungen über die Philosophie der Weltgeschichte*, Bd. III: *Die Griechische und die römische Welt*, 2. Aufl., PhB 171c, Hamburg.

_____(1968d), *Vorlesungen über die Philosophie der Weltgeschichte*, Bd. IV: *Die germanische Welt*, 2. Aufl., PhB 171d, Hamburg.

_____(1969a), *Wissenschaft der Logik*, Bd. I, Theorie Werkausgabe Suhrkamp, Frankfurt a. M.

_____(1969b), *Wissenschaft der Logik*, Bd. II, Theorie Werkausgabe Suhrkamp, Frankfurt a. M.

_____(1969c), *Jenaer Realphilosophie. Vorlesungenmanuskripte zur Philosophie der Natur und des Geistes von 1805-1806*, PhB 67, Hamburg.

_____(1969d), *Enzyklopädie der philosophischen Wissenschaften im Grundrisse*, PhB 33, 7. Aufl., Hamburg.

_____(1970a), *Jenaerschriften 1801-1807*, Theorie Werkausgabe Suhrkamp, Bd. II, Frankfurt a. M.

_____(1970b), *Nürnberger und Heidelbergerschriften 1808-1817*, Theorie Werkausgabe Suhrkamp, Frankfurt a. M.

_____(1970c), *Vorlesungen über die Ästhetik*, vol. I, Theorie Werkausgabe Suhrkamp, Frankfurt a. M.

_____(1971), *Frühe Schriften*, Theorie Werkausgabe Suhrkamp, Bd. I, Frankfurt a. M.

_____(1997), *Differenz des Fichteschen und Schellingschen Systems der Philosophie*, PhB 504, Hamburg.

2. 이차 문헌

김계숙(1975),『헤겔의 철학과 자유의 정신』, 서울대학교 출판부.

김균진(1978), "Gottes Sein in der Geschiche", in: *Evangelische Theologie*, 1978 1,
　　　Chr. Kaiser Verlag München.

_____(2006),『자연환경에 대한 기독교 신학의 이해』, 연세대학교 출판부.

_____(2014a),『기독교 신학』, 제3권, 새물결플러스.

_____(2014b),『현대 신학사상』, 새물결플러스.

김준수(2006), "Hegel에게서 이성과 현실",『대동철학』, 제37집, 대동철학회 편.

김형석(1978),『헤겔과 그의 철학』, 김형석 편저 회갑기념 논문집, 연세대학교 출판부.

나종석(2016), "우리는 종말 후에 살고 있다(헤겔 역사철학의 수수께끼를 푸는 열쇠)",
　　　meinemusik 블로그 2016. 9. 14.

남기호(2019),『헤겔과 그 적들』, 사월의책.

박영지(1992), "헤겔의 신관에 대한 신학적 비평",『알림논총』, Vol. 1, 한국성서대학교.

_____(1996),『헤겔의 神 개념』, 서광사.

박정훈(2016), "이성의 현실과 이성의 역사적 현실",『철학사상』, 제59권, 서울대학교
　　　철학사상연구소 편.

박종규(1993), "헤겔과 계시종교",『철학논총』, Vol. 9, 새한철학회.

배경숙(1992), "헤겔 종교철학에 나타난 삼위일체론적 이념",『철학논총』, Vol. 8, 새한
　　　철학회.

배은숙(2003),『로마 검투사의 일생』, (주)글항아리.

서유석(1985), "헤겔 역사철학에 있어서의 歷史理性의 자유",『철학논구』 13집, 서울대
　　　학교 철학과 편.

시오노 나나미(2007),『로마인 이야기』, 제1권, 김석희 옮김, 제1판 79쇄, (주)도서출판
　　　한길사.

유덕수(2001), "헤겔의 종교철학",『인문논총』, Vol. 8, 서울대 인문학연구원 편.

유헌식(2017), "헤겔 사유의 새로운 이해: 헤겔 역사철학의 근본 주장 및 그 의미에 대
　　　하여",『헤겔연구』, 제21호, 한국헤겔학회 편.

이정은(2014), "헤겔의 종교 변증법에서 종교의 완성", 『철학연구』, 105집, 철학연구회 편.

이진경(2008), 『철학과 굴뚝 청소부』, 개정 2판 11쇄, 도서출판 그린비.

_____(2009), 『외부, 사유의 정치학』, 도서출판 그린비.

임석진(1986), "헤겔 역사철학의 근본 문제", 『헤겔연구』, 제3호, 한국헤겔학회 편.

최신한(1992), "헤겔과 슐라이어마허에 있어서 철학과 종교의 관계", 『철학과 현실』 제13권, 철학문화연구소.

_____(1997), 『헤겔 철학과 종교적 이념』, 한들출판사.

최신한·권대중(2016), 『인생 교과서: 세계 속의 이성을 인식하라』, 20세기북스.

Adorno, Th. W.(1970a), *Drei Studien zu Hegel. Aspekte*, Erfahrungsgehalt Skoteinos oder wie zu lesen sei, 4. Aufl., Frankfurt a. M.

_____(1970b), *Negative Dialektik*, Wissenschaftliche Sonderausgabe, Frankfurt a. M.

Bachmann, K. F.(1833), *Über Hegels System und die Notwendigkeit einer nochmaligen Notwendigkeit der Philosophie*, Leipzig.

Bauer, B.(1969), *Die Posaunen des jüngsten Gerichts über Hegel, den Atheisten und Antichristen*, Aalen.

Bernstein, E.(1908), *Lehrbuch der historischen Methode und der Geschichtsphilosophie*, Leipzig.

Bloch, E.(1962), *Subjekt-Objekt. Erläuterungen zu Hegel*, Erweiterte Ausgabe, Frankfurt a. M.

_____(1964), *Der Geist der Utopie*, Bearbeitete Neuauflage der zweiten Fassung 1923, Frankfurt a. M.

_____(1968), *Atheismus im Christentum. Zur Religion des Exodus und des Reichs*, Frankfurt a. M.

_____(1970), *Das Prinzip Hoffnung*, Bd. I, Frankfurt a. M.

Bockmühl, E.(1960/62), Die Gottesbeweise der Philosophie, in: *Verkündigung und Forschung*, Beiheft zu "Evangelische Theologie."

Cornehl, P.(1971), *Die Zukunft der Versöhnung*, Göttingen.

Descartes(1960), *Meditationen über die Grundlagen der Philosophie*, hrsg. von L. Gäbe, PhB 271, Hamburg.

Diem, H.(1964), *Sören Kierkegaard. Eine Einführung*, Göttingen.

Dilthey, W.(1921), *Die Jugendgeschichte Hegels*, Gesammelte Schriften Bd. IV, 4. ed., Göttingen.

_____(1968), *Gesammelte Werke* Bd. VII: *Der Aufbau der geschichtlichen Welt in den Geisteswissenschaften*, 5. Aufl., Göttingen,

Fetscher, I.(1971), *Hegel - Größe und Grenzen*, Stuttgart, Berlin, Köln, Mainz.

Feuerbach, L.(1959), Verläufige Thesen zur Reform der Philosophie, in: *Feuerbach Sämtliche Werke*, hrsg. von W. Bolin u. F. Jodl, Bd. II, Stuttgart Bad Cannstatt.

_____(1904), Briefe an C. Kapp, 3. Feb., 1840, in: *Ausgewählte Briefe von und an L. Feuerbach*, hrsg. von W. Bolin, Leipzig.

_____(1959), Grundsätze der Philosophie der Zukunft, in: *L. Feuerbach Sämtliche Werke*, hrsg. von W. Bolin u. F. Jodl, 2. Aufl., Stuttgart-Bad Cannstatt.

Franz, H.(1938), *Von Herder bis Hegel*, Frankfurt a. M.

Gadamer, H.-G.(1971), Hegel und Heidegger, in: *Hegels Dialektik*, Für hermeneutische Studien, Tübingen.

Garaudy, R.(1962), *Gott ist tot. Eine Einführung in das System und die Methode Hegels*, Frankfurt a. M.

Glockner, H.(1965), Beiträge zum Verständnis unr zur Kritk Hegels, in: *Hegel-Studien*, Beiheft 2, Bonn.

Haag, K. H.(1967), *Philosophischer Idealismus. Untersuchungen zur Hegelschen Dialektik mit Beispielen aus der Wissenschaft der Logik*, Frankfurt a. M.

Habermas, J.(1971), *Theorie und Praxis*, Suhrkamp Taschenbuch 9, 1971, Frankfurt a. M.

Hartmann, N.(1933), *Das Problem des geistigen Seins*, Berlin, Leipzig.

Haym, R.(1922), *Hegel und seine Zeit*, Vorlesungen über Entstehung und Entwicklung, Wesen und Werk der Hegelschen Philosophie, 2. Aufl., Leipzig.

Heidegger, M.(1972), *Holzwege*, 5. Aufl., Frankfurt a. M.

Hirsch, E.(1954), *Geschichte der neuern evangelischen Theologie*, Bd. V, Gütersloh.

Iljin, I.(1946), *Die Philosophie Hegels als kontemplative Gotteslehre*, Bern.

Kant, I.(1956), *Kritik der reinen Vernunft*, PhB 37a, Hamburg.

Kant, I.(1974), *Kritik der praktischen Vernunft*, PhB 38, Hamburg.

Kant, I.(1963), *Beweisgrund zu einer Demonstration des Daseins Gottes*, PhB 47/11, Hamburg.

Kierkegaard, S.(1950), *Furcht und Zittern*, Gesammelte Werke, 4. Abteilung, Düsseldorf/Köln.

_____(1951), *Einübung im Christentum*, 26. Abteilung, Düsseldorf/Köln.

_____(1952), *Philosophische Brocken. De omnibus dubitandum est*, 10. Abteilung, Düsseldorf/Köln.

_____(1957), *Abschließende unwissenschaftliche Nachschrift zu den philosophischen Brocken*, 16. Abteilung, Teil I, Düsseldorf/Köln.

_____(1958), *Abschließende unwissenschaftliche Nachschrift zu den philosophischen Brocken*, 16. Abteilung, Teil II, Düsseldorf/Köln.

Kimmerle, H.(1968), Zu Hegels Religionsphilosophie, in: *Philosphische Rundschau*, 15. Jahrgang, Tübingen.

Koch, T.(1967), *Differenz und Versöhnung. Eine Interpretation der Theologie G. W. F. Hegels nach seiner "Wissenschaft der Logik,"* Gütersloh.

Küng, H.(1970), *Menschwerdung Gottes. Eine Einführung in Hegels theologisches Denken als Prolegomena zu einer künftigen Christologie*, Freiburg, Basel u. Wien.

_____(1976), *Existiert Gott? Antwort auf die Gottes Frage der Neuzeit*, München.

Laas, E.(1879), *Idealismus und Positivismus*, Berlin.

Lakebrink, B.(1969), *Freiheit und Notwendigkeit in Hegels Philosophie*, Freiburg.

Landgrebe, L.(1954), Hegel und Marx, in: *Marxismusstudien. Schriften der Studiengemeinschaft der Ev. Akademien*, Bd. III, Tübingen.

Lasson, G.(1920), *Hegel als Geschichtsphilosoph*, Leipzig.

＿＿＿＿(1933), *Einführung in Hegels Religionsphilosophie*, Leipzig.

Leibniz(1956), *Monadologie*, PhB 253, Hamburg.

Litt, Th.(1953), *Hegel*, Versuch einer kritischen Erneuerung, 2. Aufl., Heidelberg.

Löwith, K.(1953a), *Von Hegel zu Nietzsche. Der revolutionäre Bruch im Denken des neunzehnten Jahrhunderts*, 3. Aufl., Zürich.

＿＿＿＿(1953b), *Weltgeschichte und Heilsgeschehen. Die theologischen Voraussetzungen der Geschichtsphilosophie*, 6. Aufl., Stuttgart.

＿＿＿＿(1962), *Die Hegelsche Linke*, Stuttgart.

＿＿＿＿(1964), Hegels Aufhebung der christlichen Religion, in: *Hegel-Studien Beihft I*, Heidelberger Hegel-Tage 1962, Hamburg.

＿＿＿＿(1973), Aktualität und Inaktualität Hegels, in: *Hegel-Bilanz. Zur Aktualität und Inaktualität der Philosophie Hegels*, hrsg. von R. Heede u. J. Ritter, Frankfurt a. M.

Lukacs, G.(1973), *Der junge Hegel. Über die Beziehungen von Dialektik und Ökonomie*, Frankfurt a. M.

Marcuse, H.(1968), *Hegels Ontologie und die Theorie der Gesellschaft*, 2. Aufl., Frankfurt a. M.

＿＿＿＿(1972), *Vernunft und Revolution. Hegel und die Entstehung der Gesellschaftstheorie*, Darmstadt u. Neuwied.

Marsch, W.-D.(1968), Logik des Kreuzes, in: *Evangelische Theologie*, Bd. 2-3.

Marx, K.(1911), Die deutsche Ideologie, in: *K. Marx Frühe Schriften*, Bd. II, hrsg. von H.-J. Lieber und P. Furth, Darmstadt.

＿＿＿＿(2004), Ökonomisch-philosophische Manuskripte, in: *Die Frühschriften*, hrsg. von S. Landshut, 7. Aufl., Stuttgart.

Maurer, R. K.(1955), *Hegel und das Ende der Geschichte*, Stuttgart.

Metzke, E.(1956/57), Nicolaus von Cues und Hegel. Ein Beitrag zum Problem der philosophischen Theologie, in: *Kant-Studien*, Bd. 48.

Moltmann, J.(1969), *Theologie der Hoffnung*, 8. Aufl., München.

_____(1972), *Der gekreuzigte Gott*(한국어 역:『십자가에 달린 하나님』, 김균진 역), München.

_____(2005), *Das Kommen Gottes. Christliche Eschatologie*, 2. Aufl., Gütersloh.

Pannenberg, W.(1970), Dogmatische Thesen zur Lehre von der Offenbarung, in: *Offenbarung als Geschichte*, 4. Aufl., Göttingen.

_____(1972), Die Bedeutung des Christentums in der Philosophie Hegels, in: *Gottesgedanke und menschliche Freiheit*, Bonn.

Riedel, M.(1965), *Theorie und Praxis im Denken Hegels*, Interpretationen zu den Grundstellungen der neuzeitlichen Subjektivität, Stuttgart.

_____(1973), Fortschritt und Dialektik in Hegels Geschichtsphilosophie, in: I. Fetscher(Hrsg.), *Hegel in der Sicht der neueren Forschung*, Darmstadt.

Ritter, J.(1965), *Hegel und französische Revolution*, Frankfurt a. M.

Rohrmoser, G.(1961), *Subjektivität und Verdinglichung. Theologie und Gesellschaft im Denken des jungen Hegel*, Darmstadt.

_____(1962), Die theologische Bedeutung von Hegels Auseinandersetzung mit der Philosophie Kants und dem Prinzip der Subjektivität, in: *Neue Zeitschrift für syst. Theologie*, vol. 4, Berlin.

_____(1964), Die theologische Voraussetzungen der Hegelschen Lehre vom Staat, in: *Hegel-Studien*, Beiheft I, Heidelberger Hegel-Tage 1962, Bonn.

Rosenkranz, K.(1840), *Kritische Erläuterungen des Hegelschen Systems*, Königsberg.

_____(1858), *Apologie Hegels gegen R. Haym*, Berlin.

_____(1944), *Hegels Leben.* Supplement zu Hegels Werken, Berlin.

Scheler, M.(1966), *Die Stellung des Menschen im Kosmos*, Bern.

헤겔의 역사철학

Schmidt, E.(1952), *Hegels Lehre von Gott. Eine kritische Darstellung*, Gütersloh.

_____(1974), *Hegels System der Theologie*, Berlin.

Schulz, W.(1957), *Der Gott der neuzeitlichen Metaphysik*, 4. Aufl., Pfullingen.

Schweitzer, C. G.(1964), Die Glaubensgrundlagen des Hegelschen Denkens, Thesen für die Hegel-Tage 1962, in: *Hegel-Studien*, Beiheft 1; zur Methode der Hegel-Interpretation, in: *Neue Zeitschrift für Systematische Theologie und Religionsphilosophie*, Bd. VI, Heft 3.

Seeberger(1961), *Hegel oder die Entwicklung des Geistes zur Freiheit*, Stuttgart.

Simon, J.(1985), "Hegel/Hegelianismus," in: *Theol. Realenzyklopädie*, Bd. XIV, Berlin, New York.

Stark, Rodney.(2012),『기독교 승리의 발자취』, 허성식 역, 새물결플러스.

Störig, H. J.(1974), *Kleine Weltgeschichte der Philosophie*, Stuttgart.

Stuke, H.(1963), *Philosophie der Tat. Studien zur Verwirklichung der Philosophie bei den Junghegelianern und den wahren Sozialisten*, Stuttgart.

Tillich, P.(1956), *Systematische Theologie*, Bd. I, Stuttgart.

_____(1966), *Systematische Theologie*, Bd. III, Stuttgart.

_____(1971), *Gesammelte Werke*, Bd. XII, Stuttgart.

Überweg, F.(1923), *Grundriß der Geschichte der Philosophie*, 4. Teil, 12. Aufl., Berlin.

Vieweg, K.(2019), *Hegel. Der Philosoph der Freiheit*, Biographie, München.

Weischedel, W.(1971), *Der Gott der Philosophen. Grundlegung einer philosophischen Theologie im Zeitalter des Nihilismus*, Bd. II, Darmstadt.

Wieland, W.(1959), Art. Hegel, in: *RGG*, Bd. III, 3. Aufl., Tübingen.

Windelband, W.(1957), *Lehrbuch der Geschichte der Philosophie*, 5. Aufl., Tübingen.

김균진 저작 전집
10

헤겔의 역사철학

삼위일체론과 메시아니즘의 지평에서 본 헤겔 철학 이해

Copyright ⓒ 김균진 2020

1쇄 발행 2020년 11월 20일

지은이   김균진
펴낸이   김요한
펴낸곳   새물결플러스

편 집   왕희광 정인철 노재현 한바울 정혜인
            이형일 나유영 노동래 최호연
디자인   윤민주 황진주 박인미 이지윤
마케팅   박성민 이원혁
총 무   김명화 이성순
영 상   최정호 곽상원
아카데미 차상희

홈페이지 www.holywaveplus.com
이메일   hwpbooks@hwpbooks.com
출판등록 2008년 8월 21일 제2008-24호
주 소   (우) 04118 서울시 마포구 마포대로19길 33
전 화   02) 2652-3161
팩 스   02) 2652-3191

ISBN 979-11-6129-181-9 94230

책값은 뒤표지에 있습니다.

이 도서의 국립중앙도서관 출판예정도서목록(CIP)은 서지정보유통지원시스템
홈페이지(seoji.nl.go.kr)와 국가자료공동목록시스템(nl.go.kr/kolisnet)에서
이용하실 수 있습니다. CIP2020046096